KB251408

新選明文東洋古典大系

改訂增補版

新完譯

禮 記

上

李相玉 譯著

明文堂

▲**복희씨**(伏羲氏) 삼황(三皇) 중 으뜸 제왕. 팔괘(八卦)를 만들고 어렵(漁獵)을 가르쳤다고 한다. 대북(臺北) 고궁박물관(故宮博物館) 소장.

▲**요왕**(堯王) 오제(五帝) 중 한 황제(皇帝). 성덕을 갖추었다고 하며 요제(堯帝)라고도 한다. 대북 고궁박물관 소장.

▶작책대(作册大)**의 방정**(方鼎)
서주(西周) 전기(前期). 높이
26.4cm. 명문에는 대보(大保 : 召公
奭)가 성주(成周)에서 성왕(成王)의
제사를 지낸 일을 기록하고 있다.
또 작책(作册 : 서기관)인 대(大)는
대보의 신하이다. 대북 중앙박물원
소장.

▼궤(簋 : 곡물을 바치는 그릇)
서주 초기. 기신(器身)에는 백유문
(百乳文)을 달고, 네 개의 손잡이에
는 소와 비슷한 동물의 머리를 달았
다. 궤는 찐 곡물을 담는 그릇. 워싱
턴 프리아미술관 소장.

▼**하준**(何尊)
서주 초기. 높이 39cm. 준은 술그릇.
명문은 주왕(周王)이 왕실의 집안인
하(何)에게 내린 훈계이다.

▼**영**(令)**의 방이**(方彝:酒器)
서주 전기. 높이 34.1cm. 뚜껑은 지붕 모
양이다. 워싱턴 프리아미술관 소장.

서문(序文)

  본서 《예기(禮記)》는 《춘추(春秋)》·《시경(詩經)》·《서경(書經)》·《주역(周易)》·《악기(樂記)》와 함께 원시 유학시대로부터 중요시되어 온 경전으로 육경(六經) 중의 하나이다. 여기서 《악기》를 빼고 오경(五經)이라고도 부르고 있다. 모두 49편. 《주례(周禮)》·《의례(儀禮)》와 함께 삼례(三禮)라고도 불리운다.

  《시경》은 고가(古歌)의 대표적인 집록(輯錄)이라 할 수 있고, 《서경》은 고대 성왕(聖王)들의 정치 중심적인 기록의 집대성이며, 《주역》은 음양(陰陽)의 여러 가지 이치를 설명하되 점서(占筮)의 책일 뿐이고, 《춘추》는 한 나라의 편년체 역사이며, 《악기》는 악(樂)에 관한 종합적인 기록인 것이다.

  이것이 모두 경전(經典)에 관련되는 고전이라고는 말할 수 있지만, 어느 종류의 것이고 유교 철학의 일단을 표시할 뿐인데 오직 《예기》만이 그 전체를 포괄적으로 상세하게 설명한 가장 귀한 고전이라 지적할 수 있겠다. 본서를 중점적이고 오랫동안 진지하게 번역하고, 해설을 붙여 하나의 읽을거리로 세상에 내놓는 이유는 바로 오늘을 지혜롭게 살고 내일의 바람직한 설계를 윤택하고도 상세하게 펼치는 데 도움을 주고자 한 의도에서였음을 솔직히 밝혀둔다.

  이들 육경은 공자(孔子) 이전부터 전해 내려오던 것을 공자가 장래성 있는 제자들에게 교육시키기 위하여 그 중요한 법도나 원리·특징 등을 이들에서 가져왔던 것이다. 따라서 인(仁)을 중심으로 한 그의 도덕적·정치적 이상에 입각하여 이들 경전에 손을 댄 것이다.

진시황(秦始皇)의 분서갱유 이후 한무제(漢武帝)에 이르러 이들을 다시 모아 정리할 때 육경 가운데 《악기》는 없어져 오경만 남게 되었던 것이다. 따라서 《예기》는 《춘추》와 같이 인간의 본성에 기초한 윤리 도덕으로 난세를 바로잡으려 노심초사하던 공자의 이상과 포부가 듬뿍 담긴 철학적이고 경세적인 경전인 것이다. 그러므로 유가의 윤리 도덕의 이론과 그 실천 방법에 의한 여러 가지 절차, 과정문제와 사상에 기초한 역사의 정당한 실용적 교훈을 전해 주고 있다. 오늘날 우리가 《예기》를 읽어야 할 심각한 이유는 바로 여기에 있다 해도 과언이 아닐 것이다.

인간이 마땅히 지켜야 할 도리는 인간의 순수한 본성에서 벗어나지 않는 합리적이고 이지적인 규범이어야 하는 것인데, 중국에서는 그것을 고래로부터 예(禮)라 규정해 왔던 것이다. 예는 의(義)에서 나오고, 의는 인(仁)에 기초하고 있으므로, 인의(仁義)의 도를 형성하는 것은 유교의 목표인 동시에 이론과 실천윤리의 총량(總量)이기도 한 것이다.

《예기》는 주말(周末)시대로부터 진한대(秦漢代)에 이르는 사이의 고례(古禮)에 관한 유자(儒者)의 논설·이론을 집대성한 고전으로, 여기서 예란 외면적 규율의 총칭인 바 크게는 사회·제도·법률·습속, 작게는 의식 범절(儀式凡節)에 이르기까지의 일체를 포괄하고 있다. 그 설명하는 범위나 강조점은 일신(一身)의 수양면에서 천하의 거창한 경륜에까지 미치며, 일상 의식(衣食)의 범절에서 교사체상(郊社禘嘗)의 대례(大禮)까지에 미치는 것을 볼 수 있다. 또 심성(心性)의 체용(體用)에서부터 우주의 생성변화 문제에까지 미치고 있어 미세한 부분, 분야에서 광대한 경역에까지 두루 섭렵한, 현묘한 철학적 경륜을 제시하고 있다.

이를 읽어야 유교 철학의 전체 모습을 파악할 수 있다고 해도 지나친 말이 아닐 것이다. 이 《예기》는 실로 오경 중의 가장 대표적이고

긴요한 고전의 샘이라고 평가할 수 있는 것이다.

　이와 같이 진폭있게 호소력과 설득력을 가지고 있는 총명과 지혜의 호수인 《예기》를 두고 중국의 쓸모없는 예의 범절의 교조적 고전이라고, 읽어보지도 않고 덮어두려는 편견에서 얼른 벗어나야 옳게 살아갈 수 있을 것이다.

　《예기》가 우리나라에 들어온 때는 고려시대였다. 안향(安珦)의 공로로 전국에 보급되어 국민 필독서로 추천되었을 뿐 아니라 과거(科擧)의 시험과목으로도 선정되어 큰 관심거리로 주목을 받았다.

　그러나 그 내용이 많고 해석하기가 어려워 학자들도 그것을 풀어가는 데 고심하였다. 이 책 역시 그간 번역본이 없지 않았으나 초역에 지나지 않아 완역을 기다리던 독자에게는 해갈이 되지 않을까 싶은 생각이 든다. 번역과 주해가 독자의 이해를 돋구워 줄 것이다.

譯著　者

차 례

〈예기(禮記) 하(下)〉

범 례

1. 이 책은 사서오경(四書五經) 중의 《예기(禮記)》 부분이다. 전 49편을 상(上)·중(中)·하(下) 세 책으로 나누었는데, 상에는 제1곡례상(曲禮上)부터 제8 문왕세자(文王世子)에 이르는 8편이고, 중에는 제9 예운(禮運)부터 제24 제의(祭義)에 이르는 16편이며, 하에는 제25 제통(祭統)부터 제49 상복사제(喪服四制)에 이르는 25편이나 제31편 중용(中庸)과 제42편 대학(大學)의 2편은 따로 독립시켰으므로, 결국 22편을 수록하였다.

2. 저본(底本)은 어느 한 책에 의했다기보다는 국내외(國內外) 여러 책을 비교 검토하여 적의(適宜)하게 사용했다.

3. 편마다 편수(篇首)에 그 대의(大意)를 수록하였고, 통석(通釋)은 될 수 있는 데까지 원문(原文)에 충실했으며, 너무 의역(意譯)에 치우치지 않도록 노력했다. 그러나 원문의 내용에 따라서는 충실히 통석하는 것이 적당치 않을 경우에는 주해(註解)를 주로 하고, 통석은 대의만에 그치었다.

4. 해설(解說)은 본문의 이해를 돕는 해설을 위주로 하고, 때에 따라서는 어구의 설명도 보충하기로 하였다.

5. 하권(下卷)의 권말(卷末)에 상·중·하 3권을 통한 색인(索引)을 붙여 검색(檢索)에 편하도록 하였다.

6. 하권의 권말에 참고도(參考圖)와 이에 대한 설명을 붙이어 독자의 참고에 자(資)케 하였다.

역저자 적음

예기(禮記) 해설

1. 예기(禮記)의 유래

《논어(論語)》에는 여러 곳에서 예(禮)에 대한 갖가지 일들이 묘사(描寫)되어 있다. 몇 가지 예를 들어 보면, 다음과 같다.

예(禮)를 사용하는 데는 조화(調和)로움이 가장 귀중하다. 선왕(先王)의 도(道)도 이 조화에 있었고 대소사(大小事)가 다 이에 기초를 두고 있다. 그러나 이것으로 완전하다고 할 수 없다. 조화를 알아 화(和)에만 치우치고 예로써 조절(調節)치 아니하면 완전할 수 없는 것이다.

〔有子이 曰, 禮之用이, 和爲貴하니, 先王之道이, 斯爲美니라. 小大由之나, 有所不行이니라. 知和而和로대, 不以禮節之면, 亦不可行也니라.(學而 12)〕

임방(林放)이 예의 근본을 묻자, 공자(孔子)께서 말씀하였다. "큼직한 질문이구나! 예는 사치(奢侈)하느니보다는 검박(儉朴)해야 한다. 장사(葬事)는 이것저것 갖추기보다는 진심으로 애통(哀痛)해야 한다."

〔林放이 問禮之本한대, 子이 曰, 大哉라 問이여. 禮이 與其奢也론, 寧儉이요, 喪이 與其易也론, 寧戚이니라.(八佾 4)〕

공자께서 계씨(季氏)를 탓하여 말씀하셨다. "팔일(八佾)을 묘정(廟庭)에서 춤추게 하다니, 이런 짓을 해넘길 수 있다면, 그 무슨 것인들 못해 넘길 것이냐?"

〔孔子이 謂季氏하사대, 八佾舞於庭하니, 是이 可忍也인댄, 孰不可忍也리오.(八佾 1)〕

하(夏)의 예(禮)를 내가 말할 수 있으나, 후손의 나라인 기(杞)에 실증(實證)할 만한 사물(事物)이 부족하고, 은(殷)의 예도 내 말할 수 있으나, 후손의 나라인 송(宋)에도 실증할 사물이 부족하다. 문헌(文獻)이 모자라는 탓이다. 문헌이 충분하면 내 충분히 실증할 수 있다.

〔子이 曰, 夏禮를 吾能言之나, 杞不足徵也며, 殷禮를 吾能言之나, 宋不足徵也는 文獻不足故也니, 足則吾能徵之矣로리라.(八佾 9)〕

대궐(大闕) 문에 들어갈 때에는 몸을 굽혀 절하는 듯, 송구스러워하는 품이 마치 문이 좁아서 몸이 들지 못하는 듯하시다.

〔入公門하실새, 鞠躬如也하사, 如不容이러시다.(鄕黨 4)〕

마을 사람들과 술을 마실 때에는 지팡이 짚은 노인들이 먼저 나간 다음에야 나가시었다.

〔鄕人飮酒에, 杖者이 出이어든, 斯出矣러시다.(鄕黨 10)

마구간이 불에 탔는데, 공자(孔子)께서 퇴청(退廳)하시어 묻되, "사람이 다쳤느냐?"고 물으시고, 말에 대해서는 묻지 않으셨다.

〔廐焚이어늘, 子이 退朝하사, 曰, 傷人乎아 하시고 不問馬하시다.(鄕黨 12)〕

《논어》에는 이상과 같은 기록이 허다하다. 공자 자신은 물론이고 제자(弟子)나 후배(後輩)에게 예의바르게 행동할 것을 구(求)하였던 것이다.

대체로 공자께서 학단(學團)을 설치하고 유교(儒敎)의 개조(開祖)가 된 목적은 단지 군자(君子)의 양성, 군자도(君子道)의 확립(確立)인 것이며, 그리고 군자는 곧 예의의 사람이라고 할 수 있으므로, 공자가 예를 존중한 것은 당연한 것이다. 따라서 예의 교범(敎範)이라고 할 수 있는 문헌(文獻)이 학단(學團)에서 만들어져 그것이 후세에 전해졌을 것이다.

《사기(史記)》 공자전(孔子傳)은 공자가 예의 책을 지었다는 뜻을 기록하고, 《한서(漢書)》〈예문지(藝文志)〉에 의하면 한(漢)나라 무제(武帝) 말(末)에 노(魯)나라의 공씨구댁(孔氏舊宅)에서 《상서(尙書)》, 《논어(論語)》, 《효경(孝經)》 등과 함께 《예기(禮記)》〔예의 기록이란 뜻〕가 발견되었다고 있으며, 더욱 〈예문지〉의 예(禮)의 서목(書目) 중에는, 《예기(禮記)》〔위 공씨구댁의 예기류〕 131편이라던가, 《명당음양(明堂陰陽)》 33편이라든가, 《주관(周官)》의 경(經) 6편·전(傳) 4편이라든가의 이름이 보인다.

그러나 위와 같은 유의 예의 고기(古記)는, 여러 가지 계통(系統)으로 나뉘어, 서로에 이동(異同)이 있어, 한대(漢代)에 들어와 국가적(國家的) 정통사상(正統思想)이 된 유교(儒敎)의 통일적 예의 교범으로 쓸모가 없었기 때문에, 아마 많은 학자들이 그와 같은 〔통일적〕 예서(禮書)의 편찬(編纂)에 힘썼을 것이다. 그러나 결국 전한(前漢)의 소제(昭帝)로부터 선제(宣帝)에 걸쳐서의 세(世)〔기원전 1세기 중기〕에, 대덕(戴德)과 대성(戴聖)이 지은 《예기》가 기준적(基準的) 예서(禮書)가 되었고, 다시 후한(後漢)에 이르러 성(聖)이 만든 《소대례(小戴禮)》가 기준이 되는 지위(地位)를 독점(獨占)하여, 그 다음은 예기라면 《소대례》를 가리키는 것으로 되었다. 지금의 《예기》도 이것인 것이다.

대덕(戴德)과 성(聖)과는 숙질간(叔姪間)〔대덕의 형의 아들이 성임〕이다. 그래서 숙부(叔父)인 덕(德)을 대대(大戴), 조카인 성(聖)을 소대(小戴)라고 불렀다.

한(漢)나라 정현(鄭玄 : 127~200)의 《육예론(六藝論)》에는, '현재 세상에서 행해지고 있는 예는 대덕(戴德)·대성(戴聖)의 학이다. 대덕은 85편을 전한, 즉 대대례(大戴禮)이다. 대성은 예 49편을 전한

소대례(小戴禮), 즉 이 《예기(禮記)》이다'라고 했다. 이것은 《예기》라는 책이름이 문헌에 보이는 최고(最古)의 것이다. 《육예론(六藝論)》의 원본(原本)은, 지금은 산일(散逸)되어 전해지지 않는다. 이 글은 공영달(孔穎達 : 574~648)의 소(疏)를 인용한 것이다.

대덕(戴德)은 자(字)를 연군(延君)이라 하고 대대(大戴)라 불렸으며, 대성(戴聖)은 자(字)를 차군(次君)이라 하고 소대(小戴)라 불렸다. 함께 예에 관한 학문을 후창(后倉)에게서 전수(傳授)받았다 한다. 후창은 한(漢)나라 선제(宣帝) 때 사람이다.

당시 이 두 책이 세상에 행해지고 있었다. 이것을 구별하기 위하여 책이름 위에 대대(大戴)·소대(小戴)의 이름을 붙여서 불렀다.

그러나 정현(鄭玄)이 나와서 《주례(周禮)》《의례(儀禮)》와 함께 《소대예기(小戴禮記)》에 주(注)를 달아서, 삼례(三禮)라고 한 후부터는 《예기(禮記)》하면 오로지 《소대예기(小戴禮記)》를 가리키는 것이 되었고, 대대(大戴)의 책만을 《대대예기(大戴禮記)》라고 부르게 되었다.

2. 대대예기(大戴禮記)에 관하여

대대예기가 본래 85편으로 이루어져 있다는 것은 《예기》의 〈곡례편(曲禮篇)〉 정주(鄭注)의 공소(孔疏)가 정현(鄭玄)의 《육예론(六藝論)》을 인용하여 말한 것이 시작이고, 제서(諸書)가 설명하는 것이지만, 그 중 제1에서 제38까지와, 제82에서 제85까지의 합계 42편과, 제43, 44, 45, 61의 4편, 총계 46편은 이미 산일(散逸)되었고, 제73편은 둘[諸侯遷廟篇과 諸侯釁廟篇]이므로, 지금의 대대예기는 모두 40편으로 되어 있다. 다만 옛 《수서(隋書)》〈경적지(經籍志)〉는 제47의 하소정편(夏小正篇)을 독립된 문헌으로 해서 대대예기와 아울러 같은 대덕(戴德)의 손에 의해 이루어진 2종의 예서(禮書)로 보고 있다.

다음에 《수서》〈경적지〉, 그밖에 [《수서》〈경적지〉를 따름에서인지] 대성은 대덕의 《예기》85편에서 49편을 뽑아내어 따로 《예기》를 만들었다고 하지만 이에 따르지 않는 사람도 적지 않다는 것이다. 청(淸)나라 왕실재(王實齋 : 이름은 聘珍)는 《대대예기해고(大戴禮記解詁)》라는 그의 저서 서문에서 대덕도 대성도 같은 후창(后倉)의 문하(門下)에서 배운 바로, 예의 고기(古記) 204편[131편 및 다른 예서의 합계]을 전수(傳授)받았으므로, 뒤에 각자가 가려 뽑아 각각 《예기》를 편찬했다. 따라서 대소 예기(大小禮記)가 같이 취한 편[哀公問, 投壺 등]도 있고, 같이 취하지 않은 편[王度記, 辨名記, 政穆 등. 이것은 다른 古文獻에 보이는 禮의 古記의 篇名]도 있다.

그러나 소대본이 대대본으로부터 뽑아낸 것인지 아닌지를 알려면, 적어도 대대본의 편명이라도 전부 알고 있고, 소대본의 편명이 전부 대대본 속에 들어있다면 몰라도 이미 대대본은 그 절반이 산일(散逸)되어 대소간 이동(異同)의 편목(篇目)조차도 조사할 길이 없으니 이 두 가지는 즉 따로따로 만들어졌느냐, 또는 소는 대에서 뽑아냈느냐, 그것을 확신할 수 없다. 다만 현존하는 것을 참고로 대대예기(大戴禮記) 40편을 편명과 권제(卷第)를 게기(揭記)하여 둔다.

제1부터 제38의 38편은 없다.

주언(主言) 제39. 공자와 증삼과의 문답형으로, 천하에 주된 자[天子·王]의 마음먹는 제사(諸事)를 설명한 것. 《공자가어(孔子家語)》 중의 〈왕언해(王言解)〉라는 편과 내용이 동일함.

애공문오의(哀公問五義) 제40. 애공과 공자의 문답형으로, 용인(庸人 : 凡庸의 사람), 사(士), 군자(君子), 현인(賢人), 대성(大聖)의 5종의 인격의 상위를 설명함.

애공문어공자(哀公問於孔子) 제41. 이것은 예기(禮記 : 小戴禮記)의 애공문(哀公問) 제27과 동일(同一). 애공(哀公)과 공자(孔子)와의 문답형으로, 예의와 정치가 설명됨.

예삼본(禮三本) 제42. '천지(天地)는 성지본(性之本), 선조(先祖)는 유지본(類之本), 군사(君師)는 치지본(治之本)으로, 이것을 삼본(三本)이라 일컬으며, 천(天), 지(地) 및 조선(祖先)을 제사지내는 것은 예의 삼본(三本)이다……'라는 취지(趣旨)의 일편(一篇).《사기(史記)》팔서(八書)의 예서(禮書)의 부에 이 편의, '예의 삼본이란 이것 이것'이라는 글과 동일한 글이 씌어져 있다.

제43, 44, 45편은 결(缺)해 있음.

예찰(禮察) 제46. 왕실재(王室齋)에 의하면, 이 편은 후인의 서가(書加)와 전사(傳寫)할 적에 생긴 오탈(誤脫) 등이 매우 많다. 또 이 편의 어느 부분은, 지금의《예기》〈경해편(經解篇)〉의 글과 동일하고, 또 어느 부분은 가의(賈誼)의《신서(新書)》의 글과 동일하다. 연구자 중에는 대대예기가《신서》의 글을 뽑아들인 것으로 보는 사람도 있으나, 〔王實齋에 의하면〕 같은 자료(資料), 즉 예의 고기(古記)에서 가의도 대대도 직접 뽑아낸 것이다.

하소정(夏小正) 제47. 이것은《예기》에 〈월령편(月令篇)〉이 갖추어져 있는 것과 같은 취향(趣向)이어서, 중국 고대의 예제(禮制) 중에는 역법(曆法)과 시령(時令 : 年中行事를 정한 것)이 하나의 중요한 지위를 차지하는 것으로, 거기서 대대예기에 하소정의 1편이 수록된 것이다. 하정(夏正)이란 하조(夏朝)의 왕삭(王朔), 즉 하조의 역법이란 것이고, 소(小)의 뜻은 미상(未詳)이나, 아마 축소(縮小)·생략(省略)의 뜻으로, 소정(小正)이란 약력(略曆)의 뜻일 것이다.

보부(保傅) 제48. 보부(保傅)란 궁정(宮庭)의 부육관(傅育官)으로, 황태자(皇太子)의 학문의 차제(次第)와, 그 교육에 당하는 사람의 마음가짐을 설명한다. 가의의《신서》의 글에는 이 편의 글과 거의 같은 것이 적지 않다.

증자입사(曾子立事) 제49, 증자본효(曾子本孝) 제50, 증자입효(曾子立孝) 제51, 증자대효(曾子大孝) 제52, 증자사부모(曾子事父母) 제

53, 증자제언상(曾子制言上) 제54, 증자제언중 제55, 증자제언하 제56, 증자질병(曾子疾病) 제57, 증자천원(曾子天圓) 제58. 이들 10편은 모두 증자의 언행을 기록하는 형식으로 되어 있어, 말하자면 증자학파(曾子學派)의 기록이었던 것이 예의 고기록 중에 수용된 것일 게다. 천원(天圓)의 편명(篇名)은 이 편의 최초에 '증자왈천원이지방(曾子曰天圓而地方)……'이라고 한 데 연유한다.

무왕천조(武王踐阼) 제59. 주(周)의 무왕(武王)이 자기를 경계하고 또 자손에게 가르치기 위하여 몇 개의 명(銘)을 만든 이야기를 기록함.

위장군문자(衛將軍文子) 제60. 편수(篇首)의 장군문자(將軍文子)와 공문(孔門)의 자공(子貢)과의 문답을 기록함. 그리고 뒤에서는 공자의 정치론을 보임.

제61편은 결(缺)함.

오제덕(五帝德) 제62, 제계(帝繫) 제63. 황제(黃帝), 곡(嚳), 전욱(顓頊), 요(堯) 및 순(舜)의 오제(五帝)의 계보(系譜)와 공덕(功德)을 기술함.

권학(勸學) 제64.《순자(荀子)》의 〈권학편(勸學篇)〉과 동문(同文)의 개소가 많고,《관자(管子)》라든가《설원(說苑)》등과도 동문(同文)의 개소도 있음.

자장문입관(子張問入官) 제65. 공자와 자장과의 문답형으로, 관인(官人)이 민정(民政)에 당하는 마음가짐을 설명함.

성덕(盛德) 제66, 명당(明堂) 제67. 왕실재(王實齋)에 의하면 이 2편은,《한서(漢書)》〈예문지(藝文志)〉에 게재된 '명당음양설(明堂陰陽說) 5편'에 해당함. 내용은 명당(明堂)의 설치 목적과 구조 및 천자의 성덕(盛德)과 하늘의 응보(應報)에 대해 기술함.《예기》의 〈명당위편(明堂位篇)〉과는 각각 다르다.

천승(千乘) 제68, 사대(四代) 제69, 우대덕(虞戴德) 제70, 고지(誥志) 제71, 소변(小辨) 제74, 용병(用兵) 제75, 소간(少間) 제76. 이들

7편은 〈예문지(藝文志 : 論語類)〉에 게재된 '공자삼조기(孔子三朝記) 7편'에 해당함. 이것은 제본소인(諸本所引)의 유씨칠략(劉氏七略)에 의하면, 공자가 세 번 애공(哀公)을 뵙고서 정도(政道)를 설명할 적의 그 문답을 기록한 것이다.

문왕관인(文王官人) 제72. 왕실재(王實齋)에 의하면, 이 편은 〈예문지(藝文志 : 尙書類)〉에 게재된 '주서(周書) 71편' 중의 관인해(官人解) 제58과 거의 동문(同文)이다. 문왕(文王)이 태사(太師 : 太公望 呂尙)에게 말하는 형식으로, 관인임용(官人任用)의 도를 설명함.

제후천묘(諸侯遷廟) 제73, 제후흔묘(諸侯釁廟) 제73. 이 두 편은 함께 제73이라고 차서가 매겨진 것은 전승(傳乘)할 적의 잘못에 기인(基因)하는 것이겠으나, 그 전말(顚末)은 불명. 다 같이 제후의 묘(廟)에 관한 예법을 기술함.

조사(朝事) 제77. 왕실재에 의하면 예의 고기(古記)에는 〈조사의(朝事儀)〉편이었던 것이, 뒤에 의(儀)자가 빠진 것. 내용은 조정의 제 의례(諸儀禮)에 관한 것.

투호(投壺) 제78.《예기》의 〈투호편(投壺篇)〉과 거의 같음.

공부(公符) 제79. 왕실재에 의하면, 고기에서는 〈공관(公冠)〉편이었던 것이, 관(冠)자가 뒤에 오사(誤寫)되어 부(符)자로 되었다. 내용은 제후의 관례(冠禮)에 관한 것.

본명(本名) 제80. 운명(運命)에 관한 것, 수명(壽命)에 관한 것, 사람의 일생에 있어서 각종 의례에 관한 것을 설명함.

역본명(易本命) 제81. 전편(前篇)에 관련하여 역점(易占)에 관한 것을 설명함.

ㅇ시법(諡法)―〔시법편(諡法篇)이라던가 시법기(諡法記)라던가 하는 것이 있을 것이나, 그 편명만을 표시함. 이하 같음. 더욱 대대 예기의 제 몇편에 해당하는가는 불명〕군주(君主)의 시호(諡號)

의 뜻을 설명함.

ㅇ왕도(王度)－주로 작록(爵祿)의 제도(制度)를 기술함.

ㅇ변명(辨名)－오인왈무(五人曰茂) [5인에 1인이라는 우수한 인물을 무(茂)라 함] 십인왈선(十人曰選), 백인왈준(百人曰俊), 천인왈영(千人曰英), 배영왈현(倍英曰賢) [2천인에 한 사람], 만인왈걸(萬人曰傑) 만걸왈성(萬傑曰聖) [1만인에 한 사람이 傑, 1억인에 한 사람이 聖]이라는 특수한 말의 정의(定義)를 기술함.

ㅇ삼정(三正)－하은주(夏殷周) 3대에 걸친 예제(禮制)의 동이변천(同異變遷)을 기술함.

ㅇ친속(親屬) ㅇ오제(五帝) ㅇ소목(昭穆) ㅇ왕패(王覇) ㅇ태학(太學) ㅇ서명(瑞命)

ㅇ예기(禮器) ㅇ문왕세자(文王世子) ㅇ곡례(曲禮) ㅇ제법(祭法)－이들 4편의 이름은 지금의 《예기》에도 있지만, 내용은 반드시 같지 않은 듯하다.

ㅇ체우태묘례(禘于太廟禮)

이제 시험삼아 이 40편과 《예기》의 49편의 편목(篇目)·내용(內容)과를 비교 음미(吟味)하여 보면, 〈애공문어공자(哀公問於孔子)〉〈투호(投壺)〉의 두 편은 《예기》의 〈애공문(哀公問)〉〈투호(投壺)〉와 크게 다르지 않다. 〈예찰(禮察)〉〈증자대효(曾子大孝)〉〈조사(朝事)〉〈본명(本名)〉의 제편은 〈경해(經解)〉〈제의(祭義)〉〈빙의(聘義)〉〈상복사제(喪服四制)〉와 내용은 비슷한 곳이 많으나 편제(篇題)는 다르다.

3. 소대예기(小戴禮記)에 관하여

이미 대대예기에 관해서 인용한 것처럼 정현(鄭玄)의 《육예론(六藝

論)》이, '대대예기는 85편, 소대예기는 49편'이라는 것을 비롯하여 소대예기, 즉 《예기》의 49편으로 된 것은 고래제서(古來諸書)의 기록한 바이다. 그리고 《수서(隋書)》〈경적지(經籍志)〉에는, 대덕(戴德)이 예의 고기(古記)를 정리해서 85편의 《예기》를 만들었고, 그것을 대성(戴聖)이 다시 산삭(刪削)해서 46편으로 했지만, 뒤에 마융(馬融)이 〈월령(月令)〉〈명당위(明堂位)〉〈악기(樂記)〉의 3편을 더하여 49편으로 했다. 그것이 지금의 《예기》다라는 뜻을 설명한다.

그러나 사고전서제요(四庫全書提要)에, '마융(馬融)의 제자인 정현(鄭玄)이 이 일[馬融增補]을 말하지 않았고, 또 소대예기(小戴禮記)의 학문을 정현은 직접 대성의 학통(學統)을 이어받고, 마융은 그 학문에는 관여하지 않았으므로, 마융의 증보란 있을 수 없고, 《수서(隋書)》의 설은 오전(誤傳)이다'라는 것이 바르다고 보여지는 것이다.

소대예기 49편은 후한(後漢) 이후 표준적인 《예기》로서의 지위를 점(占)했으므로, 항상 연구자가 많이 산일(散逸)하는 일도 없이 오늘날에 이르고 있다. 그 편목은 목차에 제기한 바와 같다.

4. 정주(鄭注)와 공소(孔疏)

정현(鄭玄)의 자(字)는 강성(康成), 북해(北海) 고밀(高密) 사람이다. 처음에 마융(馬融)에게 사사(師事)했으나 뒤에 향리(鄕里)에 돌아가 문인(門人)을 모아 강학(講學)과 저술(著述)에 힘썼다. 키는 장팔척(丈八尺)으로, 수미명목(秀眉明目)의 당당한 위장부(偉丈夫)였다고 전해지고 있다.

그의 저서는 백여만언(百餘萬言)에 달했다고 하는데, 지금 있는 것은 《모시전(毛詩箋)》과 《주찰(周札)》, 《예기(禮記)》의 이른바 삼례(三禮) 주(注)만이다. 이밖에 후인이 집일(輯佚)한 것에 《역주(易

注)》, 《춘추(春秋)》의 《침고황(鍼膏肓)》《발묵수(發墨守)》《기발질
(起發疾)》 및 《박오경이의(駁五經異議)》 등의 책이다.

　예는 그가 가장 뜻을 얻은 바인 것이다. 《한서(漢書)》《후한서(後
漢書)》의 〈유림전(儒林傳)〉을 조사해 보아도 역(易)·서(書)·시(詩)·
춘추(春秋)에 주(注)를 한 사람은 많지만, 예에 이르러서는 마융이 《주
례(周禮)》와 《의찰(儀札)》의 상복(喪服)에, 노식(盧植)이 《예기》에 주
를 내는 데 지나지 않았는 데 비하여 정현은 삼례(三禮)의 전부에 걸
쳐 주를 하고, 아울러 일가(一家)의 학문으로 하고 있다. 당(唐)의 공
영달(孔穎達)은 평해서, '예는 바로 정학(鄭學)'이라고 말하고 있다.

　그가 《예기》에 주를 냄에 있어서는 본래의 교본을 존중히 하여 함
부로 글자를 고치지 않았다. 밝히 오자(誤字)로 인정한 것도 경문(經
文)의 글자를 고치지 않고, 주에서 '무슨 자는 무슨 자로 할 것이다.
글자의 잘못이다'라고 기록하는 데 그쳤다. 그의 학문은 기초로 삼는
것이 있었고, 그의 태도는 지극히 준엄(峻嚴)했다. 후세, 《예기》를 읽
는 자는 정주(鄭注)로써 금과옥조(金科玉條)로 삼고 거의 경과 같은
정도로 무게있게 다루었다. 그의 딴 저서가 《모시전》을 제하고는 거
의 남아 있지 않은데 삼례(三禮)의 주(注)만이 완전하게 전해지고 있
는 것은, 그것이 특히 뛰어났고 존중되었기 때문인 것이다.

　정현이 죽은 후 남북조시대(南北朝時代)에는, 천하가 이분(二分)되
어 정치상(政治上)뿐만 아니라, 문학(文學)·미술(美術)·언어(言語)
등의 모든 면에서 남북의 차가 현저(顯著)하게 되었다. 경학상(經學
上)에서도 남북의 학풍은 엄하게 대립했다. 《주역(周易)》에 있어서는
남인(南人)은 왕필(王弼)의 주(注), 북인(北人)은 정현의 주, 《상서
(尚書)》에 있어서는 남인은 공안국(孔安國)의 위전(僞傳), 북인은 정
현의 주, 《좌씨전(左氏傳)》에 있어서는 남인은 두예(杜預)의 주, 북인
은 복건(服虔)의 주, 《논어(論語)》는 남에서는 하안(何晏)의 집해(集
解)가 행해지고, 북에서는 정현의 주가 행해졌다. 그런데 다만 예의

학문에 관한 한 남북 다 같이 정씨를 받들었다. 예학에 있어서는 정학에 이기는 것이 없었던 것이다.

또 이 시대에는 의소(義疏)의 학이 성해졌다. 북에는 후주(後周)의 웅안생(熊安生)이, 남에는 양(梁)의 황간(皇侃)이 나와서 모두 다 정주(鄭注)에 의해서 《예기의소(禮記義疏)》를 만들었다.

그러나, 이와 같이 경문(經文)에 대한 해석이 남북으로 나뉘어 대립하는 것은 사상통일상(思想統一上)으로 불편한 것을 벗어날 수 없었다. 또한 그것은 정치상으로도 천하통일(天下統一)을 저해(阻害)하는 것이기도 하였다.

그러므로 당나라 태종(太宗 : 598~649)은 이 점에 착안(着眼)하여 남북의 학문을 통일할 것을 생각했다.

그리고 정관(貞觀) 중에 안사고(顔師古 : 581~645)에 명하여 여러 가지의 경적(經籍)을 모아서 문구의 이동(異同)을 바로잡고 정본(定本)을 만들게 했다.

또 다시 공영달(孔穎達)·안사고(顔師古)·사마재장(司馬才章)·왕공(王恭)·왕담(王談)·마가운(馬嘉運) 등으로 하여금 《오경정의(五經正義)》 약 180권을 만들게 했다. 《오경정의》란, 요컨대 오경의 각각 권위있는 주서(注書)를 골라 그 의의를 부연(敷衍) 발휘하는 것이다.

공영달은 자(字)가 중달(仲達)로 기주(冀州) 형수(衡水) 사람이다. 공자(孔子)의 32세손(世孫)이라고 한다. 어렸을 적부터 총민(聰敏)하여, 8세에 취학(就學)하였고, 하루에 천여언(千餘言)을 암송했다. 자라서 《좌씨전(左氏傳)》《정씨상서(鄭氏尙書)》《왕씨역(王氏易)》《예기(禮記)》에 통달하고 겸하여 산학(算學)을 잘하고 문장에 뛰어났다. 수(隋)나라 말엽(末葉)에 명경(明經)에 거용되어 양제(煬帝) 때 천하의 유관(儒官)과 의론하여 연소한데도 그의 우두머리가 되었다. 노사(老師)·숙유(宿儒)는 그 밑에 서는 것을 부끄럽게 여겨 비밀히 자객

(刺客)을 놓아 죽이려 했으나, 양현감(楊玄感)의 집에 숨어서 면했다. 당나라에 들어가 관(官)은 국자사업(國子司業)·좨주(祭酒)에 이르렀다. 위징(魏徵)과 더불어 수사(隋史)의 편찬에도 관여했다.

그러나, 무엇이라 해도 그의 최대의 공적은 《오경정의(五經正義)》의 편찬에 관여하고 이것을 완성한 것이다. 《예기정의(禮記正義)》의 편찬에 당하여서는 정주에 기본하여 웅안생(熊安生)·황간(皇侃)의 의소(義疏)를 참작하여 이것을 산정(刪定)하였다.

그 후, 《예기》를 읽는 자는 모두 정주와 함께 공소를 존중했다. 명대에는 《예기대전(禮記大全)》이 칙찬(勅撰)되었고 청대(淸代)에는 《예기의소(禮記義疏)》가 칙찬되었으나, 정주나 공소를 폐기하지는 않았다.

5. 예기의 내용·분류

앞서 말한 바와 같이 《예기》는 공문의 제자들이 예를 배우기 위하여 예문의 의의를 잡기(雜記)한 것이므로, 그 내용은 잡다하며, 다방면에 걸치고 있는데 대성(戴聖)이 이것을 취사선택(取捨選擇)해서 한 책에 모은 것이다. 그 내용을 검토하고 배열(配列)의 서차(序次)를 정했다고는 받아들여지지 않는다. 〈곡례(曲禮)〉나 〈단궁(檀弓)〉은 확실히 전편의 권두(卷頭)를 장식하는 데 적합한 충실한 내용을 가진 대편(大篇)이라고 생각되나, 이하 각 편의 배열은 반드시 체계가 있는 것이라고는 인정하기 어렵다.

유향(劉向)의 별록(別錄)은 일찍이 이 점에 주목해서 그 내용에 의한 분류·개편을 시험하고 있다. 이 《별록》은 지금은 산일(散佚)되어 전해지지 않으나, 공소(孔疏)에 인용한 정현(鄭玄)의 《정목록(鄭目錄)》에 의하여 그 편린(片鱗)을 엿볼 수가 있다.

49편을 구문(九門)에 분류하여 게기하였으니 그것을 소개한다.

1. 通論　　③④ 檀弓 上·下　⑨ 禮運　　　⑬ 玉藻
　　　　　　　⑯ 大傳　　　　⑱ 學記　　　⑳ 經解
　　　　　　　㉗ 哀公問　　　㉘ 仲尼燕居　㉙ 仲尼閒居
　　　　　　　㉚ 坊記　　　　㉛ 中庸　　　㉜ 表記
　　　　　　　㉝ 緇衣　　　　㊶ 儒行　　　㊷ 大學
2. 制度　　　①② 曲禮上·下　⑤ 王制　　　⑩ 禮器
　　　　　　　⑰ 少儀　　　　㊴ 深衣
3. 明堂陰陽記 ⑥ 月令　　　⑭ 明堂位
4. 喪服　　　⑦ 曾子問　　　⑮ 喪服小記　⑳㉑ 雜記上·下
　　　　　　　㉒ 喪大記　　　㉞ 奔喪　　　㉟ 問喪
　　　　　　　㊱ 服問　　　　㊲ 閒傳　　　㊳ 三年問
　　　　　　　㊾喪服四制
5. 世子法　　⑧ 文王世子
6. 子法　　　⑫ 內則
7. 祭祀　　　⑪ 郊特牲　　　㉓ 祭法　　　㉔ 祭義
　　　　　　　㉕ 祭統
8. 吉禮　　　㊵ 投壺　　　　㊺ 鄕飮酒義
9. 吉事　　　㊸ 冠義　　　　㊹ 昏義　　　㊻ 射義
　　　　　　　㊼ 燕義　　　　㊽ 聘義
10. 樂記　　　⑲ 樂記

　위 분류 가운데 통론(通論)에 속하는 것은 예법이나 예제의 실제에
관해서보다도 예의 기본 원리라던가 예를 초월한 정치와 도덕의 이상
이라든가에 관하여 추상적인 이론을 기록한 것이 많은 제편이다. 그
리고 그 중에서도 중시할 것은 《대학(大學)》·《중용(中庸)》의 두 편
이다. 《대학》은 '치국평천하(治國平天下)'를 가지고 대학[최고의 학
문]의 목적으로 하고, 학문의 계정(階程)은 '격물(格物), 치지(致知)'

에 비롯하고, '성의(誠意), 정심(正心), 수신(修身), 제가(齊家)'를 지나서 '치국(治國), 평천하(平天下)'에 이르는 것이라고 설명하는 선진(先秦) 유교에서는 아직 보이지 않는 자못 조직적·논리적인 학문론이다.

또 《중용》은 성(誠 : 誠實)의 덕으로써 자연계도 인간 사회에도 일관하는 근본원리로 하고, 또 인간 생활의 안정과 조화를 위하여 없어서는 안될 실천 원칙은 중용의 길이라는 것을 강조하는 윤리설(倫理說)이다.

위 두 편은 한대(漢代) 유교(儒敎)의 이론적 진보를 나타내는 대표적 논문이고, 송대(宋代)에 이르러 주자(朱子)는 두 편을 《예기》에서 독립시켜, 《논어》와 《맹자》와 병렬(並列)하여, 사서(四書)라 하여 유교의 중요 문헌으로 지정했다. 그리고 원대(元代)에 주자학(朱子學)이 유교의 정통 교설(敎說)로서의 지위를 점한 후부터는 《예기》라고 하면 대학·중용 두 편을 뺀 47편을 가리키는 일이 많게 되어 그 습관은 오늘날에 이르게 되었다. 이 사서오경(四書五經)의 《예기》도 또 그 예를 따라 대학·중용 두 편은 따로 다루어 한 책으로 했으니, 이 《예기》의 내용은 그밖의 47편이다.

6 예기의 전승(傳承)

《한서(漢書)》〈유림전(儒林傳)〉에 따르면, 《예기》의 편찬자인 대성(戴聖), 대대예기의 대덕(戴德) 두 사람은 양(梁 : 지금의 河南省內의 땅) 사람으로, 같이 후창(后倉)에게 배워 예(禮)의 대가가 되어, 선제(宣帝) 때 예박사(禮博士)가 되었다. 그리고 후한(後漢) 때에 있어서도 두 가지의 《예기》가 같이 학관(學官)에 세워졌으나 정현(鄭玄)이나 고유(高誘) 등은 특히 대성의 《예기》를 존중하였고, 또 정현은 이 《예기》의 주석(注釋)을 지어 호평(好評)을 얻었으므로, 이후 점차로 대성의 《예기》만이 중시되게 되었다.

삼국(三國)의 위(魏)나라에서 왕숙(王肅)이 《예기》에 주(注)를 하여 정현에 적대(敵對)한 이후는 예의 학자들은 왕정(王鄭) 두 파로 나뉘게 되었고, 남북조(南北朝)를 통하여 당대(唐代)에 이르기까지, 이 분파(分派) 경향이 있었으나, 당(唐)의 태종(太宗) 때에 오경정의(五經正義)가 제정되어 《예기》에는 정주(鄭注)가 쓰이어 공영달(孔穎達) 등의 소(疏 : 梁 皇侃의 疏가 基本이 되어 있음)가 만들어진 후 왕주(王注)는 점점 쇠(衰)하여서 이 주석서(註釋書)는 결국 산일(散逸)되었다.

또 태종 때 위징(魏徵)은 《유찰(類札)》을 지었으나, 이것은 《예기》 제편(諸篇)의 서열(序列)이 무원칙이므로 그럴싸한 원칙을 만들어서 분류하고, 편차를 정제한 듯하나, 구체적인 것은 알 수 없다. 이 신편 《예기》는 현종 때에 원행충(元行沖)의 의소(義疏)를 붙여 학관(學官)으로 세울 단계에 이르렀다가 반대 의견이 나와 도태(淘汰)되고 말았다.

송조(宋朝)에 이르러서 《예기》의 연구는 한층 성해졌으나, 그 중에는 왕안석(王安石)과 같이 [《周禮》를 존중하여] 《예기》를 경시하는 사람들도 있었고, 정자(程子)나 주자(朱子) 등도 《예기》 중의 대학이나 중용은 크게 존중하였어도 《예기》 전체는 반드시 [다른 經書만큼은] 중시하지 않는 경향이 있었다. 특히 하휴(夏休) 같은 이는 《파예기(破禮記)》를 지어 《예기》는 사상상 및 표현상에 잡박(雜駁)한 개소가 적지 않으며 유가의 경전으로 삼기에 부족하다고 비난하였다고 전해지고 있다.

그러나 《예기》를 존중하고 열심히 연구하여 주석(注釋)을 지은 사람도 많으며, 형병(邢昺), 진상도(陳祥道), 여대림(呂大臨), 호전(胡銓), 위요옹(魏了翁), 위식(衛湜) 등은 그 대표적인 학자로 위식의 《예기집설(禮記集說)》은 정현 이래 남송 제가에 이르기까지의 주석을 널리 가려뽑은 것이므로 중요한 문헌이다. 후에 원조(元朝)의 진호(陳澔)는 위씨(衛氏)의 집설(集說)에 근거하고 자기의 견해를 더하여, 동명(同名)의 《예기집설(禮記集說)》을 지었다. 여기에는 정주공소(鄭注孔疏)의 정의(正義)에 반대하는 의견도 나타내져 있다. 이 진씨집설(陳氏集說)은 명대(明代)의 성조(成祖) 때에 오경대전(五經大全) 중의 예기대전(禮記大全)으로 쓰이면서부터 명대(明代)를 통하여 가장 널리 통행(通行)했다. 이것은 정주공소(鄭注孔疏)의 고주예기(古注禮記)에 대해서 신주예기(新注禮記)라고 말할 수가 있다.

청대(淸代)에서는 건륭(乾隆) 때에 《예기의소(禮記義疏)》가 지어졌는데 신고이주(新古二注)가 절충(折衷)되어서, 이것이 과거시험(科擧試驗)에 있어서 《예기》 해석의 표준이 되었다. 그러나 경학계(經學界)에서는 고주(古注)가 중시되어, 이광파(李光坡), 주동상(朱董祥), 서세목(徐世沐), 강조석(姜姚錫), 임계운(任啓運), 황종희(黃宗義), 혜정우(惠定宇), 항세준(杭世駿), 묵사대(万斯大), 초순(焦循), 강영(江永), 유월(俞樾) 그밖의 학자들이 각기 연구의 성과를 나타내고 있다.

더욱이 《예기》가 우리나라에 전해진 것은 확실한 연대는 미상이나 다음 기록으로 보아 삼국(三國) 때에는 이미 《예기》가 행해졌음을 알 수가 있다.

고구려에는 책에 오경(五經 : 詩·書·易·禮·春秋)과 삼사(三史 : 史記·前漢書·後漢書)와 《삼국지(三國志)》《진양추(晉陽秋)》 등이 있다.
　　〔高句麗 : 書籍有五經·三史·三國志·晉陽秋.《北史》後周書〕
　　고구려에는 책에 오경(五經) 및 《사기(史記)》《한서(漢書)》범엽(范曄)의 《후한서(後漢書)》《삼국지(三國志)》, 손성(孫盛)의 《진춘추(晉春秋)》《옥편(玉篇)》《자통(字統)》《자림(字林)》 등이 있었고, 또《문선(文選)》도 있어 더욱 그것을 애지중지(愛之重之)하였다.

[其書有五經及史記·漢書·范曄後漢書·三國志·孫盛晉春秋·王篇· 字統·字林·又有文選, 尤愛重之.《舊唐書》高麗傳]

신라의 학제는《주역(周易)》《상서(尙書)》《모시(毛詩)》《예기(禮記)》《춘추좌씨전(春秋左氏傳)》《문선(文選)》 등으로써 그것들을 나누어서 학업(學業)으로 삼았다.

[新羅：學制, 以周易·尚書·毛詩·禮記·春秋左氏傳·文選·分而爲業.《文獻備考》學校考一]

신라 원성왕(元聖王) 4년(788) 봄에 처음으로 독서삼품(讀書三品)을 정하여 출신케 하였는데《춘추좌씨전(春秋左氏傳)》《예기(禮記)》《문선(文選)》을 읽고 그 뜻에 능통하고 겸하여《논어(論語)》《효경(孝經)》에 밝은 자를 상품(上品)으로 하고,《곡례(曲禮)》《논어(論語)》《효경(孝經)》을 읽은 자를 중품(中品)으로 하고,《곡례(曲禮)》《효경(孝經)》을 읽은 자를 하품(下品)으로 하고, 만약 오경(五經), 삼사(三史), 제자백가서(諸子百家書)에 널리 통(通)한 자는 이를 발탁하여 등용하였다.

[元聖王四年春, 始定讀書三品以出身. 讀春秋左氏傳, 若禮記, 若文選, 而能通其義, 兼明論語·孝經者爲上, 讀曲禮·論語·孝經者爲中, 讀曲禮·孝經者爲下, 若博通五經·三史·諸子百家書者, 超擢用之.《三國史記》卷第十 38 元聖王條]

《예기》가 처음 일본에 전해진 것은 계체천황(繼體天皇：서기 6세기 전반) 때, 백제의 오경박사(五經博士) 단양이(段楊爾)가 전했을 것이라는 것이 사실이라면 백제는 그 이전에 이미 예기가 행해졌다고 보아야 옳을 것으로 생각된다.

　그후 고려 시대는 국교가 불교인만큼 겉으로 드러나게 《예기》가 행해졌을 리는 없다 하더라도 조선 시대의 억불숭유(抑佛崇儒)까지 몰고 올 배태(胚胎)는 충분히 고려 시대에 되어 있었으리라 믿어져, 민간의 밑바닥에서는 많이 읽혀졌으리라 보아지는 것이다.

　조선에 들어와서는 숭유(崇儒)의 정책에 힘입어 많은 사람이 읽고 연구했었을 것이다. 특히 성균관(成均館)에 이 《예기》 연구를 위한 예기재(禮記齋)가 설치되었으며, 《예기식견록(禮記識見錄)》《예기대문언독(禮記大文諺讀)》 같은 책을 국가에서 간행한 일도 있었다. 또한 우리나라에서는 《사례편람(四禮便覽)》을 만들어 《예기》의 실생활화(實生活化)에 힘썼던 것이다. 이로 말미암아 붕당(朋黨)을 낳게까지 하였으니 《예기》 실천의 극성이 이만저만한 것이 아니었다. 송우암(宋尤庵)의 《계녀서(誡女書)》도 이에 근거하여 씌어진 것이라 하겠다.

7. 예기의 판본(版本)

　《예기》의 판본(版本)에는 실로 여러 가지가 있다. 경문(經文)만을 새긴 것, 경(經)과 주(注)를 합하여 새긴 20권본(卷本), 정의(正義)만을 단독으로 새긴 단소본(單疏本 : 70권), 경·주소(注疏)를 합하여 새긴 63권본 등이 있다. 또 《예기》의 일경(一經)만이 단독으로 새겨진 것은 도리어 적고 많은 경우는 삼례(三禮)·오경(五經)·팔경(八經)·구경(九經)·십삼경(十三經) 중의 일경으로 새겨져 있다. 다음에 비교적 중요하다고 생각되는 것을 골라 해설한다.

　《예기(禮記)》 20권 부(坿) 고증(考證)　한(漢) 정현(鄭玄) 주(注) 당(唐) 육덕명(陸德明) 음의(音義) 무영전간(武英殿刊) 오경소

재(五經所載)

이른바 악본(岳本)이라 일컬어지는 것이다. 원본은 송(宋)의 악가(岳珂)가 형계가숙(荊谿家塾)에서 교간(校刊)한 《구경삼전(九經三傳)》 중의 하나이다. 이것은 건륭(乾隆) 48년(1783), 칙지(勅旨)에 의하여 무영전(武英殿)에서 복각(覆刻)한 것이다.

《예기》20권 부(坿) 석문(釋文) 4권 한 정현 주 석문 당 육덕명 찬 가경(嘉慶) 11년 양성장씨용(陽城張氏用) 송(宋) 무주본(撫州本) 영간(景刊)

원본은 남송(南宋)의 순희(淳熙) 4년(1177)에 무주공사고(撫州公使庫)에서 새겨졌다. 공사고는 송대(宋代) 각주(各州)에 설치되었던 공영(公營)의 영빈관(迎賓館)으로 각기 인쇄국(印刷局)이 있어서 잉여금(剩餘金)으로 출판사업을 행했다. 북경도서관(北京圖書館)과 대만의 국립중앙도서관에 각기 1부를 수장하고 있다고 한다. 이것은 청(淸)의 가경(嘉慶) 11년(1806)에 양성(陽城)의 장돈인(張敦仁)이 원본을 가지고 경간(景刊)한 것이라 한다. 동치(同治) 9년(1870)의 초북서국(楚北書局) 간본(刊本)은 그의 중간본(重刊本)이라 한다.

예기정의 잔(殘) 8권 권제63 지제70 당 공영달 등 봉칙찬(奉勅撰) 소화(昭和) 4년 동방문화학원용(東方文化學院用) 고히(甲斐) 구온사장(久遠寺藏) 송간본 영인(宋刊本影印)

이른바 단소본(單疏本)이다. 경주(經注)와는 별개로 정의(正義)만을 단행(單行)한 것이다. 최초로 판이 된 것은 송 태종(太宗) 때 공유(孔維) 등이 칙명(勅命)을 받아서 국자감(國子監)에서 그 당시 행해지고 있던 사본(寫本)의 텍스트를 모아서 상정(詳定)하여 인쇄에 붙였다. 그러나 이때의 판은 지금은 산일(散逸)되어 전해지지 않는다. 일본의 미노부산(身延山) 구온사(久遠寺)에는 그 초기의 복간본을 수장하고 있다. 다만 권제63에서 권제70까지의 8권뿐이다.

예기정의 70권 한 정현 주 당 공영달 등 소 민국 15년 남해교씨용(南海橋氏用) 가장(家藏) 송(宋) 소희본(紹熙本) 영인(影印)

당으로부터 북송에 이르기까지에는 경주본(經注本)과 정의본(正義本)〔단소본(單疏本)〕이 따로따로 행해졌었다. 경주(經注)를 읽고 그래도 뜻이 소통되지 않는 곳이 있으면 비로소 정의를 아울러 읽었던 것이다. 그러나 그래서는 불편하다고 해서 경주소(經注疏)를 합각(合刻)한 것이 출현되었다. 남송의 소희(紹熙) 3년(1192)에 절강삼산(浙江三山)의 황당(黃唐)이 새긴 것이 최고(最古)이고 권수도 단소본과 같이 70권이다. 중국의 광주(廣州) 반명훈(潘明訓)이 수장하는 것과 일본의 아시카가학교(足利學校) 유적도서관(遺跡圖書館)에 수장한 것 등 겨우 2부가 있을 뿐이다. 전자는 현재 북경도서관에 소장되었다고 한다. 여기에 든 것은 그 민국 15년(1926)의 영인본(影印本)이다.

부석음예기주소(附釋音禮記注疏) 63권 한 정현 주 당 육덕명 음의 당 공영달 소 송 복건간(福建刊) 명대(明代) 수보본(修補本)

원간본(原刊本)은 대만의 국립중앙도서관에 2부만이 있을 뿐이다. 〔그러나 1부는 불완본(不完本)〕. 남송 때 전술의 경주소(經注疏) 합각본에 다시 당의 육덕명의 석음(釋音)을 더하여 새긴 것이 출현되었다. 판원(版元)은 건안(建安)의 서점 일경당(一經堂) 유숙강(劉叔剛)이다. 매반엽(每半葉) 10행, 이른바 10행본이라고 하는 것이다. 완원(阮元)의《교감기(校勘記)》에 인용한 민본(閩本) 감본(監本) 모본(毛本)은 모두 이 판에서 나온 것이다. 더욱 육덕명의 음의는 부각(付刻)의 것으로도 충분하나, 역시 단행본(單行本)을 참간(參看)할 필요가 있다.

경전석문(經典釋文) 30권 당 육덕명 찬 통지당 간본 포경당 간본

권제 11에서 제14까지의《예기음의(禮記音義)》이다. 통지당본

(通志堂本)과 포경당본(抱經堂本) 등 두 종류의 텍스트가 있으나, 두 가지 다 볼 필요가 있다. 후자에는 청나라 노문초(魯文弨)의 고증(考證)이 붙어 있다.

예기정의(禮記正義) 63권 한 정현 주 당 육덕명 음의 당 공영달 소 명 국자감 간 13경 주소 소수(所收)

명(明)의 만력(萬曆) 17년(1589)에, 북경의 국자감(國子監)에서 간각(刊刻)한 《십삼경주소(十三經注疏)》 중의 하나, 감본(監本)이라 약칭한다.

예기정의(禮記正義) 63권 한 정현 주 당 육덕명 음의 당 공영달 소 급고각 간(汲古閣刊) 13경 주소 소수

명의 숭정(崇禎) 3년(1630)에, 모씨(毛氏) 급고각에서 간각한 《13경주소》 중의 하나, 모본(毛本)이라 약칭한다.

부석음예기주소(附釋音禮記注疏) 63권 부교감기(坿校勘記) 63권 한 정현 주 당 육덕명 음의 당 공영달 소 중간(重栞) 송본(宋本) 13경 주소 소수

청의 가경(嘉慶) 20년(1815)에, 완원(阮元)이 남창부학(南昌府學)에서 문선루(文選樓) 장(藏)의 송본에 의하여 새긴 《13경주소》 중의 하나. 문선루는 완원의 장서루(藏書樓)의 이름이다. 이 책을 저본(底本)으로 사용한 것이다. 완원본(阮元本) 또는 완본(阮本)이라 약칭한다. 또 《교감기(校勘記)》는 부각(付刻)의 것은 불완전한 것이니, 필요에 따라 단행본을 참간(參看)할 것이다.

송본십삼경주소병경전석문교감기(宋本十三經注疏併經典釋文校勘記) 245권 청 완원 찬 가경(嘉慶) 11년 의징완씨(儀徵阮氏) 문선루(文選樓) 간본(刊本)

〔우리나라에서 간행한 것〕

예기대문언독(禮記大文諺讀)

조선 세종(世宗) 때, 성삼문(成三問) 등에게 명하여, 《예기》 본문에 구두(句頭)를 붙인 책. 6권 6책.

이밖에도 경각(京刻) 방각(坊刻)의 《예기》 본문에 이두(吏讀)로 현토(懸吐)한 책들이 많이 있었다. 그리고 《예기식견록(禮記識見錄)》 같은 연구서의 간행도 있었다. 예생활의 지침서인 《사례편람(四禮便覽)》의 간행(刊行)은 그 수를 헤일 수 없을 정도였었다.

8. 예기의 주석서(注釋書)와 참고서

《예기》의 주석서로 가장 중요한 것은 물론 정현(鄭玄)의 주(注)와 공영달(孔穎達)의 소(疏)이다. 이 책은 주로서 정주(鄭注)와 공소(孔疏)에 따라서 해석하기로 했다. 그러나 송대(宋代) 이후 현대에 이르기까지의 선인(先人)의 저술(著述)에도 뛰어난 것이 적지 않으므로 참고로 하기 위하여 그 중 중요한 것을 골라 다음에 해설하기로 한다.

예기집설(禮記集說) **160권** 송 위식(衛湜) 찬 중간(重刊) 통지당(通志堂) 경해삼례(經解三禮) 소수본(所數本)

송대(宋代)에 이르러 제경(諸經)의 신주(新注)가 만들어졌으나 《예기》에 대해서, 정주·공소에 대신할 것은 아직 출현되지 않았다. 위식(衛湜)의 서(書)가 겨우 정현 이하 송인(宋人)에 이르기까지 140가(家)의 설(說)을 채록(採錄)하여 해박(該博)하다고 일컬어졌다.

예기집설(禮記集說) **10권** 원 진호(陳澔) 찬 동치(同治) 원년 금릉서국(金陵書局) 간본(刊本)

　　진씨(陳氏)의 이 책은 위식(衛湜)의 동명(同名)의 서에 비하여, 간편(簡便)하여 초학(初學)에 적합하다고 되어 있다. 명나라 《오경대전》이 칙찬(勅撰)되었을 때, 비로소 정주와 공소를 폐(廢)하고 이 서를 채용했다. 그 이후 진주(陳注)가 일반에 보급되게 되었다. 청나라의 납란성덕(納蘭性德)이 《예기집설보정(補正)》38권을 저작하고 있다.

예기집설대전(禮記集說大全)　30권　명 호광(胡廣) 등 칙찬(勅撰) 오경대전(五經大全) 소수본(所收本)

　　《오경대전(五經大全)》의 하나다.

흠정예기의소(欽定禮記義疏)　82권　청 장격친(莊格親) 왕윤록(王允祿) 등 봉칙찬(奉勅撰) 청간본(淸刊本)

　　《삼례의소(三禮義疏)》의 하나다.

예기집해(禮記集解)　61권　청 손희단(孫希旦) 찬 함풍(咸豊) 10년 서안손씨(瑞安孫氏) 반곡초당(盤谷艸堂) 간본 국학기본총서본

　　근래 중국에서 출판된 《국학기본총서(國學基本叢書)》는 청나라의 손이양(孫詒讓)의 《주례정의(周禮正義)》, 청나라의 호배휘(胡輩翬)의 《의례정의(儀禮正義)》와 아울러 《예기》는 이 서를 채택하고 있다. 고래의 설을 가려서 인용하고 자설(自說)을 보충하여 간요(簡要)를 얻었다는 평을 받는다.

예기금주금역(禮記今註今譯)　상하 2책　왕몽구(王夢鷗) 찬 1969·1970년 대북(臺北) 대만(臺灣) 상무인서관(商務印書館) 배인본(排印本)

　　제명이 나타내는 것처럼, 현대 중국어에 의한 역주(譯注)이다. 왕씨에게는 따로 《예기교증(禮記校證)》《대소대기선주(大小戴記選注)》 등의 저서가 있어 참고로 하는 바가 컸었다.

9. 기　타

　　신정삼례도(新定三禮圖) 20권　송 엽숭의(聶崇義) 찬 통지당(通志堂) 간본
　　의례도(儀禮圖) 6권　청 장혜언(張惠言) 찬 가경(嘉慶) 10년 양주완씨(揚州阮氏) 간본
　　《예기》 중에 나오는 명물(名物)·제도(制度)를 이해하기 위해서는 문장보다 그림을 보는 편이 빠른 방법인 경우가 많다. 이상의 두 책은 많은 참고가 될 것으로 여기에 들어 둔다.

제1 곡 례(曲禮) 상(上)

곡례(曲禮)란 위곡(委曲)의 예의란 뜻으로, 이 편에는 여러 가지의 예의범절이 상세히 기재되어 있다. 또한 예(禮)의 정신이나 의의에 대해서 해설한 곳도 적지 않으며, 이 상·하 두 편은 《예기》 전체 중에서 매우 중요한 부분이다.

곡례편에 이렇게 되어 있다. '공경하지 않는 것이 없어서, 단정하고 엄숙하기를 무언가 생각하는 것같이 하며, 말을 안정하게 한다면 백성을 편안하게 할 수 있을 것이다.'

거만한 마음을 자라게 해서는 안되며, 욕심을 방종하게 해서는 안되며, 뜻을 가득 차게 해서는 안되며, 즐거움을 극도로 누려서는 안된다.

[原文] 曲禮에 曰, 毋不敬하여, 儼若思하며, 安定辭하면, 安民哉인저.
(곡례 왈 무불경 엄약사 안정사 안민재)

敖不可長이며, 欲不可從이며, 志不可滿이며, 樂不可極이니라.
(오불가장 욕불가종 지불가만 낙불가극)

[註解] ㅇ曲禮(곡례)—예(禮)의 세칙, 곡(曲)은 위곡(委曲), 즉 자세하고 소상하다는 뜻, 또는 곡절. ㅇ曲禮曰(곡례왈)—'예의 세칙'에는 이렇게 되어 있다라는 뜻으로 곡례편 상하 전체에 걸쳐 있는 것이다. 어쩌면 《예기》를 편저하기 이전부터 '곡례'라는 기록이 있었을 것이다. ㅇ毋(무)—무(無)와 통하며 금지하는 말. ㅇ敬(경)—숙경(肅敬), 즉 삼가 존경한다는 뜻. 몸과 마음을 긴장시켜 자세를 바르게 하고 방심하지 않는 것. 정주학(程朱學)에서는 개인의 수양을 위해 지경(持敬)의 공부를 중시하지만, 그

것은 보통 정좌(靜座)하여 몸과 마음을 안온히, 거기에 방심하지 않고 보유한다는 예절을 말한다. ㅇ安民哉(안민재)—예(禮)를 배우는 것은 결과적으로 백성을 편안하게 하기 위한 것이므로 '공경함을 잊지 말고 항상 자세를 바르게 하며, 언사를 안정시키는 것도 결국은 백성을 다스리고 천하를 편안하게 하는 것과 연결된다'라고 말하였다. ㅇ不可長(불가장)—장(長)은 성장(成長)의 뜻. 즉 자라나게 해서는 안된다. ㅇ從(종)—종(從)은 종(縱)과 같으며 방종(放縱)이란 뜻. 즉 마음 내키는 대로 거리낌없이 행동하는 것. ㅇ滿(만)—가득찬 마음. 스스로 크다고 생각하는 마음. ㅇ極(극)—극도로. 더할 수 없는 궁극의 지경.

解說 주자(朱子)는 이렇게 말하였다. '제1편 제1장에서 군자가 수신함에 있어서 그 목적이 이 세 가지에 있고 그 효과는 백성을 편안하게 하는 것과 연결된다는 것을 말한 것이다. 이것이 곧 예(禮)의 근본이기 때문에 편(篇)의 첫머리에 실은 것이다.'

범씨(范氏)는 '경례(經禮) 3백과 곡례 3천을 한 마디로 요약해 말한다면 그것은 무불경(毋不敬), 풀어 말하면 공경하지 않는 것이 없다는 것이다'라고 하였다. 어떤 사물에나 또는 누구에게나 언제 어디서나 항상 공경하는 마음으로 대처한다면 그것이 곧 예의 근본이 된다는 것이다. 모든 예(禮)는 모두 공경하는 마음을 기초로 하지 않는 것이 없기 때문이다. 공경하는 마음을 갖고 있으면 자연히 교만하거나 난폭해지지 않을 것이며, 조심성이 있고 성실할 것이다. 그러므로 그 의젓하고 단정한 얼굴빛과 태도는 무언가 생각하고 있는 사람처럼 침착하고 고요할 것이며, 그의 말은 부경(浮輕)하거나 급거(急遽)하지 않고 안정감을 주어 듣는 사람으로 하여금 믿음성을 느끼게 할 것이다. 이러한 군자의 몸가짐과 마음의 자세는 나라를 다스리고 백성을 편안하게 하는 길이 될 수 있을 것이다. 이것은 한갓 옛사람의 설교로만 생각해서는 안된다. 현대를 살고 있는 우리들에게 공경스런 마음가짐과 단정하고 의젓한 얼굴빛과 고요하고 침착하게, 그리고 성실한 인사를 하는 사람이면 우리는 그 사람을 예의바른 사람, 교양있는 사람이라고 말할 것이다. 교오(驕傲)한 마음은 공경하는 마음의 반대이며, 교만한 마음은 남을 업신여기는 마음인 것이다. 그러므로 겸허하지 않은 마음에는 선(善)한 것을 받아들일 수 없다. 그러한 사람에게 올바른 성장과 향상이 있을 수 없으며, 예의 바르기를 기대할 수 없을 것이다. 올바른 성장과 향상이 있을 수 없고, 자신을 규율(規律)하는 예를 지니지 않은 사람이라면 파탄과 전락(轉落)이 있을 뿐이다. 그렇기 때문에 교오한 마음을 싹트게 하고, 그것이 성장하게 해서는 안된다는 것이다. 사람에게는 누구나 욕심이 있다. 그러나 그것을 스스로 억제하지 않고 함부로 거리낌없이 방종하게 내버려둔다면, 욕심을 가지면 가질수록, 누리면 누릴수록 더욱 갖고 싶고 더 누리고 싶어질 것이다. 그 욕심은 마침내 못하는 짓이 없는 최악의 경지로 사람을 몰아가고 만다. 그러므로 욕심은 어느 한계에서 스스로 억제해야 한다는 것이다. 사람의 마음은 스스로 존대(尊大)한 체하고 자기가 제일이라는 마음을 가져서는 안된다. 어떤 훌륭한 재지(才智)가 있고 어떤 큰 공적이 있을지라도 그것을 스스로 자랑하여 가득 찬 기분으로 있어서는 안된다. 가득 찬 것은 넘치게 마련이고 기울어지게 마련인 것이다. 또한 즐거움도 그것을 극도로 누려서는 안된다. 즐거움이 극도에 이르면 반드시 슬픔이 오는 법이다. 어떠한 즐거움이든 항상 조심해서 받아들이고 어느 한계에 이르러서는 반드시 스스로 억제할 줄 알아야 하는 것이다.

좋은 음식을 먹는 것이 즐겁더라도 알맞은 정도에서 그쳐야 하고, 술마시는 것이 즐겁다 할지라도 만취되어 실수하기에 이르러서는 안되는 것이다.

※ 毋不敬(무불경)―《예기》의 첫 대문 어구로서 고대로부터 중요시되었다. 송(宋)나라의 범조우(范祖禹)는 '경례삼백(經禮三百), 곡례삼천(曲禮三千), 일언이폐지(一言以蔽之), 왈무불경(曰毋不敬), 즉 대례삼백(大禮三百), 세례삼천(細禮三千), 대소 예의 전부를 일괄한 마음가짐은 무불경 세 자[三字]밖에 없다'라고 말하였다.

현자(賢者)는 사람에 대해서 친해져도 공경함을 잃지 않으며, 두려워하나 사랑하며, 사랑하나 그의 악한 것을 알며, 미워하나 그의 선한 것을 알며, 재물을 축적해서는 흩어 쓸 줄 알며, 편안한 곳을 편안하게 여기지만 옮겨야 할 때에는 능히 옮길 줄 안다.

재물에 대해서는 구차하게 욕심내지 않으며, 어려움을 당하여 구차하게 모면하려 하지 않으며, 싸워 이기려고 하지 않으며, 자기 몫을 많이 가지려고 하지 않으며, 의심스러운 일에 대하여 자신이 바로잡아 결정을 내리려고 해서는 안되며, 자신의 의견을 정직하게 개진(開陳)할 뿐이고 자신의 견해를 고집해서는 안된다.

原文 賢者는 狎而敬之하며, 畏而愛之하며, 愛而知其惡하며, 憎而知其善하며, 積而能散하며, 安安而能遷하나니라.
(현자 압이경지 외이애지 애이지기악
증이지기선 적이능산 안안이능천)

臨財엔 毋苟得하며, 臨難엔 毋苟免하며, 狠毋求勝하며, 分毋求多하며, 疑事를 毋質하며, 直而勿有니라.
(임재 무구득 임난 무구면 한무구승 분무
구다 의사 무질 직이물유)

註解 o狎(압)-친압(親狎), 아주 가깝게 지냄. 매우 친근하여 무간하게 지냄. o積而能散(적이능산)-적(積)은 축적(蓄積)이므로 재물을 축적하는 것. 능산은 그 쌓은 재물을 써야 할 곳에 유효 적절하게 쓸 줄 안다는 말이다. o安安(안안)-편안하게 여겨야 할 곳에 편안할 줄 안다는 것. o能遷(능천)-옮기는 것이 마땅할 때에는 주저하지 않고 옮긴다는 말. o苟得(구득)-구차하게 얻음. 얻을 수 없는 것을 군색하게 얻으려고 함. o狠(한)-마음이 고약하고 사나워서 남과 시비를 함. o分毋求多(분무구다)-남과 나누어 가질 때에 자기의 몫을 남보다 많이 가지려고 하지 말라는 뜻. o疑事毋質(의사무질)-자신도 의심나는 일을 바로잡아 결정을 내리려고 하지 말라는 뜻. 질(質)은 바로잡는다는 뜻. o直而勿有(직이물

유)—직(直)은 정직하게 자기의 의견을 고집하지 말라는 말.

解說 아주 친밀한 사이가 되면 공경하는 마음이 해이해지기 쉽고, 말과 태도에 있어서 무례해지기 쉬운 것이 세상 사람들의 습성이다. 그러나 친밀한 사이일수록 더욱 오래도록 서로 공경하는 마음을 갖는 것이 그 친밀을 오래도록 지속시키는 것이 된다는 것이다. 그리고 두려워하는 사람에 대해서는 그 두렵다는 마음 때문에 그를 사랑할 마음의 여유를 갖지 못하는 것이 세상 사람들의 흔히 있는 공통된 경향이다. 예컨대 아버지는 두렵다. 그러나 아버지를 단순한 두려움의 대상으로 삼아서는 안된다. 아버지는 사랑해야 하는 것이다. 또 세상 사람들은 누구를 사랑하게 되면 그 사람의 결점에 대하여 맹목적이 된다. 또한 누군가를 미워하면 그 사람의 좋은 점을 알려고 하지 않는다. 그것은 현명하고 공정한 태도가 아닌 것이다.

군자도 근검(勤儉)하고 노력한 결과로 정당하게 얻어지는 재물이면 그것을 축적한다. 다시 말하여 성현·군자라고 해서 부(富)를 무조건 거부하는 것은 아니다. 다만 욕심의 노예가 되어 부정한 축재를 하지 않을 따름이다. 그리고 축적한 재물은 효과적으로 써야 할 경우에는 아낌없이 유효 적절하게 사용한다. 돈은 잘 모으기도 어렵지만 잘 쓰는 일이 더욱 어렵다는 것이다. 또한 어진 사람은 자신의 분수를 알며 스스로 안주(安住)해야 할 곳을 안다. 그러나 그 안주하고 있는 곳에서 옮겨가야 하는 것이 옳다고 생각되는 때에는 그 옮겨야 할 곳이 비록 고난의 길일지라도 서슴치 않고 과감하게 옮겨간다는 것이다. 이상 열거한 몇 가지의 일들은 세상의 범상한 사람들에게는 하기 어려운 일이며, 오직 현명한 사람만이 실행할 수 있다는 것이다. 현대의 지성인으로서 우리들은 이 현명한 사람이 되어야 할 것이다. 재물을 대하고도 구차하게 얻으려 하지 않는 것은 이(利)를 대하고도 의(義)를 생각하는 것이고, 어려움을 당해서도 구차하게 모면하려고 하지 않는 것은 선도(善道)를 사수(死守)하는 것이다. 남과 싸워서 반드시 이기려고 하지 않는 것은 분노한 때에 화난을 생각하는 것이고, 남과 무엇을 나누어 가질 때에 자신의 몫이 남보다 많기를 원하지 않는 것은 적음을 근심하지 않고 균평하지 않음을 근심하는 것이다. 이것은 모두 현인 군자의 의젓하고 신중하고 정당한 생활태도를 말한 것이다. 세상의 많은 사람들은 싸워서 반드시 이기기를 원하며, 자기의 몫이 남보다 많기를 원한다. 그러나 이기기를 바란다고 반드시 이기게 되는 것이 아니며, 많이 얻기를 원한다고 해서 반드시 많이 얻어지는 것도 아닌데 공연히 자신의 인격만 손상시키는 결과가 될 따름이다. 자신도 정확하게 알지 못하는 의심나는 일을 아는 체하여 바르게 해명하는 양 말하지 말라고 경계한 것이다. 다만 자신의 소견을 정직하게 개진(開陳)하는 것은 좋으나 자기의 설(說)을 고집하여 그것이 옳다고 우기지 말아야 한다는 것이다. 우리는 이러한 과오를 가끔 범하고 있는 것이다.

앉는 것은 시동씨(尸童氏)처럼 하고, 서는 것은 재계(齋戒)중인 때처럼 엄정히 한다. 예(禮)의 실행은 마땅한 바를 따르고, 남의 나라에 사자로 가서는 그 나라의 풍속에 따른다.

예라는 것은 친소(親疏)에 따라 정하고, 혐의스러운 것을 해결하며, 같고 다른 것을 구별하고, 옳고 그른 것을 밝히는 것이다. 예는 망령되게 남을 기쁘게 하지 않으며, 말을 많이 하지 않는다. 예는 언동에 있어서 절도를 유지하는 것이며, 남을 침노하여 업신여기지 않으며, 친압(親狎)함을 좋아하지 않는다.

原文 若夫, 坐如尸하며, 立如齊니라. 禮란 從宜하고, 使란 從俗이니라.

(약부 좌여시 입여제 예 종의 사 종속)

夫禮者는, 所以定親疏하며, 決嫌疑하며, 別同異하며, 明是非也니라. 禮는 不妄説人하며, 不辭費니라. 禮는 不踰節하며, 不侵侮하며, 不好狎이니라.

(부예자 소이정친소 결혐의 별동이 명시비
야 예 불망열인 불사비 예 불유절 불침
모 불호압)

[註解] ○若夫(약부)—원문인 대대례(大戴禮)의 증자사부모편(曾子事父母篇) 중에서 인용할 때 불필요한 '약부(若夫)'란 말까지 삭제하지 않고 인용한 것으로, 주자(朱子)는 마땅히 여기에서 제외되어야 할 것이라고 하였다. ○尸(시)—시동(尸童)씨. 옛날 조상을 제사지낼 때 신령을 상징하는 뜻으로 신위(神位) 대신 앉히던 사람. ○齊(재)—재(齋)와 같으므로 재계(齋戒)라는 뜻. 제례(祭禮)의 주인역을 담당한 사람이 미리 일정한 기간을 일상생활로부터 멀리 떨어져서 몸과 마음을 청결하게 하는 것. 이 글에서는 재계중인 사람처럼 신중하고 근엄하다는 형용에 사용하였다. ○親疏(친소)—친근한 것과 소원한 것. ○嫌疑(혐의)—의심스러운 상태. 정당한 것과 그렇지 않은 것과의 구별이 애매한 것. ○說人(열인)—열(說)은 열(悅)과 같으니 남을 즐겁게 하는 것. 남에게 아첨하여 남의 마음을 즐겁게 만듦. ○辭費(사비)—말이 많음. 쓸데없는 말을 많이 하는 것. ○踰節(유절)—절도를 넘는 것. 여기서 절도는 떳떳한 한도(限度)라는 뜻. ○侵侮(침모)—남을 침노하고 업신여기는 것. ○狎(압)—친압(親狎). 친밀함이 지나치면 그 사이에 예의가 없는 것.

[解說] 앉는 것은 반드시 공경하고 정중한 태도로 바르게 앉아야 하며, 서는 것은 비록 평상시일지라도 재계할 때와 같이 공경하고 근신하는 마음으로 바르게 서야 한다는 것이다. 공경스럽고 정중하게 앉는 것이나 재계할 때처럼 바르게 서라는 것은 겉모양을 꾸미라는 것은 아니다. 그러나 마음이 경건하고 바르지 않으면 그 겉모양이 공경스럽고 바르게 될 수는 없다. 그 마음이 외모를 규정하기 때문이다. 사물(事物)은 언제나 고정 불변일 수는 없다. 공경한다는 것은 언제 어디에서나 어떤 경우라도 예의 근본이 되는 것이다. 그러나 형식적으로 나타내는 예의라는 것은 시의(時宜)에 따라 변할 수 있는 것이다. 경(敬)을 예의 본질이라고 하면, 예는 변통될 수 있는 형식이다. 본질을

지키면서 시의에 따라 변통하는 것이 진정 살아 있는 예가 될 것이다. 따라서 천 리에는 바람이 같지 않은 법, 나라마다 풍속은 다르다. 그러므로 남의 나라에 사신으로 간 때에는 반드시 그 나라의 풍속을 물어 그것에 따라야 한다. 그것이 곧 예인 것이다.

예라는 것은 친소를 구별해서 정하고 혐의스러운 점을 피하고, 같고 다른 것을 구별해서 정하여 옳고 그른 것을 밝힌다. 가령 복제(服制)를 예로 들어 설명한다면 오복(五服) 중에서 대공복(大功服) 이상의 상복은 추한 천으로 만든 복을 입게 하고, 소공복(小功服) 이하의 복은 정한 복을 입게 제정한 것은 친소를 구별해서 정한 것이다. 또한 첩이 본부인을 위해서 기년복(期年服)을 입지만, 본부인이 만약 첩을 위해서 기년복을 입는다면 너무 무겁고, 그렇다고 해서 낮추어 대공복을 입는다면 구고(舅姑)가 중자(衆子)의 처(妻)를 위한 복과 같은 혐의가 있다. 그러므로 전연 복을 입지 않게 정하였다. 공자(孔子)의 상(喪)을 당하여 문인(門人)들은 어떤 복을 입어야 할 것인가를 의심하였다. 그때 자공(子貢)은 아버지 상을 당한 것과 같이 하되, 복(服)은 없게 하자고 청하였다. 이런 것은 혐의를 피하여 예를 정한 것이다. 또 자매나 고모(姑母)는 본래 복이 같으나 자매가 출가한 후에는 다르다. 백모 및 숙모와 자부는 본래 복이 같은 것이지만, 중자(衆子)의 처에 대해서는 강복(降服)하여 복이 같지 않다. 이것은 같고 다른 것을 구별한 것이다. 또 남녀는 서로 직접 주고받지 않는 것이 예이다. 그러나 형수나 계수가 물에 빠졌을 때에는 손으로 잡는 것을 허용한다. 이것은 사리의 옳고 그른 것을 밝힌 것이다. 한 마디로 말하면 예라는 것은 때와 경우에 따라 마땅한 것을 좇아 정하는 것임을 알 수 있다.

남의 비위를 맞추는 것부터가 이미 올바른 마음가짐이 아니다. 더구나 망령된 언동으로 남의 마음을 기쁘게 하는 일이야말로 예(禮)가 아니고 아첨일 따름이다. 또한 조급한 사람은 말이 많다. 쓸데없는 말이 많으면 번거로워서 듣는 사람이 반드시 싫어한다. 그러므로 군자의 말은 자기의 의사를 전달하면 그것으로 그친다. 그것이 예의바른 일이

기도 한 것이다. 절도를 넘으면 욕(辱)됨을 부르게 되고, 남을 침모(侵侮)하면 사양하는 마음을 잊어버리게 되며, 친압하기를 좋아하면 공경하는 마음을 잊어버리게 된다. 이 세 가지는 모두 예에 위배되는 일이다. 삼가고 경계해서 이와 같은 잘못을 범하지 않는다면 반드시 의젓하고 공경하며 순실(純實)한 정성을 가지게 될 것이다. 그렇게 되면 치욕을 멀리할 수 있을 것이다. 예에는 떳떳한 절도가 있다. 그 한계를 넘으면 이미 예(禮)가 아니다. 그러므로 지나치게 공손한 것도 예가 아니며, 이를 과공비례(過恭非禮)라고 한다. 하물며 망령된 언동으로 남의 비위를 맞추어 남을 기쁘게 만들려고 하는 일이겠는가. 예라는 것은 사물의 마땅한 바를 지키게 하는 도덕적 규율인 것이다. 그러므로 남에게 아첨하는 일뿐 아니라, 반대로 남을 침노하고 업신여기는 일도 또한 예가 아니다. 사양하는 마음으로 지켜야 할 절도를 지키지 않기 때문인 것이다. 아첨하거나 업신여기는 일이 아닐지라도 지나치게 친밀하여 그 사이에 공경하는 마음이 없이 무례하고 거만하면 거기에 예의가 있을 수 없다는 것이다.

수신(修身)하고 말을 실천하는 것을 선행(善行)이라 한다. 행동을 바르게 하고 말을 도리에 맞게 함이 예의 본질이다.

예는 남이 와서 나를 본받게 되는 것이고, 남이 오지 않는 것을 내가 끌어오는 것은 아니다. 예는 와서 배우는 것이지 가서 가르치는 것은 아니다.

原文   修身踐言을, 謂之善行이니, 行修言道이, 禮之質也니라.
   (수신천언 위지선행 행수언도 예지질야)
   禮聞取於人이오, 不聞取人하며, 禮聞來學이오, 不聞往敎이니라.
   (예문취어인 불문취인 예문래학 불문왕교)

註解   ㅇ踐言(천언)—말을 실천함. ㅇ言道(언도)—말이 도리에 합치함. ㅇ禮之質(예지질)—예의 근본. 질은 근본이란 뜻. ㅇ取於人(취어인)—남

에게 본보기가 됨. ‘위인소취법야(爲人所取法也)’ o取人(취인)—오지 않
는 것을 내가 끌어다가 예를 가르치는 것. ‘인불래이아인취지야(人不來而
我引取之也)’. o來學(내학)—와서 배우는 것. o往敎(왕교)—가서 가르치
는 것.

解說　사람이 사람다운 것은 그 말과 행동에 있다. 그 말이 도리에
합당하고 그 행동이 잘 수양되었으며 말과 행동이 일치하면, 그 사람
은 충신(忠信)한 선행의 사람이라고 할 수 있다. 그러한 사람이면 예
를 닦을 수 있다. 그러므로 그러한 언행(言行)은 예의 근본이 된다는
것이다. 엄릉방씨(嚴陵方氏)는 이렇게 말하였다. ‘예의 문제는 일에
드러난다. 그러나 예의 근본은 사람에 있다.’ 말과 행동은 바로 그 사
람됨을 보이는 것이다. 그러므로 말이 도리에 합치하고 행동이 수양을
쌓았으면 그 사람은 예를 실천할 수 있다. 따라서 예의 근본이 된다는
것이다. 《악기(樂記)》에서는 중정(中正)하고 사특함이 없는 것이 예의
근본이라고 하였다. 말이 도리에 맞고 행동이 수양을 쌓았으면 이에
능히 중정무사(中正無邪)할 수 있을 것이니 결국은 같은 말이 된다.
　예라는 것은 남이 와서 배우는 것이지, 남이 오지 않는 것을 내가
가서 가르치는 것은 아니라고 하였다. 스스로 몸을 닦고 말과 행동을
조심하여 예의바르게 처신하면 남들이 와서 나를 본보기로 할 것이다.
그와 반대로 자신이 예를 아는 체하며 남에게 좇아가거나, 오지 않는
남을 끌어들여 예를 가르치려고 하는 것은 이미 예가 아니라는 것이다.

　윤리 도덕은 예(禮) 없이 실현되지 않는다. 교화(敎化)를 통해 백
성을 가르쳐서 풍속을 바로잡는 일도 예(禮)가 아니면 잘 안된다. 분
쟁을 해결하고 소송을 판결하는 일도 예(禮)가 아니면 결정될 수 없
다. 임금과 신하, 윗사람과 아랫사람, 부자와 형제도 예가 아니면 정
해질 수 없다. 벼슬하고 배우는 데 있어서 스승을 섬기는 일도 예가
아니면 친하게 수교(受敎)할 수 없다. 조정에 반열(班列)하고 군대를
다스리며, 벼슬에 임하고 법을 시행하는 일도, 예가 아니면 위엄이 서

지 않는다. 기도하고 제사하여 귀신에게 공급하는 일도, 예가 아니면 정성스럽지 않고 단정하지 못하다. 그런 고로 군자는 공경하고 절도를 알맞게 하며 사양하고 겸손하여, 예를 밝히는 것이다.

|原文| 道德仁義이, 非禮면 不成하며, 敎訓正俗이, 非禮면 不備하며, 分爭辨訟이, 非禮면 不決하며, 君臣上下와, 父子兄弟이, 非禮면 不定하며, 宦學事師이, 非禮면 不親하며, 班朝治軍과, 涖官行法이, 非禮면 威嚴不行하며, 禱祠祭祀하여, 供給鬼神이, 非禮면 不誠不莊이니라. 是以로 君子는 恭敬撙節退讓하여, 以明禮하나니라.

(도덕인의 비례 불성 교훈정속 비례 불비
분쟁변송 비례 불결 군신상하 부자형제
비례 부정 환학사사 비례 불친 반조치군
이관행법 비례 위엄불행 도사제사 공급귀신
비례 불성부장 시이 군자 공경준절퇴양 이명례)

|註解| ○分爭(분쟁)－분쟁(紛爭)을 해결하는 것. ○辨訟(변송)－소송의 옳고 그른 것을 분별하여 판결함. ○宦學(환학)－환(宦)은 벼슬을 하는 것. 관리가 되기 위해 필요한 지식·기술[당시의 육예(六藝) 즉 예·악(樂)·사(射)·어(御)·서(書)·수(數)]을 배운 후 관리가 되는 것. ○事師(사사)－스승을 섬김. ○班朝(반조)－조정의 반열(班列)에 참렬하는 것. ○涖官(이관)－이(涖)는 이(莅)와 같으니 벼슬자리에 임(臨)한다는 뜻. ○禱祠(도사)－기도하여 복을 구하는 것을 도(禱)라 하고, 복을 받고 보답으로 거행하는 제사를 사(祠)라고 한다. '기청구복왈도(祈請求福曰禱) 득복보새왈사(得福報賽曰祠).' ○供給鬼神(공급귀신)－귀신에게 희생·폐백·기명 따위를 봉천(奉薦)하는 것. ○誠(성)·莊(장)－성(誠)은 정성이므로 마음에서 우러나는 것이고, 장(莊)은 얼굴에 드러나는 공경스럽고 단정한 모습이다. ○撙節(준절)－절도에 따라 지나침을 억제하는 것. ○退讓(퇴양)－사양하고 겸손함.

解說 도(道)라는 것은 길이라는 말이니, 사물의 당연한 도리로서 사람은 누구나 모두 그 도를 통해서 행동해야 하는 것이다. 그러므로 도라고 한다. 도를 행하면 몸에 얻는 바가 있다. 그렇기 때문에 덕(德)이라고 한다. 덕으로 사랑하는 마음을 인(仁)이라고 하고, 사물의 마땅한 바를 지키는 것을 의(義)라고 한다. 그런데 예라는 것은 공경하는 마음을 근본으로 하고, 만사를 도리에 맞게 하는 것이다[禮者使萬事 合於道理也]. 공경하는 마음 즉, 성실하고 조심하고 겸허하는 마음 없이는 도(道)도 덕도 인(仁)도 이룰 수 없으며, 도리에 합치하게 하려는 노력없이는 의(義)를 성취할 수 없다. 그러므로 도·덕·인·의는 모두 예로써 시작되고 예로 성취하는 것이 된다.

상부에서 정교(政敎)를 세워 아랫사람을 가르치는 것은 모두 백성의 습속을 바로잡기 위한 일이다. 그러나 예(禮)로써 법도와 형식을 가지런히하여 백성의 마음과 행동을 간추리지 않으면 백성의 습속을 바로잡는 일이 간혹 정제(整齊)하게 되지 않는 것이 있을 것이다. 일의 분쟁(紛爭)에는 반드시 곡직(曲直)이 있을 것이다. 그 굽고 곧은 것을 가려내면 분쟁은 해결될 것이며, 소송에는 반드시 옳고 그름이 있다. 그 시비를 바르게 분석하면 소송은 판결할 수 있을 것이다. 그런데 예라는 것은 만사에 있어서 도리에 맞게 하는 것이다. 사리에 맞는 것은 곧 곧은 것이고 옳은 것이다. 그러므로 예는 곡직을 바르게 하고 시비를 밝히는 것이다. 그러니 소송도 예가 아니면 해결할 수 없다는 것이다. 임금과 신하, 윗사람과 아랫사람, 아버지와 아들, 형과 아우는 각기 마땅히 지켜야 할 도리가 있다. 그 지켜야 할 도리를 올바르게 지키면 각자의 분수는 흔들리거나 문란함이 없이 안정될 것이다. 각자가 마땅히 지켜야 할 도리를 지키는 것이 바로 예인 것이다. 임금은 의로써 대하고, 신하는 충성을 바치며, 아버지는 자애하고, 아들은 효도하며, 형은 우애하고 아우는 공손하게 하는 것이 도리인데, 그 도리의 실천을 규정한 것이 예이다. 그러므로 예가 아니면 그들의 분수와 윤리는 정해질 수 없다는 것이다. 벼슬하는 것도, 배우는 것도 모두 스승이 있다. 그 스승을 섬기는 데 있어서도 예가 아니면 서로 친하게 될 수 없다는 것이다.

조정의 반열(班列)에 참렬하고 군대를 다스리며 벼슬자리에 임하며 법을 시행할 때도 위엄이 있으면 사람들이 감히 침범하거나 위반하지 못한다. 그러나 그 위엄은 예를 지켜야 서게 되는 것이다. 조정의 반열에도, 군대를 통솔하는 데 있어서도, 벼슬자리에 있을 때에도, 법을 시행하는 경우에도 모두 각각 법도와 절차가 있고 형식이 있다. 공경하는 마음과 의젓한 태도로 법도와 절차를 따르며, 정해진 형식을 좇아 행동한다면 그것이 곧 예의이다. 예의는 사물의 도리에 합당하게 규정된 의젓한 모습이란 뜻이다. 그 의젓한 모습이 곧 위엄이기도 한 것이다. 그러므로 예가 아니면 위엄이 서지 않는다는 말이다. 또한 기도하고 제사하여 귀신에게 공급하는 일도 예가 아니면 정성스럽지 않고 단정하지 못하다. 공경하는 것은 예의 근본이다. 군자가 공경하는 것은 예의 본질을 밝히는 것이 된다. 절도를 알맞게 해서 지나침이 없게 하는 것은, 예의 아름다운 형식을 바르게 지키기를 밝힌 것이다. 사양하고 겸손하는 마음은 예의 단서〔辭讓之心 禮之端〕이다. 그러므로 군자가 퇴양(退讓)하는 것은 예의 행용(行用)을 밝힌 것이다. 모든 사물과 모든 생활에 예는 필요하다. 그러나 그 예를 요약해서 말하면 공경·준절·퇴양에 있다는 것을 말하고 있다.

앵무새는 말을 잘하지만 나는 새에 지나지 않으며, 성성이는 말을 할 줄 알지만 금수에 지나지 않는다. 여기에 사람으로서 예가 없다면 비록 말은 할 줄 알지만 금수의 마음과 무엇이 다르겠는가. 저 금수에게는 예가 없다. 그런 고로 아비와 자식이 암컷을 함께 하고 있는 것이다. 그런 까닭에 성인(聖人)이 나서서 예를 만들어 가지고 사람을 가르쳐 사람으로 하여금 예가 있게 하였다. 그리하여 스스로 금수와 다르다는 것을 알게 하였다.

原文 鸚鵡이 能言하나, 不離飛鳥하며, 猩猩이 能言하나, 不離 禽獸니, 今에 人而無禮면, 雖能言하나, 不亦禽獸之心乎아. 夫惟

禽獸無禮라. 故로 父子聚麀하나니라. 是故로 聖人이 作하사, 爲
禮以敎人하며, 使人以有禮하여 知自別於禽獸케하시니라.

(앵무 능언 불리비조 성성 능언 불리
금수 금 인이무례 수능언 불역금수지심호 부유
금수무례 고 부자취우 시고 성인 작 위
례이교인 사인이유례 지자별어금수)

註解 ㅇ猩猩(성성)―원숭이 종류 중에서 제일 크고 사람과 가장 많이
닮은 것. ㅇ聚麀(취우)―우(麀)는 암컷, 취(聚)는 함께 함. 공유함이니 암
컷을 함께 한다는 뜻. ㅇ作(작)―일어남. ㅇ爲禮(위례)―예를 만듦.

解說 사람이 사람다운 것은 사람에게 예라는 것이 있기 때문이다.
사람이 말을 할 줄 안다고 해서 사람인 것이 아니다. 앵무새와 성성
(猩猩)이도 말을 할 줄 안다. 앵무새와 성성이가 금수(禽獸)를 면치
못한 것은 예(禮)가 없기 때문이다. 그러기에 아버지와 새끼가 암컷을
함께 하고 있는 것이다. 예라는 것은 인류 사회에만 있는 도의적 규범
이다. 인류 사회에 도의적 규범이 없다면 그야말로 사람이 사람일 수
없을 것이다. 성인(聖人)이 예를 제작하여 사람에게 도의에 맞는 행동
규범을 가르쳤다. 그리하여 사람들은 금수에게는 없는 도의적 행동 규
범이 사람에게만 있다는 것을 알게 되었다. 그것이 바로 사람과 금수
가 상이한 점이다. 한마디로 요약하면 사람이 사람다움은 예가 있기
때문이라는 것이다.

상고시대에는 덕을 귀중하게 여겼고, 그 다음에는 베풀고 보답하는
것에 노력했으니, 예는 오고가고 하는 것을 숭상한다. 가기만 하고 아
니 오는 것은 예가 아니며, 오기만 하고 가지 않는 것도 또한 예가 아
니다.
사람에게 예가 있으면 편안하고 없으면 위태롭다. 고로 예는 아니
배울 수 없다. 예라는 것은 자신을 낮추고 남을 존중하는 것이다. 비

록 천한 사람이라 할지라도 반드시 존경함이 있어야 한다. 하물며 부
귀한 사람에 있어서랴. 부하고 귀하고 예를 좋아할 줄 알면 교만하지
않고 음탕하지 않을 것이며, 가난하고 천해도 예를 좋아할 줄 알면
마음에 겁냄이 없을 것이다.

原文 大上에는 貴德하고, 其次는 務施報하니, 禮尚往來라. 往
而不來는, 非禮也며, 來而不往도, 亦非禮也니라.
  (태상 귀덕 기차 무시보 예상왕래 왕
  이불래 비례야 내이불왕 역비례야)
  人이 有禮則安하고, 無禮則危하나니, 故로 曰, 禮者는 不可不
學也니라. 夫禮者는 自卑而尊人하나니, 雖負販者라도, 必有尊也
이니, 而況富貴乎아. 富貴而知好禮하면, 則不驕不淫하고, 貧賤
而知好禮하면, 則志不懾이니라.
  (인 유례즉안 무례즉위 고 왈 예자 불가불
  학야 부예자 자비이존인 수부판자 필유존야
  이황부귀호 부귀이지호례 즉불교불음 빈천
  이지호례 즉지불섭)

註解 ○大上(태상)─태(大)는 태(太)와 같음. 가장 상고시대인 때, 즉
삼황오제(三皇五帝)시대. ○其次(기차)─태고의 다음 시대라는 뜻으로 즉
삼왕(三王 : 夏·殷·周)시대를 가리킨 것. ○務施報(무시보)─시(施)는
남에게 베푸는 것, 보(報)는 남의 시여(施與)에 대한 보답, 즉 삼왕의 시
대에는 이미 예가 있어서 남에게 시여하고 또한 보답을 힘쓰게 되었다는
뜻. ○禮尚往來(예상왕래)─예라는 것은 오는 것이 있으면 가는 것이 있어
야 하고, 주는 것이 있으면 갚는 것이 있어야 한다는 뜻. ○故曰(고왈)─
누가 말하는 것인지 불명. 이곳 1절(節)을 기술한 사람 자신이라 해도 좋
고 고인(古人)이라 하여도 좋다. ○負販者(부판자)─부자(負者)는 등에
짐을 지는 사람, 판자(販者)는 물건을 파는 사람이니 물건을 짊어지고 팔
러다니는 상인. ○有尊(유존)─옛날부터 대개가 '천한 행상인이라 할지라

도 사람을 존중하는 마음이 있어 태도에 나타난다'라고 해설했는데 윗글의 취지로 보아 '행상인에 대해서도 존중하는 마음을 가지되 태도에도 나타내는 것이 좋다'라고 해설하는 것이 타당할 것이다.

解說 태고 때에는 인심이 매우 소박하고 문화는 아직 몽매하였다. 다만 덕이 남에게 미치는 것을 귀중하게 여겼을 뿐 아직 예라는 것은 없었다. 그러나 삼왕 시대에 이르러서는 차츰 사람이 늘어나고 인류의 생활은 복잡해지게 되었다. 이에 인간 생활에는 도의적 규범이 필요하게 되었다. 여기에서 성왕(聖王)들은 예를 만들어 인간 상호간의 관계를 조화시켰다. 성인(聖人)이 처음 예를 제작할 때에 인정의 자연에 따라 그것을 선도하는 방법을 취하였다. 그러므로 예는 남에게 시여하는 것과, 시여하면 그에 보답하는 것에 힘쓰게 되었다. 인간의 심정은 남에게서 무언가 시여받는 것을 기뻐한다. 또 시여한 사람은 그에 대한 보답이 오는 것을 기뻐한다. 다시 말해서 예는 상대적인 것이다. 가는 정이 있으면 오는 정이 있어서 인간과 인간 사이의 관계가 원만해지고 인정이 오가는 조화된 사회 생활을 영위하게 하려는 것이 예의 근본 착안점인 것이다. 그러므로 남이 나를 방문하여 주면 나도 그 남에게 회사(回謝)해야 하며, 남이 나에게 선물을 보내면 나도 그에게 선물을 보답해야 한다. 이것이 곧 예라는 것이다. 남이 나에게 인사하는데 나는 모른 체하며, 남이 나에게 잔을 주었는데 나는 잔을 돌려주지 않는 것은 예가 아니다. 상대적이기 때문에 예는 지켜질 수 있는 것이 아닐까.

사람이 예의바르게 생활하면 편안할 수 있다. 예라는 것은 공경하는 마음을 바탕으로 하여 사양하고 겸허한 자세로 만사를 도리와 절도에 맞게 대처하는 것이다. 사람이 이러한 생활을 실천한다면 세상에 무슨 불안함이 있겠는가. 반대로 예를 지키지 않고 무례한 언동을 한다면 하는 일은 패려(悖戾)하여 남에게 미움을 받을 것이고, 사회에서 고립될 것이고, 사회에서 고립될 경우에는 위태하지 않을 수 없다. 그러므로 예라는 것은 반드시 배워야 하는데 이는 예의 생활화를 가리

킨 것이다. 비록 노동력을 제공하는 노동자나 물건을 팔아 이익을 추
구하는 상인과 같은, 낮고 천한 자에게라도 무례하게 할 수 없다. 하
물며 부귀한 사람에게 무례하게 할 수 있겠는가. 한마디로 부귀한 사
람에게나 빈천한 사람에게나 그 누구에게나 무례해서는 안된다는 것
을 말하고 있다. 이것이 바로 무불경(毋不敬)의 정신인 것이다. 부
(富)하고 귀한 사람이 예를 좋아할 줄 알면 교만하지 않을 것이며 음
란하지 않을 것이다. 예는 공경하는 마음을 근본으로 하여 사양하고
겸허한 자세를 갖는 것이니, 그렇게 하기를 좋아할 줄 안다면 교만할
수 없을 것이며, 예는 또한 법도와 절차를 따라 만사를 지나침 없이
알맞게 대처하는 것이니, 이러한 예를 지키기를 좋아하는 사람이라면
음란하지 않을 것이다. 가난하고 천한 사람이 예를 좋아할 줄 안다면
예는 분수를 지켜 자신을 이기고 만사를 적중하게 처리하는 것이니,
이와 같이 극기복례(克己復禮)하는 사람이라면 마음이 동요하거나 겁
내지 않을 것이다.

사람이 태어나서 열 살이 되면 유(幼)라고 한다. 이때에는 배운다.
20세가 되면 약(弱)이라고 한다. 이때에 관례(冠禮)한다. 30세가 되면
장(壯)이라고 하며 이때에 아내를 갖는다. 40세가 되면 강(强)이라고
하며 이때에 처음으로 벼슬을 한다. 50세가 되면 애(艾)라고 하며 이
때에 관정(官政)에 복무한다. 60세가 되면 기(耆)라고 하며 이때에는
남에게 지시하여 시킨다. 70세가 되면 노(老)라고 하며 이때가 되면
가사(家事)를 아들에게 전한다. 80세와 90세를 모(耄)라고 하며, 7세
의 어린이를 도(悼)라고 한다. 도와 모는 비록 죄가 있을지라도 형신
(刑訊)하지 않는다. 백 세가 되면 기(期)라고 하며 이때가 되면 부양
된다.

原文 人生十年曰幼이니, 學이니라. 二十曰弱이니, 冠이니라.
三十曰壯이니, 有室이니라. 四十曰强이니, 而仕니라, 五十曰艾니,

服官政하나니라. 六十曰耆이니, 指使하나니라. 七十曰老니, 而傳
이니라. 八十九十曰耄요, 七年曰悼니, 悼與耄는 雖有罪라도, 不
加刑焉하나니라. 百年曰期이니, 頤니라.

　(인생십년왈유 학 이십왈약 관
　삼십왈장 유실 사십왈강 이사 오십왈애
　복관정 육십왈기 지사 칠십왈로 이전
　팔십구십왈모 칠년왈도 도여모 수유죄 불
　가형언 백년왈기 이)

註解　　○幼(유)―유년(幼年)을 말하므로 어린이라는 뜻. ○弱(약)―약년
(弱年). 20세를 일컫는 말. ○有室(유실)―실(室)은 아내를 뜻하므로 아
내를 갖는다는 뜻. ○仕(사)―벼슬하는 것. 하급의 벼슬아치가 되어 윗사
람을 섬기면서 관부(官府)의 작은 일을 맡아 처리하는 것. ○艾(애)―50
세가 된 사람을 일컫는 말. 50세가 되면 터럭이 창백(蒼白)하여 쑥[艾]
과 같은 빛이 된다는 뜻에서 유래된 말. ○服官政(복관정)―고급 벼슬아
치가 되어 나라의 큰 일을 처리하는 데 참여하는 것. 즉 관청의 정치에
복무한다는 뜻. ○耆(기)―60세가 된 늙은이를 일컫는 말. ○指使(지사)―
나이 60세가 되면 자신이 스스로 일선에서 사무를 처리하지 않고 남에게
지시하여 시킨다는 말. ○傳(전)―여기에서는 70세가 되면 가사(家事)를
아들에게 전해 준다는 뜻. ○耄(모)―80세, 90세가 된 늙은이를 일컫는
말. 모(眊)와 통용되는데 눈이 흐릿하고 정신이 혼모하다는 뜻. ○悼(도)―7
세된 어린이를 일컫는 말. ○加刑(가형)―죄지은 사람을 매를 치며 심문
하는 것. ○期(기)―백 세된 늙은이를 일컫는 말. 사람의 수명은 백 세를
1기(期)로 하기 때문에 일컫는 말. ○頤(이)―양(養)과 같으므로 기른다
는 뜻. 여기에서 백 세된 늙은이는 음식·거처·동작 등 어느 것이나 부
양에 의존하지 않을 수 없으므로 그렇게 말한 것.

解說　　이 대문에서는 인생 일대(一代)의 생활 과정을 개설한 것이다.
이러한 생활 과정의 예정표는 예의 생활의 기초가 된다.

대부(大夫)는 70세에 이르면 치사(致事)한다. 만약 사직(謝職)을 허락받지 못하면 반드시 궤장(几杖)을 하사받게 된다. 나라를 순행(巡幸)하여 일에 종사할 때에는 부인을 수행하게 되며, 사방(四方)으로 나가 다닐 때에는 안거(安車)를 타고 스스로 노부(老夫)라 칭한다. 그러나 자기 나라에서는 이름을 일컬으며 나라를 건너와서 일을 묻는 외국인이 있으면 반드시 선왕(先王)의 제도를 들어 대답한다.

어른에게 어떤 일을 문의할 적에는 반드시 안석과 지팡이를 가지고 가며, 어른이 물으실 때 사양하지 않고 대답하는 것은 예가 아니다.

原文 大夫는 七十而致事니, 若不得謝어든, 則必賜之几杖하며, 行役에 以婦人하며, 適四方에 乘安車하며, 自稱曰老夫라하고. 於其國에, 則稱名하며, 越國而問焉이어든, 必告之以其制하나니라.

(대부 칠십이치사 약부득사 즉필사지궤장
행역 이부인 적사방 승안거 자칭왈노부
어기국 즉칭명 월국이문언 필고지이기제)

謀於長者할새, 必操几杖以從之하고, 長者問이어시든, 不辭讓而對면, 非禮也니라.

(모어장자 필조궤장이종지 장자문 불사양
이대 비예야)

註解 ○致事(치사)—치사(致仕)와 같으며 벼슬을 그만두는 것. ○賜之几杖(사지궤장)—임금이 70세가 넘은 신하에게 안석과 지팡이를 하사하는 것. ○行役(행역)—본국을 순행(巡行)하며 일에 종사하는 것. ○以婦人(이부인)—부인을 수행하게 한다는 뜻. ○安車(안거)—앉아서 타고 가는 수레로서 말 한 필이 끄는, 노인과 부인용 수레. ○自稱曰老父(자칭왈노부)—70세가 된 대부(大夫)는 나이가 많고 지위가 높기 때문에 자신을 노부라고 일컫고, 이름을 말하지 않는다. ○於其國則稱名(어기국즉칭명)—70세의 대부는 스스로 노부라고 일컫지만 자기 나라에서는 반드시 이름

을 일컫는다. 그것은 부모의 나라를 존경하여 감히 스스로 존자(尊者)의 행세를 할 수 없기 때문이다. ㅇ越國而問(월국이문)—나라를 건너와서 물음. 어질다는 명성이 높으면 외국에서 나라를 건너와서 일을 묻는 사람이 있게 된다는 것. ㅇ告之以其制(고지이기제)—외국 사람이 와서 어떤 일을 물으면 반드시 그 일에 대한 선왕(先王)의 제도를 들어 대답하는 것. 선왕의 제도를 존중하고 남에 대한 답변을 성실하게 하기 위한 것. ㅇ謀於長者(모어장자)—어른에게 어떤 일을 문의하는 것. ㅇ必操几杖以從之(필조궤장이종지)—반드시 안석과 지팡이를 갖고 간다. 그것은 어른에게 안석과 지팡이가 없다고 하여 가지고 가는 것이 아니라 제자의 도리로서 그렇게 하는 것이 예이기 때문이다. ㅇ不辭讓而對非禮也(불사양이대비례야)—어른이 무엇을 물을 때에 '제가 뭘 알겠습니까?'하고 사양한 뒤에 대답하는 것이 예인데 사양하지 않고 대답하는 것은 예가 아니라는 것.

[解說] 대부(大夫)가 70세가 되면 벼슬을 사직한다. 그러나 만일 사직하려는 뜻을 임금이 허락하지 않아서 계속 벼슬에 있을 경우에는, 임금이 반드시 그에게 안석과 지팡이를 하사하여 그의 늙은 몸을 편안하게 해준다. 이러한 노대부(老大夫)가 국내를 순행하며 용무를 수행할 때에는 부인을 수행하게 하여 집에 있을 때와 같이 편안하게 시중을 들게 한다. 그리고 사방으로 나다닐 때에는 앉아서 타는 한 필의 말이 끄는 편안한 수레를 탄다. 또한 지위가 높고 나이가 많으므로 스스로 노부(老夫)라고 일컫는다. 그러나 자기의 향국(鄕國)에서는 반드시 이름을 일컫는다. 부모의 나라를 존경하기 때문이다. 만일 외국에서 그의 어질다는 명성을 듣고 나라를 건너와서 일을 묻는 사람이 있으면 반드시 선왕들의 제도를 들어서 답변한다. 그것은 답변에 무게와 믿음성이 있게 하고 남에게 대한 답변을 신중히 하기 위한 것이다. 이 대문은 70세된 노대부(老大夫)의 몸가짐과 그를 우대하는 예를 말하고 있다.

무릇 아들된 자가 지켜야 할 예의는 겨울에는 부모를 따뜻하게 해드리고, 여름에는 서늘하게 해드리며, 저녁에는 부모의 잠자리를 정해

드리고, 새벽에는 아침 문안을 드린다. 추이(醜夷)와는 다투지 아니한다.

原文 凡爲人子之禮는, 冬溫而夏淸하며, 昏定而晨省하며, 在
醜夷不爭이니라.
　　　(범위인자지례 동온이하청 혼정이신성 재
　　　추이부쟁)

註解 ㅇ冬溫而夏淸(동온이하정)−겨울에는 따뜻하게 하고, 여름에는
서늘하게 하는 것. ㅇ昏定而晨省(혼정이신성)−저녁에는 잠잘 자리를 정
하여 드리고, 새벽에는 편안히 주무셨는가를 문안드리는 것. ㅇ在醜夷不
爭(재추이부쟁)−추(醜)는 동류(同類)라는 뜻이고, 이(夷)는 평교(平交)라
는 뜻이므로, 남의 아들된 사람은 동류나 동배(同輩) 사이에 있어서 다투
지 않는다는 뜻.

解說 아들된 자가 평상시에 부모를 섬기는 도리를 말하고 있다. 저
녁이면 부모가 주무실 잠자리를 정하여 드린다. 즉 자리와 침구를 펴
드리고 안녕히 주무시라는 인사를 올린다. 그리고 새벽에 일찍 일어나
부모의 침소에 가서 아침 문안을 드리고 잠자리가 편안하였는가를 살
핀다. 겨울이면 따뜻하게 해드리고 여름이면 서늘하게 해드린다. 이것
은 부모의 신체를 편안하게 봉양하는 일이다. 부모를 모시고 있는 사
람은 동류(同類)와 친구 사이에 성내어 다투는 일을 하지 않는다. 한
때의 분노를 참지 못하여 남과 싸우면 부모를 근심하게 하고 또, 해
(害)가 부모에게 미치게 된다. 그러므로 남과 다투지 말아야 하는 것
이다. 이것은 부모의 마음을 편안하게 봉양하는 것이다. 부모를 섬기
는 마땅한 도리가 바로 아들된 자의 부모에 대한 예인 것이다.

무릇 남의 아들된 자는 삼사(三賜)에 이르러도 거마(車馬)를 받지
아니한다. 그렇게 함으로써 주려향당(州閭鄕黨)이 그 효를 칭찬하며,
형제·친척이 그의 자애함을 칭찬하며, 동료(同僚)인 벗은 그의 공경
함을 칭찬하며, 뜻이 같은 벗은 그의 어진 것을 칭찬하며, 널리 교유

(交遊)하는 사람들은 그의 신뢰도를 칭찬하게 된다. 아버지의 집우(執友)를 뵈었을 때에 나아가라는 말이 없으면 감히 나아가지 않으며, 물러가라는 말이 없으면 감히 물러가지 않으며, 묻지 않으면 감히 대답하지 못한다. 이것이 바로 효자의 행동이다.

原文 夫爲人子者는, 三賜에 不及車馬하나니, 故로 州閭鄕黨이 稱其孝也하며, 兄弟親戚이 稱其慈也하며, 僚友이 稱其弟也하며, 執友이 稱其仁也하며, 交遊에 稱其信也니라. 見父之執하여, 不謂之進이어든 不敢進하며, 不謂之退어든 不敢退하며, 不問이어든 不敢對니, 此이 孝子之行也니라.
(부위인자자 삼사 불급거마 고 주려향당
칭기효야 형제친척 칭기자야 요우 칭기제야
집우 칭기인야 교유 칭기신야 견부지집
불위지진 불감진 불위지퇴 불감퇴 불문
불감대 차 효자지행야)

註解 ㅇ三賜(삼사)―삼명(三命)이라고도 한다. 옛날에 군주가 신하의 공을 치하하려면 한 번 명령에 관직을 주고, 두 번 명령[再命]으로 관직에 상당하는 의복을 주고, 세 번 명령에서 위계(位階)와 거마(車馬)를 준다. 삼사는 세 번 명령으로 거마를 하사한다는 뜻. ㅇ不及車馬(불급거마)―임금의 세 번 명령에 거마를 받는 법이지만, 거마를 가지면 존귀한 신분을 나타내는 것이므로 아버지 앞에서 감히 스스로 존대(尊大)할 수 없기에, 다만 명령만 받고 거마는 받지 않는 것. ㅇ州閭鄕黨(주려향당)―주(周)나라의 제도에서 25가(家)를 여(閭)라 하고, 사려(四閭)를 족(族)이라고 한다. 5백 집을 당(黨)이라 하고, 2천5백 집을 주(州)라고 하며, 1만 2천5백 집을 향(鄕)이라고 하는 지방 구획의 명칭이다. ㅇ稱(칭)―칭찬이란 뜻. ㅇ僚友(요우)―벼슬이 같은 사람, 동료. ㅇ弟(제)―제(悌)와 같으므로 공경스럽다는 뜻. ㅇ執友(집우)―뜻이 같은 사람이므로 스승이 같은 벗. 그들의 집념이 같다고 해서 집우라고 한다. ㅇ交遊(교유)―사귀어 서

로 왕래하는 모든 사람을 범칭(泛稱)한 것. ○父之執(부지집)─아버지의
집우. 즉, 아버지의 친구는 아버지에 준해서 존경하는 것으로, 이는 아버
지를 존경하기 때문에 아버지의 친구도 존경하는 것이다.

解說 남의 아들된 자가 아버지 앞에서 자신의 신분이 존귀하다는
것을 나타내 보일 수 없다고 하여, 임금이 세 번 명령에 거마(車馬)를
하사(下賜)하여도 다만 그 명령을 받을 뿐 거마는 받지 않는 것이 효
자의 도리이다. 그래서 그런 효행이 있는 자라면 주려항당(州閭鄕黨)
이 그 효행을 칭찬할 것이다. 부모에게 효도를 잘하는 사람이면 다른
행동에 있어서도 능히 모두 잘할 수 있는 것이다. 그러기에 '충신은
효자의 집에서 찾는다[求忠臣於孝子之門]'라고 한다. 또 그러한 사람
이면 형제 친척간에는 친애할 것이고, 요우(僚友)에게는 공경할 것이
며, 집우(執友)에게는 어질다는 칭찬을 들을 것이고, 모든 교우(交友)
에게는 믿음성이 있다고 칭찬을 받을 것이다. 그러므로 효(孝)는 백행
(百行)의 근본이라고 하는 것이다. 효자는 아버지의 집우(執友)을 만
나면 자기 아버지와 같이 존경한다. 그것은 자기 아버지를 생각하기
때문이다. 아버지에게 효도하는 마음을 아버지의 친구에게까지 연장시
킨 것이다. 이를 보고 그가 아버지를 얼마만큼이나 경애(敬愛)하는가
를 알 수 있다.

남의 아들된 사람은 집을 나갈 때는 반드시 가는 곳을 아뢰고, 돌
아와서는 반드시 부모에게 얼굴을 보인다. 노는 데는 반드시 일정한
곳이 있고, 배우는 것은 반드시 일정한 과업이 있으며, 평상시의 언어
에 자신을 늙은이라고 일컫지 아니한다.

나이가 배나 더 많은 사람에게는 아버지를 섬기는 것처럼 섬기고,
10년이 더 많은 사람에게는 형처럼 섬기고, 5년이 더 많은 사람과는
어깨를 나란히 하고 걷되 조금 뒤로 처져서 따라가야 한다. 다섯 사
람이 한데 모여 있을 때에는 가장 나이 많은 자가 반드시 자리를 따
로 한다.

原文　　夫爲人子者는, 出必告하고, 反必面하며, 所遊를 必有常하며, 所習을 必有業하며, 恆言에 不稱老니라.
　　(부위인자자 출필곡 반필면 소유 필유상
　　소습 필유업 항언 불칭로)
　　年長以倍어든, 則父事之하고, 十年以長이어든, 則兄事之하고, 五年以長이어든, 則肩隨之니라. 羣居五人이어든, 則長者必異席이니라.
　　(연장이배 즉부사지 십년이장 즉형사지
　　오년이장 즉견수지 군거오인 즉장자필이석)

註解　　o所遊(소유)—유보(遊步)나 원족(遠足) 같은 것. o所習(소습)—기예(技藝)의 학습. o不稱老(불칭로)—상당히 나이를 먹었다 할지라도 부모(특히 부친) 생존중에는 늙은 척하지 말라는 뜻. o肩隨之(견수지)—어깨를 나란히 하여 걷되 조금 뒤로 처져서 따라간다. 즉 평교(平交)로 지내지만 조금은 사양한다는 뜻. o羣居五人(군거오인) 長者必異席(장자필이석)—옛날에 자리를 깔면 네 사람이 앉게 되어 있었다. 5명이 한 자리에 앉으면 장자(長者)가 자리 끝에 앉게 되므로 그 중 장자 한 사람은 반드시 자리를 따로 잡게 한다는 것.

解說　　사람이 늙어갈수록 가장 서러운 것은 남에게 소외(疎外)당하는 것이다. 세상 사람들에게서 소외당하는 것도 서러운 일이거늘 하물며 사랑하는 아들에게서 소외감을 느끼게 된다면 그보다 더 서러운 일은 없다. 세상의 어떤 아들도 처음부터 의식적으로 아버지를 소외하려는 사람은 없다. 그러나 밖에 나갈 때에 '다녀오겠습니다'하고 또, 돌아와서는 얼굴을 보여 드리며 '다녀왔습니다'하고 인사하는 일을 가볍게 여겨 실천하지 않는다면 자신도 알지 못하는 사이에 버릇이 되어 당연한 일처럼 변해 버릴 것이다. 그래서 점차로 부모에게 관심이 줄어들기 쉽다. 그런 일이 바로 부모에게 소외감을 주게 된다.
　　아무리 부모와 자식의 사이일지라도 역시 인정은 거리에 정비례한다는 말에 예외일 수는 없는 것이다. 그런 뜻에서 생각할 때 출필곡 (出必告)·반필면(反必面)이란 이 일상적이고 간단한 일이 사실상 효 (孝)의 출발점이 된다고 말할 수 있을 것이다. 특히 현대를 살고 있는 많은 젊은이들은 이 점을 다시 한번 반성해야 할 것 같다. 또 아들이 늙었다고 느낄 때 부모의 마음은 슬퍼진다. 더욱 자신의 노쇠를 한탄 하게도 된다. 그러므로 양친 시하에 있는 사람은 일상의 언어에 자신 을 늙은이라고 일컫지 말라는 것이다. 사람은 사회생활을 영위한다. 사람의 수가 늘어나고 인류의 문화가 진전함에 따라 사회생활은 점점 복잡해진다. 그 복잡한 사회생활이란 결국 사람과 사람과의 상호관계 인 것이다. 이러한 사람들의 상호관계를 질서 있고 원만하게 이끌어 가는 길은 서로가 지켜야 할 도덕 규범의 표준을 세우는 것이다.

남의 아들된 자는 실(室)의 서남우(西南隅)에 거처하지 않으며, 자 리의 한복판에 앉지 않으며, 길 한복판으로 다니지 아니하며, 중문(中 門)에 서지 아니한다. 음식 대접과 제수(祭需) 준비에는 물자의 수량 을 미리 한정하지 않으며, 제사 때에는 시동씨(尸童氏)가 되지 아니 한다. 부모가 말씀하기 전에 소리 없는 곳에서 듣고 형체 없는 곳에 서 본다. 높은 곳에 오르지 않고 깊은 곳에 가지 않으며, 구차하게 남 을 헐뜯지 않으며, 구차하게 웃지 아니한다. 효자는 어두운 곳에서 일 을 하지 않으며, 위태한 곳에 오르지 않는 것은 어버이를 욕되게 할 까 두렵기 때문이다.

부모가 생존하시면 친구를 위해 죽는 것을 승낙하지 않으며, 사사 로운 재물을 갖지 아니한다. 남의 아들된 자는 부모가 생존하였으면 갓과 옷에 흰 단을 두르지 않으며, 고자(孤子)로서 아버지의 뒤를 잇 는 자는 갓과 옷에 순수한 채색 단을 두르지 않는다.

原文 爲人子者이, 居不主奧하며, 坐不中席하며, 行不中道하며, 立不中門하며, 食饗에 不爲槪하며, 祭祀에 不爲尸하며, 聽於無

聲하며, 視於無形하며, 不登高하며, 不臨深하며, 不苟訾하며, 不苟笑니, 孝子不服闇하며, 不登危는, 懼辱親也니라.

(위인자자 거부주오 좌부중석 행부중도

입부중문 사향 불위개 제사 불위시 청어무

성 시어무형 부등고 불림심 불구자 불

구소 효자불복암 부등위 구욕친야)

父母이 存이어시든, 不許友以死하며, 不有私財니라. 爲人子者이, 父母이 存이어시든, 冠衣를 不純素하며, 孤子이 當室하여든, 冠衣를 不純采니라.

(부모 존 불허우이사 불유사재 위인자자

부모 존 관의 불준소 고자 당실

관의 불준채)

註解 ○不主奧(부주오)─주오(主奧)는 으뜸되는 구역이란 뜻으로 실내의 서남우(西南隅)를 가리킨 말이다. 이곳은 가장 깊숙한 곳이다. 즉 실내의 상좌(上座)이므로 아들되는 자는 이 자리를 피한다. 주(主)란 위치를 점유한다는 뜻. 즉, 앉는다는 뜻이다. ○不中席(부중석)─자리의 한복판. 즉, 복판의 자리를 피한다는 뜻. ○不中道(부중도)─중도(中道)는 길의 한복판. 이 복판은 노인이 간다. ○不中門(부중문)─중문(中門)은 문의 한가운데를 말하는데 이 문의 중앙에 문지방이 있고 문지방 양쪽에 문설주가 있다. 그러한 중문의 한가운데에 서지 않는다는 뜻이다. ○食饗(사향)─어버이를 받들고 객을 향응(饗應)하며 제수(祭需)를 마련하는 등 음식의 대접과 제수의 공천(供薦)하는 일을 말한다. ○不爲槩(불위개)─개(槩)는 물품의 수량을 미리 헤아려 한계를 정하는 것이니, 음식의 공궤와 제수의 준비에 물량(物量)의 한계를 미리 정하지 않는 것은, 어버이의 마음을 승순(承順)할 뿐 감히 자신이 한계를 정하지 못한다는 뜻이다. ○祭不爲尸(제불위시)─옛날 제사 때에는 조상의 신(神)을 상징하여 신주 대신 사람을 앉혀 놓고 제사지냈는데 그것을 시동씨(尸童氏)라고 한다. 조상의 제사에 아들된 자가 시동씨가 되면 아버지가 북면(北面)하여

그를 섬기게 되므로 아들된 자는 마음이 편안하지 못할 것이다. 그러므로 남의 아들된 자는 시동씨가 되지 않는다는 것이다. ㅇ苟訾(구자)─구차하게 남을 헐뜯어 말함. ㅇ苟笑(구소)─구차하게 웃음. 억지로 웃는다는 뜻. ㅇ不服闇(불복암)─복암(服闇)은 어두운 곳에서 일을 처리하는 것을 말하며, 어둠 속에서 일을 처리하는 것은 남이 보지 못하는 데에서 속이는 것이 되기 쉽다. 그러므로 어둠 속에서 일을 처리하지 않는다는 것이다. ㅇ辱親(욕친)─어버이를 욕되게 하는 것. 참소하고 아첨하고 암중(暗中)에 남을 속이는 행위 같은 것은 남에게 미움을 사고 경멸을 당한다. 그것은 곧 부모를 욕되게 하는 결과가 된다. 또 높은 곳에 오르고 깊은 곳에 임하는 등 위험한 곳에 나가는 것은 부모를 근심하게 할 뿐만 아니라 그런 행동을 가르치지 않았다는 비방이 부모에게 돌아갈 것이니, 그것이 곧 부모를 욕되게 하는 것이 된다는 뜻이다. ㅇ純素(준소)─흰 단을 함. ㅇ孤子(고자)─아버지를 여읜 아들. ㅇ當室(당실)─아버지의 뒤를 잇는 것. ㅇ純采(준채)─옷의 깃을 채색 비단으로 꾸미는 것.

解說 사람의 아들된 자는 실내에 있을 때 방의 서남쪽에 자리를 잡지 않는다. 또 자리의 한복판에 앉지도 않는다. 이는 존자(尊者)의 위치인 것이다. 시하(侍下)에 있는 몸이 감히 존자의 위치를 취하지 못한다. 그것은 아버지를 존경하고 두려워하는 마음에서 감히 아버지와 동일한 지위를 차지하지 못하기 때문이다. 또 보행할 때에는 길 한복판을 걷지 않으며, 멈추어 섰을 때에는 문(門) 중앙에 서지 않는다. 또 부모가 사람을 초청한 경우 음식 대접이나 제수(祭需)의 준비에는 물자의 다소를 미리 한정하지 않으며, 제사 때에는 시동씨(尸童氏)가 되지 않는다. 부모가 말씀하시기 전에 알아차려야 하고, 수족을 움직이기 전에 깨달아야 한다(의향을). 높은 곳에 함부로 오르지 않고, 깊은 곳에 임(臨)하지 않으며, 구차하게 남을 헐뜯지 아니한다. 그리고 구차하게 웃지도 않는다. 효자는 어두운 곳에서 일을 수행하지 않으며, 위험한 곳에 오르지 않는 것은 어버이에게 걱정끼치는 것을 두려워하기 때문이다.

부모가 생존해 있는데 벗을 위해 목숨을 바치겠다고 승낙하는 것은 부모를 생각지 않는 행동이고, 부모가 생존해 있는데 사사로이 재산을 따로 소유하는 것은 부모를 떠나려는 뜻이 있는 것이다. 이런 일은 모두 효도가 아니므로 하지 않는 것이다. 부모가 생존한 아들은 그 갓과 옷을 순수한 흰 비단으로 꾸미지 않는다. 순수한 흰 빛은 상복을 의미하기 때문이다. 그리고 아버지를 여읜 아들인 경우 비록 상기(喪期)는 지났다 할지라도 갓과 옷을 완전한 채색으로 단을 달지 않는다. 아버지를 여읜 슬픔이 있기 때문이다. 다만 이것은 아버지의 뒤를 계승하는 아들에게 한한 것이고, 여러 아들들에게는 강요하지 않는다. 대를 잇는 아들과 여느 아들과를 구별하기 위한 것이다. 예는 인정(人情)과 사리의 마땅한 바에 따라 제정된 것이기 때문이다.

어린아이에게는 항상 속이지 않는 것을 보여주어야 한다. 동자는 갖옷과 치마를 입히지 아니하며, 서는 것은 반드시 방향을 바르게 하며, 머리를 기울게 하여 듣지 않는다. 손윗사람이 손을 잡으면 두 손으로 그 사람의 한 손을 받들 듯이 잡는다. 또 손윗사람이 동자(童子)의 뒤에서 몸을 굽혀 말을 건다든가, 또는 동자의 옆으로 다가와서 머리를 기울이고 말을 걸어온다든가 했을 때에는 동자는 입을 손으로 가리고 대답해야 한다.

연장자를 따라 길을 걸어갈 때에는 길 건너쪽의 사람과 말하지 않는다. 길에서 연장자를 만나면 급히 앞으로 나아가 반듯이 서서 정중하게 공수(拱手)의 예를 한다. 그리고 상대방이 말을 걸어오면 대답하고, 아무 말도 아니하면 즉시 빠른 걸음으로 물러간다.

연장자를 따라서 언덕에 올라갔을 때에는 반드시 그 사람이 보는 쪽을 바라본다. 또 성벽(城壁)에 오르면 손가락으로 이곳저곳을 가리키지 아니하며, 큰 소리로 떠들거나 하지 않는다.

原文 幼子를 常視毋誑이니라. 童子는 不衣裘裳하며, 立必正方

하며, **不傾聽**하며, **長者**이 **與之提携**어시든, **則兩手**로 **奉長者之手**하며, **負劍**하여 **辟咡詔之**어시든, **則掩口而對**니라.

　(유자 상시무광 동자 불의구상 입필정방
　불경청 장자 여지제휴 즉양수 봉장자지수
　부검 벽이조지 즉엄구이대)

　從於先生할새, **不越路而與人言**이니라. **遭先生於道**하여, **趨而進**하여, **正立拱手**하여, **先生**이 **與之言**이어시든, **則對**하고, **不與之言**이어시든, **則趨而退**니라.

　(종어선생 불월로이여인언 조선생어도 추이
　진 정립공수 선생 여지언 즉대 불여지
　언 즉추이퇴)

　從長者하여 **而上丘陵**이어든, **則必鄕長者所視**하며, **登城不指**하며, **城上不呼**하나니라.

　(종장자 이상구릉 즉필향장자소시 등성부지
　성상불호)

註解　o常視毋誑(상시무광)—광(誑)은 속이는 것이며, 시(視)는 시(示)와 같은 뜻이므로 보여주는 것. 즉, 항상 속이지 않는 것을 보여준다는 뜻이다. o不衣裘裳(불의구상)—구(裘)는 피의(皮衣)로서 따뜻하다. 정주(鄭注)에는 '따뜻하고 음기(陰氣)를 제거하기 때문에 오히려 유아(幼兒)에게 저항력이 붙게 하는 것을 방해하므로 입히지 않는다'라고 되어 있다. 또 활동하기에 불편하므로 유아에게는 입히지 않는다. 동복(童服)은 아래위로 분리되지 않게 만들었다. o立必正方(입필정방)—설 때는 반드시 동·서·남·북 어느 방향이거나 바르게 향하여 서게 한다. o不傾聽(불경청)—경청(傾聽)은 머리를 갸우뚱하게 기울여 듣는다는 뜻인데, 그것은 공경하고 단정한 태도가 아니므로 그렇게 하지 말라는 뜻이다. o提携(제휴)—손을 잡음. 손을 잡아 끌어주다. o負劍(부검)—장검(長劍)을 짊어진 사람이 이것을 뽑을 때 몸을 굽힌다. 그와 같이 몸을 앞으로 굽혔을 때의 자세를 부검이라고 한다. o辟咡詔之(벽이조지)—벽(辟)은 아주 가깝다는

뜻이고, 이(咡)는 입가[口傍]이며, 조지(詔之)는 말씀을 한다는 뜻이므로 입가에 아주 가까이 접근하여 말씀을 한다는 뜻이다. ○掩口而對(엄구이대)─입을 가리고 대답한다는 뜻. 입기운이 어른에게 가지 않도록 하기 위한 것. ○從(종)─따라감. 수행함. ○越路(월로)─길 건너. ○遭(조)─우연히 만나게 된다는 뜻. ○趨而進(추이진)─빠른 걸음으로 나아감. ○拱手(공수)─두 손을 앞으로 모아 포개어 경의를 표하는 것. ○丘陵(구릉)─언덕 높은 것을 구(丘), 평평하게 높은 것을 능(陵)이라고 한다. ○鄕長者所視(향장자소시)─어른이 보는 방향을 자신도 본다는 말. 향(鄕)은 향(向)과 같다. 즉 어른이 바라보고 무엇을 물으면 즉시 대답할 수 있도록 자신도 어른이 보는 곳을 향해서 본다는 것이다. ○登城不指(등성부지)─성은 사람들이 믿고 안주(安住)하는 곳인데 성 위에서 손가락으로 가리키거나 하면 보는 이로 하여금 의혹을 일으키게 하기 쉽기 때문에 함부로 가리키지 말라는 것이다. ○城上不呼(성상불호)─성위에서 큰 소리로 떠들면 사람들이 놀라므로 성 위에서는 떠들지 말라는 것이다. ○先生(선생), 長者(장자)─선생은 나이가 많고 덕이 높아서 남을 교도(敎導)할 수 있는 사람이고, 장자는 다만 나이가 많은 사람을 말한다.

解說 항상 속이지 않는 것을 보여주어 어린이로 하여금 성실한 습성을 기르게 하며, 또 너무 따뜻한 가죽옷은 어린이 신체 발육에 마땅하지 않으며, 아래위로 나뉘어진 옷을 입는 것은 어린이 활동에 좋지 않으므로 그렇게 하지 말라는 것이다. 설 때는 반드시 정면을 향하여 바르게 서며, 사람의 말은 자세를 바르게 하고 듣도록 해야 한다. 이것은 공경하는 마음을 갖게 하고 몸가짐을 단정하게 기르기 위한 것이다.

여행중 다른 사람의 집에서 숙박할 때 내 집에서 하던 습관대로 무엇인가를 주인에게 굳이 요구해서는 아니된다. 마루에 올라가려고 할 때에는 반드시 (안에서 들을 수 있도록) 소리를 높여서 말해야 하며, 문 밖에 두 사람의 신이 놓여 있을 때에는 말소리가 들리면 들어가고 말소리가 들리지 않으면 들어가지 말아야 한다. 문 안으로 들어설 때에는 반드시 아래를 내려다보아야 하며, 문 안으로 들어서면 양손을 문빗장을 잡을 때처럼 다소 높이 공수(拱手)한다. 또 실내를 휘둘러 보아서도 안된다. 그리고 방문이 열려 있으면 자기가 들어간 후에도 열어두고 닫혀 있었으면 닫는다. 또한 자기를 뒤따라 들어오는 사람이 있으면 문을 완전히 닫지 말아야 한다. 남의 신을 밟지 말아야 하며, 남의 좌석을 밟지 말아야 한다. 안쪽으로 들어갈 때에는 옷자락을 쳐들고 실내 구석을 따라 빠른 걸음으로 가서 착석하고 응대(應對)를 조심성있게 해야 한다.

[原文] 將適舍할새, 求毋固하며, 將上堂할새, 聲必揚하며, 戶外에 有二屨어든, 言聞則入하며, 言不聞則不入하며, 將入戶할새 視必下하며, 入戶奉扃하며, 視瞻毋回하며, 戶開亦開하며, 戶闔亦闔하되, 有後入者어든, 闔而勿遂니라. 毋踐屨하며, 毋踖席하며, 摳衣趨隅하며, 必愼唯諾이니라.
　　(장적사 구무고 장상당 성필양 호외
　　유이구 언문즉입 언불문즉불입 장입호 시필
　　하 입호봉경 시첨무회 호개역개 호합역합
　　유후입자 합이물수 무천구 무척석 구의
　　추우 필신유낙)

[註解] ○適舍(적사)－적(適)은 간다는 뜻이고, 사(舍)는 숙사, 즉 유숙할 집에 가는 것을 말한다. ○求毋固(구무고)－숙사에서 묵을 때 주인에게 무엇을 굳이 요구하지 말라는 뜻. 그것은 객으로서 예의에 어긋나기 때문이다. ○聲必揚(성필양)－목소리를 반드시 높이라는 뜻. 안에서 자고 있는 사람이 알 수 있도록 하기 위한 것임. ○戶外有二屨(호외유이구)－문 밖에 두 켤레의 신이 있다는 뜻. 내객(來客)이 있음을 알 수 있다. ○視必下(시필하)－눈을 높이 들지 말고 반드시 아래를 보라는 뜻. 공경하는 태도를 보이기 위함임. ○入戶奉扃(입호봉경)－경(扃)은 문의 빗장.

방안에 들어가서는 빗장을 잡을 때처럼 손을 다소 높이 공수(拱手)한
다는 뜻. ㅇ視瞻無回(시첨무회)―방안을 휘둘러보지 않는다는 뜻. 남의
사생활을 살피는 것 같은 인상을 피하기 위함이다. ㅇ闔(합)―문을 닫음.
ㅇ遂(수)―꼭 닫는 것. 완전히 닫음. ㅇ踖席(척석)―남의 좌석을 밟는 것.
ㅇ摳衣趨隅(구의추우)―옷자락을 치켜들고 자리의 모퉁이로 빨리 걸어가
서 착석함. ㅇ唯諾(유낙)―응대(應對).

[解說] 여행하던 중 타인의 집에서 숙박할 일이 있을 때는 주인에게
무엇인가를 요구하지 않아야 한다. 또한 자기 집에서 하던 습관대로
행동을 하여서도 아니된다. 문을 여닫을 때, 문 안에 들어설 때, 마루
에 오를 때의 경우도 마찬가지다. 모름지기 타인의 집에서는 예를 다
하여 조심껏 행동해야 한다.

대부와 사(士)가 임금의 문에 출입할 때에는 문궐(門橛)의 오른쪽
을 경유하고 문지방을 밟지 아니한다.

무릇 객을 인도해 들어가는 사람은 문마다에서 객에게 먼저 들어가
라고 사양한다. 객이 침문(寢門)에 이르면 주인이 객에게 말하고 들
어가 자리를 편 뒤에 나와서 객을 맞아들인다. 객이 주인에게 먼저
들어가라고 굳이 사양하면, 주인이 앞에서 객을 인도하여 들어간다.
주인은 문안에 들어가서 오른쪽으로 가고 객은 문안에 들어서서 왼쪽
으로 간다. 주인은 계단 동쪽으로, 객은 계단 서쪽으로 향한다. 만약
객이 주인보다 지위가 낮으면 주인이 오르내리는 계단인 계단 동쪽을
향하여 간다. 주인이 굳이 사양하면, 객은 다시 계단의 서쪽으로 오른
다. 주인과 객이 서로 먼저 올라가기를 사양하다가 주인이 먼저 올라
가면 객이 뒤따라 올라가는데 한 계단마다 두 발을 모아가면서 걸음
을 이어 올라간다. 계단 동쪽으로 올라갈 때에는 오른발을 먼저 내딛
고, 계단 서쪽으로 올라갈 때에는 왼쪽 발을 먼저 내디뎌야 하는 것
이다.

原文 大夫士이 出入君門하되, 由闑右하고, 不踐閾이니라.
(대부사 출입군문 유얼우 불천역)

凡與客入者이, 每門에 讓於客하여, 客至於寢門이어든, 則主人이 請入爲席, 然後에 出迎客하되, 客이 固辭어든, 主人이 肅客而入이니라. 主人은 入門而右하고, 客은 入門而左하며, 主人은 就東階하고, 客은 就西階하되, 客若降等이어든, 則就主人之階니, 主人이 固辭, 然後에 客이 復就西階니라. 主人이 與客讓登하대, 主人이 先登이어든, 客이 從之니, 拾級聚足하여, 連步以上하되, 上於東階, 則先右足하고, 上於西階, 則先左足이니라.
(범여객입자 매문 양어객 객지어침문 즉주인
청입위석 연후 출영객 객 고사 주인 숙객이
입 주인 입문이우 객 입문이좌 주인 취
동계 객 취서계 객약강등 즉취주인지계
주인 고사 연후 객 부취서계 주인 여객양등
주인 선등 객 종지 섭급취족 연보이상
상어동계 즉선우족 상어서계 즉선좌족)

註解 ○闑(얼)─두 개의 문을 닫을 때 문이 걸리게 하기 위해 문지방이나 지면에 짤막한 말뚝을 박아둔다. 그것이 얼이며 문궐(門橛)이라고도 불린다. ○闑右(얼우)─얼의 동쪽이 우(右)가 된다. ○不踐閾(불천역)─역(閾)이란 문지방을 말하므로 문지방을 밟지 않는다는 뜻. ○每門讓於客(매문양어객)─문을 통과할 때마다 주인이 객에게 먼저 들어가기를 권한다는 뜻. 옛날의 궁실이나 저택 구조에 있어서 천자(天子)는 오문(五門)이었고, 제후는 삼문이었으며, 대부(大夫)는 이문이었다. ○寢門(침문)─가장 안쪽에 있는 문. 침(寢)이란 중국 고대의 주거에 있어서 중요 부분으로 그 중앙은 당(堂)이다. 그 안쪽과 좌우에는 방이 있다. ○主人請入爲席(주인청입위석)─위석(爲席)은 자리를 편다는 뜻이므로 침문(寢門) 밖에 도착하면 주인이 객에게 말하고 들어가서 객이 앉을 자리를 마련한다는 뜻. ○客固辭(객고사)─객이 굳이 사양함. 즉 주인이 객에게 먼저

들어가기를 권할 때 객이 굳이 사양하는 것. 사양하는 예절에는 세 가지가 있는데, 처음 사양하는 것을 예사(禮辭), 두 번 거듭 사양하는 것을 고사(固辭), 세 번 사양하는 것을 종사(終辭)라고 한다. ㅇ肅客而入(숙객이입)－객을 인도하여 들어가는 것. ㅇ入門而右(입문이우)－문 안에 들어가서는 주인은 오른편 쪽으로 들어간다. 즉 동쪽 계단을 향해서 가는 것. 동계(東階)는 주인이 오르내리는 계단이다. ㅇ入門而左(입문이좌)－문 안에 들어가서는 객은 왼쪽으로 간다. 즉 서계(西階)를 향해서 간다는 것이다. 서계는 객이 오르내리는 계단이므로 서계를 높은 위치로 생각한다. ㅇ降等(강등)－지위의 등급이 아래인 것. ㅇ拾級聚足(섭급취족)－정주(鄭注)에 '섭(拾)은 섭(涉)의 잘못이니, 음(音)이 서로 비슷하기 때문에 뒤섞인 듯하다'고 되어 있다. 섭급은 계단을 한 단 한 단 올라가는 것을 말한다. 취족은 두 발을 모으는 것을 말한다. 즉 계단의 한 층을 올라갈 때마다 두 발을 한데 모으는 것을 말한다. ㅇ連步以上(연보이상)－걸음을 계속하여 올라가는 것. 즉 왼발과 오른발이 한 걸음씩 교체해 가면서 올라가는 것. ㅇ先右足先左足(선우족선좌족)－동계(東階)로 올라가는 사람은 오른발을 먼저 내딛고, 서계로 올라가는 사람은 왼발을 먼저 내딛는다는 뜻. 즉 주인과 객의 발이 서로 향하게 되는 것인데 상대방의 발이 옮겨가는 위치를 열어준다는 뜻으로 공경하는 뜻을 표시하는 것이다.

解說 객은 문에 들어가는 데 왼편을 경유하고, 주인은 문을 들어가는데 오른쪽을 경유하는 것이다. 그런데 대부와 사(士)가 오른쪽을 경유하는 것은, 신하로서 임금에게 수종(隨從)하는 자가 감히 빈주(賓主)의 예로써 임금과 상대할 수 없기 때문이다.

장막과 주렴 밖에서는 빠른 걸음으로 걷지 않으며, 마루 위에서는 빠른 걸음으로 걷지 않으며, 옥(玉)을 들고는 빠른 걸음으로 걷지 않으며, 마루 위에서는 발자취를 서로 붙이고, 마루 아래서는 발자취가 서로 떨어지게 걷는다. 방안에서는 팔을 벌리고 빨리 걷지 않는다. 남과 나란히 앉을 때에는 팔을 옆으로 벌리지 않으며, 서 있는 사람에게 무엇을 줄 때에는 꿇어앉지 않으며, 앉은 사람에게 줄 때에는 서서 주지 않는다.

어른을 위하여 어른의 자리 앞을 소제하는 예절은 반드시 비를 쓰레받기 위에 얹어 가지고 두 손으로 들고 간다. 먼지를 쓸 때에는 소매로 가리고 뒤로 물러가면서 쓸어나가, 먼지가 어른에게 가지 않도록 하고 쓰레받기에 자신을 향하여 쓸어 담는다.

原文 帷薄之外에 不趨하며, 堂上에 不趨하며, 執玉에 不趨하며, 堂上에 接武하고, 堂下에 布武하며, 室中에 不翔이니라. 竝坐에 不橫肱하며, 授立에 不跪하며, 授坐에 不立이니라.
  (유박지외 불추 당상 불추 집옥 불추
  당상 접무 당하 포무 실중 불상 병좌
  불횡굉 수립 불궤 수좌 불립)

凡爲長者糞之禮는, 必加帚於箕上하며, 以袂로 拘而退하여, 其塵이 不及長者하고, 以箕로 自鄕而扱之니라.
  (범위장자분지례 필가추어기상 이몌 구이퇴
  기진 불급장자 이기 자향이흡지)

註解 ○帷薄之外不趨(유박지외불추)―유(帷)는 장막, 박(薄)은 주렴으로, 장막과 주렴 밖에서는 빠른 걸음으로 걷지 않는다는 뜻. 빠른 걸음으로 걷는 것은 높은 사람에게 경의를 표하는 것인데, 장막이나 주렴 밖은 존자(尊者)가 보는 곳이 아니므로 빠른 걸음으로 걸어갈 필요가 없다는 것. ○堂上不趨(당상불추)―마루 위에서는 빠른 걸음으로 걸어가지 않는다. ○執玉不趨(집옥불추)―손에 옥(玉)을 들었을 때에는 빠른 걸음으로 걷지 않는다. 옥을 떨어뜨릴 것을 두려워하기 때문이다. ○堂上接武(당상접무)―무(武)는 발자취라는 말이므로 마루 위에서 걸을 때에는 발자취가 서로 붙게 한다는 것. 일설(一說)에는 뒷발이 앞발 자취의 절반을 밟으며 걷는 것이라고 한다. 마루 위에서는 땅이 절박(切迫)하기 때문에 빨리 걷지 않기 위한 보행(步行)법이다. ○堂下布武(당하포무)―포무(布武)는 발

자취가 서로 붙지 않고 떨어지게 걷는 것. 성큼성큼 발을 떼어서 걷는 보행. ㅇ室中不翔(실중불상)—상(翔)은 팔을 벌리고 나는 듯 빨리 걷는 것이다. 방안에서는 그러한 걸음걸이를 하지 않는다는 뜻. ㅇ竝坐不橫肱(병좌불횡굉)—남과 나란히 앉았을 때에는 팔을 옆으로 벌리지 않는다. 곁에 앉은 사람에게 방해가 되기 때문이다. ㅇ授立不跪(수립불궤)—서 있는 사람에게 무엇을 줄 때에는 꿇어앉아서 주지 않는다. 받는 사람으로 하여금 번거롭게 몸을 굽히도록 하는 것을 피하기 위한 것이다. ㅇ糞之(분지)—여기서는 자리 앞의 먼지를 소제하는 것을 의미한다. ㅇ帚(추)—비. ㅇ箕(기)—쓰레받기. ㅇ袂(메)—소매. ㅇ拘而退(구이퇴)—구(拘)는 가리다, 또는 막다란 뜻이므로 구이퇴는 소매로 막고 뒤로 물러가면서 쓸어가는 것. ㅇ自鄕(자향)—향(鄕)은 향(向)과 같으므로 자신을 향한다는 뜻. ㅇ扱之(흡지)—쓸어 담음. 거두어 담는다는 뜻.

解說 먼저 객을 영접할 때의 주인과 객의 예절을 말하고 있다. 그리고 어른 앞에서 자리를 청소할 때의 예절을 말하였다. 하찮으며 사소한 일이라며 비웃어서는 안된다. 예절이란 것은 원래 일상생활의 사소한 일에서부터 지켜야 하는 것이다. 사람의 예절바른 것과 무례한 면은 가끔 이러한 사소한 일에서 드러나는 수가 많다. 작은 일에 조심성 있고 예절바른 사람이라면 큰 일에 대한 예절은 더욱 잘 지켜나갈 것이다.

자리(좌석)를 받들기를 다리처럼 높게 하고 저울대처럼 평형(平衡)하게 한다.〔자리를 받드는 예의〕 앉을 자리를 펼 때에는 어느 쪽을 향하게 할까를 묻고, 누울 자리를 마련할 때에는 발을 어느 쪽으로 두게 할까를 묻는다. 자리가 남향이나 북향인 때에는 서쪽을 상좌로 하고 동향이나 서향일 때에는 남쪽을 상좌로 한다. 만일 상대방이 음식 대접이나 하려고 초청한 손님이 아닐 경우에는 자리를 펼 때 자리와 자리 사이를 1장(丈) 정도의 간격을 둔다. 주인이 꿇어앉아서 자리를 바로잡으면 객이 꿇어앉아서 손으로 자리를 잡아 중지시키며 사양한다. 객이 포개서 깔아놓은 자리를 걷으려고 하면 주인이 굳이 그렇게 하지 말라고 사양하며, 객이 자리에 앉은 뒤라야 비로소 주인도 앉는다. 그리고 주객이 앉은 다음 주인이 먼저 객에게 인사말을 하기 전에 객이 먼저 말하지 않는다. 자리에 앉으려고 할 때에는 부끄러워하는 얼굴로 당황해하는 태도를 취하지 말 것이며, 두 손으로 바지 자락의 끝이 땅에서 한 자쯤 뜨게 치켜들어야 한다. 옷자락이 펄럭이는 일이 없어야 하며, 발을 미끄러지지 않도록 가만히 움직여야 한다.

[原文] 奉席如橋衡하며, 請席何鄕하며, 請衽何趾니라. 席이, 南鄕北鄕에는, 以西方爲上하고, 東鄕西鄕에는, 以南方爲上이니라. 若非飮食之客이어든, 則布席에 席閒이 函丈이니라. 主人이 跪하여 正席이어든, 客이 跪하여 撫席而辭하며, 客이 徹重席하면, 主人이 固辭니, 客이 踐席이라야 主人이 乃坐니라. 主人이 不問이어든, 客이 不先擧니라. 將卽席할새, 容毋怍하며, 兩手로 摳衣하여 去齊尺하며 衣毋撥하며, 足毋蹶하나니라.

    (봉석여교형 청석하향 청임하지 석 남
    향북향 이서방위상 동향서향 이남방위상
    약비음식지객 즉포석 석간 함장 주인 궤
    정석 객 궤 무석이사 객 철중석 주
    인 고사 객 천석 주인 내좌 주인 불문
    객 불선거 장즉석 용무작 양수 구의
    거자척 의무발 족무궐)

[註解] ㅇ鄕(향)―향방(向方). ㅇ請衽何趾(청임하지)―잠자리를 펼 때에 발을 어느 쪽에 두게 하느냐를 물음. ㅇ飮食之客(음식지객)―음식 대접만 해야 할 객. ㅇ席閒函丈(석간함장)―자리와 자리 사이를 한 장(丈) 정도의 간격을 두는 것. ㅇ撫席而辭(무석이사)―손으로 자리를 잡고 중지시키면서 사양하는 것. ㅇ徹重席(철중석)―중석(重席)은 포개어 깔아놓은 자리. 철(徹)은 철(撤)과 같으므로 걷는다는 말이다. 즉 포개어 깔아놓은 자

리를 걷어버리려고 하는 것. ㅇ踐席(천석)—자리를 깔고 앉는 것. ㅇ客不先擧(객불선거)—주인이 묻지 않는 말을 손이 먼저 거론하지 않음. ㅇ將卽席(장즉석)—장차 자리에 앉으려고 하는 것. ㅇ容無怍(용무작)—부끄러워하는 얼굴빛을 지으며 당황해하는 일이 없게 함. ㅇ摳衣(구의)—옷을 들어올림. 옷자락을 치켜올림. ㅇ去齊尺(거자척)—자(齊)는 옷의 아랫단을 꿰맨 것이니, 옷의 아랫단이 땅에서 한 자쯤 뜨게 한다는 뜻. ㅇ衣毋撥(의무발)—발(撥)은 뒤집혀 펄럭이는 것이므로 옷자락이 뒤집혀 펄럭이는 일이 없게 한다는 뜻. ㅇ蹶(궐)—발이 미끄러짐. 일설에는 다급하게 걷는 모습이라고 한다.

선생의 책이나 거문고 또는 비파 같은 것이 자기 앞 통로에 놓여 있으면 꿇어앉아서 옮겨놓을 것이며, 조심하여 타고 넘는 일이 없어야 한다. 빈 자리에 앉을 때에는 뒤쪽으로 물러앉고, 음식을 먹는 자리에 앉을 때에는 앞으로 다가앉는다. 앉는 것은 반드시 안정되게 하며, 자신의 얼굴빛을 바르게 갖는다. 어른이 말을 마치지 않았으면 그 말과 관계없는 다른 일로 말을 꺼내어 말을 착잡하게 만들지 말아야 한다. 강론(講論)할 때에는 자신의 얼굴빛을 바르게 하여 선생의 강의를 반드시 공손히 들어야 하며, 남의 설(說)을 앗아다가 자기의 설이라고 하지 말며, 남의 말에 비판없이 찬성하는 일도 없어야 한다. 반드시 옛것을 법으로 하고, 선왕의 가르침을 인용하여 논술하도록 해야 한다.

原文 先生書策琴瑟이 在前이어든, 坐而遷之하여, 戒勿越하며, 虛坐에는 盡後하고, 食坐에는 盡前하며, 坐必安하여, 執爾顔하며, 長者不及이어든, 毋儳言하며, 正爾容하여, 聽必恭하며, 毋勦說하며, 毋雷同하며, 必則古昔하여, 稱先王이니라.

(선생서책금슬 재전 좌이천지 계물월
허좌 진후 식좌 진전 좌필안 집이안

장자불급 무참언 정이용 청필공 무초설
무뇌동 필칙고석 칭선왕)

[註解]   ○書策(서책)−서책(書冊)을 말하므로 책을 뜻한다. ○虛坐盡後
(허좌진후)−빈 자리에 앉을 때에는 뒤쪽으로 물러앉는 것. 겸손함을 표
시하는 뜻임. ○食坐盡前(식좌진전)−음식을 먹는 자리에 앉을 때에는 자
리 앞으로 바싹 다가앉는다. 자리를 더럽히는 일이 없게 하기 위한 것임.
○不及(불급)−여기에서는 아직 마치지 않았다는 뜻임. ○儳言(참언)−참
(儳)은 뒤섞이어 가지런하지 않은 상태를 말하므로, 어떤 말을 마치기 전
에 다른 일을 말하여 말을 착잡하게 만드는 것. ○勦說(초설)−남의 설
(說)을 앗아다가 자기의 설이라고 하는 것. ○雷同(뇌동)−남의 말에 비
판하는 일이 없이 찬성하는 것. ○必則古昔(필칙고석)−반드시 옛것을 법
으로 하는 것. ○稱先王(칭선왕)−선왕은 옛날의 착한 임금이니, 선왕의
가르침을 인용하여 논술함.

[解說]   이 대문은 선생의 앞에 나가서 지켜야 할 예절과 수업을 받을
때의 태도를 말하고 있다. 한마디로 말해서 선생을 존경하고 자신의
마음자세를 조심스럽고 겸허하게 가지라는 것이다. 선생을 존경하는
마음, 그것이 바로 교육의 기본이 된다는 것이다. 모든 교육은 선생에
대한 존경심을 기초로 하고 그 기초 위에서만 성립된다고 생각한 것
이 옛사람들의 사고이다. 선생을 존경하지 않는다면 그에게서 받는 교
육이 감화를 줄 수 없을 것이다. 존경하지 않으면 믿지 않는다. 믿지
않는 자의 교육은 아무런 효과도 없을 것이다. 특히 인격의 도야와 덕
성의 함양을 교육의 목적으로 삼고 있는 고대 유교 교육에 있어서 더
욱 그러하다. 그러나 이 문제는 고대만의, 그리고 유교 교육만이 그러
한 것은 아니다. 현대의 교육에 있어서도 마음과 마음이 경건하게 연
결되는 사제지도(師弟之道)는 필요한 것이라 하겠다. 또 교육받는 사
람이 조심스럽고 겸허한 태도를 가지라고 한 교훈을 우리는 높이 평
가하지 않을 수 없다. 모든 것을 제가 아는 체하는, 겸허하지 못한 마
음으로는 무엇을 받아들일 수 없다. 받아들이기를 거부하는 마음에 교

육은 무의미한 것이다. 교육만이 아니다. 사람은 항상 남의 말을 경청
할 줄 알아야 할 것이다. 그리고 또 남의 학설을 표절하여 제 설이라
고 내세우는 것은 학문하는 태도가 아니며, 비판도 없이 부화뇌동하지
도 말라고 하였다.

선생을 모시고 앉았을 때에 선생이 무엇을 물으면 묻는 말이 끝난
뒤에 대답하며, 선생에게 수업을 청할 때에는 일어서서 하며, 더욱 설
명해 주기를 청할 때에는 일어서서 말한다. 아버지가 부르면 느린 대
답을 하지 않으며, 선생이 불러도 느린 대답을 하지 않고 빨리 '예'하
고 일어난다.

존경하는 이를 모시고 앉았을 때에 남은 자리가 없으면 자신과 동
등한 지위의 사람이 나타나도 일어나 자리를 비켜주지 않는다. 촛불
이 들어오면 일어나며, 밥상이 들어오면 일어나고, 상객(上客)이 오면
일어난다. 촛불은 그 밑뿌리를 드러나게 하지 않는다. 존귀한 손님 앞
에서 개를 꾸짖지 않으며, 음식을 권유받으면 먹은 후에 침을 뱉지
아니한다.

原文 侍坐於先生할새, 先生이 問焉이어시든, 終則對하며, 請業
則起하고, 請益則起니라. 父召이어시든 無諾하며, 先生이 召어시
든 無諾하며, 唯而起니라.
(시좌어선생 선생 문언 종즉대 청업
즉기 청익즉기 부소 무낙 선생 소
무낙 유이기)
侍坐於所尊敬할새, 毋餘席이면, 見同等하여는 不起하며, 燭至
어든 起하며, 食至어든 起하며, 上客이어든 起하며, 燭不見跋이니
라. 尊客之前에, 不叱狗하며, 讓食不唾니라.
(시좌어소존경 무여석 견동등 불기 촉지
기 식지 기 상객 기 촉불현발

존객지전 부질구 양식불타)

註解　○先生(선생)─장자(長者)는 손윗사람 전체를 가리키고, 선생은 손위이기도 하고 연장자이기도 하며, 실제 생활상 또는 학문·기술상 가르침을 받는 일이 많은 사람.　○請業(청업)─선생에게 수업을 청하는 것.　○請益(청익)─이미 가르침을 받은 후 다시 물어서 보충하기를 청하는 것.　○起(기)─자리에서 일어나는 것. 즉 경의를 표하는 태도.　○父召無諾(부소무낙)─아버지가 부르면 느린 대답을 하지 않고 빨리 뛰어간다는 말.　○唯(유)─빨리하는 대답.　○所尊敬(소존경)─선생이나 장자와 덕망이 있는 사람, 또는 지위가 높은 사람을 가리킨 말.　○無餘席(무여석)─남은 자리가 없는 것. 자리가 모두 차서 비어 있는 자리가 없는 것.　○同等(동등)─동등한 지위에 있는 사람을 말하므로 자기와 그 사람 사이에 존비(尊卑)의 차이가 없는 사람.　○燭不見跋(촉불현발)─촛불은 그 밑뿌리가 드러나게 하지 않는다. 발(跋)은 뿌리라는 뜻이다. 옛날에는 납촉(蠟燭)이 없고 횃불을 촛불이라고 불렀다. 횃불은 밑뿌리까지 드러나도록 태우지 않고 그것을 남겨두어 다음에 대비한다는 말이므로, 밤이 깊어 촛불이 뿌리까지 타내려가기 전에 물러간다는 뜻.　○尊客(존객)─존귀한 손님이므로 연장자 및 덕행과 학문이 높은 사람과 높은 지위에 있는 사람 등을 가리킨 말.　○不叱狗(부질구)─성내어 개를 쫓지 않는 것. 지극히 천한 동물 때문에 존귀한 손님을 놀라게 하지 않는다는 것.　○讓食不唾(양식불타)─음식을 권유받으면 침을 뱉지 않는 것. 더러운 것을 먹었기 때문에 침을 뱉었다는 느낌을 상대방에게 주지 않기 위한 것.

군자를 모시고 앉았을 때에 군자가 하품을 하거나 기지개를 켜며, (곁에 놓인) 지팡이나 신발에 손을 대거나 해가 저무는 것을 보곤 하거든 모시고 앉은 사람이 자리에서 물러날 의사를 말한다. 군자를 모시고 앉았을 때에 군자가 (어떤 일을 묻다가 그것을 마치고) 다른 것에 대해 고쳐 물으면 일어서서 대답해야 한다. 군자를 모시고 앉았을 때 만약 누가 선생에게 ‘잠깐 동안 틈이 있으시면 사뢸 말씀이 있습나다'라고 하는 사람이 있거든, 모시고 있던 사람들은 즉시 좌우쪽으로 물러나서 말이 끝날 때까지 기다려야 한다.

(벽에 귀를 대고 남의 비밀을) 엿들으려 하지 말아야 하며, 남에게 대답할 때에는 높은 소리를 내서는 안된다. 곁눈으로 흘겨보지 말아야 하며, 몸가짐과 동작을 게으르고 해이하게 하지 말아야 하며, 길을 걸을 때 거만한 태도를 보이지 않아야 한다. 섰을 때에는 몸을 한쪽 다리에만 의지하여 기울어지게 서지 말아야 하고, 앉을 때에는 두 다리를 쭉 뻗고 앉지 말아야 하며, 잠잘 때에는 엎드려 자지 말아야 하고, 머리털을 거두어 싸매가지고 늘어뜨리지 말아야 하며 갓을 벗지 말아야 하고, 피로하더라도 웃옷의 소매를 걷어 어깨를 드러내는 일이 없어야 하며, 더워도 바지를 걷어올리지 말아야 한다.

原文 侍坐於君子할새, 君子이 欠伸하며, 撰杖屨하며, 視日蚤莫어시든, 侍坐者請出矣니라. 侍坐於君子할새, 君子이 問更端이어시든, 則起而對니라. 侍坐於君子할새, 若有告者이, 曰少間이어시든, 願有復也라커든, 則左右屏而待니라.
  (시좌어군자 군자 흠신 찬장구 시일조
  모 시좌자청출의 시좌어군자 군자 문경단
  즉기이대 시좌어군자 약유고자 왈소간
  원유복야 즉좌우병이대)

母側聽하며, 母噭應하며, 母淫視하며, 母怠荒하며, 遊母倨하며, 立母跛하며, 坐母箕하며, 寢母伏하며, 斂髮母髢하며, 冠母免하며, 勞母袒하며, 暑母褰裳이니라.
  (무측청 무교응 무음시 무태황 유무거
  입무피 좌무기 침무복 염발무체 관무면
  노무단 서무건상)

註解 ㅇ君子(군자)—덕과 지위가 높은 사람. ㅇ欠(흠)—하품하는 것.

ㅇ伸(신)—기지개를 켜는 것. ㅇ撰(선)—손으로 잡는 것. ㅇ視日蚤莫(시일조모)—조모(蚤莫)는 조모(早暮)와 같으므로 날이 이르고 저문 것을 뜻함. ㅇ更端(경단)—이야기의 단서를 바꿈. 즉 화제를 바꾸는 것. ㅇ告者(고자)—아뢰는 사람. 고하는 자. ㅇ少閒(소한)—잠깐 틈이 있는 것. ㅇ願有復(원유복)—복(復)은 백(白)과 같은 뜻이므로 아뢴다는 말. ㅇ左右屛而待(좌우병이대)—모시고 있던 사람들이 왼쪽 또는 오른쪽으로 물러나서 말이 끝날 때까지 기다린다는 말. ㅇ側聽(측청)—귀를 담에 붙이는 것. 남의 비밀을 엿듣기 위하여 담장 같은 곳에 귀를 대고 듣는 것. ㅇ噭應(교응)—높고 급한 소리로 대답하는 것. 응(應)은 대답이란 뜻. ㅇ淫視(음시)—곁눈으로 간사하게 흘겨보는 것. ㅇ怠荒(태황)—게으르고 해이하다는 뜻. ㅇ遊(유)—행(行)과 같으므로 걸어다니는 것. ㅇ倨(거)—거만하다는 뜻. ㅇ跛(피)—설 때에 한쪽 다리에만 의지하며 몸이 기울게 하는 것. ㅇ坐毋箕(좌무기)—기(箕)는 키. 앉을 때에는 키처럼 두 다리를 쭉 뻗고 앉지 말라는 것. ㅇ斂髮毋髢(염발무체)—체(髢)는 다리채. 머리털을 싸매고 머리채를 다리처럼 늘어뜨리지 말라는 것. ㅇ免(면)—갓을 벗는 것. ㅇ袒(단)—웃옷의 소매를 걷고 어깨를 드러내는 것. ㅇ褰裳(건상)—바지를 걷어올리는 것.

解說 기지재를 켜고 하품을 하며, 지팡이나 신을 만지고 날이 이른가 저문가를 보는 것은 모두 피로하고 싫증이 나는 것을 나타내는 것이므로 모시고 있던 사람은 물러가기를 청해야 한다는 것이다. 선생이 다른 일을 고쳐 묻는 것은 한 가지 일이 일단락되고 새로 다른 일을 논의하게 되므로 제자가 일어서서 대답하여 경의를 표시하는 것이다.

  어떤 사람이 선생에게 드릴 말씀이 있다고 하면, 그 자리에 모시고 있던 사람들은 좌편에 있던 자는 좌편으로, 우편에 있던 사람은 우편으로 물러나 말이 끝날 때까지 기다려야 한다는 것이다. 남의 기밀 이야기에 참견하지 말아야 하기 때문이다. 현대 사교에 있어서도 정중한 자리에서의 예절에 그대로 적용될 수 있다고 생각된다. 그렇게 해야 교양있는 사람의 사교 예의라고 할 수 있을 것이다. 다만 그 중에서 머리를 늘어뜨리지 말라고 한 것이나, 갓을 벗지 말라고 한 것은 현대의 생활에는 맞지 않는 점이 있다. 그러나 의관을 단정히 하라든가 머리털을 말끔히 단정하게 하라는 정신은 오늘날에 있어서도 본받아야 할 것이다.

어른을 모시고 앉을 때에는 신을 신고 마루에 오르지 말아야 하며, 신을 벗을 때에는 감히 섬돌 위에 바로 놓아두지 못한다. 신을 신을 때에는 꿇어앉아서 신을 들고 섬돌 곁으로 물러나서 신는다. 어른의 면전에서 신을 신을 때에는 꿇어앉아서 신을 옮겨다가 엎드려서 신는다.

原文 侍坐於長者할새, 履不上於堂하며, 解履하되 不敢當階하며, 就履하되 跪而擧之하여, 屛於側하며, 鄕長者而履에는, 跪而遷履하여, 俯而納履니라.
（시좌어장자 구불상어당 해구 불감당계
취구 궤이거지 병어측 향장자이구 궤이
천구 부이납구）

註解 ○履不上於堂(구불상어당)―신을 신고 마루에 올라가지 않는 것. ○解履(해구)―신을 벗는 것. ○不敢當階(불감당계)―감히 섬돌 정면에 놓아두지 못함. 신을 벗어 섬돌의 정면에 놓아두지 않는다는 말. 다음에 오는 사람에게 방해가 되지 않게 하기 위한 것. ○就履(취구)―신발을 신는 것. ○屛於側(병어측)―옆으로 물러서는 것. 즉 신을 들고 옆으로 물러나서 신는다는 뜻. ○鄕長者履(향장자구)―향(鄕)은 향(向)과 같으므로 예를 마치고 물러가게 되어 어른이 그를 전송하게 되면 어른의 면전에서 신을 신게 된다는 말. 즉 어른을 향하여 신을 신는 것. ○俯而納履(부이납구)―엎드려서 신을 신는 것. 꿇어앉아서는 신을 수 없기 때문에 엎드려서 신는 것. 납구(納履)는 신을 신고 신의 끈을 맨다는 뜻.

解說 신발 처리 한 가지에 대해서도 이렇게 자세히 가르치고 있다. 옛날 사람들이 예교(禮敎)에 대하여 얼마나 정성을 쏟았는지를 알 수 있겠다. 그것이 사리(事理)에 마땅한 것이라면 아무리 세밀하더라도

그 세밀한 것이 비난의 대상이 될 수 없을 것이다. 선(善)한 것은 비록 작은 것이라 하더라도 버릴 수 없기 때문이다.

사람이 둘씩 앉고 둘씩 섰거든 거기에 가서 셋이 되게 하지 말며, 두 사람이 나란히 서 있는 중앙을 뚫고 나가지 말아야 한다. 남자와 여자가 섞여 앉지 않으며, 의가(衣架)를 같이하지 않으며, 수건과 빗을 함께 쓰지 않으며, 친히 주고받지 않는다. 수숙간(嫂叔間)에 서로 통문하지 않으며, 저모(諸母)로 하여금 천복(賤服)을 빨래하게 하지 않는다. 밖의 말이 문지방 안으로 들어가지 않으며, 안의 말이 문지방 밖으로 나가지 말아야 한다.

여자가 시집가는 것을 허락한 뒤에는 목걸이를 걸게 한다. 이미 여아(女兒)의 결혼을 허락한 뒤에는 큰 일이 있는 경우가 아니면 집안의 남자는 그 방에 들어가지 않는다. 고모나 자매나 딸이 이미 시집 갔다가 돌아왔으면 형제가 한자리에 앉지 않으며, 같은 그릇에서 먹지 않는다. 아버지와 아들이 한자리에 같이 앉지 않는다. 남자와 여자 사이에는 중매하는 이가 오고가고 하는 일이 없으면 서로 이름을 알리지 아니하며, 예물을 받지 아니하면 사귀지 않으며 친근하게 하지 않는다. 그런 까닭에 혼인하는 날짜를 써서 임금에게 보고하고 재계하여 귀신에 고유(告由)하며, 술과 음식을 마련하여 향당(鄕黨)과 동료와 벗들을 불러 잔치를 연다. 그것은 부부유별의 예를 중하게 하기 위한 것이다. 아내를 맞이할 때에는 동성(同姓)을 취하지 않는다. 그런 까닭에 첩을 살 때에 그의 성(姓)을 알지 못하면 점을 치는 것이다. 과부의 아들로서 탁월한 재능이 있는 사람이 아니면 그를 벗으로 삼지 않는다.

原文 離坐離立이어든, 毋往參焉하며, 離立者에, 不出中閒이니라. 男女이 不雜坐하며, 不同椸枷하며, 不同巾櫛하며, 不親授니라. 嫂叔이 不通問하며, 諸母로 不漱裳이니라. 外言을 不入於梱하며,

內言을 不出於梱이니라.

> (이좌이립 무왕삼언 이립자 불출중간
> 남녀 부잡좌 부동이가 부동건즐 불친수
> 수숙 불통문 저모 불수상 외언 불입어곤
> 내언 불출어곤)

女子이 許嫁어든 纓이니, 非有大故어든, 不入其門이니라. 姑姊妹와 女子子이, 已嫁而反이어든, 兄弟弗與同席而坐하며, 弗與同器而食이니라. 父子不同席이니라. 男女이 非有行媒어든, 不相知名하며, 非受幣어든, 不交不親이니라. 故로 日月以告君하며, 齊戒以告鬼神하며, 爲酒食以召鄕黨僚友하나니, 以厚其別也니라. 取妻하되, 不取同姓이니, 故로 買妾에 不知其姓이어든, 則卜之니라. 寡婦之子이, 非有見焉이어든, 弗與爲友니라.

> (여자 허가 영 비유대고 불입기문 고자
> 매 여자자 이가이반 형제불여동석이좌 불여
> 동기이식 부자부동석 남녀 비유행매 불상
> 지명 비수폐 불교불친 고 일월이고군
> 제계이고귀신 위주식이소향당요우 이후기별야
> 취처 불취동성 고 매첩 부지기성 즉복
> 지 과부지자 비유현언 불여위우)

註解 ㅇ離坐(이좌)─두 사람이 나란히 붙어 앉음. ㅇ離立(이립)─두 사람이 나란히 붙어 서는 것. ㅇ參(삼)─세 사람이 모여 선 것을 말함. ㅇ椸枷(이가)─의복을 걸어두는 횟대. 세운 것을 휘(楎)라 하고, 가로 걸친 것을 이(椸)라 한다. 가(枷)는 가(架)와 같다. 의가(衣架). ㅇ通間(통문)─안부를 묻고 선물을 선사하는 것. 일설에 서로 사례하는 것이라고도 한다. ㅇ諸母(저모)─아버지의 첩으로서 아들이 있는 사람. ㅇ不漱裳(불수상)─상(裳)은 하의(下衣)이므로 천한 옷을 일컫는 말. 불수상은 천한 옷을 빨래하게 하지 않는다는 말이므로, 아버지를 공경하는 도리에서 저모(諸母)에게 천한 내의를 세탁시키지 않는다는 말. ㅇ外言(외언)─바깥의 말.

ㅇ梱(곤)―문지방. ㅇ女子許嫁纓(여자허가영)―영(纓)은 갓끈이므로 여기에서는 목걸이 같은 것을 뜻함. 여자가 혼인을 허락한 뒤에는 목걸이 같은 것을 매어서 몸이 매인 데가 있다는 것을 표시하였다. ㅇ女子子(여자자)―아들과 구별하기 위한 말이므로 딸이라는 뜻. ㅇ行媒(행매)―중매하는 사람이 오가는 것. ㅇ受幣(수폐)―약혼할 때 신랑이 신부집에 보내는 예물을 받음. ㅇ日月(일월)―혼인의 날짜. ㅇ告鬼神(고귀신)―귀신은 조상의 신. 고(告)는 고유(告由)란 뜻. 혼인한다는 것과 혼인 날짜를 조상의 신위에게 고유함. ㅇ僚友(요우)―동료와 벗. ㅇ以厚其別(이후기별)―부부유별(夫婦有別)의 예를 중히 여김. 즉 부부관계가 성립된 것을 중하게 여긴다는 뜻. ㅇ取妻(취처)―취처(娶妻)와 같은 뜻으로 아내를 맞이하는 것. ㅇ不取同姓(불취동성)―성이 같으면 아내로 삼지 않는다는 뜻. ㅇ買妾(매첩)―첩을 사들이는 것. ㅇ不知其姓則卜之(부지기성즉복지)―신분이 천한 여자로서 그 성을 알지 못하는 여자를 첩으로 사들일 때에는 그가 동성인가 아닌가를 점을 쳐서 판단한다는 것. 즉 점괘가 길(吉)하면 동성이 아니고, 흉하면 동성이라 생각한다. ㅇ有見焉(유현언)―탁월한 재능이 있는 것. ㅇ弗與爲友(불여위우)―벗으로 삼지 않는 것. 과부의 아들을 벗으로 삼지 않는 것은 혐의를 피하기 위한 것이라고 한다.

解說 옛날에는 남녀의 구별을 엄격히 하여 서로 말하지도, 서로 한 자리에 앉지도, 서로 물건을 직접 주고받지도 못하게 하였으며, 거처하는 곳이 안팎으로 구별되고 가구와 용품을 공용(共用)하는 일도 용인되지 않았었다. 이것은 그때 사회의 규범이며 예절이었던 것이다. 아버지와 아들은 높고 낮음의 차등이 있기 때문이라고 한다. 옛날에는 존비(尊卑)·귀천(貴賤)·장유(長幼)의 구별을 엄격하게 하는 것을 질서의 근본으로 삼았던 것이다. 남녀의 교제와 혼인에 대해서 말하고 있다.

　남녀 사이에 있어서는 중매하는 사람이 오갈 때가 아니면 서로 이름을 알아서는 안되며, 약혼한 사이가 아니면 서로 사귀거나 친근하게 지내서는 안된다고 하였다. 지나친 남녀의 격리가 현대인에게는 납득이 가지 않는다. 또 이 책은 예를 가르치는 책이다. 그런데도 매첩(買

妾)이란 말을 아주 당연한 일처럼 기록하고 있다. 이것으로 미루어 옛날에는 첩을 두는 것과 인신매매라는 악습이 공공연하게 이루어졌으며, 또 그것을 잘못된 일이라 생각지 않았다는 것을 알 수 있다.

남녀의 엄격한 격리가 결국은 순결이나 정조의 존중을 의미하는 계율이라고 본다면, 첩을 공공연하게 인정하는 일부다처제와 정조 중시의 계율은 서로 모순됨을 면치 못한다. 이것이 곧 남성 중심의 사회질서와 남존여비의 사상 위에 구축된 고대의 윤리사상인 것이다. 그 당시 사회에서는 이러한 질서로서 사회를 규율하였던 것이다. 그 당시 사회에서는 이것이 곧 도의였으며, 선(善)이기도 하였던 것이다. 현대인은 그 누구도 이것을 받아들이지 않을 것이다. 그렇지만 우리가 여기서 배워야 할 것은 옛사람들이 부부관계라는 것을 매우 중대하고 엄숙한 것으로 다루는 점이라 하겠다. 그들은 혼인하는 것을 임금께 보고하고 조상의 신위에 고유하는 등 옛사람으로서 최대 최고의 절차를 밟았던 것이다.

아내를 맞이하는 자를 하례하여 말하기를, 아무개가 아무개에게 시키노니 그대에게 객을 맞이하는 일이 있다는 것을 듣고 아무개를 시켜 부조를 보내노라. 가난한 사람은 재물로써 예를 행하지 않고, 늙은 사람은 근력으로써 예를 행하지 않는다.

아들의 이름을 명명(命名)할 때에는 나라 이름으로 짓지 않으며, 해와 달로 짓지 않으며, 은질(隱疾)로 짓지 않으며, 산천(山川)의 이름으로 짓지 아니한다. 남자와 여자는 장(長)을 달리한다. 남자가 20세가 되면 관례(冠禮)를 행하고 자(字)를 부른다. 아버지 앞에서 아들은 이름을 일컫고, 임금의 앞에서 신하는 이름을 일컫는다. 여자가 허혼(許婚)한 뒤에는 비녀를 지르고 자를 부른다.

原文 賀取妻者하여는, 曰某子使某하되, 聞子有客하고, 使某로 羞하나니라. 貧者는 不以貨財로 爲禮하며, 老者는 不以筋力으로

爲禮하나니라.

　(하취처자 왈모자사모 문자유객 사모
　수 빈자 불이화재 위례 노자 불이근력 위례)

　名子者는, 不以國하며, 不以日月하며, 不以隱疾하며, 不以山川이니라. 男女異長하며, 男子이 二十이어든, 冠而字니라. 父前에 子名하고, 君前에 臣名이니라. 女子이 許嫁면, 笄而字니라.

　(명자자 불이국 불이일월 불이은질 불이산
　천 남녀이장 남자 이십 관이자 부전
　자명 군전 신명 여자 허가 계이자)

註解　o有客(유객)－객(客)이 있음. 즉 객을 맞이하는 일이 있다는 뜻. 아내를 맞이한다는 말을 바꿔서 표현한 것. o羞(수)－선물. 부조를 보내는 것. o貨財(화재)－재물. 돈이나 물품. o筋力(근력)－체력. o名子(명자)－명명(命名). 아들에게 이름을 지어주는 것. o隱疾(은질)－의복 속에 숨어 있어서 남에게 보이지 않는 병. 즉 흑둔(黑臀 : 검정 볼기)이라든가 흑굉(黑肱 : 검정 팔꿈치)이라든가 하는 것. o男女異長(남녀이장)－남자와 여자를 서로 뒤섞어서 장유(長幼)의 호칭을 일컫지 않는다는 말. 남자는 남자만으로 백(伯)·중(仲)·숙(叔)·계(季)를 일컫고, 여자는 여자끼리 차례를 구분하여 일컫는다. o二十冠(이십관)－남자 20세가 되면 관례를 행한다. 즉 성인이 되었다는 뜻으로 갓을 쓰는 것. o字(자)－존경하는 뜻에서 이름 부르는 것을 피하고, 이름 대신 부르는 칭호를 자라고 한다. o父前子名(부전자명)－아버지 앞에서는 아들의 이름을 일컫고 감히 자를 일컫지 않는다. 한 집안에서는 아버지가 가장 높기 때문에 아버지 앞에서 감히 그 아들을 높이지 못하기 때문이라고 한다. o君前臣名(군전신명)－임금 앞에서는 신하된 사람의 누구에게도 감히 사사로운 존경을 표시하지 못한다. 그러므로 신민(臣民)인 이상 누구나 모두 이름을 일컫는다. 나라에는 임금보다 더 높은 사람이 없기 때문이다. o笄而字(계이자)－계(笄)는 비녀를 지른다는 말이므로 남자의 관례와 같은 것이다. 여자는 허가(許嫁)한 경우와 20세가 된 때에 비녀를 지른 뒤 그 이름을 부르지 않고 자(字)를 부른다는 것이다. 옛날에는 여자도 자를 사용했음을 알 수 있다.

解說 옛날에는 혼인을 축하하지 않았다고 한다. 그것은 아들이 혼인한다는 것은 아버지의 뒤를 이어 자신이 선조의 대를 잇는 일로서 세대교체를 뜻한다. 그러므로 아들된 사람은 부득이한 일이거니와 아버지에 대하여 그 늙음을 슬퍼한다. 따라서 혼례에는 음악을 쓰지 않으며, 남이 축하하지도 않는 것이 예이다. 그러나 향당과 요우(僚友)를 초청하여 음식 대접을 하므로 그 비용을 부조하지 않을 수 없다. 그 부조를 보내는 형식을 여기서 말한 것이다.

하지만 하(賀)라는 글자는 속칭에 따라 글을 적은 자가 사용했을 뿐이고, 원래 축하가 아니고 부조일 따름이라고 한다. 예를 표시하는 방법에는 재화를 예물로 보내는 경우가 있고, 체력으로 예를 치르는 경우가 있다. 예컨대 남의 경사스러운 일에 축하의 선물을 보내는 것은 재물에 의한 표현이고, 남의 슬픈 일, 남의 경사스러운 일에 몸소 가서 조위하고 축하하는 것이 예의이기도 하다. 그러나 가난한 사람은 재물로 예를 표시할 수 없고, 늙은이는 체력으로 예를 실천할 수 없다. 그렇다고 해서 그것이 예를 잃는 것이 아니다. 예라는 것은 원래 공경하는 것이 근본이다. 그 마음에 공경하는 생각이 있으면 비록 예물을 보내지 못하고, 체력으로 예를 행하지 못할지라도 그것이 실례는 아닌 것이다. 공경하는 마음은 예의 본질이고 예물이나 체력의 사용은 예의 표현 방법의 한가지일 따름인 것이다. 예라는 것은 사람이 행할 수 있는 가능한 범위에서만 논의되는 것이다. 그 범위를 초월하면 이미 예가 아닌 것이다.

나라 이름이나 해·달·은질·산천의 이름은 일상 용어에서 많이 쓰이는 것이므로 그것을 피하여 휘(諱)하기는 어렵다. 그러므로 이름을 지을 때에는 후세에 그의 자손들이 그 이름을 휘하기 어려움을 미리 생각하여 그런 것으로 이름짓지 않는 것이라고 하였다. 그러나 《왕씨자묵(王氏子墨)》에서의 설명은, 아들에게 이름을 명하는 것은 가르침을 보이는 것이다. 그런데 나라 이름으로 이름짓는 것은 겸손함을 가르치는 것이 못되며, 해와 달로 이름짓는 것은 공정함을 가르치는 것이 아니며, 은질로써 명명하는 것은 덕에 진취하는 것을 가르치는 것이 못되며, 산천으로 이름짓는 것은 자기 몸에서 구(求)하라는 것을 가르치는 것이 못되기 때문에 그런 것으로서 명명하지 않는 것이라고 되어 있다. 여하간 아들에게 이름을 지어줄 때에는 여러 가지로 생각하여 먼 뒷날의 일까지 미리 살펴서 신중히 처리하는 것을 가르쳐주고 있다.

모든 음식을 올리는 예는 효(殽)를 왼쪽에 놓고, 자(胾)를 오른쪽에 놓으며, 밥은 사람의 왼쪽에 놓고 갱(羹)은 사람의 오른쪽에 놓는다. 회(膾)와 구운 고기[炙]는 바깥쪽에 놓고, 식초[醯]와 장(醬)은 안쪽에 놓는다. 총예(葱渫)는 끝에 두고, 술과 미음은 오른쪽에 둔다. 포(脯)와 수(脩)를 놓는 자는 왼쪽에 굽혀서 놓되 끝이 오른쪽을 향하게 놓는다.

객의 나이나 벼슬이 주인보다 낮으면 밥을 받고 일어나 사양한다. 그때 주인이 일어나 객에게 '그렇게 하지 말라'고 권한다. 그런 뒤에야 객이 자리에 앉는다. 주인이 객을 선도(先導)하여 고수레제를 지낼 때에는 젯밥[祭食]을 먼저 가져온 것부터 고수레하고, 찬의 차례대로 골고루 제사한다. 밥을 세 번 먹은 뒤에 주인이 손을 인도하여 크게 끊은 고기를 먹는다. 그런 다음에 골고루 효(殽)를 먹는다. 주인이 효를 골고루 먹지 않았으면 객이 술을 마시어 입을 가시지 않는다.

[原文]　凡進食之禮는, 左殽右胾하며, 食은 居人之左하고, 羹은 居人之右하며, 膾炙는 處外하고, 醯醬은 處內하며, 葱渫는 處末하고, 酒漿은 處右하며, 以脯脩置者는, 左朐右末이니라.
　(범진식지례 좌효우자 식 거인지좌 갱
　거인지우 회적 처외 혜장 처내 총예 처말

주장 처우 이포수치자 좌구우말)

客若降等이어든, **執食興辭**하되, **主人**이 **興辭於客**이라야, **然後**에 **客**이 **坐**니라. **主人**이 **延客祭**하되, **祭食**을 **祭所先進**하고, **殽之序**로 **徧祭**느니라. **三飯**이어든, **主人**이 **延客食胾**하고, **然後**에 **辯殽**니라. **主人**이 **未辯**이면, **客不虛口**니라.

(객약강등 집식흥사 주인 흥사어객 연후
객 좌 주인 연객제 제식 제소선진 효지
서 변제지 삼반 주인 연객식자 연후 변
효 주인 미변 객불허구)

註解   ○殽(효)―뼈가 붙은 고기[肉]. ○胾(자)―크게 끊은 고기. 산적. ○羹(갱)―국. ○炙(자)―구운 고기. ○醯醬(혜장)―식초와 장. ○葱渫(총예)―찐 파[蒸葱]. ○酒漿(주장)―술과 미음. ○脯(포)―말린 고기. 육포. ○脩(수)―포를 두드려서 생강과 계피로 양념한 고기. ○左胊(좌구)―구(胊)는 가운데를 굽힌다는 말이므로 굽혀서 왼쪽에 놓는다는 뜻. ○右末(우말)―끝이 오른쪽을 향하게 하는 것. ○降等(강등)―등급이 낮음. 즉 나이나 벼슬이 상대방보다 낮은 것. ○執食(집식)―밥상을 제지(制止)하는 것. ○興辭(흥사)―일어나서 사양하는 것. ○祭(제)―옛사람이 근본을 잊지 않는 의미에서 밥 먹을 때마다 반드시 음식의 갖가지를 조금씩 덜어서 변두(籩豆) 사이의 땅에 놓아두어서 선대(先代)에 처음으로 음식을 만든 사람에게 보답하는 것을 제(祭)라고 한다. 우리나라의 고수레와 같은 것. ○延客祭(연객제)―객을 선도(先導)하며 고수레 제를 지내는 것. ○祭所先進(제소선진)―음식을 먼저 올린 것을 제사하는 것. 즉 먼저 올린 음식을 먼저 제사하고 뒤에 올린 음식은 뒤에 제사하는 것. ○殽之序徧祭之(효지서변제지)―효(殽)는 찬이란 뜻이므로 찬을 올린 순서에 따라 골고루 고수레제를 지낸다는 말. ○三飯(삼반)―밥을 세 번 떠먹음. 예식(禮食)에 밥을 세 번 떠먹고는 배부르다고 말하고, 주인이 더 먹기를 원해야 다시 더 먹는다고 한다. ○主人延客食胾(주인연객식자)―밥을 세 번 먹는 것을 마친 뒤에 주인이 비로소 객을 인도하여 크게 자른 고기를 먹

는다는 뜻. ㅇ辯殽(변효)─변(辯)은 변(徧)과 같으므로 골고루라는 뜻. 변효는 효(殽)를 골고루 먹는다는 말. ㅇ未辯(미변)─아직 효(殽)를 골고루 먹지 않은 것. ㅇ虛口(허구)─밥을 모두 먹은 뒤에 술을 마시어 입을 가시는 것을 허구라고 한다. 입 안을 깨끗이하고 먹은 것을 편안하게 하기 위한 것이라고 한다.

解說 객이 주인보다 나이나 지위가 아래인 경우에는 감히 빈주(賓主)의 예를 감당할 수 없다. 그러므로 밥상이 들어오면 객이 그 밥상을 제지하면서 일어나 사양한다. 그러면 주인이 그러지 말라고 일어나서 객을 만류한다. 그런 뒤에라야 객이 자리에 앉는 것이 예라는 것이다. 까다롭고 자질구레하고 형식에 치우친 듯한 느낌을 준다. 그러나 옛사람이 음식 절차에 대해서 번거롭게 예절을 운위한 이유가 있는 것 같다.

현대에 있어서도 음식 먹는 태도나 예절이 그 사람의 인품을 가장 잘 나타낸다고 한다. 오늘날 우리나라의 음식을 먹는 예절이나 양식을 먹을 때의 예절을 하나하나 글자로 표현한다면, 이것 역시 자질구레하고 까다롭고 형식에 치우친다는 느낌을 면치 못할 것이다. 그러나 우리는 그것을 불문율로 하고 있을 뿐이고, 사실상 하나하나 지키기를 힘쓰고 있는 것이다. 고대에는 고대인으로서 지켜야 할 예절이 있었다는 것을 이해할 수 있을 것 같다.

어른을 모시고 음식을 먹을 때에 주인이 친히 음식 대접을 하면 절하고 먹으며, 주인이 친히 대접하지 않으면 절하지 않고 먹는다. 남과 함께 음식을 먹을 때에는 배부르도록 먹지 말 것이며, 남과 함께 밥을 먹을 때에는 손을 적시지 말아야 한다. 밥을 뭉치지 말며, 밥숟가락을 크게 뜨지 말며, 물마시듯 들이마시지 말아야 한다. 음식을 먹을 때 혀를 차는 소리를 내지 말아야 하며, 뼈를 깨물어 먹지 말아야 하며, 먹던 고기를 도로 그릇에 놓지 말아야 하며, 뼈를 개에게 던져주지 말아야 하며, 어느 것을 굳이 자신이 먹으려고 하지 말아야 하며,

빨리 먹으려고 밥의 뜨거운 기운을 제거하기 위해 밥을 헤젓지 말아
야 하며, 기장밥을 젓가락으로 먹지 말아야 한다. 나물이 있는 국을
국물만 혹 들이마시지 말아야 하고, 국에 조미(調味)하지 말아야 하
며, 이를 쑤시지 말아야 하고, 젓국[醢]을 마시지 말아야 한다. 객이
국에 간을 맞추면 주인은 맛이 알맞게 잘 끓이지 못했다는 사과의 말
을 해야 하며, 객이 젓국을 마시면 주인은 가난해서 맛있게 잘 만들
지 못했다고 사과의 말을 해야 한다. 젖은 고기는 이로 끊고 마른 고
기는 이로 끊지 않는다. 불고기를 한입에 넣어 먹어버리는 일을 하지
말아야 한다. 음식 먹는 일을 마치면 객이 앞에서부터 꿇어앉아서 밥
과 제(齊)를 걷어서 내준다. 그러면 주인이 일어나서 그렇게 하지 말
라고 객에게 제지한다. 그러한 연후에 객이 자리에 앉는다.

[原文] 侍食於長者하되, 主人이 親饋어든, 則拜而食하고, 主人
이 不親饋어든, 則不拜而食이니라. 共食不飽하며, 共飯不澤手하
며, 毋摶飯하며, 毋放飯하며, 毋流歠하며, 毋咤食하며, 毋齧骨하
며, 毋反魚肉하며, 毋投與狗骨하며 毋固獲하며, 毋揚飯하며, 飯
黍毋以箸하며, 毋嚃羹하며, 毋絮羹하며, 毋刺齒하며, 毋歠醢니,
客이 絮羹이어든, 主人이 辭不能亨하고, 客이 歠醢어든, 主人이
辭以窶하며, 濡肉은 齒決하고, 乾肉은 不齒決하며, 毋嘬炙니라.
卒食이어든, 客이 自前跪하여, 徹飯齊하며, 以授相者이니, 主人
이 興辭於客이어든, 然後에 客이 坐니라.
　　(시식어장자 주인 친궤 즉배이식 주인
　　불친궤 즉불배이식 공식불포 공반불택수
　　무단반 무방반 무유철 무타식 무설골
　　무반어육 무투여구골 무고획 무양반 반
　　서무이저 무탑갱 무서갱 무척치 무철해
　　객 서갱 주인 사불능팽 객 철해 주인

사이구 유육 치결 건육 불치결 무최적
졸식 객 자전궤 철반제 이수상자 주인
흥사어객 연후 객 좌)

註解 ㅇ親饋(친궤)－친히 나와서 음식 대접을 하는 것. ㅇ共食(공식)－
남과 함께 음식을 먹는 것. ㅇ共飯(공반)－남과 함께 밥을 먹는 것. 공식
은 밥 이외의 것도 먹는 것을 뜻하고, 공반은 밥만 같이 먹는 것을 뜻한
다. ㅇ不澤手(불택수)－손을 적시지 않는 것. ㅇ毋摶飯(무단반)－단반(摶
飯)은 밥을 뭉친다는 말이므로 한번에 밥을 많이 떠올 수 있는 것이다.
이것은 남보다 많이 먹기를 다투는 것이 되므로 하지 말라는 것이다. ㅇ毋
放飯(무방반)－방반(放飯)은 밥숟가락을 함부로 많이 떠서 절제함이 없는
것이므로 이것도 많이 먹기를 탐내는 것이 되기에 하지 말라는 것이다.
방반은 손 안에 남은 밥을(옛날에는 밥을 손으로 먹었다고 함) 도로 밥그
릇에 넣는 것이라고 풀이하는 설도 있다. ㅇ毋流歠(무유철)－물 마시듯 들
이마시지 말라는 말. ㅇ毋咤食(무타식)－타식(咤食)은 음식을 먹을 때 혀
차는 소리를 내는 것. 이것은 주인의 음식을 나무라는 느낌을 주는 것이
므로 하지 말라는 것이다. ㅇ毋齧骨(무혈골)－뼈를 깨물어 먹지 말 것.
소리내는 것을 피하기 위한 것. ㅇ毋反魚肉(무반어육)－먹던 물고기나 육
류(肉類)를 도로 그릇에 놓지 말라는 것. 남이 더럽게 생각하기 때문이다.
ㅇ毋投與狗骨(무투여구골)－개에게 뼈를 던져주지 말라는 것. 이런 행위
는 주인의 음식을 천하게 여기는 결과가 되기 때문이다. ㅇ毋固獲(무고
획)－군이 요구하는 것을 고(固)라고 하고, 얻기 어려운 것을 얻는 것
을 획(獲)이라고 한다. 어느 것을 군이 자신이 먹으려고 하지 말라는 것.
ㅇ毋揚飯(무양반)－양반(揚飯)은 밥을 손으로 헤젓는 것을 말하므로 밥
의 뜨거운 기운을 제거하기 위하여 밥을 헤젓지 말라는 것. 너무 급히 먹
고자 하는 인상을 주기 때문이다. ㅇ飯黍毋以箸(반서무이저)－기장밥을
먹을 때에는 젓가락을 사용하지 말라는 것. 숟가락으로 먹는 것이 편리하
기 때문이다. ㅇ毋嚃羹(무탑갱)－국을 국물만 훅 하고 들이마시지 말라는
것. 국에는 나물이 들어 있으므로 마땅히 젓가락을 사용해야 하고 입으로
들이마시지 말아야 한다는 것. ㅇ毋絮羹(무처갱)－국에 간맞추지(조미)

말라는 것. 그것은 주인에게 국의 간이 맞지 않는다는 것을 표시하는 일이 되기 때문이다. ○毋刺齒(무척치)—이를 쑤시지 말라는 것. 공경하는 태도가 아니다. ○毋歠醢(무철해)—해(醢)는 젓국을 말하므로, 젓국물을 마시는 것은 음식맛이 싱겁다는 것을 의미하는 것이므로 주인의 음식을 나무라는 것이 되기 때문에 하지 말라는 것. ○辭不能亨(사불능팽)—맛있게 끓이지 못해서 죄송하다고 사과하는 것. ○辭以窶(사이구)—구(窶)는 가난한 것이므로, 가난해서 음식을 맛있게 만들지 못하여 죄송하다고 사과하는 것. ○濡肉(유육)—젖은 고기. ○乾肉(건육)—말린 고기. ○齒決(치결)—이로 물어 끊는 것. ○毋嘬炙(무최자)—자(炙)는 구운 고기이므로 불고기를 말하고 최(嘬)는 한입에 넣는 것이다. 구운 고기를 한입에 넣어버리는 것은 먹기를 탐내는 일이므로 예의바른 태도가 못되기에 하지 말라는 것이다. ○卒食(졸식)—회식(會食)을 마침. ○徹飯齊(철반제)—제(齊)는 장(醬) 등속인데 밥그릇과 제의 그릇을 치우는 자에게 주는 것. ○相者(상자)—종사자. 여기서는 상을 치우는 자. ○興辭於客(흥사어객)—주인이 일어나서 객에게 그러지 말라고 제지하는 것.

解說 여기에서는 남과 함께 음식을 먹는 예절을 구체적으로 기술하고 있다. 그 여러 가지 조목 중에는 현대인의 생활에 맞지 않는 것도 있으나 대부분의 것은 현대인의 예의로도 꼭 지켜야 할 것들이다. 여하간 남과 함께 음식을 먹을 때에 경건하고 의젓하고 예의바르게 해서 자신의 품위를 손상시키지 않도록 해야 한다는 것은 예나 지금이나 같다. 이러한 회식을 마치면 등급이 주인보다 아래인 객이 앞에 나와 꿇어앉아서 상 치우는 일을 거들면 주인이 그러지 말라고 말린다. 그렇게 한 후에 객이 자리에 앉는다는 것이다. 반(飯)과 제(齊)는 모두 주인이 친설(親設)하는 것이므로 객이 그것을 친히 치우려는 것이라고 한다.

어른을 모시고 술을 마실 때에 술이 나오면 일어나 준소(尊所)에 가서 절을 하고 받아야 한다. 만약 어른이 그렇게 하는 것을 말리면 연소자는 제자리에 돌아와서 마시되, 어른이 술잔을 들어 다 마시기

전에는 연소자는 감히 마시지 못한다.

어른이 무엇을 내려주시면 연소자나 천한 자는 감히 사양하지 못한다. 임금 앞에서 과실의 하사(下賜)를 받았을 때에는 과실에 씨가 있으면 그 씨를 품안에 간직해야 한다. 임금을 모시고 음식을 먹을 때에는 임금이 '대궁'을 내려주시면 나중에 그 그릇을 씻어야 하는 것은 다른 그릇에 옮기지 않고, 그밖의 것은 모두 다른 그릇에 옮겨 담는다.

原文 侍飮於長者할새, 酒進則起하여, 拜受於尊所하되, 長者이 辭어든, 少者와 反席而飮하되, 長者이 擧未釂어든, 少者이 不敢飮이니라.

(시음어장자 주진즉기 배수어존소 장자
사 소자 반석이음 장자 거미조 소자 불감음)

長者이 賜어시든, 少者이 賤者는 不敢辭니라. 賜果於君前이어시든, 其有核者는, 懷其核이니라. 御食於君에, 君이 賜餘어시든, 器之漑者는 不寫하고, 其餘는 皆寫니라.

(장자 사 소자 천자 부감사 사과어군전
기유핵자 회기핵 어식어군 군 사여
기지개자 불사 기여 개사)

註解 o尊所(준소)-준(尊)은 준(樽)과 통용되므로, 준소는 술단지를 놓아둔 곳. o辭(사)-사양하는 것. 즉 그렇게 하지 말라고 말리는 것. o反席而飮(반석이음)-제자리에 돌아와서 마시는 것. o擧未釂(거미초)-거(擧)는 마시는 것을 뜻하고, 초(釂)는 잔의 술을 모두 마시는 것을 뜻하므로 술잔의 술을 아직 모두 마시지 않았음을 나타내는 말. o少者不敢飮(소자불감음)-연소자는 어른이 먼저 마시기 전에는 감히 마시지 못한다는 말. o賜(사)-무엇을 내려주는 것. o賜餘(사여)-먹다 남은 것을 내려주는 것. o器之漑者(기지개자)-개(漑)는 씻는다는 뜻이므로 씻을 수 있는 그릇. o寫(사)-사(瀉)와 같으므로 다른 그릇에 쏟아 옮기는 것.

解說 연소한 사람이 어른을 모시고 술마시는 경우의 예절을 말하고 있다. 술이 들어오면 연소자는 일어나서 술단지를 놓아둔 곳에 가서 절하고 술을 마시는 것이 당연한 예절로 되어 있다. 그러나 어른이 말리면 그렇게 하지 않아도 되며, 어른이 술을 마시기 전에 술을 마시면 안된다는 것이다. 옛사람이 술마시는 예절을 매우 까다롭고 번거롭게 정한 것은 예를 지켜 공경하고 조심하며, 예의 절차를 밟느려고 시간을 끌어서 술에 취하는 것을 경계하는 뜻이 있다고 한다. 사양한 뒤에 받는 것은 주인과 빈객(賓客) 또는, 평교(平交) 사이에서 하는 예절이고, 연소한 자가 어른을 섬기는 도리가 아니라는 것이다.

어른이 아랫사람에게 무엇을 내려주는 것은 은정(恩情)을 베푸는 것이므로 연소한 자는 감사하게 그 은정에 잠기는 것이 도리이고, 이것을 사양하는 것은 어른의 은정을 거부하는 것이 된다고 해서 감히 사양하지 못한다는 것이다. 그러나 그 내려주고 받고 하는 것이 어떠한 도를 넘어 분수에 어그러지며, 조금이라도 의(義)롭지 않은 것이라면 아무리 어른이 주는 것이라 해도 거부해야 할 것이다.

임금의 하사를 공경하기에 과일의 씨도 감히 임금 앞에서 버리지 못한다는 것이다. 그리고 반드시 임금 앞에서만 그럴 것이 아니라 정중한 자리에서 과일의 씨나 고기의 뼈 같은 것을 함부로 버리지 않고 몸에 간직했다가 뒤에 버리는 것은 예의바르고 교양있는 태도라 할 수 있을 것이다. 그리고 임금이 대궁을 내려주었을 때 그 그릇이 씻을 수 있는 것이면 그대로 사용하고, 씻을 수 없는 것이면 다른 그릇에 옮겨 담은 뒤에 먹는다는 것이다. 그것은 입의 때로 인해서 임금의 그릇을 더럽히지 않으려고 하기 때문이라는 것이다.

남은 음식으로 제사지내지 않는다. 〔그런 것으로는〕 아버지가 아들의 제사를 지내지 않으며, 남편이 아내의 제사를 지내지 않는다.

어른을 모시고 함께 음식을 먹을 때에는 비록 성찬(盛饌)이라도 사양하지 않으며, 손님 대접하는 자리에 배석(陪席)하였을 때에도 사양하지 않는다.

국에 나물이 있는 것은 젓가락을 사용하고, 나물이 없는 것은 젓가락을 사용하지 않는다.

천자(天子)를 위하여 참외를 깎는 자는 껍질을 깎은 뒤에 넷으로 쪼개고 또 가로 끊어서 세갈포(細葛布)의 천으로 덮어 가지고 올린다. 국군(國君)을 위해서는 참외를 깎은 뒤에 반으로 쪼개고 또 가로 끊어서 거친 갈포천을 덮어 가지고 올린다. 대부(大夫)를 위해서는 국군의 경우와 같으나 천으로 덮지 않고 그대로 올린다. 사(士)를 위해서는 참외의 껍질을 깎고 가로 끊은 뒤에 꼭지를 베어버릴 뿐이며, 서인(庶人)은 껍질을 깎은 뒤에 쪼개거나 가로 자르지 않고 깨물어 먹는다.

[原文] 餕餘를 不祭니, 父不祭子하며, 夫不祭妻니라. 御同於長者할새, 雖貳나 不辭하며, 偶坐不辭니라. 羹之有菜者는 用梜하고, 其無菜者는 不用梜이니라.

(준여 부제 부부제자 부부제처 어동어장
자 수이 불사 우좌불사 갱지유채자 용협
기무채자 불용협)

爲天子하여 削瓜者는 副之하여, 巾以絺하고, 爲國君者는 華之하여, 巾以綌하고, 爲大夫하여는 累之하고, 士는 疐之하고, 庶人은 齕之니라.

(위천자 삭과자 복지 건이치 위국군자 화
지 건이격 위대부 누지 사 체지 서인 흘지)

[註解] ㅇ餕餘(준여)―제사 퇴물. 먹다 남긴 음식. ㅇ不祭(부제)―제사지내지 않는 것. 즉 다른 제사에 이미 제물로 쓰인 퇴물을 제수(祭需)로 쓰지 않는다는 뜻. ㅇ御(어)―시(侍)와 같은 뜻이므로 모신다는 말. ㅇ同於長者(동어장자)―어른과 함께 함. 여기에서는 어른과 함께 음식을 먹는다는 뜻. ㅇ貳(이)―겹친다는 뜻이므로 좋은 음식이 겹치는 것. 즉 성찬을 뜻

함. ○不辭(불사)—사양하지 않음. 즉 어른을 모시고 음식을 함께 먹을 때에는 비록 성찬이 나와도 사양하지 않는다는 말이므로, 그 성찬이 본래 어른을 위한 것이고 자기를 위한 것이 아니기 때문이다. ○偶坐不辭(우좌불사)—우(偶)는 배우(配偶). 즉 배석(陪席)한다는 뜻이므로 손님을 대접하는 경우에 그 손님을 배석하는 것이므로 거기에 나오는 음식은 손님을 위한 것이기 때문에 배석한 사람이 사양할 바 아니라는 것이다. ○梜(협)—젓가락. ○削瓜(삭과)— 참외 껍질을 깎는 것. ○副之(복지)—넷으로 쪼개고 또 가로 자르는 것. ○巾以絺(건이치)—건(巾)은 천으로 덮는다는 뜻이고, 치(絺)는 갈세포(葛細布). 즉 갈세포의 천으로 위를 덮는다는 말. ○國君(국군)—나라의 임금. 여기에서는 제후(諸侯)를 가리킨 말. ○華之(화지)—반으로 쪼개는 것. 즉 반으로 쪼개고 또 가로로 자르는 것. ○綌(격)—거친 갈포(葛布). ○累之(누지)—천으로 덮지 않는다는 뜻. ○憲之(체지)—체(憲)는 꼭지를 뜻한다. 체지는 꼭지를 베어버린다는 말. ○齕之(흘지)—이로 깨무는 것.

解說 남이 먹다 남은 음식으로 제사를 지내서는 안된다는 것이다. 조상의 제사에 쓰지 않을 뿐 아니라, 아들의 제사에 아버지가 남긴 음식물로 제사지낼 수 없으며, 아내의 제사에 남편이 남긴 음식을 쓰지 못한다는 것이다. 그것은 먹다 남은 것으로 제사하는 것은 신을 모독하는 일이 되기 때문이라고 한다. 그리고 나물이 없는 국물은 그대로 마셔도 좋다고 했다. 즉 사물(事物)의 세세한 것은 각기 사리에 알맞게 대치하면 그것이 곧 예절이라는 것을 가르쳐 주고 있다. 고대에는 존비귀천(尊卑貴賤)의 구분을 엄격히 하는 신분 질서로써 사회 구조의 기초를 삼았다. 이 기초 질서 위에서만 고대 사회는 유지될 수 있었던 것이다. 그러므로 큰 일에서부터 자질구레한 일에 이르기까지 세밀한 행동규범이 규정되어 있었다.

부모가 병들면 아들은 근심하여 성인의 남자는 머리를 빗지 않으며, 다닐 때에 나는 듯 걷지 않으며, 바르지 않은 말을 하지 않으며, 거문고나 비파를 다루지 않으며, 고기는 먹으나 맛이 없어질 만큼 많이 먹지 않으며, 술을 마시나 얼굴빛이 변하는 데 이르지 않으며, 잇몸이 드러나도록 크게 웃지 않으며, 성내어도 남을 소리쳐 꾸짖는 데까지 이르지 않는다. 부모의 병이 나으면 도로 예전과 같이 한다.

근심이 있는 자는 자리에 앉아도 옆을 향해서 앉고, 상중(喪中)에 있는 자는 특히 자리를 홀로 차지한다.

原文 父母이 有疾이어시든 冠者는 不櫛하며, 行不翔하며, 言不惰하며, 琴瑟不御하며, 食肉不至變味하며, 飮酒不至變貌하며, 笑不至矧하며, 怒不至詈니, 疾止어시든 復故니라.
(부모 유질 관자 불즐 행불상 언불
타 금슬불어 식육부지변미 음주부지변모
소부지신 노부지리 질지 복고)
有憂者는 側席而坐하고, 有喪者는 專席而坐니라.
(유우자 측석이좌 유상자 전석이좌)

註解 ㅇ冠者不櫛(관자부즐)—성년자가 머리 빗지 않음. 부모의 병이 근심되어 몸을 가꿀 겨를이 없다는 말. ㅇ行不翔(행불상)—부모의 병을 근심하여 새가 펄펄 날듯 걷지 않는다는 말. ㅇ言不惰(언불타)—근심하여 병환 이외의 일에 언급할 겨를이 없다는 말. 타(惰)는 와전된, 바르지 않은 말. ㅇ琴瑟不御(금슬불어)—어(御)는 다르다는 뜻. 즉 탄다는 말이므로 마음이 즐겁지 않아서 거문고나 비파를 다루지 않는다는 말. ㅇ食肉不至變味(식육부지변미)—고기를 먹되 너무 많이 먹어서 고기맛이 없어지는 정도에 이르도록 하지 않는다는 말. 부모의 병환을 근심하기 때문이다. ㅇ笑不至矧(소부지신)—신(矧)은 잇몸을 드러내며 웃는 것이니, 소부지신은 웃어도 잇몸이 드러날 만큼 크게 웃지 않는다는 말. 근심이 되어 잇몸이 드러날 만큼 기쁘게 큰 웃음을 웃지 못한다는 것. ㅇ詈(매)—성내어 소리 높여 꾸짖는 것. ㅇ復故(복고)—도로 전과 같이 하는 것. 평상시의 상태로 다시 되돌아가는 것. ㅇ有憂者(유우자)—근심이 있는 자. 부모의 질병이나 혹은 다른 환난(患難)이 있어서 근심하는 사람. ㅇ側席而坐(측

석이좌)−측(側)은 독(獨)과 같으므로 홀로 한 자리에 앉을 뿐 객을 접대하는 자리를 마련하지 않는다는 말. ○有喪者(유상자)−거상(居喪)하는 사람. 상중에 있는 사람. ○專席而坐(전석이좌)−남과 함께 자리에 앉지 않는 것. 자리에 혼자 앉는 것.

解說 진심으로 부모의 병환을 깊이 근심하고 있다면 자연히 그렇게 될 것이다. 구태여 하나하나 예로서 규정할 것까지는 없을 것 같다. 그러나 예라는 것은 사람의 자연발생적인 정(情)에 순응하여 그것을 형식으로 표현하고 규범으로 규정하는 것이다. 그러기에 예라는 것은 사람의 자연스러운 상정(常情)에 기초를 두지만, 그 상정을 예라는 형식으로 구체적인 표현을 하는 것이다. 그래서 때로는 형식이 본질을 바로잡아 주고 일깨워주는 경우가 있게 된다. 이른바 형식이 내용을 규정한다는 것인데 근심이 있는 자는 객을 접대할 마음의 여유가 없을 것이다. 이런 경우에 만약 빈객을 접대하기 위한 좌석을 마련하여 객이 오게 된다면 객을 예의바르게 기쁜 얼굴로 대접할 수 없을 것인데 그러므로 처음부터 객석을 마련하지 않고 홀로 한 자리에 옆을 향하고 앉아 있다는 것이다. 또 상중에 있는 사람은 상주의 자리가 따로 있다. 그러니 상중에 있는 사람은 남과 자리를 함께 하지 않고 특별히 마련된 상주 전용의 자리에 앉는다는 것이다.

장마가 지면 물고기나 자라를 남에게 바치지 않는다. 〔잡기 어려워 귀중한 것이기 때문이다〕 야생의 새를 남에게 바치는 자는 그 머리를 비틀어 놓으나, 집에서 기르는 새를 바치는 자는 그 머리를 비틀어 놓지 않는다. 〔야생조는 부리로 사람을 쫄 우려가 있으나 집에서 기르는 새는 그럴 염려가 없기 때문이다〕 수레나 말을 남에게 바치는 자는 말채찍과 수레 고삐를 가져다 올린다. 〔수레나 말을 마루 위까지 가져갈 수 없기 때문이다〕 갑옷을 바치는 자가 〔가벼운〕 투구를 바친다. 〔작고 들기 쉬운 것을 바치어 큰 것을 표시한다〕 남에게 지팡이를 바치는 자는 지팡이의 끝이 자신을 향하게 잡고 올린다. 〔지팡이는 끝이 더럽기 때문이다〕 포로로 잡아온 노비를 바치는 자는 그들의 오른편 소매를 잡는다. 〔그들의 이심(異心)을 경계하기 때문이다〕 서속을 바치는 자는 할부(割符)의 오른편 조각을 올리고, 쌀을 바치는 자는 양고(量鼓)를 올리며, 익은 음식을 바치는 자는 장제(醬齊)를 올린다. 〔서속은 저장할 것이므로 소유를 넘기는 증서를 올리고, 쌀은 곧 식량으로 사용할 수 있으므로 양기(量器)를 올리며, 익은 음식을 올리는 사람은 장을 올려 그 뜻을 표시하는 것이다〕 전지나, 가사(家舍)를 바치는 자는 〔그에 대한〕 명세서를 가져가야 한다.

〔原文〕 水潦降이어든, 不獻魚鼈이니라. 獻鳥者는 佛其首나, 畜鳥者는 則勿佛也니라. 獻車馬者는 執策綏하고, 獻甲者는 執胃하고, 獻杖者는 執末하고, 獻民虜者는 操右袂하고, 獻粟者는 執右契하고, 獻米者는 操量鼓하고, 獻孰食者는 操醬齊하고, 獻田宅者는 操書致니라.

(수료강 불헌어별 헌조자 불기수 축
조자 즉물불야 헌거마자 집책수 헌갑자 집주
헌장자 집말 헌민로자 조우메 헌속자 집
우계 헌미자 조량고 헌숙식자 조장제 헌전
택자 조서치)

〔註解〕 ㅇ水潦降(수료강)-물이 많아짐. 장마. ㅇ不獻魚鼈(불헌어별)-물고기와 자라를 바치지 않음. 즉 물이 많아지면 물고기나 자라는 구하기 어려운 것이므로 귀하기 때문에 바치지 않는다는 것. ㅇ獻鳥者佛其首(헌조자불기수)-야생의 새를 올리는 사람은 그 머리를 비틀어 놓는다. 야생의 새는 사람을 쪼아 상하게 할 것을 두려워하기 때문이다. ㅇ畜鳥者則勿佛(축조자즉물불)-집에서 기르는 새를 바치는 자는 그 머리를 비틀어 놓지 않는다. 집에서 기른 새는 사람을 쪼아 상하게 할 우려가 없기 때문이다. ㅇ獻車馬者執策綏(헌거마자집책수)-수레나 말을 바치는 자는 말채찍과 수레고삐를 가져다 올린다. 수레나 말을 마루 위에 올려갈 수 없

기 때문에 다만 채찍과 고삐를 바치어 거마(車馬)를 드리는 뜻을 알게 한다는 것. ㅇ獻甲者執冑(헌갑자집주)-갑옷을 드리는 사람은 작고 가벼운 투구를 올린다는 뜻. ㅇ獻杖者執末(헌장자집말)-지팡이를 드리는 자는 지팡이 끝을 자신이 잡는다. 지팡이의 끝은 땅에 닿기 때문에 정결하지 못하므로 바치는 사람이 자신을 향하게 잡고 올린다는 뜻. ㅇ獻民虜者執右袂(헌민로자집우몌)-민로(民虜)는 전쟁에서 포로로 잡아 노예로 삼는 자이므로 그러한 자를 바칠 때에 오른쪽 소매를 잡는 것은 그의 딴 마음을 막기 위한 것이다. ㅇ獻粟者執右契(헌속자집우계) 獻米者操量鼓(헌미자조량고)-서속을 바치는 자는 할부(割符 : 어음)의 오른편 조각을 올리고, 쌀을 바치는 자는 양기(量器)를 올린다는 말이다. 할부는 오른편 조각을 높은 것으로 여기기 때문에 우부(右符)를 바치어 그에게 소유권을 넘기는 것이고 양고(量鼓)는 곡(斛)을 일컫는 말이다. 속(粟)의 경우에는 어음을 올리고, 쌀의 경우는 곡을 올리는 것은 쌀은 곧 식량으로 사용할 수 있고, 서속은 저장하는 것이기 때문이라고 한다. ㅇ獻孰食者(헌숙식자) 操醬齊(조장제)-숙식(孰食)은 숙식(熟食)이므로 익은 음식을 말한다. 익은 음식을 바치는 자는 장제(醬齊 : 醬은 조미료)를 올려서 익은 음식을 올리는 것을 알린다는 말이다. ㅇ獻田宅者(헌전택자) 操書致(조서치)-서치(書致)는 그 많고 적음을 자세히 적어서 남에게 보내는 것이므로 전지나 가사(家舍)를 바칠 때에는 그 명세서를 써서 올린다는 뜻.

무릇 남에게 활을 증여하는 자는 쥔 활은 근(筋)을 위로 하고, 늦추어 놓은 활은 각(角)을 위로 하여, 오른손으로 활의 끝을 잡고 왼손으로 활의 중앙의 손잡이를 밑에서 받들어 가지고 준다. 존비(尊卑)의 등급이 상등(相等)한 자는 서로 경쇠[磬]처럼 구부정하게 허리를 굽혀 패건(佩巾)을 드리운다. 이때 만약 주인이 절을 하면(활이 아직 受授되지 않았으므로) 객이 얼른 자리를 비켜서 절을 피한다. 주인 자신이 받되 손의 왼편으로부터 손을 객의 손 아래에 대고 활 중앙의 손잡이를 받들고 객을 향하여 나란히 선다. 그렇게 한 뒤에 받는다. 남에게 칼을 올리는 자는 칼머리를 왼쪽으로 해서 올리고, 창을 올리는 자는 창고달[鐏]을 앞으로, 그 날을 뒤로 하여 준다. 남에게 모극 (矛戟)을 올리는 자는 창고달[鐓]을 앞으로 하여 준다.

原文 凡遺人弓者는, 張弓尙筋하고, 弛弓에는 尙角이니, 右手 로 執簫하고, 左手로 承弣하여, 尊卑垂帨니, 若主人이 拜어든, 則客이 還辟辟拜하며, 主人이 自受하되, 由客之左하여, 接下承 弣하며, 鄕與客並이니, 然後에 受니라. 進劍者는 左首하고, 進戈 者는 前其鐏하고, 後其刃하고, 進矛戟者는 前其鐓하라.

　(범유인궁자 장궁상근 이궁 상각 우수
　집소 좌수 승부 존비수세 약주인 배
　즉객 환벽피배 주인 자수 유객지좌 접하승
　부 향여객병 연후 수 진검자 좌수 진과
　자 전기준 후기인 진모극자 전기대)

註解 ○遺人(유인)—남에게 줌. 아랫사람이 윗사람에게 올리는 것을 헌(獻)이라고 하고, 윗사람이 아랫사람에게 주는 것을 사(賜)라고 하며, 상등한 사람에게 주는 것을 유(遺)라고 한다. ○張弓尙筋弛弓尙角(장궁 상근이궁상각)—활의 생김새는 각(角)이 안쪽에 있고, 근(筋)은 바깥쪽에 있다. 상(尙)은 위가 되게 한다는 말이므로 활의 시위를 메운 것은 근 (筋)이 위가 되게 하고, 활을 늦추었을 때는 각(角)이 위가 되게 한다는 말. 모두 그 세(勢)에 순응한 것이다. 각은 궁신(弓身)에 붙인 얇은 쇠뿔[牛 角]이고 근은 활줄이다. ○簫(소)—여기에서는 미두(弭頭), 즉 활의 끝을 일컫는 말. ○承弣(승부)—부(弣)는 활줌통이니 활 중앙의 손으로 잡는 곳이다. 승부(承弣)는 손으로 부를 받든다는 말. ○垂帨(수세)—세(帨)는 패건(佩巾), 즉 차고 있는 수건을 드리운다는 말. ○尊卑垂帨(존비수세)— 객과 주인의 존귀한 등급이 상등하면 서로 몸을 경쇠[磬] 모양같이 굽히 어 차고 있는 수건[佩巾]을 드리운다는 말이므로 즉, 존비의 등급이 상 등하다는 것을 표시한 말. ○還辟辟拜(환벽피배)—환(還)은 선(旋)과 같 으니 곧, 얼른이란 뜻. 환벽의 벽은 벽(闢)과 같으므로 얼른 섰던 자리를 비킨다는 말이고, 피배의 피는 피(避)와 같으므로 상대방의 절을 피한다

는 말. ㅇ主人自受(주인자수)―등급이 상등한 자리이니 남을 시키는 것은 실례이므로 자신이 받는 것. ㅇ由客之左(유객지좌)―오른쪽은 높은 방향이므로 왼쪽으로 가는 것. ㅇ鄕與客竝(향여객병)―객(客)을 향하여 나란히 선다는 말.

안석과 지팡이를 올리는 자는 먼지를 털어버린다. 말이나 양을 바치는 자는 오른편 손으로 몰고, 개를 바치는 자는 왼손으로 몰며, 새〔禽〕를 바치는 자는 새의 머리를 왼쪽으로 하여 올린다. 새끼양이나 기러기를 장식하는 자는 수놓은 천으로 덮는다. 주옥(珠玉)을 받는 자는 두 손으로 움켜 받고, 활이나 칼을 받는 자는 옷소매를 대고 받들어 받으며, 옥 술잔으로 마신 자는 잔에 남은 찌꺼기를 뿌리지 않는다.

무릇 궁검(弓劍)·포저(苞苴)·단사(簞笥)를 남에게 보내줄 때에는 가는 사람이 명령을 받으면 그 가지고 갈 물건들을 잡고 곧 위의(威儀)와 진퇴 절차를 익혀 이미 저곳에 도착한 사자(使者)와 같은 의용(儀容)을 짓는다.

原文 進几杖者는 拂之하고, 效馬效羊者는 右牽之하고, 效犬者는 左牽之하고, 執禽者는 左首하고, 飾羔鴈者는 以繢하고, 受珠玉者는 以掬하고, 受弓劍者는 以袂하고, 飮玉爵者는 弗揮니라.
(진궤장자 불지 효마효양자 우견지 효견
자 좌견지 집금자 좌수 식고안자 이회 수
주옥자 이국 수궁검자 이몌 음옥작자 불휘)

凡以弓劍苞苴簞笥로 問人者는, 操以受命하되, 如使之容이니라.
(범이궁검포저단사 문인자 조이수명 여사지용)

註解 ㅇ進几杖者拂之(진궤장자불지)―어른에게 안석과 지팡이를 올리는 자는 올리기 전에 먼지를 떨어버린다는 말. ㅇ效馬效羊者右牽之(효마효양자우견지)―효(效)는 헌(獻)과 같으니 말이나 양을 바칠 때에는 오른손으로 몬다. 그것이 편리하기 때문이다. ㅇ效犬者左牽之(효견자좌견지)―

개를 바치는 자는 개를 왼손으로 몬다. 오른손을 개가 무는 것을 막기 위해서이다. ○執禽者左首(집금자좌수)-받는 사람이 왼편에 있기 때문에〔왼편은 높은 곳〕새의 머리를 왼편으로 하는 것. 새는 머리를 높은 것으로 본다. ○飾羔雁者以繢(식고안자이회)-회(繢)는 그림 그린 천, 즉 수놓은 천. 고(羔)는 새끼양. 옛날에는 새끼양과 기러기를 서로 볼 때의 예물로 사용하였다. 그 예물로 사용하는 새끼양과 기러기는 수놓은 천으로 덮어 장식하였던 것. ○受珠玉者以掬(수주옥자이국)-주옥을 받을 때에는 두 손으로 움켜 받아야 한다. 떨어뜨릴 것을 두려워하기 때문이다. ○受弓劍者以袂(수궁검자이메)-활이나 칼을 받을 때에는 옷소매를 밑에 대고 받들어 받는다. 손을 드러내지 않기 위한 것. ○飮玉爵者弗揮(음옥작자불휘)-작(爵)은 작(酌)과 같으므로 술잔이다. 옥 술잔으로 술을 마신 사람은〔술잔에 남은 찌꺼기를 버리기 위하여〕잔을 휘두르지 않는다. 떨어뜨릴 것을 두려워하기 때문이다. ○苞苴(포저)-선물 꾸러미. ○簞笥(단사)-단(簞)은 둥근 대나무 상자. 사(笥)는 모난 대나무 상자. ○問人(문인)-남에게 보내줌. ○操而受命如使之容(조이수명여사지용)-선물을 가지고 갈 사람이 물품을 잡고 주인의 명령을 받으면 이미 저곳에 도착한 사자(使者)와 같은 용의(容儀)를 익힌다는 말.

解說 .이상의 대문들은 물건을 주고받을 경우의 절차와 예의에 대하여 규정하고 있다. 편명(篇名)이〈곡례(曲禮)〉, 즉 상세한 예(禮)라고 한 것처럼 소상하고 세밀하게 소개하고 있다.

무릇 임금의 사자(使者)가 된 자는 이미 명령을 받으면 그 임금의 명령을 하룻밤이라도 자기 집에서 지체하지 말고 곧 출발해야 한다. 임금의 명령 전달을 받게 된 집에서는 임금의 명령을 가진 사자가 오면 그 집의 주인은 문밖으로 나가 임금께서 자기에게 내리신 명령을 절하고 받으며, 사자가 돌아가게 되면 반드시 문밖에 나가서 절하고 보내야 한다. 만약 신하가 임금에게 사자를 보내야 할 경우에는 반드시 조복(朝服)차림을 하고 사자에게 명령하며, 사자가 돌아오면 주인은 반드시 마루에서 내려가서 명령을 받아야 한다.

견문이 넓고 기억이 강하면서도 겸허하게 양보하고 선행을 돈후하게 하여 게으름이 없으면 군자라고 말할 수 있다. 군자는 남이 나에게 호의를 남김없이 다하기를 바라지 않으며, 남이 나에게 충성을 남김없이 다 바치기를 바라지 않는다. 그것은 사귐을 안전하게 유지하기 위해서이다.

原文 凡爲君使者는, 已受命하여는, 君言을 不宿於家니라. 君言이 至하면, 則主人出拜君言之辱하고, 使者이 歸어든, 則必拜送于門外니라. 若使人於君所어든, 則必朝服而命之하고, 使者이 反이어든, 則必下堂而受命이니라.

(범위군사자 이수명 군언 불숙어가 군
언 지 즉주인출배군언지욕 사자 귀 즉필배
송우문외 약사인어군소 즉필조복이명지 사자
반 즉필하당이수명)

博聞强識而讓하며, 敦善行而不怠를, 謂之君子니라. 君子는 不盡人之歡하며, 不竭人之忠은, 以全交也니라.

(박문강지이양 돈선행이불태 위지군자 군자
부진인지환 불갈인지충 이전교야)

註解 ㅇ君使(군사)ㅡ임금의 사자(使者). ㅇ君言(군언)ㅡ임금의 말씀. 임금의 명령. ㅇ不宿於家(불숙어가)ㅡ자기 집에 재우지 않음. 즉 자기 집에서 하룻밤이라도 지체시키지 않는 것. 명령을 받으면 즉시 출발한다는 뜻. ㅇ君言之辱(군언지욕)ㅡ임금이 자기처럼 신분이 낮은 사람에게 명령을 내리신 것은 임금에게 욕되는 일이라는 말. 임금을 높이고 공경하여 하는 말. ㅇ朝服(조복)ㅡ조정에 나가 조현(朝見)할 때에 입는 정장(正裝). ㅇ下堂而受命(하당이수명)ㅡ마루를 내려가서 왕명을 받는 것. ㅇ博聞强識(박문강지)ㅡ지(識)는 기억한다는 뜻이므로 견문이 넓고 기억력이 강하다는 뜻. ㅇ博聞强識而讓(박문강지이양)ㅡ견문이 넓고 기억력이 강하여

아는 것이 많건만 겸허한 태도로 아는 것이 없는 것처럼 사양하는 것.
ㅇ敦善行(돈선행)―선행을 돈독하게 하는 것. ㅇ不盡人之歡(부진인지환)―
남이 나에게 호의를 남김없이 모두 기울이기를 바라지 않는 것. ㅇ不竭人
之忠(불갈인지충)―남이 나에게 충성을 남김없이 바치기를 바라지 않는
것. ㅇ全交(전교)―사귐을 안전하게 유지하는 것. 교의(交誼)를 온전하게
하는 것.

解說 임금의 사자가 되었을 경우와, 임금의 사자가 자기 집에 왔을
때와, 자기가 임금에게 사자를 보낼 경우에 지켜야 할 일과 예절을 말
하고 있다. 한마디로 말해 근본은 임금의 명령을 존중하고, 임금의 존
엄성을 공경하는 데 있다고 하겠다. 견문이 넓고 기억력이 강성하며
아는 것이 많으면 사람은 아는 체하기 쉽다고 되어 있다. 그렇지만 알
면서도 아는 체하지 않고 겸허한 마음으로 남에게 사양한다는 것은
진정 어렵다. 또 선행(善行)을 돈독하게 하여 그것을 계속적으로 게을
리하지 않기란 매우 힘드는 일이다. 그러한 일들을 능히 해내는 사람
이라면 군자라고 말할 수 있다는 것이다. 군자는 남이 나에게 호의를
남김없이 기울이기를 바라지 않는다. 또 남이 충성을 다 바쳐 주기를
기대하지 않는다. 남이 호의를 다하고 충성을 다해 오면 나는 그것에
어울리도록 보답하기는 어려운 것이다. 그것은 곧 교의(交誼)를 안전
하게 지속할 수 없음을 시사하는 것이다. 그러므로 군자는 그러한 극
한의 경지를 피하여 우정을 오래도록 온전하게 유지하려고 한다는 것
이다. 그래서 군자의 교의는 담담하기가 물과 같다는 것이다.

《고예경(古禮經)》에 말하기를, '군자란 손자는 안지만[抱] 아들은
안지 않는다'라고 되어 있다. 이것은 손자는 할아버지의 시동(尸童)이
될 수 있지만 아들은 아버지의 시동이 될 수 없다는 것을 말한 것이
다. 임금의 시동이 된 자를 대부(大夫)나 사(士)가 길에서 보면 곧 수
레에서 내려 경의를 표한다. 임금이더라도 그런 시동이 되었던 자라
는 것을 알게 되면 곧 스스로 수레에서 내려 경의를 표시한다. 그렇

게 하면 시동은 반드시 수레에 탄 채로 수레 앞의 가로대나무를 잡고
머리를 숙여 답례하며, 시동이 수레를 탈 때에는 반드시 안석에 의지
한다. 재계하는 자는 즐거워하지도 아니하고, 슬퍼하지도 않는다.

原文   禮에 曰, 君子는 抱孫하고, 不抱子라하니, 此는 言孫可
以爲王父尸요, 子不可以爲父尸니라. 爲君尸者를, 大夫士이 見
之하면, 則下之하고, 君이 知所以爲尸者면, 則自下之니, 尸必式
하며, 乘必以几니라. 齊者는 不樂不弔니라.
     (예 왈 군자 포손 불포자 차 언손가
     이위왕부시 자불가이위부시 위군시자 대부사 견
     지 즉하지 군 지소이위시자 즉자하지 시필식
     승필이궤 재자 불락부조)

註解   ○禮(예)—《고예경(古禮經)》을 가리킨 말. ○王父(왕부)—조부.
.○尸(시)—시동, 시동씨(尸童氏). 옛날 제사지낼 때에 신(神)의 상징으로
신주 대신 어린이를 신위(神位)에 앉히었다. 그 어린이를 시동씨라고 한
다. ○下之(하지)—수레에서 내려 경의를 표하는 것. ○尸必式(시필식)—
경의를 표시하는 예법. 식(式)은 수레 앞의 가로대나무로 그것을 잡고 고
개를 숙이는 것을 말한다. 그러므로 길에서 시동씨를 만난 임금이나 대부
혹은 사(士)가 수레에서 내려 경례하면 시동씨는 수레에 탄 채 식(式)을
잡고 답례하는 것이다. ○乘必以几(승필이궤)—궤(几)는 존귀한 사람이
의지해 앉아서 안양하는 것. 시동씨가 수레를 탈 때에는 반드시 안석을
사용하게 한다. 이는 존경하기 때문이다. ○齊者(재자)—재계하는 사람.
재계는 신을 제사할 때에 마음과 몸을 깨끗이 하고 부정(不淨)한 것을
금기(禁忌)하는 것. ○不樂(불락)—즐거워하지 않는 것. ○不弔(부조)—슬
퍼하지 않는 것.

解說   여기서는 시동씨에 대한 예를 말하고 있다. 시동씨를 정하는
예(禮)에 손자는 할아버지의 시동씨가 될 수 있으나 아들은 아버지의
시동씨가 될 수 없다는 것이다. 할아버지와 손자는 소목(昭穆)이 같기

때문이라고 한다. 또 나라의 제사에 있어서는 천지·사직(社稷)·산천(山川)·사방(四方)·백물(百物)과 칠사(七社) 등에 모두 시동씨가 있었다. 외신(外神)은 동성(同姓)·이성(異姓)을 묻지 않고 다만 점을 쳐서 길(吉)하면 시동씨로 하였다.

　그리고 승국(勝國) 즉, 전조(前朝)의 사직에 제사할 때에는 사사(士師)가 시동씨 노릇을 하는 것이라고 하였다. 나라의 시동씨에 대해서는 임금 이하 대부(大夫)·사(士) 모두가 공손하게 존경하는 예를 지켰다고 한다. 옛날에는 공경해야 할 일이 있는 사람은 반드시 재계하였다. 재계라는 것은 몸과 마음을 근신하여 전일(專一)하고 깨끗하게 가지는 것이다. 그런데 즐거워하면 근신하고 두려워하는 마음이 풀어지기 쉽고, 슬퍼하면 마음의 동요를 가져오기 쉽다. 모두 마음을 간추리는 데 방해가 된다. 그래서 즐거워하지 않고 슬퍼하지 않아서, 그 재계하는 마음을 전일하게 한다는 것이다.

거상(居喪)하는 예절은 몸이 헐고 수척한 정도가, 뼈가 드러날 정도가 되어서는 아니되고, 시력(視力)과 청력이 쇠잔해서는 안되며, 조계(阼階)로 오르내리지 않으며, 나가고 들어갈 때에 문의 한가운데를 통과하지 않는다. 거상하는 예절은 상주(喪主)의 머리에 부스럼이 있으면 머리를 감으며, 몸에 종기가 있으면 몸을 씻으며, 병이 있으면 술도 마시고 고기도 먹지만 병이 그치면 다시 처음과 같이 술을 마시지도 않고 고기도 먹지 않는다. 상(喪)을 견디어내지 못하는 것은 곧 자손에게 자애하지 못하고 부모에게 효도하지 않는 것에 견주게 되는 것이다. 50세가 되면 몸을 극도로 훼손하지 않으며, 60세가 되면 몸을 훼손하지 않으며, 70세가 되면 다만 몸에 최마복(衰麻服)을 입고 있을 뿐, 술도 마시고 고기도 먹으며 집안에서 거처한다.

原文　居喪之禮는, 毀瘠이 不形하며, 視聽이 不衰하며, 升降에 不由阼階하고, 出入에 不當門隧니라. 居喪之禮는, 頭有創則沐

하고, **身有瘍則浴**하며, **有疾則飮酒食肉**하되, **疾止**어든 **復初**니,
不勝喪은, **乃比於不慈不孝**니라. **五十**에는 **不致毁**하고, **六十**에는
不毁하며, **七十**에는 **唯衰麻在身**이오, **飮酒食肉**하며, **處於內**니라.

　　(거상지례 훼척 불형 시청 불쇠 승강
　　불유조계 출입 부당문수 거상지례 두유창즉목
　　신유양즉욕 유질즉음주식육 질지 복초
　　불승상 내비어부자불효 오십 불치훼 육십
　　불훼 칠십 유최마재신 음주식육 처어내)

註解　o居喪止禮(거상지례)－상중에 있는 사람이 꼭 지켜야 할 예절.
o毁瘠不形(훼척불형)－훼척은 너무 슬퍼해서 몸이 수척해진다는 뜻. 형
은 뼈가 드러난다는 말이므로 상중에 있는 사람이 지나치게 애통하여 뼈
가 드러나도록 몸을 수척하게 만들면 안된다는 뜻이다.　o阼階(조계)－동
쪽의 계단. 즉 주인이 오르내리는 계단.　o門隧(문수)－문의 한가운데 길.
o創(창)－부스럼.　o沐浴(목욕)－머리 감는 것을 목(沐)이라 하고, 몸을
감는 것을 욕(浴)이라 한다.　o瘍(양)－종기, 부스럼.　o復初(복초)－처음
의 상태로 다시 되돌아가는 것. 여기에서는 상주가 병이 들면 술도 마시
고 고기도 먹을 수 있으나, 병이 그치면 도로 술도 마시지 않으며 고기도
먹지 않는 상태로 되돌아간다는 뜻.　o不勝喪(불승상)－부모의 상중에 지
나치게 애통하여 몸과 마음을 훼상하여 거상의 예절을 지킬 수 없게 되
는 것. 건강이 상을 견디어 내지 못하는 것.　o不慈(부자)－자손을 사랑
하지 않는 것.　o致毁(치훼)－극도로 훼척(毁瘠)하게 하는 것.　o衰麻(최
마)－참최(斬衰) 또는 재최(齋衰)의 상복.　o處於內(처어내)－집안에 거
처하는 것. 상중에는 여막(廬幕)에 거처해야 하는데 70세가 된 사람은 평
상시와 같이 집안에 거처한다는 뜻.

解說　예(禮)에는 절도(節度)가 있다. 예를 지키려다 예의 절도를
넘으면 오히려 예를 해치게 되는 것이다. 그러기에 예불유절(禮不踰
節)이라고 한다. 만약 상중에 있는 사람이 지나치게 애통하여서 뼈가
드러날 정도로 몸을 수척하게 만들며, 시력·청력이 쇠약해져서 잘 듣

지도 보지도 못하게 된다면 거의 자신의 성명(性命)을 상실하게 되는 것이다. 그렇게 되면 송사(送死 : 죽은 자를 보내는 것)의 큰 일을 장차 행할 수 없게 되어 도리어 부모에게 큰 불효의 죄를 범하게 될 것이다. 그것은 곧 효(孝)로써 효를 손상하는 것이 된다. 그래서 그렇게 해서는 안된다는 것이다.

그리고 동쪽 계단으로 오르내리지 않으며, 문의 한가운데를 통행하지 않는다고 한 것은 아버지가 죽었다고 해서 당장에 아들이 지켜야 하는 예절을 차마 폐할 수 없기 때문이다. 동계(東階)는 주인이 객을 맞아 오르내리는 계단으로서 남의 아들된 자가 감히 오르내리지 못하는 곳이며, 문의 한가운데 길도 아들된 자가 감히 통행하지 못하는 곳이다. 그러므로 상중에 있는 자가 통용하지 못한다는 것이다. 옛날 부모의 상중에 있는 사람은 머리도 빗지 않고 세수도 하지 않으며 목욕도 하지 않았다. 술을 마시거나 고기를 먹는 일은 더구나 하지 않는다. 그것이 바로 거상의 예절이었다. 그러나 머리나 몸에 부스럼이 있으면 머리도 감고 몸도 씻으며, 또 병이 들면 건강을 되찾기 위하여 술도 마시고 고기도 먹는다. 그것은 최소한도 몸의 건강을 유지하여 거상의 예를 지켜나갈 수 있게 하기 위한 임기응변인 것이다.

예라는 것은 한계를 넘으면 도리어 예를 손상하게 된다. 만약 지나치게 몸을 훼상(毁傷)하여 건강이 3년의 거상을 견디지 못하고 죽는 일이라도 발생하면 그것은 도리어 부모에 대한 송사(送死)의 도리를 다하지 못하는 불효를 범하는 결과가 되고, 자손을 사랑하는 자애(慈愛)를 잃게 되는 것이므로 그것은 부자불효(不慈不孝)의 행위에 견줄 수 있다는 것이다. 현대인에게 옛날과 같은 거상의 예절을 강요할 수는 없다. 그러나 부모상을 당하여 절도를 넘지 않는 범위에서 슬퍼하는 마음을 가져야 할 것은 예절을 떠나 사람으로서 떳떳한 도리일 것이다. 이러한 마음가짐만은 오늘날이라고 해서 버릴 수 없다.

예의 형식은 시대를 따라 시의(時宜)에 맞게 변하는 것이지만, 그 근본인 마음의 자세는 일관된 것이라 하겠다. 예라는 것은 사리의 마땅한 바에 따라 정하는 것이다. 그러므로 50세가 된 자는 노쇠하기 시작한 사람이므로 50세 미만의 건강한 사람들처럼 몸을 극도로 괴롭게 하여 거상하게 하는 것은 예의 절도를 넘어서 도리어 예를 손상하는 결과를 초래할 우려가 있다. 그런 까닭에 몸을 괴롭히는 정도를 조금 완화시키는 것이다. 60세가 되면 그 정도를 더욱 가볍게 하고, 70세가 되면 최마의 상복을 입고 있을 뿐 실상은 평상시와 별로 다름없는 상태로 생활하게 한다. 술도 마시고, 고기도 먹고, 거처하는 곳도 여막이 아닌 집안에서 거처하게 한다. 그것은 상주의 건강을 유지하여 상기(喪期)를 무사히 마칠 수 있게 하기 위한 것이다.

산 사람의 일은 이튿날부터 기산(起算)하고, 죽은 사람의 일은 죽은 날부터 기산(起算)한다.

산 사람을 아는 자는 조문(弔問)하고, 죽은 사람을 아는 자는 슬퍼한다. 산 사람을 알고 죽은 사람을 알지 못하면 조문할 뿐 슬퍼하지 않으며, 죽은 사람을 알고 산 사람을 알지 못하면 슬퍼할 뿐 조문하지 않는다.

남의 상을 조문할 때 부의(賻儀)를 낼 수 없으면 그 비용을 묻지 말아야 하며, 남의 병을 위문할 때 증여품을 보내줄 수 없으면 그가 무엇을 하고자 하는가를 묻지 말아야 하고, 남을 만나서 여관을 제공할 수 없으면 그가 어디에 유숙하는가를 묻지 말아야 한다. 남에게 무엇을 내려주는 사람은 와서 가져가라고 하지 않으며, 남에게 무엇을 주는 자는 그의 하고자 하는 바를 묻지 아니한다.

原文   生與來日이오, 死與往日이니라. 知生者는 弔하고, 知死者는 傷이니, 知生而不知死어든, 弔而不傷하고, 知死而不知生이어든, 傷而不弔니라.
(생여내일 사여왕일 지생자 조 지사
자 상 지생이부지사 조이불상 지사이부지생
상이부조)

弔喪하되 弗能賻어든, 不問其所費하며, 問疾하되 弗能遺어든, 不問其所欲하며, 見人하되 弗能館이어든, 不問其所舍니라. 賜人者는 不曰來取요, 與人者는 不問其所欲이니라.
(조상 불능부 불문기소비 문질 불능유
불문기소욕 견인 불능관 불문기소사 사인
자 불왈래취 여인자 불문기소욕)

註解 ○生與來日(생여내일)－생(生)은 산 사람을 말하고, 여(與)는 헤아린다, 센다는 말이므로, 즉 기산(起算)한다는 뜻이다. 상을 당하였을 때 산 사람의 일은 상을 당한 다음날부터 기산한다는 것이다. 성복(成服)은 산 사람의 일이다. 그러므로 상을 당한 이튿날부터 기산하여 3일만에 한다. 그래서 삼일성복(三日成服)이라고 한다. 상을 당한 날로부터는 사실상 4일만인 것이다. ○死與往日(사여왕일)－죽은 사람의 일은 상사(喪事)가 있은 날부터 기산한다는 뜻이다. 염빈(斂殯)하는 것은 죽은 사람에 대한 일이다. 그러므로 죽은 날부터 기산하여 3일만에 한다는 것이다. 그러나 염빈은 성복의 전날이 되는 것이다. ○知生者(지생자)－상을 당한 사람을 평소에 서로 알고 지내는 사람. ○弔(조)－조문(弔問)하는 것. 조(弔)는 겉으로 드러내어 상을 당한 사람을 가엾게 여기는 예절. ○傷(상)－상심하는 것. 슬퍼하는 것. 상(傷)은 마음 속으로 슬퍼하는 정(情)이다. ○賻(부)－부의(賻儀). 재화로써 남의 상사를 돕는 것. ○遺(유)－증여하는 것. ○弗能館(불능관)－여관을 제공하지 못하는 것. ○所舍(소사)－유숙하는 곳. ○賜人者(사인자)－남에게 내려주는 사람이라고 한 것은 군자(君子)를 가리킨 말. ○與人者(여인자)－남에게 주는 자라고 한 것은 소인(小人)을 가리킨 말. ○不曰來取(불왈래취)－와서 가져가라고 말하지 않는 것. 그것은 예가 아니므로 그렇게 하지 않는 것. ○不問其所欲(불문기소욕)－소인은 싫어하지 않으므로 반드시 예로써 절제해야 한다. 그러므로 그 하고자 하는 바를 묻지 않는 것.

解說 상을 당한 상주와 평소에 서로 알고 있는 사이라면 상을 당해서 가엾다고 조문하며, 죽은 사람을 평소에 알고 있는 사이였으면 슬

피한다. 이는 당연한 일이다. 그러나 상주는 아는 사이지만 죽은 사람을 알지 못하는 경우에는, 상주를 조문할 뿐 죽은 사람을 위해 슬퍼하지 않는 것이 예라고 한다. 죽은 사람과는 평소에 알지도 못하는 사이인데 슬퍼하는 것은 거짓에 가깝기 때문이다. 또 죽은 사람은 평소에 알고 지냈지만 상주는 아는 사이가 아닌 경우에는 슬퍼할 뿐 상주를 조문하지 않는 것이 예의라고 한다. 알지도 못하면서 가엾어하는 얼굴로 조문하는 것은 아첨에 가깝기 때문이라고 한다.

상가(喪家)에 가서 부의도 못내는 형편에 비용이 얼마나 드느냐고 묻거나, 남의 문병을 가서 아무런 선물도 보내지 못하면서 무엇을 먹고 싶으냐고 묻거나, 그리고 나그네로 와 있는 사람을 만나서 여관을 제공할 수도 없으면서 여관을 어떻게 하겠는가 하고 묻는 것은 모두 하지 말아야 한다는 것이다. 한갓 빈말로 묻기만 하는 것은 실속 없는 헛된 짓으로서 부끄러운 일이기 때문이다.

무덤에 가서는 봉분(封墳) 위에 올라가지 않으며, 장송(葬送)을 도울 때에는 반드시 상여의 줄을 잡는다. 상(喪)에 임해서 웃지 않으며, 남에게 읍(揖)할 때는 반드시 그 위치에서 비켜나서 해야 한다. 영구(靈柩)를 바라보고 노래하지 않으며, 곡(哭)하는 곳에 들어갈 때에 나는 것 같은 걸음걸이를 하지 않으며, 음식을 대하여 탄식하지 않는다. 이웃에 상사가 있으면 방아 찧는 노래로 장단을 맞추지 않으며, 마을에 빈소(殯所)가 있으면 거리에서 노래하지 않으며, 무덤에 가서 노래하지 않으며, 곡일(哭日)에는 노래하지 아니한다. 상(喪)을 보내는 데는 지름길을 경유하지 않으며, 장렬(葬列)을 보내는 데 진흙길을 피하지 않으며, 남의 상에 임해서는 반드시 슬퍼하는 빛이 있어야 하고, 상여의 줄을 잡고는 웃지 않으며, 음악을 대하여 탄식하지 않는다. 갑옷과 투구의 차림을 하였을 때에는 범(犯)할 수 없는 위엄의 빛이 있어야 한다. 그러므로 군자는 경계하고 삼가 사람들에게 얼굴빛을 잃지 않는다.

原文 適墓하되 不登壟하며, 助葬하되 必執綍하며, 臨喪不笑하며, 揖人하되 必違其位하며, 望柩不歌하며, 入臨不翔하며, 當食不歎하며, 鄰有喪이어든, 舂不相하며, 里有殯이어든, 不巷歌하며, 適墓不歌하며, 哭日不歌하며, 送喪하되 不由徑하며, 送葬하되 不辟塗潦하며, 臨喪則必有哀色하며, 執綍不笑하며, 臨樂不歎하며, 介胄則有不可犯之色이니, 故로 君子는 戒愼하여, 不失色於人하나니라.

(적묘 부등롱 조장 필집불 임상불소
읍인 필위기위 망구불가 입림불상 당식
불탄 인유상 용불상 이유빈 불항가
적묘불가 곡일불가 송상 불유경 송장 불
피도료 임상즉필유애색 집불불소 임악불탄
개주즉유불가범지색 고 군자 계신 불실색어인)

註解 ○適墓(적묘)―무덤에 가는 것. ○不登壟(부등롱)―롱(壟)은 봉분이므로 봉분 위에 올라가지 않는 것. 봉분 위에 올라가는 것은 불경(不敬)스러운 일이기 때문이다. ○助葬(조장)―장사지내는 일을 조력(助力)하는 것. ○執綍(집불)―장송(葬送)할 때에 상여 줄을 잡는 것. ○揖人必違其位(읍인필위기위)―남에게 읍할 때에는 반드시 그 위치에서 비켜나서 한다는 뜻. 공경하는 뜻을 보이는 것. ○望柩不歌(망구불가)―영구(靈柩)를 바라보며 노래하지 않는 것. ○入臨不翔(입림불상)―임(臨)은 임곡(臨哭)이므로 곡하는 곳에 들어가서는 용의(容儀)를 꾸며서 걷지 않는 것. ○當食不歎(당식불탄)―음식을 대하고 탄식하지 않는 것. 음식을 대하면 먹을 뿐 근심을 잊어야 하는 것으로서 탄식할 곳이 못되기 때문이다. ○舂不相(용불상)―용(舂)은 방아찧는 것. 상(相)은 방아찧는 사람이 노래를 주고받아 장단을 맞추는 것. 그러므로 이웃에 상사가 있으면 방아를 찧을 때 노래로 장단을 맞추지 않는다는 말. ○殯(빈)―빈소. 발인(發靷) 때까지 관(棺)을 임시로 두는 곳. ○巷歌(항가)―거리에서 노래하는 것. ○哭日不歌(곡일불가)―남의 상을 조문하여 곡한 날에는 노래를 부르

지 않는 것. ○送喪不由徑(송상불유경)—상을 보내는데, 즉 빈장(殯葬)을 보내는데 지름길을 경유하지 않는 것. ○送葬不辟塗潦(송장불피도료)—장송(葬送)하는 길은 진흙 수렁길도 사양하지 않는 것. ○臨樂不歎(임악불탄)—음악을 대하여 탄식하지 않는 것. 탄식할 곳이 아니기 때문이다. ○介胄(개주)—개(介)는 갑옷이고, 주(胄)는 투구. 갑옷과 투구차림이란 뜻. ○有不可犯之色(유불가범지색)—의젓하고 위엄 있어서 범할 수 없는 용의(容儀)를 보이는 것. ○不失色於人(불실색어인)—남에게 예의에 맞지 않는 얼굴을 보이지 않는 것. 실색(失色)은 경우와 예의에 맞지 않는 얼굴빛을 보이는 것.

解說 이 장은 때와 경우에 따라 거기에 맞도록 몸가짐과 행동을 계신(戒愼)하라는 것을 가르쳐 주고 있다. 경우와 때에 따라 그에 마땅하게 하는 것이 곧 예라는 것을 다시 한번 깨닫게 해준다. 때와 경우에 따라 거기에 마땅하게 대처하는 것이 바로 예의 정신이라는 것은 옛날이나 지금이나 일관된 것이다. 그것을 예라고 하여도 좋고 교양이라고 하여도 좋다. 또 세련된 사교(社交)라고 하여도 좋을 것이다. 명칭은 시대를 따라 변화될지언정 그 정신은 일관되는 법이다.

예컨대 남의 상가에 가서 노래부르지 않는다는 것이나 남의 무덤에 가서 봉분 위에 올라가지 말라는 것이나, 남에게 읍양(揖讓)할 때에는 공손한 태도를 지으라는 것이나, 갑옷과 투구의 군복차림을 했을 때에는 의젓하고 위엄 있는 태도를 가지라는 것 등등은 오늘날의 우리에게도 교양있는 사람이라면 누구나 그렇게 하려고 할 것이다. 우리는 여기에서 예라는 것은 옛사람의 거추장스런 형식이라고 간단히 생각할 수가 없다는 것을 알 것 같다. 그것은 바로 오늘날의 우리 생활에 깊은 관계를 갖고 있는 것이기 때문이다.

국군(國君)이 수레 앞의 가로대나무를 어루만지며 머리를 숙여 예를 표하면 대부(大夫)는 수레에서 내려서 예를 표시하고, 대부가 가로대나무를 만지며 머리 숙여 예를 표시하면 사(士)는 수레에서 내려 예를 표시해야 한다. 예는 사에 그치고 서인까지 미치도록 하지 않으며, 형벌은 사 이하에 그치고 대부 이상에는 미치지 않게 한다.

　형(刑)을 받아 신체가 불구로 된 사람을 임금의 측근에 두지 않는다. 병거(兵車)에서는 수레 앞의 가로대나무를 짚고 머리를 굽히는 예를 행하지 않으며, 무거(武車)에서는 깃발을 드리우고, 덕거(德車)에서는 깃발을 맺는다.

　原文　國君이 撫式이어시든, 大夫이 下之하고 大夫이 撫式이어든, 士이 下之니, 禮不下庶人하며, 刑不上大夫니라.
　　(국군 무식 대부 하지 대부 무식
　　사 하지 예불하서인 형불상대부)
　　刑人을 不在君側이니라. 兵車에는 不式하며, 武車에는 綏旌하고, 德車에는 結旌이니라.
　　(형인 부재군측 병거 불식 무거 유정
　　덕거 결정)

　註解　ｏ撫式(무식)－수레 앞에 가로 걸친 나무를 어루만지며 머리를 숙여 예를 표시하는 것. ｏ大夫下之(대부하지)－대부(大夫)가 수레에서 내려 경례하는 뜻. ｏ禮不下庶人(예불하서인)－예는 서인에게 미치지 않는 것. 즉, 서인에 대한 예는 제정되어 있지 않다는 뜻. 서인은 비천하고, 또 빈부(貧富)가 서로 같지 않으므로 서인에 대한 예를 일률적으로 제정할 수 없었기 때문이다. 옛날의 예를 제정한 것은 모두 사(士)에서부터 시작하고 있다. ｏ刑不上大夫(형불상대부)－형벌이 대부에게 미치지 않는 것. 대부에 대한 형을 제정하지 않는다는 뜻. 옛날 대부가 혹시 죄가 있으면 팔의(八議)로써 의정(議定)하고, 의(議)하여 용서할 수 없는 자는 형벌을 받았다. 그러므로 처음부터 대부에 대한 형벌은 제정되어 있지 않았던 것이다. ｏ刑人(형인)－체형을 받아 신체가 불구가 된 사람. 예컨대 얼굴에 자자(刺字)한 사람, 코 벤 사람, 다리를 벤 사람, 궁형(宮刑)된 사람 등. ｏ君側(군측)－임금의 곁. 임금의 측근에서 모시는 것. ｏ兵車不式

(병거불식)―병거(兵車)는 전쟁에 쓰는 수레. 즉, 전차(戰車)이고 식(式)은 수레를 탄 사람이 수레 앞에 가로 걸친 나무를 잡고 몸을 굽혀 예를 표시하는 것. 병거에서는 그러한 예를 하지 않는다. 그것은 무용(武勇)과 사나움을 숭상하고 남에게 예양(禮讓)하는 일이 없기 때문이다. ○武車(무거)―병거와 같은 말. 위엄과 사나움을 표현하여 무거라고 한 것. 창과 칼 등 무기를 세우고 있는 것을 표현한 때에는 병거라고 한다. ○綏旌(유정)―정(旌)은 병거(兵車) 위의 깃발이므로 유정은 깃발을 늘어뜨린다는 뜻. ○德車(덕거)―병거가 아닌 승용으로 이용되는 수레. 옥(玉)·금·상아(象牙)·나무를 박은 수레이며 이 네 가지 수레는 병거로 사용되지 않았다. ○結旌(결정)―깃발을 거두어 매는 것. 덕거는 병거가 아니므로 성대한 위용을 나타낼 필요가 없다. 그래서 깃발을 거두어 매어둔다는 것이다.

解說 임금과 대부(大夫)가 혹 동행하여 가다가 종묘 앞을 지날 때 임금이 수레 앞 가로대나무를 잡고 머리를 숙여 경의를 표하면 대부는 말에서 내리어 경의를 표시한다. 대부와 사(士)의 경우도 이와 같다는 것이다. 일설에는 길에서 임금과 대부가 만나면 임금은 수레의 앞 가로대나무를 잡고 약간 머리 숙여 예를 표시하고, 대부는 말에서 내려 경례하는 것이라고 한다. 대부와 사의 경우도 이와 같다. 요는 임금과 대부, 대부와 사(士), 그리고 서인에 이르기까지 예절에 등차가 있음을 말한 것이다. 신분질서를 예의 기초로 하는 고대(古代)에 있어서 당연한 일이라 하겠다. 그리고 예가 서인에게 미치지 않는다는 것은 가난하고 천하고 교육이 없는 서인들에게 예절을 강요할 수 없었을 것이므로 고대인의 처사를 수긍할 수도 있을 것이다.

　그러나 대부에 대한 형벌을 처음부터 제정하지 않은 일은 현대인의 사고(思考)로는 이해되지 않는다. 그러나 고대의 대부에게 형벌이 전연 면제된 것은 아니다. 다만 대부에 대한 형을 신중하게 다루었을 뿐이다. 형불상대부(刑不上大夫)라는 말은 대부를 형벌하기 위한 성문법을 만들지 않았다는 것뿐이다. 임금된 자는 마땅히 덕이 있는 사람을 가까이 해야 하므로 형여(刑餘)의 사람을 측근에 두어서는 아니된다. 체형을 받아 신체가 불구가 된 사람은 속 마음에 원한을 품고 있기 쉽다. 그러므로 불의의 화를 예방하는 뜻에서도 그들을 측근에 두어서는 안된다는 것이다.

사(史)는 기록하고 사(士)는 말한다. 앞길에 물이 있으면 청작(靑雀)을 그린 기를 내걸고, 앞에 거기(車騎)가 있으면 울음 우는 솔개를 그린 기를 내걸며, 앞에 거기(車騎)가 있으면 기러기 날아가는 그림을 그린 기를 내걸고, 앞에 군대가 있으면 호피(虎皮)를 내걸며, 앞에 지수(摯獸)가 있으면 비휴(貔貅)의 그림을 그린 기를 내건다. 군의 행진에는 앞에는 주조기(朱鳥旗)를 세우고 뒤에는 현무기(玄武旗)를 세우며, 왼편에는 청룡기(靑龍旗)를 세우고 오른편에는 백호기(白虎旗)를 세운다. 초요기(招搖旗)는 위에 있어서 긴장하여 사졸(士卒)들의 투지를 굳세게 만든다. 나아가고 물러가는 것이 절도가 있고 좌·우 부국(部局)이 있어서 각기 자기 부서의 일을 부담한다.

原文 史는 載筆하고, 士는 載言이니라. 前有水어든, 則載靑旌하고, 前有塵埃어든, 則載鳴鳶하고, 前有車騎어든, 則載飛鴻하고, 前有士師어든, 則載虎皮하고, 前有摯獸어든, 則載貔貅니라. 行에, 前朱鳥而後玄武하며, 左靑龍而右白虎하고, 招搖在上하여, 急繕其怒니라. 進退有度하며, 左右有局하며, 各司其局이니라.
　(사 재필 사 재언 전유수 즉재청정
　전유진애 즉재명연 전유거기 즉재비홍
　전유사사 즉재호피 전유지수 즉재비휴 행
　전주조이후현무 좌청룡이우백호 초요재상
　급선기노 진퇴유도 좌우유국 각사기국)

註解 ○史載筆(사재필)—사(史)는 사관(史官)이 붓을 준비해 가지고 장차 기록할 태세를 갖추었다는 말. ○士載言(사재언)—사(士)는 벼슬하

여 일을 담당한 사람이므로 맹회(盟會)에 관계된 옛일을 말하려고 대비하고 있다는 것이다. 사관은 붓을 잡고, 사는 말을 준비한다는 것은, 회동(會同)에 수행(隨行)하며 각각 그 직무를 갖고 일을 기다리는 것을 말한 것이다. ○前有水(전유수) 則載靑旌(즉대청정)―대(載)는 대(戴)와 같으므로 높이 내건다는 뜻이고, 청정(靑旌)은 청작(靑雀 : 파랑새)을 그린 깃발이다. 앞길에 물이 있으면 물새를 그린 깃발을 내걸어서 물이 있다는 것을 알리는 것이다. ○前有塵埃(전유진애) 則載鳴鳶(즉대명연)―앞에 먼지가 많으면 울음 우는 솔개를 그린 깃발을 내건다. 솔개가 울면 바람이 일고, 바람이 불면 먼지가 일어나기 때문이다. ○前有車騎(전유거기) 則載飛鴻(즉대비홍)―앞에 거기(車騎)가 있으면 나는 기러기를 그린 깃발을 내건다. 거기는 군대의 행진이며, 기러기는 날아갈 때 열을 짓기 때문이다. ○前有士師(전유사사) 則載虎皮(즉대호피)―사사(士師)는 중병(衆兵)을 말한 것이며, 앞에 군대가 있으면 위엄과 용맹을 상징하는 범의 껍질을 내걸어서 군대가 있음을 알린다. 적병(敵兵)이 아닌 우군(友軍)의 경우인 것이다. ○前有摯獸(전유지수) 則載貔貅(즉대비휴)―지수(摯獸)는 맹수이므로 호랑이 등속이다. 비휴(貔貅)도 맹수의 이름으로 호랑이와 같다고도 하고, 곰과 같다고도 한다. 앞에 지수가 있으면 비휴를 그린 깃발을 내걸어서 알린다는 것이다. ○行(행)―여기에서는 군행(軍行)이므로, 즉 군대의 행군을 뜻한다. ○朱鳥·玄武·靑龍·白虎(주조·현무·청룡·백호)―사방(四方) 성수(星宿)의 명칭이다. 그 명칭을 따서 기장(旗章)을 만든 것이다. ○招搖(초요)―별 이름이며 북두칠성의 제7성(星)이다. 여기에서는 초요의 명칭을 따서 만든 군의 기(旗)를 말한 것이다. ○急繕其怒(급선기노)―급(急)은 긴(緊)과 같은 뜻이므로 바싹 죈다는 뜻이다. 선(繕)은 굳세게 한다는 뜻. 기노(其怒)는 군대가 성낸 것이므로 사기와 적개심을 뜻한다. 급선기노는 바싹 죄어서 군대의 사기와 적개심을 굳세게 만든다는 말이다. ○進退有度(진퇴유도)―군대의 나아가고 물러가는 것이 모두 절도가 있다는 말. ○左右有局(좌우유국)―군대를 좌우로 부국(部局)을 나눈다는 말이므로 각자의 맡은 일이 있어서 서로 뒤섞이지 않는다는 뜻. ○各司其局(각사기국)―각각 자기 부국(部局)의 일을 맡아서 처리한다는 말.

解說 이 대문은 군진(軍陣)과 군이 행진할 때의 위의와 절차 등을 설명하고 있다. 말하자면 군례(軍禮)인 것이다. 예의는 언어·동작의 법도와 용의(容儀)의 규범을 일정한 형식으로 정한 것인즉 군진과 군의 행동에 있어서는 가장 소중한 것이기도 하다. 군례로써 군을 정제케 하고 질서가 있게 하고 위엄이 있게 만든다. 그러므로 옛사람들은 군례를 오례(五禮)의 하나로 치면서 중하게 여겼던 것이다.

아버지의 원수는 하늘을 함께 이고 살지 못하며, 형제의 원수는 죽이려는 병기를 도로 거두지 않으며, 친구의 원수는 나라를 같이하여 살지 않는다. 왕성(王城) 밖의 사교(四郊)에 누보(壘堡)가 많은 것은 경대부(卿大夫)의 치욕이고, 땅은 광대한데 황폐하여 다스려지지 않는 것은 또한 사(士)의 치욕이다.

제사에 임하여 태만하게 하지 말며, 제복(祭服)이 떨어지면 불태우고, 제기(祭器)가 낡으면 묻고, 거북껍질과 서죽(筮竹)이 낡으면 묻으며, 희생으로 쓸 가축이 죽으면 묻는다. 무릇 임금의 제사를 돕는 사(士)는 반드시 스스로 제기를 거둔다.

原文 父之讎는, 弗與共戴天하고, 兄弟之讎는, 不反兵하고, 交遊之讎는, 不同國이니라. 四郊에 多壘는, 此卿大夫之辱也요, 地廣大하되, 荒而不治는, 此亦士之辱也니라.
(부지수 불여공대천 형제지수 불반병 교
유지수 부동국 사교 다루 차경대부지욕야 지
광대 황이불치 차역사지욕야)

臨祭不惰하며, 祭服이 敝則焚之하며, 祭器이 敝則埋之하며, 龜筮이 敝則埋之하며, 牲이 死則埋之니라. 凡祭於公者는, 必自徹其俎니라.
(임제불타 제복 폐즉분지 제기 폐즉매지
귀협 폐즉매지 생 사즉매지 범제어공자 필자철기조)

註解 ㅇ弗與共戴天(불여공대천)―원수와 같은 하늘 아래 살지 않는 것. 즉 꼭 죽이고야 만다는 뜻. ㅇ不反兵(불반병)―병(兵)은 병기. 즉, 흉기이므로 불반병은 원수를 죽이려고 지니고 다니는 흉기를 도로 거두어 들이지 않는다는 뜻. 항상 병기를 품고 다니면서 복수할 기회를 노린다는 뜻. ㅇ交遊(교유)―여기서는 친한 벗이라는 뜻. ㅇ不同國(부동국)―멀리 하여 그와 한 나라에서 살지 않는다는 뜻. 친구의 원수와는 절교하고 그를 멀리하여 같은 나라에서 살지 않는다는 말. ㅇ四郊(사교)―왕성(王城) 밖의 사면(四面)을 말하는 것이므로 근교(近郊)는 50리, 원교(遠郊)는 백 리이다. 제후의 나라에도 각기 사교(四郊)가 있으나 그 이수(里數)는 그 땅의 넓고 좁음에 따라 멀고 가까움이 일정하지 않다. ㅇ多壘卿大夫之辱(다루경대부지욕)―왕성의 근교에 군대의 보루가 많은 것은 공경(公卿)·대부(大夫)가 나랏일을 잘 기획하지 못하여 자주 적의 침벌(侵伐)을 받았으니, 이것은 경·대부들의 치욕이라는 뜻이다. ㅇ荒而不治(황이불치) 此亦士之辱也(차역사지욕야)―땅은 넓은데 모두 황폐하여 농지로서 잘 경작되지 않는 것은 하급관리인 사(士)가 전리(田里)의 일을 잘 처리하지 못하였기 때문이며, 그것은 사의 치욕이라는 뜻이다. ㅇ惰(타)―태만한 것. 불경(不敬)스러운 것. ㅇ祭服(제복)―제사 때 입는 옷. ㅇ祭器(제기)―제사 때 쓰는 그릇. ㅇ龜筴(귀협)―점치는 데 쓰는 거북껍질과 서죽(筮竹 : 점치는 산대). 옛날에는 점칠 때 거북의 껍질을 불태워 그 터진 무늬를 보고 길흉을 판단하였다. 그것을 거북점이라고 한다. 협(筴)은 점칠 때에 사용하는 산대이므로 시초를 사용하는 것을 원칙으로 한다. ㅇ牲(생)―희생으로 쓰기 위해 기르는 가축. 희생은 제사 때 신에게 바치는 짐승이다. ㅇ祭於公(제어공)―여기에서는 사(士)가 임금의 제사를 돕는 것을 말한 것이다. ㅇ自徹其俎(자철기조)―스스로 제기를 걷는다.

解說 아버지를 죽인 원수는 세상 끝까지라도 반드시 찾아서 원수를 갚아 그 원수와 같은 하늘 아래에서 함께 살지 않아야 하며, 형제를 죽인 원수는 항상 품에 병기를 지니고 따라다니면서 원수 갚을 기회를 노려야 하고, 친구를 죽인 원수는 그 원수를 멀리하여 그와 한 나라 안에서 살지 말아야 한다고 하였다. 현대인의 양식(良識)으로는 이

해할 수 없는 사고방식이라 하겠다. 부모의 원수거나 형제의 원수거나 그 원수 갚는 방법은 국법에 따라 수행되어야 하고, 사사로이 원수를 갚기 위해 살인해서는 안된다는 것은 두말할 여지가 없다. 만약 아버지나 형제의 원수를 사사로이 갚아야 한다면 원수의 아들은 원수를 죽여야 하고, 그 죽은 자의 아들은 또 제 아비의 원수를 갚아야 하므로 그 악순환은 그칠 날이 없을 것이다.

　아무리 부모의 은혜가 중하고 형제의 우애가 두텁다 할지라도 이러한 악으로 악을 갚는 사회악을 용인할 수는 없는 것이다. 이러한 생각은 비단 현대인에게만 있는 것은 아니다. 옛날에도 여씨(呂氏)는 이렇게 말하고 있다. '사람을 죽인 자는 사형되어야 한다는 것은 고금을 통해 떳떳한 형벌이다. 사람을 죽인 것이 의로운 일인 경우에는 죄가 없다. 그러므로 그것은 원수로 삼지 못하게 하였다. 그러나 사람을 죽인 것이 불의인 때에는 죽인 자는 당연히 사형당해야 한다. 그러므로 마땅히 사법 당국에 고발해서 죽이게 해야 한다'라고 갈파하였다.

　그러나 결론적으로 이렇게 말했다. '그렇건만 경전(經傳) 속에 가끔 복수를 인정하는 글이 섞여 있는 것을 본다. 그 까닭을 생각해 보니, 그것은 반드시 아버지를 죽였거나 형제를 죽인 원수가 세력이 강대해서 늦추어 두면 갚을 수 없기 때문에 만나면 곧 죽여야 하고 관(官)에 고발할 겨를이 없기 때문일 것이다……'라고 하였다. 즉 살인자는 사형된다는 떳떳한 법이 정당하게 시행되지 않기 때문에 사사로운 복수를 인정하게 된 것이라고 한 것이다. 여하간 현대인에게 일고(一顧)의 가치도 없는 옛이야기일 따름이다. 여씨(呂氏)의 설에 따르면 '사람이 쓰는 것은 태운다. 즉 제복(祭服)은 사람이 사용하는 것이다. 불태운다는 것은 양(陽)이다. 귀신이 사용하는 것은 묻는다. 즉 제기·귀협(龜筴)·희생은 모두 귀신에게 소용되는 것이다. 묻는 것은 음(陰)이다'라고 하였다. 사(士 : 하급 벼슬아치)가 임금의 제사에 조력할 경우를 말한 것이라고 한다. 대부 이상인 경우에는 임금이 반드시 제사를 마친 뒤에 사람을 시켜 그 조두(俎豆)를 철거하게 한다. 사(士)인 경우에는 그러한 예의 규정이 없으므로 신하된 사람이 감히 빈객에 비할 수 없으므로 자신이 그 조두를 철거한다는 것이다.

졸곡(卒哭)을 지낸 뒤라야 비로소 그 이름을 휘(諱)한다. 예(禮)에 글자가 달라도 음이 같은 것은 휘하지 않으며, 두 글자로 된 이름이면 한 글자만은 휘하지 않는다. 부모가 그 조부모를 섬길 때에 있었으면 조부모의 이름을 휘하지만, 부모가 일찍 죽어서 부모가 조부모를 섬기는 것을 보지 못하였으면 조부모의 이름은 휘하지 않는다. 임금의 곳〔君所〕에서는 신하의 사사로운 휘는 하지 않으며, 대부의 곳에서는 공연히 휘하는 예절이 있다. 즉 대부가 자기의 선군(先君)의 이름을 휘하는 것이다. 시·서(詩書)에 나오는 문자는 휘(諱)에 저촉되더라도 기휘(忌諱)하지 않으며, 글을 지을 때에도 휘하지 않으며, 사당〔廟〕 안에서는 휘하지 않는다. 부인(夫人)의 휘자(諱字)는 비록 임금의 앞에서 응대할 때라도 신하가 휘하지 않으며, 부녀(婦女)의 휘자는 문밖에 나오지 않는다. 대공친(大功親)과 소공천에 대하여는 휘하지 않는다. 국경 안에 들어가면 그 나라의 금령(禁令)을 묻고, 남의 나라에 들어가면 그 풍속을 물으며, 남의 집 문 안에 들어가면 그 집의 휘하는 바를 묻는다.

〔原文〕 卒哭乃諱니 禮에 不諱嫌名하여, 二名은 不偏諱니라. 逮事父母어든, 則諱王父母하고, 不逮事父母어든, 則不諱王父母니라. 君所에는 無私諱하고, 大夫之所에는 有公諱니라. 詩書不諱하며, 臨文不諱하며, 廟中不諱니라. 夫人之諱는, 雖質君之前이라도, 臣不諱也며, 婦諱는 不出門하며, 大功小功은 不諱니라. 入竟而問禁하며, 入國而問俗하며, 入門而問諱니라.

(졸곡내휘 예 불휘혐명 이명 불편휘 체
사부모 즉휘왕부모 불체사부모 즉불휘왕부모
군소 무사휘 대부지소 유공휘 시서불휘
임문불휘 묘중불휘 부인지휘 수질군지전

신불휘야 부휘 불출문 대공소공 불휘 입
경이문금 입국이문속 입문이문휘)

[註解] ○卒哭(졸곡)―사람이 죽어서 제사를 지낸 뒤에는 우제(虞祭)가 있고 졸곡이 있다. 삼우(三虞)를 지낸 뒤 석 달만에 정일(丁日)이나 해일(亥日)을 택해서 지내는 제사. ○卒哭乃諱(졸곡내휘)―휘(諱)는 죽은 조상이나 높은 어른의 이름을 바로 부르지 않고 피휘(避諱)하는 것. 사람이 죽은 뒤 졸곡 이전까지는 산 사람을 섬기는 예를 사용한다. 그러므로 졸곡을 지낸 뒤라야 비로소 죽은 사람을 섬기는 예(禮)인 휘(諱)를 행한다는 것이다. ○嫌名(혐명)―이름 글자와 음(音)이 같은 것. 글자가 다르고 음만 같은 것은 읽기를 기휘(忌諱)하지 않는다. ○二名(이명)―두 글자로 된 이름. ○二名不偏諱(이명불편휘)―두 글자로 된 이름의 한 글자만은 휘하지 않는다는 뜻. ○逮事父母(체사부모) 則諱王父母(즉휘왕부모) 不逮事父母(불체사부모) 則不諱王父母(즉불휘왕부모)―체(逮)는 급(及)과 같으므로 부모가 조부모를 섬길 때에 이미 보았으면 조부모의 이름을 휘(諱)하지만, 부모가 조부모 섬기는 것을 미처 보지 못했으면 조부모의 이름을 휘하지 않는다는 말. 서인(庶人)으로서 부모가 일찍 죽어서 아버지가 조부모의 이름을 휘하는 것을 듣지 못했으면 조부모의 이름을 휘하지 않는 것이지만, 사당이 있어서 할아버지의 신주를 모신 자는 그렇지 않다고 하였다. ○君所無私諱(군소무사휘)―임금의 조정에서는 사사로운 휘는 기휘하지 않는다. 임금은 존귀하기 때문에 그 앞에서는 신하의 사사로운 휘를 피휘할 수 없다는 것이다. ○詩書不諱(시서불휘) 臨文不諱(임문불휘)―시·서를 읽을 때나 글을 지을 때에는 휘하지 않는다. 그것은 피휘(避諱)하기 위해서 시·서의 글을 바꿔 읽거나, 글을 지을 때에 용어를 고침으로 인하여 배우는 사람들에게 의혹을 주어서 승용(承用)을 그르치는 일이 있을 것을 두려워하기 때문이라고 한다. ○廟中不諱(묘중불휘)―사당 안에서는 높은 조상 앞에서 낮은 조상의 이름을 휘하지 않는다. 예컨대 고조(高祖)의 신위 앞에서는 증조 이하의 이름을 휘하지 않는다는 뜻. ○婦諱不出門(부휘불출문)―부녀의 휘자(諱字)는 그 규문(閨門) 밖에까지 알게 하지 않는다. 부녀는 살았을 때에 그 이름이 규문 밖에 나가지

않는 것처럼 죽은 뒤에 휘자가 그 문밖을 나가게 하지 않는다는 것이다. ㅇ入門而問諱(입문이문휘)—남의 집에 들어가서는 그 집에서 휘하는 바를 물으라는 것. 알지 못하고 주인의 휘하는 바에 저촉하여 주인에게 죄를 지을 것을 염려하기 때문이라는 것이다.

解說 이 장에서도 이 휘하는 예법은 매우 엄격하여, 이 책에서 규정하고 있는 것보다도 더욱 엄격한 바 있었다. 자기의 죽은 부모나 조상은 물론이고, 역대 임금의 이름이라든가 우리나라의 선현은 물론이고, 중국 고대의 공자·맹자 이하 역대 선현의 이름도 감히 바로 부르지 못하고 모두 기휘하는 것이었다. 조상이나 선현을 높이고 존경하는 그 마음과 태도는 매우 훌륭한 것이라고 하겠다. 그러나 현대인의 위치에서 생각할 때에는 실생활에 여러 가지 불편을 초래할 뿐 아니라, 존경하는 도리에 있어서도 지나친 허례라고 하지 않을 수 없다. 예컨대 공자를 공구(孔丘)라고 바로 읽게 하여 모든 사람으로 하여금 공자의 이름을 널리 기억하게 하는 것이 차라리 공자를 깊이 사모하고 널리 알게 하는 데 도움이 될 것이다. 그것이 진정 공자를 존경하는 일이 되지 않을까 하고 생각해 본다.

외사(外事)에는 강일(剛日)을 택하고 내사(內事)에는 유일(柔日)을 택한다.

무릇 날을 점칠 때는 순(旬)의 밖을 먼 어느 날이라고 하고, 순의 안을 가까운 어느 날이라고 한다. 상사(喪事)에는 먼 날을 먼저 점치고, 길사(吉事)에는 가까운 날을 먼저 점친다. 말하기를 "좋은 날을 가리기 위하여 너 태귀(泰龜)의 길흉을 알림이 항상 믿음성 있음을 빌리노니"라고 하며, "태서(泰筮)의 길흉을 알림이 항상 믿음성 있음을 빌리노니"라고 한다. 거북점이나 시초점이나 세 번을 넘지 않으며, 복(卜)과 서(筮)를 서로 잇달아 하지 않는다. 거북점을 복(卜)이라 하고, 시초점을 서(筮)라고 하는 바, 거북점이나 시초점을 치는 것은 선대(先代)의 성왕(聖王)이 백성으로 하여금 때와 날을 믿게 하고 귀신을 공경하며 법령을 두려워하게 만들려는 것이고, 백성으로 하여금 이것인가 저것인가 하고 혐의하는 것을 결정하며, 이럴까 저럴까 하고 유여(猶與)하는 것을 결정하게 하려는 것이다. 그러므로 의심날 때에 점을 치면 아니라고 하지 않으며, 날을 가려서 일을 행하면 반드시 좋다는 것이다.

原文 外事에는 以剛日하고, 内事에는 以柔日이니라.
　　(외사 이강일 내사 이유일)

凡卜筮日을, 旬之外曰遠某日이오, 旬之内曰近某日이니, 喪事에는 先遠日하고, 吉事에는 先近日이니라. 曰, 爲日하여, 假爾泰龜有常하며, 假爾泰筮有常이라하나니, 卜筮는 不過三하며, 卜筮는 不相襲이니라. 龜爲卜이오, 筴爲筮니, 卜筮者는, 先聖王之所以使民으로 信時日하며, 敬鬼神하며, 畏法令也니라. 所以使民으로 決嫌疑하며, 定猶與也니, 故로 曰, 疑而筮之면, 則弗非也며, 日而行事면, 則必踐之하나니라.
　　(범복서일 순지외왈원모일 순지내왈근모일 상
　　사 선원일 길사 선근일 왈 위일 가이
　　태귀유상 가이태서유상 복서 불과삼 복
　　서 불상습 귀위복 협위서 복서자 선성왕지
　　소이사민 신시일 경귀신 외법령야 소이사민
　　결혐의 정유여야 고 왈 의이서지 즉불비야
　　일이행사 즉필천지)

註解 ○外事(외사)—치병(治兵)·순수(巡狩)·조빙(朝聘)·맹회(盟會) 등. ○内事(내사)—종묘의 제사·관례·혼례 등. ○剛日(강일)—갑(甲)·병(丙)·무(戊)·경(庚)·임(壬)의 날은 모두 강일이다. ○柔日(유일)—을(乙)·정(丁)·기(己)·신(辛)·계(癸)의 날을 유일이라고 한다. ○卜筮(복서)—거북의 껍질을 태워서 그 터진 금의 무늬를 보고 길흉을 점치는 것을 복(卜)이라고 하였고, 시초(蓍草)를 세어서 길흉을 점치는 것을 서

(筮)라고 하였다. 거북점과 시초점. ㅇ旬之外(순지외) 旬之內(순지내)—
이달 하순에서 내달 상순의 날을 점치는 것은 순(旬)의 밖이라 하고, 그
순내(旬內)의 날을 택하는 것을 순지내라고 한다. ㅇ遠某日(원모일)—먼
어느 날. 점칠 때에 순외(旬外)의 날, 즉 먼 어느 날을 택하려는 것. ㅇ喪
事先遠日(상사선원일) 吉事先近日(길사선근일)—상사(喪事)는 장사(葬
事)와 소상·대상을 말하는 것으로서, 효자는 그러한 날이 빨리 돌아오기
를 바라지 않는다. 그러므로 그러한 날을 택할 때에는 먼저 먼 날을 점친
다. 만일 점괘가 불길하면 다시 가까운 날〔近日〕을 점친다는 뜻. 길사(吉
事)는 제사·관례·혼례 같은 것이 길사이므로 먼저 가까운 날을 점쳐 본
다는 것이다. ㅇ曰(왈)—여기에서는 명령하는 말. 점을 치기 시작할 때에
거북 또는 시초를 향하여 말하는 것. ㅇ泰龜(태귀)—태(泰)는 높이 추켜
올리는 말. '신령하신'이라든가 '높으신'이라든가 하는 말이므로 '신령하신
거북님'이란 뜻이다. ㅇ有常(유상)—떳떳함이 있음. 즉, 길흉을 예시하는
것이 항상 믿음성이 있다는 뜻. ㅇ卜筮不過三(복서불과삼)—거북점이나
시초점을 칠 때에 점괘가 불길하더라도 세 번 이상 다시 점치지 않는다
는 것. 같은 일로 세 번을 넘도록 거듭 점치지 말라는 뜻. ㅇ卜筮不相襲
(복서불상습)—거북점과 시초점을 서로 잇달아 치지 않음. 즉, 거북점을
쳐서 점괘가 마음에 만족하지 않다고 해서 다시 시초점을 치거나, 시초점
을 쳐서 불길하다고 다시 거북점을 쳐서는 안된다는 뜻. ㅇ筴(협)—시초.
점칠 때 세는 산대로 쓰는 것. ㅇ決嫌疑(결혐의)—사물(事物)의 두 가지
가 서로 비슷하여 이것인가 저것인가 하고 의심하는 것을 혐의라고 하지
만, 점을 쳐서 그 어느 하나를 확신하게 하는 것. ㅇ定猶與(정유여)—유
(猶)도 짐승 이름이고 여(與)도 짐승 이름인데, 두 짐승은 모두 나아가고
물러가는 데 의심이 많아서, 이럴까 저럴까 하고 망설이고 있는 경우에
점을 쳐서 어느 한 가지로 확신을 갖게 한다는 뜻. ㅇ弗非(불비)—아니라
고 생각지 않는 것. 확신을 갖는 것. ㅇ必踐之(필천지)—천(踐)은 선(善)
의 잘못으로 반드시 좋다고 하는 것.

解説 이 대목은 점치는 일에 대해서 말하고 있다. 옛날 성왕(聖王)
들은 점치는 것을 가지고 백성을 다스리고 교화하는 데 커다란 비중

을 가졌던 것이다. 이 장의 결론에 이렇게 말하고 있다. 복서라는 것은 옛날 성왕이 백성으로 하여금 시일(時日)을 믿게 하고, 귀신을 공경하며 법령을 두려워하게 하는 것이었다. 백성으로 하여금 의심이 나는 것을 결정하고, 망설이는 것을 결행하게 하였다. '점쳐서 결정한 일이면 아니라고 생각하지 않았으며, 점괘에서 하라고 한 일이면 반 드시 잘 되는 것이다'라고 옛사람들은 천지 자연의 모든 현상, 모든 생성·변천·운행에 대하여, 인생의 생로병사(生老病死)에 대하여 경이의 대상이 아님이 없었을 것이다.

　천체의 운행과 사계절의 변천과 우주만물의 생성화육과 인체의 생로병사가 모두 사람의 힘으로서는 할 수 없는 일이며, 사람의 지혜로서는 생각할 수 없는 것으로 생각했을 것이다. 그들은 사람보다 더 높고 신령하고 위대한 존재가 어딘가에 군림하고 있다고 믿었을 것이다. 그들이 신을 존경하고 두려워함은 당연한 일이다. 그런데 점이란 것은 신의 계시인 것이다. 그들이 점을 믿는 마음이 어떠하였는가를 우리는 상상할 수 있다. 고대의 성왕들은 이것을 정치와 교화에 선용했던 것이다. 점괘로 나타나는 말은 아버지의 교훈보다도, 임금의 명령보다도, 친구의 충고보다도 위대한 힘을 가졌을 것이다. 그래서 점치는 일은 더욱 신을 공경하게 한다. 신을 공경함으로써 사람은 신의 뜻을 어기고 제멋대로 방자하게 행동해서는 안된다고 스스로 경계했을 것이다.

　또 법령에 의심나는 것이 있으면 임금은 점을 쳐서 결정하였다. 임금도 전단(專斷)하지 못하는 법령은 신의 뜻이라고 하여 백성은 법령을 두렵게 알게 된다는 것이다. 이것인가 저것인가 하고 의심을 품고 있을 때 이것이다 또는 저것이다라고 점괘는 결정을 내리게 한다. 이러한 결정이나 지시가 최선의 것이 아닌 차선(次善)의 것이라도 좋다. 그들에게 확신을 주고 결행의 결단을 내리게 하는 데 의의가 있다. 확신하고 결행하는 곳에는 반드시 결과가 있기 때문이다. 그러기에 의심나는 일에 점을 치면 아니라고 생각하는 것이 없고, 날을 확정하여 일을 결행하게 되면 반드시 실천한다고 한 것이다. 점이 진정 신의 계시이며 믿음성이 있느냐 없느냐를 논하기에 앞서 고대에 있어서 점이 정치와 교화에 지대한 영향을 가졌던 것은 사실이다.

임금의 수레에 장차 멍에를 메우려고 하면 어자(御者)가 말채찍을 잡고 말 앞에 선다. 이미 멍에를 메우고 나면 어자가 할두(轄頭)를 살펴보고 임금에게 수레에 말의 멍에를 마쳤다고 아뢴다. 어자가[먼 저 나가서 수레 뒤에서 스스로] 옷을 떨쳐 먼지를 털어버리고, 수레 의 오른쪽으로부터 수레에 올라와서 제이의 고삐를 잡고 끓어앉아 탄 다. 그리하여 채찍을 잡고 고삐를 나눠 쥔 후에 말을 몰아 5보(步)를 가서 선다. 임금이 나와서 수레로 오면 어자가 여러 고삐와 채찍을 아울러 한 손에 잡고 한 손으로 정수(正綏)를 잡아 임금께 주어서 잡 고 수레에 오르게 한다. 그리하면 좌우에 모시고 섰던 여러 신하들이 모두 물러나서 길을 비킨다. 수레를 몰고 달려서 대문에 이르면 임금 이 어자의 손을 눌러 제지하고 돌아보며 수레의 오른편에 [탈 용사들 을] 수레에 오르라고 명령한다. 문려(門閭)와 구거(溝渠)에서는 반드 시 배승자(陪乘者)들은 수레에서 내려서 걷는다.

무릇 남의 수레의 어자된 자의 예는 반드시 정수를 남에게 주어야 한다. 이 경우에 만약 어자가 타는 사람보다 신분의 등급이 아래이면 타는 사람은 정수를 곧 받는다. 만약 어자의 신분 등급이 강등(降等) 하지 않으면 정수를 사양하고 받지 아니한다. 만약 어자의 신분 등급 이 아래이면 주인은 곧 어자의 손을 제지하면서 [정수를 안 받겠다고 사양하다가 굳이 주면] 받는다. 만일 어자의 신분이 강등하지 않으면 [주 인은 정수를 받지 않는다. 그러나 어자가 기어코 주면] 주인은 어자 의 손 아래로 자신의 손을 내밀어 스스로 정수를 받는다.

原文 君車將駕어시든, 則僕이 執策하여, 立於馬前하고, 已駕어 든, 僕이 展軨效駕하며 奮衣하여 由右上하며, 取貳綏하여 跪乘 하며, 執策分轡하여, 驅之五步而立이니, 君이 出就車어시든, 則

僕이 幷轡授綏하며, 左右攘辟니라. 車驅而騶하여, 至于大門하고,
君이 撫僕之手, 而顧命車右하사 就車니, 門閭溝渠에는 必步니라.
　　(군거장가 즉복 집책 입어마전 이가
　　복 전령효가 분의 유우상 취이수 궤승
　　집책분비 구지오보이립 군 출취거 즉
　　복 병비수수 좌우양피 거구이추 지우대문
　　군 무복지수 이고명거우 취거 문려구거 필보)

凡僕人之禮는, 必授人綏니, 若僕者이 降等이어든 則受하고,
不然則否니라. 若僕者이 降等이어든, 則撫僕之手하고, 不然則自
下拘之니라.
　　(범복인지례 필수인수 약복자 강등 즉수
　　불연즉부 약복자 강등 즉무복지수 불연즉자하구지)

註解　ㅇ君車將駕(군거장가)ㅡ임금이 탈 수레에 장차 말을 멍에하려고
함.　ㅇ僕(복)ㅡ어자(御者). 옛날에 대부(大夫)는 임금을 위해 어자가 되
고, 사(士)는 대부를 위해 어자가 되었다. 어자는 수레의 한가운데 앉아
서 말을 부린다.　ㅇ執策(집책) 立於馬前(입어마전)ㅡ책(策)은 채찍이므로
어자가 말채찍을 잡고 말 앞에 선다. 말이 달아나는 것을 막기 위해서이
다.　ㅇ展輪效駕(전령효가)ㅡ어자가 할두(轄頭)를 고루 살펴보고 임금께
수레에 말을 멍에하였음을 아뢴다.　ㅇ奮衣(분의)ㅡ옷을 떨치는 것. 어자
가 자신의 옷을 떨쳐서 옷의 먼지를 털어버리는 것.　ㅇ由右上(유우상)ㅡ
어자가 수레의 오른편으로부터 수레에 오르는 것. 수레의 왼편은 임금이
앉는 자리이기 때문이다.　ㅇ貳綏(이수)ㅡ수(綏)는 수레에 오를 때 잡고
오르는 끈이므로 이에는 정수(正綏)와 부수(副綏) 즉, 이수가 있다. 정수
는 임금이 사용하는 것이고, 부수는 어자와 참승(驂乘)이 사용하는 것이
다.　ㅇ跪乘(궤승)ㅡ수레에 꿇어앉아서 타는 것. 수레는 서서 타는 것이지
만 아직 임금이 타지 않았으므로 그대로 수레를 시승(試乘)하려면 감히
떳떳하게 서서 타지 않고 꿇어앉아 탐으로써 경의를 나타내는 것이다.
ㅇ分轡(분비)ㅡ비(轡)는 말을 모는 고삐이므로 수레 한 채에 말 네 필을

멍에한다. 말 한 필마다 고삐가 둘씩이므로 모두 여덟 개가 된다. 그 중 참마(驂馬)의 안고삐는 수레 앞의 가로대나무에 매고 나머지 고삐 여섯은 손에 쥐고 있는데, 고삐 셋은 빈손에 잡고 셋은 채찍 잡은 손에 함께 잡는다. 이것을 고삐를 나누어 잡는다[分轡]라고 한다. ○驅之五步而立(구지오보이립)―모든 준비가 되면 말을 다섯 걸음 걸려서 선다. 시험해 보는 것이다. ○就車(취거)―수레에 타는 것. ○並轡授綏(병비수수)―임금이 수레에 타려고 하면 어자는 나누어 잡았던 고삐를 한 손에 합쳐 잡고, 한 손으로 정수(正綏)를 잡아 임금께 준다는 뜻. ○左右攘辟(좌우양피)―임금이 수레에 오르면 모시고 섰던 신하들은 물러나서 길을 피하는 것. ○騶(추)―취(驟)와 같은 뜻이므로 달린다는 말. ○撫僕之手(무복지수)―임금이 어자의 손을 눌러서 수레를 정지시킨다는 말. ○顧命車右就車(고명거우취거)―거우(車右)는 수레의 오른편에 배승(陪乘)하는 사람이란 뜻. 임금의 수레에는 어자는 중앙에 타고 임금은 왼편에 타며 용사(勇士)들은 오른편에 탄다. 임금이 돌아보면서 수레 오른편에 탈 용사들을 수레에 오르라고 명령하는 것. ○門閭溝渠必步(문려구거필보)―이문(里門)이나 구거(溝渠)가 있는 곳에서는 참승(驂乘)한 자는 반드시 내려서 걸어야 한다는 뜻. 문려(門閭)를 지날 때에는 임금은 수레 위에서 머리를 굽혀 경의를 표하는 것이 예이다. 임금이 수레 위에서 굽히면 신하는 반드시 수레에서 내려야 한다. 또 구거가 있는 곳은 험조(險阻)하여 수레가 경복(傾覆)될 우려가 있으므로 참승한 신하는 수레에서 내려서 부지(扶持)해야 한다는 것이다. ○僕人之禮(복인지례)―복(僕)은 어자라는 말이므로 남의 어자가 되었을 때에 지켜야 할 예의. ○必授人綏(필수인수)―어자는 반드시 정수를 주인에게 주어야 한다는 것. ○若僕者降等則受(약복자강등즉수) 不然則否(불연즉부)―수레의 어자가 된 자는 반드시 정수(正綏)를 주인에게 주어야 한다. 이에 대하여 대부가 임금의 어자가 되었을 경우, 사(士)가 대부의 어자가 되었을 경우와 같이 어자의 신분 등급이 주인보다 아래일 때에는 주인은 그 정수를 당연히 받는다. 그러나 주인과 어자의 신분 등급이 상등한 경우에는 주인은 어자가 주는 정수를 당연히 받아야 하는 것은 아니다. ○若僕者降等(약복자강등) 則撫僕之手(즉무복지수) 不然則自下拘之(불연즉자하구지)―어자가 정수를 주는 경우에 어자가 만약 주인보다 신분 등급이 아래인 주인은 받는 것이 당연하지만, 주인으로서 한 번 사양하여 어자의 손을 제지한다. 그리하여 어자가 굳이 받으라고 하면 받는다. 그러나 만약 어자와 주인의 신분이 상등(相等)한 경우에는 주인은 당연히 사양하고 받지 않아야 하지만, 어자가 굳이 받으라고 하면 주인은 정수를 어자에게서 받지 않고 어자의 손을 물리치면서 어자의 손 밑으로 손을 내밀어 정수를 잡는다는 것이다.

解說　어자(御者)가 임금의 수레를 모는 절차에 대해서 설명한 것이다. 어자가 임금의 수레를 모는 데는 그 절차가 다섯 단계로 구분된다. 임금의 수레에 장차 말을 멍에지우려고 할 때에 채찍을 잡고 말 앞에 서는 것이 첫째 절차이다. 이미 말을 멍에하고 나면 수레를 살펴본 뒤에 임금께 수레에 말을 멍에했다고 아뢰는 것이 둘째 절차이다. 어자는 먼저 수레에 올라서 채찍을 잡고 고삐를 나누어 쥔 다음 다섯 걸음을 시승(試乘)하여 그치는 것이 셋째 절차이다. 임금이 나와서 수레에 나아가면 고삐를 한 손에 모아잡고 정수(正綏)를 임금께 주는 것이 넷째 절차이다. 수레가 대문에 이르면 임금이 어자의 손을 눌러 제지하고 거우(車右)를 돌아보며 수레에 오르라고 명령하는 것이 다섯째의 절차인 것이다. 이외에 문려(門閭)에 이르러 임금이 고개숙여 경의를 표하면 참승(驂乘)한 용사(勇士)는 반드시 말에서 내려 걸으며, 구거 등 험준한 곳에 이르면 참승한 사람은 반드시 내려서 걷는다. 그러나 어자는 언제나 수레에서 내리지 않는다.

객의 수레는 대문 안에 들어가지 않으며, 부인은 수레를 서서 타지 않으며, 개나 말을 마루 위에 가지고 올라가지 않는다.

그러므로 군자는 황발(黃髮)의 노인을 보면 머리 숙여 경의를 표하며, 경(卿)의 자리에서는 수레에서 내린다. 나라의 도성(都城)에 들어가면 말을 달리지 않으며, 마을에 들어가면 반드시 몸을 굽혀 읍한다.

임금의 명령으로 부르면 비록 천한 사람일지라도 대부(大夫)나 사

(士)가 반드시 스스로 맞이한다.

갑옷을 입은 자는 절하지 않는다. 그것은 절하면 좌배(蓌拜)가 되기 때문이다.

상거(祥車)에는 왼쪽 자리를 비워둔다. 임금의 승거(乘車)를 수행자가 탈 때에는 감히 왼쪽 자리를 비워놓지 못하면 왼쪽에 타고는 반드시 빙식(憑式)한다. 부인을 태우고 어자가 되었을 경우에는 왼손을 먼저 내어 고삐를 잡고 오른손을 뒤로 낸다. 국군(國君)의 수레에 어자가 되었을 때에는 오른손을 먼저 내어 고삐를 잡고 뒤로 왼손을 내고 그리고 머리를 굽힌다.

原文 客車는 不入大門하며, 婦人은 不立乘하며, 犬馬는 不上於堂이니라. 故로 君子는 式黃髮하며, 下卿位하며, 入國不馳하며, 入里必式이니라.
　(객거 불입대문 부인 불립승 견마 불상
　어당 고 군자 식황발 하경위 입국불치
　입리필식)

君이 命召어시든, 雖賤人이나, 大夫士이 必自御之니라. 介者不拜는, 爲其拜而蓌拜니라.
　(군 명소 수천인 대부사 필자어지 개자
　불배 위기배이좌배)

祥車에는 曠左니, 乘君之乘車하되, 不敢曠左하며, 左必式이니라. 僕御婦人하되, 則進左手하고, 後右手하며, 御國君하되, 則進右手하고, 後左手而俯니라.
　(상거 광좌 승군지승거 불감광좌 좌필식
　복어부인 즉진좌수 후우수 어국군 즉진
　우수 후좌수이부)

註解 ○客車不入大門(객거불입대문)─객은 수레를 타고 남의 집 대문

안으로 들어가지 않는다. ㅇ婦人不立乘(부인불립승)-수레는 서서 타는 것이 원칙이지만, 부인은 안거(安車 : 한 필 말이 끄는 앉아 타는 수레)를 타는 것이므로 서서 타지 않는다는 것이다. ㅇ犬馬不上於堂(견마불상어당)-개나 말을 마루 위로 데리고 올라가지 않는 것. ㅇ式黃髮(식황발)-식(式)은 수레 앞의 가로대나무를 짚고 머리를 숙여 경의를 표하는 것이고, 황발은 아주 늙은이를 일컫는 말이므로, 식황발은 수레를 타고 가다가 길에서 황발 노인을 만나면 식(式)하여 경의를 표한다는 것. ㅇ下卿位(하경위)-경(卿)은 공경대부(公卿大夫)란 뜻이므로 경이 있는 곳에서는 수레에서 내린다는 뜻. 비록 임금일지라도 경위(卿位)의 앞에 이르면 수레에서 내린다고 한다. ㅇ入國不馳(입국불치)-여기에서 국(國)은 제후(諸侯)의 나라 도성(都城)을 가리킨 말이므로 도성 안에서는 수레를 달리지 않는다는 것. 도성 안은 사람의 통행이 많으므로 수레를 빨리 달리면 사람을 상하게 할 우려가 있기 때문이다. ㅇ入里必式(입리필식)-이(里)는 25가(家)로 이루어진 마을을 말한다. 수레를 타고 25가의 마을에 들어갔을 때에는 반드시 수레 위에서 머리를 숙여 경의를 표한다는 것. 군자는 열[十] 집이 모여 있는 곳이면 그 속에 반드시 충신 한 사람이 있을 것이라고 하여 예절을 함부로 하지 않는다는 것이다. ㅇ君命召(군명소) 雖賤人(수천인) 大夫士必自御之(대부사필자어지)-임금이 어떤 사람을 부르라고 하면 그 사람이 비록 천한 사람일지라도 대부나 사(士)가 반드시 자신이 나가서 맞이한다는 말. 임금의 명령을 존경하기 때문이다. ㅇ介者不拜(개자불배) 爲其拜而菱拜(위기배이좌배)-개자(介者)는 갑옷을 입은 사람이고, 좌배는 꾸벅 절하는 것이므로 절하는 예절이 갖추어지지 않은 것이다. 갑옷 입은 사람은 절하지 않는다. 그것은 갑옷을 입었기 때문에 몸의 굴신이 자유롭지 못하므로 절하더라도 그 절하는 모습이 예절을 갖출 수 없기 때문이다. ㅇ祥車曠左(상거광좌)-상거(祥車)는 길거(吉車)와 같으므로 생시(生時)에 타는 수레를 말한다. 그러나 장사(葬事) 때에는 혼거(魂車)로 사용한다. 수레 위에서는 왼쪽을 귀하게 여긴다. 그러므로 왼쪽을 비워놓아 영혼이 탄 것으로 생각한다. 광(曠)은 비운다는 뜻이다. ㅇ乘君之乘車(승군지승거)-임금의 승용차를 타는 것. 왕자(王者)에게는 다섯 종류의 승용차가 있다. 즉, 옥(玉)·금(金)·상아(象牙)·목

(木)·혁(革) 등으로 꾸민 수레들이 있다. 왕이 스스로 그 중 하나를 타고 나머지 네 개의 수레에는 수행하는 신하가 타게 된다. ○不敢曠左(불감광좌) 左必式(좌필식)―임금의 승용차를 임금 행차의 수행원들이 탈 때에는 감히 왼쪽을 비워 놓지 못하고 왼쪽에 타지만, 타고는 반드시 수레 앞의 가로대나무를 잡고 머리를 굽혀 경의를 표한다. 왼쪽은 임금이 타는 곳인데 왼쪽을 비우는 것은 장거(葬車)와 같아서 감히 비우지 못하는 것. ○僕御婦人(복어부인) 則進左手(즉진좌수) 後右手(후우수)―부인이 탄 수레의 어자가 되었을 때에는 먼저 왼손을 내밀어 고삐를 잡고 뒤에 오른손을 낸다. 그것은 어자는 중앙에 있고 부인은 왼편에 있으므로 오른손을 먼저 내어 고삐를 잡으면 몸이 약간 왼쪽을 향하게 되어 부인과 서로 향하게 된다. 서로 향하는 것은 혐섭(嫌涉)한 일이므로 왼손을 내어 고삐를 잡아 약간 서로 상반되는 방향을 취하고 그런 뒤에 오른손을 낸다는 것이다. ○御國君(어국군) 則進右手(즉진우수) 後左手而俯(후좌수이부)―국군(國君)의 어자가 되었을 때에는 오른손을 내어 고삐를 잡고 뒤에 왼손을 낸다. 그리고는 고개를 숙여 경의를 표한다. 임금은 왼편에 있고 어자는 중앙에 있다. 어자가 오른손으로 고삐를 잡으면 임금과 약간 서로 향하는 형상이 된다. 서로 향하는 것이 공경하는 것이 되기 때문이다. 부(俯)는 머리를 아래로 향하여 굽히는 것이므로 어자로서 항상 빙식(憑式)할 수 없으므로 다만 머리를 숙여 경의를 표한다는 것이다.

국군(國君)은 기거(奇車)를 타지 않으며, 수레 위에서 크게 부르지 않으며 망령되게 손가락질하지 않는다. 서서는 오휴(五巂)를 보고 몸을 굽혀서는 말꼬리를 보며, 돌아보는 것은 바퀴통 있는 곳을 넘지 않는다. 나라의 도성(都城) 안에서는 대나무비 가지를 채찍으로 하여 말 등을 약간 긁어 문질러서 수레 몰 때 나는 먼지가 수레의 두 굴대 밖으로 나가지 않게 한다.

국군은 희생으로 쓸 소를 보면 종묘 앞에서는 수레에서 내리며 식(式)의 예를 행한다. 대부와 사(士)는 공문(公門)에서 수레를 내리며 노마(路馬)를 보면 식의 예를 행한다. 노마를 시승(試乘)할 때에는

반드시 조복(朝服) 차림을 해야 하고, 채찍을 가지며, 감히 정수(正
綏)를 주지 못하며, 왼편에 탈 때에는 반드시 식(式)한다. 노마를 걸
릴 때에는 반드시 길 한가운데로 해야 하며, 발로 노마의 마초(馬草)
를 차면 주책(誅責)이 있고, 노마의 나이〔齒〕를 세어도 주책이 있다.

[原文] 國君은 不乘奇車하며, 車上不廣欬하며, 不妄指하며, 立
視五巂하며, 式視馬尾하며, 顧不過轂이니라. 國中에 以策彗로
卹勿驅하여, 塵不出軌니라.
　　(국군 불승기거 거상불광해 불망지 입
　　시오휴 식시마미 고불과곡 국중 이책혜
　　솔물구 진불출궤)

　　國君이 下齊牛하며, 式宗廟하고, 大夫士이 下公門하며, 式路
馬니라. 乘路馬하되, 必朝服이니, 載鞭策하며, 不敢授綏하며, 左
必式이니라. 步路馬하되, 必中道이니, 以足으로 蹙路馬芻有誅하
며, 齒路馬有誅니라.
　　(국군 하제우 식종묘 대부사 하공문 식노
　　마 승노마 필조복 재편책 불감수수 좌
　　필식 보노마 필중도 이족 축노마추유주
　　치노마유주)

[註解] ◦奇車(기거)―기이하고 사특한 정당하지 못한 수레. 즉, 법과 같
지 않은 수레. ◦車上不廣欬(거상불광해)―수레 위에서는 큰 소리로 부
르지 않는 것. 그 소리가 사람들을 놀라게 할 것을 염려하기 때문이다.
◦不妄指(불망지)―망령되이 손가락질하지 않는 것. ◦立視五巂(입시오휴)―휴
는 규(規)와 같으므로 수레의 바퀴가 한 번 구르는 것을 1규(規)라 한다.
승거(乘車)의 수레바퀴는 높이가 6척 6촌이며, 지름 1에 둘레가 3이므로
1규는 1장(丈) 9척 8촌이 되고, 5규는 99척으로서 6척을 1보(步)로 계산
하면 16보 반이 된다. 그러므로 수레 위에 선 때에는 16보 반의 앞을
바라보는 것이 안전하다는 것이다. ◦式視馬尾(식시마미)―수레 위에서

머리를 숙여 빙식(憑式)할 때에는 말의 꼬리있는 부분을 보라는 것이다. 달리는 수레 위에서 멀리 볼 수 없으므로 말꼬리를 보는 정도로 굽히는 것이 안전하다는 것이다. ○顧不過轂(고불과곡) ─수레 위에서는 수레바퀴를 지날 만큼 돌아보지 말라는 것이다. 달리는 수레 위에 서서 몸을 많이 돌려 뒤돌아보는 것은 위험하기 때문이다. ○國中以策彗卹勿驅(국중이책혜솔몰구) 塵不出軌(진불출궤)─국중(國中)은 나라의 도성(都城) 안. 책혜(策彗)는 대나무비 가지로 채찍을 삼는다는 뜻. 솔몰(卹勿)은 긁어 문지르는 것. 진(塵)은 수레를 몰고 갈 때 일어나는 먼지. 불출궤(不出軌)는 수레의 두 바퀴 밖으로 나가지 않는다는 뜻이다. 그러므로 '나라의 도성 안에 들어가면 달리지 않는다(入國不馳)'라고 하였으니, 도성 안에서는 채찍을 사용하지 않고 다만 대나무비의 가지를 채찍으로 해서 약간 말의 등을 긁어 문질러서 천천히 몰고 간다는 뜻이다. 그리하여 수레바퀴에서 나는 먼지가 두 바퀴 밖으로 나가지 않게 한다는 뜻이다. ○國君下齊牛(국군하제우) 式宗廟(식종묘)─웅씨(熊氏)의 설에 따르면 이 글은 잘못 씌어진 것 같다. '국군하종묘(國君下宗廟) 식제우(式齊牛)'라고 써야 옳다는 것이다. 국군은 제후(諸侯)를 가리킨 말이고, 제우(齊牛)는 종묘의 제사에 희생으로 바칠 소를 말한다. 그러므로 국군은 종묘 앞에서는 반드시 수레에서 내려야 하고, 희생으로 바칠 소를 보면 수레 앞의 가로대나무를 잡고 머리 숙여 경의를 표해야 한다는 것이다. ○大夫士下公門(대부사하공문)─공문(公門)은 임금의 문이므로 대부나 사가 임금의 문 앞에 이르면 수레에서 내려 경의를 표해야 한다는 뜻이다. ○式路馬(식노마)─노마(路馬)는 임금이 타는 말이므로 대부가 노마를 보면 수레 위에서 머리를 숙여 경의를 표한다. ○乘路馬(승노마)─이것은 의식(儀式) 연습을 할 때에 신하가 임금의 수레를 타는 것을 말한 것이다. ○不敢授綏(불감수수)─임금이 수레에 오를 때에는 어자가 정수(正綏)를 임금께 주는 법이다. 그러나 이제 의식을 연습하기 위해 신하가 수레의 왼쪽, 즉 임금의 자리에 타고 있으므로 감히 어자가 그에게 정수를 주지 못한다는 말이다. ○左必式(좌필식)─의식의 연습을 위해 신하가 임금의 자리인 수레 왼쪽에 자리하기는 하였으나 황송해서 반드시 수레 앞의 가로대나무를 잡고 머리 숙여 경의를 표한다는 뜻이다. ○步路馬(보노마) 必中道(필중도)—노마의 조습(調習)을 위하여 말을 걸릴 때에는 반드시 갈 한가운데로 걷게 한다는 뜻이다.   ○以足蹙路馬芻有誅(이족축노마추유주)—주(誅)는 벌(罰), 즉 주책이란 뜻이다. 발로 노마의 마초(馬草)를 차면 주책(誅責)이 있다. 임금의 말에게 먹이는 것을 소중히 여기지 않기 때문이다. ○齒路馬有誅(치노마유주)—말의 나이를 알기 위해서 노마의 이를 세어 보는 행위에는 벌(罰)이 있다. 그것은 임금의 물건을 업신여기는 행동이 되기 때문이라고 한다.

제2 곡 례(曲禮) 하(下)

무릇 [주군(主君)의] 물건을 받드는 자는 가슴에 닿게 하고, 물건을 드는 자는 심의(深衣)의 띠에 닿게 한다. 천자의 그릇을 가질 때에는 가슴보다 높이 들어 평형하게 하며, 제후(諸侯)의 그릇을 가질 때에는 가슴과 평형하게 하고, 대부의 그릇을 가질 때에는 가슴보다 아래로 내리며, 사(士)의 그릇을 가질 때에는 띠 아래로 더욱더 내려서 가진다. 무릇 주군(主君)의 그릇을 잡을 때에는 가벼운 것을 잡고도 조심하여 이기지 못하는 것처럼 하며, 주군의 그릇을 잡을 때에는 폐백과 규(圭) 구슬과 벽(璧) 구슬을 잡으면 왼손으로 위를 잡고 오른손으로 아래를 잡으며, 걸어가는 데 발을 들지 않고 수레의 바퀴가 끊임없이 이어지듯 발뒤꿈치를 끌며 간다. 설 때에는 경쇠[磬] 모양으로 몸을 구부정하게 굽히어 패옥(佩玉)을 드리운다. 군주의 패옥이 몸에 의지했으면 신하의 패옥은 드리워져야 하고, 군주의 패옥이 드리워졌으면 신하의 패옥은 땅에 닿게 하여야 한다. 옥을 잡을 때에는 꾸미개가 있는 것은 잡는 자의 석의(裼衣)를 드러내며, 꾸미개가 없는 것은 그 웃옷으로 석의를 덮어야 한다.

原文 凡奉者는 當心하고, 提者는 當帶니라. 執天子之器則上衡하고, 國君則平衡하고, 大夫則綏之하고, 士則提之니라. 凡執主器하되, 執輕如不克하며, 執主器하되, 操幣·圭·璧하여는, 則尚左手하며, 行不擧足하여, 車輪曳踵이니라. 立則磬折垂佩니, 主佩倚어시든, 則臣佩垂하고, 主佩垂어시든, 則臣佩委니라. 執玉하되, 其有藉者則裼하고, 爲藉者則襲이니라.
(범봉자 당심 제자 당대 집천자지기즉상

형 국군즉평형 대부즉타지 사즉제지 범집
주기 집경여불극 집주기 조폐·규·벽 즉
상좌수 행불거족 거륜예종 입즉경절수패
주패의 즉신패수 주패수 즉신패위 집옥
기유자자즉석 위자자즉습)

註解 o奉者當心(봉자당심)－물건을 받들어야 할 것은 높이 들어 가슴
과 평형하게 가져야 한다는 뜻. o提者當帶(제자당대)－제(提)는 팔을 굽
혀 물건을 가지는 것이므로, 이런 경우에는 드는 것이 심의(深衣)의 띠가
있는 곳과 평형하게 한다는 것이다. o上衡(상형)－가슴과 평형한 곳보다
위로 높이 받드는 것. o平衡(평형)－가슴과 평면이 되게 드는 것. o綏
之(타지)－타(綏)는 타(妥)와 같음. 가슴보다 아래로 낮추어 갖는 것.
o提之(제지)－타지(綏之)보다 더 아래로 낮추어 갖는 것. o執主器(집주
기)－주군(主君)의 그릇을 잡는 것. o執輕如不克(집경여불극)－가벼운
물건을 잡고도 그것을 이기지 못하는 것처럼 하는 것. 즉, 군주의 물건을
잡고 공경과 조심하는 태도를 말한 것. o操幣圭璧(조폐규벽)－조(操)는
잡는다는 뜻. 폐(幣)는 폐백. 규벽(圭璧)은 상서로운 구슬이므로 군주의
폐백이나 훌륭한 구슬을 손에 들었다는 말. o尙左手(상좌수)－상(尙)은
위라는 뜻이므로, 왼손으로 위쪽을 잡고 오른손으로 밑을 받들어 잡는다
는 말. 왼손을 위로 하는 것은 왼쪽을 높이는 예절의 용의(容儀)를 갖추
기 위함이고, 오른손으로 밑을 받드는 것은 힘을 내기 위한 것이라고 한
다. 규는 위가 뾰족하고 아래가 사각이며, 벽은 둥글고 가운데에 구멍이
있는 것. o車輪曳踵(거륜예종)－수레의 바퀴가 끊임없이 잇달아 굴러가
는 것처럼 발뒤꿈치를 이어붙이면서 걸어가는 것. 조심하여 걷는 모양.
o罄折垂佩(경절수패)－설 때에 몸을 경쇠 등처럼 구부정하게 굽혀 차고
있는 패옥(佩玉)이 앞으로 드리워지게 하는 것. o主佩倚(주패의) 則臣佩
垂(즉신패수)－주군의 패옥이 몸에 붙어 있으면 신하의 패옥의 앞으로 드
러워져야 한다는 것. 패옥이 몸에 붙는 것은 몸을 약간 굽힌 것이고, 경
쇠처럼 굽히면 패옥은 드리워질 것이다. 주군과 신하는 높고 낮음이 다르
므로, 몸을 굽혀 경의를 표하는 정도에 차이가 있는 것이다. o主佩垂(주

패수) 則臣佩委(즉신패위)―위(委)는 땅에 닿는다는 뜻이므로, 주군의 패옥이 앞으로 드리워지도록 주군의 몸을 굽히면 신하는 그의 패옥이 땅에 닿도록 더욱 몸을 굽혀야 한다는 것이다. ○執玉(집옥) 其有藉者則裼(기유자자즉석) 無藉者則襲(무자자즉습)―자(藉)는 구슬을 올릴 때 밑에 까는 것이므로 부드러운 가죽으로 판(板)을 싸고 채색을 베푼 위에 5색의 실을 달아 아름답게 꾸민 것이다. 구슬을 여기에 얹고 꾸민 채색 실을 드리운 것을 유자(有藉)라 하고, 실을 접어둔 채 드리우지 않은 것은 무자(無藉)라고 한다. 옥을 받들 때 꾸미개〔藉〕가 있는 것이면 받드는 사람이 석의(裼衣)를 드러내어 보이게 하고, 꾸미개가 없는 것이면 받드는 사람은 겉옷으로 석의를 덮어 가리운다. 석의는 습의(襲衣) 밑에 입는 아름다운 옷이므로, 구슬을 올릴 때에 이미 자(藉)를 꾸며서 아름답게 한 것이면 받드는 사람이 또한 아름다운 옷을 드러내어 그것과 맞게 하지만, 만약 구슬을 얹어 놓은 자(藉)가 없는 것이면 받드는 사람도 또한 겉옷〔襲衣〕으로 석의를 덮어서 검소하게 해야 한다는 것이다.

解說 천자를 비롯하여 국군·제후·경대부·사(士)의 물건을 들 때, 어떤 높이로 들어야 하며 벽(璧)을 들었을 때의 걸음걸이 등을 상세하게 설명한 대목이다. 상대방 신분의 높고 낮음에 따라 그의 물건을 드는 높낮이도 달랐으니 예의범절이 너무 세분화되었다는 느낌도 든다. 그러나 패옥에 관한 규정은 귀중품에 대한 정성이 엿보이기도 한다.

국군(國君)은 경로(卿老)와 세부(世婦)의 이름을 부르지 않으며, 대부는 세신(世臣)과 처질(妻姪)과 처제(妻弟)의 이름을 부르지 않으며, 사(士)는 가상(家相)과 장첩(長妾)의 이름을 부르지 아니한다.

제후와 대부의 아들이 감히 자신을 ‘나 소자(余小子)’라고 일컫지 못하며, 대부와 사(士)의 아들이 감히 자신을 ‘사자(嗣子) 아무개’라고 일컫지 못하며, 감히 세자(世子)와 같은 이름을 쓰지 못한다.

임금이 사(士)에게 활을 쏘라고 시킬 때에 쏠 줄 모르면 병이 있다고 사피(辭避)하며, ‘아무개는 땔나무를 채취할 수 없는 근심이 있습니다'라고 말해야 한다. 군자를 모시고 있는 자리에서[군자가 무엇을 물을 때에] 여러 사람들을 한 번 둘러보지 않고 대답하는 것은 예가 아니다.

원문(原文) 國君은 不名卿老·世婦하고, 大夫는 不名世臣·姪娣하고, 士는 不名家相·長妾이니라.
(국군 불명경로·세부 대부 불명세신·질제
사 불명가상·장첩)

君大夫之子이, 不敢自稱曰余小子라하며, 大夫士之子이, 不敢自稱曰嗣子某라하며, 不敢與世子로 同名이니라.
(군대부지자 불감자칭왈여소자 대부사지자 불
감자칭왈사자모 불감여세자 동명)

君이 使士로, 射어시든 不能이어든 則辭以疾하며, 言曰, 某有負薪之憂니라. 侍於君子에, 不顧望而對는, 非禮也니라.
(군 사사 사 불능 즉사이질 언왈 모유
부신지우 시어군자 불고망이대 비례야)

주해(註解) o國君(국군)―열국(列國)의 임금. 즉, 제후(諸侯)를 일컫는 말. o卿老(경로)―상경(上卿)을 높이 일컫는 말. 상경은 정1품과 종1품의 판서(判書). o世婦(세부)―부인(夫人) 다음으로 여러 첩들보다 귀(貴)한 등급에 있는 여인. o世臣(세신)―아버지가 생존하였을 때의 노신(老臣). 대를 이어 벼슬하는 신하. o家相(가상)―집안 일을 돌봐주는 사람. o長妾(장첩)―첩으로서 아들이 있는 자. o君大夫之子(군대부지자) 不敢子稱曰余小子(불감자칭왈여소자)―군(君)은 열국(列國)의 임금이니 제후를 가리키는 말. 열국 임금의 아들과 천자의 대부(大夫)의 아들은 감히 자신을 '나 소자[余小子]'라고 일컫지 못한다는 말. o大夫士之子(대부사지자) 不敢自稱曰嗣子某(불감자칭왈사자모)―열국의 대부나 사(士)의 아들이 자신을 '사자 아무개[嗣子某]'라고 감히 일컫지 못한다는 말. o不敢與世子同名(불감여세자동명)―제후의 여러 신하들의 아들은 감히 세자와 같은 이름을 붙이지 못한다는 말. ㅇ辭以疾(사이질)—병 때문이라고 핑계하고 사피(辭避)한다. ㅇ負薪之憂(부신지우)—땔나무를 채취해 올 수 없는 근심, 즉 병이 들어서 땔나무를 져올 수 없으므로 근심이 된다는 말. 병이 들었다는 말. ㅇ不顧望而對(불고망이대)—남들을 한번 둘러보지 않고 자기가 곧 답변하는 것.

解說 임금이 사(士)에게 활을 쏘라고 하면 쏠 줄 모른다고 말하지 말고, 몸에 병이 들어 쏠 수 없다고 핑계하여 사피(辭避)하라는 것이다. 활을 쏜다는 것은 남자가 할 일이며, 문무의 도를 닦아야 하는 자로서는 당연히 활을 잘 쏠 수 있어야 한다. 그런데 만약 쏠 줄 모르면 병들어 못 쏜다고 핑계해야 하고, 쏠 줄 모른다고 말하지 말라는 것이다. 그것은 사(士)로서 있을 수 없는 부끄러운 일이기 때문이다. 부신지우(負薪之憂)는 땔나무를 져오는 것은 사(士)가 친히 해야 할 일인데, 병이 들어 그 일을 할 수 없으니 근심된다는 말이다. 병들었다는 뜻의 말로 사용되는 것이다.

　한편 현대에 있어서도 여럿이 모여 있는 자리에서 어떤 질문이 나왔을 때, 자신에게 의견이 있을지라도 먼저 한번 좌중을 둘러본 뒤에 천천히 발언하는 것이 교양있는 사람의 태도이며, 세련된 사교의 예의이기도 할 것이다. 또 그렇게 함으로써 무게 있는 발언이 되고, 남의 주의를 집중시킬 수도 있을 것이다.

군자가 예를 행하는 데는 그 고국의 습속을 변경하려고 하지 않는다. 제사의 예절이나 거상(居喪)의 복제나 곡읍(哭泣)의 위치 같은 것을 모두 그 고국의 옛 풍속대로 한다. 삼가 그 전법(典法)을 수습하여 신중히 자세하게 살펴서 실행해야 한다.

　나라를 떠나간 지가 비록 3대에 이르렀으나 그 일족의 사람들이 오히려 조정의 작록에 참렬하고 있어서, 조상의 제사를 받들어 길흉사가 있을 때에 본국과 왕래 출입하여 서로 알리는 일이 있으며, 만약 형제와 종족이 오히려 존재한다면 모든 관혼상제에 반드시 돌아가 종

자(宗子)에게 알려야 한다. 나라를 떠난 지 3대에 이르렀을 때에 본
국의 조정에 작록을 받는 일족이 없고, 모든 길흉사를 본국과 왕래
출입하여 서로 알리는 일이 없을지라도, 오히려 자신이 흥기(興起)하
여 새나라의 경·대부가 된 때를 기다린 후에 비로소 새 나라의 국법
에 좇는다.

原文 君子이 行禮하되, 不求變俗이니, 祭祀之禮와, 居喪之服
과, 哭泣之位를, 皆如其國之故하여, 謹脩其法, 而審行之니라.
  (군자 행례 불구변속 제사지례 거상지복
  곡읍지위 개여기국지고 근수기법 이심행지)

  去國三世에, 爵祿이 有列於朝하여, 出入에 有詔於國하며, 若
兄弟·宗族이 猶存이어든, 則反告於宗後하고, 去國三世에, 爵
祿이 無列於朝하여, 出入에 無詔於國이어든, 唯興之日에, 從新
國之法이니라.
  (거국삼세 작록 유열어조 출입 유조어국 약
  형제·종족 유존 즉반고어종후 거국삼세 작
  록 무열어조 출입 무조어국 유흥지일 종신국지법)

註解 ○不求變俗(불구변속)─경·대부인 자가 본국을 떠나 타국에 가
서 살지라도 모든 관혼상제의 예절을 행할 때에는 본국의 옛 습속을 변
경하려고 하지 않는 것. ○居喪之服(거상지복)─상사(喪事)를 당했을 때
에 입는 복제(服制). ○哭泣之位(곡읍지위)─상사를 당하여 곡(哭)하는
위치. 즉 어느 위치에서 곡하는가 하는 예절도 나라에 따라 달랐다. ○謹
脩其法(근수기법) 而審行之(이심행지)─삼가 본국의 예법을 수습하여 자
세히 살펴 실행하는 것. ○去國三世(거국삼세)─경·대부인 자가 본국을
떠나서 이미 삼대(三代)를 외국에서 살고 있는 것. ○爵祿有列於朝(작록
유열어조)─자기의 일족이 벼슬과 봉록을 받고 조정의 반열(班列)에 참렬
하는 자가 있다는 말. ○出入有詔於國(출입유조어국)─조(詔)는 고(告)와
같은 뜻이므로 알린다는 말. 본국의 경·대부들과 길흉사(吉凶事)에 왕래

출입하여 서로 알리는 것. ○若兄弟宗族猶存(약형제종족유존) 則反告於宗後(즉반고어종후)—비록 일족 중에 작록을 받고 조정에 참렬하는 사람도 없고, 본국의 경·대부들과 길흉사(吉凶事)에 서로 왕래하여 알리는 일이 없을지라도 형제와 종족이 오히려 본국에 있는 경우에, 길흉사가 있을 때에는 반드시 돌아가 종손(宗孫)에게 알려야 한다는 말. 종후(宗後)는 종손이란 뜻. ○唯興之日(유흥지일) 從新國之法(종신국지법)—오직 자신이 흥기(興起)하여 타국의 경·대부가 되었을 때에 한하여 비로소 그 나라의 법을 좇는다는 말.

解說 이 대문에서는 경·대부의 지위에 있던 사람이 외국에 이주했을 경우, 고국의 예법·풍속을 저버리지 말라고 일깨워주고 있다. 타국에 이주해서 이미 삼대(三代)가 지났을 경우, 본국에 친족도 없고 길흉사를 알릴만한 친지가 없을지라도 본국의 예법을 지키라고 하였다. 다만 이런 경우에 본인이 외국의 고귀한 벼슬자리에 오르게 된 때에 한하여 그 나라의 법에 따르라고 말하고 있다. 그때의 나라라 함은 한갓 향국(鄕國)을 가리킨 것에 불과하다. 즉 제후의 나라이다. 원래 제후의 나라들은 하나의 천자의 나라를 여러 제후들에게 분봉한 것이므로 큰 안목으로는 모두 한 나라인 것이다. 그럼에도 본국을 사랑하고 본국을 존중하는 마음이 이와 같았다.

군자는 이미 아버지를 여읜 뒤에는 이름을 고치지 않으며, 이미 아버지를 여읜 뒤에 갑자기 존귀하게 되었더라도 아버지를 위하여 시호(諡號)를 짓지 아니한다. 상사(喪事)를 당하여 아직 장사를 지내기 전에는 상례(喪禮)를 읽고, 이미 장사지낸 뒤에야 제례(祭禮)를 읽으며, 제복(祭服)한 뒤에야 악장(樂章)을 읽는다. 거상(居喪)중에는 음악을 말하지 않으며, 제사에는 흉한 것을 말하지 않으며, 공정(公庭)에서는 부녀에 대한 일을 말하지 않는다.

임금의 앞에 나아가 문서의 먼지를 떨며 문서를 정돈하는 것은 벌을 받고, 귀갑(龜甲)과 서죽(筮竹)을 임금 앞에 바치는 데 임금의 면

전에서 서죽의 통을 쓰러뜨리거나 귀갑을 뒤엎어놓거나 하는 자는 벌을 받는다.

　귀갑·서죽·안석·지팡이·자리·일산 등을 가지거나 상의·하의가 모두 흰 것(상복)이거나, 갈포(葛布)의 홑옷차림으로 임금의 문에 들어가지 않으며, 거친 짚신과 심의(深衣) 앞자락을 띠에 걸어 꽂은 매무새와 상관(喪冠) 차림으로 임금의 문에 들어가지 않으며, 송사물(送死物)을 기록하는 방판(方板)과 최복(衰服)과 흉사(凶事)의 기구 등은 미리 보고하여 허락을 받은 후가 아니면 임금의 문에 들어가지 못하며, 공사(公事)는 신하 사이에서 사사로이 논의하지 않는다.

　原文　君子이 已孤하얀, 不更名하고 已孤暴貴하얀, 不爲父作諡하나니라. 居喪에 未葬하여는 讀喪禮하고, 旣葬하여는 讀祭禮하고, 喪畢復常하여는, 讀樂章이니, 居喪하여는 不言樂하며, 祭事엔 不言凶하며, 公庭엔 不言婦女니라.
　(군자 이고 불경명 이고폭귀 불위부작
　시 거상 미장 독상례 기장 독제례
　상필복상 독악장 거상 불언악 제사
　불언흉 공정 불언부녀)

　振書端書於君前이, 有誅하며, 倒筴側龜於君前이, 有誅하나니라.
　(진서단서어군전 유주 도협측귀어군전 유주)

　龜筴과·几杖과·席蓋와·重素와·袗絺綌을, 不入公門하며, 苞屨와·扱袵과 厭冠을, 不入公門하며, 書方과·衰와·凶器를, 不以告어든 不入公門하며, 公事를 不私議니라.
　(귀협·궤장·석개·중소·진치격 불입공문
　포구·급임 염관 불입공문 서방·최·흉기
　불이고 불입공문 공사 불사의)

　註解　○喪禮(상례)―상사(喪事)에 관계되는 예절을 기록한 책. ○祭禮

(제례)-우제(虞祭)·졸곡(卒哭)·부사(祔祀)·소대상(小大祥) 등의 예절에 관하여 기록한 책. o喪畢複常(상필복상)-상복을 벗고 평상시의 상태로 돌아가다. o樂章(악장)-음악의 편장(編章). 즉 음악에 관한 서적. o居喪不言樂(거상불언악)-상(喪)은 슬픈 일이고, 악(樂)은 즐거운 것이니, 슬퍼하고 즐거워하는 정(情)을 함께 가질 수 없으므로 상중에는 음악을 말하지 않는다는 것이다. o祭事不言凶(제사불언흉)-제사는 길사(吉事)이므로 제사 때 흉한 일을 이야기하지 않는다는 것이다. 길사와 흉사를 서로 관련시킬 수 없기 때문이다. o公庭不言婦女(공정불언부녀)-공정(公庭)은 공적인 일을 처리하는 곳이므로 조정(朝廷)과 같은 곳이다. 부녀에 관한 이야기를 하는 것은 사담(私談)인즉, 공정에서 사담을 하는 것은 공사(公私)를 혼동하는 것이므로 말하지 말라는 것이다. o振書(진서)-문서 등을 털어서 먼지를 떨어내는 것. o端書(단서)-문서 등을 단정하게 정돈하는 것. o有誅(유주)-주책(誅責)이 있는 것. 벌이 있는 것. o倒筴側龜(도협측귀)-점치는 산대〔산가지〕를 거꾸러뜨리고, 거북점에 쓰이는 귀갑(龜甲)을 뒤엎으며 정돈하기에 부산한 것. o龜筴(귀협)-시초점에 쓰이는 산대〔산가지〕와 거북점에 쓰이는 귀갑(龜甲). o几杖席蓋(궤장석개)-궤장은 늙은이를 우대하는 것. 석(席)은 앉고 눕는 데 쓰이는 것. 개(蓋)는 일산으로 햇볕이나 비를 가리는 것이다. 즉 안석과 지팡이와 자리와 일산을 말하고 있다. o重素(중소)-흰 빛이 겹쳤다는 뜻이므로, 상의(上衣)와 하의의 빛깔이 희다는 뜻. 흰 옷은 상복이므로 길복(吉服)이 아니다. o袗絺綌(진치격)-진(袗)은 홑옷이고 치격(絺綌)은 갈포(葛布)이니 갈포로 지은 홑옷이란 뜻. o苞屨(포구)-풀로 삼은 신, 거칠은 짚신. o扱衽(급임)- 급(扱)은 삽(揷)과 같으므로 꽂는다는 뜻이고, 임(衽)은 옷깃, 즉 옷자락이므로 심의(深衣)의 앞자락을 띠에 꽂은 매무새. o厭冠(염관)-상관(喪冠). o書方(서방)-송사(送死)의 물건을 열기(列記)하는 방판(方板)을 말한다. o衰(최)-최마복(衰麻服)이므로 상복(喪服)을 말한다. o凶器(흉기)-흉사(凶事)에 쓰는 기물이므로, 관곽(棺槨)·장삽(牆翣)·명기(明器) 등의 기물을 말한다. o公事不私議(공사불사의)-공사(公事)를 사사로이 의논하지 않는 것.

解說 옛날에는 이름이란 것은 태어나고 석달만에 아버지가 붙여주는 것이었다. 아버지가 이미 세상을 떠난 뒤에 이름을 고치는 일을 차마 아들로서는 할 수 없는데 그것은 이 때문이라고 한다. 그리고 아버지가 죽은 뒤에 아들이 갑자기 아주 존귀한 자리에 앉게 되더라도 아버지가 살았을 때의 벼슬이 낮아서 시호를 붙일 만한 신분이 아니었으면 아버지의 시호를 짓지 아니한다는 것이다. 그것은 자기의 벼슬을 가지고 그 아버지에게 붙여주는 것이므로 높이려고 하다가 도리어 낮게 만드는 일이 되므로 어버이를 존경하는 도리가 아니라는 뜻이다. 남의 상가에 가서 음악을 이야기하고, 남의 길사(吉事)에 가서 흉사를 말하며, 엄숙한 공적인 좌석에서 여자 이야기를 지껄인다면 그것은 예절이 아닐 뿐 아니라, 남에게서 증오와 경멸을 받게 될 것이므로 시의(時宜)에 맞는 것이 곧 예절이라는 것이다.

다음으로 신하된 자로서 임금 앞에서 지켜야 할 도리와 해서는 안 될 일에 대한 예절을 말해주고 있다. 즉 임금 앞에서 문서나 책의 먼지를 털며 문서나 책을 정리하거나, 귀갑과 서죽을 거꾸러뜨리거나 뒤엎거나 하여 정제(整齊)하느라고 부산하게 구는 것은, 그 일의 담당관원이 평소에 직무를 태만히 한 까닭이므로 주책(誅責)이 있다는 것이다. 귀갑과 서죽을 공문(公門)에 들여오는 것은 길흉을 물어 미리 모계(謀計)하는 혐의가 있으므로 하지 말라는 것이고, 궤장(几杖)은 늙고 벼슬이 높은 자를 우대하는 것이므로 그것을 군문(君門) 안에 가지고 가는 것은 신하가 스스로 높은 체하는 것이 되므로 그렇게 하지 말라고 하였다. 안석과 지팡이와 자리 및 일산은 모두 몸을 편안하게 하는 것이므로, 신하된 자가 자신을 위해 감히 군문 안으로 가져가지 못하며, 속이 훤히 비치는 갈포 옷은 서늘하지만 군문에서는 그런 차림을 할 수 없다는 것이다. 그리고 상사에 관계되는 기물은 흉한 것이므로 군문에 들여가지 못한다고 하였다.

군자가 주거를 이룩할 때에는 먼저 종묘(宗廟)를 세우고, 다음으로 구고(廐庫)를 세우며, 그 다음에 거실을 짓는다. 대부(大夫)가 가구나

집기를 마련할 때에는 먼저 제기(祭器)를 마련하고, 다음으로 희생에 쓰일 소나 양을 준비하며, 그 다음에야 사람의 식기 등 일상용품을 마련한다.

　전지(田地)나 봉록이 없는 자는 제기를 만들지 않으며, 전지나 봉록이 있는 자는 먼저 제복(祭服)을 만든다. 〔그런 연후에 제기를 마련한다〕 군자는 비록 가난하더라도 제기를 팔지 않으며, 비록 추울지라도 평소에 제복을 입지 않으며, 주거를 짓기 위하여 분묘의 나무를 베지 않는다. 대부와 사(士)가 나라를 떠나갈 때에는 제기를 국경 밖으로 반출하지 않는다. 이 경우에 대부는 제기를 다른 대부에게 기탁하고, 사(士)는 사에게 기탁한다.

原文　君子이 將營宮室하되, 宗廟爲先이오, 廐庫爲次요, 居室爲後니라. 凡家造에는, 祭器爲先이오, 犧賦爲次요, 養器爲後니라.
　(군자 장영궁실 종묘위선 구고위차 거실
　위후 범가조 제기위선 희부위차 양기위후)

無田祿者는, 不設祭器하고, 有田祿者는, 先爲祭服이니 君子이 雖貧하나, 不粥祭器하며 雖寒하나, 不衣祭服하며 爲宮室하여, 不斬於丘木하나니라. 大夫士이 去國하되, 祭器를 不踰竟이니 大夫는 寓祭器於大夫하고, 士는 寓祭器於士니라.
　(무전록자 불설제기 유전록자 선위제복 군자
　수빈 부죽제기 수한 불의제복 위궁실 불
　참어구목 대부사 거국 제기 불유경 대부
　우제기어대부 사 우제기어사)

註解　ㅇ廐庫(구고)―구(廐)는 말을 기르는 곳이고, 고(庫)는 물건을 두는 창고를 말한다. ㅇ居室(거실)―거처하는 방. ㅇ家造(가조)―집을 짓는 것. ㅇ犧賦(희부)―벼슬하는 대부가 나라 제사에 쓰기 위하여 고을의 백성들에게 부과하여 공출하게 한 희생물. 즉 소나 양을 뜻한다. 여기에서

는 희부를 두는 곳을 말하고 있다. ○養器(양기)─사람의 음식에 쓰이는 그릇. ○田祿(전록)─전지(田地)와 봉록. ○雖寒(수한) 不衣祭服(불의제복)─비록 춥더라도 평소에 제복을 입지 않는다는 뜻. 제복을 더럽히지 않기 위해서이다. ○丘木(구목)─분묘의 언덕에 있는 나무. ○大夫去國(대부거국) 祭器不踰竟(제기불유경)─대부가 국외로 나갈 때에는 제기를 국경 밖으로 내어가지 않는다는 뜻.

解說　이 대목에서는 집을 지을 때나 기물을 만들 때에 우선적으로 제사에 관계되는 것을 먼저 마련하라고 가르치고 있다. 옛사람이 조상을 존경하고 제사를 얼마만큼 소중히 여겼나를 알 수 있다.

대부나 사(士)가 조국을 떠날 때에는, 국경을 넘어가면 단위(壇位)를 만들고, 본국을 향해 곡(哭)하고, 흰 상의와 흰 하의를 입으며, 흰 갓을 쓰고, 중의(中衣)의 채색으로 선 두른 것을 떼어버리며, 헌 짚신을 신고, 수레의 손잡이를 흰 개가죽으로 덮으며, 갈기를 깎지 않은 말이 끌도록 한다. 또 자신의 손톱 밥톱을 깎지 않으며 수염도 깎지 않는다. 그리고 제사를 핑계삼아 성찬을 먹지 않으며, 남에게 '자신은 비록 국외로 추방되었지만 사실은 죄가 없다'라고 말하지 않으며, 부인을 침실에서 모시게 하지 않는다. 이렇게 하기를 석달 동안 한 뒤에 도로 길복(吉服) 차림으로 돌아간다.

대부와 사(士)가 국군(國君)을 뵈올 때 임금이 만약 노고(勞苦)를 위로하면, 대부나 사는 재빨리 자리를 피하여 두 번 절하고 머리를 조아린다. 임금이 만약 맞이하며 절하면, 얼른 뒤로 자리를 비키고 감히 답배(答拜)를 하지 못한다.

대부나 사가 타국에서 그곳의 대부나 사를 만날 때에는, 주객의 신분에 상하는 있더라도 그것에 관계없이 주인이 객을 존경한다. 주인이 먼저 절하고, 객이 주인을 존경한다면 객이 먼저 주인에게 절한다.

原文　大夫士이 去國하되, 踰竟爲壇位하여, 鄕國而哭하고, 素

衣하며 素裳하며 素冠하며 徹緣하며 鞮屨하며 素幦하며 乘髦馬하며, 不蚤鬋하며, 不祭食하며, 不説人以無罪하며, 婦人을 不當御니 三月而後復服이니라.

　　(대부사 거국 유경위단위 향국이곡 소
　　의 소상 소관 철연 제구 소멱 승모마
　　부조전 부제식 불설인이무죄 부인 부당
　　어 삼월이후복복)

大夫士이, 見於國君하되, 君이 若勞之어시든, 則還辟하여, 再拜稽首하고, 君이 若迎拜어시든, 則還辟하여, 不敢答拜니라.

　　(대부사 견어국군 군 약로지 즉선벽 재
　　배계수 군 약영배 즉선벽 불감답배)

大夫士이 相見하되, 雖貴賤이 不敵하나, 主人이 敬客이어든, 則先拜客하고, 客이 敬主人이어든, 則先拜主人이니라.

　　(대부사 상견 수귀천 부적 주인 경객
　　즉선배객 객 경주인 즉선배주인)

──────────────────

註解　　o踰竟爲壇位(유경위단위)─대부가 나라에서 추방되어 국경을 넘으면 본국을 향하여 망곡(望哭)할 곳을 마련한다는 말. 단(壇)은 선(墠)과 같으므로 땅을 다듬어서 제사지내는 위치를 만든다는 뜻. o鄕國而哭(향국이곡)─향(鄕)은 향(向)과 같으므로 본국을 향하여 곡(哭)한다는 뜻. o徹緣(철연)─연(緣)은 옷에 채색으로 선을 두른 것인데, 그것을 떼어버리고 상복처럼 흰 옷차림으로 입는 것. o鞮屨(제구)─신 코를 꾸미지 않은 짚신. o素幦(소멱)─소(素)는 흰 개가죽. 멱(幦)은 수레 덮개. 즉, 흰 개가죽으로 만든 수레 덮개. o髦馬(모마)─갈기를 깎지 않은 말. o不蚤鬋(부조전)─손톱·발톱 및 수염과 머리를 깎지 않는 것. 조(蚤)는 조(爪)와 같으므로 손톱·발톱을 매만진다는 것이고, 전(鬋)은 전(剪)과 같으므로 수염과 머리털을 깎는 것. o不祭食(부제식)─제사를 핑계하며 성찬(盛饌)을 먹지 않는 것. o不説人以無罪(불설인이무죄)─남에게 '자기는 국외로 추방되긴 했으나 죄는 없다'고 말하지 않는다는 뜻. o婦人不當御

(부인부당어)—어(御)는 모신다는 뜻이므로, 부인을 침실에 모시게 해서
는 안된다는 말. ○三月而後復服(삼월이후복복)—석달이 되어서야 다시
길복(吉服)으로 회복한다는 뜻. ○君若勞之(군약로지)—여기에서는 타국
으로 나간 대부(大夫)나 사(士)가 그 타국의 임금을 뵐 때의 예절에 대해
서 말한 것이다. 즉 타국의 임금이, 찾아온 대부·사에게 먼 길을 찾아오
느려고 수고가 많았다며 위로하는 것을 가리킨다. ○還辟再拜稽首(선벽
재배계수)—선벽(還辟)은 자기가 있던 자리에서 속히 비켜나는 것. 즉, 타
국의 임금이 자신을 위로하면 대부나 사는 얼른 자리를 비켜 두 번 절하
고 머리를 조아리는 것. ○君若迎拜(군약영배) 則還辟(즉선벽) 不敢答拜
(불감답배)—대부나 사가 타국에서 궁궐의 대문 밖에 이르렀을 때 주군이
맞이하며 절하면, 객은 자리에서 비켜나면서 감히 빈주(賓主)의 예로써
임금께 답배(答拜)하지 못한다는 뜻. ○雖貴賤不敵(수귀천부적) 主人敬
客則先拜客(주인경객즉선배객) 客敬主人(객경주인) 則先拜主人(즉선배주
인)—대부와 사가 서로 대할 때에는 대부는 귀하고 사는 천하여 신분이
서로 대등하지 않지만, 그에 구애되지 않고 자기가 존경하는 상대자에 대해
먼저 절한다는 뜻.

[解說] 나라에서 추방되어 나라 밖으로 쫓겨가는 대부나 사(士)는 비
록 쫓겨나서 본국을 떠나기는 하지만, 그 본국을 차마 잊지 못하는 마
음이 마치 부모를 잃은 상주처럼 슬퍼하는 애국심을 나타내고 있다.

무릇 조상할 때나 국군을 뵈올 때가 아니면, 답배(答拜)하지 않는
것이 없다. 대부가 국군을 뵈오면 국군은 그에게, 찾아와주어 송구스
럽다고 절하며, 사(士)가 대부를 뵈오면 대부는 사에게, 찾아와 송구
스럽다고 절한다. 국내에서 처음으로 상견할 때에는 주인이 객에게
송구스럽다며 절한다.

임금은 사에게 대해서는 답배하지 않는다. 그러나 자신의 신하가
아니면 답배한다. 대부는 그의 신하에 대하여 천하다 할지라도 반드
시 답배해야 한다. 남자와 여자는 서로 답배해야 한다.

原文   凡非弔喪이며, 非見國君이어든, 無不答拜者니라. 大夫이
見於國君이어든, 國君이 拜其辱하고, 士이 見於大夫어든, 大夫이
拜其辱하고, 同國이 始相見이어든, 主人이 拜其辱이니라.

  (범비조상 비견국군 무부답배자 대부
  견어국군 국군 배기욕 사 견어대부 대부
  배기욕 동국 시상견 주인 배기욕)

君於士에 不答拜也나, 非其臣이어든, 則答拜之하고, 大夫 於
其臣에, 雖賤이나 必答拜之하며, 男女는 相答拜也니라.

  (군어사 부답배야 비기신 즉답배지 대부 어
  기신 수천 필답배지 남녀 상답배야)

註解   o非弔喪(비조상)……者(자)—조문객은 상주에게 답배하지 않는
습관. 또 전문에 있듯이 국군의 사자가 타국의 임금에게서 절을 받았을
때는 피하고 받지 않으므로 당연히 답례를 하지 않는다. o拜其辱(배기욕)—
욕(辱)이란 사람의 노고나 수고에 대해서 감사의 뜻을 나타내는 말. 그러
므로 배욕이란 사람의 노고에 대해서 감사하고 절하는 것. o男女相答拜
(남녀상답배)—남녀간은 가까이하지 않는 것이 원칙이지만, 상대가 절을
하면 맞절하는 것이 예의라는 뜻.

解說   무릇 사람의 죽음을 조문할 때와 다른 나라에 사신으로 나가
그곳 임금에게서 먼저 절을 받을 때를 제하고 사람에게 절을 받고도
답배 안하는 일은 없다. 대부가 타국에 사신으로 가서 그 나라의 임금
을 뵙고 절하면, 임금은 그의 수고를 말하며 절한다. 본국 내에 있어
서도 대부나 사가 서로 방문해서 객이 절하면 주인은 객의 수고를 사
하며 절한다. 임금은 사(士)의 신분인 신하에게는 답배하지 않지만,
내 신하가 아니면 답배해야 한다. 대부는 그 신하에 대해서 그 신분이
천하다 할지라도 반드시 답배해야 한다. 남녀간에 있어서는 절을 받으
면 답배해야 한다.

국군은 봄사냥을 나가서 택(澤) 지대를 포위하지 않으며, 대부는

사냥할 때에 새나 짐승의 떼를 덮치지 아니하며, 사(士)는 짐승의 새끼나 알을 탈취하지 않는다. 흉년이 들어 곡식이 흉작이 되면 임금은 상에 짐승의 폐(肺)나 장(腸)을 제사하지 않으며, 말에게 곡식을 먹이지 않으며, 임금의 거마가 지나는 길을 소제하지 않으며, 제사를 지낼 때는 종경(鍾磬)을 달지 않으며, 대부는 기장밥을 먹지 않으며, 사(士)는 술은 마셔도 음악을 연주하지 아니한다.

임금이 별다른 사고가 없으면 몸에서 옥을 떼놓지 않으며, 대부가 별 무사고이면 현가악(懸架樂)을 걷어치우지 않으며, 사(士)가 무사고이면 거문고나 비파를 걷어치우지 아니한다. 사(士)가 국군에게 어떤 선물을 올리고, 후일에 임금이 묻기를 어디에서 그것을 구했느냐는 질문을 받으면 사는 재배하고 대답한다. 대부가 사사로운 일로 국경 밖으로 나갈 때에는 반드시 임금의 승낙을 받아야 하고, 돌아와서는 반드시 선물을 올려야 한다. 사(士)가 사사로운 일로 국외로 나갈 때에는 반드시 승인을 얻어야 하고, 돌아와서는 반드시 돌아왔다고 보고해야 한다. 임금이 먼 길의 노고를 위로하면 절하고, 그 다닌 곳을 묻거든 절한 후에 답한다.

原文 國君이 春田에 不圍澤하며, 大夫는 不掩羣하며, 士는 不取麛卵이니라. 歲凶하여 年穀이 不登이어든, 君膳에 不祭肺하며, 馬不食穀하며, 馳道를 不除하며, 祭事에 不縣하며, 大夫이 不食粱하며, 士이 飮酒不樂이니라.
(국군 춘전 불위택 대부 불엄군 사 불
취미란 세흉 연곡 부등 군선 부제폐
마불식곡 치도 부제 제사 불현 대부 불식
량 사 음주불악)

君이 無故어든, 玉不去身하며, 大夫이 無故어든, 不徹縣하며, 士이 無故어든, 不徹琴瑟이니라. 士이 有獻於國君하고, 他日에

君이 問之, 曰安取彼이어시든, 再拜稽首而后에 對이니라. 大夫이 私行出疆할새 必請하고, 反必有獻하며, 士이 私行出疆할새 必請하고, 反必告하며, 君이 勞之則拜하고, 問其行이어시든 拜而后에 對이니라.

(군 무고 옥불거신 대부 무고 불철현
사 무고 불철금슬 사 유헌어국군 타일
군 문지 왈안취피 재배계수이후 대 대부
사행출강 필청 반필유헌 사 사행출강
필청 반필곡 군 노지즉배 문기행 배이후 대)

註解   ○春田(춘전)―봄사냥.   ○不圍澤(불위택)―제후가 봄에 사냥할 때에는 새끼를 치는 때이므로 광대한 지역을 둘러싸고 그 속의 조수들을 대량 살육하지 말라는 것. 택(澤)은 천택(川澤)지대이므로 광대한 지역이란 뜻.   ○不掩羣(불엄군)―대부가 봄에 사냥할 때에는 짐승과 새들의 떼를 덮쳐서 대량 포획하지 말라는 뜻.   ○取麛卵(취미란)―사(士)는 봄의 사냥에서 짐승의 새끼나 새의 알을 앗아오지 말라는 뜻. 미(麛)는 사슴의 새끼로, 널리 짐승의 새끼라는 뜻.   ○年穀不登(연곡부등)―그 해에 곡식이 잘 되지 않는 것.   ○君膳不祭肺(군선부제폐)―천자나 제후가 삭월(朔月) 성찬 때에는 반드시 먼저 식용하는 짐승의 폐장으로 제사한다. 그러나 흉년에는 성찬을 먹을 때가 되어도 폐장으로 제사하지 않는다. 즉 소나 양을 잡지 않는다는 뜻.   ○馬不食穀(마불식곡)―흉년이므로 말에게 곡식을 먹이지 않는다는 뜻.   ○馳道不除(치도부제)―임금의 거마가 지나는 길을 소제하지 않는다는 뜻.   ○祭事不縣(제사불현)―제사 때에 현가악(懸架樂), 즉 음악을 연주하지 않는다는 뜻.   ○大夫不食粱(대부불식량)―대부는 서직(黍稷)을 먹고 양(粱)을 더 먹는 법이었으나 흉년이면 더 먹는 그 기장밥을 폐지하는 것.   ○士飮酒不樂(사음주불악)―흉년인 해에 사(士)는 술을 마실지라도 음악은 연주하지 않는다는 뜻.   ○玉不去身(옥불거신)―옥패(玉佩)를 몸에서 떼어놓지 않는 것.   ○不徹縣(불철현)―음악을 연주하는 것을 철폐하지 않는다는 뜻.   ○安取彼(안취피)―그 물건을

어디에서 구했느냐고 묻는 말. ㅇ大夫私行出疆必請(대부사행출강필청)—
대부가 사사로운 일로 국경을 나갈 때에는 반드시 임금에게 허가를 청해
야 한다는 말. ㅇ反必有獻(반필유헌)—사사로운 국외 여행에서 돌아오면
반드시 임금에게 선물을 올려야 한다는 뜻. ㅇ反必告(반필곡)—사(士)가
사사로운 국외 여행에서 돌아왔을 때에는 반드시 돌아왔다고 임금에게
보고해야 한다는 뜻. ㅇ問其行(문기행)—어디를 다녔느냐고 묻는 말.

[解說] 국군은 봄의 사냥에서는 택(澤 : 수렵장)을 포위하지 않는다.
또 수렵에 있어서 대부나 사(士)가 사냥할 때 지켜야 하는 점을 설명
해주고 있다. 또 그 해에 흉년으로 곡식이 잘 되지 않으면, 국군은 식
사에 고기를 금해야 하고, 말에는 곡식을 일체 먹여서는 안된다는 것
이다. 그리고 백성들이 굶주리고 있으니 길을 닦지 않게 해야 하고,
음주·가무에 풍악을 사용하지 않음으로써 흉작을 이겨내자는 뜻을
나타내고 있다.
　옛사람은 사람의 수양과 교육에 있어서 음악적인 것을 매우 중요시
하고 있었다. 그리고 음악이 사람의 마음을 부드럽게, 그리고 중정(中
正)하게 해주는 효과를 이미 알고 있었던 것이다. 옛날에는 적어도 사
(士 : 선비) 이상이면 누구나 악기를 다룰 줄 알아야 했던 것이다. 예
악(禮樂)이라 하여 예와 악을 대등하게 생각하고 있었다. 다음은 임금
에게 선물을 올렸을 경우와 사사로운 국외 여행의 경우 신하로서 지
켜야 할 절차나 예의를 말하고 있다.

국군이 그 나라를 떠나가려고 하면, '어째서 사직을 떠나려고 하십
니까'라며 말리고, 대부가 나라를 떠나려고 하면, '어째서 종묘(宗廟)
를 버리려고 하십니까'라고 말하며, 사(士)가 나라를 떠나려고 하면,
'어째서 조상의 분묘를 버리려고 하십니까'라며 말린다. 국군은 사직
을 위해 죽어야 하고, 대부는 군중(軍衆)과 함께 죽어야 하며, 사(士)
는 제명(制命 : 君命)에 죽어야 한다.
　천하에 군림하는 임금을 천자(天子)라고 한다. 제후의 조회를 받으

며, 벼슬을 나눠주고, 정사를 맡기며, 일을 담임시킬 때에는 천자는 스스로 '나 한 사람'이라고 일컫는다. 천자가 즉위하여 제사에 임할 때에는 종묘의 제사일 경우는 축문에 효왕모(孝王某)라고 일컫고, 교사(郊祀)인 때에는 사왕모(嗣王某)라 일컫는다. 천자가 순수(巡狩)하여 제후에 임해서 축사(祝史)로 하여금 산천의 귀신에게 축문을 읽게 할 때에는 '유천왕(有天王) 모보(某甫)'라 일컫는다. 천자가 붕어(崩御)하면 '천왕이 붕하였다'라고 일컫고, 초혼(招魂)할 때에는 '천자의 혼(魂)은 돌아오소서'하고 부르며, 천자의 상(喪)을 제후의 나라에 부고할 때에는 '천왕이 승하하였다'라 하고, 사당에 모시어 신주를 만들어 놓고는 '제(帝)'라고 칭한다. 천자가 거상하여 아직 제상(除喪)하지 않았을 때에는 자신을 일컬어 '나 소자(小子)'라고 하는 것이니, 살아서도 '소자'라고 이름하고, 죽어서도 '소자'라 이름한다.

原文 國君이 去其國이어시든, 止之, 曰 奈何去社稷也오하며, 大夫에는 曰 奈何去宗廟也오하며, 士에는 曰 奈何去墳墓也오하나니, 國君은 死社稷하고, 大夫는 死衆하고, 士는 死制니라.
(국군 거기국 지지 왈 나하거사직야
대부 왈 나하거종묘야 사 왈 나하거분묘야
국군 사사직 대부 사중 사 사제)

君天下曰天子니, 朝諸侯하며, 分職하며, 授政하며, 任功에는, 曰予一人이라하며, 踐阼하여 臨祭祀에는, 內事曰孝王某라하고, 外事曰嗣王某라하며, 臨諸侯하여, 畛於와 司器와·司貨니, 典司六鬼神에는, 曰有天王某甫라하나니라. 崩曰天王이 崩이라 하고, 復曰天子復矣라 하고, 告喪曰天王이 登假라 하고, 措之廟는 立之主曰帝라 하나니라. 天子이 未除喪하사는, 曰予小子라 하나니, 生에 名之하며, 死에 亦名之하나니라.
(군천하왈천자 조제후 분직 수정 임공

왈여일인 천조 임제사 내사왈효왕모
외사왈사왕모 임제후 진어 사기·사화 전사
육귀신 왈유천왕모보 붕왈천왕 붕
복왈천자복의 고상왈천왕 등가 조지묘 입
지주왈제 천자 미제상 왈여소자
생 명지 사 역명지)

註解 ㅇ止之(지지) 日奈何去社稷也(왈나하거사직야)─여기에서 사직
(社稷)은 나라를 뜻하며, '어째서 사직을 버리려고 하십니까'하고 말리는
것. ㅇ國君死社稷(국군사사직)─나라의 임금은 나라를 지키지 못하면 나
라와 함께 죽어야 한다는 뜻. ㅇ大夫死衆(대부사중)─중(衆)은 군대를 뜻
하므로, 대부는 군대를 이끌고 나라를 지키다가 패하면 군대와 함께 죽어
야 한다는 뜻. ㅇ士死制(사사제)─제(制)는 제명(制命)이므로 사(士)는
임금에게 받은 직책과 사명을 다하기 위해 목숨을 바쳐야 한다는 말.
ㅇ朝諸侯(조제후)─제후의 조회를 받는 것. ㅇ分職(분직)─신하들에게 직
무를 분담시키는 것. ㅇ授政(수정)─대궐의 문에 정령(政令)을 내걸어 제
후에게 지시를 내리는 것. ㅇ任功(임공)─신하들에게 일을 맡기는 것.
ㅇ予一人(여일인)─천자가 자신을 일컬을 때 겸손해하는 뜻에서 '나 한 사
람[余一人]'이라고 한다. ㅇ踐阼(천조)─조(阼)란 동쪽 계단을 말하며 보
통 주인이 오르내리는 계단을 말한다. 이 의미가 특수화된 것이 천조(踐
阼)이며, 천자가 비로소 선왕의 자리를 이어 조정 동쪽 계단을 밟고, 천
자의 지위에 즉위했음을 공시(公示)하는 것. ㅇ內事(내사)─종묘의 제사
에 관한 일. ㅇ外事(외사)─교사(郊祀), 즉 천지(天地)에 지내는 제사에
대한 일. ㅇ臨諸侯(임제후) 畛於鬼神(진어귀신)─천자가 순수(巡狩)하여
제후의 나라에 가면 그곳 산천의 귀신에게 축사(祝史)를 보내어 축문을
읽게 하는 것. ㅇ日有天王某甫(왈유천왕모보)─제후의 나라 산천(山川)에
치제(致祭)할 때에는 천자가 친히 가지 않으므로 축문에 쓰지 않고 모보
(某甫)라고 쓴다는 뜻. 여기에서 모든 천자의 자(字)를 쓴다. ㅇ復(복)─
사람이 죽으면 혼은 몸에서 떠나가므로 옛사람들은 죽은 사람의 옷을 가
지고 옥상에 올라가 북쪽을 향해 복복복(復復復)하고 외치는데, 그것은

혼이 돌아와서 다시 체백(體魄)에 의지하라고 하는 것이다. 회생하기를 바라는 것. ○告喪(고상)—상사(喪事)를 부고하는 것. ○登假(등가)—승하를 말하므로 임금의 죽음을 일컫는 말. ○措之廟立之主(조지묘입지주)—사당에 모시어 신주를 만들어 놓는 것.

解說 국군이나 대부 및 사(士)는 각기 자기의 직무를 목숨바쳐 지켜야 한다는 것을 말하고 있다. 또 그 책무에서 도피하려는 국군이나 대부 및 사에 대하여 국민은 성심으로 말려야 한다는 것도 말하고 있다. 그리고 책임에 살고 책임에 죽을 마음의 자세를 다짐한다는 뜻을 가르쳐 주고 있다. 다음은 천자에 대한 호칭 또는 천자 자신의 일컬음을 설명하고 있다. 천자가 자신을 일컫는 경우와 백성이나 신하가 천자를 일컫는 경우가 다르며, 여러 가지 경우에 따라 호칭이 동일하지 않다. 그 여러 경우를 잘 구별하여 바르게 사용해야 예(禮)에 맞는 것이 된다.

천자에게는 후(后)가 있고 부인(夫人)이 있으며, 세부(世婦)·빈(嬪)·처(妻)·첩(妾)이 있다.

천자는 관제(官制)를 설정한다. 먼저 육태관(六大官)을 설정한다. 즉, 태재(大宰)·태종(大宗)·태사(大史)·태축(大祝)·태사(大士)·태복(大卜)을 말하며, 이들이 육전(六典)을 분담한다. 다음으로 오관(五官)을 정한다. 즉 사도(司徒)·사마(司馬)·사공(司空)·사사(司士)·사구(司寇)로서, 오관부(五官府)의 여러 관원·속리(屬吏)의 무리를 맡아 다스린다. 다음은 육부(六府)를 정한다. 사토(司土)·사목(司木)·사수(司水)·사초(司草)·사기(司器)·사화(司貨)로서, 이들이 육물(六物)의 세(稅)를 맡아 다스린다. 천자의 육공(六工)은 토공(土工)·금공(金工)·석공(石工)·목공(木工)·수공(獸工)·초공(草工)이며, 이들은 육부(六府)의 재료를 맡아서 다스린다.

오관이 〔사도나 사마 등의〕 연말에 관청의 업무를 보고하는 것을 향(享)이라고 한다.

原文 天子이 有后하며, 有夫人하며, 有世婦하며, 有嬪하며, 有妻하며, 有妾하나니라.

(천자 유후 유부인 유세부 유빈 유처 유첩)

天子이 建天官하되, 先六大니, 曰大宰와 大宗과 大史와 大祝과 大士와 大卜이니, 典司六典하나니라. 天子之五官은, 曰司徒와 司馬와 司空과 司士와 司寇니, 典司五衆하나니라. 天子之六府는, 曰司土와 司木과 司水와 司草와 司器와 司貨니, 典司六職하나니라. 天子之六工은, 曰土工과 金工과 石工과 木工과 獸工과 草工이니, 典制六材하나니라.

(천자 건천관 선육대 왈태재 태종 태사 태축
태사 태복 전사육전 천자지오관 왈사도
사마 사공 사사 사구 전사오중 천자지육부
왈사토 사목 사수 사초 사기 사화 전사육직
천자지육공 왈토공 금공 석공 목공 수공 초공
전제육재)

五官이 致貢曰享라 하나니라.

(오관 치공왈향)

註解 ○后(후)·夫人(부인)·世婦(세부)·嬪(빈)·妻(처)·妾(첩)—천자의 정실주인을 후(后)라고 하고, 부인(夫人) 이하 첩에 이르기까지는 모두 천자를 모시는 여인들의 호칭이었다. 천자에게는 후 이외에 부인이 3인, 빈이 9인, 세부가 27인, 처가 81인이며, 첩은 그 수를 헤아릴 수 없었다고 한다. ○天官(천관)—주관(周官)의 제도에 따른 육관(六官)의 하나. 육관은 천관(天官)·지관(地官)·춘관(春官)·하관(夏官)·추관(秋官)·동관(冬官)을 말한다. ○典司六典(전사육전)—전(典)은 법이므로 여섯 가지 법을 맡아 다스린다. ○五衆(오중)—오관속리(五官屬吏)의 군중(群衆)을 가리킨 말. ○六府(육부)—부(府)라는 것은 물건을 수장(收藏)하는 고방이니, 이 여섯 관부(官府)에서 여섯 가지 물건의 세(稅)를 주관

한다. 즉, 여섯 종류의 창고. ○六材(육재)—육공(六工)이 사용하는 재료. ○五官致貢曰享(오관치공왈향)—오관(五官)이란 후(后), 부인들의 일을 취급하는 관(官)을 하나로 치고, 여기에 육태(六大)·오관·육부·육공을 합친 오관이란 설도 있으나 매년 정기적으로 근무 성적의 보고를 한다고 하면 사도·사마 등의 오관을 가리킨 것이라고 하는 것이 타당할 것이다.

[解說] 이 대목은 천자의 관제(官制)를 설명한 것인데, 그 내용이 하관(夏官)과도 주례(周禮)와도 같지 않은 데가 있다. 그러므로 〈정의(正義)〉에서 이것은 은(殷)나라의 제도일 것이라고 말했다.

오관의 장을 백(伯)이라고 한다. 이들은 지방을 맡아 다스린다. 그를 맞이하여 천자에게 인도할 때 접대하는 일을 맡은 자는 천자에게 대하여 백을 '천자지리(天子之吏) 아무개'라 부르고, 천자는 백이 왕실과 동성이면 백부(伯父)라 부르며, 이성이면 백구(伯舅)라 부른다. 그리고 백 자신은 제후에 대해서 '천자지로(天子之老)'라 칭하고, 또 타국에 있어서는 공(公)이라 불리며, 그 나라 안에 있어서는 군(君)이라 불린다. 구주(九州)의 장이 천자의 나라에 들어가서는 목(牧)이라고 일컫는다. 천자는 그가 동성이면 숙부(叔父)라 칭하고, 이성이면 숙구(叔舅)라 칭한다. 그들은 외국에 나가서는 후(侯)라 칭하고, 그 나라 안에서는 군(君)이라 칭한다.

[原文] 五官之長曰伯이니, 是職方이니라. 其擯於天子也엔, 曰天子之吏라 하며, 天子이 同姓이란 謂之伯父요, 異姓이란 謂之伯舅라 하시며, 自稱於諸侯曰天子之老라 하고, 於外曰公이라 하고, 於其國曰君이라 하나니라. 九州之長이, 入天子之國曰牧이오, 天子이 同姓이란 謂之叔父요, 異姓이란 謂之叔舅라 하시며 於外曰侯라 하고, 於其國曰君이라 하나니라.
　(오관지장왈백 시직방 기빈어천자야 왈

천자지리 천자 동성 위지백부 이성 위지
백구 자칭어제후왈천자지로 어외왈공
어기국왈군 구주지장 입천자지국왈목
천자 동성 위지숙부 이성 위지숙구 어외
왈후 어기국왈군)

註解　ㅇ五官之長(오관지장)—사도(司徒) 이하 오관(五官)의 장을 말하므로 천자의 삼공(三公)을 가리킨 말. ㅇ伯(백)—어른이고 크다는 것을 뜻하는 말. 백이 되면 기외(畿外)의 제후들을 나누어 맡아 주관하였다. ㅇ職方(직방)—직(職)은 주관한다는 뜻이고, 방(方)은 지방이라는 뜻이므로 두 백(伯)이 지방의 제후를 나누어 맡아 주관한다는 말. ㅇ九州(구주)—중국 전토를 구주(九州)로 나누는 사상이 있었던 것 같다. 《서경(書經)》〈우공편(禹貢篇)〉도 그것을 나타내고 있다.

解說　여기서는 오관(五官)의 장(長)인 백(伯)에서부터 그들의 호칭에 대한 것을 분별하여 말한 것이다. 호칭을 구별한 것은, 그들의 신분의 존비(尊卑)를 엄격하게 구분하기 위한 것이다.

동이(東夷)·북적(北狄)·서융(西戎)·남만(南蠻)에 있는 것은 비록 크다 할지라도 자(子)라고 한다. 그들은 자기의 경내(境內)에 있어서는 불곡(不穀)이라 자칭하고, 경외에서는 왕로(王老)라 자칭한다. 여러 먼 곳의 작은 제후가 천자의 나라에 오면 모인(某人)이라고 한다. 그들은 자기의 영역 밖에서는 자(子)라 자칭하고, 자기 영역 안에서는 고(孤)라고 일컫는다.

原文　其在東夷·北狄·西戎·南蠻하여는,　雖大나　曰子니, 於內에는　自稱曰不穀이라 하고, 於外에는　自稱曰王老라 하나니라. 庶方小侯이, 入天子之國曰某人이니, 於外에는　曰子라 하고, 自稱曰孤라 하나니라.

(기재동이 · 북적 · 서융 · 남만 수대 왈자
어내 자칭왈불곡 어외 자칭왈왕로
서방소후 입천자지국왈모인 어외 왈자
자칭왈고)

註解   ㅇ東夷(동이) · 西戎(서융) · 南蠻(남만) · 北狄(북적) — 멀리 구주
(九州) 밖에 있는 땅을 일컫는 말. 즉, 오랑캐라는 뜻. ㅇ雖大曰子(수대왈
자) — 구주(九州) 밖의 나라들에는 자작(子爵)이나 남작(男爵)을 두는 나
라들뿐이었다. 그들 중에 공이 있어 봉지(封地)를 넓혀주고 벼슬이 후작
(侯爵)이나 백작(伯爵)의 경우와 같은 등급에 있을지라도 그의 작위는
자작을 넘지 않았다. ㅇ不穀(불곡) — 곡(穀)은 선(善)이나 양(良)과 같은
뜻이므로 불곡은 겸칭(謙稱)이다. 구주(九州) 밖에 있는 나라의 제후들은
자기의 국내에서 불곡이라 일컫는다는 것이다. ㅇ王老(왕로) — 천자의 노신
(老臣)이란 뜻. ㅇ庶方小侯(서방소후) — 사이(四夷)의 땅에 있는 여러 작
은 제후. ㅇ入天子之國曰某人(입천자지국왈모인) — 서방(庶方)의 작은 제
후가 천자의 나라에 들어오면 그 지방의 이름을 붙여 어느 곳의 아무개
라 일컫는다는 뜻. ㅇ孤(고) — 외롭고 덕이 없다는 뜻.

천자가 의(依)를 등에 하고 서면, 그 앞에 선 제후가 북면하여 천
자를 뵙는 것을 근(覲)이라 하고, 천자가 문병(門屛) 사이에 저립(宁
立)하면, 저공(諸公)은 동면(東面)하고, 제후는 서면하는 것을 조(朝)
라고 한다. 제후가 서로 만날 기일이 되기 전에 상견(相見)하는 것을
우(遇)라 하고, 기일이 되어서 극지(郤地)에서 상견하는 것을 회(會)
라고 한다. 제후가 자기의 대부에게 다른 제후를 방문케 하는 것을
빙(聘)이라 하고, 믿고 약속하는 것을 서(誓)라고 하며, 생(牲)에 임
하는 것을 맹(盟)이라 한다.

原文   天子當依而立이어시든, 諸侯이 北面而見天子를 曰覲이
라 하고, 天子이 當宁而立이어시든, 諸公은 東面하고, 諸侯는 西

面을 曰朝하나니라. 諸侯이 未及期하여 相見曰遇라하고, 相見於
鄰地曰會라 하나니라. 諸侯이 使大夫로 問於諸侯曰聘이오, 約信
曰誓요, 涖牲曰盟이라 하나니라.

(천자당의이립 제후 북면이견천자 왈근
천자 당저이립 제공 동면 제후 서
면 왈조 제후 미급기 상견왈우 상견어
극지왈회 제후 사대부 문어제후왈빙 약신
왈서 이생왈맹)

註解 ○當依而立(당의이립)―의(依)는 비단으로 병풍같이 만들어진 것
으로, 높이 8척이나 되며, 동서(東西)의 지게문 사이에 세운다. 도끼 무늬
를 수놓았기 때문에 부의(斧依)라고도 한다. 천자가 제후를 볼 때에 의
(依)를 뒤로 하고 서서 남면(南面)한 자세로 제후를 대한다. ○覲(근)―
제후가 가을에 천자를 뵙는 것을 근(覲)이라고 한다. 봄에 천자를 뵙는
것을 조(朝), 여름은 종(宗), 가을을 근, 겨울은 우(遇)라고 각각 칭한다.
○當宁而立(당저이립)―임금이 조회를 받을 때에 문병(門屛) 사이에 서
있는 것. ○聘(빙)―제후가 대부를 사자로, 다른 제후에게 보내어 문후(問
候)하는 것. 소빙은 매년 있고, 대빙은 3년마다 있으며, 소빙에는 대부를
보내고 대빙에는 경(卿)을 보냈다. ○誓(서)―언어로써 서로 믿음을 약속
하는 것. ○涖牲曰盟(이생왈맹)―이(涖)는 임(臨)한다는 뜻이고, 맹(盟)은
맹세한다는 뜻이다. 제후들이 모여서 맹약(盟約)하는 법은 먼저 땅을 파
고, 희생물인 소나 양을 죽여 그 왼쪽 귀를 베어 주반(珠盤)에 담고 그
피로 맹약의 문장을 쓴다. 맹세하는 사람들은 이 피를 입에 바르고 맹서
(盟書)를 읽는다. 그런 후 희생물을 구덩이에 넣고 맹서를 그 위에 놓은
다음 구덩이를 묻음으로써 식은 끝난다. 이때 희생물의 귀를 놓은 접시를
손에 들고 사람들에게 피를 핥게 하는 사람이 맹주(盟主)이다.

解說 이 절에서는 제후가 천자에게 조근(朝覲)하는 예절과 제후 상
호간에 만날 때의 예절과 빙례(聘禮)와 서(誓) 또는, 맹(盟)의 절차를
말하고 있다. 제후로 하여금 천자에 대한 존경과 충성을 지키게 하고,

제후 상호간에 친선과 우호를 유지하게 하고 있다.

제후가 천자를 뵐 때에는 '신모후모(臣某侯某)'라 말하고, 그 백성들과 말할 때에는 스스로 과인(寡人)이라 일컬으며, 그가 흉복(凶服) 중에 있을 때에는 '적자고(適子孤)'라고 말한다. 제사에 임해서는 그 제사가 내사(內事)일 때에는 '효자모후모(孝子某侯某)'라고 말하고, 외사일 때에는 증손모후모(曾孫某侯某)라고 한다. 제후가 죽으면 훙(薨)하였다고 말하고, 초혼할 때에는 자(字)를 불러서 '모보복(某甫復)'이라고 한다. 제후가 선군(先君)의 상을 당하여 이미 장사를 마친 뒤에 천자에게 뵈이는 것을 유현(類見)이라 하고, 시호(諡號)를 청할 때에는 유(類)라고 말한다. 제후가 사람을 보내어 다른 제후에게 사자(使者)로 삼으면 사자는 '과군지로(寡君之老)'라고 자칭한다.

[原文] 諸侯이 見天子에, 曰臣某侯某라 하고, 其與民言에는, 自稱曰寡人이라 하고, 其在凶服하여는, 曰適子孤라 하나니라. 臨祭祀하여는, 內事曰孝子某侯某라 하고, 外事曰曾孫某侯某하고, 死曰薨이라 하고, 復曰某甫復矣이라 하나니라. 旣葬하고, 見天子曰類見이라 하고, 言諡曰類라 하나니라. 諸侯이 使人으로 使於諸侯어든, 使者自稱曰寡君之老라 하나니라.
(제후 현천자 왈신모후모 기여민언 자
칭왈과인 기재흉복 왈적자고 임제
사 내사왈효자모후모 외사왈증손모후모 사
왈훙 복왈모보복의 기장 현천자왈
류현 언시왈류 제후 사인 사어제후
사자자칭왈과군지로)

[註解]   ○臣某侯某(신모후모)—제후가 천자에게 뵈일 때에 인빈(引賓)하는 사람이 천자에게 아뢰는 용어이다.   ○寡人(과인)—제후가 자신을 일컫

는 말. 덕이 적은 사람이란 뜻으로 겸칭이다. ㅇ凶服(흉복)―상복(喪服).
ㅇ適子孤(적자고)―거상(居喪)중에 있는 제후를 일컫는 말. ㅇ薨(훙)―제
후의 죽음을 높여 일컫는 말. 제후가 죽으면 훙(薨)하였다고 말한다. ㅇ類
見(유현)―신군(新君)은 아직 정식 즉위하지 않고 있으므로 알현의 예도
'정식 알현에 유사하게(준해서)' 행하여지기 때문에 유현이라 한다라고 정
주(鄭注)에 말하고 있다. ㅇ言諡曰類(언시왈류)―천자에게 죽은 후의 시
호를 청할 때에 유(類)를 청한다고 말한다. 시호라는 것은 그의 덕을 상
징하여 일컫는 것이다.

천자의 용의(容儀)는 화목하고 공경스러우며, 제후의 용의는 장성
(莊盛)하고, 대부의 용의는 정제(整齊)하며, 사(士)의 용의는 천천히
걸어서 절도가 있고, 서인(庶人)은 빠른 걸음으로 급히 달려갈 뿐이다.
  천자의 비(妃)를 후(后)라고 하고, 제후는 부인(夫人)이라고 하며,
대부는 유인(孺人)이라 하고, 사는 부인(婦人)이라고 하며, 서인(庶
人)은 처(妻)라고 한다. 공(公)·후(侯)는 부인(夫人)이 있고 세부(世
婦)가 있고 처가 있고 첩이 있다. 부인(夫人)은 천자의 앞에서는 노부
(老婦)라 자칭하고, 제후에게는 과소군(寡小君)이라 자칭하며, 자기의
임금 앞에서는 소동(小童)이라 자칭한다. 세부 이하는 비자(婢子)라
자칭한다. 아들이 부모 앞에서는 스스로 이름을 부른다.
  열국(列國)의 대부가 천자의 나라에 들어가면 모사(某士)라 일컫
고, 대부 자신은 배신모(陪臣某)라 자칭한다. 국외의 열국에서는 자
(子)라 하고, 그 나라 안에서는 과군지로(寡君之老)라 한다. 사자가
자신을 일컬을 때는 모(某)라고 한다.

原文 天子는 穆穆하고, 諸侯는 皇皇하고, 大夫는 濟濟하고, 士
는 蹌蹌하고, 庶人은 僬僬하나니라.
  (천자 목목 제후 황황 대부 제제 사
  창창 서인 초초)

天子之妃를 曰后라 하고, 諸侯曰夫人이라 하고, 大夫曰孺人이라 하고, 士曰婦人이라 하고, 庶人曰妻라 하나니라. 公侯는 有夫人하며, 有世婦하며, 有妻하며, 有妾하며, 夫人이 自稱於天子曰老婦라 하고, 自稱於諸侯曰寡小君이라 하고, 自稱於其君曰小童이라 하나니, 自世婦以下는 自稱曰婢子라 하나니라. 子於父母에는 則自名也하나니라.

(천자지비 왈후 제후왈부인 대부왈유인
사왈부인 서인왈처 공후 유부
인 유세부 유처 유첩 부인 자칭어천자왈
노부 자칭어제후왈과소군 자칭어기군왈소동
자세부이하 자칭왈비자 자어부모
즉자명야)

列國之大夫이, 入天子之國曰某士라 하고, 自稱曰陪臣某라 하고, 於外曰子라 하고, 於其國曰寡君之老라 하고, 使者自稱曰某라 하나니라.

(열국지대부 입천자지국왈모사 자칭왈배신모
어외왈자 어기국왈과군지로 사자자칭왈모)

註解   ○穆穆(목목)－의용(儀容)이 그윽하고 깊고 화(和)하고 공경스러워서 거룩한 모양. ○皇皇(황황)－장성(莊盛)한 모양. ○濟濟(제제)－다듬고 꾸며서 정제(整齊)한 모양. ○蹌蹌(창창)－천천히 걷는 걸음걸이가 절도 있는 모습. ○僬僬(초초)－빠른 걸음으로 급히 달릴 뿐, 용의(容儀)를 짓지 않는 것. ○陪臣(배신)－제후 나라의 대부가 천자 앞에서 자신을 일컫는 말. ○使者自稱曰某(사자자칭왈모)－제후의 사자가 타국에 가서 그 나라 임금과 말할 때에는 자기의 이름을 스스로 일컫는다.

천자에게는 나갔다고 말하지 않으며, 제후는 생존한 때에는 이름을 쓰지 않는다. 군자는 악한 것을 가까이하지 않는다. 그러므로 제후가

자기의 봉지(封地)를 잃어버리면 이름을 쓰고, 동성(同姓)을 멸망시
키면 이름을 쓴다. 〔이름을 거명하며 책망한다〕

남의 신하된 도리로서 임금의 잘못을 드러내어 간(諫)하지 않는다.
세 번 간해도 듣지 않을 때는 그곳을 물러간다. 아들이 어버이를 섬
기려면〔잘못은 간해야 하지만〕, 세 번 간해도 받아들여지지 않을 때
에는 소리 높여 울고, 그 다음에는 어버이의 뜻에 좇는다.

임금이 병이 있어서 약을 먹게 되면 신하가 먼저 맛보아야 하고,
어버이가 병이 있어서 약을 먹게 되면 아들이 먼저 맛보아야 한다.
의원이 3대를 계속하지 않으면 그의 약을 복용하지 않는다.

사람을 타인에게 비교하려면 반드시 동류(同類)에게 있어서 하지
않으면 안된다.

[原文] 天子는 不言出이오, 諸侯는 不生名이니, 君子는 不親惡
이니라. 諸侯이 失地어든 名하며, 滅同姓이어든 名하나니라.
　(천자 불언출 제후 불생명 군자 불친악
　제후 실지 명 멸동성 명)

爲人臣之禮는, 不顯諫이니, 三諫而不聽이어시든, 則逃之하고,
子之事親也는, 三諫而不聽이어시든, 則號泣而隨之니라.
　(위인신지례 불현간 삼간이불청 즉도지
　자지사친야 삼간이불청 즉호읍이수지)

君이 有疾飲藥이어시든, 臣이 先嘗之하며, 親이 有疾飲藥이어
시든, 子이 先嘗之니, 醫不三世어든, 不服其藥이니라.
　(군 유질음약 신 선상지 친 유질음약
　자 선상지 의불삼세 불복기약)

儗人하되 必於其倫이니라.
　(의인 필어기륜)

[註解] ○天子不言出(천자불언출)―천자는 천하의 임금이므로 나갔다고

말할 수 없다는 뜻. 넓은 하늘 아래가 모두 천자의 땅이니 다시 나갈 곳
이 없다. 그러므로 천자를 나갔다고 쓰지 않는 것이 원칙이라는 것이다.
그러나 천자가 덕이 없어서 천하의 임금이 될 수 없는데 지위나 칭호만
을 가지고 있을 뿐이면 나갔다[出]라고 쓴다는 것이다. ㅇ諸侯不生名(제
후불생명)－제후는 생존해 있는 동안은 이름을 쓰지 않는다. 오직 죽은
뒤라야 이름을 쓴다는 뜻이다. 그러나 제후에게 대악(大惡)이 있을 경우
엔 생존한 때에도 이름을 쓴다. ㅇ不顯諫(불현간)－잘못을 드러내어 간하
지 않는다는 뜻. 임금의 잘못을 드러내어 간하지 말고 은밀하게 간언하는
것이 신하의 도리라는 것이다. ㅇ三諫而不聽則逃之(삼간이불청즉도지)－
임금의 잘못을 세 번 간언해도 듣지 않으면 벼슬을 버리고 그 자리를 떠
나라는 뜻. ㅇ號泣而隨之(호읍이수지)－큰 소리로 울면서 부모의 의
사를 따르라는 뜻. 즉, 부모의 잘못을 세 번 간하여도 듣지 않으면 군신
(君臣) 사이처럼 가버릴 수는 없기 때문이다. ㅇ先嘗之(선상지)－먼저 맛
보는 것. ㅇ醫不三世(의불삼세) 不服其藥(불복기약)－3대에 걸친 의원이
지은 약이 아니면 복용하지 않는다는 뜻. 일설에는 의삼세(醫三世)를 첫
째 황제의 침구(鍼灸), 둘째 신농씨(神農氏)의 본초(本草), 셋째 소녀(素
女)의 맥결(脉訣)이라 하고, 이 세 가지에 능통하지 않은 자의 약은 복용
하지 않는다고도 풀이한다. ㅇ必於其倫(필어기륜)－사람을 어느 다른 사
람에게 비할 때에는 반드시 그와 같은 동류여야 한다는 뜻.

解說 천자는 천하의 임금이니 서책에 천자가 나갔다고 쓸 수 없으며,
제후는 생존한 때에 이름을 적지 않는다. 이름을 적는 것은 존경하는
뜻이 아니기 때문이다. 그러나 예외가 있다. 천자나 제후에게 대악(大
惡)이 있을 경우에는 천자를 나갔다고 기술하고, 제후의 이름을 들어
기사화해서 성토하는 뜻을 보인다는 것이다. 천자를 나갔다고 쓰는 것
은 그의 덕이 천자가 될 수 없다는 것을 드러내는 것이고, 제후의 생전
의 이름을 쓴 것은 그에게 큰 죄악이 있다는 것을 들어 타기(唾棄)하는
것이다. 사가(史家)의 붓이 얼마나 두려운 것인가를 알 수 있다.

누가 천자[어린]의 나이를 물으면 대답하는 사람은 "비로소 정식

으로 의복을 입을 수 있게 되었고, 그 키는 이러저러하다고 들었습니다."라고 한다. 국군의 나이를 묻는 사람이 있으면 국군이 상당히 컸을 경우 대답하는 사람은 "능히 종묘 사직에 종사할 만합니다."라고 대답하고, 아직 어릴 경우라면 "아직 종묘 사직에 종사할 수 없습니다."라고 답한다. 대부의 아들의 나이를 묻는 사람이 있으면 아들이 상당히 장성했을 경우, "능히 가사를 돌볼 수 있습니다."라고 말하고, 어릴 경우에는, "아직 가사를 돌볼 수가 없습니다."라고 답한다. 사(士)의 아들의 나이를 묻는 사람이 있으면 아들이 장성했을 경우, "능히 전알(典謁)을 할 만합니다."라고 답하고, 아직 어리면 "전알할 수 없습니다."라고 대답한다. 서인(庶人)의 아들의 나이를 묻는 사람이 있으면 아들이 장성했을 경우, "나뭇짐을 질 수 있습니다."라고 대답하고, 아직 어릴 경우에는, "아직 나뭇짐을 질 수 없습니다."라고 답한다.

原文 問天子之年이어든, 對曰, 聞之하니, 始服衣若干尺矣라 하며, 問國君之年이어든, 長曰能從宗廟社稷之事矣라 하고, 幼曰未能從宗廟社稷之事也라 하고, 問大夫之子어든, 長曰能御矣라 하고, 幼曰未能御也라 하며, 問士之子어든, 長曰能典謁矣라 하고, 幼曰未能典謁也라 하며, 問庶人之子어든, 長曰能負薪矣라 하고, 幼曰未能負薪也라 하나니라.

(문천자지년 대왈 문지 시복의약간척의
문국군지년 장왈능종종묘사직지사의 유왈
미능종종묘사직지사야 문대부지자 장왈능어의
유왈미능어야 문사지자 장왈능전알의
유왈미능전알야 문서인지자 장왈능부신의
유왈미능부신야)

註解 ○始服衣(시복의)—어린아이는 동복(童服)을 입는다. 그러나 천

자나 국군 등은 다소 성장하면 성인과 같은 의상을 입는다. 그 옷의 길이로 나이를 추찰(推察)시키려고 한다. ○能御(능어)─일을 주관할 만큼 장성했다는 말. 일설에는 어(御)를 수레를 모는 일이라고도 풀이한다. 수레를 몰 수 있다는 것은 이미 장성했다는 것을 의미하기 때문이다. ○典謁(전알)─방문객을 접대하는 것.

국군의 부(富)를 묻는 사람이 있으면 토지의 넓이를 헤아려 답하고, 산이나 강의 산물을 말한다. 대부의 부를 묻는 사람이 있으면 "읍재(邑宰)가 있고, 먹을 만한 부세(賦稅)의 수입이 있어서 제기(祭器)와 의복을 남에게서 빌려오지 않을 만합니다."라고 대답한다. 사(士)의 부를 묻는 사람이 있으면 거마(車馬)의 대수를 들어 대답하고, 서인(庶人)의 부를 묻는 사람이 있으면 가축의 숫자를 들어 대답한다.

[原文] 問國君之富어든, 數地以對하되, 山澤之所出로 하고, 問大夫之富어든, 曰有宰食力하여, 祭器·衣服을 不假라 하고, 問士之富어든, 以車數로 對하고, 問庶人之富어든, 數畜以對니라.
(문국군지부 수지이대 산택지소출 문
대부지부 왈유재식력 제기·의복 불가 문
사지부 이거수 대 문서인지부 수축이대)

[註解] ○山澤之所出(산택지소출)─산림·천택(川澤)의 산물이므로 임산물·광산물·해산물 등을 말한 것. ○有宰食力(유재식력)─재(宰)는 읍재(邑宰)이므로 수재(守宰)가 있다는 말로서 다스릴 채지(采地)가 있다는 것이고, 식력(食力)은 아래 백성들 부세(賦稅)의 힘으로 먹는다는 말이므로 부세의 수입이 있다는 뜻. ○以車數對(이거수대)─사(士), 즉 하급 관리는 관품이 삼명(三命)이면 거마의 하사를 받을 수 있다. 그러므로 거마의 수는 사(士)의 부(富)의 정도를 표시하는 것이 된다. 또 거마의 수는 말의 수를 말해주기도 한다. ○數畜以對(수축이대)─옛날 서인(庶人)이 경지(耕地)를 나라에서 대여받는 것은 일정한 제도에 따랐으므로, 개인의 소유로서 그 부(富)를 표시할 수 있는 것은 가축뿐이었다. 가축이 많은

사람이 곧 부자였던 것이다. 축(畜)은 짐승인데 들에 있는 것을 수(獸)라 하고 집에서 기르는 것을 축(畜)이라고 한다.

천자는 천지를 제사하고, 사방(四方)을 제사하며, 산천을 제사하고, 오사(五祀)를 제사하되 해마다 골고루 한다. 제후는 방사(方祀)를 지내고, 산천을 제사하며, 오사(五祀)를 지내되 해마다 고루 한다. 대부는 오사를 지내되 해마다 고루 하고, 사(士)는 그 조상을 제사한다.

무릇 제사는 이미 폐지한 것은 감히 다시 제사하지 못하며, 이미 거행하는 것은 감히 폐지하지 못한다. 제사해야 할 바가 아닌데 제사하는 것을 음사(淫祀)라고 한다. 음사에는 복(福)이 없는 것이다.

천자는 희우(犧牛)로 제사하고, 제후는 살진 소로 제사하며, 대부는 좋은 소를 구입해서 제사하고, 사(士)는 양이나 돼지로 제사한다.

지자(支子)는 제사지내지 않는다. 제사할 때에는 반드시 종자(宗子)에게 고해야 한다.

原文 天子는 祭天地하며, 祭四方하며, 祭山川하며, 祭五祀하되, 歲徧하고, 諸侯는 方祀하며, 祭山川하며, 祭五祀하되 歲徧하고, 大夫는 祭五祀하되, 歲徧하고, 士는 祭其先하나니라.
(천자 제천지 제사방 제산천 제오사
세편 제후 방사 제산천 제오사 세편
대부 제오사 세편 사 제기선)

凡祭는 有其廢之어든, 莫敢擧也하며, 有其擧之어든, 莫敢廢也하며, 非其所祭而祭之를, 名曰淫祀니, 淫祀는 無福이니라.
(범제 유기폐지 막감거야 유기거지 막감폐
야 비기소제이제지 명왈음사 음사 무복)

天子는 以犧牛하고, 諸侯는 以肥牛하고, 大夫는 以索牛하고, 士는 以羊豕니라.
(천자 이희우 제후 이비우 대부 이색우

사 이양시)

支子는 **不祭**니, **祭必告于宗子**니라.

(지자 부제 제필고우종자)

註解 o祭天地(제천지)—천지에 제사하는 것. 이는 천자의 특권으로 제후는 감히 천지에 제사하지 못한다. 동지(冬至)에는 천신을 제사하였고, 하지(夏至)에는 지신을 제사하였다. o祭四方(제사방)—오관(五官)의 신을 사방의 교외(郊外)에서 제사하는 것. 이 제사는 4계절에 각각 그 방향에 제사하여 기(氣)를 맞이하는 것이다. 오관의 신은 동의 구망(句芒), 남의 축융(祝融)과 후토(后土), 서의 욕수(蓐收), 북의 현(玄)을 말한다. o祭山川(제산천)—천하의 명산대천에 제사하는 것. 천자는 천하의 어느 산천이나 제사할 수 있으나, 제후는 자기 영토 안의 산천에만 제사할 수 있다. o祭五祀(제오사)—오사(五祀)를 제사하는 것. 오사는 봄에는 지게문[戶], 여름에는 부엌, 계하(季夏)에는 중류(中霤), 가을에는 문, 겨울에는 한길에 각각 제사하는 것이다. o歲徧(세편)—여러 신을 해마다 고루 제사한다는 뜻. o其廢之(기폐지) 莫敢擧也(막감거야)—이미 폐지한 제사를 감히 다시 거행하지 못한다는 말. o淫祀(음사)—지나친 제사라는 뜻이므로 제사할 수 없는 것을 제사하는 것. o犧牛(희우)—희생에 쓰기 위해 사육한 소. o索牛(색우)—구해 얻은 소. o支子(지자)—지자집 아들. 종손이 아닌 자손. o宗子(종자)—맏아들로 조상의 제사를 받드는 자.

解說 여기에서는 천자로부터 사(士)에 이르기까지 존비(尊卑)에 따라 제사하는 대상이 다른 것과, 제사에는 당연히 제사할 바와 제사해서는 안될 것이 있다는 것을 말하고 있다. 옛사람들이 제사를 정성껏 엄숙하고 공경스러운 태도로 거행할 것을 가르치는 반면에, 지나친 제사와 망령된 제사를 엄격하게 금하고 있다. 고대 사회에 있어서 제사는 바로 정치이며 교육이었다. 사람을 신과 연결시키고, 길흉화복을 거기에 연결시켜 다시 권선징악의 효과를 겨냥하였던 것이다. 그러므로 제사를 존엄하고 신성한 것으로 가르치려면 단순한 조상의 제사만으로는 부족했을 것이다. 그래서 천신·지신·사직·명산·대천·오사

(五祀)와 많은 신에게 제사하게 되었다. 그렇게 함으로써 제사의 권위는 더욱 존엄해지고 효과는 더욱 커졌던 것이다.

그러나 제사의 문란을 방지하기 위해 고대의 선왕들은 제사의 대상을 엄격히 제한하고 또, 그 제사의 능력을 엄격히 제한했던 것이다. 그리하여 천자로부터 서인에 이르기까지 각각 제사할 수 있는 한계를 정했던 것이다. 그렇게 함으로써 존비(尊卑)의 구별과 질서가 서게 되고, 지나친 제사 때문에 도리어 혼란과 폐해를 가져오는 것을 방지할 수 있었던 것이다.

무릇 종묘에 제사할 때의 예법에는 소를 일원대무(一元大武)라 일컫고, 큰 돼지는 강렵(剛鬣)이라 하며, 작은 돼지는 돌비(腯肥)라 말하고, 양은 유모(柔毛)라고 말하며, 닭은 한음(翰音)이라 하고, 개는 갱헌(羹獻)이라 일컬으며, 꿩은 소지(疏趾)라 하고, 토끼는 명시(明視)라고 일컫는다. 포(脯)는 윤제(尹祭)라 하고, 고어(槁魚)는 상제(商祭)라고 하며, 선어(鮮魚)는 정제(脡祭)라고 한다. 물은 청척(淸滌), 술은 청작(淸酌), 수수는 향합(薌合), 기장은 향기(薌其), 조는 명자(明粢), 벼는 가소(嘉蔬), 구(韭)는 풍본(豊本), 소금은 함차(鹹鹺), 옥은 가옥(嘉玉), 폐백은 양폐(量幣)라고 일컫는다.

原文 凡祭宗廟之禮는, 牛曰一元大武요, 豕曰剛鬣이오, 豚曰腯肥요, 羊曰柔毛요, 雞曰翰音이오, 犬曰羹獻이오, 雉曰疏趾요, 兔曰明視요, 脯曰尹祭요, 槁魚曰商祭요, 鮮魚曰脡祭요, 水曰淸滌이오, 酒曰淸酌이오, 黍曰薌合이오, 粱曰薌其요, 稷曰明粢요, 稻曰嘉蔬요, 韭曰豊本이오, 鹽曰鹹鹺요, 玉曰嘉玉이오, 幣曰量幣라 하나니라.

(범제종묘지례 우왈일원대무 시왈강렵 돈왈
돌비 양왈유모 계왈한음 견왈갱헌 치왈소지
토왈명시 포왈윤제 고어왈상제 선어왈정제 수왈청

척 주왈청작 서왈향합 양왈향기 직왈명자
도왈가소 구왈풍본 염왈함차 옥왈가옥 폐왈양폐)

[註解] ㅇ一元大武(일원대무)─큰 소 한 마리라는 뜻. ㅇ剛鬣(강렵)─큰 돼지. 살진 돼지는 갈기가 굵고 강하다. ㅇ腯肥(돌비)─돌(腯)은 충만하다는 뜻이며, 터질 듯이 살진 모양. ㅇ翰音(한음)─우는 소리가 길게 계속되는 것. 닭이 크고 살진 것을 형용하고 있다. ㅇ羹獻(갱헌)─개를 일컫는 말. 개가 살지면 갱을 만들어 올릴 수가 있기 때문이다. 모든 삶은 고기는 모두 갱이라고 한다. ㅇ疏趾(소지)─큰 꿩을 형용. 꿩이 살지면 두 발을 넓게 벌린다. ㅇ明視(명시)─큰 토끼를 형용. 토끼가 살져서 눈이 큰 것. ㅇ尹祭(윤제)─포(脯)를 말함. 포를 네모반듯하게 잘라서 제사에 쓴다는 것. ㅇ槀魚(고어)─마른 고기. ㅇ商祭(상제)─건어를 일컫는 말. 건어의 건·습을 알맞게 헤아려 제사에 쓴다는 뜻. ㅇ脡祭(정제)─반듯하게 아름다운 모양으로 삶은 생선. ㅇ淸滌(청척)─맑고 깨끗하다는 뜻으로 물을 일컫는 말. 옛날에는 물을 현주(玄酒)라고 해서 술 대신 제사에 사용했다. ㅇ薌合(향합)─향기롭고 끈기있는 것. ㅇ薌萁(향기)─기장을 일컫는 말. 기장은 줄기가 굳세고 향기가 있다. ㅇ明粢(명자)─조를 일컫는 말. ㅇ嘉蔬(가소)─벼를 일컫는 말. 소(蔬)는 많은 물을 요하는 농작물. 가(嘉)는 아름답다는 칭호이다. ㅇ韭(구)─부추를 일컫는 말. ㅇ豐本(풍본)─구(韭). 즉 부추를 일컫는 말이며, 그 뿌리가 풍성하다는 뜻. ㅇ鹹鹺(함차)─맛이 짜다는 뜻으로 소금을 일컫는 말. ㅇ量幣(양폐)─상제(商祭)의 어의와 비슷하며, 양(量)이란 알맞게 헤아려졌다는 뜻. 즉, '이 폐(幣)는 윤기나 모든 것이 알맞게 헤아려져서 잘 선택되었다'는 뜻.

[解說] 이 절은 종묘의 제사에 쓰는 제물(祭物)의 특수한 호칭을 말하고 있다. 종묘의 제사에서는 소를 소라고 하지 않고 대무(大武)라고 하며, 돼지를 돌비(腯肥)라고 해야 한다는 것이다. 제물은 가장 훌륭하고 아름다운 것을 올려야 하기 때문에, 각 제물에 대해서 가장 훌륭한 것으로 그 이름을 삼게 된 것이다.

천자가 죽는 것을 붕(崩)이라 말하고, 제후는 훙(薨)이라 하며, 대부는 졸(卒)이라 하고, 사(士)는 불록(不祿)이라 말하며, 서인(庶人)은 사(死)라고 한다. 상(牀)에 있는 것을 시(尸:시체)라 하고, 관(棺)에 있는 것을 구(柩)라 한다. 우조(羽鳥)는 강(降)이라 말하고, 네 발 짐승은 지(漬)라고 하며, 구난(寇難)에 죽은 것을 병(兵)이라고 한다.

왕부(王父)를 제사할 때에는 황조고(皇祖考)라 하고, 왕모(王母)는 황조비(皇祖妣)라 하며, 아버지는 황고(皇考)라 하고, 어머니는 황비(皇妣)라 하며, 남편은 황벽(皇辟)이라고 한다. 생존한 때에는 부(父)·모(母)·처(妻)라 하고, 죽으면 고(考)·비(妣)·빈(嬪)이라고 한다. 수고(壽考)하면 졸(卒)이라 하고, 요절(夭折)하면 불록(不祿)이라고 한다.

[原文] 天子이 死曰崩이오, 諸侯曰薨이오, 大夫曰卒이오, 士曰不祿이오, 庶人曰死요, 在牀曰尸요, 在棺曰柩라 하며, 羽鳥曰降이오, 四足曰漬요, 死寇曰兵이라 하나니라.
　(천자 사왈붕 제후왈훙 대부왈졸 사왈
　불록 서인왈사 재상왈시 재관왈구 우조왈강
　사족왈지 사구왈병)

祭王父曰皇祖考요, 王母曰皇祖妣요, 父曰皇考요, 母曰皇妣, 夫曰皇辟이라 하나니라. 生에 曰父요 曰母며, 曰妻요, 死에 曰考요, 曰妣며, 曰嬪이오. 壽考曰卒이오, 短折曰不祿이라 하나니라.
　(제왕부왈황조고 왕모왈황조비 부왈황고 모왈황비
　부왈황벽 생 왈부 왈모 왈처 사 왈고
　왈비 왈빈 수고왈졸 단절왈불록)

[註解]　ㅇ不祿(불록)―사(士)의 죽음. 즉, 끝까지 녹(祿)을 받지 못한다는 뜻. ㅇ羽鳥曰降(우조왈강)―우조는 나는 새, 강은 떨어진다는 뜻. 즉, 죽는다는 말. ㅇ四足曰漬(사족왈지)―사족은 짐승, 지(漬)의 원음은 자. 지(漬)는 그 몸이 부패하여 점점 가라앉는다는 뜻이라 한다. ㅇ死寇曰兵(사구왈병)―사람이 외구(外寇)의 난(難)으로 죽은 것을 병(兵)이라 말

한다. ㅇ壽考(수고)―고(考)는 노(老)와 같으므로 수고는 장수한다는 뜻.
ㅇ短折(단절)―단명하게 횡사하는 것, 요사(夭死)하는 것.

천자를 쳐다볼 때에는 시선이 깃보다 위로 올라가서는 안되며, 띠
보다 아래로 내려가서는 안된다. 국군을 쳐다볼 때에는 그 얼굴의 아
래에서 옷깃 위 사이를 보아야 하고, 대부를 볼 때에는 정면으로 그
얼굴을 보며, 사(士)를 볼 때에는 사의 좌우 5보의 거리까지 시선을
움직여도 된다. 대체로 시선이 남의 얼굴보다 위에 있으면 거만하고,
띠보다 아래에 있으면 근심이 있어 보이며, 머리를 기울여 곁눈으로
보면 간사한 것이다.

임금이 대부에게 대해서 무언가 명했을 때에는 대부는 여러 선비〔士〕를
모아 그에 대해 충분히 조사한 후 처리한다. 그 일이 정무(政務)에
관한 것이면 그에 대해 조사하고, 그것이 재무에 관한 것이면 그에
대해 조사하며, 그것이 조정에 관한 일이면 그에 대해 조사한다. 조정
에서 하는 말은 개나 말 같은 미천한 것에 대해서는 언급하지 않는다.

조현(朝見)을 끝내고 좌우를 돌아보는 것은 다른 일이 있는 것이
아니면 반드시 다른 생각을 하고 있다. 그러므로 조현을 끝내고 좌우
를 돌아보는 것을 군자(君子)는 야비하다고 한다.

조정에 있어서 예로써 말해야 하며, 예를 물으면 예로써 대답해야
한다.

대향(大饗)에는 날짜를 점치지 않으며 요부(饒富)하게 하지 않는다.

原文 天子를 視하되 不上於袷하며, 不下於帶하고, 國君에는
綏視하고, 大夫에는 衡視하고, 士에는 視五步니라. 凡視이 上於
面則敖하고, 下於帶則憂며, 傾則姦이니라.
　(천자 시 불상어겁 불하어대 국군
　타시 대부 형시 사 시오보 범시 상어
　면즉오 하어대즉우 경즉간)

君命을 大夫與士肄니, 在官言官하고, 在府言府하고, 在庫言
庫하고, 在朝言朝니, 朝言을 不及犬馬니라.

(군명 대부여사이　재관언관 재부언부 재고언

고 재조언조 조언 불급견마)

輟朝而顧는, 不有異事면, 必有異慮니, 故로 輟朝而顧를, 君
子는 謂之固라 하나니라.

(철조이고 불유이사 필유이려 고 철조이고 군

자 위지고)

在朝言禮하며, 問禮어든, 對以禮니라.

(재조언례 문례 대이례)

大饗에는 不問卜하며, 不饒富니라.

(대향 불문복 불요부)

註解　○視不上於袷(시불상어겁)―겁(袷)은 조복이나 제복의 둥근 깃이
므로, 천자를 볼 때에는 시선이 깃 위로 올라가서는 안된다는 뜻. ○國君
綏視(국군타시)―타시(綏視)는 시선이 깃 위까지 올라가게 보는 것. 국군
은 천자보다 약간 높이 올려다보는 것이다. ○大夫衡視(대부형시)―형시
는 얼굴을 바로 보는 것. 대부분 국군보다 더욱 위로 시선을 올려 얼굴을
정면으로 본다는 뜻. ○士視五步(사시오보)―사(士)를 볼 때에는 얼굴뿐
아니라 좌우 5보 사이를 볼 수 있다는 뜻. ○君命(군명) 大夫與士肄(대
부여사이)―이(肄)는 익힘. 즉, 연습한다는 뜻. 임금의 명령이 있으면 대
부와 사는 함께 그 명령받은 일에 대해 익히고 조사해야 한다는 뜻. ○在
官言官(재관언관)―임금의 명령이 관(官)에 있으면 관의 일을 모의해야
한다는 뜻. ○朝言不及犬馬(조언불급견마)―조정에서는 미천한 개나 말의
일에 언급하지 않는다는 뜻. ○輟朝而顧(철조이고)―조회를 그치고 좌우
를 돌아보는 행위. ○君子謂之固(군자위지고)―조현(朝見)하다가 이리저
리 돌아보는 행위를 군자는 천하고 야비하게 생각한다는 뜻. ○在朝言禮
(재조언례) 問禮(문례) 對以禮(대이례)―조정에서 하는 말은 모두 예가
있어야 하며, 예로써 물으면 예로써 대답해야 한다. ○大饗不問卜(대향불

문복)—큰 향사(享祀)에는 제삿날을 점치지 않는다는 뜻. ○不饒富(불요부)—천제(天祭)나 지제(地祭)에는 제물을 풍성하게 많이 올리지 않는다는 뜻.

무릇 예물에 있어서 천자는 창(鬯)으로 하고, 제후는 규(圭)를 사용하며, 경(卿)은 새끼양을 쓰고, 대부는 기러기를 사용하며, 사(士)는 꿩을 쓰고, 서인의 예물은 필목(匹木)을 사용한다. 동자(童子)는 예물을 땅에 놓고 물러간다. 야외나 군중(軍中)에는 예물이 없으므로 마앙(馬鞅)이나 깍지[射鞲], 혹은 화살로 하는 것이 좋다. 부인의 예물은 석리(石李)·개암[榛]·포(脯)·수(脩)·대추·밤을 사용한다.

천자에게 딸을 바칠 때에는 여러 잉첩(媵妾)에 대비한다고 말하고, 국군에게 바칠 때에는 술과 미음을 돌보는 일에 대비한다고 말하며, 대부에게 바칠 때에는 소제하고 물뿌리는 일에 대비한다고 말한다.

原文 凡摯에, 天子는 鬯이오, 諸侯는 圭요, 卿은 羔요, 大夫는 鴈이오, 士는 雉요, 庶人之摯는 匹이니, 童子는 委摯而退니라. 野外軍中에 無摯하니, 以纓·拾·矢可也니라. 婦人之摯는, 棋·榛·脯·脩·棗·栗이니라.
  (범지 천자 창 제후 규 경 고 대부
  안 사 치 서인지지 필 동자 위지이퇴
  야외군중 무지 이영·습·시가야 부인지지
  구·진·포·수·조·율)

納女於天子를, 曰備百姓이오, 於國君을, 曰備酒漿이오, 於大夫를, 曰備掃灑니라.
  (납녀어천자 왈비백성 어국군 왈비주장 어대
  부 왈비소쇄)

註解 ○摯(지)—예물. 서로 만나볼 때에 예물로 가져가는 물건. ○天子鬯(천자창)—창(鬯)은 술 이름으로 천자의 예물은 창으로 한다는 뜻. 천자가 신에게 바치는 예물을 말한다. ○諸侯圭(제후규)—제후는 규(圭)를

예물로 쓴다는 뜻. 규는 명규(命圭)를 말한 것. 즉 장방형으로 한쪽 끝이 장기 모양인 구슬. ㅇ匹(필)—필목 또는 포목. ㅇ童子委摯而退(동자위지이퇴)—동자는 감히 어른과 예를 행하지 못하므로, 스승 같은 분에게 예물을 바칠 때에는 예물을 땅에 놓고 물러간다. ㅇ纓(영)—마앙(馬鞅)이므로 말띠 혹은 말굴레. ㅇ拾矢(습시)—습(拾)은 활을 쏠 때 손에 끼우는 깍지이고, 시(矢)는 화살. ㅇ枸(구)·榛(진)·脯(포)·脩(수)·棗(조)·栗(율)—구(枸)는 호깨나무 열매이고, 진(榛)은 개암이며 포(脯)는 말린 고기이고, 수(脩)는 양념한 마른 고기이며, 조(棗)는 대추고, 율(栗)은 밤. ㅇ納女(납녀)—높은 사람에게 딸을 시집보내는 것. ㅇ備百姓(비백성)—여기서는 많은 성(姓)의 잉첩 중 하나로 대비하겠다는 뜻으로 쓴 말. ㅇ酒漿(주장)—술과 미음, 또는 음식. ㅇ備掃灑(비소쇄)—소제하고 물뿌리고 하는 하인으로 대비한다는 말.

제3 단 궁(檀弓) 상(上)

이 편의 첫머리에 단궁(檀弓)이란 인물에 대해
썼기 때문에, 그것이 이 편의 이름이 되었다. 상·하
2편이 모두 복장이나 매장(埋葬)에 관한 기사 및 사
화(史話)가 많다.

공의중자(公儀仲子)의 상(喪)에 단궁이 문(免)하였다. 중자가 적손
을 버리고 적자의 아우[庶子]를 세우니, 단궁이 말하기를, "어째서
그렇게 하는가? 나는 일찍이 듣지 못하였다."라고 말하고, 빨리 달려
가 문 오른쪽의 자복백자(子服伯子)에게 물었다. "중자가 그의 손자
를 버리고 아들을 세운 것은 무슨 까닭입니까?" 백자(伯子)가 대답하
였다. "중자도 옛날의 고례(古例)를 따른 것이로구나. 옛날에 문왕(文
王)은 백읍고(伯邑考)를 버리고 무왕(武王)을 세웠으며, 미자(微子)
는 그의 손자 둔(腯)을 버리고 연(衍)을 세웠다. 중자도 또한 옛 고례
를 따른 것이다." [이 문답을 듣고] 자유(子游)가 공자에게 물으니,
공자는 말했다. "아니다. 손자를 세워야 한다."

原文 公儀仲子之喪에, 檀弓이 免焉이더니, 仲子이 舍其孫而
立其子하니, 檀弓이 曰, 何居오. 我未之前聞也로다 하고, 趨而
就子服伯子於門右하여 曰, 仲子이 舍其孫, 而立其子는 何也오.
伯子이 曰, 仲子亦猶行古之道也로다.
　　(공의중자지상 단궁 문언 중자 사기손이
　　립기자 단궁 왈 하거 아미지전문야 추이
　　취자복백자어문우 왈 중자 사기손 이립기자 하야
　　백자 왈 중자역유행고지도야)

昔者에 文王이 舍伯邑考而立武王하시고, 微子이 舍其孫腯而
立衍也하니, 夫仲子亦猶行古之道也로다. 子游이 問諸孔子한데,
孔子이 曰, 否라. 立孫이니라.
(석자 문왕 사백읍고이립무왕 미자 사기손둔이
립연야 부중자역유행고지도야 자유 문저공자
공자 왈 부 입손)

註解 ㅇ公儀仲子(공의중자)—공의(公儀)는 성씨, 중자는 자(字). ㅇ檀
弓(단궁)—단은 성, 궁은 이름. 노(魯)나라 사람으로 예(禮)를 잘 아는 사
람이라고 한다. 지위나 사적은 불명. ㅇ免焉(문언)—문(免)하였다는 뜻.
문(免)이라 함은 한 치 너비의 베조각을 목에서부터 앞으로 올려 이마에
마주대고 또 위로 향해서 넘겨 상투에 감는 것이다. 문(免)은 원래 오세
(五世)의 복(服)이며, 벗이 다른 나라에서 죽고, 상주가 없을 경우에도 문
한다고 한다. ㅇ子服伯子(자복백자)—노(魯)나라의 귀족.《논어(論語)》에
나타나는 자복경백(子服景伯)과 동일인이란 설도 있다. ㅇ舍其孫而立其
子(사기손이립기자)—주(周)나라의 예에는 맏아들이 죽으면 맏손자를 세
워 승중(承重)시키는데 공의중자가 그렇게 하지 않고 그의 다음 아들을
세웠다는 것.

解說 주(周)나라의 예(禮)에 맏아들이 죽으면 맏손자가 승중하는데,
공의중자가 그 맏손자를 세우지 않고, 그의 다음 아들을 세운 것은 예
에 맞지 않는다고 하여 단궁이 문(免)의 복(服)을 입었다. 원래 단문
(袒免)의 복은 오세(五世)의 친(親)이나 타국에 가서 죽은 벗으로서
상주가 없는 자에 대하여 입는 복이다. 그런데 단궁이 공의중자에 대
해 오세의 친이 아니며 또 외국에서 죽은 상도 아닌데 단문의 차림으
로 조문하였다. 입을 것이 아닌 복을 입은 것, 즉 공의중자가 세울 수
없는 자를 세운 것을 희롱한 것이라고 한다.

어버이를 섬기는 데는 어버이의 허물을 덮어 숨기는 일은 있으나
범안(犯顔)하여 극간(極諫)하는 일은 없어야 하며, 좌우(左右)에 가

까이 나아가 부지봉양(扶持奉養)하되 일정한 한도가 없으며, 어버이를 위하여 죽기에 이를 만큼 매우 힘든 일을 수행하고, 어버이가 죽으면 상주로서 애훼지절(哀毀之節)을 극진하게 해야 하며, 3년 동안 상을 지켜야 한다. 임금을 섬기는 데는 범안하여 극간하는 일은 있으나 임금의 허물을 덮어 숨기는 일은 없어야 한다. 좌우에 나아가 받들어 섬기되 일정한 한도가 있다. 죽음에 이를 만큼 임금을 위해 힘든 일에 복무하며, 임금이 죽으면 어버이의 상(喪)에 비방(比方)하게 3년 동안 상을 지켜야 한다. 스승을 섬기는 데는 범안하여 극간하는 일도 없고, 스승의 허물을 덮어 숨기는 일도 없어야 한다. 좌우에 가까이 나아가 봉양하되 일정한 한도가 없으며, 죽음에 이를 만큼 스승을 위한 일에 노고를 바치며, 스승이 죽으면 마음 속으로 3년 동안 상을 지켜야 한다.

계무자(季武子)가 침전(寢殿)을 지으니 두씨(杜氏)의 장사지낸 무덤이 침전의 서쪽 계단 밑에 있음을 알았다. 두씨가 〔그 묘를 다른 곳으로〕 개장(改葬)하고 싶다는 청을 하자 계무자는 이를 승낙하였다. 두씨는 개장하기 위해 계무자의 집에 왔으나 사양하여 곡을 하지 않았다. 그러자 계무자는 말했다. "개장(改葬)은 옛날에는 없었던 것으로 주공(周公) 이래 그 관습을 바꾼 사람이 없다. 그 정도로 특별히 중대한 일을 나는 승낙했던 것이다. 그런데도 어째서 곡하는 것을 허락하지 않을 이치가 있겠소."하고 말하며 두씨에게 곡하도록 명하였다.

原文 事親하되, 有隱而無犯하며, 左右就養하되 無方하며, 服勤至死하며, 致喪三年하고, 事君하되, 有犯而無隱하며, 左右就養하되 有方하며, 服勤至死하며, 方喪三年하고, 事師하되, 無犯無隱하며, 左右就養하되 無方하며, 服勤至死하며, 心喪三年이니라.

(사친 유은이무범 좌우취양 무방 복
근지사 치상삼년 사군 유범이무은 좌우취

양 유방 복근지사 방상삼년 사사 무범

무은 좌우취양 무방 복근지사 심상삼년)

季武子이 成寢하니, 杜氏之葬이, 在西階之下러니, 請合焉이어늘, 許之하니, 入宮而葬不敢哭이어늘, 武子이 曰, 合葬이 非古也나, 自周公以來로, 未之有改也니, 吾許其大, 而不許其細는 何居오하며, 命之哭하다.

(계무자 성침 두씨지장 재서계지하 청합언

허지 입궁이장불감곡 무자 왈 합장 비고

야 자주공이래 미지유개야 오허기대 이불허기세

하거 명지곡)

註解 ㅇ有隱而無犯(유은이무범)―은(隱)은 덮어 숨긴다는 뜻. 범(犯)은 범안(犯顏), 즉 면전에서 바른대로 허물을 지적하고 직간(直諫)한다는 말이니, 어버이의 허물은 숨기는 일은 있으나 범안하여 극간하는 일은 없어야 한다. ㅇ左右就養無方(좌우취양무방)―어버이를 모실 때에는 어버이의 좌우에 가까이 나아가 받들어 모시고 봉양하되 일정한 한도가 없다는 뜻. ㅇ致喪(치상)―치(致)는 극진히 한다는 뜻. 어버이의 상을 당하여 애통하는 것과 상례를 극진히 하는 것. ㅇ左右就養有方(좌우취양유방)―임금을 섬길 때에는 좌우에 가까이 나아가 받들어 모시되 일정한 한도가 있다는 뜻. ㅇ方喪三年(방상삼년)―방(方)은 비방(比方)한다, 또는 준한다는 뜻이므로, 임금이 죽으면 신하는 자기 어버이가 죽은 것에 준한 마음으로 3년 동안 상을 지켜야 한다는 말. ㅇ心喪三年(심상삼년)―스승에게는 일정한 복제가 없으므로 어버이 상과 같은 마음으로 3년상을 지켜야 한다는 말. ㅇ季武子(계무자)―노(魯)나라 공자(公子). 계우(季友)의 증손 계손숙(季孫夙). ㅇ成寢(성침)―침전을 짓는 것. ㅇ合葬(합장)―이 무덤을 허물고 다시 두씨(杜氏)의 다른 무덤에 합장하는 것. 그러므로 개장(改葬)이라고 하는 편이 적절하다. ㅇ入宮而不敢哭(입궁이불감곡)―집안에 들어와서는 감히 곡할 수 없다는 말.

解說 아버지와 아들 사이는 은애(恩愛)와 친근한 것을 소중하게 여

긴다. 그러므로 어버이의 허물을 드러내거나 면전에서 극간하는 일을 피하여 은애와 친근을 해치는 일이 없게 하라는 것이고, 임금을 섬기는 신하의 도리는 임금으로 하여금 정치를 그르치지 않도록 보좌하는 것이므로, 임금의 허물을 숨겨서는 안되며, 허물은 고치도록 간해야 한다는 것이다. 스승은 약간의 허물이 있을 때에 숨기지 않고 말하면 스승은 곧 받아들일 것이다. 그리고 임금의 상(喪)이나 스승의 상에도 어버이의 상과 같은 마음으로 상기(喪期)를 지키라고 가르치고 있다.

　계무자가 남의 무덤 위에 침전을 지었다. 그리고는 그 두씨(杜氏)의 무덤은 개장(改葬)의 법이 생긴 주공 때 이전의 것이므로 반드시 개장할 것이 아니라고 생각하여 거기에 침전을 지은 것이라며 변명하고, 또 개장과 곡하는 것까지 허락하여 자신의 과오를 미화(美化)시키려고 꾀한 것을 기록한 것이다.

　자상(子上)의 어머니가 죽었는데 상(喪)을 입지 않으므로 문인(門人)이 자사(子思)에게 물었다. "옛날에 선생님의 선군자(先君子)께서는 [이별 후] 나가서 돌아가신 어머니를 위해 복상(服喪)하였습니까?" "그렇다. 복상하셨다." "그런데 선생님께서는 백(白)으로 하여금 상을 입게 하지 않으시니, 무슨 까닭입니까?" 자사가 말했다. "옛날 나의 선군자(先君子)께서는 실도(失道)하는 일이 없었다. 도에 비추어 보아서 높여야 할 것이면 따라서 높이고, 도에 비추어 보아서 강쇄(降殺)해야 할 것이면 강쇄하였다. 그러나 나야 어찌 그렇게 할 수 있겠느냐? 나의 아내가 되는 자는 백의 어머니가 된다. 나의 아내가 되지 않는 자는 백의 어머니가 될 수 없다." 그런 까닭으로 공씨(孔氏)가 출모(出母)의 상을 입지 않은 것은 자사로부터 시작된 일이다.

原文　子上之母이 死而不喪하니, 門人이 問諸子思曰, 昔者에 子之先君子喪出母乎니이꼬. 曰, 然하니라. 子之不使白也로 喪之는, 何也니이꼬. 子思이 曰, 昔者에 吾先君子이 無所失道하사,

道隆則從而隆하시고, 道汚則從而汚하시니, 伋則安能이리오. 爲
伋也妻者는, 是爲白也母려니와, 不爲伋也妻者는, 是不爲白也
母라 하시니, 故로 孔氏之不喪出母는, 自子思始也니라.

　　(자상지모 사이불상 문인 문저자사왈 석자
　　자지선군자상출모호 왈 연 자지불사백야 상
　　지 하야 자사 왈 석자 오선군자 무소실도
　　도융즉종이융 도오즉종이오 급즉안능 위
　　급야처자 시위백야모 불위급야처자 시불위백야
　　모 고 공씨지불상출모 자자사시야)

[註解]　ㅇ子上(자상)―공자(孔子)의 증손이며 자사(子思)의 아들. 이름은
백(白)이다.　ㅇ子之先君子(자지선군자)―자(子)는 높인 말이므로 선생님
과 비슷한 말. 선군자(先君子)는 선고(先考)와 같은 말이므로 망부(亡父)
의 경칭이다.　ㅇ道隆則從而隆(도융즉종이융)―도(道)에 비추어 보아서 높
여야 할 것이면 높인다는 말.　ㅇ道汚則從而汚(도오즉종이오)―오(汚)는
강쇄(降殺)와 같은 뜻이므로, 도(道)에 비추어 보아서 깎아내려야 할 것
은 깎아내린다는 말.　ㅇ伋則安能(급즉안능)―급(伋)은 자사(子思)의 이름.
도에 비추어 보아서 마땅한 바에 따라 올리고 내리고 하는 것은 성인만
이 가능한 일이라는 뜻. 즉 나는 아버지처럼 할 수 없다. 나는 나대로의
생각으로 한다라는 기분이 함유된 말.

[解說]　예(禮)에 출모(出母)를 위해서는 재최장기(齊衰杖期)의 상복
을 입게 되어 있다. 그러나 아버지의 후계자가 되는 자는 복(服)을 입
지 않고 마음으로 3년 동안 상을 지킨다. 자사의 아버지 백어(伯魚)
나 자사의 아들 자상은 모두 아버지의 뒤를 잇는 사람이므로, 예에 따
라 당연히 복을 입지 않아야 할 것이다. 그러나 백어는 그의 출모(出
母)를 위해 기년(期年)의 복을 입고 곡도 하였다. 그래서 공자가 듣고
지나치다고 하니 그제서야 그친 일이 있다고 한다. 이에 자사가 백
(白)에게 그 출모를 위해 상복을 입지 못하게 한 것은 예의바른 도리
를 따르게 하려는 것이다. 이러한 자사의 처사가 있은 후로는 공씨(孔

氏)의 가문에서도 출모를 위하여 복상하는 일이 없어졌다는 것이다.

공자(孔子)가 말씀하기를, "절한 뒤에 머리를 조아리는 것은 예절의 순서이다. 머리를 조아린 뒤에 절하는 것은 애통함이 지극하기 때문이다. 3년의 거상 기간에 나는 그 애통이 지극한 것을 좇겠다."라고 하였다.

공자가 이미 방(防)에 합장(合葬)한 뒤 말씀하기를, "내 들으니 옛날에는 묻었을 뿐이고 봉분(封墳)은 만들지 않았다고 한다. 이제 구(丘)는 동서남북으로 돌아다니는 사람이니 표지(表識)를 하지 않을 수 없다."라고 하였다. 이에 봉분을 만드니 높이가 4척(尺)이었다. 공자가 한 발 먼저 집으로 돌아왔다. 문인들이 아직 방(防)에 남아 있는 사이에 비가 몹시 내렸다. 그리고 문인들이 돌아오자 공자가 말했다. "너희들은 늦게 돌아오는구나. 무슨 일이 있었느냐?" 문인은 대답하기를, "방의 분묘가 무너져서 수축(修築)하느려고 늦었습니다."라고 말했다. 공자는 이 말을 듣자 묵묵히 아무 말도 하지 않았다. 그래서 문인이 [무덤이 무너진 원인을] 세 차례나 거듭 말하자, 공자는 눈물을 흘리며 말하기를, "내가 들으니 옛사람은 무덤을 경신(敬愼)하여 견고하게 쌓기 때문에 무덤을 다시 수축하는 일이 없었다고 한다."라고 하였다.

原文 孔子이 曰, 拜而后에 稽顙은, 頹乎其順也요, 稽顙而后에 拜는, 頎乎其至也니, 三年之喪에, 吾從其至者하리라 하시다.
(공자 왈 배이후 계상 퇴호기순야 계상이후
배 기호기지야 삼년지상 오종기지자)
孔子이 旣得合葬於防하시고, 曰, 吾이 聞之하니, 古也에는 墓而不墳하나니, 今에 丘也는 東西南北之人也라, 不可以弗識也라 하시고, 於是에 封之하시니, 崇이 四尺이더라. 孔子이 先反하시고,

門人이 後하니, 雨甚하더라. 至커늘, 孔子이 問焉曰, 爾來何遲也
오. 曰, 防墓崩하니라. 孔子이 不應이시어늘, 三하니, 孔子泫然流
涕하사 曰, 吾이 聞之하니, 古不脩墓라 하니라.

　　(공자 기득합장어방 왈 오 문지 고야 묘
　　이불분 금 구야 동서남북지인야 불가이불지야
　　어시 봉지 숭 사척 공자 선반
　　문인 후 우심 지 공자 문언왈 이래하지야
　　왈 방묘붕 공자 불응 삼 공자현연류
　　체 왈 오 문지 고불수묘)

[註解]　o防(방)-땅 이름. 공자 아버지의 무덤이 있는 곳, 뒤에 공자 어
머니의 유해를 이곳에 합장했다고 한다. o墓而不墳(묘이불분)-옛날에는
시체를 땅에 묻을 뿐이고 봉분은 만들지 않았다는 말. o東西南北之人
(동서남북지인)-항상 사방으로 여행을 계속하는 사람. 공자는 만년(晚
年)에 10여 년간 제후 사이를 순유(巡遊)하며 지기(知己)를 찾아다녔다.
o識(지)-표지(表識)한다는 말. o封之(봉지)-봉분(封墳)을 만드는 것.
o泫然流涕(현연류체))-눈물을 철철 흘리는 모양. o古不脩墓(고불수묘)-
옛날에는 묘토(墓土)를 충분히 다져서 봉분을 했기 때문에 비바람에 무
너지지 않아 다시는 수축하는 일이 없었다.

공자가 자로(子路)의 죽음을 슬퍼하여 가운데 뜰에서 곡하는데 어
떤 사람이 와서 조문하는 이가 있었다. 공자는 그에게 절하였다. 곡을
마치고 사자(使者 : 衛의 知人이 보낸 사자)를 안으로 불러들여 자로
의 죽은 까닭을 물으니 사자가 말하기를, 위군(衛君)은 자로의 유해
를 젓[醢] 담갔다고 하는 것이었다. 이에 공자는 즉시 집안 사람에게
명하여 집에 있는 것을 모두 버리게 하였다.
　증자(曾子)가 말하기를, "붕우(朋友)의 무덤에 작년과 똑같이 풀이
무성해지면 곡하지 않는다."라고 하였다.
　자사(子思)가 말하였다. "상(喪)을 당하면 3일만에 염(殮)한다. 모

든 시체에 사용하는 염습의금(殮襲衣衾) 등속을 반드시 성신(誠信)하게 하여 뒤에 후회하는 일이 없도록 해야 한다. 3개월이 되면 장사한다. 그때 관곽(棺椁)에 사용하는 것들을 반드시 성신하게 하여 뒷날 후회하는 일이 없도록 해야 한다." 상(喪)은 3년 동안을 가장 극진하게 한다. 이미 장사한 뒤에도 어버이를 잊지 않는다. 그러므로 군자는 종신토록 근심은 있어도 하루아침의 환(患)은 없다. 또 어버이의 기일(忌日)에는 슬퍼하고 음악을 금한다.

原文 孔子이 哭子路於中庭이거늘, 有人이 弔者하여, 而夫子이 拜之하시다. 旣哭하시고, 進使者而問故한대, 使者이 曰, 醢之矣라 하니, 遂命覆醢하시다.

(공자 곡자로어중정 유인 조자 이부자
배지 기곡 진사자이문고 사자 왈 해지의
수명복해)

曾子이 曰, 朋友之墓에, 有宿草, 而不哭焉이니라.

(증자 왈 붕우지묘 유숙초 이불곡언)

子思이 曰, 喪三日而殯하되, 凡附於身者를, 必誠必信하여, 勿之有悔焉耳矣니라. 三月而葬하되, 凡附於棺者를, 必誠必信하여, 勿之有悔焉耳矣니라. 喪은 三年을 以爲極이니, 亡이라도 則弗之忘矣니라. 故로 君子이 有終身之憂하고, 而無一朝之患이니, 故로 忌日에 不樂하나니라.

(자사 왈 상삼일이빈 범부어신자 필성필신 물
지유회언이의 삼월이장 범부어관자 필성필신
물지유회언이의 상 삼년 이위극 망 즉불지
망의 고 군자 유종신지우 이무일조지환 고
기일 불악)

註解 ㅇ子路(자로)—공자의 제자. 춘추시대의 노(魯)나라 사람. 공리

(孔悝)의 읍재(邑宰)가 되었다가 괴외(蒯聵)의 난(亂) 때에 죽었다고 한다. ㅇ醢之(해지)—죽여서 젓을 담금. 자로가 죽음을 당하여 부패하지 않게 젓 담가졌다는 말. ㅇ遂命覆醢(수명복해)—공자가 자로의 죽음과 그 유해가 젓 담가졌다는 말을 듣고 집에 있는 젓을 모두 엎어버리게 하였다는 말. ㅇ宿草(숙초)—다년생 초본의 풀이 새로이 돋아나는 것으로 1년이 경과했음을 나타낸다. 숙(宿)이란 구근(舊根)이 남아 있는 것을 뜻한다. ㅇ殯(빈)—염(殮)하는 것. 염습하는 것. 사람이 죽은 뒤 3일째의 날에는 염습을 한다. ㅇ凡附於身者(범부어신자)—여기에서는 죽은 사람의 몸에 부속되는 것. ㅇ凡附於棺者(범부어관자)—여기에서는 죽은 사람을 장사할 때에 관(棺)에 부수되는 모든 것. ㅇ喪三年以爲極(상삼년이위극)—거상(居喪)하는 것은 3년 동안이 가장 막중하다는 뜻. ㅇ亡則弗之忘矣(망즉불지망의)—이미 장사가 끝나 어버이가 존재하지 않더라도 잊지 않는다는 뜻. ㅇ終身之憂(종신지우)—일생 동안 근심하는 것. ㅇ無一朝之患(무일조지환)—하루아침에 갑자기 일어나는 우환이 없게 한다는 뜻.

[解說] 공자가 위(衛)나라에서 죽은 제자인 자로(子路)의 죽음을 슬퍼하여 곡하였다. 그런데 위나라에서 온 사자의 말에, 자로의 유해를 위군(衛君)이 젓 담갔다는 말을 듣고, 집에 있는 젓을 모두 버리게 하였다는 것이다. 증자(曾子)가 벗의 무덤에 작년처럼 풀이 무성하면 곡하지 않는다고 말했다. 그것은 기년(朞年)이 지났다는 것을 의미한다. 형제의 상에도 1년이 지나면 복을 벗는다. 붕우(朋友)가 죽은 뒤 기년이 지났으면 슬픔을 거두고 곡하는 일을 그쳐야 한다는 것이다. 복제(服制)상의 상기(喪期)는 3년상을 말한다. 이 3년의 상기는 가장 소중히 지켜야 할 기간이다.

그러나 상기가 끝났다고 해서, 또는 생존하지 않는다고 해서 어버이를 잊어서는 자식된 도리가 아니다. 즉 3년 상기에 국한하지 않고 일생동안 잊지 않는다. 그러므로 일생을 통해서 부모의 기일(忌日)에는 슬퍼한다. 이런 것을 종신토록 지키는 것을 상이라고 말한 것이다.

공자가 어려서 아버지를 여의고 그의 무덤이 어디에 있는지 알지를 못하였다. 후에 어머니를 잃었을 때에는 우선 오보(五父)라는 거리 근처에 빈장(殯葬)하였다. 〔그 예절이 정중했기에〕 사람들은 본장(本葬)으로 생각했으나 실은 관을 끄는 끈이 빈장하는 끈이었다. 추만보(耶曼父)의 어머니에게 물어서 아버지의 묘를 찾은 뒤에야 방(防)에 있는 아버지의 묘에 합장할 수가 있었다.

이웃에 상(喪)이 있으면 방아 찧는 사람들이 노래로 가락을 맞추지 않으며, 마을에 빈소(殯所)가 있으면 거리에서 노래부르지 않는다. 상복의 갓에는 갓끈을 늘어뜨리지 아니한다.

原文 孔子이 少孤하사, 不知其墓하사, 殯於五父之衢하니, 人之見之者는, 皆以爲葬也라 하더니, 其愼也는, 蓋殯也어라. 問於耶曼父之母하여, 然後에 得合葬於防하시니라.

(공자 소고 부지기묘 빈어오보지구 인
지견지자 개이위장야 기신야 개빈야 문어
추만보지모 연후 득합장어방)

鄰有喪이어든, 舂不相하며, 里有殯이어든 不巷歌라. 喪冠에 不緌니라.

(인유상 용불상 이유빈 불항가 상관 불유)

註解   ㅇ少孤(소고)—어려서 아버지를 여의는 것. ㅇ殯於五父之衢(빈어오보지구)—오보(五父)의 거리에 빈소를 마련하는 것. 오보지구는 거리의 이름. 빈소는 장사하기 전에 시체를 두는 곳. ㅇ愼(신)—인(引)과 같으므로 관을 이끄는 끈. ㅇ耶曼父(추만보)—사람의 이름. ㅇ喪冠不緌(상관불유)—상복의 갓끈은 드림을 늘어뜨리지 않는다는 것. 갓끈을 매고 남은 부분을 아래로 늘어뜨리는 것을 드림〔緌〕이라고 한다.

解說   공자는 세 살 때 아버지를 여의게 되어 아버지의 묘가 어디에 있는지 알 수가 없었다. 어머니의 상을 당한 후 그 시체를 거리에 가져다 빈소를 마련하였다. 사람들의 주목을 끌어 아버지의 무덤을 알아

내려고 했던 것이다. 이것이 계기가 되어 추만보라는 사람의 어머니에게 듣고 비로소 아버지의 무덤을 찾아내어 어머니의 유해를 아버지의 무덤에 합장(合葬)할 수 있었다고 한 것이다.

유우씨(有虞氏) 세상에는 와관(瓦棺)을 사용하였고, 하후씨(夏后氏) 세상에는 즉주(墍周 : 2중의 와관)를 사용했으며, 은(殷)의 세상에는 나무의 관곽(棺椁 : 2중의 관)을 사용하였고, 주(周)의 세상에는 관곽의 둘레에 유의(柳衣)를 두르고 삽(翣) 등의 장식이 있었다.

주(周)나라 사람들은 은나라 사람들의 관곽으로 장상(長殤)을 장사하였고, 하후씨의 즉주로 중상(中殤) 및 하상(下殤)을 장사했으며, 유우씨의 관곽으로 무복지상(無服之殤)을 장사하였다.

하후씨는 검은빛을 숭상하여 상사(喪事) 때에는 어두운 때 염습하고 융사(戎事)에는 검정 말을 타며, 희생(犧牲)은 검은빛인 것을 사용하였다. 은(殷)나라 사람들은 흰빛을 숭상하여 상사 때에는 한낮에 염습하고, 융사에는 백마를 타며, 희생은 흰빛인 것을 사용하였다. 주나라 사람들은 붉은빛을 숭상하여 상사 때에는 해가 돋을 때에 염습하고, 융사에는 붉은 말을 타며, 희생에는 붉은 소를 사용하였다.

목공(穆公)의 어머니가 죽었을 때 목공은 사람을 보내어 증신(曾申)에게 묻기를, "어떻게 해야 합니까?"라고 하였다. 이에 "나는 아버지로부터 이렇게 들었습니다. 곡읍(哭泣)으로 슬픔을 나타내고, 재참(齊斬)의 상복으로 진심을 나타내고〔일정 기간〕, 죽 이외에는 먹지 않는다. 이것은 천자로부터 만민(萬民)에 이르기까지 공통된 관습이다. 또 관을 덮는 데 있어서 마포(麻布)를 사용하는 것이 제후 일반의 관습이지만, 노(魯)는〔천자와 똑같이〕비단을 사용할 수가 있다."라고 대답하였다.

［原文］ 有虞氏는 瓦棺하고, 夏后氏는 墍周하고, 殷人은 棺椁하고, 周人은, 牆置翣하니라.

(유우씨 와관 하후씨 즉주 은인 관곽

주인 장치삽)

周人은 以殷人之棺槨으로 葬長殤하고, 以夏后氏之堲周로 葬
中殤下殤하고, 以有虞氏之瓦棺으로 葬無服之殤하니라.

(주인 이은인지관곽 장장상 이하후씨지즉주 장

중상하상 이유우씨지와관 장무복지상)

夏后氏는 尙黑하여, 大事에 斂用昏하며, 戎事에 乘驪하며, 牲
用玄하고, 殷人은 尙白하여 大事에 斂用日中하며, 戎事에 乘翰
하며, 牲用白하고, 周人은 尙赤하여 大事에 斂用日出하며, 戎事
에 乘騵하며, 牲用騂하니라.

(하후씨 상흑 대사 염용혼 융사 승려 생

용현 은인 상백 대사 염용일중 융사 승한

생용백 주인 상적 대사 염용일출 융사

승원 생용성)

穆公之母이 卒하거늘, 使人으로 問於曾子曰, 如之何오. 對曰,
申也는 聞諸申之父하니, 曰, 哭泣之哀와, 齊斬之情과, 饘粥之
食은, 自天子로 達이니, 布幕은 衛也요, 縿幕은 魯也니라.

(목공지모 졸 사인 문어증자왈 여지하 대왈

신야 문저신지부 왈 곡읍지애 재참지정 전죽지

식 자천자 달 포막 위야 삼막 노야)

註解　ㅇ瓦棺(와관)—질그릇으로 구워 만든 관. ㅇ堲周(즉주)—즉(堲)은
흙을 구워 만든 벽돌이고, 주(周)는 둘레를 두른다는 뜻. 그러므로 즉주
란 흙을 구워 만든 벽돌로 관이 들어갈 구덩이 주위를 쌓는 것. 토주(土
周)라고도 한다. ㅇ棺槨(관곽)—관은 널을 말하고, 곽은 관을 넣는 외관
(外棺)을 말한다. ㅇ牆(장)—관곽(棺槨)을 둘러싸는 장식제구(粧飾諸具)
의 총칭. 유의(柳衣)라고도 한다. ㅇ翣(삽)—부채의 형상을 한 관의 장식
물. 그림의 수가 많고 적음은 귀천의 등급에 따라 다르며 귀한 사람일수
록 많다. ㅇ長殤(장상)—16세에서 19세까지 사이에 죽은 자. ㅇ中殤(중

상)-12세에서 15세까지 사이에 죽은 자. ㅇ下殤(하상)-8세에서 11세까지 사이에 죽은 자. ㅇ無服之殤(무복지상)-7세 이하에서 죽은 자. 태어난 뒤 석달도 못되어 죽은 자는 상(殤)이라고 일컫지 않는다. ㅇ大事(대사)-상사(喪事). ㅇ斂(염)-시체의 염습. ㅇ戎事(융사)-싸움에 관한 일. 전쟁이나 군사(軍事). ㅇ驪(려)-검정 말. ㅇ翰(한)-흰빛. ㅇ騵(원)-붉은 말로서 갈기와 꼬리가 검고 배가 흰 말. ㅇ騂(성)-붉은 것. ㅇ穆公(목공)-노(魯)나라의 임금. 노애공(魯哀公)의 증손. ㅇ曾子(증자)-여기에서는 증삼(曾參)의 아들 신(申)을 가리킨 것. ㅇ哭泣(곡읍)-소리내어 우는 것을 곡(哭)이라 하고, 소리없이 우는 것을 읍(泣)이라 한다. ㅇ齊斬(재참)-재최(齊衰)와 참최(斬衰)를 말한다. 재최는 어머니의 복(服)이고, 참최는 아버지의 복이다. ㅇ饘粥(전죽)-죽 중에서 농후한 것을 전(饘)이라 하고, 묽은 것을 죽(粥)이라고 한다. 거상(居喪)하는 자는 죽을 먹는다. ㅇ自天子達(자천자달)-천자로부터 서인에 이르기까지 동일한 것. ㅇ幕(막)-빈관(殯棺) 위에 덮는 것.

解說 장례에 있어서 관곽의 유래와 그 발전과정을 사적(史的)으로 고찰하고 있다. 아주 상고(上古)시대에는 사람이 죽으면 섶으로 두텁게 싸서 들 가운데 두어두고 봉분도 하지 않고 나무도 심지 않았다고 한다. 그후로 유우씨는 질그릇 관을 만들어 사용하였고, 하후씨는 흙으로 벽돌처럼 구워서 관이 들어갈 구덩이 둘레에 쌓았다. 그 뒤 은나라 사람들은 비로소 나무로 관을 만들고 관을 넣을 겉널[外棺]을 만들었으니 이것이 곧 관곽이다. 주나라 사람들에 이르러 관곽만 사용할 뿐 아니라 관곽에 여러 가지 장식을 하여 사용하기에 이르렀다.

  그리고 주나라에 있어서는 나이가 어린 자일수록 예를 낮추어, 예의 경·중을 보이고 있다. 또한 하(夏)·은(殷)·주(周) 3대에 있어서 각각 그 숭상하는 빛깔이 다름을 말해주고 있다. 하후(夏后)씨는 물을 다스린 공으로 천하를 얻었다. 그러므로 물빛인 검은색[玄色]을 숭상하였고, 은나라의 성탕(成湯)은 정벌로써 천하를 얻었기 때문에 무기를 의미하는 금빛인 백색을 숭상했으며, 주나라는 불이 금을 이긴다는 뜻, 즉 주나라가 은나라를 이긴다는 뜻으로 불의 빛인 붉은빛을 숭상한 것이라고 전한다.

다음에는 존비(尊卑)의 상(喪)을 통해서 같은 예가 있고 서로 다른 것이 있다는 것을 말해주고 있다. 그것은 어버이의 상을 슬퍼하는 일과 재최·참최에 대한 점과 거상중에 죽을 먹는 등의 일은 천자나 서민이나 같지만, 빈소와 관을 덮는 막(幕)은 천자는 생비단으로 하고 제후는 베로 한다는 것을 말하고 있다. 그리고 노(魯)나라는 제후가 천자의 예를 사용하고 있으니 그것은 참람된 일이라는 것을 지적하고 있다.

진(晉)나라의 헌공(獻公)이 〔총애하는 첩 여희에게 현혹되어〕 태자인 신생(申生)을 죽이려고 하였다. 그때 〔신생의 아우〕 공자 중이(重耳)가 태자에게 말하기를, "그대는 어째서 자신의 뜻을 부왕(父王)에게 말하지 않습니까?"라고 하였다. 태자가 대답하여 말하기를, "그것은 안된다. 부왕께서는 여희(驪姬)를 믿고 편안하게 계시는데 그렇게 하면 부왕의 마음을 상하게 하는 일이 될 것이다."라고 하였다. 이에 중이가 말하였다. "그렇다면 어째서 다른 나라로 나가버리지 않습니까?" 태자가 말하기를, "그것도 안된다. 부왕께서는 내가 임금을 시해하고자 한다라고 말할 것이다. 천하에 어찌 어버이 없는 나라가 있겠는가. 내가 간다면 장차 어디로 간단 말인가."라고 하였다. 그리고는 사람을 시켜 사부(師傅)인 호돌(狐突)에게 가서 고하기를, "신생(申生)이 현명하지 못한 죄가 있어서 백씨(伯氏)의 말을 생각하지 않았다가 이제 죽게 되었습니다. 신생은 감히 신명(身命)이 죽는 것을 애석하게 여기지 않습니다. 그러나 우리 임금은 늙었고, 아들은 어리며, 국가는 다난(多難)합니다. 그런데 백씨께서는 나와서 우리 임금을 위하여 정치를 꾀하지 않으니 그것이 근심됩니다. 백씨께서 나와서 진정 우리 임금을 위해 국정을 꾀하신다면, 신생은 은혜를 입어 안심하고 죽겠습니다."하고 두 번 절한 다음 머리를 조아리며 죽었다. 그래서 시호(諡號)를 공세자(恭世子)라고 불리고 있다.

原文　晉獻公이　將殺其世子申生이어늘,　公子重耳이　謂之曰,
子는　蓋言子之志於公乎리오.　世子이　曰,　不可하니라.　君이　安於
驪姬하시나니,　是我傷公之心也니라.　曰,　然則蓋行乎리오.　世子이
曰,　不可하니라.　君이　謂我하시되　欲弑君也라　하시나니,　天下에
豈有無父之國哉리오.　吾는　何行如之리오.　使人으로　辭於狐突
曰,　申生은　有罪하니,　不念伯氏之言也하며,　以至於死라.　申生은
不敢愛其死려니와,　雖然이나　吾君이　老矣며,　子이　少하고,　國家
이　多難이어늘,　伯氏이　不出而圖吾君하나니,　伯氏이　苟出而圖吾
君이면,　申生은　受賜而死라　하고,　再拜稽首乃卒하니,　是以로　爲
恭世子也라　하니라.

　　(진헌공 장살기세자신생 공자중이 위지왈
　　자 합언자지지어공호 세자 왈 불가 군 안어
　　여희 시아상공지심야 왈 연즉합행호 세자
　　왈 불가 군 위아 욕시군야 천하
　　기유무부지국재 오 하행여지 사인 사어호돌
　　왈 신생 유죄 불염백씨지언야 이지어사 신생
　　불감애기사 수연 오군 노의 자 소 국가
　　다난 백씨 불출이도오군 백씨 구출이도오
　　군 신생 수사이사 재배계수내졸 시이 위
　　공세자야)

註解　ㅇ世子(세자)—임금의 지위를 이어받을 제후의 아들. 태자. ㅇ申
生(신생)—진(晉)나라 헌공의 세자. ㅇ公子重耳(공자중이)—중이(重耳)는
신생의 배다른 동생. 뒷날의 문공(文公). ㅇ蓋言子之志於公乎(합언자지지
어공호)—합(蓋)은 합(盍)의 잘못이라고 한다. 합(盍)은 '어째서 ……하지
않는가'라는 뜻이다. 즉, "여희에게 참소되었다는 사실을 어째서 부왕에게
말하지 않습니까?"하고 중이가 신생에게 권하는 말. ㅇ君安於驪姬(군안
어여희) 是我傷公之心也(시아상공지심야)—임금께서 여희를 믿고 편안하

게 여기고 있다. 내가 만일 참소된 사실을 말하면 반드시 여희는 베임을 당할 것이니, 그렇게 되면 내가 임금의 마음을 상하게 만드는 것이다라고 한 말. ㅇ蓋行乎(합행호)—행(行)은 거(去)와 같으니 외국으로 간다는 뜻. 즉 어째서 외국으로 도피하지 않습니까라고 한 말. ㅇ天下豈有無父之國哉(천하기유무부지국재)—천하에 아버지 없는 나라가 어디에 있겠는가. 아버지를 시해하려고 하였다면 천하 어느 나라에서도 미워할 것이다라고 한 말. ㅇ何行如之(하행여지)—간들 장차 어디로 간단 말인가란 뜻. ㅇ狐突(호돌)—신생의 사부(師傅). 일찍이 부왕 헌공이 신생에게 동산(東山) 고락씨(皐落氏)를 치게 한 일이 있다. 그때 호돌이 신생에게 국외로 도피하라고 한 일이 있다. ㅇ申生有罪(신생유죄)—신생은 현명하지 못하여 선생의 말을 깊이 생각지 못한 죄가 있다고 스스로 말한 것. ㅇ伯氏(백씨)—호돌을 일컫는 말. 백은 형제의 순차에 따른 칭호. ㅇ愛其死(애기사)—그 죽음을 애석하게 여긴다는 뜻. ㅇ子少(자소)—아들은 어리다는 뜻. 여희가 낳은 해제(奚齊)를 가리킨 말. ㅇ伯氏不出而圖吾君(백씨불출이도오군)—고락씨(皐落氏)가 배반한 뒤 호돌은 병을 핑계하면서 나라의 정치에 관여하지 않았으므로 그것이 근심이라고 한 말. 도(圖)란 모계(謀計)란 뜻. ㅇ受賜而死(수사이사)—사(賜)는 혜(惠)와 같으므로 은혜를 입고 죽겠습니다라고 한 말. ㅇ是以爲恭世子(시이위공세자)—신생이 스스로 목매어 죽었기 때문에, 아버지로 하여금 아들을 죽인 불의(不義)에 빠뜨렸으니 효자라고 할 수 없다. 다만 아버지의 말에 공손히 따랐을 뿐이라고 하여 그 시호를 공세자(恭世子)라고 하였다는 뜻.

解說 진(晉)나라의 헌공이 총애하는 여희의 참소하는 말을 믿고 세자 신생을 죽이고자 하니, 세자의 이복동생인 중이가 신생에게 권하기를, 세자가 참소되고 있다는 사실을 부왕인 헌공에게 말하라고 하였다. 그러나 신생은 듣지 않았다. 그것은 부왕이 여희를 베게 하는 것이고 그렇게 되면 부왕의 마음이 상하게 되므로 할 수 없다고 하였다. 그러면 외국으로 도피하라고 하였다. 그러나 신생은 역시 듣지 않았다.

그는 말하기를, "임금께서 내가 임금을 시해하려고 한다."라고 말하고 있다. "그러니 천하의 어느 나라에 간들 아버지를 죽이려고 한 사람을 미워하지 않는 곳이 있겠는가, 내가 간들 어디로 간단 말인가." 라고 하였다. 그리고는 자신의 사부인 호돌에게 뒷일을 부탁하고 스스로 목매어 죽었다는 것이다. 그래서 그는 자기 아버지로 하여금 아들을 죽인 불의한 사람이 되게 하였다. 그러므로 그는 효자가 될 수 없다. 다만 아버지인 부왕이 하는 일에 한갓 공손하게 따랐을 뿐인 것이다.

[부모 3년의 상(喪)이란 사실상은 25개월이며, 그 24개월째에 대상(大祥)을 지낸다. 그후에는 가야금 정도의 기분풀이는 해도 좋으나 아직 노래를 불러서는 안된다. 제25개월이 지난 후 탈상을 하면 비로소 평소의 생활로 되돌아간다. 그런데] 노(魯)나라에서 어떤 사람이 어느 날 아침 대상(大祥)을 지내고 그날 저녁때에 노래를 불렀다. 그것을 안 공자의 제자인 자로(子路)가 그를 비웃었다. 그러자 공자가 말하기를, "유(由)야, 네가 남의 허물을 책망함이 지나친 것 같구나. 상례(喪禮)가 제대로 지켜지지 않는 이 세상에서 그가 3년의 상을 지켰으니, 그 또한 오랜 세월이 아니겠느냐."라고 하였다. 자로가 자리에서 나간 뒤에 공자는, "그 사람이 노래할 수 있는 때가 어찌 다시 많은 세월이 필요하겠는가. 한달만 더 넘겼으면 좋았으련만."이라고 말하였다.

노(魯)나라의 장공(莊公)이 송(宋)나라 사람과 승구(乘丘)에서 싸웠다. 장공의 수레는 현분보(縣賁父)가 몰고 복국(卜國)은 오른쪽에 참승(驂乘)하였다. 그러나 말이 놀라서 수레가 쓰러지니 장공이 수레에서 떨어졌다. 부거(副車)에서 말고삐를 주어 여기에 옮겨 탔다. 공이 말하기를, "복국은 미말(微末)이로구나, 용기가 없다."라고 하였다. 현분보가 책임을 느끼고 말하기를, "다른 날에는 말이 쓰러진 일이 없는데 이제 말이 쓰러졌으니 이것은 우리들이 용기가 없기 때문입니다."라고 하더니 드디어 두 사람이 모두 싸움 속으로 달려가 죽었다. 어인(圉人)이 말을 목욕시키다 보니 유시(流矢)가 말의 다리 사이에 꽂혀 있었다. 공(公)이 말하기를, "그들의 죄가 아니었구나."하고 드

디어 그들의 공을 뇌(誄)하여 시호를 주었다. 사(士)로서 시호가 있게
된 것은 이 일에서부터 시작되었다.

原文   魯人이 有朝祥而莫歌者어늘, 子路이 笑之한데, 夫子이
曰, 由아, 爾責於人이, 終無已夫인저. 三年之喪이, 亦已久矣夫
니라. 子路이 出커늘, 夫子이 曰, 又多乎哉면, 踰月則其善也니라.
　　(노인 유조상이모가자 자로 소지 부자
　　왈 유 이책어인 종무이부 삼년지상 역이구의부
　　자로 출 부자 왈 우다호재 유월즉기선야)

　　魯莊公이 及宋人으로 戰于乘丘하실새, 縣賁父이 御하고, 卜國
이 爲右요. 馬驚敗績하여, 公이 隊커시늘, 佐車授綏한데, 公이
曰, 末之라 卜也여. 縣賁父이 曰, 他日에 不敗績, 而今敗績하
니. 是는 無勇也라 하고, 遂死之하다. 圉人이 浴馬하니, 有流矢
在白肉이어늘 公이 曰, 非其罪也라 하시고, 遂誄之하시니, 士之
有誄는, 自此始也니라.
　　(노장공 급송인 전우승구 현분보 어 복국
　　위우 마경패적 공 대 좌거수수 공
　　왈 말지 복야 현분보 왈 타일 불패적 이금패적
　　시 무용야 수사지 어인 욕마 유류시
　　재백육 공 왈 비기죄야 수뢰지 사지
　　유뢰 자차시야)

註解   ○朝祥而莫歌(조상이모가)－모가(莫歌)는 모가(暮歌)와 같으므
로, 아침에 대상을 지내고, 저녁에 노래를 부른다는 뜻. ○笑之(소지)－여
기에서는 비웃는다는 뜻. ○終無已夫(종무이부)－마침내 그칠 때가 없겠
구나. ○三年之喪亦已久矣夫(삼년지상역이구의부)－상례(喪禮)가 제대로
지켜지지 않는 시대에 그가 3년의 상기(喪期)를 지킨 것만도 이미 세월
이 오래 되었다는 말. ○又多乎哉(우다호재) 踰月則其善也(유월즉기선야)－
또 다시 많은 세월이 걸리겠는가, 아니다 한달만 넘기면 좋았을 것이다.

즉, 대상을 지난 뒤 한달만 넘긴 뒤에 노래하고 즐거워했어도 좋았을 것이라는 말. ㅇ卜國爲右(복국위우)―복국(卜國)은 사람 이름. 복국이 오른쪽에 참승했다는 뜻. ㅇ馬驚敗績(마경패적)―말이 놀라 쓰러진다는 뜻. ㅇ公隊(공대)―대(隊)는 추(隊)이므로, 공이 말에서 떨어진다는 뜻. ㅇ佐車授綏(좌거수수)―좌거는 부거(副車)를 말하므로 예비 수레. 수(綏)는 잡고 말에 오르는 끈. 즉 공이 수레에서 떨어지자 뒤에 예비로 따라오던 수레에서 안장의 끈을 주어 잡고 오르게 하는 것. ㅇ末之卜也(말지복야)―말(末)은 미말(微末)이므로 제일 못났다는 뜻. 즉 복국이 용기가 없는 못난이기 때문에 떨어졌구나라고 한 말. ㅇ圉人(어인)―말을 기르는 일을 맡은 사람. ㅇ白肉(백육)―사타구니 사이의 살. ㅇ誄之(뇌지)―두 사람이 적에게 달려가서 싸운 공을 찬양하는 뇌문(誄文)을 지어 표창하고 그에게 시호를 주었음을 뜻한다. ㅇ士之有誄(사지유뢰)―노나라 장공이 복국과 허분보가 의롭다고 하여 사(士)인 그들에게 시호를 주었다는 뜻.

解說 아침에 대상의 제사를 지내고 저녁에 노래를 부르는 것은 본래부터 예(禮)가 아니다. 그러나 예교(禮敎)가 쇠퇴한 당시에 있어서 이 사람만이 홀로 능히 3년상을 지냈으니, 그 일만으로도 이미 칭찬할 만하다. 그러므로 자로의 비웃음을 눌러버렸다. 그러나 자로가 나간 다음에 공자는 다시 말하였다. "이미 24개월이 지났으니 앞으로 한달만 기다렸으면 좋았을 것을, 그 사람이 아깝게도 아침에 대상을 지내고 저녁에 노래했으니 그것은 예절바른 일이 아니다."라고 말하며 예의 정당한 바를 설명한 것이다.

사(士)로서 시호가 있게 된 것은 이것에서 비롯되었다라고 기록한 것은, 장공의 한 일을 잘못으로 규정하여 그것을 토죄(討罪)한 의미라고 한다. 장락진씨(長樂陳氏)는 이렇게 비판하였다. "춘추시대에는 의로운 싸움이 없었다. 장공의 승구에서의 전쟁은 의로운 일이 아니다. 그리고 유시(流矢)가 말에게 맞아 말이 놀란 것을 모르고 어자(御者)와 참승(驂乘)을 죄주었으니 그것은 현명하지 못한 것이다. 비의(非義)와 현명하지 못한 죄는 한때 해독을 끼칠 뿐이다. 그러나 성덕(成德)한 대부에게만 주는 시호를 성덕하지 않은 군사에게 주어 예(禮)

아닌 것을 전례(前例)로 만드는 것은 폐해를 천추에 남기는 것이니 그 죄는 더욱 큰 죄이다. '사(士)가 시호를 가지게 된 것은 이것에서 비롯된 것이다'라고 기록한 것은, 기록한 사람이 장공의 죄를 주토(誅討)한 것이다."라고 하였다.

증자(曾子)가 병으로 병상에 누웠는데 위독하였다. 그 병상 아래에 악정(樂正) 자춘(子春)이 앉았고, 발치에 증원(曾元)과 증신(曾申)이 앉아 있었으며, 또 동자가 방구석에서 촛불을 잡고 있었다. 동자가 말하기를, "선생님의 삿자리는 아름답고 훌륭하군요. 대부가 사용하는 것이 아닙니까?"라고 하였다. 자춘이 "그쳐라."하고 말하였다. 증자가 그 말을 듣고 "아아!"하며 탄식하였다. 이에 동자가 또 말했다. "정말 아름답고 곱습니다. 대부의 삿자리지요."라고 말했다. 증자가 말하기를 "그렇다. 이것은 계손(季孫)이 나에게 보내준 것이다. 내가 아직 바꾸지 못했구나. 원(元)아, 이리 와서 이 삿자리를 바꾸어라."라고 하였다. 증원이 말하였다. "아버님의 병이 위급하여 움직일 수가 없습니다. 내일 아침이 되면 그때 바꾸어 드리겠습니다." 이에 증자가 말하기를, "네가 나를 대하는 정애(情愛)는 저 아이만 못하구나. 군자가 남을 사랑하는 것은 덕으로써 하고, 세인(細人)이 남을 사랑하는 것은 고식지책(姑息之策)으로써 한다. 내가 어느 것을 요구하겠느냐. 나는 바른 것을 얻고 죽겠다. 그것을 원할 뿐이다."라고 하였다. 그래서 여럿이 환자를 붙들고 자리를 바꾸었다. 도로 제자리에 와서 앉기도 전에 증자는 몰(沒)하였다.

原文 曾子이 寢疾病이어시늘, 樂正子春은 坐於牀下하고, 曾元·曾申은 坐於足하고, 童子는 隅坐而執燭이러니, 童子이 曰, 華而睆하니, 大夫之簀與인저. 子春이 曰, 止하라. 曾子이 聞之하시고, 瞿然曰, 呼라. 曰, 華而睆하니, 大夫之簀與인저. 曾子이 曰, 然하니라. 斯는 季孫之賜也니, 我未之能易也러니, 元아 起하

여 易簀하라. 曾元이 曰, 夫子之病이 革矣라. 不可以變이니, 幸而至於旦이어든, 請敬易之하리이다. 曾子이 曰, 爾之愛我也는, 不如彼로다. 君子之愛人也는 以德하고, 細人之愛人也는 以姑息하나니, 吾이 何求哉리오. 吾得正而斃焉이면, 斯已矣니라. 擧扶而易之러니, 反席未安而沒하시다.

(증자 침질병 악정자춘 좌어상하 증
원·증신 좌어족 동자 우좌이집촉 동자 왈
화이환 대부지책여 자춘 왈 지 증자 문지
구연왈 호 왈 화이환 대부지책여 증자
왈 연 사 계손지사야 아미지능역야 원 기
역책 증원 왈 부자지병 극의 불가이변 행
이지어단 청경역지 증자 왈 이지애아야
불여피 군자지애인야 이덕 세인지애인야 이고
식 오 하구재 오득정이폐언 사이의 거
부이역지 반석미안이몰)

註解 ㅇ寢疾病(침질병)－병들어 누웠는데 위독하다는 뜻. ㅇ樂正子春(악정자춘)－증자의 제자. ㅇ曾元(증원)·曾申(증신)－모두 증자의 아들. ㅇ華而睆(화이환)－아름답고 곱다는 말. ㅇ大夫之簣(대부지책)－대부라야 사용하는 삿자리. 책(簣)은 삿자리. ㅇ瞿然(구연)－놀라서 눈을 휘둥그렇게 뜨는 모양. ㅇ呼(호)－우(吁)의 잘못이며 '아아'하고 탄식하는 것. ㅇ病革矣(병극의)－극(革)은 위급하다는 뜻이므로 병이 위급하다는 말. ㅇ不可以變(불가이변)－움직일 수 없다는 뜻. ㅇ愛人也以德(애인야이덕)－남을 사랑하면 그로 하여금 덕을 성취하게 하는 것. ㅇ細人(세인)－쓸모 없는 사람. 옹졸한 사람. 비굴한 사람. ㅇ姑息(고식)－식(息)은 안식과 같으므로 구차하게 편안함을 취하는 것. ㅇ斯已矣(사이의)－이것으로 세상을 바르게 마치겠다는 말.

解說 병상에 증자가 깔고 있는 삿자리는 계손씨(季孫氏)가 보내준

대부용 삿자리였다. 이것을 미처 바꾸어 깔지 못한 채 병이 위독하였다. 이때 옆에서 모시던 동자가 "이것은 대부의 삿자리군요."라고 말하였다. 증자가 대부가 아닌데도 대부의 삿자리를 사용하는 것은 예에 맞지 않음을 시사한 것이다. 임종에 가까운 증자가 그 말을 듣고 놀라서 그 삿자리를 바꾸게 하였다. 그리하여 자리를 바꾸어 간 뒤에 곧 숨을 거두었다는 것이다.

군자는 잘못임을 깨달았을 때에는 곧 그것을 고친다. 이 급박하고 곤란한 경우에라도 인순(因循)하거나 고식(姑息)하지 않는다. 증자는 병이 위중하여 움직일 수 없는 그야말로 최후의 일순간에 있으면서도, 기어이 그 바른 도리를 찾고 비로소 편안한 마음으로 숨을 거두었다. 그래서 증자의 이러한 행동은 대현인(大賢人)이 아니면 할 수 없다고 주자(朱子)가 찬양하였다.

[어버이가] 죽은 최초에 아들은 마음에 슬픔이 지극하여 막다른 골목에 이르러 눈앞이 캄캄한 것 같고, 빈소를 설치하고 나면 눈을 급히 두리번거리며 무엇을 잃고 찾아도 찾아내지 못하는 것 같으며, 이미 장사하고 나면 마음이 허전하여 허둥지둥 무엇이 오기를 바라건만 오지 않는 것 같고, 소상에 이르러서는 세월의 빠른 것을 개탄하며, 대상이 되면 마음이 텅빈 것 같다.

주루(邾婁)가 화살로 죽은 사람의 혼을 부르는 것은 대체로 승형(升陘)의 전쟁에서 시작된 것이고, 노(魯)나라 부인들이 여상제 북상투 쪽진 차림으로 조상하는 것은 호태(壺鮐)의 패전(敗戰)에서부터 시작된 것이다.

남궁도(南宮縚)의 아내에게 시어머니 상(喪) 때 공자가 가르치기를, "상주의 머리차림을 하되 그 북상투 쪽지는 것을 너무 높게 하지 말며, 너무 넓게도 하지 말아야 한다. 개암나무 가지로 비녀를 지르는데 비녀의 길이는 1척이라야 하며, 머리털을 베로 묶어서 뒤로 늘어뜨리는데 그 길이는 여덟 치〔八寸〕라야 한다."라고 하였다.

原文　　始死에, 充充하여 如有窮하며, 旣殯하면, 瞿瞿하여 如有求而弗得하며, 旣葬하면, 皇皇하여 如有望而弗至하고, 練而慨然하며, 祥而廓然이니라.

（시사 충충 여유궁 기빈 구구 여유
구이불득 기장 황황 여유망이불지 연이개연
상이곽연）

邾婁復之以矢는, 蓋自戰於升陘하여 始也니라. 魯婦人之髽而弔也는, 自敗於壺鮐하여 始也니라.

（주루복지이시 개자전어승형 시야 노부인지좌이
조야 자패어호태 시야）

南宮縚之妻之姑之喪에, 夫子이 誨之髽曰, 爾母從從爾하며, 爾母扈扈爾하라. 蓋榛以爲笄하되, 長이 尺이오 而總이 八寸이니라.

（남궁도지처지고지상 부자 회지좌왈 이무종종이
이무호호이 개진이위계 장 척 이총 팔촌）

註解　　ㅇ邾婁(주루)—주(周)의 나라 이름. 노(魯)나라 목공(穆公) 때에 추(鄒)라고 고쳤다. 주(邾)의 사람들은 주를 누(婁)라고 발음하기 때문에 주루(邾婁)라 한다는 것이다. ㅇ復之以矢(복지이시)—복(復)은 사람이 죽은 때에 그의 옷을 높이 내흔들면서 "아무개 복 복 복"하고 세 번 불러 죽은 사람의 혼이 돌아오라고 한다는 것이다. 그런데 주루에서는 옷 대신 화살을 내저으며 초혼한다. 이것은 옛날 주루는 노나라와 싸워서 싸움은 이겼으나 죽은 사람이 많아 옷이 없었기 때문이었다. 그래서 화살을 내둘러 초혼하게 되었고, 이것이 그 뒤 주루의 일반적인 관습이 되었다는 것이다. ㅇ升陘(승형)—노(魯)나라의 땅 이름. 노나라 희공(僖公) 21년에 주루와 노나라가 승형에서 싸운 일이 있다. ㅇ髽而弔也(좌이조야)—좌(髽)는 평상시에 검은색 베수건으로 부인들의 북상투 쪽진 것을 씌우고 있다가 흉사(凶事) 때에는 그것을 풀어버려 북상투를 드러내는 것이다. 이 북상투 쪽진 것을 드러내는 차림은 상을 입은 때의 차림인데, 노나라의 부인들은 이러한 차림으로 남의 집에 조상하는 풍속이 있었다. ㅇ壺鮐

(호태)-호태는 주루의 땅 이름. 호태(狐鮐)라고도 쓴다. 노나라와 주루가 이곳에서 싸운 일이 있다. ㅇ南宮縚(남궁도)-남궁씨는 노나라 공족(公族)이었다. 도(縚)의 자(字)는 자용(子容)이다. 공자의 신임을 얻어 공자의 형의 딸과 결혼했다. 그러므로 이 이야기는 공자가 조카딸에게 준 교훈에 관한 것이다. ㅇ姑之喪(고지상)-시어머니의 상(喪). ㅇ誨之髽(회지좌)-좌는 부인이 상을 당했을 때의 머리차림이므로 공자가 형의 딸이 시어머니의 상을 당했을 때, 상주로서의 조카딸 머리차림을 가리킨 것. ㅇ爾毋從從爾(이무종종이)-위의 이(爾)는 너라는 뜻. '종(從)'의 원음은 총. 종종은 높다는 뜻이다. 즉 너는 상주로서의 북상투 쪽찌는 것을 너무 높게 하지 말라고 한 말. ㅇ扈扈(호호)-넓다는 뜻. ㅇ榛以爲笄(진이위계)-진은 개암나무를 말하고 계(笄)는 비녀를 말한다. 참최복(斬衰服)인 경우에는 비녀는 전죽(箭竹)을 사용하지만 며느리가 구고(舅姑)를 위한 복은 모두 재최부장기(齊衰不杖期)이므로 마땅히 개암나무 비녀를 사용하는 것이다. ㅇ笄(계) 長尺(장척)-평상시의 비녀 길이는 1척 2치이고 상중에는 1척이다. ㅇ總(총)-머리를 검은 베로 싸맨 것. 길이는 여덟 치.

解說 먼저 거상(居喪)하는 효자의 심정을 말하고 있다. 세월이 흐름에 따라 효자의 슬퍼하는 마음의 상태도 점차 식어가고 있음을 알 수 있다. 다음에는 노나라와 주(邾)나라에서 예를 잃고 있음을 말해주고 있다. 사람이 죽은 때에 옷을 내저으며 초혼하는 것은 사람의 혼이 자기의 옷을 보고 돌아와 다시 살아나기를 바라는 마음에서 하는 행위이지만 다시 살아날 이치가 없는 것이다. 또 노나라의 부인들이 상주의 몸차림을 하고, 남의 조상을 하는 습속이 평상시의 예절로 되어 있다고 하니 이 또한 예가 될 수 없는 것이다. 주로(邾魯)의 나라에서 이러한 예절에 어긋나는 습속이 있다는 것을 비판한 것이다.

노나라의 맹헌자(孟獻子)가 담제(禫祭)에서 악기를 늘어놓을 뿐 주악을 하지 않고, 부인을 시중할 수 있을 때가 되었건만 침실에 들어가지 않으니 공자가 말하기를, "헌자(獻子)는 일반 사람들보다 한 등(等) 위에 있구나."라고 말하였다.

공자는 이미 대상을 지낸 5일 뒤 거문고를 탔으나 소리를 이루지 않았으며, 10일이 되어 생황(笙簧)을 불고 노래하여 음곡(音曲)을 울렸다. 유자(有子)는 이미 대상을 끝내자 실로 장식한 신을 신고 채색실로 땋은 갓끈을 사용하였다.

사람이 죽어도 조상을 하지 않는 경우가 세 가지 있다. 두려워서 죽은 자와, 압사(壓死)한 자와, 익사(溺死)한 자일 경우이다.

자로(子路)가 그 자씨(姉氏)의 상을 당하여 복을 벗어야 할 때가 되었는데 벗지 않았다. 공자가 말씀하기를, "어째서 복을 벗지 않는가?"라고 하니, 자로가 대답하기를, "저에게는 형제가 적습니다. 그래서 차마 복을 벗지 못하고 있습니다."라고 하였다. 공자가 말씀하기를, "선왕(先王)의 제례(制禮)는, 도(道)를 행하는 사람이면 누구나 다하지 못하지만 아니 지키지 못한다."라고 하자, 자로가 듣고 비로소 복을 벗었다.

─────

原文 孟獻子이 禫에, 縣而不樂하며, 比御而不入하니, 夫子이 曰, 獻子는 加於人一等矣라 하시다.
 (맹헌자 담 현이불악 비어이불입 부자
 왈 헌자 가어인일등의)

孔子이 旣祥五日에, 彈琴而不成聲하시고, 十日而成笙歌하시고, 有子는 蓋旣祥에, 而絲屨組纓이러라.
 (공자 기상오일 탄금이불성성 십일이성생가
 유자 개기상 이사구조영)

死而不弔者이 三이니, 畏와, 壓과, 溺이니라.
 (사이부조자 삼 외 압 익)

子路이 有姉之喪이러니, 可以除之矣한데, 而弗除也하며, 孔子이 曰, 何弗除也오. 子路이 曰, 吾寡兄弟而弗忍也로다. 孔子이 曰, 先王制禮는, 行道之人이, 皆弗忍也니라. 子路이 聞之하고,

遂除之하니라.

　　(자로 유자지상 가이제지의 이불제야 공자
　　왈 하불제야 자로 왈 오과형제이불인야 공자
　　왈 선왕제례 행도지인 개불인야 자로 문지 수제지)

註解　o孟獻子(맹헌자)―노나라의 대부, 중손멸(仲孫蔑)을 가리키는 말. o禪(담)―담제(禪祭). 대상(大祥) 뒤 한달을 사이에 두고 지내는 제사. o縣而不樂(현이불악)―악기를 늘어놓고 주악하지 않는 것. o比御而不入(비어이불입)―부인을 시중들게 하여도 좋은 때를 당하였으나 침실에 들어가지 않는 것. o加於人一等(가어인일등)―보통 사람보다 한 등 위에 있는 것. o不成聲(불성성)―소리의 가락을 이루지 못하는 것. o絲屨組纓(사구조영)―실로 장식한 신을 신고, 채색한 실로 땋은 갓끈을 사용하는 것. o畏(외)―어떤 사정으로 심신에 급박감을 느껴 자살하는 것. 두려워서 자살하는 것. o壓(압)―압사. 절벽이 무너지거나 집이 쓰러져서 눌려 죽는 것. o溺(익)―익사. 물에 빠져 죽는 것. o除之(제지)―제상(除喪). 탈상. 상복을 벗고 평소의 생활로 되돌아가는 것. o行道之人(행도지인)―약간 천성에 따르는 도를 알고 그것을 행하는 것. o皆不忍也(개불인야)―선왕이 제정한 예에 따라 상을 벗을 때에는 행도(行道)하는 사람이면 누구나가 모두 섭섭하여 복을 차마 벗고 싶지 않은 마음이 있다. 그러나 선왕의 제례는 지켜야 한다라고 한 말.

解說　음악을 주악할 수 있고, 부인을 침실에 시중들게 할 수 있는 때가 되었건만 맹헌자는 그렇게 하지 않았다. 그것을 공자는 칭찬하여 보통 사람보다 한 등 위에 있다고 하였다. 이것을 장락진씨(長樂陳氏)는 이렇게 평하였다. "예란 것은 그 예에 맞게 해야 한다. 지나치는 것이 좋은 것은 아니다. 그러므로 공자는 백어(伯魚)와 자로(子路)가 모두 어머니와 맏누이의 상에 지나치게 슬퍼한 것을 나무란 것이다. 공자가 맹헌자를 칭찬한 것은 그의 예를 지킴이 남보다 한 등 위에 있다는 것이 아니고, 특히 그 행동이 남보다 한 등 위에 있음을 칭찬한 것일 게다."라고 하였다.

공자는 이미 대상을 지나고 5일이 되었건만 거문고를 탔어도 소리가 가락을 이루지 못하였다. 그러나 10일을 지나서는 저를 불고, 노래를 불러 가락을 이루었다. 그것은 예에 맞는 행동이었다. 그러나 공자의 제자인 유자(有子)는 대상을 지내고는 곧 실로 장식한 신을 신고 채색 실로 땋은 갓끈을 사용하였다. 예에는 금방 상(祥)을 지나고 나서는 흰 신에 장식 없는 신을 신어야 하며, 흰 갓에 흰 실로 짠 끈을 사용하게 되어 있는데, 유자는 그렇게 하지 않았다는 것이다. 그것은 재빠르게 길복(吉服)으로 바꾼 것을 희롱한 것이다.

그리고 죽음에 조상하지 않는 세 가지에 대해서 방씨(方氏)는 이렇게 해설하고 있다. "싸움터에서 용감하지 않은 것은 효도가 아니라고 한다. 그렇기 때문에 두려워함은 효자가 아니므로 조상하지 않아도 된다는 것이다. 그리고 군자는 바위나 담 밑에 서지 않는다고 한다. 그러므로 압사할 이치가 없는 것이다. 그리고 효자는 뱃놀이를 않는다고 한다. 그러니 익사할 이치가 없다는 것이다. 이 세 가지 죽음을 한 사람은 모두 정명(正命)이 아니기 때문에, 선왕이 예를 제정할 때에 조상하지 않는 것으로 정한 것이다."라고 말하였다.

태공(太公)이 영구(營丘 : 齊)에 봉(封)해지고부터 5세(世)에 이르기까지는 군주[제(齊)의 자손]가 죽으면, 주(周)나라의 서울로 돌아와 장사를 지냈다. 군자가 말하기를, "음악은 사물이 생산되는 근원에 대해서 사람이 그것을 즐기는 데서 비롯된 것이고, 예는 사람들이 각자의 선조를 잊지 않고 이에 경의를 표하는 데에서 비롯된다. 옛사람의 말에 '여우가 죽을 때에는 머리를 제가 살던 굴이 있는 언덕을 바로 향하고 죽는 것은 [짐승도] 인(仁)을 분별할 수 있었던 것이다.'"라고 하였다.

[공자의 아들] 백어(伯魚)의 어머니[공자와 이혼한 여자]가 죽은 뒤 기년(朞年)이 되었건만 백어는 오히려 곡하였다. 공자가 듣고 말씀하기를, "곡하는 자가 누구인가?"라고 하였다. 문인(門人)이 말하기

를, "이(鯉 : 백어)입니다."라고 답하자, 공자는 "아아 지나치구나."라고 하였다. 백어가 이를 듣고 즉시 곡을 그치었다.

순(舜)임금을 창오(蒼梧)의 들에 장사지냈다. 그런데 순임금의 세 사람의 비(妃)를 모두 그의 무덤에 부장(祔葬)하지는 않았다. 계무자(季武子)가 말하기를, "주공(周公) 때부터 비로소 부장하였다."라고 하였다.

증자(曾子)의 시체는 부엌에서 세욕(洗浴)하였다〔라고 전한다〕.

[原文] 太公이 封於營丘하여늘, 比及五世히, 皆反葬於周하되, 君子이 曰, 樂樂其所自生이오, 禮不忘其本이니, 古人이 有言曰, 狐死正丘首는, 仁也라 하니라.

(태공 봉어영구 비급오세 개반장어주
군자 왈 악락기소자생 예불망기본 고인 유언왈
호사정구수 인야)

伯魚之母死어늘, 期而猶哭하니, 夫子이 聞之하시고 曰, 誰與오 哭者여. 門人이 曰, 鯉也로소이다. 夫子이 曰, 嘻라, 其甚也로다. 伯魚이 聞之하고, 遂除之하니라.

(백어지모사 기이유곡 부자 문지 왈 수여
곡자 문인 왈 이야 부자 왈 희 기심야
백어 문지 수제지)

舜葬於蒼梧之野하거늘, 蓋三妃未之從也하니, 季武子이 曰, 周公이 蓋祔하니라.

(순장어창오지야 개삼비미지종야 계무자 왈
주공 개부)

曾子之喪에, 浴於爨室하니라.

(증자지상 욕어찬실)

[註解] ㅇ太公(태공)－태공망(太公望)의 약칭. 성은 여(呂), 이름은 상

(尙)이다. 주나라 문왕(文王)과 무왕(武王) 사이의 군사(軍師)로, 태공망은 그의 통칭이다. 무왕에 의해 제(齊)나라에 봉해졌고, 영구(營丘)에 도읍하였다. ㅇ營丘(영구)—땅 이름. 제나라의 서울. ㅇ比及五世(비급오세)—태공은 제군(齊君)이 된 후에도 주나라 서울에 머물러 정무(政務)를 담당했으며, 그곳에서 죽고 그곳에서 장사지내졌다. 그러한 연고로 오세(五世)에 이르기까지는 제군이 주에서 장사지내졌다는 뜻. ㅇ樂樂其所生(악락기소생)—선왕이 악(樂)을 제정할 때에, 자기의 왕업(王業)이 본래 일어난 바를 악으로 만들기를 즐겨한다는 말. ㅇ禮不忘其本(예불망기본)—예는 그 기본을 잊지 않는다는 뜻. 즉 조상에 대한 제사와 부모·조부모 등에 대한 복제와 거상(居喪)이 모두 근본을 잊지 않는 것이다. ㅇ狐死正丘首(호사정구수)—여우가 죽을 때에는 제가 살던 굴의 언덕을 향해 머리를 바로하고 죽는다는 뜻. ㅇ仁也(인야)—근본을 차마 잊지 못하는 마음은 어진 마음이란 뜻. ㅇ蒼梧之野(창오지야)—순(舜)임금이 유묘(有苗)를 정벌하다가 창오의 땅에서 죽었으므로 그냥 거기에 장사지냈다. ㅇ三妃(삼비)—순(舜)임금의 세 사람의 비(妃), 즉 장비(長妃) 아황(娥皇), 차비(次妃) 여영(女英), 차비(次妃) 계비(癸比)를 총칭한 말. ㅇ未之從也(미지종야)—순(舜)임금의 무덤에 부장(祔葬)하지 않았다는 말. ㅇ周公蓋祔(주공개부)—주공 때부터 합장하는 관례가 생겼다는 말. ㅇ爨室(찬실)—부엌.

解說 주(周)나라 태사(太師)인 태공망(太公望) 여상(呂尙)이 제나라에 봉해졌으나 죽은 뒤에 주(周)나라의 호경(鎬京)에 반장(反葬)되고, 그의 자손들이 오대(五代)의 대진(代盡)할 때까지 모두 주나라에 반장한 것은 예악(禮樂)의 도(道)에 맞는 일이라고 칭찬한 것이다. 백어(伯魚)가 그의 출모(出母)의 상을 당하여 기년(朞年)이 되어도 오히려 곡하고 있었다. 공자가 듣고 그것은 매우 지나친 행동이라고 꾸짖었다. 백어가 그 말을 듣고 곡을 그쳤다는 것이다. 아버지가 생존하면 어머니를 위한 상은 기년이 되면 담(禫)한다. 그리고 출모(出母)이면 담제(禫祭)가 없다. 백어는 공자의 뒤를 승계하는 자이므로 예에 따라 출모를 위한 복(服)이 없다. 그러기에 기년이 되었으면 곡이 없

어야 한다. 그런데 백어가 오히려 곡하니 공자가 그 지나침을 나무란 것이다. 상고(上古)에는 합장(合葬)하지 않았으며, 합장의 관례는 주공(周公) 때 처음 시작된 것이라고 말한다.

대공복(大公服)을 입으면 업무를 폐(廢)한다. 그런데 어떤 사람은 말하기를, "대공에는 [학습을 위해] 입으로 외는 것은 해도 좋다."라고 한다.

자장(子張)이 병들어 심해지자 아들인 신상(申祥)을 불러 말하기를, "[죽는 것을] 소인은 죽는다고 말하고, 군자의 경우에는 마친다[終]고 말한다. 내가 이제야 마치게 된 것 같구나."라고 하였다.

증자(曾子)가 말하였다. "사람이 죽었을 때 우선 바치는 것은 기각(庋閣)에 남아 있던 것으로 족하다."

증자가 또 말하기를, "소공(小功)에서 곡하는 위치를 정하지 않는 것은 누항(陋巷)의 예이다. 자사(子思)가 수씨(嫂氏)를 위하여 곡할 때에 곡위(哭位)가 있었는데 부인이 먼저 곡하였다. 신상(申祥)이 언사(言思)를 곡할 때에도 또한 그렇게 하였느니라."라고 하였다.

原文 大功에는 廢業이니, 或이 曰, 大功에는 誦이 可也니라.
   (대공 폐업 혹 왈 대공 송 가야)
  子張이 病하여, 召申祥而語之曰, 君子曰終이오, 小人曰死니,
吾이 今日에 其庶幾乎인저.
   (자장 병 소신상이어지왈 군자왈종 소인왈사
   오 금일 기서기호)
  曾子이 曰, 始死之奠은, 其餘閣也與인저.
   (증자 왈 시사지전 기여각야여)
  曾子이 曰, 小功에 不爲位也者는, 是委巷之禮也니라. 子思之
哭嫂也에 爲位하여, 婦人이 倡踊하여늘, 申祥之哭言思也에도 亦
然하니라.

(증자 왈 소공 불위위야자 시위항지례야 자사지
곡수야 위위 부인 창용 신상지곡언사야 역연)

註解   ㅇ大功(대공)—대공복(大功服)이니, 굵은 베로 지은 상복을 입는
다. 복을 입는 기간은 9개월이다. ㅇ廢業(폐업)—업(業)은 자신이 학습하
고 있는 일이므로, 학무(學舞)·학사(學射)·학금슬(學琴瑟) 따위이다.
이러한 학업을 대공복의 기간 중에는 폐지한다는 것이다. ㅇ或曰誦可也
(혹왈송가야)—그러나 어떤 사람은 말하기를, 입으로 외는 것은 해도 좋
다는 말이다. ㅇ申祥(신상)—자장(子張)의 아들. ㅇ君子曰終(군자왈종)—
군자는 행실이 이루어지고 덕이 서서, 처음이 있고 끝이 있다. 다만 육체
가 마칠 뿐이다. 그러므로 마친다, 즉 종(終)이라고 말한다. ㅇ小人曰死
(소인왈사)—소인은 세상에 아무런 남김이 없이 모든 물체가 썩는 것처럼
그 형체가 사라져 없어질 뿐이므로 죽는다. 즉 사(死)라고 말한다는 것이
다. ㅇ庶幾乎(서기호)—서(庶)는 다행이란 뜻이고 기(幾)는 바란다는 뜻
이므로 다행히 그러기를 바란다는 말이다. 즉 군자이기를 바랄 수 있다는
말이다. ㅇ始死之奠(시사지전)—사람이 죽고 최초로 영전에 바치는 음식
물. ㅇ其餘閣(기여각)—각(閣)은 기각(庋閣)이므로 찬장을 뜻한다. 즉 사
람이 죽고 최초로 영전에 드릴 음식물은 평소에 쓰던 찬장에 남은 것으
로 하라는 뜻. ㅇ小功(소공)—오복(五服)의 하나이며 5개월 동안 입는 복
(服). 다소 고운 베로 지은 상복을 입는다. ㅇ不爲位(불위위)—위(位)는
친소은기(親疎恩紀)의 차(差)에 따라 차례로 일정한 위치로 벌려 서서
곡하는 것, 그러므로 불위위(不爲位)는 일정한 위치로 벌려 서서 곡하지
않는 것. ㅇ委巷之禮(위항지례)—누항(陋巷)에 살고 있는 세민(細民)들의
예절을 알지 못하는 비루소박(鄙陋素朴)한 예, 즉 예를 바로 알지 못하는
속례(俗禮). 위항(委巷)은 꼬불꼬불한 골목이므로 누항(陋巷)과 같은 말.
ㅇ子思之哭嫂也爲位(자사지곡수야위위)—자사(子思)가 형수씨의 상에 곡
할 때 일정한 곡위(哭位)가 있었다. 수숙(嫂叔) 사이에는 복이 없다. 그
러나 비록 복은 없지만 형제의 내상(內喪)을 중하게 여기기 때문이다.
ㅇ夫人倡踊(부인창용)—창(倡)은 선창(先唱)한다는 뜻이고, 용(踊)은 뛴
다는 뜻이므로 부인이 먼저 울며 뛰기 시작한다는 말. 즉 수숙 사이에는

복이 없고 부인 동서간에는 소공복(小功服)이 있다. 그러므로 증자는 복이 없는 자기가 부인보다 먼저 곡하지 않고, 부인이 먼저 한 뒤에 따른 것이다. ㅇ申祥之哭言思也亦然(신상지곡언사야역연)─언사(言思)는 자유(子游)의 아들이므로, 신상(申祥)의 처남이다. 신상이 언사의 상에 임하여 일정한 위치에서 곡하였고, 부인이 창용(倡踊)하였다는 것이다.

解說 군자의 죽음을 마쳤다, 즉 종(終)이라고 하는 것은 자신의 수양을 쌓고 덕을 쌓는 것이기 때문에 그의 죽음은 오직 수양하는 데 생애를 마쳤다는 것이지만, 소인은 그런 것도 없이 형체가 사라져 버리므로 죽는다, 즉 사(死)라고 한다는 것이다. 자장(子張)이 임종시, 일생을 청산하는 마당에서 나는 다행히 마치는 것에 가깝기를 바란다고 말할 수 있음은 평소에 그가 행실을 닦고 덕을 쌓아 세상에 무엇인가 기여하기를 힘써 왔다는 것을 알 수 있다. 사람이 금방 죽었는데 제례(祭禮)로 바꾸는 것은 인정상 차마 할 수 없는 일이다. 그러므로 산 사람을 섬김과 같은 도리로 죽은 사람을 섬겨야 한다. 따라서 영전에 드릴 음식 같은 것도 평소에 사용하던 찬장에 남은 식품으로 산 사람을 섬기듯 하라는 것이다.

이 절의 끝 대목은 무복(無服)이면서 곡위(哭位)를 정하여 곡하는 예를 말한 것이다. 친(親)에는 원근(遠近)이 있고 복에는 경중이 있다. 그러므로 구별이 없을 수 없는 것이다. 그래서 곡할 때에는 각기 위치를 정한다. 그러던 것이 주실(周室)의 쇠미(衰微)에 이르러 전적(典籍)을 잃은 것이 많아서 한때의 예가 간혹 소공의 복을 입고도 곡위를 정하지 않는 자가 있었다. 그래서 증자가 그것을 희롱한 것이다. 증자가 여기에서, 자사(子思)가 형수씨를 위하여 위치를 정하고 곡하였다는 것을 말하여, 무복지친에도 곡위를 정해서 곡하는 경우가 있다고 한 것이다. 더구나 소공친으로서 일정한 위치에 서서 곡하지 않는 것은 더욱 예가 아니라는 것을 말한다.

옛날에는 관을 길흉 모두 세로로 꿰맸는데, 지금은 길관(吉冠)은 가로로 꿰매고, 흉관(凶冠)은 세로로 꿰매고 있다. 그런 까닭에 지금 상관(喪冠)이 길관과 상반(相反)되는 것은 옛 제도가 아니다.

증자(曾子)가 자사(子思)에게 이르기를, "급(伋)아, 내 어버이 상을 당하여 물과 미음을 입에 넣지 않은 것이 7일이었다."라고 하였다. 이에 자사가 말하였다. "선왕(先王)이 제정한 예에 있어서 지나치게 높은 자는 굽혀서 나아가고, 너무 낮은 자는 발을 제겨 딛고 따라가게 한다는 것이 원칙입니다. 그런 까닭에 군자가 어버이의 상에 거상할 때에는 물과 미음을 입에 넣지 않는 것이 3일에 이르므로 지팡이를 잡고 겨우 일어날 정도로 쇠약해진다고 듣고 있습니다. [즉 3일이 한계인데 7일은 너무 길지 않습니까?]"

증자가 말하기를, "소공(小功)에 태복(稅服)을 입지 않는다면 이것은 멀리 사는 형제는 마침내 복이 없게 될 것이니 그래도 좋은가."라고 하였다.

原文   古者에는 冠을 縮縫이러니, 今也에는 衡縫하나니, 故로 喪冠之反吉이, 非古也니라.
　　(고자 관 축봉 금야 횡봉 고
　　상관지반길 비고야)

曾子이 謂子思曰, 伋아, 吾이 執親之喪也하여, 水漿을 不入於口者七日이니라. 子思이 曰, 先王之制禮也는, 過之者俯而就之하며, 不至焉者 跂而及之니, 故로 君子之執親之喪也에, 水漿을 不入於口者三日하여, 杖而后能起하나니라.
　　(증자 위자사왈 급 오 집친지상야 수장 불입
　　어구자칠일 자사 왈 선왕지제례야 과지자부이취
　　지 부지언자 기이급지 고 군자지집친지상야 수장
　　불입어구자삼일 장이후능기)

曾子이 曰, 小功을 不稅하면, 則是遠兄弟終無服也니, 而可乎아.
　　(증자 왈 소공 불태 즉시원형제종무복야 이가호)

註解 ○縮縫(축봉)—세로로 꿰맨다는 뜻. ○衡縫(횡봉)—가로로 꿰맨다는 뜻. ○喪冠之反吉(상관지반길) 非古也(비고야)—상관이 길관(吉冠)과 상반되는 것이 옛날 제도가 아니라는 뜻. ○伋(급)—자사(子思)의 이름. ○過之者俯而就之(과지자부이취지)—지나친 자는 자신의 의사를 굽혀서 예제(禮制)를 지킨다는 말. ○不至焉者(부지언자) 跂而及之(기이급지)—모자라는 자는 발을 제겨 딛고 힘써 따라간다는 말. 즉 마음의 정성이 예에 미치지 못하는 자는 애써서 예에 따라가야 한다는 말. ○杖而後能起(장이후능기)—막대를 붙들고야 일어설 수 있다는 뜻. ○不稅(불태)—태복(稅服)을 입지 않는 것. 태복은 시일이 지난 후에 뒤늦게 복을 입는 것. ○遠兄弟(원형제)—먼 곳에 있는 형제. 여기에서는 재종(再從) 형제를 가리킨 것. 재종형제는 소공친(小功親)이다.

解說 먼저 상관(喪冠)이 길관(吉冠)과 그 꿰매는 것이 상반되는 것을 옛날 제도라고 세상에서는 생각하고 있으나 그것은 옛날의 제도가 아니라는 것을 설명한 것이다. 여기에서 옛날이라고 한 것은 은(殷)나라 이전을 말한 것이다. 은나라에서는 질박한 것을 숭상하였기 때문에 길관(吉冠)이나 흉관(凶冠)을 모두 세로로 꿰맸다. 세로로 꿰맨다는 것은 접는 주름이 적기 때문에 앞뒤를 하나하나 직봉(直縫)을 하였다. 그런데 주(周)나라에서는 꾸미는 것을 숭상하여 관에는 주름잡는 것이 많아서 하나하나 앞뒤를 직봉하지 않고 가로로 꿰맸다. 그러나 상관(喪冠)만은 검소하여, 오히려 주름이 적고 바로 꿰맨다. 그러므로 길관과 상관이 서로 상반되는 데가 있다.

  다음으로 예절은 지나쳐서는 안된다는 것을 말하고 있다. 증자가 자사에게 자기는 친상을 당했을 때에 7일 동안 물과 미음을 입에 넣지 않았다고 말하였다. 만약 증자의 말대로 7일씩이나 수장(水漿)을 입에 넣지 않았다면 거의 생명을 잃게 될 것이므로 이것은 예절로서 계속될 수 없을 뿐 아니라, 도리어 지나친 효심(孝心)으로써 효를 손상시키는 것이 되므로 옳지 않다. 그래서 자사는 그 설을 억제하는 의견을 밝힌 것이다. 아무리 효성이 지극한 군자라 할지라도 친상 때에 수장을 입에 넣지 않는 것은 3일로 한정되어 있다. 그 3일 동안만으로도 몸이 몹시 쇠약해지는데 하물며 7일은 너무 지나치지 않으냐고 말한 것이다.

예에 소공(小功) 이하는 태복(稅服)하지 않는다. 대공복 이상은 중하기 때문에 태복을 입지만 소공 이하는 가벼운 복이므로 태복하지 않는다. 증자가 이 상례를 근거로 하여 그것이 적당치 않다는 뜻을 나타낸 것이다. 그는 말하기를, "만약 소공복을 태복하지 않는다면 멀리 사는 재종 형제의 부고는 늦게 알려질 때가 많을 것이다. 그렇다면 마침내 복이 없는 결과가 된다. 그래도 좋은가."라고 하였다.

백고(伯高)의 상(喪)에 공자의 부의를 전하는 사람이 오지 않으므로 대신 염자(冉子)가 다섯 필의 명주와 네 필의 말을 빌어가지고 조상하러 갔다. 공자가 말씀하시기를, "묘하게 되었구나. 그러한 일은 공연히 나로 하여금 백고의 상을 조문하는 데 정성스럽지 못하게 만들었구나."라고 하였다.

백고가 위나라에서 죽어 공자에게 부고가 왔다. 공자가 말하기를, "내 어디에서 곡해야 한단 말인가. 형제에게는 내 사당에서 곡하고, 아버지의 벗에게는 사당문 밖에서 곡하고, 스승에게는 내 정침(正寢)에서 곡하고, 붕우(朋友)에게는 내 침문(寢門) 밖에서 곡하고, 아는 사람에 대하여는 들에서 곡하나니, 내가 백고에 대하여 들에서 곡하는 것은 너무 소원하고, 정침에서 곡하는 것은 너무 중하다. 대체로 그가 사(賜)로 말미암아 나를 만나보게 되었으니, 나는 사씨(賜氏)의 집에서 곡하겠다."라고 말하고 드디어 자공(子貢)에게 명해서 주상(主喪)하게 하였다. 그리고 말씀하기를, "너의 곡하는 것을 위해 오는 자에게는 절하고, 백고를 알기 때문에 오는 자에게는 절하지 말아라."라고 하였다.

原文 伯高之喪에, 孔子之使者이 未至어늘, 冉子이 攝束帛乘

馬而將之한데, 孔子이 曰, 異哉라. 徒使我로 不誠於伯高로다.

(백고지상 공자지사자 미지 염자 섭속백승

마이장지 공자 왈 이재 도사아 불성어백고)

伯高이 死於衛하여, 赴於孔子어늘, 孔子이 曰, 吾이 惡乎哭諸오. 兄弟는 吾哭諸廟하고, 父之友는 吾哭諸廟門之外하고 師에는 吾哭諸寢하고, 朋友에는 吾哭諸寢門之外하고, 所知에는 吾哭諸野하나니, 於野則已疏하고, 於寢則已重하니, 夫由賜也하며 見我하니, 吾는 哭諸賜氏라 하시고, 遂命子貢하여 爲之主하시고, 曰, 爲爾哭也來者에는 拜之하고, 知伯高而來者에는 勿拜也라 하시다.

(백고 사어위 부어공자 공자 왈 오 오호곡저

형제 오곡저묘 부지우 오곡저묘문지외 사

오곡저침 붕우 오곡저침문지외 소지 오곡저

야 어야즉이소 어침즉이중 부유사야 견아

오 곡저사씨 수명자공 위지주 왈

위이곡야래자 배지 지백고이래자 물배야)

註解 ㅇ伯高(백고)―고래로부터 이 사람에 대해 밝힌 책이 없다. 글귀로 보아 공자와 친후(親厚)하게 지내던 사람인 것 같다. ㅇ使者未至(사자미지)―공자의 사자(使者)가 백고의 조상소에 아직 오지 않았다는 말. 여기서 사자는 부의(賻儀)를 전하러 오는 사람을 가리키고 있다. ㅇ冉子(염자)―공자의 제자 염유(冉有). ㅇ攝(섭)―대(貸)와 같은 뜻. 즉 빌리는 것. ㅇ束帛(속백)―5필의 명주. ㅇ乘馬(승마)―승(乘)은 넷[四]이란 뜻. 즉 네 필의 말. ㅇ徒使我不誠於伯高(도사아불성어백고)―공연히 나로 하여금 백고의 상에 정성스럽지 못하게 만들었구나라는 뜻. ㅇ赴於孔子(부어공자)―부(赴)는 부(訃)와 같으므로 알린다는 뜻. 즉 공자에게 부고(訃告)한 것. ㅇ吾惡乎哭諸(오오호곡저)―내 어디에서 곡할까란 뜻. 오호(惡乎)는 어떻게 또는 어디에서라는 뜻. ㅇ所知(소지)―아는 사람. 여기에서는 알고 지낸 사람이란 뜻. ㅇ哭於野則已疏(곡어야즉이소)―들에서 곡하는 것은 너무 소원하다는 뜻. 공자와 백고는 다만 아는 사이라고만은 할 수

없는 친근한 사이였기 때문이다. ○哭於寢則已重(곡어침즉이중)－스승을 곡하는 정침(正寢)에서 곡하는 것은 예가 너무 지나치다는 뜻. ○夫由賜也見我(부유사야견아)－사(賜)는 자공(子貢). 백고가 자공으로 인해 나를 만나보게 되었다는 뜻. ○爲爾哭也來者拜之(위이곡야내자배지)－백고를 곡하고 조문하기 위해 오는 사람은 너를 위한 손님이니 너 자공이 그에게 마땅히 절해야 한다는 말. ○知伯高而來者勿拜也(지백고이내자물배야)－평소에 백고와 아는 사이여서 온 사람은 백고의 상을 슬퍼하여 온 것이므로, 너 자공(子貢)은 그에게 절하지 말라고 한 것. 자공은 상(喪)의 정상주(正喪主)가 아니므로 자기를 위해 온 사람 이외의 사람에게 절할 필요는 없다는 뜻이다.

解說 상(喪)은 친소(親疏)에 따라 곡하는 위치가 서로 다르다는 것을 말해 주고 있다. 공자가 백고(伯高)의 상을 듣고 어디에서 곡해야 할 것인가, 그 곡위를 정하는 데 세밀하게 검토한 것은, 예란 정(情)에서 나온 것이므로 정에 맞아야 하고, 또 이미 정해진 예에 어그러지지 않아야 하기 때문이다. 옛사람의 예는 사소한 점에 이르기까지 이와같이 조심되었던 것이다.

증자(曾子)가 말하기를, "거상(居喪)중에 병들면 고기도 먹고 술도 마시지만, 이때 반드시 초목(草木)의 맛있는 반찬도 가해야 한다."라고 하였다. 그 초목이란 생강과 계피를 말한 것이다.

자하(子夏)가 아들을 잃고 상심하여 몹시 울어서 그 시력을 상실하였다. 증자가 조문하여 말하기를, "내가 들으니 벗이 시력을 상실하면 그를 위해 곡한다고 하였다."라고 말하고 증자가 곡하니 자하도 또한 곡하며 말하기를, "하늘이여 나에겐 아무 죄도 없습니다. [그런데 어째서 자식을 잃고 또 내 눈까지 멀게 하십니까?]" 증자가 성내어 말하기를, "상(商)아, 네가 어째서 죄가 없단 말이냐. 나와 네가 수사(洙泗)에서 함께 부자(夫子)를 섬기었다. 그러다가 은퇴하여 서하(西河) 강가에서 늙어갔다. 그런데 서하의 백성들로 하여금 너를 부자(夫子)

로 의심하게 하였다. 네가 스승을 추존하지 않았기 때문이다. 이것이 너의 죄의 하나이다. 네가 너의 친상(親喪)을 당했을 때 백성들로 하여금 너에게 특히 칭찬할 행동이 있었다는 것을 들은 일이 없게 하였다. 그것이 네 죄의 둘째이다. 너의 아들을 잃고는 너의 시력을 상실할만큼 슬퍼하였으니 그것이 네 죄의 셋째이다. 그런데 네가 어찌 죄가 없다고 말하느냐!"라고 하였다. 자하가 그의 막대를 던지고 절하며 말하기를, "내가 잘못했다. 내가 잘못했다. 내가 벗들과 떠나 흩어져서 외로이 산 것이 이미 오래이기 때문에 이렇게 죄를 지은 것이다."라고 하였다.

原文   曾子이 曰, 喪에 有疾하여, 食肉飮酒하되, 必有草木之滋焉이라 하시니, 以爲 薑桂之謂也니라.
(증자 왈 상 유질 식육음주 필유초목지자
언 이위 강계지위야)

子夏이 喪其子에, 而喪其明이어늘, 曾子이 弔之曰, 吾이 聞之也하니, 朋友이 喪明則哭之라 하시고, 曾子이 哭하온데 子夏이 亦哭하여 曰, 天乎아, 予之無罪也니라. 曾子이 怒曰, 商아, 女何無罪也리오. 吾與女로 事夫子於洙泗之間이어늘, 退而老於西河之上하여, 使西河之民으로 疑女於夫子하니, 爾罪一也라. 喪爾親하되, 使民으로 未有聞焉하니, 爾罪二也라. 喪爾子하되, 喪爾明하니, 爾罪三也라. 而曰爾何無罪與리오. 子貢이 投其杖이 而拜曰, 吾이 過矣라. 吾過矣라. 吾이 離羣而索居이, 亦已久矣니라.
(자하 상기자 이상기명 증자 조지왈 오 문지
야 붕우 상명즉곡지 증자 곡 자하
역곡 왈 천호 여지무죄야 증자 노왈 상 여하
무죄야 오여여 사부자어수사지간 퇴이노어서하
지상 사서하지민 의여어부자 이죄일야 상이
친 사민 미유문언 이죄이야 상이자 상이)

명 이죄삼야 이왈이하무죄여 자공 투기장 이
배왈 오 과의 오과의 오 이군이삭거 역이구의)

[註解]   ○必有草木之滋(필유초목지자)—초목지자(草木之滋)는 나무와 풀의 맛있는 식물이란 뜻. 즉, 상중에는 식욕이 없기 때문에 약미(藥味)를 사용해서 식욕을 끈다는 취지의 말. ○子夏(자하)—공자의 제자. 성은 복(卜), 이름은 상(商)이며 위(魏)나라 사람이다. ○喪其明(상기명)—실명(失明). 시력을 상실하는 것. ○天乎(천호) 予之無罪也(여지무죄야)—하늘이여 내게 무슨 죄가 있기에 이다지 벌을 주십니까라는 뜻으로 한 말. ○事夫子於洙泗之間(사부자어수사지간)—부자(夫子)는 공자. 수사(洙泗)는 노나라의 두 강 이름. 사수(泗水)는 지금의 산동성(山東省) 곡부(曲阜) 곁을 서쪽으로 흐르는 강이고, 수수(洙水)는 그 지류이다. 공자의 숙(塾)은 사수와 수수 중간에 있었다. 즉, 증자와 자하는 모두 공자의 제자로서 공자를 노나라 수사 사이에서 스승으로 섬겼다는 말. ○西河(서하)—당시 위(魏)나라의 땅. 지금 섬서성(陝西省)의 황하 서안(西岸) 지방 일대. 자하는 공자가 몰한 후 이땅에 살며 제자들을 가르쳤다. ○疑女於夫子(의여어부자)—너를 부자(夫子), 즉 공자로 의심하게 한다는 뜻. 자하가 공자를 스승으로 내세워 그를 높이지 않고 스스로를 높였기 때문에 사람들이 그를 공자와 같다고 의심하게 하였다는 말. ○使民未有聞(사민미유문)—백성들로 하여금 특히 칭찬할 만한 일이 있었다는 것을 듣지 못하게 하였다는 말. 즉 별로 칭찬할 만한 일이 없었다는 뜻. ○離羣索居(이군삭거)—벗의 무리를 떠나 홀로 외롭게 사는 것. 따로 떨어져 사는 것.

[解說]   거상(居喪)중에 병이 나서 고기를 먹고 술을 마셔야 할 경우에 이르면 오직 주육(酒肉)뿐 아니라 생강이나 계피 같은 조미료도 곁들여야 한다는 것이다. 다음은 자하(子夏)가 스승을 추존하지 않고 자신을 높게 만들었으며, 어버이의 상(喪)보다 아들의 상을 더욱 슬퍼한 것을 비평하고 있다. 자하가 늙어서 서하(西河)에 와서 살며 스승인 공자에게 배우고 보고 들었다는 것을 밝혀 스승을 높이 추거(推擧)하지 않고, 자기의 지혜와 판단과 학설인 것처럼 행동하여 서하 사

람들로 하여금 자하가 공자보다 어질다고 의심하게 하였으며, 자기 아 버지 상을 당하여서는 별로 칭찬할 만한 일이 없었는데 아들을 잃고 는 눈이 멀도록 슬피 울었다. 그리고 스스로 아무런 잘못도 없다고 하 늘을 원망하니 증자가 그것을 꾸짖은 것이다.

낮에 안에 있으면 그에게 병이 있는가고 묻는 것이 좋고, 밤에 밖 에 있으면 그를 조문하는 것이 좋다. 그런 까닭에 군자는 큰 사고가 있지 않으면 밖에서 자지 않으며, 치재(致齊)가 아니거나 병이 아니 면 밤낮으로 안에 거처하지 않는다.

고자고(高子皐)가 친상(親喪)을 당하여 3년 동안 피눈물을 흘리며 소리없이 울며, 일찍이 웃어서 이를 드러낸 일이 없으니, 군자가 그렇 게 하기 어렵다고 하였다.

마땅치 않은 최복(衰服)을 입기보다는 차라리 최복을 입지 않는 것 이 낫다. 재최(齊衰)의 상복 차림으로는 기대어 앉지 않으며, 대공복 (大功服) 차림으로는 근로(勤勞)하는 일에 종사하지 않는다.

原文 夫晝居於內어든, 問其疾이 可也며, 夜居於外어든, 弔之 可也니, 是故로 君子는 非有大故어든, 不宿於外하며, 非致齊也 며, 非疾也어든, 不晝夜居於內니라.
(부주거어내 문기질 가야 야거어외 조지
가야 시고 군자 비유대고 불숙어외 비치재야
비질야 부주야거어내)

高子皐之執親之喪也에, 泣血三年하여, 未嘗見齒하니, 君子이 以爲難이라 하니라.
(고자고지집친지상야 읍혈삼년 미상현치 군자 이위난)

衰에 與其不當物也론, 寧無衰니, 齊衰로 不以邊坐하며, 大功 으로 不以服勤이니라.
(최 여기부당물야 영무최 재최 불이변좌 대공

불이복근)

[註解] ○內(내)—정침(正寢)의 안. ○外(외)—중문(中門) 밖. ○大故(대고)—상고(喪故). 상사(喪事). ○致齊(치재)—재계하는 것. ○高子皋(고자고)—공자의 제자. 성은 고(高), 이름은 시(柴). ○泣血(읍혈)—읍(泣)은 소리없이 우는 것. 즉 울어서 피 같은 눈물을 흘리는 것. 피눈물. ○見齒(현치)—이를 드러내는 것. 즉 웃는다는 말. ○以爲難(이위난)—그렇게 하기는 어렵다는 말. ○衰(최)—참최(斬衰), 재최(齊衰) 등의 상복. ○不當物也(부당물야)—여기서는 예제(禮制)에 맞지 않는 최복(衰服)을 말한 것. ○寧無衰(영무최)—차라리 최복을 입지 않는 것이 낫다는 말. ○邊坐(변좌)—편좌(偏坐)와 같으므로 기대어 앉는 것. ○服勤(복근)—근로하는 일에 종사하는 것.

[解說] 군자가 거처하는 것은 마땅히 예에 맞게 해야 한다는 것을 말해주고 있다. 그러므로 낮에 집안에 거처한다는 것은 병이 있는 경우에 한한다. 따라서 낮에 안에 있으면 문병하여도 좋다는 것이다. 밤에 중문 밖에 거처한다는 것은 상고의 경우에 한한다. 그러므로 그런 때에는 조문하는 것이 좋다는 것이다. 따라서 상고가 아니면 중문 밖에서 자지 않으며, 병이 들거나 치재(致齊)하는 경우가 아니면 밤낮으로 집안에 거처하지 않는다는 것이다.

다음은 고자고(高子皋)가 거상(居喪)한 상태를 말해 주고 있다. 사람이 슬픈 소리로 울면 눈물이 나온다. 고자고는 거상중에 3년을 그렇게 하였다. 또 사람은 웃으면 이가 드러나고, 거상하는 사람도 때로는 웃는 일이 있다. 그런데 고자고는 3년 동안 웃는 일 없이 지극히 슬퍼하였던 것이다. 군자가 그의 한 일을 보통 사람은 따르기 힘든 어려운 일이라고 하였다.

끝으로 상복은 반드시 예제에 맞도록 만들어 입어야 하고, 최복 차림으로 기대앉아서는 안되며, 대공복 차림으로 근로에 종사해서는 안된다는 것을 말해 주고 있다. 상복을 예제에 따라 바르게 만들지 않으면 예제를 문란케 만드는 결과가 되고, 최복을 입고 경중(敬重)함이

없이 기대어 앉거나 대공복 차림으로 근로에 종사하는 것은, 상복을
모독하는 일이 되므로 그래서는 안된다는 것이다.

공자가 위(衛)나라에 가서 있을 때, 먼저 왔던 때의 옛 사관(舍館)
주인의 상을 만났다. 공자는 조상하러 가서 슬프게 곡하고 나와 자공
(子貢)을 시켜서 참마(驂馬)를 떼내어 팔아 부의하게 하니, 자공이
말하기를, "문인(門人)의 상에도 참마를 떼내어 부의한 일이 없었는
데 옛 여관집 주인의 상에 참마를 떼내어 부의하는 것은 너무 과중하
지 않습니까?"라고 하였다. 이에 공자가 말하기를, "내가 전번에 들어
가 울 때에 상주가 나를 보고 애통하는 것을 보고 나도 눈물을 흘렸
다. 내 어찌 이유없이 눈물을 흘렸겠느냐. 소자(小子)는 그대로 실행
하라."고 하였다.

공자가 위(衛)나라에 있을 때에 장사지내는 사람이 있었다. 공자가
보고 말씀하였다. "잘하는구나. 저 상주의 하는 모습이 모두 법으로
삼을 만하다. 너희들은 명심하여라." 자공이 묻기를, "부자(夫子)께서
는 무엇을 잘한다고 하시는 겁니까?"라고 묻자, 공자가 말씀하기를,
"그가 갈 때에는 사모(思慕)하는 것 같더니 그가 돌아올 때에는 의심
하는 것 같구나."라고 하였다. 자공이 말하였다. "어찌 속히 돌아가
우제(虞祭)를 거행하는 것만 하겠습니까?" 공자가 말하기를, "너는
명심하여라. 나는 능히 저렇게 행하지 못하였다."라고 하였다.

原文 孔子이 之衛하사, 遇舊館人之喪하사, 入而哭之哀하시고,
出하사 使子貢으로 說驂而賻之하온데, 子貢이 曰, 於門人之喪
에, 未有所說驂하시니, 說驂於舊館이, 無乃已重乎니까. 夫子이
曰, 予이 鄉者에 入而哭之할새, 遇於一哀而出涕하니, 予이 惡夫
涕之無從也하노니, 小子는 行之하라.
  (공자 지위 우구관인지상 입이곡지애
  출 사자공 탈참이부지 자공 왈 어문인지상

미유소탈참 탈참어구관 무내이중호 부자
왈 여 향자 입이곡지 우어일애이출체 여 오부
체지무종야 소자 행지)

孔子이 在衛하실새, 有送葬者어늘, 而夫子이 觀之曰, 善哉라
爲喪乎여. 足以爲法矣로소니, 小子는 識之하라. 子貢이 曰, 夫
子이 何善爾也니이꼬. 曰, 其往也에 如慕하고, 其反也에 如疑로
다. 子貢이 曰, 豈若速反而虞乎리이꼬. 子이 曰, 小子는 識之하
라. 我未之能行也호라.
(공자 재위 유송장자 이부자 관지왈 선재
위상호 족이위법의 소자 지지 자공 왈 부
자 하선이야 왈 기왕야 여모 기반야 여의
자공 왈 기약속반이우호 자 왈 소자 지지
아미지능행야)

註解 ㅇ舊館人(구관인)―예전에 사관(舍館)으로 정했던 여관집 주인.
ㅇ說驂而賻之(탈참이부지)―탈(說)은 탈(脫)과 같으므로 멍에에서 풀려난
다는 뜻. 참(驂)은 참마(驂馬)이므로 수레를 끄는 네 필의 말 중에서 양
쪽 가에 멍에하는 두 필을 참마라고 하며 가운데에서 멍에하는 두 말을
복마(服馬)라고 한다. 부(賻)는 재물로서 남의 상사(喪事)에 돕는 것을
말한다. 그러므로 공자가 자기 수레를 멍에한 참마를 풀어 팔아서 부의로
한다는 뜻. ㅇ無乃已重乎(무내이중호)―너무 중하지 않느냐는 뜻. ㅇ遇於
一哀而出涕(우어일애이출체)―옛 주인을 생각하여 눈물이 났다는 설과,
공자가 들어가자 상주가 공자를 보고 애통해하므로 공자가 눈물을 흘렸
다는 두 가지 설이 있다. ㅇ予惡夫涕之無從也(여오부체지무종야)―이제
만약 부의하지 않는다면 죽은 자에게 고구(故舊)의 정이 없음에도 이유
없이 눈물이 나왔다는 것이 되므로 나는 그것을 싫어한다는 뜻. ㅇ識之
(지지)―기억하는 것. 또는 기록하여 외워두는 것. ㅇ其往也如慕(기왕야
여모)―마치 앞에 가는 어버이를 미처 따라가지 못하는 어린애 같은 모습
으로 어버이를 사모하는 것과 같다는 말. ㅇ其反也如疑(기반야여의)―어

버이를 장사지내고 돌아올 때에는 어버이는 가셨는지 정말 혼령이 존재
하는지 의심하는 것 같은 모습 같다는 말. ○豈若速反而虞乎(기약속반이
우호)—그렇게 의심하고 머뭇거리는 것보다 빨리 돌아가 우제(虞祭)를 올
려 혼령을 안정시키는 것이 낫지 않느냐는 말. ○虞(우)—매장하고 돌아
와서 지금까지 관을 안치했던 방에서 영혼을 제사지내어 안정시키는 것.
○我未之能行(아미지능행)—나는 능히 저렇게 행하지 못했다는 뜻.

解說 이 대목에는 상례(喪禮)라는 것은 슬퍼하는 것이 근본이라는
것을 말해 주고 있다. 어버이를 장사지내러 갈 때에는 아들의 마음은
마치 앞에 가는 어버이를 미처 따라가지 못하는 어린아이가 울부짖으
며 어버이를 사모하는 것 같은 심정을 가지고, 이미 장사를 끝내고 돌
아올 때에는 어버이는 정말 아주 가셨는가, 혼령이 정말 존재할까 하
며 의심에 잠긴 심정을 짓는 것 같은 모습을 보고 공자는 찬탄하였다.
그러나 자공은 빨리 돌아가 우제를 거행하여 혼령을 안정시키는 것이
더 좋지 않느냐고 말하였다. 자식이 어버이의 상을 슬퍼하고 간절히
사모하는 것은 인정의 근본이고, 우제를 거행하여 신을 안정시키는 것
은 예의 말절(末節)인 것이다.

안연(顔淵)이 죽어 그의 대상(大祥)에 안씨(顔氏) 집으로부터 공자
에게로 상육(祥肉)이 보내져 왔다. 공자는 방에서 나와 스스로 받아
서 방으로 들어가 거문고를 탄 뒤에 먹었다.
　어느 날 문인들과 서있을 때 공자는 오른손을 위로 들어 공수(拱
手)를 하였다. 그러자 두세 사람의 문인들도 오른손을 위로 하였다.
그러자 공자가 말하기를, "너희들은 배우기를 좋아하는구나. 나는 자
씨(姉氏)의 상(喪)이 있기 때문에 그렇게 하는 것이다."라고 하였다.
그러자 두세 사람의 제자들은 모두 왼손을 위로 하였다.

原文 顔淵之喪에, 饋祥肉하니, 孔子이 出受之하사, 入彈琴而
后에 食之하시다.

(안연지상 궤상육 공자 출수지 입탄금이후 식지)

孔子이 **與門人**으로 **立**하사, **拱而尙右**하신데 **二三子**이 **亦皆尙右**어늘, **孔子**이 **曰, 二三子之嗜學也**에, **我則有姉之喪故也**라 하시니, **二三子**이 **皆尙左**하니라.

(공자 여문인 입 공이상우 이삼자 역개상
우 공자 왈 이삼자지기학야 아즉유자지상고야
이삼자 개상좌)

註解 　ㅇ顔淵(안연)－이름은 회(回). 공자가 가장 아긴 제자로 젊어서 죽었다. ㅇ彈琴而後食之(탄금이후식지)－거문고를 탄 후 먹었다는 뜻. 공자는 보내온 것이 안연의 상육(祥肉)이므로 거문고를 한 곡조 타서 슬픈 마음을 진정시킨 뒤에 먹었다는 말. ㅇ饋祥肉(궤상육)－대상(大祥)을 지내고 제사에 쓴 고기를 드리는 것. ㅇ拱而尙右(공이상우)－공(拱)은 두 손을 앞으로 모아 포개어 잡는 것. 즉, 공자가 오른손을 위로 하여 두 손을 포개고 있었다는 뜻. 왼쪽은 양(陽)을 의미하므로 길사(吉事)에는 왼손을 위로한다. 그리고 오른쪽은 음(陰)을 상징하기 때문에 흉사(凶事)에는 오른손을 위로 한다. ㅇ二三子(이삼자)－두서너 사람, 즉 공자를 모시고 있는 두서너 사람의 제자. ㅇ我則有姉之喪故也(아즉유자지상고야)－나에게는 맏누이의 상이 있기 때문이란 뜻.

解說 　공수(拱手)하는 경우 길사(吉事)에는 왼손을, 흉사에는 오른손을 위로 하는 것이다. 공자가 자씨의 상중에 있었기 때문에 위로하였더니 두서너 명의 제자가 모두 그것을 보고 자기들도 그렇게 하였다. 공자가 "나는 자씨의 상이 있어서 그렇게 하는 것이지만 너희들은 그렇게 하지 마라."고 하였다. 이것은 공자가 배우기를 좋아하는 제자들의 태도를 칭찬해 준 것이다.

공자가 어느 날 일찍 일어나 손을 뒤로 돌리고 지팡이를 끌며 문에서 천천히 거닐면서 노래를 불렀다. "태산이 무너지는구나, 대들보도 쓰러지는구나, 철인(哲人)이 시드는구나." 노래를 마치고 들어가서 문을 마주보며 앉았다. 자공이 듣고 말하기를, "태산이 무너지면 내 장차 어디를 우러러보며, 대들보가 쓰러지고 철인이 시들면 내 장차 어디를 모방할 것인가. 부자(夫子)께서 장차 병드시겠구나."라고 하였다. 드디어 자공이 빠른 걸음으로 들어가니 공자가 말하기를, "사(賜)야, 네가 오는 것이 어찌 늦었느냐? 하후씨(夏后氏)는 동쪽 계단 위에 빈소를 만들었으니, 오히려 조계(阼階)에 있는 것이고, 은나라 사람들은 두 기둥 사이에 빈소를 안치하였으니, 그것은 빈주(賓主)가 마주 끼고 있게 한 것이다. 그리고 주(周)나라 사람들은 서계(西階) 위에 안치하지만 이것은 빈객으로 취급하는 것이다. 그런데 구(丘)는 은나라 사람이다. 내 어젯밤 두 기둥 사이에 앉아서 궤향(饋饗)을 받는 꿈을 꾸었다. 대체로 밝은 임금이 일어나지 않으니 천하에서 그 누가 능히 나를 종주(宗主)로 받들겠는가. 그런즉 나는 아마 장차 죽을 것이다."라고 하였다. 이리하여 공자는 7일 동안 병들어 누웠다가 몰(沒)하였다.

[原文] 孔子이 蚤作하사, 負手曳杖하사, 消搖於門하사, 歌曰, 泰山이 其頹乎인저, 梁木이 其壞乎인저, 哲人이 其萎乎인저. 旣歌而入하사, 當戶而坐어시늘, 子貢이 聞之曰, 泰山이 其頹하면, 則吾이 將安仰이며, 梁木이 其壞하며, 哲人이 其萎하면, 則吾이 將安放고. 夫子이 殆將病也로다 하고, 遂趨而入한대, 夫子이 曰, 賜야, 爾來何遲也오. 夏后氏는 殯於東階之上하니, 則猶在阼也요, 殷人은 殯於兩楹之間하니, 則與賓主로 夾之也요. 周人은 殯於西階之上하니, 則猶賓之也라. 而丘也는 殷人也로니, 予疇昔之夜에, 夢坐奠於兩楹之間하니, 夫明王이 不興이러니, 而天下其孰能宗予니꼬. 予이 殆將死也라 하시더니, 蓋寢疾七日而沒하시다.

(공자 조작 부수예장 소요어문 가왈

태산 기퇴호 양목 기괴호 철인 기위호 기
가이입 당호이좌 자공 문지왈 태산 기퇴
즉오 장안앙 양목 기괴 철인 기위 즉오
장안방 부자 태장병야 수추이입 부자 왈
사 이래하지야 하후씨 빈어동계지상 즉유재조야
은인 빈어양영지간 즉여빈주 협지야 주인
빈어서계지상 즉유빈지야 이구야 은인야 여주
석지야 몽좌전어양영지간 부명왕 불흥 이천
하기숙능종여 여 태장사야 개침질칠일이몰)

☐註解☐ ㅇ蚤作(조작)―일찍 일어나는 것. ㅇ負手曳杖(부수예장)―손을
등 뒤로 돌려 지팡이를 끌고 다니는 것. ㅇ消搖(소요)―천천히 거니는 것.
산책. ㅇ梁木(양목)―대들보. 들보. ㅇ萎乎(위호)―시드는 것. ㅇ當戶而坐
(당호이좌)―누가 들어오면 즉시 그 사람과 말할 수 있도록 방문을 향해
서 앉는 것. ㅇ吾將安放(오장안방)―방(放)은 방(倣)과 같으므로 본받는
다는 말. 내 장차 무엇을 본받겠는가라는 뜻. 즉, 공자가 죽는다면 장차
누구를 우러러 본받을 것인가라고 탄식하는 말. ㅇ夏后氏殯於東階之上
(하후씨빈어동계지상)―하후씨(夏后氏)는 우왕(禹王)에서 시작된 하왕조
(夏王朝). 동계는 주인이 객을 영접하던 동쪽 계단. 옛날 하후씨 때에는
사람이 죽으면 동쪽 계단 위에 빈소를 마련했다는 말. 즉, 사람이 죽으면
그 아들이 차마 주인의 계단에서 옮길 수 없어서 살아있을 때와 같이 동
쪽 섬돌 위에 빈소를 정했던 것이다. ㅇ猶在阼(유재조)―오히려 조계(阼
階)에 있게 한다는 뜻. 조계란 주인이 있는 섬돌이므로 동쪽 계단을 말하
는 것이다. ㅇ與賓主夾之(여빈주협지)―빈객의 위치와 주인 사이에 있다
는 뜻. 설명하면, 두 기둥 사이에 빈소를 마련하면 주인의 계단인 동쪽
계단과 빈객의 계단인 서쪽 계단 사이에 위치하게 되는 것이므로 주인과
빈객 사이에 끼어있다는 것이다. ㅇ猶賓之(유빈지)―빈객으로 대우하는
것과 같다는 뜻. 즉 섬돌인 서계(西階) 위에 빈소를 마련하는 것은 죽은
사람을 객처럼 대우하는 것이란 뜻이다. ㅇ丘也殷人(구야은인)―구(丘)는
공자의 이름. 공자는 은나라 사람이라는 뜻. 공자의 조상은 은나라 사

람으로서 성탕(成湯)의 후예이기 때문에 공자는 스스로 자신을 은나라 사람이라고 하였다. ㅇ疇昔之夜(주석지야)—어젯밤, 즉 지난 밤이란 뜻. ㅇ坐奠於兩楹之間(좌전어양영지간)—두 기둥 사이에 앉아 음식물을 궤향(饋饗)하는 것을 받는다는 뜻. ㅇ天下其孰能宗予(천하기숙능종여)— 천하에 공자의 인격과 학덕을 알아줄 만한 현명한 왕자가 나오지 않았는데, 누가 나를 바로 알고 나를 남면하도록 높은 자리에 앉히겠는가. 그러니 꿈에 남면하고 앉은 것은 길몽(吉夢)일 수 없다. 반드시 은나라의 풍습대로 죽은 사람의 빈소를 설치하는 것이니 흉몽이므로 내 곧 죽을 것이라고 한 말. 즉 천하에서 누가 능히 나를 바로 알고 나를 남면(南面)하여 종주(宗主)의 자리에 앉게 하겠는가라고 한 뜻.

解說　여기서는 공자가 꿈을 꾸고, 자신이 장차 죽을 것을 미리 알고 자공에게 말한 것이다. "태산이 무너지는구나, 대들보가 쓰러지는구나, 철인(哲人)이 시드는구나."라며 탄식한 것이라든가, "밝은 왕이 일어나지 않았으니 누가 나를 남면하는 높은 자리에 앉게 할 수가 있겠는가."라고 한 것으로 미루어 공자는 자신을 온 천하 사람들이 태산처럼 우러러보고, 대들보처럼 쳐다보며, 본받게 할 존재라는 것을 스스로 확신하고 있었던 것이다. 그리고 그 세상을 교화할 위대한 경륜을 이루지 못하고 가는 것을 슬프게 여겼던 심정을 엿볼 수 있다.

공자가 죽자 문인들은 상복을 입으려고 하였으나 어떤 복을 입어야 할지 갈피를 잡지 못하고 있었다. 이때 자공(子貢)이 말하기를, "옛날 부자(夫子 : 공자)께서 안연(顏淵)의 상을 당했을 때 마치 아들의 상을 당한 것처럼 하셨다. 그러나 복은 없었다. 자로(子路)의 상을 당했을 때에도 또한 그렇게 하셨다. 청컨대 부자(夫子)의 상에 처하는 것을 아버지의 상을 당한 때와 같이 합시다. 그리고 상복은 없게 합시다."라고 하였다.
공자의 상에 공서적(公西赤)은 삼왕의 제도에 따른 예를 갖추어 표시하였다. 흰 비단의 덮개로 관을 장식하고 유의(柳衣)를 두르고 삽

(翠)을 만들고 〔관이 영구차에서 기울어질 것을 염려하여〕 나누어 잡
는 당김줄을 만들었으니 이것은 모두 주(周)나라의 제도이다. 숭아(崇
牙)를 만들었으니 이는 은(殷)나라의 제도이다. 흰 비단으로 깃대를
싸고 거북과 뱀을 그린 깃발을 만들었으니 이는 하(夏)나라의 제도였다.
　자장(子張)의 상에 공명의(公明儀)가 장례의 형식을 밝혔으니 "붉
은 바탕의 베로 저막(褚幕)을 만들고, 또 저(褚)의 사각(四角)에 왕개
미가 왕래하는 형상을 그렸다." 이는 은(殷)나라의 사(士)를 장사하는
예이다.

　　原文　孔子之喪에, 門人이 疑所服하더니, 子貢이 曰, 昔者에
夫子之喪顏淵에, 若喪子而無服하시고. 喪子路에 亦然하시니, 請
컨대, 喪夫子하되, 若喪父而無服이니라.
　　　(공자지상 문인 의소복 자공 왈 석자
　　　부자지상안연 약상자이무복 상자로 역연 청
　　　상부자 약상부이무복)
　　孔子之喪에, 公西赤이 爲志焉하되, 飾棺牆하고, 置翣하며, 設
披하니 周也요, 設崇하니 殷也며, 綢練設旐하니 夏也라.
　　　(공자지상 공서적 위지언 식관장 치삽 설
　　　피 주야 설숭 은야 도련설조 하야)
　　子張之喪에, 公明儀이 爲志焉하되, 褚幕丹質하고, 蟻結於四
隅하니, 殷士也라.
　　　(자장지상 공명의 위지언 저막단질 의결어사
　　　우 은사야)

　　註解　ㅇ疑所服(의소복)－친족 중 누가 죽었을 경우의 상을, 스승인 공
자에게 준용해야 하는지 갈피를 잡을 수 없었다. 소복이란 상복을 입는
법.　ㅇ顏淵(안연)－공자의 제자. 이 사람은 젊어서 죽었으며, 공자가 그의
죽음을 슬퍼한 것이 《논어(論語)》 〈선진편(先進篇)〉에 나타나 있다.　ㅇ子路
(자로)－공자의 제자. 자로가 위(衛)의 내란에서 죽은 사정은 《춘추좌씨

전(春秋左氏傳)》애공(哀公) 15년조에 나와 있다. 다음해에 공자가 몰(沒)하였다. ○若喪子而無服(약상자이무복)―상복은 입지 않으나 만사에 있어서 자식 또는, 어버이에 대한 상처럼 마음 속으로 상을 지키는 것. 이것을 심상(心喪)이라고 한다. ○公西赤(공서적)―공자의 제자. 공서(公西)는 성, 적(赤)이 이름이며, 자(字)는 자화(子華)이다. ○爲志焉(위지언)―지(志)는 지(識)와 같으므로 드러내어 표시하는 것. ○飾棺(식관)―관을 장식한다는 뜻. 흰 비단의 덮개로 관을 장식하는 것.○牆(장)―구의(柩衣) 또는, 유의(柳衣). 관 주위를 담처럼 둘렀다고 해서 장이라고 한다. ○設披(설피)―피(披)는 영구(靈柩)를 수레로 운반할 때에 관이 기울어질 것을 염려하여 나누어 잡는 관의 당김줄이다. 즉, 피를 설치한다는 뜻을 말한다. ○周也(주야)―주나라의 제도라는 뜻. ○崇(숭)―숭아(崇牙). 장지(葬地)로 가는 영구차에 세우는 깃대를 비단에 새겨서 숭아의 장식을 한 것. 숭아는 악기를 거는 곳으로 그 형상이 높다랗다. 그래서 숭아라고 한다. ○綢練(도련)―흰 비단으로 깃대를 싸는 것. ○設旐(설조)―기를 만드는 것. 기는 거북과 뱀을 그린 것이다. ○公明儀(공명의)―자장(子張)의 제자. 춘추시대 노(魯)나라 남무성(南武城) 사람. ○褚幕(저막)―저(褚)는 관을 덮는 덮개. 대부 이상의 경우에는 그 형상이 위를 덮은 장막과 같게 하지만 사(士)인 경우에는 저(褚)를 사용하지 못한다. 그러나 공명의가 그 스승을 높여 특별히 저를 만들었다. 하지만 위가 막힌 장막과 같게 하지는 못하고, 다만 막의 형상만 만들었으므로 저막이라고 한 것이다. ○丹質(단질)―붉은 바탕의 베. 즉 붉은 바탕의 베로 저막(褚幕)을 만들었다는 말. ○蟻結於四隅(의결어사우)―저막(褚幕)의 네 모서리에 왕개미가 서로 왕래하는 그림을 그렸다는 말.

解說 예제(禮制)에는 제자가 스승의 상에 대한 복이 없다. 그런데 공자의 제자들이 어떤 복을 입어야 할 것인지를 갈피를 잡지 못한 것은 공자는 대성인(大聖人)이므로 보통의 스승에 대한 것과는 다르기 때문이었다. 그러나 자공의 말을 좇아 복은 입지 않으나 아버지의 상처럼 거상(居喪)하기로 하였다. 즉 마음으로 3년상을 지키자는 것이었다. 이것을 이른바 심상(心喪) 3년이라고 한다.

　　공자의 제자 공서적(公西赤)은 공자의 관을 아름답게 꾸며서 영광스럽게 하기로 하였다. 그래서 그는 하(夏)·은(殷)·주(周) 3대의 상례(喪禮)를 본따서 흰 비단으로 관의 덮개를 만들고, 유의(柳衣)를 두르고, 삽(翣)을 세우고, 관이 기울어질 것을 염려하여 나누어 잡는 당김줄을 만들었으며, 기(旗)에 숭아(崇牙)의 장식을 하고, 깃대에 흰 비단을 감았으며, 거북과 뱀을 그린 깃발을 만들었다. 성대하고 아름다움을 다한 것이다.

　　자하(子夏)가 공자에게 물었다. "부모의 원수에 대하여 어떻게 해야 합니까?" 공자가 말하기를, "거적자리에 방패를 베개로 하여 잠자고, 벼슬하지 않으며, 원수와는 하늘을 같이하지 않는 각오여야 한다. 만일 원수와 시장이나 관청 등에서 만나면 병기를 취하러 갈 것 없이 즉시 싸워야 한다."라고 하였다. 자하가 다시 가르침을 청하기를, "형제의 원수에 대해서는 어떻게 해야 합니까?" 공자가 말씀하시기를, "그와 더불어 같은 나라에서 벼슬하지 않으며, 임금의 명령을 받들고 출사(出仕)한 경우에는 비록 그와 만나더라도 싸우지 않아야 한다."라고 하였다. 자하가 말하였다. "청컨대 묻겠습니다. 종부(從父)나 종곤제(從昆弟)의 원수에 대해서는 어떻게 해야 합니까?" 공자가 말하기를, "원수를 갚는 데 도와줄 뿐이다. 본인이 원수를 갚을 수 있는 한 무기를 들고 뒤로 물러서 있어야 한다."라고 하였다.

原文　子夏이 問於孔子曰, 居父母之仇에, 如之何니까. 夫子이 曰, 寢苫枕干하며, 不仕하며, 弗與共天下也하여, 遇諸市朝하면, 不反兵而鬪니라. 曰 請問하나이다. 居昆弟之仇에, 如之何니까. 曰, 仕弗與共國하며, 銜君命而使어든, 雖遇之라도 不鬪니라. 曰, 請問하나이다. 居從父昆弟之仇에, 如之何니까. 曰, 不爲魁요, 主人이 能이어든, 則執兵而陪其後니라.

　(자하 문어공자왈 거부모지구 여지하 부자

왈 침점침간 불사 불여공천하야 우저시조
불반병이투 왈 청문 거곤제지구 여지하
왈 사불여공국 함군명이사 수우지 불투 왈
청문 거종부곤제지구 여지하 왈 불위괴 주
인 능 즉집병이배기후)

註解 ○寢苫枕干(침점침간)―거적자리를 깔고, 방패를 베개로 하여 잠
잔다는 뜻. 거적자리는 상중에 있는 몸을 의미하고, 방패는 스스로의 몸
을 방위하는 것을 의미한다. 즉, 원수를 갚기 위하여 항상 마음을 도사리
는 것. ○不仕(불사)―원수 갚기에 전심(專心)하기 위하여 벼슬하지 않는
다는 것. ○弗與共天下(불여공천하)―같은 하늘 아래에 원수와 함께 살지
않는다는 뜻. 불공대천지원수란 것과 같은 말. ○遇諸市朝(우저시조) 不
反兵而鬪(불반병이투)―시가지나 관청에서 원수를 만나도 병기를 도로
거두지 않고 싸운다는 뜻. ○仕弗與共國(사불여공국)―같은 나라에서 원
수와 함께 벼슬하지 않는다는 뜻. 벼슬은 하지만 원수와 한 나라에서 하
지 않는다는 점이 부모 원수의 경우와 다르다. ○銜君命而使(함군명이사)
雖遇不鬪(수우불투)―임금의 명령을 받고 공무로 타국에 갔을 때 원수를
만나더라도 싸우지 않는다는 말. 즉 사사로운 원수로 말미암아 공무를
저버릴 수 없다는 뜻. ○從父(종부)―아버지의 형제. 즉 백부·숙부 등.
○從昆弟(종곤제)―종형제. 특히 친사촌 형제. ○不爲魁(불위괴)―괴(魁)
는 괴수란 뜻. 앞장서서 지휘하는 사람. 또는 주범이란 뜻. 즉 종부(從父)
나 종형제 원수의 경우에는 원수를 갚는 일에 주장이 되지 말라는 것.
○主人能(주인능) 則執兵而陪其後(즉집병이배기후)―종부나 종곤제 원수
에 대해서는 그 원수를 갚아야 할 주인공이 능히 원수를 갚으려고 하면
도울 뿐이라는 뜻.

解說 옛날에는 부자·형제·종부·종형제의 은의(恩義)를 중하게
여겨 그들을 죽인 원수가 있으면 그 원수 갚는 일을 예에 맞는 도리
로 규정하였다. 다만 친소에 따라 행동에 차이가 있게 하였을 뿐이다.
사람을 죽인 자는 사형한다고 하였으므로 옛날 법은 더 엄격했던 것

같다. 그런데도 당사자에게 직접적인 복수 행위를 허용한 것은 부모형제 등에 대한 은정을 더욱 깊이 부각시키기 위해서였던 것 같다.

공자의 상(喪)에 두서너 사람의 문인이 모두 절대(絰帶)를 띤 채 나왔다. 붕우(朋友)를 위한 복은 안에 있을 때에는 질대를 띠지만 밖으로 나오면 띠지 않게 되어 있다.

묘지를 〔일단 만들면〕 옛날에는 초목(草木)을 베어 버리지 않았다.

자로(子路)가 말하였다. "나는 부자(夫子 : 공자)에게 들으니, '상례(喪禮)는 애도(哀悼)함이 부족하고, 예가 남음이 있기보다는, 예가 부족할지언정 애도함이 지극하니만 못하고, 제례(祭禮)는 공경함이 부족하고, 예가 남음이 있기보다는 예는 부족할지언정 공경함이 지극하니만 못하니라.'라고 하였다."

原文 孔子之喪에, 二三子이 皆絰而出하니, 羣居則絰이오, 出則否니라.

(공자지상 이삼자 개질이출 군거즉질 출즉부)

易墓는 非古也니라.

(이묘 비고야)

子路이 曰, 吾는 聞諸夫子하니, 喪禮는 與其哀不足而禮有餘也로는, 不若禮不足而哀有餘也하며, 祭禮는 與其敬不足而禮有餘也론, 不若禮不足而敬有餘也라 하시더라.

(자로 왈 오 문저부자 상례 여기애부족이예유여

야 불약예부족이애유여야 제례 여기경부족이예유

여야 불약예부족이경유여야)

註解 ㅇ絰(질)―질대(絰帶). 삼으로 만든 띠를 조복(弔服)에 띤 것. 비록 상을 지키지 않더라도 조복에는 질대를 띤다. ㅇ羣居則絰(군거즉질)―군(羣)이란 여러 제자들이 서로 붕우(朋友)를 위한 복을 말한다. 그 군은 안에 있을 때에는 조복(弔服)에 질대를 띠지만 밖에 나오면 띠지 않는다.

ㅇ易墓(이묘)-묘역의 풀과 나무를 베어서 거칠어지지 못하게 다스리는 것. ㅇ古也(고야)-여기서 옛날이라고 한 것은 은나라 이전을 말한 것.

解說 《의례(義禮)》의 주(註)에 보면 붕우(朋友)의 상에 비록 복은 지키지 않으나 조복에 질대를 사용하는 일이 있다. 도(道)를 같이하는 은정이 깊기 때문이다. 그러나 밖에 나오면 질대는 풀어버린다. 그런데 공자의 상에 두서너 사람의 제자는 질대를 띠고 밖에 나왔다. 그것은 스승의 은의(恩誼)를 높이 여기기 때문이라고 하였다.

옛날 은(殷)나라 이전에는 매장만 하고 봉분은 하지 않았으며, 묘역(墓域)의 잡초나 나무들을 베거나 해서 거칠어지지 않도록 다스리는 일도 없었다. 예는 재물이 없으면 부족할 수도 있다. 그러나 상(喪)에 슬퍼하고 제사에 공경하는 일은 스스로가 극진하게 할 수 있는 것이다. 슬퍼하고 공경하는 것은 사람의 마음을 말하는 것이므로 예의 근본인 것이다. 예라는 것에는 형식과 근본이 있다. 두 가지가 모두 소중하다. 그러나 세상에는 근본보다 형식에 치우치는 일이 많다. 그래서 공자가 그 근본이 가장 소중하다고 말한 것이다.

증자(曾子)가 위(衛) 부하(負夏)의, 어느 집에 가서 조상(吊喪)하였다. 상주는 이미 조전(祖奠)을 올리다가 조전을 걷어치우고 관을 안으로 되돌린 다음 부인(婦人)들을 집에서 내려가게 하고 증자의 조상을 받았다. 종자(從者)가 증자에게 물었다. "저렇게 하는 것이 예에 맞는 일입니까?" 증자가 말하였다. "대체로 조전(祖奠)의 조라는 것은 장차라는 뜻이다. 장차 하려는 것이고 아직 실행한 것은 아니므로 다시 집안으로 되돌렸다고 해서 불가(不可)하다고 어찌 말하겠는가?" 종자가 또 자유(子游)에게 묻기를, "그렇게 하는 것이 예에 맞는 일입니까?"라고 하였다. 자유가 말하였다. "시체를 창 아래에서 반함(飯唅)하고, 지게문 안에서 소렴(小斂)하며, 조계(阼階)에서 대렴(大斂)하고, 객위(客位)에 빈소를 만들며, 뜰에서 조전하는 것은 점차로 멀어져 가는 것이다. 그러므로 상에 관계된 일은 앞으로 나아갈 뿐이지 물러서는 일은 없는 것이다." 증자가 듣고 말하기를, "내가 말한 출조(出祖)의 설보다 훨씬 낫구나."라고 하였다.

原文 曾子이 弔於負夏어시든, 主人이 旣祖타가, 塡池하고, 推柩而反之하여, 降婦人而后에 行禮한데, 從者이 曰, 禮與니까. 曾子이 曰, 夫祖者는 且也니, 且는 胡爲其不可以反宿也리오. 從者이 又問諸子游曰, 禮與아. 子游이 曰, 飯於牖下하고, 小斂於戶內하고, 大斂於阼하고, 殯於客位하고, 祖於庭하고, 葬於墓는, 所以卽遠也라. 故로 喪事는 有進而無退하니라. 曾子이 聞之曰, 多矣乎아. 予出祖者로다.
(증자 조어부하 주인 기조 전지 추
구이반지 강부인이후 행례 종자 왈 예여
증자 왈 부조자 차야 차 호위기불가이반숙야
종자 우문저자유왈 예여 자유 왈 반어유하 소렴
어호내 대렴어조 빈어객위 조어정 장어묘
소이즉원야 고 상사 유진이무퇴 증자 문지
왈 다의호 여출조자)

註解 ㅇ負夏(부하)-위(衛)나라의 땅 이름. ㅇ塡池(전지)-전철(奠徹)의 잘못이다. 음에서 온 잘못이라고 한다. ㅇ推柩而反之(추구이반지)-영구(靈柩)를 밀어 도로 되돌리는 뜻. ㅇ降婦人而后行禮(강부인이후행례)-이미 조전(祖奠)하면 부인은 당(堂)에서 내려오게 되어 있다. 그런데 이제 영구를 되돌려 들여오니 부인이 피하여 다시 마루에 오르게 되었다. 그리하여 하룻밤을 지낸 후 다시 부인을 마루에서 내려가게 하고 다시 조전의 예를 올리는 것. ㅇ祖者且也(조자차야)-조전(祖奠)의 조(祖)는 장차[且]라는 뜻이다. 즉, 장차 영구가 떠나가려는 준비를 하는 것이고 아직 실행한 것은 아니라는 말. ㅇ且胡爲其不可以反宿也(차호위기불가이반숙야)-도로 돌아와 하룻밤을 더 지내는 일을 어찌 불가하다고 하겠는가. 불가할 것 없다는 뜻. ㅇ飯於牖下(반어유하)-반은 반함(飯唅)이므로,

시체를 목욕시킨 뒤에 쌀과 구슬을 그 입속에 채우는 것이다. 반함할 때에는 시체는 서실(西室)의 창 아래에 있으며, 머리는 남쪽으로 둔다. ○小斂於戶內(소렴어호내)—염(斂)은 싸서 거두어 감추는 것이므로 19벌의 옷이 소렴에 사용된다. 그리고 소렴은 지게문 안에서 행한다는 말. ○大斂於阼(대렴어조)—대렴에는 30벌의 옷이 사용된다. 조(阼)는 조계(阼階), 즉 동계(東階)를 말하며 이는 주인의 섬돌이다. 대렴할 때에는 시체를 동계 위에 내다둔다. 아직 동계에서 떠나게 하지 못하게 한 것. ○殯於客位(빈어객위)—빈소(殯所)를 설치할 때에는 이미 주인이 쓰는 섬돌을 떠나 서계에 설치한다. 빈객으로 높이 대한다는 뜻이다. 빈은 빈소, 즉 발인 때까지 관을 두는 곳을 말하고, 객위는 객의 위치이므로 서계를 말한다. 시체의 대렴을 마친 뒤에는 서쪽 섬돌 위에 구덩이를 파고 관을 가매장하는데, 이것을 빈소라고 한다. ○祖於庭(조어정)—조전(祖奠)은 뜰에서 거행한다는 뜻으로 이미 섬돌을 떠나 뜰에 나온 것이다. 조전이란 발인 전에 영결(永訣)을 고하는 제전인 것이다. ○所以卽遠也(소이즉원야) 故喪事有進無退(고상사유진무퇴)—한 계단 한 계단 점차로 멀어져 가는 것이므로 상에 관한 행사는 앞으로 나아갈 뿐이지 물러나는 일은 없다는 뜻이다. ○多矣乎(다의호) 予出祖者(여출조자)—다의호는 '훨씬 낫구나'라고 한 말. 즉 내 말이 잘못이라고 한 말.

解說 여기서는 부하(負夏)의 어떤 상주가 예를 그르친 것과, 증자의 잘못된 설(說)을 밝히고 있다. 증자가 부하라는 곳의 어떤 상가로 문상을 갔다. 상주가 이미 영구(靈柩)를 뜰에 내다두고 조전을 올리다가 증자의 조상을 영광스럽게 여겨 조전을 걷어치우고, 관을 안으로 되돌려들여다가 밤을 지내고, 다음날 다시 조전을 올리고 발인하려고 하였다. 증자의 수행원이 이렇게 해도 예에 맞는 일이냐고 증자에게 물었다. 증자는 조전이란 장차 떠나려고 하는 제전이므로 떠날 준비에 불과하지 아직 실행한 것은 아니다, 산 사람도 집을 나가려다 객이 오면 도로 들어가서 접대한다. 죽은 사람을 섬기는 것을 산 사람의 경우와 같이 하는 것이니, 다시 들여갔다가 하룻밤을 지낸 뒤 출장(出葬)한들 무엇이 그리 나쁘겠는가라고 말하며 예에 그릇됨이 없다고 말하

였다.

그러나 자유는 말하기를 상에 있어서의 행사는 하나하나 점차로 멀어져가게 만들어져 있다. 그러므로 상에 있어서는 앞으로 나갈 뿐 후퇴는 없는 것이다. 그러니 주인이 한 일은 예에 어긋나는 것이다라고 하였다. 증자도 그 말이 옳다고 수긍했던 것이다.

어떤 사람을 조상하는데 증자(曾子)는 습구(襲裘) 차림으로 조상하고, 자유(子游)는 석구(裼裘) 차림으로 조상하였다. 증자가 사람에게 자유를 가리키며 말하기를, "저 장부(丈夫)는 예에 익숙한 사람이다. 그런데 어째서 석구의 차림으로 조상하는가?"라고 하였다. 상주가 이미 소렴을 마치고 웃옷의 어깨를 드러내고 삼으로 머리털을 묶으니 자유가 빠른 걸음으로 나가서 습구대질(襲裘帶絰) 차림으로 들어왔다. 증자가 말하였다. "내가 잘못이다. 내가 잘못이다. 저 장부가 옳다."고.

자하(子夏)가 제상(除喪)하고 공자께 뵈었다. 함께 거문고를 타게 하였더니 화답하나 협화하지 않고, 타나 소리가 가락을 이루지 못하였다. 일어서며 말하기를, "슬픔을 아직 잊을 수 없으나 선왕의 제례(制禮)를 감히 지나치지 않도록 노력하고 있습니다."라고 하였다. 자장(子張)이 이미 제상(除喪)하고 공자께 뵈었다. 함께 거문고를 타게 하였더니 화답하는 것이 곡조가 화협(和協)하고 타니 소리가 가락을 이루었다. 일어나면서 말하기를, "선왕의 제례(制禮)이므로 감히 따라가지 않을 수 없습니다."라고 하였다.

原文 曾子이 襲裘而弔하고, 子游이 裼裘而弔하더니, 曾子이 指子游而示人曰, 夫夫也는, 爲習於禮者이니, 如之何其裼裘而弔也오. 主人이 旣小斂하고, 袒括髮이어늘, 子游이 趨而出하여, 襲裘帶絰而入한데, 曾子이 曰, 我過矣라. 我過矣라. 夫夫이 是也로다.

(증자 습구이조 자유 석구이조 증자

지자유이시인왈 부부야 위습어예자 여지하기석구이

조야 주인 기소렴 단괄발 자유 추이출

습구대질이입 증자 왈 아과의 아과의 부부 시야)

子夏이 旣除喪而見이어늘, 予之琴하신데, 和之而不和하며, 彈
之而不成聲이러니, 作而曰, 哀未忘也언만, 先王制禮라, 而弗敢
過也로이다. 子張이 旣除喪而見이어늘, 予之琴하신데, 和之而和
하며, 彈之而成聲이러니, 作而曰, 先王制禮라, 不敢不至焉이로이다.

(자하 기제상이견 여지금 화지이불화 탄

지이불성성 작이왈 애미망야 선왕제례 이불감

과야 자장 기제상이견 여지금 화지이화

탄지이성성 작이왈 선왕제례 불감부지언)

註解   ○襲裘而弔(습구이조)－고구(羔裘)와 석의(裼衣) 위에 상의(上衣)를 덮어 입고 조상하는 것. 갖옷 위에 석의가 있고, 석의 위에 습의(襲衣)가 있고, 습의 위에 정복(正服)이 있는데 이는 정장(正裝)을 뜻한다. 상주가 이미 변복(變服)한 뒤에는 조문객은 비록 조복(朝服)을 입었더라도 길관(吉冠)에 질(絰)을 감고 또 그 상의를 덮는다. 만약 붕우 사이면 띠를 더하고 들어가 조상하는 것이다. 증자는 상주가 변복하기 전에 갖옷과 석의 위에 습의를 덮어 입고 조문했던 것이다. 변복하기 전에는 길복 그대로 조문하는 것이므로 증자가 잘못한 것이다.   ○裼裘而弔(석구이조)－갖옷 위에 석의를 입고 습의를 입지 않은 차림으로 조상하는 것.   ○夫夫(부부)－저 장부란 뜻.   ○爲習於禮者(위습어예자)－예에 익숙하다고 하는 사람.   ○袒括髮(단괄발)－소렴(小殮)한 뒤에 상주가 변복하는 것. 단(袒)은 옷을 벗어 한 어깨를 드러내는 것. 괄발(括髮)이란 상주가 삼으로 머리털을 묶는 것.   ○襲裘帶絰(습구대질)－상주가 변복한 뒤에는 석의 위에 습의를 입고, 길관에 삼을 감고, 붕우 사이라면 그 위에 또 질대(絰帶)를 띠는 차림.   ○我過矣(아과의)－내가 잘못이라는 말.   ○和而不和(화이불화)－공자의 거문고 가락에 화답하기는 하나 음률이 화음을 이루지 못한 것.   ○彈之而不成聲(탄지이불성성)－거문고를 타나 소리가 가락을

이루지 못하는 것. ○不敢過也(불감과야)―감히 지나치게 할 수 없다는 뜻.

解說 남의 상을 조상할 때에 변복(變服) 전이면 길복 차림 그대로
하고, 변복한 뒤에는 예에 맞는 복색으로 조문한다는 것을 말하고 있
다. 자하(子夏)와 자장(子張) 두 사람은 모두 3년상을 마친 뒤에 거문
고를 타는데 한 사람은 음악이 화음을 이루고, 한 사람은 소리를 이루
지 못하였다. 그것은 자하는 지나치는 사람이므로 굽히어 억지로 따라
가는 것이고, 자장은 미치지 못하는 자이므로 발을 제겨 딛고 따라가
는 사람이기 때문이다. 그러나 두 사람은 모두 성왕의 제례(制禮)를
순종한 것이다.

위(衛)나라의 사구혜자(司寇惠子)가 죽어 자유(子游)가 조상하는데
마최(麻衰)와 모마질(牡麻経) 차림을 하니, 문자(文子)가 사양하여
말했다. “선생께서 욕되게 미무(彌牟)의 아우와 더불어 교유하시고,
또 욕되게 복을 입으시니 감히 사양합니다.” 자유가 말하였다. “예
(禮)가 그러합니다.” 문자가 물러나와 반곡(反哭)하니, 자유(子游)가
빠른 걸음으로 여러 신하의 위치에 나아갔다. 문자가 또 사양하여 말
하였다. “선생께서 욕되게 미무의 아우와 더불어 교유하시고, 또 욕되
게 그 상에 임하시니 감히 사양합니다.” 자유가 굳이 청하니 문자가
물러가서 적자(適子)를 붙들고 와 남면하여 서게 하고 말하였다. “선
생께서 욕되게 미무의 아우와 더불어 교유하시고, 또 욕되게 복을 입
으시고 그 상에 임하시니, 호(虎)가 감히 복위(復位)하지 않을 수 있
겠습니까?” 자유가 빠른 걸음으로 객위(客位)에 나아갔다.

原文 司寇惠子之喪에, 子游이 爲之麻衰牡麻経한데, 文子이
辭曰, 子辱與彌牟之弟로 游하시고, 又辱爲之服하시니, 敢辭하노
이다. 子游이 曰, 禮也니라. 文子이 退하여, 反哭이어늘, 子游이
趨而就諸臣之位한데, 文子이 又辭曰, 子辱與彌牟之弟로 游하

시고, **又辱爲之服**하시고, **又辱臨其喪**하시니, **敢辭**하노이다. **子游**
이 **曰, 固以請**하노라. **文子**이 **退**하여, **扶適子**하며, **南面而立曰,**
子辱與彌牟之弟로 **游**하시고, **又辱爲之服**하시고, **又辱臨其喪**하
시니, **虎也**는 **敢不復位**한데, **子游**이 **趨而就客位**하니라.

　　(사구혜자지상 자유 위지마최모마질 문자

　　사왈 자욕여미모지제 유 우욕위지복 감사

　　자유 왈 예야 문자 퇴 반곡 자유

　　추이취제신지위 문자 우사왈 자욕여미모지제 유

　　우욕위지복 우욕임기상 감사 자유

　　왈 고이청 문자 퇴 부적자 남면이립 왈

　　자욕여미모지제 유 우욕위지복 우욕임기상

　　호야 감불복위 자유 추이취객위)

[註解]　ㅇ司寇惠子(사구혜자)－위(衛)나라 영공(靈公)의 아들인 소공(昭
公)이며, 문자(文子)와 혜자(惠子)는 소공의 아들이다. 혜자는 사구(司
寇：법무장관)에 임명되어 사구씨의 선조(先祖)가 되었다. 본명은 난(蘭)
이다. ㅇ彌牟(미무)－문자의 자(字). ㅇ麻衰(마최)－길복(吉服)에 쓰는 베
로 최복(衰服)을 만든 것. 길복 15승(升)의 베로서 조복(吊服)보다 가벼
운 것. ㅇ牡麻経(모마질)－웅마(雄麻)로 드려서 만든 질대(経帶). ㅇ反哭(반
곡)－장사를 지내고 와서 정침(正寢)에서 곡하는 것. ㅇ子游趨而就諸臣
之位(자유추이취제신지위)－자유와 혜자는 붕우(朋友)의 사이이므로 빈객
의 위치에 서야 하는데도 일부러 신하의 위치에 가 서는 것은 더욱 희롱
하는 것이란 뜻. ㅇ扶適子南面而立(부적자남면이립)－적자를 붙들고 와
서 남면하여 서게 하는 것. 문자는 비로소 자유가 희롱하는 것을 알아차
리고 친히 혜자의 적자 호(虎)를 붙들고 와서 남면하여 서게 한 것이다.
ㅇ子游趨而就客位(자유추이취객위)－자유가 의도한 바가 이루어져서 자
유는 비로소 바른 예에 따라 자신이 서야 할 정당한 위치인 객위에 나아
갔다는 말.

[解說]　사구혜자(司寇惠子)의 상에 적자를 폐하고 서자(庶子)를 세웠

으므로 자유가 예를 벗어난 차림으로 조상하였다. 문자가 그것을 깨닫지 못하므로 이번에는 자유가 자신이 서 있어야 할 빈객의 위치에 서지 않고 신하들의 위치에 가 섰다. 더욱 희롱하는 행동이었다. 문자가 사양하니 자유도 굳이 사양하였다. 그제서야 문자가 깨닫고 혜자의 적자인 호(虎)를 붙들고 와서 남면하여 서게 하였다는 것이다. 직접 말로 하지 않고 희롱하는 방법, 즉 간접적으로 풍자하여 깨닫게 하였던 것이다.

위(衛)나라 장군인 문자(文子)가 죽고 이미 제상(除喪)한 뒤, 월(越)나라 사람이 조문하러 왔다. 상주가 심의(深衣)에 연관(練冠) 차림으로 사당에서 기다렸다가 눈물을 흘렸다. 자유가 보고 말하기를, "장군 문씨 아들이 하는 일이 예에 가깝구나. 예제(禮制)에 없는 그의 거동이 예절에 맞구나."라고 하였다.

어릴 때는 이름을 부르고, 관례(冠禮)를 하면 자(字)를 부르며, 50세가 되면 자(字)도 부르지 않고 다만 백씨(伯氏)·중씨(仲氏)로 부르며, 죽으면 시호(諡號)가 내려진다. 이상은 주(周)나라의 예도(禮道)이다.

질(絰)이란 것은 실(實)이다.

사람이 죽으면 중류(中霤)를 파서 구덩이를 만들고 목욕시키며, 부엌을 헐어서 그 벽돌로 발을 굽힌다. 또 장사할 때[매장]가 되면, 종묘 문의 서쪽 담을 헐고 밟고 나가서 대문으로 나간다. 이것은 은(殷)나라의 예이다. 공자에게 배운 사람들은 이 예를 행하고 있다.

原文 將軍文子之喪에, 旣除喪, 而后에, 越人이 來弔어늘, 主人이 深衣練冠으로, 待于廟타가, 垂涕洟한데, 子游이 觀之 曰, 將軍文氏之子이, 其庶幾乎인저. 亡於禮者之禮也에, 其動也中이로다.

(장군문자지상 기제상 이후 월인 내조 주

인 심의연관 대우묘 수체이 자유 관지 왈
장군문씨지자 기서기호 무어예자지례야 기동야중)

幼名하며, **冠字**하며, **五十**에 **以伯仲**하며, **死諡**는, **周道也**니라.

(유명 관자 오십 이백중 사시 주도야)

経也者는 **實也**라.

(질야자 실야)

掘中霤而浴하고, **毁竈以綴足**이니라. **及葬**하여는, **毁宗躐行**하
여, **出于大門**은, **殷道也**니, **學者行之**하나니라.

(굴중류이욕 훼조이철족 급장 훼종엽행
출우대문 은도야 학자행지)

註解 ㅇ深衣(심의)─삼베 옷으로서 채색 헝겊으로 선을 두른 것. 심의
는 길흉(吉凶)에 통용할 수 있다. ㅇ練冠(연관)─바랜 비단으로 만든 갓.
제사 전에 쓰는 것. ㅇ待于廟(대우묘) 垂涕洟(수체이)─사당에서 기다리
는데 눈물을 흘렸다는 뜻. ㅇ其庶幾乎(기서기호)─거의 가깝다는 뜻. 즉,
그 행동이 예에 가깝다고 한 말. ㅇ亡於禮者之禮(무어예자지례)─예제(禮
制)에 없는 예. ㅇ其動也中(기동야중)─그의 거동이 예에 맞는다는 말.
ㅇ冠字(관자)─관례(冠禮)하게 되면 이름을 부르지 않고 자(字)를 부른다
는 뜻. ㅇ以伯仲(이백중)─이름도 자도 부르지 않고 오직 백(伯)·중(仲)
등으로 구분하여 부른다는 뜻. ㅇ経(질)─삼〔麻〕으로 만들어 허리나 머리
에 띠는 상장(喪章)을 모두 질이라고 한다. ㅇ経也者實也(질야자실야)─
질(経)은 효자가 충실한 마음이 있다는 것을 명시하는 것이란 뜻. ㅇ掘中
霤而浴(굴중류이욕)─사람이 죽으면 방안의 땅을 파서 구덩이를 만들고,
구덩이 위에 상(牀)을 걸쳐놓고 시체를 그 상 위에서 목욕시킨다. 그리하
여 욕즙(浴汁)이 구덩이에 들어가게 하던 일. 중류(中霤)는 방안이란 뜻.
ㅇ毁竈以綴足(훼조이철족)─부엌을 헐어서 그 벽돌로 죽은 사람의 발을
계속 눌러 죽은 자의 발이 틀어져서 굳어지지 못하게 하는 일. ㅇ及葬(급
장) 毁宗躐行(훼종엽행) 出于大門(출우대문)─장사지낼 때가 되면 종묘
를 헐고 거기를 밟고 가서 대문으로 나가게 하는 것. ㅇ學者行之(학자행

지)—공자에게 이러한 예제(禮制)를 배운 자는 이 은나라의 예를 실행한다는 말.

解說 이 대목에서는 은나라와 주나라의 예가 서로 다르다는 것을 말하고 있다. 어릴 때는 이름을 부르고, 성인이 되면 자(字)를 부르며, 50세가 되면 이름이나 자를 부르지 않고 다만 백(伯)씨·중(仲)씨 등으로 부르고, 죽으면 시호가 내려지는데 이는 주나라의 예법이라는 것이다. 상을 당했을 때 방바닥을 파고 시체를 거기에서 목욕시키는 일, 부엌을 헐고 그 벽돌로 시체의 발을 계속 눌러서 틀어지지 않게 하는 일, 장사지낼 때 종묘의 담을 헐고 나가는 등의 풍습은 모두 은나라 때의 예라는 것이다. 그런데 은나라의 이러한 일들은 모두 두 가지씩의 이유가 있다는 것이다. 즉, 방바닥을 파서 구덩이를 만드는 것은 죽은 자로서 이 방은 필요없게 되었다는 것이 하나의 이유이고, 시체의 욕즙(浴汁)이 구덩이 속으로 들어가게 하려는 것이 또 하나의 이유라고 한다.

그리고 부엌을 헐어버리는 것은 이 또한 죽은 뒤에는 다시 음식을 지어먹는 일이 없다는 것과, 죽은 사람의 시체가 틀어진 채 굳으면 바로잡아 신을 신킬 수 없기 때문에, 부엌의 헐어버린 벽돌을 잇대어 시신의 발을 눌러서 비틀어지지 않게 하려는 것이라고 한다. 장사 때 종묘의 담을 헐고 나가는 것은 죽은 자가 다시 사당에서 제사를 지낼 수 없다는 것이 그 하나의 이유이고, 은나라 사람들이 사당 안에 빈소를 마련하였다가 출장할 때에 서쪽 담을 헐고 나가는 것은 행신(行神)의 위치가 묘문의 서쪽 담밖에 상당하기 때문이다.

노(魯)나라 자류(子柳)의 모(母)가 죽으니 자석(子碩 : 자류의 제자)이 상사(喪事)에 쓸 기물을 청하였다. 자류가 말하기를, "〔재물이 없는데〕 무엇을 가지고 쓰겠느냐?"라고 하였다. 자석이 말하였다. "청컨대 서제(庶弟)의 어머니를 팔고자 합니다." 자류가 말하기를, "어찌 남의 어머니를 팔아서 그것으로 자기 어머니를 장사지낸단 말인가? 불가한 일이다."라고 하였다. 이미 장사를 마친 뒤에 자석이 부의로 들어온 돈의 나머지로 제기(祭器)를 마련하려고 하였다. 자류가 말하기를, "불가한 일이다. 내 들으니 군자는 상사(喪事)로 인하여 집안의 이득을 도모하지 않는다고 하였다. 청컨대 여러 형제의 가난한 자에게 나누어 주게 하여라."라고 하였다.

군자가 말했다. "남의 군사(軍師)로서 싸우다가 패하면 책임을 지고 죽으며 남의 나랏일을 맡아보다가 나라가 위태롭게 되면 망(亡)한다."

위(衛)의 공숙문자(公叔文子)가 하구(瑕丘)에 올라가니 거백옥(蘧伯玉)이 좇아갔다. 문자가 말하기를, "좋구나, 이 언덕이. 죽으면 나는 여기에 묻혔으면 하네."라고 하였다. 거백옥이 말하였다. "그대가 이 땅을 좋아하니 청컨대 나 원(瑗)은 앞서 먼저 가겠네."라고.

原文 子柳之母死커늘, 子碩이 請具한데, 子柳이 曰, 何以哉오. 子碩이 曰, 請粥庶弟之母하노이다. 子柳이 曰, 如之何에, 其粥人之母하여, 以葬其母也리오. 不可하니라. 旣葬에, 子碩이 欲以賻布之餘로 具祭器한데, 子柳이 曰, 不可하니라. 吾이 聞之也하니, 君子는 不家於喪이라 하니, 請班諸兄弟之貧者하라.

(자류지모사 자석 청구 자류 왈 하이재
자석 왈 청육서제지모 자류 왈 여지하 기육
인지모 이장기모야 불가 기장 자석 욕이
부포지여 구제기 자류 왈 불가 오 문지야
군자 불가어상 청반제형제지빈자)

君子이 曰, 謀人之軍師하다가, 敗則死之하며, 謀人之邦邑하다가, 危則亡之니라.

(군자 왈 모인지군사 패즉사지 모인지방읍
위즉망지)

公叔文子이 升於瑕丘어늘, 蘧伯玉이 從이러니, 文子이 曰, 樂

哉라 斯丘也여. 死則我欲葬焉하노라. 蘧伯玉이 曰, 吾子樂之어
든, 則瑗은 請前하노라.
　(공숙문자 승어하구 거백옥 종 문자 왈 낙
　재 사구야 사즉아욕장언 거백옥 왈 오자요지
　즉원 청전)

註解 　ㅇ子柳(자류)—노(魯)나라 숙중피(叔仲皮)의 아들이며 자석(子
碩)의 스승이다. ㅇ請具(청구)—상용(喪用) 기물을 청구하는 것. ㅇ何以
哉(하이재)—무엇으로 하겠는가라는 뜻. ㅇ請粥庶弟之母(청육서제지모)—
서제(庶弟)의 어머니를 팔아서 상용(喪用) 기물을 사겠다고 청하는 말.
육(粥)은 판다는 뜻. ㅇ賻布之餘(부포지여)—부의로 들어온 돈의 나머지.
ㅇ不家於喪(불가어상)—상사(喪事)로 인해서 가재(家財)를 벌지 않겠다
는 뜻. ㅇ班(반)—나누어 준다는 뜻. ㅇ公叔文子(공숙문자)—위(衛)나라의
대부(大夫). 이름은 발(拔)이고, 문자는 시호(諡號)이다. ㅇ蘧伯玉(거백
옥)—위나라의 대부. 이름은 원(瑗). ㅇ瑕丘(하구)—언덕의 이름. ㅇ瑗請
前(원청전)—나 원은 먼저 가겠네라고 한 말. 원(瑗)은 거백옥의 이름.

解說 　남의 장수가 되었다가 싸움에 패하여 많은 군사가 죽었는데 어
찌 홀로 살아 남을 수 있으며, 나라가 위망(危亡)하게 되었는데 어찌
제 몸만이 홀로 생존할 수 있겠는가? 그러니 자신이 멸망하지 않을 수
있겠는가라고 한 말이다. 위(衛)나라의 대부 공숙문자와 거백옥이 하
구라는 언덕 위에 올라가 산책하였다. 공숙문자가 앞서고 거백옥은 뒤
따랐다. 문자가 언덕 위에 거니는 것이 즐겁다면서 "좋구나, 이 언덕이.
나는 죽으면 이곳에 묻혔으면 하네."라고 하였다. 장지(葬地)라는 것은
죽은 뒤에 산 사람이 정하는 것이지 죽은 사람이 미리 정하는 것은 아
니다. 또 문자가 장차의 묘지로 하겠다고 하여 남의 땅을 빼앗으려는
것이 거백옥은 미웠다. 그래서 거백옥은, "그대가 이 언덕이 좋다니 혼
자 즐기게나. 나는 흥미 없으니 먼저 가겠네."라고 한 것이다.

변(弁) 땅의 어떤 사람이 그의 어머니가 죽자 어린애의 울음처럼

절제없이 울고 있는 자가 있었다. 공자가 말씀하시기를, "그 우는 것이 슬프기는 하구나. 그러나 저래서는 남이 본받을 수 없지. 대체로 예라는 것은 남에게 전할 수 있고 남이 본받을 수 있어야 한다. 그러므로 울부짖음과 몸부림치는 일에도 절도가 있는 것이다."라고 하였다.

노(魯)나라 숙손무숙(叔孫武叔)의 어머니가 죽었을 때 소렴(小殮)을 마친 다음 시체를 들고 지게문 밖으로 나오자 상주인 무숙이 단(袒)하고 또 갓을 벗어던지더니 머리털을 묶었다. 자유(子游)가 말하기를, "예를 아는구나."라고 하며 비웃었다.

原文　弁人이 有其母死에, 而孺子泣者어늘, 孔子이 曰, 哀則哀矣이나, 而難爲繼也로다. 夫禮는 爲可傳也며, 爲可繼也니, 故로 哭踊에 有節하니라.

(변인 유기모사 이유자읍자 공자 왈 애즉
애의 이난위계야 부례 위가전야 위가계야 고
곡용 유절)

叔孫武叔之母이 死커늘, 旣小斂하여, 擧者이 出戶하여, 出戶어늘 袒하고, 且投其冠하고 括髮한데, 子游이 曰, 知禮라 하니라.

(숙손무숙지모 사 기소렴 거자 출호 출호
단 차투기관 괄발 자유 왈 지례)

註解　ㅇ孺者泣(유자읍)─어린애처럼 우는 것. 즉 너무 슬피 울어서 울음에 절도가 없다는 말. ㅇ禮爲可傳也(예위가전야) 爲可繼也(위가계야)─선왕이 예를 정한 것은 남에게 전할 수 있고, 남이 그것을 본받아 이어갈 수 있게 한 것이다. ㅇ哭踊有節(곡용유절)─상을 당했을 때 울부짖고 몸부림치는 일이 모두 절도가 있다는 뜻. ㅇ小斂(소렴)─사람이 죽은 지 사흘만에 시체를 당중(堂中)에 옮겨 의상을 고쳐 입히고 이불로 싸는 절차. ㅇ擧者(거자) 出戶(출호)─시체를 들고 지게문 밖으로 나가는 것. ㅇ袒(단)─윗옷을 벗어 왼쪽 어깨를 드러내는 것. ㅇ投其冠括髮(투기관괄발)─그의 갓을 벗어버리고 머리털을 묶는 것. 소렴이 끝나면 상주는 방에서

왼쪽 어깨를 드러내고 머리털을 묶는 것이 예절이다.

解說 소렴(小斂)을 마치면 장막을 걷고, 상주는 방안에서 머리털을 묶고 왼쪽 어깨를 드러내며, 부인은 머리털을 북상투로 튼다. 그런 후에 시체를 들어 마루 앞으로 내가는 것이다. 그러므로 상주가 머리털을 묶고 왼쪽 어깨를 드러내는 것은 마땅히 소렴 후 시체가 마루로 나가기 전에 해야 하는 것이다. 그런데도 숙손무숙은 시체가 나간 뒤에 갓을 버리고 어깨를 드러내며 머리털을 묶으니, 이 그릇된 절차를 자유는 비웃었던 것이다.

임금의 병이 위중한 때에 임금의 몸을 붙들어 모시는 일에서, 복인(僕人)의 장(長)은 오른쪽을 붙들고, 사인(射人)의 장은 왼쪽을 붙든다. 임금이 훙(薨)하면 이 방법대로 시체를 든다.

이모의 남편과 외삼촌의 아내 등 그 두 사람에 대해서 복을 입는 것에 관하여 군자는 아무 말도 하지 않았다. 어떤 이가 말하기를, "한 솥에 밥을 먹고 살았으면 시마(緦麻)복을 입는다."라고 하였다.

상사(喪事)에는 총총히 일을 빨리 처리하려고 하고, 길사에는 천천히 조용하게 하고자 한다. 그러므로 상사는 비록 급거할지라도 그 절차를 밟지 않고 지나가서는 안되며, 길사는 비록 멈춰서 일을 기다리는 때가 있을지라도 게을러져서는 안된다. 그러므로 너무 소란하게 급히 서두르면 비야(鄙野)한 야인(野人) 같고, 너무 천천히 조용하게 하면 소인처럼 관만(寬慢)하여진다. 그러니 군자는 대체로 완급(緩急)을 알맞게 한다.

原文 扶君할새, 僕人師扶右하고, 射人師扶左하나니, 君薨이 以是로 擧니라.
  (부군 복인사부우 사인사부좌 군훙 이시 거)

從母之夫와, 舅之妻와, 二夫人이 相爲服을, 君子이 未之言也니, 或이 曰, 同爨이면 緦라 하니라.

(종모지부 구지처 이부인 상위복 군자 미지언야

　혹 왈 동찬 시)

喪事는 欲其縱縱爾요, 吉事는 欲其折折爾니, 故로 喪事는 雖遽라도 不陵節하고, 吉事는 雖止라도 不怠니, 故로 騷騷爾則野하고, 鼎鼎爾則小人이니, 君子는 蓋猶猶爾니라.

(상사 욕기총총이 길사 욕기제제이 고 상사 수

　거 불릉절 길사 수지 불태 고 소소이즉야

　정정이즉소인 군자 개유유이)

註解　◦扶君(부군)―임금을 부축하여 모시는 것. ◦僕人師(복인사)―귀인(貴人)의 곁에 모시는 복인(僕人)의 장(長). ◦射人師(사인사)―조정에서 대부 이상인 사람들을 안내하는 벼슬아치의 장(長). ◦君薨以是擧(군홍이시거)―임금이 홍(薨)하였을 때에도 이 법에 따라 시체를 든다는 말. 즉 임금이 병들었을 때 그를 부축하듯 태복(太僕)은 시체의 오른쪽을, 사사(射師)는 왼쪽을 든다는 뜻. ◦從母之夫(종모지부)―종모, 즉 이모의 남편. 이모부. ◦舅之妻(구지처)―구는 외삼촌이므로 외삼촌의 처. 즉 외숙모를 말한 것. ◦二夫人(이부인)―그 두 사람이란 뜻. ◦同爨緦(동찬시)―동찬(同爨)이면 시마복(緦麻服)을 입는다는 말. 동찬이란 한솥에 밥을 먹는다는 뜻. ◦縱縱(총총)―일이 급해 달려가는 모습. ◦折折(제제)―조용하며 예절에 맞는 모양. ◦不陵節(불릉절)―절차를 밟지 않고 넘어가지 않는 것. ◦吉事雖止(길사수지)―길사를 처리할 때에는 멈춰서 일을 기다리는 일이 있을 거라고 하는 말. ◦騷騷爾(소소이)―소란하게 서두르는 모양. ◦野(야)―야인(野人)처럼 비야하다는 뜻. ◦鼎鼎爾(정정이)―너무 천천히 하고 조용하다는 뜻. ◦猶猶爾(유유이)―깨우쳐 통달한 모습이므로 완급(緩急)이 알맞는 모양.

解說　생질(甥姪)이 외가에서 이모부 또는 외숙모와 한집에서 살다가 상사가 발생하여 복을 입어야 함에도 그에 관한 예제(禮制)가 없었다. 그래서 한솥에 밥을 먹는 경우이면 시마복을 입어도 좋다는 설이 나왔다. 이는 인정상인 것일 뿐이지 떳떳한 예의는 아니라는 것을

비난한 것이다. 상사(喪事)에는 일을 급히 서두르고, 길사(吉事)에는 천천히 처리하고자 하는 것이 사람의 심정이다. 그러나 아무리 서두르더라도 예제의 절차는 지켜야 하고, 아무리 천천히 처리한다 하더라도 게을러져서는 안된다. 조심하고 공경하여 예제에 맞아야 한다. 그런데 자칫하면 너무 서둘러서 예절을 제대로 갖추지 못하는 야인(野人)처럼 비야하게 되고, 지나치게 천천히 하여 게으름에 흘러 예에 관만(寬慢)한 소인처럼 될 우려가 있다. 오직 군자만이 완급(緩急)을 모두 예절에 맞게 할 수 있다는 것이다.

상사(喪事)의 기물을 갖추는 것을 군자는 부끄럽게 여긴다. 그러므로 하루 이틀 사이에 준비할 수 있는 것은 군자는 준비하지 않는다.

상복에 있어서 형제의 아들에 대한 복을, 내 아들과 같이 한 것은 대체로 끌어당겨 올린 것이고, 수숙(嫂叔)의 사이에 복이 없는 것은 대체로 밀어내어서 멀리한 것일 것이다. 고모(姑母)·자매에 대하여 복을 박하게 한 것은 대체로 나를 대신해서 후하게 해주는 사람이 있기 때문일 것이다.

상을 당한 사람 곁에서 음식을 먹을 때에는 배불리 먹는 것을 삼가야 한다.

증자(曾子)가 문 곁에서 객과 함께 마주 서있었다. 그의 문인이 빠른 걸음으로 달려 나왔다. 증자가 말하기를, "네 장차 어디를 가려고 하느냐?"라고 하였다. 문인이 대답하기를, "저의 아버지가 죽었으므로(객관에 흉한 일을 드러낼 수 없기에) 장차 거리에 나가서 곡하려고 합니다."라고 하였다. 증자가 말하기를, "네가 거처하는 관사(舘舍)에 돌아가서 곡하도록 하라."라고 하였다. 그리고 증자는 북면(北面)하여 조상하였다.

原文 喪具를, 君子는 恥具하나니, 一日二日而可爲也者는, 君子는 弗爲也니라.

(상구 군자 치구 일일이일이가위야자 군
자 불위야)

喪服에, 兄弟之子를 猶子也는, 蓋引而進之也라. 嫂叔之無服
也는, 蓋推而遠之也라. 姑姉妹之薄也는, 蓋有受我而厚之者也
니라.

(상복 형제지자 유자야 개인이진지야 수숙지무복
야 개추이원지야 고자매지박야 개유수아이후지자야)

食於有喪者之側하실새, 未嘗飽也시더라.

(식어유상자지측 미상포야)

曾子이 與客으로 立於門側이어시늘, 其徒趨而出한데, 曾子이
曰, 爾將何之오. 曰, 吾父死할새, 將出哭於巷하노이다. 曰, 反哭
於爾次라 하시고, 曾子이 北面而弔焉하시다.

(증자 여객 입어문측 기도추이출 증자
왈 이장하지 왈 오부사 장출곡어항 왈 반곡
어이차 증자 북면이조언)

[註解] ㅇ喪具(상구)―초상에 쓰이는 기물. 관·수의 등을 말한 것. ㅇ君
子恥具(군자치구)―군자는 상구(喪具)를 일찍 갖추어 놓는 것을 부끄럽
게 여긴다는 뜻. 마치 부모가 빨리 죽기를 기다리는 것 같은 느낌이 들기
때문이다. ㅇ一日二日而可爲也者(일일이일이가위야자) 君子弗爲也(군자
불위야)―군자는 상구를 하루 이틀로 준비할 수 있는 것은 미리 준비하지
않는다는 뜻. ㅇ猶子也(유자야)―아들과 같이 한다는 뜻. 즉 형제의 아들
에 대한 상을 자신의 아들과 같게 한다는 말. ㅇ引而進之也(인이진지야)―
끌어당겨서 중복(重服)으로 올린다는 말. ㅇ推而遠之(추이원지)―가까운
것을 밀어서 멀리한다는 뜻. ㅇ姑姉妹之薄也(고자매지박야)―고모나 자매
는 시집가기 전에는 모두 부장기(不杖朞)의 복인데 시집간 뒤에는 모두
대공복으로 떨어진다. 그래서 박하게 한다는 말. ㅇ蓋有受我而厚之者也
(개유수아이후지자야)―여자가 시집가면 대신 후하게 해주는 사람이 있
다는 말. ㅇ將出哭於巷(장출곡어항)―장차 거리에 나가서 곡하려고 한다

는 뜻. ㅇ反哭於爾次(반곡어이차)—네가 있는 관사(館舍)에 돌아가서 곡하라는 말. 차(次)는 그 사람이 있는 관사를 뜻한다. ㅇ北面而弔焉(북면이조언)—북면(北面)하여 조상한다는 뜻.

解說 공자(孔子)는 당상(當喪)한 사람의 곁에서 음식을 먹는 일이 있으나 항상 배부르도록 먹지 않았다고 한다. 엄릉방씨(嚴陵方氏)는 이렇게 말하였다. "굶주려서 일을 할 수 없게 되는 것은 예가 아니다. 또 배부르게 먹고 슬픔을 잊어버리는 것도 예가 아니다. 일을 할 수 없는 지경에 이를 것을 염려하여 비록 당상한 사람의 곁에서라도 음식을 먹는다. 또 슬픔을 잊어버릴 것을 염려하여 일찍이 배부르도록 먹지 않는 것이다. 이것이 예이다. 비록 성인(聖人)의 행동일지라도 이와 같이 하는 데 지나지 않는 것이다."라고.

공자가 말하기를, "죽은 자를 보내는 데 있어서 예를 완전히 죽은 자로서 대하면 불인(不仁)하다. 그러니 그렇게 할 수 없다. 죽은 자를 보내는 데 완전히 산 자에 대한 예로써 극진히 한다면 지혜롭지 못하다. 그러니 그렇게 할 수 없다. 그런 까닭에 사자에게 쓰는 죽기(竹器)는 산 사람에게 쓸 수 없게 만들었으며, 질그릇은 질이 거칠어서 광택이 없고, 목기(木器)는 소박하여 새기고 다듬은 무늬가 없다. 거문고와 비파는 비록 줄을 벌려 놓았으나 탈 수 없고, 우생(竽笙)은 비록 갖추었으나 불 수가 없으며, 종과 경쇠는 비록 있으나 순거(簨簴)가 없다. 그것을 명기(明器)라고 하는 것은 신명(神明)의 도(道)로 대우하는 것이다."라고 하였다.

原文 孔子이 曰, 之死而致死之는, 不仁이라 而不可爲也며, 之死而致生之는, 不知라 而不可爲也니, 是故로 竹不成用하며, 瓦不成味하며, 木不成斲하며, 琴瑟張而不平하며, 竽笙備而不和하며, 有鐘磬而無簨簴하니, 其曰明器는, 神明之也니라.
  (공자 왈 지사이치사지 불인 이불가위야

지사이치생지 부지 이불가위야 시고 죽불성용
와불성미 목불성착 금슬장이불평 우생비이불화
유종경이무순거 기왈명기 신명지야)

註解 ○之死(지사)－죽은 자를 장송(葬送)하는 것. 지(之)는 왕(往)과
같음. ○致死之(치사지)－완전히 죽은 자에 대한 예로써 극진히 하는 것.
○不仁而不可爲也(불인이불가위야)－어버이가 죽었다고 해서 완전히 죽
은 자에 대한 예로 받들면 어버이를 생각하는 어진 마음이 없는 행동이
된다. 그래서 그렇게 할 수 없다는 것. ○致生之(치생지)－죽은 어버이에
대하여 어디까지나 산 사람에 대하는 예로써 극진히 받든다는 것. ○不知
而不可爲也(부지이불가위야)－죽은 어버이를 완전히 산 사람 섬기는 예
로써 섬긴다는 것은 이치를 살피지 못하는 것이므로 지혜롭지 못하다. 그
러니 그렇게 할 수도 없다는 말. ○竹不成用(죽불성용)－죽은 자를 보내
는 데 쓰는 죽기(竹器)는 산 사람에게는 쓸 수가 없다는 뜻. ○瓦不成味
(와불성미)－죽은 자에게 사용하는 질그릇은 광택이 없다는 뜻. 미(味)는
매(沫)의 오자. ○木不成斲(목불성착)－목기(木器)는 잘 다듬지 않았다는
뜻. ○琴瑟張而不平(금슬장이불평)－거문고와 비파는 비록 줄을 벌려 놓
았으나 탈 수가 없음. ○竽笙(우생)－관악기의 일종. 생황(笙簧). ○備而
不和(비이불화)－갖추어 있으나 불 수가 없음. ○簨簴(순거)－종경(鐘磬)
을 거는 틀. ○明器(명기)－죽은 자에게 쓰는 기명. ○神明之(신명지)－
신명의 도(道)로써 대우한다는 말.

解說 어버이가 죽었을 때 완전히 죽은 자에 대한 예로 받들면 어버
이를 생각하는 어진 마음이 없는 행동이므로 그렇게 할 수 없다. 그렇
다고 해서 어버이를 완전히 산 사람처럼 받들면 이것 또한 지혜롭지
못하다. 그러니 그렇게 할 수도 없는 것이다. 그래서 산 사람이 쓰는
것처럼 모든 기물을 만들되 실지로는 산 사람은 쓸 수 없게 만든다.
그렇게 하면 기물을 갖추었으되 죽은 자의 예를 이룬 것도 아니고, 그
기물을 쓸 수가 없으니 이 또한 산 사람의 예를 이룬 것도 아니다. 그
러한 기물을 명기(明器)라고 하며, 명기를 사용하는 것을 신명(神明)

의 도리로 대우하는 것이라고 하였다.

　공자의 문인 유자(有子)가 증자(曾子)에게 물었다. "벼슬하다 관직을 잃었을 때의 처신을 부자(夫子 : 공자)에게서 들은 것이 있는가?" 증자가 말하였다. "들었네. 벼슬하다 관직을 잃으면 속히 가난해지는 것이 좋고, 사람이 죽으면 속히 썩게 하는 것이 좋다고 하셨네." 유자가 말하였다. "그것은 군자의 말씀 같지 않네." 증자가 말하였다. "삼(參)과 자유(子游)가 함께 들었다네." 그러자 유자가 말하기를, "그런가. 그렇다면 부자께서는 까닭이 있어서 그렇게 말씀하셨을 것이네."라고 하였다.

　原文　有子이 問於曾子 曰, 聞喪於夫子乎아. 曰, 聞之矣로다. 喪欲速貧하며, 死欲速朽라 하시다. 有子이 曰, 是는 非君子之言也로다. 曾子이 曰, 參也聞諸夫子也호라. 有子이 又曰, 是는 非君子之言也로다. 曾子이 曰, 參也與子游로 聞之호라. 有子이 曰, 然하다. 然則夫子이 有爲言之也로다.
　　(유자 문어증자 왈 문상어부자호 왈 문지의
　　상욕속빈 사욕속후 유자 왈 시 비군자지언
　　야 증자 왈 삼야문저부자야 유자 우왈 시 비
　　군자지언야 증자 왈 삼야여자유 문지 유자
　　왈 연 연즉부자 유위언지야)

　註解　ㅇ聞喪於夫子乎(문상어부자호)—상(喪)은 벼슬하다가 지위를 잃어버린 것이다. 즉 벼슬을 잃은 일에 대하여 공자에게서 들은 말이 있는가 하고 묻는 말. ㅇ喪欲速貧(상욕속빈)—관직을 잃으면 속히 가난해지는 것이 더 좋다는 말. ㅇ死欲速朽(사욕속후)—사람이 죽으면 빨리 썩게 하는 것이 더 좋다고 한 말. ㅇ是非君子之言也(시비군자지언야)—이것은 덕이 있는 군자가 한 말씀이 아니란 뜻. ㅇ夫子有爲言之(부자유위언지)—부자〔공자〕가 까닭이 있어서 한 말일 것이란 뜻.

解說 벼슬하다 지위를 잃은 일에 대하여 공자에게서 들은 말이 있느냐고 유자가 증자에게 물었다. 벼슬하다 관직을 잃으면 빨리 가난해지는 것이 좋고, 죽으면 빨리 썩게 하는 것이 좋다고 부자께서 말씀하셨다고 했다. 유자가 그것은 공자의 말씀이 아닐 것이라고 하니, 증자가 자신이 직접 들었고, 자유도 함께 들었다고 하였다. 유자가 말하기를 그렇다면 부자께서 무슨 까닭이 있어서 그렇게 말씀하였을 거라고 하였다.

증자는 이 유자의 이야기를 자유에게 말하였다. 그러자 자유가 말하기를, "어찌 그렇게도 잘 맞는가. 유자의 말이 부자의 말씀과 같은 점이. 옛날 부자께서 송나라에 있을 때에 환사마(桓司馬)가 스스로 석곽(石槨)을 만드는 데 3년이 되어도 이루지 못하는 것을 보고, 부자께서 말씀하시기를, 이와 같이 사치하게 한다면, 죽으면 속히 썩게 하는 것이 더 좋겠구나라고 말씀하셨다. 죽으면 속히 썩게 하고 싶다고 한 것은 환사마의 일 때문에 한 말씀이다. 남궁경숙(南宮敬叔)이 일찍이 벼슬의 지위를 잃고 국외로 나갔다가 뒤에 돌아오게 되었을 때 반드시 재보를 싣고 와서 뇌물을 뿌려 지위 회복을 꾀하니, 부자께서 말씀하시기를, 이와 같이 재화로써 복위(復位)를 획책한다면, 지위를 잃으면 빨리 가난해지는 것만 같지 않다라고 말씀하셨다. 벼슬의 지위를 잃으면 속히 가난해졌으면이라고 말한 것은 남궁경숙 때문에 한 말씀이다."라고 하였다.

原文 曾子이 以斯言으로 告於子游한데, 子游이 曰, 甚哉라, 有子之言이 似夫子也여. 昔者에 夫子이 居於宋하실재, 見桓司馬自爲石槨하되, 三年而不成하시고, 夫子이 曰, 若是其靡也여. 死不如速朽之는 愈也라 하시니, 死之欲速朽는, 爲桓司馬하여 言之也라. 南宮敬叔이 反할새, 必載寶而朝한데, 夫子이 曰, 若是其貨也여. 喪不如速貧之愈也라 하시니, 喪之欲速貧은, 爲敬

叔하여 言之也라.

　　(증자 이사언 고어자유 자유 왈 심재
　　유자지언 사부자야 석자 부자 거어송 견환사
　　마자위석곽 삼년이불성 부자 왈 약시기미야
　　사불여속후지 유야 사지욕속후 위환사마
　　언지야 남궁경숙 반 필재보이조 부자 왈 약
　　시기화야 상불여속빈지유야 상지욕속빈 위경
　　숙 언지야)

註解 　o若是其靡也(약시기미야)—이렇게 사치하는구나란 말.　o死不如
速朽之愈也(사불여속후지유야)—사람이 죽으면 속히 썩게 하는 것만 같지
못하다고 한 말.　o桓司馬(환사마)—춘추시대 송(宋)나라의 대부(大夫).
환퇴(桓魋).　o南宮敬叔(남궁경숙)—춘추시대 노(魯)나라의 대부.　o若是
其貨也(약시기화야)—이와 같이 돈을 쓴다면이란 뜻.

解說 　증자가 유자(有子)의 말을 자유(子游)에게 말하니 자유가 감
탄하였다. 과연 공자가, 죽으면 속히 썩게 하는 것이 좋다고 한 것은
환사마가 석곽(石椁)을 만드느려고 석달이 걸려도 완성하지 못하는
것을 보고, 그 사치함을 미워하며 한 말이다. 그리고 노나라의 대부
남궁경숙이 벼슬을 잃고 국외에 나갔다가 다시 돌아오게 되었을 때에
많은 재물을 싣고 다니며 뇌물을 뿌리고 복위를 꾀하는 것을 보고, 공
자가 저렇게 돈을 쓴다면 벼슬을 잃었을 때에 속히 가난해지는 것이
더 좋겠다고 말한 일이 있었다. 그러므로 그런 특수한 경우와 이유에
서 한 말일 뿐, 일반적인 경우를 말한 것은 아니었다.

　증자가 자유(子游)의 말을 유자(有子)에게 이야기하니 유자가 말하
였다. "그렇다. 내가 굳이 그것은 부자의 말씀이 아니라고 하였다."
증자가 말하였다. "그대가 어떻게 그런 줄을 알았는가?" 유자가 말하
기를, "부자께서 중도재(中都宰)로 있을 때에 관곽(棺椁)을 만드는
법제(法制)를 정하는데, 두께가 네 치〔四寸〕의 관과 두께가 다섯 치

의 곽(槨)을 만들게 하였다. 이것을 보고 죽은 사람을 속히 썩게 하지
않으려고 하는 것을 알았다. 옛날에 부자께서 노(魯)나라 사구(司
寇 : 법무장관)의 지위를 잃고 장차 형(荊)나라에 가려고 할 때에 대
체로 먼저 자하(子夏)를 보내어 그곳이 살 만한가, 벼슬을 할 만한가
를 살피게 하고, 또 거듭 염유(冉有)를 보낸 일이 있다. 이것을 보고
속히 가난하여지고 싶어하지 않는다는 것을 알았다.”라고 하였다.

原文　曾子이 以子游之言으로 告於有子한데, 有子이 曰, 然하
다. 吾이 固曰非夫子之言也리라. 曾子이 曰, 子이 何以知之오.
有子이 曰, 夫子이 制於中都하실새, 四寸之棺과, 五寸之槨하시
니, 以斯로 知不欲速朽也니라. 昔者에 夫子이 失魯司寇하시고,
將之荊하실새, 蓋先之以子夏하시고, 又申之以冉有하시니, 以斯
로 知不欲速貧也호라.

　　(증자 이자유지언 고어유자 유자 왈 연
　　오 고왈비부자지언야 증자 왈 자 하이지지
　　유자 왈 부자 제어중도 사촌지관 오촌지곽
　　이사 지불욕속후야 석자 부자 실노사구 장
　　지형 개선지이자하 우신지이염유 이사
　　지불욕속빈야)

註解　ㅇ夫子制於中都(부자제어중도)—공자가 중도재(中都宰)가 되어
관곽(棺槨)을 만드는 법을 제정했다는 뜻. ㅇ申之(신지)—신(申)은 중
(重). 즉 겹친다는 뜻.

解說　증자가 자유가 한 이야기를 다시 유자(有子)에게 들려주고 자
네는 어떻게 그것을 알게 되었느냐고 물었다. 그러자 유자가 말했다.
“부자(夫子)가 일찍이 중도재(中都宰)가 되어 법을 정하는데, 관(棺)
의 두께는 네 치, 곽(槨)의 두께는 다섯 치로 한 것을 보고 부자께서
는 시체가 속히 썩도록 하지 않으려 한다는 것을 알았으며 또 옛날

부자께서 노(魯)나라 사구(司寇) 벼슬을 잃고 장차 초나라로 가고자
했을 때, 먼저 자하(子夏)를 보내고 거듭 염유(冉有)를 보내어 초나라
는 사람이 살 만한 곳인지, 벼슬을 할 만한 곳인지 살펴보도록 하였
다. 이것을 보고 나는 부자께서 벼슬을 잃은 뒤에 속히 가난해지는 것
을 원치 않는다는 것을 알았다.”라고 하였다. 유자는 정말로 현명한
사람이라고 하겠다.

제(齊)나라 진장자(陳莊子)가 죽으니 노(魯)나라에 부고를 보냈다.
노나라 사람들이 그를 위해 곡(哭)하려고 하지 않았다. 목공(繆公)이
현자(縣子)를 불러 물으니, 현자가 대답하기를, “옛날에 일국의 대부
는 포(脯) 열 장을 포갠 작은 선물도 국경 밖에 내보내어 외국과 교
제하는 일이 없었습니다. 그러니 비록 그를 위해 곡하고자 한들 어
떻게 곡할 수가 있겠습니까. 그러나 오늘은 〔임금은 약하고 신하는
강성하여〕 대부가 맹회(盟會)의 일을 전행(專行)하여 중국의 여러 임
금들과 교제하고 있으니, 비록 곡하지 않으려고 한들 어찌 곡하지 않
을 수 있겠습니까? 또 신(臣)은 들으니, 곡하는 것에도 두 가지가 있
다고 합니다. 사랑하기 때문에 그의 죽음을 곡하는 것이 있고, 두려워
하기 때문에 곡하는 것이 있다고 합니다.”라고 하였다. 목공이 말하였
다. “그렇다. 그러니 어떻게 하면 좋겠는가?” 현자가 말하기를, “청컨
대 이성(異姓)의 사당에서 곡하도록 하십시오.”라고 하였다. 이에 목
공은 현씨(縣氏)의 사당으로 신하와 함께 가서 진장자를 위해 곡을
하였다.

原文 陳莊子이 死커늘, 赴於魯한데, 魯人이 欲勿哭하더니 繆
公이 召縣子而問焉한데, 縣子이 曰, 古之大夫는, 束脩之問을
不出竟하더니, 雖欲哭之인들, 安得而哭之리이꼬. 今之大夫는, 交
政於中國하나니, 雖欲勿哭인들, 焉得而弗哭이리이꼬. 且臣은 聞
之한데, 哭有二道하니, 有愛而哭之하며, 有畏而哭之하나이다. 公

이 曰, 然하다. 然則如之何而可오. 縣子이 曰, 請哭諸異姓之廟
하나이다. 於是에 與哭諸縣氏하시다.

  (진장자 사 부어노 노인 욕물곡 목

  공 소현자이문언 현자 왈 고지대부 속수지문

  불출경 수욕곡지 안득이곡지 금지대부 교

  정어중국 수욕물곡 언득이불곡 차신 문

  지 곡유이도 유애이곡지 유외이곡지 공

  왈 연 연즉여지하이가 현자 왈 청곡저이성지묘

  어시 여곡저현씨)

註解   ○陳莊子(진장자)—제(齊)나라의 대부. 이름은 백(伯).   ○赴於魯
(부어노)—부(赴)는 부(訃)와 같으니, 노나라에 부고한다는 뜻.   ○魯人欲
勿哭(노인욕물곡)—노나라 사람들이 그를 위하여 곡하고자 하지 않는다
는 말.   ○繆公召縣子而問焉(목공소현자이문언)—노나라 임금 목공이 명망
있는 현자(縣子 : 이름은 瑣, 魯의 大夫)를 불러 문의하였다는 말.   ○束脩
之問不出竟(속수지문불출경)—포(脯) 열 조각〔1束〕의 작은 선물도 국경
밖으로 내보내어 타국과 교제하는 일이 없었다는 말.   ○雖欲哭之(수욕곡
지) 安得而哭之(안득이곡지)—비록 외국에서 곡하고자 한들 전연 알지도
못하고 교제도 없으니 어떻게 곡할 수 있겠느냐는 말.   ○今之大夫(금지대
부) 交政於中國(교정어중국)—당시는 임금은 약하고 신하는 강성하여 제
후간의 맹회(盟會)의 일을 대부가 전행하고, 여러 나라들의 임금과 서로
교제하고 있다는 말.   ○愛而哭之(애이곡지)—그 사람을 사랑하기 때문에
인정에 끌리어 곡하는 것.   ○畏而哭之(외이곡지)—죽은 자의 강대한 세력
이 두려워 부득이 곡하는 것.   ○哭諸異姓之廟(곡저이성지묘)—공묘(公廟)
에서 곡하는 것은 너무 정중하니까 아무런 관계도 없는 타성의 사당에서
곡하는 것.

解說   옛날에는 남의 신하된 자는 감히 두 임금을 섬기지 못하였다.
즉 조그마한 선물일지라도 국경 밖으로 내보내어 외국과 교제하지 못
했던 것이다. 그러나 목공 당시에는 임금은 약하고 신하들은 강성하여

다만 작은 선물 정도가 아니라, 나라의 외교정책을 전단(專斷)하여 중국의 여러 나라의 임금들과 교제하고 지내게 되었다. 그래서 약한 나라에서는 비록 임금일지라도 강한 타국의 신하를 두려워하며 교제하고 있었다.

진장자는 강한 제(齊)나라의 대부이므로 노나라에서는 그를 위해 곡하지 않을 수 없었다. 그러니 그것은 인정에서 우러나오는 곡이 아니고 두려워하며 부득이 곡하는 것이다. 그러므로 현자는 아무런 관계도 없는 타성(他姓)의 사당에서 곡하라고 했던 것이다. 그것은 마땅히 곡할 바가 아닌 자를 위하여 곡하는 것이므로 마땅히 곡해야 할 곳이 아닌 곳에서 곡하게 한 것이다. 즉 풍자하는 뜻이다.

중헌(仲憲)이 증자에게 말하기를, "하후씨(夏后氏)는 죽은 자에게 명기(明器)를 사용하였으니, 그것은 백성에게 죽은 자는 아는 것이 없다는 것을 보인 것이고, 은(殷)나라에서는 제기(祭器)를 사용했으니, 그것은 백성들에게 죽은 자도 아는 것이 있다는 것을 보인 것이며, 주(周)나라 사람들은 두 가지를 모두 겸해서 썼으니, 그것은 백성들에게 죽은 자는 아는 것이 있는 것 같기도 하고 없는 것 같기도 하여 의심스럽다는 것을 보인 것이다."라고 하였다. 증자가 말하였다. "그것은 그렇지 않다. 대체로 명기는 귀신의 그릇이고, 제기는 사람의 그릇일 따름이다. 저 옛날 하후씨 때의 사람들인들 어찌 그의 어버이가 죽어서 아무것도 모르는 것으로 대우했겠는가."라고 ──.

위(衛)나라의 공숙목(公叔木)에게 어머니가 같고 아버지는 다른 형제가 있었다. 그가 죽으니 자유(子游)에게 복제(服制)를 물었다. 자유가 말하였다. "아마 대공복(大功服)을 입어야 할 것이다." 또 적의(狄儀)에게 어머니는 같고 아버지가 다른 형제가 있었다. 그가 죽었을 때에 자하(子夏)에게 복제를 물었다. 자하가 말하였다. "나는 거기에 대하여 들어본 일이 없지만 노(魯)나라 사람들은 재최(齊衰) 3월의 복을 입는다." 적의가 재최복을 입었다. 지금 세상에서 어머니는 같고

아버지는 다른 형제의 상에 재최 3월을 입는 것은 적의가 자하에게
물은 일에 기인된 것이다.

原文   仲憲이 言於曾子曰, 夏后氏는 用明器하니, 示民無知也
라. 殷人은 用祭器하니, 示民有知也라. 周人은 兼用之하니, 示
民疑也라. 曾子이 曰, 其不然乎인저. 其不然乎인저. 夫明器는
鬼器也요, 祭器는 人器也니, 夫古之人이, 胡爲而死其親乎리오.
   (중헌 언어증자왈 하후씨 용명기 시민무지야
   은인 용제기 시민유지야 주인 겸용지 시
   민의야 증자 왈 기불연호 기불연호 부명기
   귀기야 제기 인기야 부고지인 호위이사기친호)

   公叔木이 有同母異父之昆弟이 死커늘, 問於子游한데, 子游이
曰, 其大功乎인저. 狄儀이 有同母異父之昆弟死커늘, 問於子夏
한데, 子夏이 曰, 我는 未之前聞也하니, 魯人則爲之齊衰라 하여
늘 狄儀이 行齊衰하니, 今之齊衰는, 狄儀之問也니라.
   (공숙목 유동모이부지곤제 사 문어자유 자유
   왈 기대공호 적의 유동모이부지곤제사 문어자하
   자하 왈 아 미지전문야 노인즉위지재최
   적의 행재최 금지재최 적의지문야)

註解   ㅇ仲憲(중헌)—공자의 제자. 원헌(原憲). ㅇ夏后氏(하후씨)—하왕
조(夏王朝). ㅇ明器(명기)—죽은 자에게 쓰는 그릇. 귀기(鬼器). 죽은 자
가 생전에 쓰던 물건을 모작(模作)하여 무덤 속에 넣는 것. 명(明)은 신
명(神明)이란 뜻. ㅇ示民無知(시민무지)—백성들에게 죽은 자는 아는 것
이 없다는 뜻을 보인 것이란 말. ㅇ示民有知(시민유지)—백성들에게 죽은
자는 아는 것이 있다는 것을 보여준 것이라고 한 말. ㅇ周人兼用之(주
인겸용지)—주나라 사람들이 갖추는 기물은 산 사람에 대한 예지만 실
제로는 산 사람이 쓸 수 없는 귀신을 위한 기물이다. 그래서 생사(生
死)·인귀(人鬼)의 양쪽을 겸한 것이 된다는 말. ㅇ祭器人器也(제기

인기야)-제기는 원래 인간의 실용품이란 뜻. ㅇ胡爲而死其親(호위이사기친)-어찌하여 그의 어버이가 죽어서 아무것도 모른다는 것으로 대우하였겠는가. 그렇지 않다라고 한 말. ㅇ公叔木(공숙목)-목(木)은 주(朱)의 잘못으로 위(衛)나라 공숙문자(公叔文子)의 아들. ㅇ大功(대공)-제3급의 복. ㅇ狄儀(적의)-미상. 적인(狄人)으로서 저후(諸侯)가 된 사람의 일족으로 추정된다. ㅇ齊衰(재최)-제2급의 복.

解說 공자의 제자인 중헌(仲憲)이 증자에게 말하기를, "하후씨는 죽은 사람을 장송(葬送)할 때에 귀신에게만 쓰는 기물인 명기를 사용했으니, 그것은 백성들에게 사람이 죽으면 아는 것이 없다는 것을 보여준 것이고, 은(殷)나라 사람 들은 사람이 쓰는 기물인 제기를 사용했으니, 그것은 귀신이 아는 것이 있다는 것을 백성들에게 보여준 것이며, 주(周)나라에서는 귀신에 대한 예와 산 사람에 대한 예를 겸해서 썼으니, 귀신은 아는 것이 있는 것 같기도 하고 없는 것 같기도 하다는 것을 백성들에게 보여준 것이다."라고 하였다. 증자가 말하기를, "그것은 그렇지 않다. 그러한 예제(禮制)의 차이는 역대의 제도에 문(文)과 질(質)의 차이가 있어서 그러할 뿐이고, 죽은 자의 유지(有知)·무지를 의미하는 것은 아니다. 다만 제도가 서로 다를 뿐이다. 만일 지각(知覺)의 유·무를 보이는 것이라면 옛날 하후씨 때의 사람인들 어찌 자기 어버이가 죽은 뒤에 아주 아무것도 모르는 것으로 대우하였겠는가. 그럴 수 없는 일이다."라고 하였다. 동모이부(同母異父)의 형제 상에 자유(子游)는 대공복을 입어야 할 것이라고 하였으며, 자하(子夏)는 노나라 풍속에 재최 3월을 입는다고 하였다. 동모이부의 형제에 대하여는 《예경(禮經)》에 그 복제를 명기한 것이 없기 때문에 두 사람의 대답이 다르다. 그러나 대공복이 옳다는 것이다. 그것은 동부동모(同父同母)인 형제의 복이 기년이므로 동모이부인 형제의 복은 한 등 낮추어 대공(大功)으로 하는 것이 사리에 맞기 때문이라고 한다.

자사(子思)의 어머니가 위(衛)나라에서 죽으니 유약(柳若)이 자사에게 말하였다. "선생은 성인(聖人)의 후손입니다. 사방의 사람들이 선생이 예를 어떻게 행하는가를 지켜보고 있습니다. 어찌 조심하지 않겠습니까?" 자사가 말하기를, "내 무엇을 조심한단 말입니까? 나는 들으니 '예는 알고 있어도 그 예를 행할 만한 재물이 없으면 군자는 행하지 못하며, 예도 있고 재물도 있더라도 때가 아니면 군자는 행하지 못한다고 합니다.' 내가 무엇을 조심하란 말입니까?"라고 하였다.

현자(縣子) 쇄(瑣)가 말하였다. "나는 들으니 옛날에는 강복(降服)하지 않고 상하(上下)가 각기 그 친등(親等)에 좇아 복을 입었다. 그러므로 등백문(滕伯文)은 위로 그의 숙부(叔父) 맹호(孟虎)를 위하여 재최복(齊衰服)을 입었으며, 그 아래로 그의 형제의 아들인 맹피(孟皮)를 위하여도 재최복을 입었다고 한다."

후목(后木)이 말하였다. "내가 현자(縣子)에게 상(喪)에 대하여 들으니 '대체로 상에는 모든 일을 깊이 생각하지 않을 수 없다. 관을 살 때에도 겉과 안이 잘 다듬어진 것이라야 한다'라고 하였다. 내가 죽거든 또한 그렇게 하여라."고 ──.

原文 子思之母이 死於衛커늘, 柳若이 謂子思曰, 子는 聖人之後也라. 四方於子乎觀禮니, 子는 蓋愼諸리오. 子思이 曰, 吾이 何愼哉리오. 吾이 聞之하니, 有其禮요, 無其財어든, 君子弗行也며, 有其禮하며, 有其財하고, 無其時어든, 君子弗行也니, 吾이 何愼哉리오.

(자사지모 사어위 유약 위자사왈 자 성인지
후야 사방어자호관례 자 합신저 자사 왈 오
하신재 오 문지 유기례 무기재 군자불행야
유기례 유기재 무기시 군자불행야 오 하신재)

縣子瑣이 曰, 吾이 聞之하니, 古者에 不降하여, 上下各以其親하더니, 滕伯文이 爲孟虎하여 齊衰하니, 其叔父也라. 爲孟皮하여

齊衰하니, 其叔父也라.

  (현자쇄 왈 오 문지 고자 불강 상하각이기친

  등백문 위맹호 재최 기숙부야 위맹피

  재최 기숙부야)

后木이 曰, 喪을 吾이 聞諸縣子하니, 曰, 夫喪은, 不可不深長
思也니, 買棺하되 外內를 易라하니, 我死則亦然하라.

  (후목 왈 상 오 문저현자 왈 부상 불가불심장

  사야 매관 외내 이 아사즉역연)

註解 ㅇ子思之母死於衛(자사지모사어위)—자사의 어머니가 위나라에
서 죽었다는 말. 자사의 어머니는 자사의 아버지가 죽은 뒤 위나라 사람
에게 개가했었다. 자사의 아버지는 백어(伯魚)이다. ㅇ聖人之後(성인지
후)—성인의 후손. 자사는 공자의 손자이기 때문에 그렇게 말했다. ㅇ四
方於子乎觀禮(사방어자호관례)—사방 사람들이 그대가 행하는 예를 주시
하고 있다는 말. ㅇ子蓋愼諸(자합신저)—그대가 어찌 신중히 하지 않을
수 있겠는가라고 한 말. ㅇ無其時不行(무기시불행)—예와 재물이 있어도
때가 아니면 군자는 예를 행할 수 없다는 말. ㅇ古者(고자)—옛날이란 뜻.
여기서는 은나라 때를 말한 것. ㅇ不降(불강)—강복(降服)하지 않는다는
말. ㅇ上下各以親(상하각이친)—위로나 아래로나 또는 신분이 높거나 낮
거나 오직 그 친등의 멀고 가까운 것에만 따라 복을 입었다는 말. ㅇ滕伯
文(등백문)—등(滕)나라의 백작 문(文). 백작은 벼슬이고 문은 이름이다.
ㅇ孟虎(맹호)·孟皮(맹피)—맹호는 등백문의 숙부. 맹피는 등백문 형제의
아들. 즉, 등백문이 맹피의 숙부. ㅇ外內易(외내이)—관의 안과 겉이 잘
다듬어졌어야 좋다는 말.

解說 자사의 아버지 백어가 죽은 뒤에 자사의 어머니는 위나라 사
람에게 개가하였기 때문에 자사의 가모(嫁母)일 뿐 출모(出母)는 아
니다. 그가 죽으니 유약이 자사에게 말하기를, "당신은 공자의 손자이
므로 주위 모든 사람들은 그대의 예를 행하는 것을 지켜보고 있으니
신중하게 예를 행하여야 한다."고 말했던 것이다. 이에 자사가 대답

하기를, "무엇을 그렇게 조심할 것이 있단 말인가. 예가 있더라도 그 예를 행할 만한 재물이 없으면 군자는 예를 행하지 못하며, 예도 있고 재물도 있더라도 때가 아니면 행할 수 없지 않은가."라고 하였다. 즉 예와 재물과 때가 갖추어져야 비로소 예를 행할 뿐이니 무엇이 그리 조심할 게 있단 말인가라고 한 말이다.

다음으로는 은(殷)나라 때에는 강복(降服)의 제도가 없었다는 것을 말해 주고 있다. 주나라 예제에는 신분이 존귀한 자는 신분이 낮은 자에 대해 강복하고, 적계(嫡系)는 서열에 대하여 강복하였다. 다만 아무리 신분이 존귀하여도 직계존속에 대하여는 강복하지 않았다. 그러나 은나라 때에는 강복하는 제도가 없었다. 그때에는 위로나 아래로나 오직 친등에만 좇았을 뿐이었다. 상을 당한 때에는 모든 일을 깊이, 그리고 신중히 생각해서 처리해야 한다. 예컨대 관을 살 때에는 그 안과 겉이 잘 다듬어진 것이라야 한다는 것이다.

증자(曾子)가 말하기를, "사람이 갓 죽었을 때에는 시체(屍體)를 아직 염습하지 않았으므로 장막으로 가린다. 그리고 소렴이 끝나면 장막을 걷는다."라고 하였다. 중량자(仲梁子)는 말하기를, "부부(夫婦)의 곡하는 방위가 정해지지 않았기 때문에 마루에 장막을 친다. 그리고 소렴이 끝나면 장막을 걷는다."라고 하였다.

소렴의 전(奠)을 자유(子游)는 동쪽에서 한다고 말하고, 증자는 소렴의 전은 서쪽에서 자리를 깔고 한다고 말하였다. 소렴의 전을 서쪽으로 행하는 것은 노(魯)나라의 말세(末世)에 예(禮)의 전승(傳承)이 잘못 전해진 결과이다.

현자(縣子)가 말하기를, "성글고 추한 갈포(葛布)로 최복(衰服)을 짓고, 가늘고 성긴 베로 하의(下衣)를 만드는 것은 옛 제도가 아니다."라고 하였다.

자포(子蒲)가 졸(卒)하니, 조상하러 와서 곡하는 자가 자포의 이름인 멸(滅)을 부르며 울었다. 자고(子皐)가 말하기를, "저렇게 비야(鄙野

野)하게 하다니."라고 하였다. 이에 곡하던 사람이 그쳤다.

　두교(杜橋)라는 사람의 어머니의 상에 궁중에서 상례(相禮)를 세우
지 않으니, 조략(粗略)한 일이라고 말하였다.

　原文　曾子이 曰, 尸未設飾이라. 故로 帷堂이니, 小斂而徹帷하
나니라. 仲梁子이 曰, 夫婦方亂이라. 故로 帷堂이니, 小斂而徹帷
하나니라.

　　(증자 왈 시미설식 고 유당 소렴이철유
　　중량자 왈 부부방란 고 유당 소렴이철유)

　小斂之奠을, 子游이 曰, 於東方이라 하고, 曾子이 曰, 於西方
이며, 斂其席矣라 하시니, 小斂之奠이 在西方은, 魯禮之末失也
니라.

　　(소렴지전 자유 왈 어동방 증자 왈 어서방
　　염기석의 소렴지전 재서방 노례지말실야)

　縣子이 曰, 綌衰繐裳이, 非古也니라.

　　(현자 왈 격최세상 비고야)

　子蒲이 卒커늘, 哭者이 呼滅한데, 子皐이 曰, 若是野哉한데,
哭者이 改之하니라.

　　(자포 졸 곡자 호멸 자고 왈 약시야재
　　곡자 개지)

　杜橋之母之喪에, 宮中이 無相하더니, 以爲沽也라 하니라.

　　(두교지모지상 궁중 무상 이위고야)

　註解　ｏ尸未設飾(시미설식)─시체를 아직 염습하지 않았다는 뜻. ｏ帷
堂(유당)─시체를 두어둔 마루에 장막으로 가리우는 것. ｏ夫婦方亂(부부
방란)─상주인 남편과 아내의 곡위(哭位)가 아직 정해지지 않았다는 뜻.
ｏ小斂之奠(소렴지전)─소렴 때에 설행(設行)하는 전물(奠物). ｏ斂斯席
(염사석)─염할 때에 그 자리 위에서 설전(設奠)한다는 말. ｏ魯禮之末失
也(노례지말실야)─노나라의 말세에 잘못된 예. ｏ綌衰(격최)─참최(斬

衰)나 재최(齊衰)의 상복을 거칠고 성긴 갈포로 만든 것. 격(綌)이란 거칠고 성긴 갈포. ㅇ繐裳(세상)—가늘고 성긴 베로 상복의 하의(下衣)를 만든 것. 세(繐)란 가늘고 설피게 짠 베. ㅇ非古也(비고야)—고대〔옛〕 예제(禮制)가 아니란 뜻. ㅇ哭者呼滅(곡자호멸)—조상하며 곡하는 자가 '멸(滅)아'하고 죽은 자포의 이름을 부르며 곡한다는 말. ㅇ子皐(자고)—공자의 제자. 고시(高柴). ㅇ若是野哉(약시야재)—이렇게 비야하게 하다니 하고 나무라는 말. ㅇ無相(무상)—예를 인도하여 돕는 자가 없다는 말. ㅇ以爲沽也(이위고야)—조략(粗略)하다는 뜻.

解說 먼저 소렴의 절차에 대하여 그 예가 잘못된 설을 지적하고 있다. 소렴 전에 시체가 있는 마루에 유막을 치는 것은 부부의 곡위가 미정이기 때문이라고 중량자가 말하였다. 그러나 그것은 잘못된 설이다. 소렴 전에 유막을 치는 것은 시체를 가려서 사람들의 눈에 보이지 않게 하기 위해서인 것이다. 그러므로 소렴 뒤에 유막을 걷어버린다고 한 증자의 말이 옳다는 것이다. 그리고 소렴 때에 설전(設奠)하는 것을 자유는 동쪽에서 행한다고 하였고, 증자는 서쪽에서 자리를 깔고 거행한다 하였다. 그러나 소렴 때의 설전은 동쪽에서 거행하고 또 자리는 깔지 않는 것이 바른 예라는 것이다.

상복은 모두 삼베로 만들어야 하며, 복에 따라 상복을 짓는 예제가 있다. 당시 세상 사람들이 가볍고 서늘하기 때문에 거친 갈포로 최복(衰服)을 만들고, 가는 삼베로 하의(下衣)를 지어 입던 습속이 있었는데 이것은 옛 예제가 아니라는 것을 현자가 말한 것이다. 죽은 사람의 이름은 초혼(招魂)할 때나 부른다. 그 이외에는 이름을 존중히 여겨 부르지 않는 것이 예이다. 그런데 조상하는 자가 죽은 자의 이름을 부르며 곡하는 것은 예를 알지 못하는 행동이라는 것이다. 아들이 어버이의 상을 당하면 슬프고 아득하여 스스로 예절을 그르치기 쉽다. 그러므로 다른 사람이 도와서 예로 인도해야 하는데, 두교의 어머니 상에 상례(相禮)하는 자가 없었으니 그때 사람들이 그들을 예에 소홀하다고 말했다는 것이다.

공자가 말씀하기를, "사람이 죽은 최초에는 고구(羔裘)와 현관(玄
冠)만은 바꾸어야 한다."라고 하였다. 공자는 고구 현관의 차림으로
남의 조상을 하지 않았다.

자유(子游)가 장송(葬送)의 의물(儀物)을 물으니, 공자가 말씀하기
를, "자기 집안에 재물이 있고 없는 것에 알맞게 해야 한다."라고 하
였다. 자유가 말하기를, "있고 없는 것에 따라서 행한다면 어찌 예가
정제(整齊)될 수 있겠습니까?"라고 하였다. 이에 공자가 말씀하기를,
"있더라도 예에 지나치게 하여서는 안될 것이며, 진정 없다면 머리와
발과 형체를 염하여 즉시 장사지내되 손으로 관(棺)을 들어 광중에
내리어 묻은들 남이 어찌 비난할 수 있겠는가?"라고 하였다.

사사분(司士賁)이 자유에게 묻기를, "염습할 때 〔바닥에서 하는 사
람이 많지만〕 나는 평상에서 하고 싶습니다만, 어떨까요."라고 하자,
자유가 답하기를, "좋습니다."라고 하였다. 현자(縣子)가 그 이야기를
듣고 말하였다. "숙씨(叔氏)의 자긍(自矜)이 지나치는구나. 오로지 예
에 있는 것을 가지고 〔예를 자신이 새로 만들어내는 것처럼〕 허락하
였으니."

原文 夫子이 曰, 始死에, 羔裘玄冠者는, 易之而已라하시니, 羔
裘玄冠으로, 夫子이 不以弔하시니라.
  (부자 왈 시사 고구현관자 역지이이 고
  구현관 부자 불이조)
  子游이 問喪具한데, 夫子이 曰, 稱家之有亡이니라. 子游이 曰,
有亡에 惡乎齊니이꼬. 夫子이 曰, 有라도 毋過禮니, 苟亡矣어든,
斂首足形하여 還葬하되, 縣棺而封한들, 人이 豈有非之者哉리오.
  (자유 문상구 부자 왈 칭가지유무 자유 왈
  유무 오호제 부자 왈 유 무과례 구무의
  염수족형 선장 현관이봉 인 기유비지자재)

司士賁이 告於子游曰, 請襲於牀하노라. 子游이 曰, 諾타. 縣子이 聞之曰, 汰哉라, 叔氏여. 專以禮로 許人이로다.

(사사분 고어자유왈 청습어상 자유 왈 낙 현
자 문지왈 태재 숙씨 전이례 허인)

註解 ㅇ羔裘(고구)·玄冠(현관)－조복(朝服). 새끼양 가죽옷과 검은 비단의 관. 조정에 나갈 때의 복장. ㅇ易之而已(역지이이)－바꿔야 된다는 말. ㅇ喪具(상구)－초상이나 장사에 쓸 물건. ㅇ稱家之有亡(칭가지유무)－상장(喪葬)의 의물(儀物)은 그 집안에 재산이 있고 없는 것에 알맞도록 해야 한다는 말. 칭(稱)은 알맞는다는 뜻. ㅇ惡乎齊(오호제)－어떻게 정제(整齊)될 수 있겠습니까란 말. 오호(惡乎)는 어떻게란 뜻. 제(齊)는 가지런하다는 뜻. ㅇ有毋過禮(유무과례)－재물이 있더라도 예제의 한계를 지나쳐서 후하게 하는 일이 없어야 한다는 말. ㅇ還葬(선장)－빈소를 차리고 오랜 날짜를 기다리지 않고 즉시 매장하는 것. ㅇ縣棺而封(현관이봉)－관에 새끼를 달아 손으로 내려놓고 매장하는 것. ㅇ司士賁(사사분)－미상(未詳). 사사(司士)는 벼슬 이름. ㅇ汰哉(태재)－자긍(自矜)하여 존대(尊大)하는 모양. ㅇ叔氏(숙씨)－자유(子游)의 자(字). ㅇ專以禮許人(전이례허인)－엄연히 예제(禮制)에 있는 것을 가지고 남에게 허락한다는 말〔자신이 처음으로 창안한 것처럼〕.

解說 사람이 죽은 최초에 조상하는 자는 고구·현관, 즉 조복(朝服)을 벗어버리고 심의(深衣)를 입어야 한다. 그런데 당시에 고구·현관을 바꾸지 않는 자가 있고, 소렴 뒤에 고구·현관 차림으로 조상하는 사람이 있으니 기록하는 사람이 공자의 일을 인용하여 말한 것이다. 다만 소렴 전에 조상할 때에는 평소의 옷차림으로 해야 한다. 그것은 상주가 아직 성복(成服)하기도 전에 조상하는 사람이 먼저 옷을 바꿔 입을 수 없었기 때문이다.

상장(喪葬)에 있어서의 예는 자기 집안에 재물이 있고 없는 정도에 따라 알맞게 하면 된다는 것을 말했다. 재물이 있다고 해서 예제의 한계를 지나쳐도 안되지만, 집안이 가난하여 예제대로 모두 좇을 수 없

으면 없는 대로 할 수밖에 없는 것이다. 그런 경우에 남들이 어찌 나
무랄 수 있겠느냐는 것이다. 사람이 죽으면 초혼하고 반함(飯含)한 후
습의를 입힌다. 그러므로 평상(平牀) 위에서 습(襲)하는 것이 본래 바
른 예이다. 땅에서 습하는 것은 후세에 예를 그르쳤기 때문이다. 사사
(司士)가 예를 알고 자유(子游)에게 그렇게 하기를 청한 것인데, 자유
가 그것이 올바른 예라고 말하지 않고 그렇게 하는 것을 허락한다고
말했다. 이것은 마치 자신의 아량으로 그렇게 하는 것처럼 하여 스스
로 자랑하고, 스스로 존대하는 인상을 남겼다. 그래서 현자(縣子)가
비웃은 것이다.

송(宋)나라의 양공(襄公)이 그의 부인을 장사지내는데 젓〔醢〕이
백 단지나 되었다. 증자(曾子)가 말하기를, "이미 명기(明器)라고 말
하면서 또 속을 모두 가득 채웠구나."라고 하였다.

맹헌자(孟獻子)의 상(喪)에 사도(司徒)인 경자가 하사(下士)를 시
켜서 사방의 부포(賻布)를 돌려주니, 공자가 잘한다고 말씀하였다.

상장(喪葬)에 거마(車馬)를 증여하여 장송(葬送)을 도와준 기록을
읽는 것을 증자(曾子)는, "옛 제도가 아니다. 그것은 두 번 거듭 고
(告)하는 것이다."라고 말하였다.

제(齊)나라의 성자고(成子高)가 병으로 누워 있으니 경유(慶遺)가
들어가 물었다. "그대의 병이 위급합니다. 만일 큰 병에 이르게 되면
어떻게 해야 합니까?" 자고가 말하기를, "내가 들으니 살아서는 사람
들에게 유익함이 있고, 죽어서는 남에게 해를 남기지 않는다고 합니
다. 내 비록 살아서는 남에게 유익함이 없었으나 내 어찌 죽어서 남
을 해롭게 할 수 있겠습니까. 죽거든 경작할 수 없는 땅을 골라서 나
를 매장토록 하십시오."라고 하였다.

原文 宋襄公이 葬其夫人하시되, 醢醢百甕이러니, 曾子이 曰,
旣曰明器矣로되, 而又實之로다.

(송양공 장기부인 혜해백옹 증자 왈

기왈명기의 이우실지)

孟獻子之喪에, 司徒敬子이 使旅歸四方布한데, 夫子이 曰, 可

也라 하시다.

(맹헌자지상 사도경자 사여귀사방포 부자 왈 가야)

讀賵을, 曾子이 曰, 非古也라. 是는 再告也니라.

(독봉 증자 왈 비고야 시 재고야)

成子高이 寢疾이어늘, 慶遺이 入請曰, 子之病이 革矣니, 如至

乎大病이어든, 則如之何오. 子高이 曰, 吾이 聞之也하니, 生有益

於人하며, 死不害於人이라 하니, 吾이 縱生無益於人이나, 吾이

可以死害於人乎哉아. 我死어든, 則擇不食之地, 而葬我焉하라.

(성자고 침질 경유 입청왈 자지병 극의 여지

호대병 즉여지하 자고 왈 오 문지야 생유익

어인 사불해어인 오 종생무익어인 오

가이사해어인호재 아사 즉택불식지지 이장아언)

[註解]　ㅇ宋襄公(송양공)—춘추시대 송(宋)나라의 임금. ㅇ醢醢(혜해)—
젓, 젓갈. ㅇ孟獻子(맹헌자)—중손멸(仲孫蔑)을 말하며 노나라의 호족(豪
族). ㅇ旅(여)—하사(下士). 하사에는 상중하의 3급이 있다. ㅇ歸四布(귀
사포)—사방에서 부의로 보내온 베를 돌려보내는 것. ㅇ賵(봉)—거마(車
馬)를 증여하여 장송을 하는 것. ㅇ成子高(성자고)—제(齊)나라의 대부,
국성백고보(國成伯高父). ㅇ寢疾(침질)—병이 들어 눕는 것. 와병(臥病).
ㅇ病革矣(병극의)—병이 위급한 것. ㅇ大病(대병)—큰 병. 즉 죽는다는
뜻이니 숨겨서 하는 말. ㅇ不食之地(불식지지)—경작할 수 없는 땅.

[解說]　하(夏)나라의 예에는 오로지 명기(明器)만 사용하여 반은 채
우고 반은 비워둔다. 은(殷)나라에서는 오로지 제기(祭器)를 사용하는
데 역시 그 반만 채운다. 주(周)나라 사람은 명기와 제기를 겸용하는
데 인기(人器)는 채우고 귀기(鬼器)는 빈 채로 둔다. 그런데 송나라

양공은 명기, 즉 귀기라고 일컬으면서 백개나 되는 단지에 모두 가득히 젓을 채웠으니 예가 아니라고 말한 것이다.

맹헌자(孟獻子)의 상(喪)에 장사를 마친 후, 그 집의 가신(家臣)인 사도(司徒)가 상주의 뜻을 받들어 장례에 쓰고 남은 부포(賻布)를, 부의를 보내왔던 사람들에게 돌려주었다. 이를 공자가 잘한 일이라고 말하였다. 당시의 습속은 상장(喪葬) 때에 부의를 받으면 보낸 사람의 이름과 물품을 기록하고 영전에 드릴 뿐이었다. 그런데 가져온 사람의 이름과 물건을 영전에 드리고, 고(告)한 것을 다시 하나하나 낭독하였다. 그러므로 그것은 두 번 고하는 것이 되며 옛날의 예법이 아니라는 것을 증자(曾子)가 말한 것이다.

자하(子夏)가 공자에게 묻기를, "임금의 어머니 상(喪)이나 임금 아내의 상에 처해서는 어떻게 해야 합니까?"라고 하였다. 부자(夫子 : 공자)가 대답하기를, "거처와 언어와 음식을 화락(和樂)하게 한다."라고 하였다.

빈객이 와서 머무를 사관(舍館)이 없으므로 공자가 말씀하기를, "살아서는 내 집에 사관을 정하고, 죽어서는 내 집에 빈소를 마련해야 한다."라고 하였다.

국자고(國子高)가 말하였다. "장사지낸다는 것은 감춘다는 뜻이다. 감춘다는 것은 남들이 볼 수 없게 하려는 것이다. 그러므로 옷은 몸을 꾸미는 데 넉넉하게 하고, 관(棺)에 옷을 넣으며, 곽(槨)에 관을 넣고, 곽은 흙속에 묻는 것이다. 그런데 도리어 흙을 모아 봉분(封墳)을 만들고 나무를 심고 하여 표시한단 말인가. [그것은 잘못이다]"

原文 子夏이 聞諸夫子曰, 居君之母와 與妻之喪하여는, 居處 · 言語 · 飮食이 衎爾라.
(자하 문저부자왈 거군지모 여처지상 거
처 · 언어 · 음식 간이)

賓客이 至하여 無所館이어늘, 夫子이 曰, 生에 於我乎館하고,
死에 於我乎殯이라 하시다.

(빈객 지 무소관 부자 왈 생 어아호관

사 어아호빈)

國子高이 曰, 葬也者는 藏也니, 藏也者는 欲人之弗得見也니
라. 是故로 衣足以飾身하며, 棺周於衣하며, 槨周於棺하며, 土周
於槨이니, 反壤樹之哉아.

(국자고 왈 장야자 장야 장야자 욕인지불득견야

시고 의족이식신 관주어의 곽주어관 토주

어곽 반양수지재)

註解 o원문(原文)의 '…처지상(妻之喪)' 아래에 '여지하(如之何) 부자
왈(夫子曰)'이란 글귀가 누락되었다고 한다. o衍爾(간이)-화락한 모양.
o國子高(국자고)-성자고(成子高). o壤樹之(양수지)-양(壤)은 흙을 모
아 봉분(封墳)을 만든다는 뜻이고, 수(樹)는 묘역(墓域)에 나무를 심는다
는 뜻이다.

解說 임금의 어머니나 임금의 아내는 소군(小君)으로서 그의 상
(喪)에는 신민(臣民)된 자가 재최부장기(齊衰不杖期)의 복을 입기는
하지만 은의(恩義)는 얕다. 그러므로 그들의 상에 처할 때에는 거처나
언어 및 음식을 모두 화락하게 한다는 것이다. 빈객이란 먼 곳에서 온
사람이다. 살아서 내 집에 거처했으니 죽은 뒤에는 당연히 내 집에 빈
소를 마련해야 한다는 것이다. 여기서는 먼 곳에서 온 빈객이 죽은 때
의 빈소를 어디에 정할 것인가를 말한 것이다.

국자고의 생각에는 장사지낸다는 것은 시체를 깊숙이 묻음으로써
거기에 사람의 시체가 있다는 것을 알지 못하게 하려는 것이라고 생
각하였다. 그래서 그는 무덤에 봉분을 쌓고 나무를 심어 사람의 시체
가 여기에 묻혀 있다고 표시하는 것은 장사의 본의에 어긋나는 것이
라고 비난하였다. 그러나 자고의 그러한 견해는 주(周)나라 예제와는

다르다. 주나라에서는 벼슬의 등급에 따라 봉분의 높이가 정해지고 나무의 수도 정해진다. 그러므로 그 무덤의 높이와 나무의 수만 보면 고하를 알 수 있다. 그리하여 후세 자손들로 하여금 알게 하기 위한 것이고, 미관(美觀)을 위한 것은 아니라고 한다. 공자도 그의 어머니 무덤에 봉분을 쌓았으니 그 높이가 4척이나 되었다. 그러므로 국자고의 비난은 예에 근거를 둔 말은 아니라는 것이다.

공자의 상(喪)에 연(燕)나라에서 와서 보는 사람이 있어서 자하씨(子夏氏)의 집에 머무르고 있었다. 자하가 말하기를, "성인(聖人)이 사람을 장사하는 것이나 사람이 성인을 장사하는 것이나 같은 것인데 그대는 무엇을 보려고 하십니까? 옛날 부자(夫子)께서 말씀하시기를, '나는 옛날에 보니 봉분하는 것을 마루처럼 사방에 기초를 두고 높게 쌓는 것이 있고, 제방처럼 위는 평평하고 옆은 빨며 남북을 길게 쌓은 것이 있으며, 하(夏)나라 때의 가옥처럼 곁이 넓고 낮게 쌓은 것이 있고, 도끼처럼 위가 좁아서 도끼날처럼 쌓은 것이 있다. 나는 도끼처럼 하는 것에 좇겠다'라고 하셨으니 세속에서 마렵봉(馬鬣封)이라고 하는 것이다. 이제 하루에 세 번 측판(側板)을 끊고 분봉하였으니, 거의 부자(夫子)의 뜻을 받들어 거행한 것입니다."라고 하였다.

原文 孔子之喪에, 有自燕來觀者하여, 舍於子夏氏러니, 子夏이 曰, 聖人之葬人與人之葬聖人也니, 子이 何觀焉고. 昔者에 夫子이 言之曰, 吾이 見封之若堂者矣며, 見若坊者矣며, 見若覆夏屋者矣며, 見若斧者矣로니, 從若斧者焉이라 하시니, 馬鬣封之謂也니, 今에 一日而三斬板而已封하니, 尙行夫子之志乎哉인저.

    (공자지상 유자연래관자 사어자하씨 자하
    왈 성인지장인여인지장성인야 자 하관언 석자
    부자 언지왈 오 견봉지약당자의 견약방자의 견약
    부하옥자의 견약부자의 종약부자언 마렵봉

지위야 금 일일이삼참판이이봉 상행부자지지지호재)

註解 o封之若堂者(봉지약당자) – 흙을 모아 봉분 쌓는 것을 마루처럼 사방에 기초를 놓고 쌓아올리는 것. o封之若坊者(봉지약방자) – 봉분을 제방처럼 위는 평탄하고 끝은 빨고 남북을 길게 쌓은 것. o封之若覆夏屋者(봉지약부하옥자) – 하옥(夏屋)은 하나라 때의 가옥이란 뜻이므로, 봉분하는 것을 마치 하옥을 덮는 것처럼 옆으로 넓고 낮게 쌓는 것. o封之若斧者(봉지약부자) – 봉분하는 것을 마치 도끼처럼 위쪽이 좁기가 도끼날처럼 쌓는 것. o從若斧者(종약부자) – 공자가 도끼처럼 쌓아올리는 봉분의 방식을 좇겠다고 말한 것. o馬鬣封(마렵봉) – 도끼 모양처럼 쌓은 봉분. 말의 갈기 비슷해서 이렇게 부르게 되었다. o三斬板而已封(삼참판이이봉) – 봉분을 쌓아올리는 한 방법.

解說 공자의 상에 연나라 사람으로 그 상장(喪葬)의 예절을 보려고 온 사람이 있었다. 자하가 그에게 말하기를, "성인(聖人)이 다른 사람을 장사하는 거나 다른 사람이 성인을 장사하는 거나 같은 것인데 무슨 볼 것이 있다고 왔습니까?"라고 하였다. 그리고는 생전에 공자께서 봉분에 대해 하신 말씀을 인용하여 봉분은 검소하게 하는 것이 좋다는 뜻을 시사하고, 또 자신들이 공자의 무덤에 봉분한 것도 공자의 뜻을 받들어 간소하게 하였다는 것을 밝힌 것이다.

부인(婦人)은 칡띠[葛帶]를 띠지 않는다.

천신(薦新)의 전(奠)이 있을 때에는 그 절차를 삭전(朔奠)과 같이 한다.

이미 장사(葬事)를 마치고 나면 각기 자기의 복을 제거한다.

지(池)를 중류(重霤)에 비(比)한다.

임금이 즉위하면 벽(椑)을 만들고, 해마다 한 번씩 칠(漆)을 올려 속에 물건을 넣어 둔다.

복(復)과 설치(楔齒)와 철족(綴足)과 반(飯)과 설식(設飾)과 유당

(帷堂)을 모두 일시에 거행한다.

부형(父兄)이 부고(訃告)할 자를 명령한다.

임금이 죽은 때에는 소침(小寢)과 태침과 소조(小祖)와 태조(大祖)와 고문(庫門)과 사교(四郊)에서 초혼한다.

상(喪)에 전물(奠物)의 덮개를 벗기지 않는 것은 제육(祭肉)이 있기 때문일 것이다. 〔제육을 덮개로 덮지 않으면 먼지와 파리가 더럽힐 우려가 있기 때문이다〕

이미 빈소에 설치하고 순일(旬日)을 지나면 곽(槨)의 재목과 명기(明器)의 재목을 벌려 펴놓아 건조(乾燥)시킨다. 조전(朝奠)은 해가 돋을 때에 올리고 석전(夕奠)은 해가 지기 전에 올린다.

[原文] 婦人은 不葛帶하나니라.

(부인 불갈대)

有薦新이어든, 如朔奠이니라.

(유천신 여삭전)

旣葬하고, 各以其服으로 除니라.

(기장 각이기복 제)

池를 視重霤하나니라.

(지 시중류)

君이 卽位어시든 而爲椑하며, 歲一漆之하여, 藏焉하나니라.

(군 즉위 이위벽 세일칠지 장언)

復과, 楔齒와, 綴足과, 飯과 設飾과, 帷堂을, 竝作하나니라.

(복 설치 철족 반 설식 유당 병작)

父兄이 命赴者하나니라.

(부형 명부자)

君은 復於小寢과 · 大寢과 · 小祖와 · 大祖와 · 庫門과 · 四郊하나니라.

(군 복어소침 · 태침 · 소조 · 태조 · 고문 · 사교)

喪不剝奠也與는, **祭肉也與**인저.

(상불박전야여 제육야여)

旣殯하고, **旬而布材與明器**하나니라. **朝奠**은 **日出**하고, **夕奠**은
逮日하나니라.

(기빈 순이포재여명기 조전 일출 석전 체일)

註解 ㅇ葛帶(갈대)—칡 섬유로 만드는 띠. ㅇ薦新(천신)—새로 나온 곡
식이나 과일을 신에게 올리는 것. ㅇ朔奠(삭전)—매달 초하루에 올리는
제전(祭奠). 아직 장사하기 전에 대부 이상은 초하루와 보름에 모두 전례
(奠禮)가 있다. 사(士)는 초하루에만 전례가 있다. ㅇ池(지)—유거(柳車)
의 홈통. 유거는 영구차를 말한다. 빗물받이를 본따서 대나무로 만든 것.
ㅇ重霤(중류)—나무로 낙수물 받이의 홈통을 짜서 낙수를 받아 그 속으로
흐르게 하고, 그것을 다시 홈통으로 받아 땅속으로 흐르게 하는 것을 말
한다. ㅇ君(군)—임금. 여기서는 저후(諸侯)를 일컫는 말. ㅇ爲椑(위벽)—
내관(內棺), 즉 속널을 만드는 일. ㅇ歲一漆之(세일칠지)—해마다 한번씩
벽(椑) 즉, 속널에 칠을 올리는 것. ㅇ藏焉(장언)—속널을 만들었으나 속
을 비워두면 마치 죽기를 기다리는 듯한 느낌이 있으므로 그 안에 물품
을 넣어 간직한다는 말. ㅇ復(복)—초혼(招魂)하는 것. 즉 사람이 죽으면
곧 그의 옷을 공중에 내저으며 '아무개 복 복 복'하고 세 번 부른다. 혼이
옷을 보고 돌아와서 몸에 다시 붙어 살아나기를 바라는 뜻에서 행하는
절차라고 한다. ㅇ楔齒(설치)—죽은 사람을 초혼한 뒤에 입에 뿔숟가락을
넣어 이를 버티어 놓는 것. 그렇게 함으로써 반함(飯含)할 때 입이 굳게
닫혀 열 수 없는 일이 없게 하기 위한 것. ㅇ綴足(철족)—사람이 죽은 뒤
에 의자 따위로 발을 눌러서 굽혀 놓는 일. 그렇게 함으로써 발이 비틀어
져 굳어서 신을 신길 수 없는 일이 생기지 않게 하기 위한 것이다. ㅇ飯
(반)—반함(飯含). 죽은 사람의 입에 쌀과 보패(寶貝)를 채우는 것. ㅇ設
飾(설식)—시체를 드러나 보이지 않게 꾸민다는 것. 시체를 염하는 것.
ㅇ帷堂(유당)—마루 위에 유막(帷幕)을 치는 것. 염습한 시체를 가리기

위한 것임. ㅇ小寢(소침)－고조(高祖) 이하의 침(寢) 앞에 있는 것을 묘(廟)라고 하고, 뒤에 있는 것을 침(寢)이라고 한다. ㅇ大寢(태침)－천자의 경우에는 시조(始祖)의 침묘(寢廟), 제후의 경우에는 태조(大祖)의 태묘를 태침이라고 한다. ㅇ小祖(소조)－고조 이하의 사당. 왕이나 제후도 같다. ㅇ大祖(태조)－천자의 시조의 사당. 제후의 태조의 사당. ㅇ庫門(고문)－곽문(椁門)을 고문이라고 한다. ㅇ四郊(사교)－사방의 근교(近郊). ㅇ剝奠(박전)－영전에 올리는 제물(祭物)을 보로 덮지 않는 것. ㅇ布材與明器(포재여명기)－곽을 만들 재목과 명기를 만들 재목을 벌려 놓아 말리는 것. ㅇ朝奠(조전)－아침 상식(上食). 아침에 거행하는 제전(祭奠). ㅇ夕奠(석전)－저녁 상식. 저녁에 거행하는 제전. ㅇ逮日(체일)－해가 지기 전.

解說 부인(婦人)의 띠는 모마(牡麻)로 만들게 되어 있다. 졸곡(卒哭)에 남자는 마대(麻帶)를 버리고 갈대(葛帶)를 띠며 수질(首絰)은 변함없다. 부인은 칡으로 수질을 만들어 삼[麻]의 수질과 바꾸고 마대는 바꾸지 않는다. 이미 연(練)하고 나면 남자는 수질을 버리고 부인은 띠를 버린다. 부인은 머리보다 허리를 소중하게 여기기 때문이다. 그러나 이는 재최나 참최의 거상(居喪)을 하는 부인에 대한 일이고, 만약 대공(大功) 이하의 가벼운 복제에는 졸곡이 되면 부인들도 모두 갈(葛)로 바꾸는 것을 남자의 경우와 같이한다. 초상이 끝난 뒤 석달이면 장사하고, 장사지내고 나면 우제(虞祭)가 있고, 우제가 지나면 졸곡(卒哭)한다. 졸곡하면 중친(重親)들이 각기 자신의 복에 따라 변복(變服)한다. 그러나 만약 3개월의 복을 입는 자로서 3개월의 달수가 모두 차서 당연히 제복(除服)해야 할 자는 장사가 끝나면 각자 제복하고 졸곡이 끝나기까지 기다리지 않는다는 말이다.

임금은 젊었거나 늙었거나를 막론하고, 몸은 존귀하고 물자는 갖추었으므로 임금이 즉위하면 곧 사후(死後)에 쓸 속널[椑]을 만들어 둔다. 그러나 그것이 미완성품이라는 것을 표시하기 위하여 해마다 한번씩 칠을 올린다. 그리고 그것을 비워 놓고 있으면 마치 죽기를 기다리고 있는 것 같은 느낌이 생기므로 그 속에 다른 물품들을 넣어 간직한다는 것이다. 생존했을 때 다른 사람과 면식(面識)이 있는 자가 죽으면 그 집에서 마땅히 사람을 시켜서 부고(訃告)를 통해야 한다. 그런데 《사상례(士喪禮)》에 보면 효자가 스스로 통부(通訃)할 자를 명한다. 만약 대부(大夫) 이상이면 부형(父兄)이 대신하여 통부할 사람을 명한다라고 하였다.

침(寢)은 거처하던 곳이고, 조(祖)는 일이 있던 곳이며, 문은 출입하던 곳이고, 교(郊)는 일찍이 갔던 곳이므로 임금의 혼을 초혼 할 때에 이 네 곳에서 하는 것은 아마 혼이 가는 곳은 생전에 익숙한 곳을 벗어나지 않을 것이라고 생각하기 때문이다.

상중의 전물(奠物)을 보로 덮은 채 벗기지 않는 것은 포해(脯醢)와 같은 마른 제물만을 쓰는 것이 아니고 제육(祭肉)을 쓰기 때문이다. 제육은 포와 달라서 덮지 않으면 파리나 먼지로 인하여 더럽혀지기 때문이다. 이미 염습을 마치고 빈소를 설치한 뒤에 열흘쯤 지나면 곽(槨)을 만들 재목과 명기를 만들 재목을 내다 벌려 놓아 건조시킨다는 것이다. 아침 상식은 아침밥을 먹을 때에, 저녁 상식은 저녁밥을 먹을 무렵에 올린다. 그것은 효자가 죽은 이를 섬기는 것을 산 사람을 섬기는 것과 같이 하기 때문이라고 한다.

부모의 상(喪)에는 곡하는 것이 정한 때가 없으며, 소상 뒤에 군명(君命)을 받들어 출사(出使)한 경우에는 돌아와서는 제고(祭告)하여 부모의 신령으로 하여금 반드시 그가 돌아온 것을 알게 해야 한다.

연(練)에는 연의(練衣)를 입되 누런 빛 천으로 안을 대고, 연한 붉은빛 천으로 연의의 옷깃과 소매에 선을 두른다. 칡의 요질(要絰)을 띠고, 미투리를 신되 신코에 꾸미개가 없어야 한다. 각전(角瑱)을 사용하며, 사슴가죽으로 만든 갖옷을 가로를 길게 하며, 소매를 단다. 소매를 단 뒤에는 갖옷 위에 입는 석의(裼衣)를 입어도 좋다.

빈소를 모시고 있을 때에는 먼 촌수인 형제의 상(喪)을 들으면 비록 시마복(緦麻服)을 입어야 할 사이라도 반드시 가야 한다. 형제의 상이 아니면 비록 이웃의 상일지라도 가지 않는다.

알고 지내던 사이의 사람이 죽으면 그의 형제가 비록 죽은 자와 동거(同居)하지 않는 자일지라도 모두 가서 조문한다.

原文 父母之喪엔, 哭無時하며, 使必知其反也니라.
(부모지상 곡무시 사필지기반야)

練엔 練衣하되, 黃裏에 縓緣하며, 葛要絰하며, 繩屨하되 無絇하며, 角瑱하며, 鹿裘를 衡長袪하나니, 袪하면 裼之可也니라.
(연 연의 황리 전연 갈요질 승구 무구
각전 녹구 횡장거 거 석지가야)

有殯에, 聞遠兄弟之喪하면, 雖緦라도 必往하나니, 非兄弟면, 雖鄰이라도 不往하나니라.
(유빈 문원형제지상 수시 필왕 비형제
수린 불왕)

所識이면, 其兄弟不同居者라도 皆弔니라.
(소식 기형제부동거자 개조)

註解 ㅇ哭無時(곡무시)—곡하는 때가 정해 있지 않은 것. 부모의 상에 빈소를 마련하기 전에는 곡하는 소리를 끊지 않는다. 빈소를 설치한 뒤에는 비록 아침저녁으로 곡하는 때가 있으나 여막(廬幕)에서는 슬픈 생각이 나면 언제나 곡한다. 소상 뒤에도 슬픈 생각이 나면 언제나 곡한다. 이것은 모두 곡하는 때가 정해져 있지 않은 것이다. ㅇ練(연)—소상(小祥). 소상이 되면 연관(練冠)과 연중의(練中衣)를 입는다. 그래서 연(練)이라고 한다. ㅇ練衣黃裏(연의황리)—연의(練衣)는 바랜 베로 중의(中衣)를 만든 것이고, 황리(黃裏)는 누런 빛 천으로 중의의 안을 대는 것. ㅇ縓緣(전연)—전(縓)은 엷은 붉은빛 천이고, 연(緣)은 선을 두르는 것이므로 연한 붉은빛 천으로 중의(中衣)의 옷깃과 소매에 선을 두르는 것. ㅇ繩屨無絇(승구무구)—미투리를 신는데 신코는 꾸미지 않는다는 말. ㅇ鹿裘衡

長袪(녹구횡장거)—사슴가죽의 갖옷을 가로로 길게 하여 소매를 단다는 것. ㅇ楊之(석지)—갖옷 위에 입는 옷. 평상시에는 모두 석의가 있지만 상 후에는 석의가 없다. 그러나 소상이 지나면 석의를 입어도 좋다는 것이다. ㅇ所識(소식)—평소에 서로 알고 지내던 사람.

解說 이 절은 소상(小祥) 이후의 복식(服飾)을 말한 것이다.

천자의 관은 4중(四重)으로 한다. 물소가죽으로 만든 혁관(革棺)을 씌우는데 그 두께는 세 치이고, 피나무로 만든 관이 한 겹이며, 가래나무로 만든 관이 두 겹이다. 4중의 관이 모두 상·하 사방을 둘러싼다. 관을 묶는 데는 세로로 두 번, 가로로 세 번 묶고, 은정은 매 한 묶음에 하나씩이다. 측백나무로 만드는 곽은 측백나무의 밑둥으로 만들고 그 길이는 6척이다.

천자가 제후를 조곡(弔哭)할 때에는 작변(爵弁)·치의(紂衣)의 차림으로 한다. 어떤 사람은 말하기를, "유사(有司)를 시켜서 곡하게 한다."고 한다. 천자는 조상의 뜻을 위하여 식사 때에 음악을 연주하지 않는다.

천자의 빈소에는 많은 나무들을 쌓아서 용춘(龍輴)을 곽(椁)처럼 둘러싸 바르고 곽 위에는 부(斧)의 무늬를 수놓은 관의(棺衣)를 덮고 그 위에 지붕을 만들며 사면(四面)을 완전히 바른다. 이것이 천자의 예이다.

오직 천자의 상에는 동성(同姓)과 이성인 서성(庶姓)을 구별하여 곡위(哭位)를 정하는 법이 있다.

原文 天子之棺은 四重하고, 水兕革棺을 被之하되, 其厚三寸이오, 杝棺一과, 梓棺二니, 四者皆周하나니라. 棺束은 縮二衡三이니, 衽은 每束에 一이니라. 柏椁은 以端하나니, 長이 六尺이니라.
 (천자지관 사중 수시혁관 피지 기후삼촌

이관일 재관이 사자개주 관속 축이횡삼

임 매속 일 백곽 이단 장 육척)

天子之哭諸侯也엔, **爵弁絰紂衣**니라. **或**이 **曰, 使有司哭之**하
나니라. **爲之**하여 **不以樂食**이니라.

(천자지곡저후야 작변질치의 혹 왈 사유사곡지

위지 불이악식)

天子之殯也엔, **菆塗龍輴**을 **以椁**하고, **加斧于椁上**하고, **畢塗
屋**이, **天子之禮也**니라.

(천자지빈야 찬도용춘 이곽 가부우곽상 필도

옥 천자지례야)

唯天子之喪엔, **有別姓而哭**이니라.

(유천자지상 유별성이곡)

註解 ㅇ水兕革棺被之(수시혁관피지)—물소와 들소의 가죽은 습기를 잘
견디는 것이므로 그것을 합하여 관을 만들어 시체를 싼다는 말. ㅇ椑棺
(이관)—피나무로 만든 관. 습기를 잘 견딘다고 한다. ㅇ梓棺(재관)—가래
나무로 만든 관. 가래나무 관은 두 겹이므로 하나는 속관(屬棺)이고 또
하나는 대관(大棺)이다. ㅇ四者皆周(사자개주)—혁관(革棺)·이관(椑棺)·
재관(梓棺)의 두 겹. 이 사중(四重)의 관이 모두 시체를 상하 사방으로
둘러싼다는 말. ㅇ束棺縮二衡三(속관축이횡삼)—관을 묶을 때는 세로 두
번, 가로 세 번 묶는다. ㅇ衽(임)—은정. 소요(小要)라고도 한다. 양쪽 끝
은 크고 가운데는 좁게 만든 것으로서 관(棺)과 관 뚜껑을 이어 붙이는
곳에 파고 박아서 열리지 않게 하는 것. ㅇ柏椁(백곽)—천자의 경우에는
측백나무로 곽을 만든다. ㅇ以端(이단)—나무의 끝. 즉 나무의 밑둥으로
만든다는 말. ㅇ天子之哭諸侯(천자지곡제후)—제후가 훙(薨)하여 천자에
게 부고하면 천자가 멀리서 애도의 뜻을 표하여 조곡(弔哭)하는 것. ㅇ使
有司哭之(사유사곡지)—천자가 직접 곡하지 않고 관리를 시켜서 대신 곡
하게 한다는 말. ㅇ不以樂食(불이악식)—천자는 음식을 먹을 때 음악을
연주시킨다. 그러나 제후의 부고를 들은 때에는 그를 조상하는 뜻에서 음

식 먹을 때 주악하지 않는다. ㅇ菆塗龍輴以椁(찬도용춘이곽)—많은 나무들을 쌓고 용을 그린 상여차의 둘레를 곽(椁)처럼 둘러싸서 바른다는 말. ㅇ加斧于椁上(가부우곽상)—곽(椁) 위에 도끼무늬의 수를 놓은 천을 덮는 것. ㅇ畢塗屋(필도옥)—지붕의 형상으로 하여 모두 바르는 것. 곽(椁)의 네 귀에 4개의 중류(重霤), 즉 사주(四柱)를 만들고 아래에서 궁실(宮室)의 형상을 본뜬 뒤에 사방을 모두 바르는 것.

解說 천자의 관곽과 관을 묶는 법과 은정, 즉 소요(小要)를 치는 법, 백곽(柏椁)을 만드는 법과 길이 등을 설명하고 있다. 천자가 멀리서 제후의 죽음을 조곡(弔哭)하여 친히 시체의 관을 보지 못하기 때문에 시마복의 차림으로 조상하지 않고, 사(士)의 제복(祭服) 차림으로 곡하는 것이다. 그리고 관리를 시켜서 대신 곡하게 한다는 것은 어떤 사람이 잘못 알고 말한 것이다. 천자는 조곡(弔哭)할 뿐 아니라 조의를 표하기 위하여 식사 때의 주악(奏樂)도 정지시킨다는 것이다.

천자를 빈(殯)하는 방법은 시체를 실은 상거(喪車)의 끌채에 용의 무늬를 그리고 그 주위에 많은 나무들을 쌓아서 외관(外棺)처럼 둘러 바른다. 그리고는 도끼의 무늬를 흑백으로 수놓은 천으로 곽(椁)의 위를 덮는다. 그리고는 지붕의 형상을 본따서 곽의 네 모서리에 중류를 만들어 앞으로 내리고 위에 덮개를 덮어 바른다는 것이다. 빈은 장사지낼 때까지 시체를 안치하는 곳이다. 제후가 조근(朝覲)할 때에는 작위(爵位)가 같으면 그 벌려 서는 위치도 같다. 그러나 상례(喪禮)에서는 천자의 동성(同姓)과 이성(異姓)을 구별하여 각각 그 곡위(哭位)를 따로 정해서 곡하게 한다는 것이다.

노(魯)나라 애공(哀公)이 공구(孔丘)를 뇌(誄)하여 말하기를, "하늘이 이 노성(老成)한 사람을 머물러 있게 하지 않아서 나의 지위를 돕지 못하게 하는구나. 아아 슬프다. 이보(尼父)여!"라고 하였다.

나라의 큰 현읍(縣邑)을 망실(亡失)하면 공경(公卿)·대부(大夫)·사(士)가 모두 엽관(厭冠)으로 태묘(大廟)에서 3일 동안 곡한다. 임금은 성찬(盛饌)을 들지 않으며 거악(擧樂)도 하지 않는다. 어떤 사람은 말하기를 임금은 거악하고 후토(后土)에서 곡한다고 하였다.

공자는 들에서 곡하는 것을 싫어하였다.

아직 벼슬하지 않은 자는 감히 남에게 물건을 증여(贈與)하지 못한다. 만약 정의상(情義上) 부득이한 경우에 남에게 물건을 증여하게 되면 부형(父兄)의 명령이라고 말한다.

〔국군이 죽으면〕 사(士)가 모두 들어온 후 조석(朝夕) 곡용(哭踊)의 예를 행한다.

〔부모가 죽은 후 25개월이 되어〕 대상(大祥)이 지나면 호관(縞冠)을 착용하며, 이 달에 담제(禫祭)를 지내고 달을 넘겨서 음악을 연주한다.

사(士)의 빈장(殯葬)에는 임금으로부터 장막〔帟 : 역〕을 하사하는 일이 있다.

原文 魯哀公이 誄孔丘曰, 天不遺耆老라. 莫相予位焉하니, 嗚呼哀哉라 尼父여.

(노애공 뇌공구왈 천불유기로 막상여위언 오
호애재 이보)

國亡大縣邑이어든, 公卿・大夫・士이 皆厭冠으로, 哭於大廟三日하고, 君이 不擧니, 或이 曰, 君이 擧而哭於后土니라.

(국망대현읍 공경・대부・사 개엽관 곡어태묘
삼일 군 불거 혹 왈 군 거이곡어후토)

孔子는 惡野哭者하시더라.

(공자 오야곡자)

未仕者는, 不敢稅人이니, 如稅人인댄, 則以父兄之命이니라.

(미사자 불감세인 여세인 즉이부형지명)

士이 備入이어든, 而后에 朝夕踊이니라.

(사 비입 이후 조석용)

祥而縞하며, 是月에 禫하고, 徙月에 樂이니라.
(상이호 시월 담 사월 악)
君이 於士에 有賜帝이니라.
(군 어사 유사역)

[註解] ㅇ誄(뇌)-죽은 사람의 생전의 공덕(功德)을 기술하는 것. 뇌가 있으면 반드시 시호(諡號)가 있다. ㅇ耆老(기로)-늙은이, 노성(老成)한 사람. ㅇ莫相予位(막상여위)-나의 지위를 도울 사람이 없다는 뜻. ㅇ尼父(이보)-공자의 시호. ㅇ厭冠(엽관)-상관(喪冠). ㅇ大廟(태묘)-종묘(宗廟). ㅇ君不擧(군불거)-임금이 성찬도 들지 않으며 주악도 하지 않는 것. ㅇ后土(후토)-토지의 신(神). ㅇ稅人(세인)-남에게 물건을 증여하는 것. ㅇ如稅人(여세인) 則以父兄之命(즉이부형지명)-벼슬하지 않은 자는 감히 남에게 물품을 증여하지 못한다. 그러나 만약 정의상 부득이한 경우에 남에게 물품을 증여하게 되면 부형의 명령이라고 말한다는 것. ㅇ備入(비입)-모두 들어오는 것. ㅇ朝夕踊(조석용)-아침 저녁에 곡용(哭踊)하는 예절. ㅇ祥(상)-여기서는 대상(大祥)을 일컫는 말. ㅇ縞(호)-호관(縞冠). 흰 비단의 갓으로, 대상날 착용한다. ㅇ禫(담)-담제(禫祭). ㅇ徙月樂(사월악)-담제(禫祭)를 지낸 뒤 한 달을 넘긴 후에는 음악을 연주해도 좋다는 것이다. ㅇ帝(역)-작은 장막. 빈소 위에 쳐서 먼지를 막는다.

[解說] 시호를 짓는 자는 먼저 그의 생존시의 공덕을 기술한다. 그것을 뇌(誄)라고 한다. 그러나 대성인(大聖人) 공자의 덕행을 어찌 일일이 모두 기술할 수 있겠는가. 그래서 다만, "하늘이 이 노성한 사람을 머물러 있게 하지 않아서 나를 도울 사람이 없구나."라고 말하여 상심하고 애도하는 뜻을 붙였던 것이다. 공구(孔丘)라고 공자의 이름을 직접 부른 것은 임금과 신하 사이이기 때문이다.

국가의 군대가 싸움에서 패하여 대현읍(大縣邑)을 망실했을 때는 사(士) 이상의 벼슬아치는 모두 흉관(凶冠)인 상관(喪冠) 차림으로 태묘에서 곡하는 것이다. 태묘에서 곡하는 것은 조종(祖宗)의 기업을 손상시킨 것을 상심하기 때문이다. 그리고 성찬을 들지 않으며 식사 때에 주악하지 않는 것이다. 후토(后土)에서 곡하는 것은 토지봉강(土地封疆)을 깎인 것을 상심하기 때문이다. 아직 벼슬하지 않은 자는 몸이 존현(尊顯)하지 않다. 그래서 안으로는 가재(家財)를 전단(專斷)할 수 없으며, 밖으로는 사사로이 은혜를 베풀 수 없는 것이다. 그러나 만일 정의상 부득이 증여해야 할 경우에는 감히 자신의 마음대로 못하고 부형의 명령이라고 말해야 한다는 것이다.

국군의 상에 모든 신하들은 조석곡용(朝夕哭踊)의 예가 있다. 사(士)는 지위가 가장 낮은 자이므로 사(士)가 들어오는 것은 항상 뒤에 있다. 그러므로 사(士)가 들어오면 모든 신하가 들어온 것이다. 그리하여 전원이 모인 뒤에 일제히 곡용(哭踊)해야 한다는 것이다. 곡용이란 슬퍼서 소리내어 울고 뛰며 몸부림치는 것이다. 역(帟)은 작은 장막으로 빈소 위에 쳐서 먼지를 막는 것이다. 대부 이상은 담당관사에서 제공한다. 그러나 사(士)는 지위가 낮아 관에서 제공하는 것이 없으며, 또 스스로 만들 수도 없다. 그러므로 임금이 사의 빈소에 작은 장막을 하사하는 일이 있다는 것이다.

제4 단 궁(檀弓) 하(下)

  임금의 적자(嫡子)의 장상(長殤)에는 견거(遣車)가 3승(乘)이고,
공(公)의 서자(庶子)의 장상에는 견거가 1승(乘)이며, 대부의 적자의
장상에는 견거가 1승이다.

  공(公)의 상(喪)에 모든 달관(達官)의 장(長)은 최장(衰杖)의 복을
입는다.

  임금이 대부(大夫)의 상(喪)에 있어서 장차 장송(葬送)하려고 할
때가 되면 빈궁(殯宮)에 가서 조상한다. 영구(靈柩)가 나가게 될 때
에 효자가 애통하여 울부짖으며 영구를 잡고 움직이지 못하게 하면
임금이 영구차를 끌어나가게 하라 하고 앞으로 3보를 끌어내고는 그
친다. 임금이 다시 끌어낼 것을 명령한다. 또 3보에서 그친다. 이렇게
하기를 세 번 하고 임금은 물러간다. 조묘(祖廟) 때 조상할 적에도
또한 이와 같이 하며, 애차(哀次)에서 조상할 적에도 또한 이와 같이
한다.

  50세가 된 자로서 자기 마차가 없는 사람은 국경을 넘어서까지 남
을 조상하지 않는다.

  原文 君之適長殤엔, 車三乘이오, 公之庶長殤엔, 車一乘이오,
大夫之適長殤엔, 車一乘이니라.
   (군지적장상 거삼승 공지서장상 거일승
   대부지적장상 거일승)
  公之喪엔, 諸達官之長이, 杖이니라.
   (공지상 저달관지장 장)
  君이 於大夫에, 將葬할새 弔於宮하시고, 及出하여 命引之하여

시든 **三步則止**니, **如是者三**에, **君**이 **退**니, **朝**에 **亦如之**하며, **哀
次**에 **亦如之**니라.
(군 어대부 장장 조어궁 급출 명인지
삼보즉지 여시자삼 군 퇴 조 역여지 애
차 역여지)
五十에 **無車者**는, **不越疆而弔人**이니라.
(오십 무거자 불월강이조인)

註解 ○君(군)−국군(國君). 제후와 또는 영지(領地)를 가진 대부도 군
(君)이라고 통칭할 수 있다. ○適長殤(적장상)−적장상(嫡長殤)을 말한
다. 16세에서 19세에 이르는 사이에 사망한 것을 장상(長殤)이라고 한다.
○車(거)−여기서는 사자(死者)를 장송(葬送)하는 데 사용하는 견거(遣
車)를 말한 것이다. ○公(공)−여기서 공(公)이라고 한 것은 오로지 5등
(等) 제후를 말한 것이다. ○達官(달관)−임명을 직접 임금에게서 받은
관원. ○長(장)−관서(官署)의 우두머리. ○弔於宮(조어궁)−임금이 대부
의 빈소에 친히 가서 조상하는 것. ○及出(급출)−영구차가 떠나가려고
하는 것. ○命引之(명인지)−영구가 장차 떠나려고 하면 효자가 붙잡고
울부짖으며 놓지 않는다. 이때 임금의 명령으로 영구를, 앞을 향해 끌어
내도록 명령하는 것. ○三步則止(삼보즉지)−끌어당겨 3보를 전진하고 그
치는 것. ○朝亦如之(조역여지)−영구가 사당에 하직할 때에 조상하는 경
우에서도 영구를 앞으로 끌어 전진시킬 것을 명령하는 일을 빈궁의 경우
와 같이 한다는 말. ○哀次(애차)−영구가 이미 대문을 나와 평일에 빈객
을 접대하던 곳. 이에 이르르면 효자는 일단 잠시 영구를 멈추게 하고 슬
피 곡을 한다.

解說 제후와 경대부(卿大夫) 아들의 장상을 장송(葬送)할 때에 사
용할 견거의 수를 논한 것이다. 다음은 임금이 신하를 조상하는 예절
을 말하고 있다. 대부의 상(喪)에 있어서 장송(葬送)할 때가 되면 임
금은 반드시 친히 가서 조문한다. 영구가 떠나는 것을 그 아들이 울부
짖으며 붙잡고 움직이지 못하게 하는 것을 임금은 군명(君命)으로 그

영구를 끌어 전진시킨다. 3보에서 그치면 다시 명령하고 그러면 또 3
보에서 그친다. 이렇게 하기를 세 번 하면 드디어 영구차가 떠난다.
이러한 일은 임금이 빈소에 조상할 때나 영구가 사당에 하직할 적에
조상할 때나, 혹은 애차(哀次)에 조상할 때에도 역시 그와 같이 한다
는 것이다.

　50세가 되면 이미 쇠로(衰老)의 나이이다. 이미 쇠로한 몸으로서
도보로 멀리 국경을 넘어서 남의 상을 조문하는 것은 쇠로를 더하게
하고, 또, 슬픈 감정에 치우쳐서 몸의 건강을 해칠 우려가 있기 때문
에 자기 수레가 없으면 그러한 무리를 허락하지 않는 것이다.

　노(魯)나라의 계무자(季武子)가 병들어 누웠다. 교고(蟜固)가 자기
의 재최복(齊衰服)을 벗지 않은 채 들어가 뵙고 말하였다. "이 예도
(禮道)가 장차 없어지려고 합니다. 사(士)는 오직 공문(公門)에 들어
갈 때만 재최복을 벗는 것이고, 대부의 집에 들어갈 때에는 재최복을
벗지 않는 것입니다."라고 하자, 무자(武子)가 거짓으로 말하였다.
"얼마나 좋은 일인가. 군자에 의해 그러한 예도가 세상에 밝혀지는
것이." 그의 상(喪)을 당했을 때 증점(曾點)은 그의 집 문에 기대어
서서 노래를 불렀다.

　原文　　季武子이 寢疾이어늘, 蟜固不説齊衰하고, 而入見曰, 斯
道也이, 將亡矣니이다. 士는 唯公門에 説齊衰하나이다. 武子이
曰, 不亦善乎아, 君子는 表微하나니라. 及其喪也하여, 曾點이 倚
其門而歌하니라.
　　(계무자 침질 교고불탈재최 이입현왈 사
　　도야 장무의 사 유공문 탈재최 무자
　　왈 불역선호 군자 표미 급기상야 증점 의
　　기문이가)

　註解　　ㅇ季武子(계무자)—노나라의 대부, 계손숙(季孫夙).　ㅇ蟜固(교고)—

사람 이름. ㅇ不說齊衰而入見(불탈재최이입현)―탈(說)은 탈(脫)과 같으
니, 재최복을 벗지 않고 들어가 뵈었다는 뜻. ㅇ斯道也將亡(사도야장무)―
그러한 예도가 장차 없어지려고 한다는 뜻. ㅇ不亦善乎(불역선호)―또한
좋지 않은가라고 한 말. ㅇ君子表微(군자표미)―큰 잘못은 누구나가 알지
만 미세한 실례는 군자만이 밝힌다는 말. ㅇ曾點倚其門而歌(증점의기문
이가)―증점은 무자의 문에 기대서서 노래를 불렀다는 말. 증점은 증자의
아버지. 점(點)은 자(字)이고, 이름은 석(晳)이다.

[解說] 이것은 계무자의 무례에 교고가 교정한 이야기를 논한 것이
다. 계무자는 노나라의 집정상경(執政上卿)으로 권세가 대단하였다.
당시의 사람들이 그를 두려워하여 임금처럼 섬기었다. 대부인 그의 집
에 들어갈 때에는 재최복을 입은 사람이면 재최복을 흉복이라 하여
감히 입고 들어가지 못하였다. 그러나 예제에는 임금의 문에 들어갈
때에만 벗도록 되어 있는 것이다. 그래서 교고가 재최복을 입은 채 들
어가니 무자가 속으로 미워했으나 죄줄 수는 없었다. 그래서 거짓으로
잘했다고 칭찬했던 것이다.

　　그처럼 미세한 실례를 드러내 밝히는 것은 군자만이 한다. 그대는
군자다라고 하였다. 계무자가 죽으니 증점은 교고의 강직함을 흠모하
여 드디어 무자의 집 문에 기대서서 노래를 불렀다. 자신은 계무자와
는 평소에 아무런 관계가 없으니 슬퍼할 이치가 없다는 뜻을 표시한
것이라고 한다.

대부가 사(士)를 조상하는 데 상주가 일이 있을 때 오면 누군가가
지금 일이 있다는 것을 고(告)한다.
남을 조상한 그날에는 음악을 듣지 아니한다.
부인(婦人)은 월강(越疆)하여 남을 조문(弔門)하지 않는다.
조문을 한 그날에는 술을 마시지 않으며 고기도 먹지 않는다.
장사 때에 조문하는 자는 반드시 영구차의 줄을 잡는다. 만약에 관
뒤를 따라 묘지까지 가면 관의 참바를 잡고 광(壙)으로 내리는 것을

돕는다.

상에 국군이 와서 조상하면 상가에서는 반드시 절하고 사례하는 자가 있어야 한다. 비록 붕우·주리(州里)·사인(舍人)이 배사(拜謝)하여도 좋다. 국군은 조문하여 말하기를, "과군(寡君)이 와서 받들어 상사를 돕겠습니다."라고 하면, 상주는 "임금이 욕되게 친림한 것을 감사합니다."고 한다.

임금이 길에서 영구를 만나면 반드시 사람을 시켜서 조문하게 한다. 대부의 상에 서자는 객의 조상을 받지 아니한다.

原文 大夫이 弔어든, 當事而至, 則辭焉이니라.
(대부 조 당사이지 즉사언)

弔於人하고, 是日엔 不樂이니라.
(조어인 시일 불악)

婦人은 不越疆而弔人이니라.
(부인 불월강이조인)

行弔之日엔, 不飮酒食肉焉이니라.
(행조지일 불음주식육언)

弔於葬者는 必執引이니, 若從柩及壙하여는, 皆執紼이니라.
(조어장자 필집인 약종구급광 개집불)

喪에 公이 弔之하여시든, 必有拜者니, 雖朋友·州里·舍人이라도 可也니, 弔曰, 寡君이 承事라 하여시든, 主人曰, 臨이라 하나니라.
(상 공 조지 필유배자 수붕우·주리·사인
가야 조왈 과군 승사 주인왈 임)

君이 遇柩於路하여시든, 必使人으로 弔之니라.
(군 우구어로 필사인 조지)

大夫之喪에, 庶子이 不受弔니라.
(대부지상 서자 불수조)

註解 ㅇ大夫弔(대부조)―여기서는 대부가 사(士)를 조상하는 경우를 말하고 있다. ㅇ當事而至(당사이지)―소렴·대렴 또는 설빈(設殯) 등을 거행하고 있을 때에 조상하러 오는 것. ㅇ辭焉(사언)―상주가 일이 있을 때 대부가 조상하러 오면 지위가 높더라도 상주는 일이 있어 영접 못함을 고하는 것. ㅇ行弔之日(행조지일) 不飮酒食肉(불음주식육)―남의 조상을 한 날에는 술을 마시거나 고기를 먹지 않는 것. 슬픈 생각이 남아 있어서 잊지 못하기 때문이다. ㅇ執引(집인)―영구를 끄는 참바를 잡는 것. ㅇ壙(광)―묘혈(墓穴). ㅇ執紼(집불)―불(紼)은 관을 끄는 참바. 장사 행렬을 따라 광(壙)에 이르면 광에 관을 내려놓는 관의 참바를 잡는 것. ㅇ公弔之(공조지)―공(公)은 국군을 일컫는 말. 여기서는 국군이 신하의 상을 조상하는 것. ㅇ必有拜者(필유배자)―임금이 신하의 상을 조문하러 가면, 상가에서는 반드시 절하고 사례하는 사람이 있어야 한다는 것. ㅇ雖朋友(수붕우)·州里(주리)·舍人可也(사인가야)―임금이 신하를 조문하러 왔을 때 조상이 끝나면 상주가 배사해야 하는데 상주가 없으면 소친(疏親)이 하고, 소친이 없으면 사자(死者)의 벗이나 마을 사람 및 사인(舍人)이 가서 배사해도 좋다는 말. ㅇ寡君承事(과군승사)―임금이 말하기를, "과군이 일을 받들겠습니다."라고 한다는 것. ㅇ主人曰(주인왈) 臨(임)―주인은 임금에게 "욕되게 친림하셔서 죄송합니다."라고 말한다는 것. ㅇ君遇柩於路(구우구어로)―여기에서 말한 것은 모든 사람의 영구를 범칭한 것과 같다. ㅇ大夫之喪(대부지상) 庶子不受弔(서자불수조)―대부의 상에는 적자가, 상주가 되어 조객을 대해야 한다. 다른 사고로 적자가 부재한 때에라도 서자가 감히 조객의 조상을 받지 못한다. 낮고 천한 신분으로 작위(爵位)가 있는 자의 상주가 될 수 없기 때문이다.

처(妻)의 형제로서 그 아버지의 후사자(後嗣者)가 죽었다는 부고를 받으면 정침(正寢)에서 곡한다. 그리고 아들[죽은 자의 생질]을 시켜서 애곡(哀哭)의 주인역을 맡아 단문곡용(袒免哭踊)하게 한다. 남편[즉 부고를 받은 자기]은 문안으로 들어가 오른쪽에 선다. [상을 주도(主導)하는 아들의 위치를 피해서] 별도로 사람을 시켜 문 밖에 세워두었다가 조객이 오면 고하게 한다. 조문하러 온 사람이 평소에 죽은 자와 서로 친숙하게 아는 사이이면 들어와서 곡하게 한다. 아버지[부고받은 자기의 아버지]가 있으면 정침에서 곡하지 않고 처의 방에서 곡한다. 죽은 자가 그의 아버지를 승중(承重)하는 자가 아니면 이실(異室)에서 곡한다.

빈소를 모시고 있는 사람이 먼 촌수인 형제의 상을 들으면 측실(側室)에서 곡한다. 측실이 없으면 대문 안의 오른쪽에서 곡한다. 같은 나라 안이면 가서 곡한다.

[原文] 妻之昆弟로 爲父後者이 死커든 哭之適室하되, 子이 爲主하여, 袒免哭踊이어든, 夫이 入門右하여, 使人으로 立於門外하여, 告來者이, 狎이어든 則入哭이니, 父이 在어시든, 哭於妻之室이오. 非爲父後者어든, 哭諸異室이니라.
   (처지곤제 위부후자 사 곡지적실 자 위
   주 단문곡용 부 입문우 사인 입어문외
   고래자 압 즉입곡 부 재 곡어처지실
   비위부후자 곡저이실)

有殯에, 聞遠兄弟之喪이어든, 哭于側室하고, 無側室이어든, 哭於門內之右니, 同國則往哭之니라.
   (유빈 문원형제지상 곡우측실 무측실 곡
   어문내지우 동국즉왕곡지)

[註解] ○妻之昆弟(처지곤제)─아내의 친정 형제, 즉 처남. ○爲父後者(위부후자)─그 아버지의 후계자. 즉 장인의 뒤를 이을 사람. ○適室(적실)─정침(正寢). ○子爲主(자위주)─아들이 상의 주인공이 되는 것. ○袒免哭踊(단문곡용)─갓을 벗고 웃옷을 벗어 한쪽 어깨를 드러내고서 슬피 울며 몸부림쳐 뛰는 것. ○夫入門右(부입문우)─자신[부고를 받은 자]은 문 오른쪽의 남쪽 가까운 곳에서 북향하여 곡하는 것. 부(夫)는 아내에 대해서 한 말로 부고를 받은 자를 가리킨다. ○告來者(고래자)─조문하러

오는 자가 있으면 고하는 것. ○狎則入哭(압즉입곡)―조문하러 온 사람이 죽은 자[여기서는 처남]와 평소에 친숙한 사이면 들어와서 곡하게 한다는 말. ○父在哭於妻之室(부재곡어처지실)―처남의 부고를 받으면 원칙적으로 정침(正寢)의 중정(中庭)에서 곡하는 것이지만 아버지가 있으면 감히 정침에서 곡하지 못하고 아내의 방에서 곡한다는 것. ○哭諸異室(곡저이실)―정침도 아니고 처실(妻室)도 아닌 다른 방에서 곡한다는 말. ○側室(측실)―연침(燕寢)의 곁방. ○門內之右(문내지우)―대문 안의 오른쪽.

解説 처(妻)의 형제의 부고를 받으면 상가에 가서 조상하기 전에 자기 집에서 곡하고 조객을 대하는 절차를 말한 것이다. 요약해서 말하면 처의 곤제(昆弟), 즉 처남의 부고를 들으면 원칙적으로 정침의 중정(中庭)에서 곡한다. 그러나 아버지가 있으면 감히 아버지가 거처하는 정침에서 곡하지 못하고 처실(妻室)에서 곡한다. 만일 죽은 자가 처의 아버지 뒤를 잇는 승중자가 아니면 이실(異室)의 문 밖에서 곡한다. 처남의 부고를 받은 경우에는 아들이 주인역을 맡아 남의 조문을 받게 한다. 그리하여 동계(東階)의 아래에서 서향에 있게 하고, 자신은 들어가 문 오른쪽에 선다. 그리고 조문하러 오는 사람이 오면 그가 평소에 죽은 사람과 친한 자이면 들어와서 곡하게 한다는 것이다.

자장(子張)이 죽으니, 그때 증자(曾子)는 어머니의 상중에 있었는데 재최(齊衰)를 입은 채 가서 곡하였다. 어떤 사람은 말하기를, "재최로서는 남의 조상을 하는 것이 아니다."라고 하였다. 증자가 말하기를, "내가 조상한 것인가. 나는 가서 벗의 죽음을 곡하였을 뿐이고 조상한 것은 아니다."라고 하였다.

유약(有若)의 상에 노(魯)나라의 도공(悼公)이 조상을 가니 자유(子游)가 그의 왼쪽에 서서 인빈(引擯)하였다.

제(齊)나라에서 왕희(王姬)의 상을 노(魯)나라에 부고하니, 노나라 장공(莊公)이 그를 위하여 대공복(大功服)을 입었다. 그것을 보고 어떤 사람은 말하기를, "왕희는 주실(周室)의 왕녀이지만 노나라의 주레(主禮)로 제나라에 시집갔으므로 노군(魯君)이 그를 위하여 출가자매(出嫁姉妹)의 복인 대공복을 입는 것이다."라고 하고, 또 어떤 사람은 말하기를, "왕희는 노군의 외조모이므로 대공복을 입는 것이다."라고 하였다.

原文   子張이 死커늘, 曾子이 有母之喪하시더니, 齊衰而往哭之한데, 或이 曰, 齊衰에는 不以弔니라. 曾子이 曰, 我弔也與哉아.
(자장 사 증자 유모지상 재최이왕곡지
혹 왈 재최 불이조 증자 왈 아조야여재)

有若之喪에, 悼公이 弔焉커시늘, 子游이 擯하대 由左하더라.
(유약지상 도공 조언 자유 빈 유좌)

齊穀王姬之喪이어늘, 魯莊公이 爲之大功이러니, 或이 曰, 由魯嫁라, 故로 爲之服姉妹之服이라 하며, 或이 曰, 外祖母也라, 故로 爲之服이라 하다.
(제곡왕희지상 노장공 위지대공 혹 왈 유
노가 고 위지복자매지복 혹 왈 외조모야
고 위지복)

註解   ○我弔也與哉(아조야여재)—조문한 것이 아니라 다만 가서 곡했을 뿐이다라고 변명한 말. ○擯(빈)—객을 인도하여 접대하는 것. 인빈(引擯)하는 것. ○由左(유좌)—오른쪽은 높은 곳이므로, 인빈하는 사람이 객의 왼쪽에 선다는 뜻. ○穀(곡)—고(告)의 잘못. 고(告)는 부고(訃告)한다는 말. ○由魯嫁(유로가) 故爲之服姉妹之服(고위지복자매지복)—왕희는 노나라를 경유하여 시집갔으므로 노장공은 그에 대하여 출가 자매를 위한 복인 대공복을 입었다는 말.

解說   어머니의 상으로 재최복을 입고 있는 사람은 남의 조상을 하지 않는 것이 예제(禮制)이다. 그런데 증자는 그의 친애하는 벗 자장(子張)이 죽으니, 재최복을 입은 채 가서 곡하였다. 어떤 사람이 그것

을 실례라고 하니 증자가 말하기를, "내가 조상한 것이 아니야. 다만 나의 친한 친구의 죽음을 슬퍼했을 뿐이다."라고 하였다는 것이다. 증자의 이러한 행동은 예를 그르친 것으로 비판되고 있다. 또 어떤 사람은 증자를 변호하여 말하기를, "증자에게 그러한 실례의 행동이 있을 리 없다. 그 기록은 아마 믿을 수 없는 것이다."라고 하였다.

　주나라의 왕녀인 왕희를 일찍이 노나라에 보내니 노나라에서는 장공(莊公) 원년에 왕희의 관(館)을 신축하여 그를 머무르게 하였으며, 드디어 노나라의 주례로 제나라 양공(襄公)에게 시집보냈다. 그러한 왕희가 죽었다는 부고를 받은 노나라 장공은 자매로 대우하여 그에 해당하는 복인 대공복을 입었다. 이는 예에 합당한 것이라고 한다. 그런데 왕희는 노나라 장공의 외삼촌인 제나라 양공의 부인이다. 그래서 어떤 사람은 이 사실을 잘못 알고, 왕희는 노장공의 외조모이기 때문에 대공복을 입는다고 말하였다. 그러므로 여기에는 두 가지의 잘못이 있다. 첫째 왕희는 노장공의 외숙모이지 외조모는 아니며, 둘째 가령 외조모라 할지라도 외조모의 복은 소공(小功)이지 대공은 아닌 것이다.

　진(晉)나라 헌공(獻公)의 상에 진(秦)나라 목공(穆公)이 사람을 보내어 공자(公子) 중이(重耳)를 조문하게 하고 말하기를, "과인(寡人)은 들으니 나라를 잃는 일은 항상 이 죽은 사람과 산 사람이 서로 교대하는 때에 있으며, 나라를 얻는 것도 항상 이 때에 있다고 합니다. 비록 그대가 단정한 태도로 아버지의 상을 받들고 있으나 위(位)를 상실한 채 오래 계속할 수 없고, 또 때를 놓쳐서도 안되는 것이니, 그대는 분상(奔喪)으로 나라에 돌아가서 왕위를 이어받도록 하시오."라고 하였다. 중이가 그 이야기를 듣고 구범(舅犯)에게 말하니 구범이 말하기를, "그대는 원조를 받아들일 수 없다고 사양하시오. 지위를 잃고 나라를 떠난 사람은 보배로 삼을 것이 없고, 오직 인의(仁義)를 몸소 행하는 것을 보배로 삼아야 합니다. 아버지가 죽은 것이 얼마나 흉화(凶禍)이며 큰일입니까? 이것은 바로 흉화인 큰일입니다. 아버지의 죽음을 인유(因由)하여 나라에 돌아가 이(利)를 도모한다면 천하에 그 누가 능히 변명(辨明)할 수 있겠습니까? 그대는 받아들이지 말고 사양하시오."라고 하였다.

原文 晉獻公之喪에, 秦穆公이 使人으로 弔公子重耳하고, 且曰, 寡人은 聞之하되, 亡國이 恆於斯며, 得國이 恆於斯니, 雖吾子이 儼然在憂服之中이나, 喪亦不可久也며, 時亦不可失也니, 孺子는 其圖之하라. 以告舅犯한데, 舅犯이 曰, 孺子는 其辭焉하라. 喪人은 無寶라. 仁親을 以爲寶니, 父死를, 之謂何오. 又因以爲利면, 而天下其孰能説之리오. 孺子는 其辭焉하라.

（진헌공지상 진목공 사인 조공자중이 차
왈 과인 문지 망국 항어사 득국 항어사 수오
자 엄연재우복지중 상역불가구야 시역불가실야
유자 기도지 이고구범 구범 왈 유자 기사언
상인 무보 인친 이위보 부사 지위하 우인이
위리 이천하기숙능설지 유자 기사언）

註解 ㅇ晉獻公(진헌공)－문공(文公), 즉 공자 중이의 아버지. 춘추시대 초기에 진(晉)나라의 국력을 크게 증강시킨 군주(君主). 그가 죽은 후 한때 나라가 문란했으나 중이가 나라를 치평(治平)하고 제후를 통어하여 패자가 되었다. ㅇ亡國恆於斯(망국항어사)－나라를 잃는 일이 항상 이와 같다는 뜻. 즉 전 임금이 죽고 새 임금이 서게 되는 시기에 있다는 말. ㅇ儼然(엄연)－단정하게 몸을 가져 스스로 지키는 모양. ㅇ喪亦不可久也(상역불가구야)－상(喪)은 위(位)를 상실한다는 뜻이므로 임금의 지위를 상실하고 오래도록 그대로 있을 수 없다는 말. ㅇ時亦不可失也(시역불가실야)－일을 성취하기에 절호의 시기를 놓쳐서는 안된다는 말. ㅇ孺子其圖之(유자기도지)－그대는 이 기회에 왕위(王位)를 찾을 기도(企圖)를 하라고 격려한 말. ㅇ舅犯(구범)－중이(重耳)의 외삼촌인 호언(狐偃). 자(字)는 자범(子犯)이다. ㅇ其辭焉(기사언)－그 말을 받아들이지 말고 사

양하라는 뜻. ㅇ喪人(상인)—지위를 상실하고 나라를 떠나 있는 사람. ㅇ無寶(무보)—보배로 삼을 만한 것이 없다는 말. ㅇ仁親以爲寶(인친이위보)—인의(仁義)를 몸소 행하는 것을 보배로 삼는다는 말. ㅇ父死之謂何(부사지위하)—아버지가 죽었다는 일이 얼마나 흉화이며 큰일입니까라고 한 말. ㅇ因以爲利(인이위리)—아버지의 죽음을 인연으로 하여 이(利)를 도모하는 것. ㅇ孰能說之(숙능설지)—누가 능히 나의 무죄함을 변명(辨明)할 수 있겠는가, 변명할 수 없을 것이다란 뜻.

解說 진나라의 공자(公子)인 중이가 아버지의 상을 이용하여 나라를 취하는 일을 기도하지 않았던 일을 기술하고 있다. 일찍이 진헌공이 여희(驪姬)의 참소를 믿고 그의 세자인 신생(申生)을 죽이니 공자 중이는 국외로 도피했었다. 진헌공이 죽을 때에 중이는 적(翟)에 있었다. 진(秦)의 목공이 사람을 적(翟)으로 보내어 중이를 조상하고, 이 기회에 분상(奔喪)의 길로 고국에 돌아가서 왕위를 찾으라고 권하였다. 중이는 그의 외삼촌인 구범에게 물으니, 구범이 그 말을 받아들이지 말라고 하였다. 그래서 중이가 아버지의 죽음을 이용하여 이(利)를 도모하고 싶지 않다고 거부했다. 진목공이 듣고 그를 착한 사람이라고 칭찬하였던 것이다.

그러자 공자 중이가 진목공의 사자인 객에게 답하기를, "진군(秦君)께서는 국외로 도망해 있는 신(臣) 중이를 은혜롭게 조상하여 주셨습니다. 신은 지위를 상실하여 아버지의 죽음에, 상차(喪次)에 있어서 슬프게 곡읍하는 일에 참여하지 못하고 있습니다. 그리하여 진군께서 저를 염려하여 근심하게 하였습니다. 아버지의 죽음이란 얼마나 슬프고 중대한 일이겠습니까? 어찌 조금이라도 감히 딴 뜻을 가져서 진군께서 조상하여 주신 의로움을 욕되게 할 수 있겠습니까?"라고 하였다. 그리고는 머리를 조아린 채 절하지 않았으며, 곡하고 일어났으나 일어나서는 다시 사자와 사사로운 이야기를 하지 않았다. 자현(子顯)이 그대로 목공(穆公)에게 복명(復命)하니, 목공이 말하기를, "어

질구나, 공자 중이여. 대체로 이마를 조아리고 절을 하지 않았으니 뒷
일을 위하지 않는 것이다. 곡하며 일어난 것은 아버지를 사랑하여 애
통함이고, 일어나서 사사로운 말을 하지 않은 것은 이(利)를 멀리한
것이다."라고 하였다.

[原文] 公子重耳對客曰, 君이 惠弔亡臣重耳하시니, 身喪父死
라, 不得與於哭泣之哀하여, 以爲君憂하니, 父死之謂何오. 或敢
有他志하여, 以辱君義리오. 稽顙而不拜하며, 哭而起하되, 起而
不私하니라. 子顯이 以致命於穆公한데, 穆公이 曰, 仁夫인저, 公
子重耳여. 夫稽顙而不拜하니, 則未爲後也로다. 故로 不成拜하
니, 哭而起는 則愛父也요, 起而不私는, 則遠利也로다.
　　(공자중이대객왈 군 혜조망신중이 신상부사
　　부득여어곡읍지애 이위군우 부사지위하 혹감
　　유타지 이욕군의 계상이불배 곡이기 기이
　　불사 자현 이치명어목공 목공 왈 인부 공
　　자중이 부계상이불배 즉미위후야 고 불성배
　　곡이기 즉애부야 기이불사 즉원리야)

[註解] ○不得與於哭泣之哀(부득여어곡읍지애) —부득이하여 〔몸을 피해
외국에 와 있기 때문에〕 상차(喪次)에서 슬프게 곡읍(哭泣)하지 못한다는
말. ○以爲君憂(이위군우) —진나라의 임금 목공을 근심하게 만들었다는
뜻. ○以辱君義(이욕군의) —진나라 목공이 의(義)로써 조상하여 주신 일
을 욕되게 한다는 뜻. ○稽顙而不拜(계상이불배) —이마를 조아릴 뿐 조객
에게 절하지 않는다는 말. ○哭而起(곡이기) —곡하면서 일어난다는 말.
○起而不私(기이불사) —일어나서는 객과 사사로운 말을 하지 않는 것. ○子
顯(자현) —진 목공의 사자인 공자(公子) 집(縶), 자(字)는 자현(子顯). 현
(縶)과 현(顯)은 음이 같다. ○以致命於穆公(이치명어목공) —자현이 중이
의 말과 하는 일을 진목공에게 복명한다는 말. ○未爲後也(미위후야) —머
리를 조아릴 뿐 조객에게 사례하는 절을 하지 않는 것은 뒷일을 위하지

않는다는 뜻을 나타낸 것이라는 말. ㅇ起而不私(기이불사) 遠利也(원리야)—곡하면서 일어나서 조객과 사사로운 이야기를 하지 않은 것은 이(利)를 멀리하기 위한 행동이란 말.

解說 대체로 상주가 조객을 맞이하였을 때에 머리를 조아리는 것은 자신의 슬픔을 이기지 못하는 모습이고, 절하는 것은 조객의 조상을 감사하는 것이다. 그런데 중이는 절하지 않았다. 그것은 조객이 한 말을 받아들여서 뒷일을 꾀하려는 의사가 없기 때문이며, 또 울며 일어나서 사사로운 이야기를 하지 않은 것은 아버지의 상사를 이용해서 이(利)를 도모할 생각을 멀리하기 때문이라는 것이다.

빈소에 휘장으로 드리운 채 곡하는 것은 옛 제도가 아니다. 경강(敬姜)이 그의 남편 목백(穆伯)을 곡할 때 휘장을 드리운 채 곡한 데에서부터 시작된 것이다.

상장(喪葬)의 예는 애척(哀戚)의 지극함을 나타내는 방법이다. 그 애척함을 절제하는 것은 효자의 슬퍼하는 심정에 따라 점차로 조금씩 변하도록 만들어졌다. 군자는 생(生)을 생각하는 자이다. 복(復)을 부르는 것은 어버이를 사랑하는 도를 극진하게 하는 것이다. 그래서 오사(五祀)에 기도하는 마음이 있는 것이다. 그윽하고 어두운 곳에서 돌아오기를 바라는 것은 그윽한 귀신에게 구원하는 도(道)이다. 그러므로 북면(北面)하여 초혼(招魂)하는 것은 그윽한 곳에 향하여 구원하는 뜻이다. 절하고 머리를 조아리는 것은 애척(哀戚)이 지극한 아픔의 표현이다. 반함(飯唅)에 쌀과 보패(寶貝)를 사용하는 것은 입을 차마 비워둘 수 없기 때문이고, 그것이 음식을 먹이는 뜻에서 하는 것은 아니다. 그러므로 아름답고 깨끗한 것을 사용하는 것이다. 명정(銘旌)이란 것은 명백하게 하기 위한 것이다. 죽은 자는 얼굴과 형체를 볼 수 없기 때문에 기로써 표지하는 것이다. 그를 사랑하기 때문에 이에 그 이름을 기록하는 것이고 공경하기 때문에 그 도리를 극진하게 하는 것이다. 또 중(重)은 신주(神主)와 같은 것이다. 은나라에 서는 신주를 만들고 나면 중(重)은 묶어서 사자(死者)의 빈묘(殯廟) 의 묘정(廟庭)에 달아 두고, 주(周)나라에서는 신주를 만들고 나면 중 을 철거하여 매안(埋安)한다.

原文   帷殯이 非古也니, 自敬姜之哭穆伯으로 始也니라.
   (유빈 비고야 자경강지곡목백 시야)

喪禮는 哀戚之至也요, 節哀는 順變也요. 君子는 念始之者也 요. 復은 盡愛之道也니, 有禱祠之心焉이니라. 望反諸幽는, 求諸 鬼神之道也요. 北面은 求諸幽之義也요. 拜하고 稽顙은 哀戚之 至隱也며, 稽顙은 隱之甚也요. 飯用米具는, 弗忍虛也니, 不以 食道라. 用美焉爾니라. 銘은 明旌也라. 以死者爲不可別已일새. 故로 以其旗識之니, 愛之라 斯錄之矣며, 敬之라 斯盡其道焉耳 니라. 重은 主道也니, 殷主는 綴重焉하고, 周主는 重을 徹焉하나 니라.

   (상례 애척지지야 절애 순변야 군자 염시지자야
   복 진애지도야 유도사지심언 망반저유 구저
   귀신지도야 북면 구저유지의야 배 계상 애척지
   지은야 계상 은지심야 반용미구 불인허야 불이
   식도 용미언이 명 명정야 이사자위불가별이
   고 이기기지지 애지 사록지의 경지 사진기도언이
   중 주도야 은주 체중언 주주 중 철언)

註解   ㅇ帷殯(유빈)─빈소에 휘장을 드리우는 것. ㅇ敬姜(경강)─노나라 의 대부인 계도자(季悼子)의 아들 공보정(公甫靖)의 아내. ㅇ穆伯(목백)─ 노나라의 대부 계도자의 아들인 공보정. 경강의 남편. ㅇ哀戚之至也(애척 지지야)─상(喪)보다 더 슬픈 일이 없다는 말. 애척(哀戚)은 슬픔. ㅇ節哀 (절애)─슬픔을 절제한다는 말. ㅇ順變也(순변야)─효자의 슬퍼하는 마음 에 순응하여 슬퍼하게 하면서 그 슬픈 마음을 예제로써 절제하여 점차로

가벼운 데로 유도하여 변하게 만든다는 말.　ㅇ念始之者也(염시지자야)-
슬픔이 지나쳐서 몸을 훼손한다면 나를 낳은 자를 생각지 않는 것이 된
다. 그러므로 군자가 예제로써 슬픔을 절제하는 것은 나를 낳은 자를 생
각하는 것이란 말.　ㅇ復(복)-초혼(招魂)하는 것.　ㅇ盡愛之道(진애지도)-
어버이를 사랑하는 도리를 극진하게 하는 것이란 말.　ㅇ有禱祠之心(유도
사지심)-초혼은 어버이의 희생을 바라는 것이므로, 거기에는 오히려 신
에게 기구(祈求)하는 마음이 담겨 있다는 말.　ㅇ望反諸幽(망반저유)-어
둡고 그윽한 곳에서 되돌아오기를 바란다는 말.　ㅇ求諸鬼神之道(구저귀
신지도)-그윽한 곳을 향하여 되돌아오기를 바라는 것은 곧 귀신에게 기
구(祈求)하는 것이란 뜻.　ㅇ北面求諸幽之義(북면구저유지의)-초혼할 때
에 북쪽을 향하여 부르는 것은 그윽한 곳을 향하여 기구(祈求)한다는 뜻.
ㅇ稽顙(계상)-머리를 땅에 대고 조아릴 뿐 다시 예용(禮容)이 없는 모
양.　ㅇ至隱(지은)-지극히 애통하다는 말.　ㅇ隱之甚也(은지심야)-애통한
일 중에도 가장 심한 것이란 말.　ㅇ飯(반)-반함(飯唅). 죽은 사람의 입에
쌀·보패(寶貝) 등을 채우는 것.　ㅇ不以食道(불이식도)-음식을 먹이는
도리로 하는 것이 아니라는 뜻.　ㅇ銘明旌也(명명정야)-명정이란 것은 이
름을 기록하여 명백하게 표지하는 것이란 말.　ㅇ以死者爲不可別已(이사
자위불가별이)-죽은 자는 얼굴과 형체를 볼 수 없기 때문에 구별할 수가
없다는 말.　ㅇ以其旗識之(이기기지지)-기(旗)에 모관모씨지구(某貫某氏
之柩)라고 기록하여 누구의 영구라는 것을 표지하는 것.　ㅇ愛之斯錄之
(애지사록지)-어버이를 사랑하기 때문에 차마 죽었다고 하여 없는 것으
로 하지못하고 그 이름을 기록하여 표지하는 것을 말한 것.　ㅇ斯盡其道
(사진기도)-이에 그 도리를 극진히 하는 것이란 뜻. 즉 명정을 만들어
그 이름을 기록하여 표지하는 것을 말한 것.　ㅇ重(중)-가신주(假神主).
사람이 처음 죽으면 중(重)을 만들어 신에 의지하게 하는 것이므로, 우제
(虞祭) 때 신주를 만들 때까지의 임시 신주.　ㅇ重主道也(중주도야)-중
(重)은 비록 신주는 아니나 신주와 같은 예도(禮道)라는 말.　ㅇ殷主綴重
焉(은주체중언)-옛날 은(殷)나라의 제도에는 우제(虞祭)에 신주를 만들
면 중(重)은 묘정(廟庭)에 매달아 두었다는 말.　ㅇ周主重徹焉(주주중철
언)-주(周)나라의 제도는 우제에 신주를 만들고 나면 중(重)은 철거하여

땅에 묻었다는 말.

解說 빈소에서 조석으로 곡할 때에는 반드시 휘장을 걷는 법이다. 그런데 경강이 일찍 과부가 되어서 그의 남편 빈소에서 곡할 때에는 휘장을 걷지 않았다고 한다. 이때부터 이후로 사람들이 모두 그것을 본받아 휘장을 드리운 채 곡하게 되었다. 그래서 기록하는 사람이 그것을 고례(古禮)가 아니라는 것을 밝힌 것이다.

사람이 이미 숨을 거둔 뒤에 초혼하는 것은 다시 살아나기를 바라는 아들의 극진한 마음에서 하는 일이다. 거기에는 기도하는 마음이 담겨 있는 것이다. 다시 돌아오라고 하는 것은 그윽하고 어두운 귀신의 세계에서 다시 돌아와 회생하라는 것이다. 거상(居喪)중에 조객을 향하여 절하고 머리를 조아리는 것은 지극히 애통한 일이다. 그러나 조객에게 절도 못하고 머리만 조아리는 것은 애통함이 더욱 심한 것이라고 말한 것이다. 죽은 사람의 입에 쌀과 구슬과 보패 등을 채우는 것은 차마 그 입을 비워둘 수 없기 때문이고, 음식을 먹는 형식을 취한 것은 아니다. 그러기 때문에 쌀·보패 같은 아름답고 깨끗한 것을 사용한다는 것이다.

사람이 죽으면 식별하기가 어렵다. 그래서 명정을 만들어 그것이 누구의 상(喪)이란 것을 명시하는 것이다. 명정은 아들이 차마 아버지의 사후에 아무런 표지도 없게 할 수 없어서 명정을 만들어 그의 이름을 기록하는 것이니 어버이를 사랑하는 마음의 발로이고, 죽은 사람을 섬기는 도리를 극진히 하는 것이라고 한다. 다음은 끝으로 중(重)과 신주와의 같고 다른 점과 신주를 만든 뒤의 중(重)의 처우를 설명한 것이다. 예주(禮註)에 말하기를 사(士)의 중(重)은 나무로 만드는데 길이가 3척이라고 하였다. 사람이 처음 죽으면 중을 만들어 신에 의지하게 한다는 것이다.

전(奠)에는 소기(素器)를 사용한다. 이는 산 사람에게 애소지심(哀素之心)이 있기 때문이다. 다만 제사의 예는 상주가 극진히 한다. 그러나 어찌 신이 와서 흠향하는 바를 알아서 그렇게 하는 것이겠는가. 또한 상주에게 재계하고 공경하는 마음이 있기 때문에 그렇게 하는 것이다. 가슴을 치고 뛰는 것은 애통함이 지극하기 때문이다. 가슴 치고 뛰는 횟수를 계산하는 것은 애통을 절제하기 위한 절문(節文)이다. 웃옷을 벗어 어깨를 드러내고 갓을 벗고 머리털을 삼으로 묶는 것은 형모(形貌)를 바꾸는 것이고, 성내어 원망하는 것은 슬픈 마음의 변한 형태이다. 꾸밈[飾]을 제거하는 것은 아름다운 것을 제거하는 것이므로 어깨를 드러내고 머리털을 묶는 것은 미식(美飾)을 제거하는 것 중에서도 가장 심한 것이다. 어깨를 드러내는 때도 있고, 옷을 입는 때도 있는 것은 슬픔을 절제하는 것이다. 견소(絹素)의 변관(弁冠)과 갈대[葛帶] 차림으로 장례[매장]를 거행하는 것은 토지의 신(神)과 사귀는 도(道)이다. 그러므로 공경하는 마음이 있는 것이다. 주(周)나라 사람들은 변관(弁冠)을 쓴 차림으로 장례를 거행하고 은(殷)나라 사람들은 후(冔) 차림으로 장례를 거행하였다.

[原文]　奠以素器는, 以生者有哀素之心也라. 唯祭祀之禮는, 主人이 自盡焉爾니, 豈知神之所饗이리오. 亦以主人有齊敬之心也라. 辟踊은 哀之至也니, 有算은 爲之節文也니라. 袒括髮은 變也니, 慍은 哀之變也라. 去飾은 去美也니, 袒括髮은 去飾之甚也라. 有所袒하며, 有所襲은, 哀之節也라. 弁絰葛而葬은, 與神交之道也니, 有敬心焉이니라. 周人은 弁而葬하고, 殷人은 冔而葬하니라.

　　(전이소기 이생자유애소지심야 유제사지례 주
　　인 자진언이 기지신지소향 역이주인유제경지심야
　　벽용 애지지야 유산 위지절문야 단괄발 변
　　야 온 애지변야 거식 거미야 단괄발 거식지심
　　야 유소단 유소습 애지절야 변질갈이장 여신

교지도야 유경심언 주인 변이장 은인 후이장)

[註解] ㅇ奠(전)－초상 뒤 우제(虞祭) 이전에 영전(靈前)에 음식물을 드리는 것. ㅇ素器(소기)－장식이 없는 그릇. 질소한 그릇. ㅇ哀素之心(애소지심)－애통하여 꾸밈이 없는 마음. ㅇ主人自盡焉(주인자진언)－제사는 초상과는 달라서 제주(祭主)는 극진하게 스스로 예의 문식(文飾)을 갖추어야 한다는 뜻. ㅇ以主人有齊敬之心(이주인유재경지심)－제주(祭主)에게 재계하고 공경하는 마음이 있기 때문에 그렇게 한다는 뜻. ㅇ辟踊(벽용)－가슴을 치는 것을 벽(辟)이라 하고, 뛰는 것을 용(踊)이라 한다. ㅇ有算(유산)－계산한다는 뜻. ㅇ節文(절문)－알맞게 절제하여 절도에 따르게 하는 일. 절도에 맞도록 문식(文飾)하는 것. ㅇ袒(단)－윗옷을 벗어 왼쪽 어깨를 드러내는 것. ㅇ括髮(괄발)－갓을 벗고 머리털을 삼으로 묶는 것. ㅇ慍(온)－성내는 것. 원망하는 것. ㅇ去飾(거식)－꾸밈을 제거하는 것. 아름다움을 버리는 것. ㅇ哀之節(애지절)－슬픔을 절제하는 것. ㅇ弁(변)－변관(弁冠). 흰 비단으로 만든 주관(周冠). 제관(祭冠)의 한 가지. ㅇ絰葛(질갈)－칡으로 만든 수질(首絰). ㅇ冔(후)－은관(殷冠). 은나라 사람들이 쓰던 제관(祭冠).

[解說] 전(奠)을 올릴 때에는 별다른 제기(祭器)를 갖추지 않고 장식이 없는 질소한 그릇을 사용한다. 그것은 상주가 애통한 마음이 있을 뿐이고 기물을 꾸미고 싶은 심정의 여유가 없기 때문이다. 그러나 제사에 이르러서는 주인 스스로 제례를 극진하게 한다. 제례는 길례이기 때문에 예에 따라 문식(文飾)을 다하는 것이다. 그러나 제례를 극진히 한다는 것도 실은 신의 흠향하는 것을 알고 있기 때문이 아니고, 상주가 부모의 제사를 위하고 재계하고 공경하는 마음이 있어서 그렇게 할 뿐이라는 것이다.

부모의 상을 당하여 가슴을 치고 뛰며 몸부림치는 것은 애통함이 지극하여서이다. 만약 이러한 일을 제한하지 않는다면 생명을 손상하는 데 이를 우려가 있다. 그러므로 예(禮)에 그 벽용(辟踊)하는 것을 계산하여 일정한 표준을 정하였다. 즉 매 한 차례 뛰는 것을 세 번의 도약으로 하고, 세 차례 뛰는 일에 아홉번 도약하는 것으로 1절(節)을 삼는다. 사(士)는 3일에 세 차례 뛰고, 대부는 4일에 다섯 차례 뛰며, 제후는 6일에 일곱번 뛰고, 천자는 8일에 아홉번 뛰게 하였다. 그러므로 이렇게 절제하는 것을 절문(節文)이라고 한다.

상중에 윗옷을 벗어 어깨를 드러내고 갓을 벗어던지고 머리털을 삼으로 묶는 것은 형모(形貌)를 변하는 것이고, 슬퍼한 나머지 성내고 원망하는 것은 애통한 심정의 변한 형태이다. 상중에 평상시의 꾸밈을 없애는 것은 아름다움을 없애는 것이다. 아름다운 것을 꾸민 것을 버리는 것에는 여러 가지가 있다. 그러나 그 중에서도 옷을 벗어 어깨를 드러내고 갓을 벗고 머리털을 삼으로 묶는 것은 꾸미는 일 중에서도 가장 심한 것이다. 그렇다면 거상중(居喪中)에는 항상 옷을 벗고 어깨를 드러내야 할 것인데 옷을 입는 때도 있는 것이다. 그것은 대체로 슬픔이 심할 때에는 옷을 벗고, 슬픔이 가벼워지면 옷을 입는 것이다. 그것이 슬픔을 절제하는 예의제도라는 것이다.

엽관(厭冠)과 마질(麻絰)의 차림으로 있는 것이 거상중의 예이다. 그러나 장례를 거행하게 되면 어버이의 유체(遺體)가 땅속에 의탁하게 된다. 그러므로 마땅히 예의와 공경하는 마음으로 토지의 신에게 접해야 하겠다. 그렇다면 상중의 순흉(純凶)한 관(冠)·복(服)으로 신을 대할 수는 없는 것이다. 이에 변관(弁冠)으로써 상관(喪冠)을 대신하고, 칡으로써 삼[麻]을 대신하여 소변(素弁)과 질갈(絰葛)의 차림으로 장례를 거행하게 하는 것이다. 그것은 신에게 공경하는 마음을 보이는 것이다. 그러기에 은나라 사람들은 은관(殷冠)인 후(冔) 차림으로 장례를 거행하였고, 주(周)나라 사람들은 주관(周冠), 즉 변관(弁冠) 차림으로 장례를 거행한 것이라고 한다.

[대부의 집에서 친상을 당하고 3일째 되는 날 처음으로] 죽을 마시고 있을 때에 상주와 주부(主婦)와 실로(室老)에 대해서는 그들이 죽을 마시고 있기 때문에 병들 우려가 있으므로 임금이 밥을 먹으라고 명령하는 것이다.

이미 매장하고 돌아와서 조묘(祖廟)의 마루에 올라가 곡하는 것은 평소에 제사와 관혼(冠婚)의 예를 행하던 곳에 돌아오는 것이고, 주부(主婦)가 조묘의 실(室)에 들어가는 것은 평소에 어버이에게 음식을 공궤하여 봉양하던 곳에 돌아오는 것이다.

반곡(反哭)에 조상하는 것은 상주의 애통이 지극할 때이기 때문이다. 매장을 마치고 돌아오니, "어버이는 없구나. 이제 두 번 다시 뵈올 수 없구나."하는 슬픔이 이때에 가장 심한 것이다. 은(殷)나라의 예에는 이미 봉분(封墳)을 마치면 조상하고, 주(周)나라에서는 반곡(反哭) 때에 조상한다. 공자가 말하기를, "은나라의 예는 이미 질각(質慤)하다. 나는 주(周)나라의 제도에 따르겠다."라고 하였다.

[原文]　歠이어든, 主人·主婦·室老를, 爲其病也하여, 君이 命食之也니라.

(철 주인·주부·실로 위기병야 군 명식지야)

反哭升堂은, 反諸其所作也요. 主婦入于室은, 反諸其所養也라.

(반곡승당 반저기소작야 주부입우실 반저기소양야)

反哭之弔也는, 哀之至也라. 反而亡焉이라, 失之矣니, 於是에 爲甚하니라. 殷은 旣封而弔하고, 周는 反哭而弔하니, 孔子이 曰, 殷은 已慤하니, 吾從周하리라.

(반곡지조야 애지지야 반이무언 실지의 어시

위심 은 기봉이조 주 반곡이조 공자 왈

은 이각 오종주)

[註解]　○歠(철)—미음이나 죽을 마시는 것. ○主人(주인)—상주. ○主婦(주부)—죽은 사람의 아내. 죽은 사람의 아내가 없으면 상주의 아내. ○室老(실로)—가신(家臣)의 우두머리. ○爲其病也(위기병야)—그들이 병날 것을 근심한다는 뜻. ○君命食之(군명식지)—임금이 밥을 먹으라고 명령하는 것. ○反哭(반곡)—장사(매장)지내고 돌아와 가묘(家廟)에서 곡하는 것. ○升堂(승당)—마루에 올라가는 것. 여기서의 마루는 가묘(家廟)의

마루를 말한 것. ㅇ反諸其所作(반저기소작)—평소에 예의 행사를 하던 사당의 마루에 돌아온다는 말. ㅇ入于室(입우실)—여기에서 실(室)이라고 한 것은 가묘(家廟)의 실(室)을 가리킨 것이다. ㅇ反諸其所養(반저기소양)—평소에 그를 봉양하던 곳에 돌아온다는 뜻이다. ㅇ反哭之弔也(반곡지조야) 哀之至也(애지지야)—반곡 때에 조상하는 것은 상주의 슬픔이 그때가 가장 지극한 때이기 때문이란 말. ㅇ反而亡焉(반이무언)—장례에서 돌아오니 어버이는 없더라는 뜻. ㅇ殷旣封而弔(은기봉이조)—봉(封)은 폄(窆)의 잘못이라고 하며 하관을 마치면 조상한다는 주는 잘못임. (김성원설) ㅇ周反哭而弔(주반곡이조)—주나라의 예에는 상주가 장례를 끝내고 돌아와 반곡(反哭)할 때를 기다려 집에 가서 조상한다는 뜻. ㅇ殷已慤(은이각)—은나라의 예는 꾸밈이 없이 수수하다는 말.

[解說] 친상(親喪)을 당하여 미음이나 죽을 먹고 있을 때에 죽은 사람의 아들과 주부(主婦)와 가신(家臣)의 우두머리가 죽을 마시면 병이 날 염려가 있기 때문에 임금은 그들에게 밥을 먹으라고 명령한다는 것이다. 그 세 사람들은 모두 대부 집의 귀한 사람들이기 때문이다. 그러므로 사(士)의 상(喪)인 경우에는 그러한 명령을 하지 않는다고 한다. 반곡(反哭) 때 조객이 서계(西階)로부터 올라오면 상주는 절하고 머리를 조아린다. 어버이를 잃었구나, 이제 두 번 다시 뵈올 수 없구나 하는 슬픔이 이때에 가장 극심한 것이다. 조객이 조상을 마치고 나가면 상주는 문밖까지 나가서 보내드리고, 빈소를 설치했던 정침(正寢)의 마루로 가는 것이라고 한다.

조문(弔問)이란 남의 슬픔을 조상 위문하는 것이다. 은나라에서는 장례에서 하관(下棺)을 마치고 나면 곧 묘소에서 조상한다. 그러나 주나라에서는 장례를 마치고 집에 가서 반곡(反哭)하는 때 조상한다. 묘소에서보다 반곡할 때의 슬픔이 가장 극심한 것이다. 그래서 공자는 주나라의 예에 따르겠다고 하였던 것이다.

유체(遺體)는 집보다도 북쪽 땅에 머리를 북쪽으로 두고 매장하는 것이 하(夏)·은(殷)·주(周) 3대에서 통용되던 예이다. 그윽하고 어두운 곳으로 가기 때문인 것이다.

이미 하관(下棺)을 마치면 상주가 묘역(墓域)에서 폐백을 사자(死者)에게 드린다. 이때에 축(祝)이 먼저 돌아와서 우제(虞祭)의 시동씨(尸童氏)를 모신다. 이윽고 상주가 돌아와서 반곡(反哭)이 끝나면 상주는 유사(有司)와 함께 우제에 쓸 희생을 살펴본다. 한편 다른 유사는 묘소에 남아서 궤연(几筵)을 무덤의 왼쪽에 깔고 지신(地神)에 제사드린 후 그 제찬(祭饌)을 거기에 놓아둔다. 그리고 돌아와서 그날 중으로 우제를 거행한다. 장사지낸 그날에 우제를 지내는 것은 신으로 하여금 차마 하루라도 돌아갈 곳이 없게 할 수 없기 때문이다. 이날 우제로써 상전(喪奠)을 대체한다. 졸곡은 길제(吉祭)로 이때의 축문에는 성사(成事)라고 한다.

이날 길제로써 상제(喪祭)를 대체(代替)한다. 그리고 다음날 조부에게 부사(祔祀)한다. [어떤 사고로 인하여 상례(常禮)를] 변역(變易)하여 [속장(速葬)·속우(速虞)한 뒤에] 길제를 기다리게 된 경우, 부제(祔祭)에 이르기까지에는 [많은 날짜가 남아 있다. 그 사이에 강일(剛日)을 만나면 그 강일마다] 계속해서 제사를 거행한다. [그리하여 부사에 이른 뒤에 그친다] 그것은 어버이의 혼령으로 하여금 차마 하루라도 돌아갈 곳이 없게 할 수 없기 때문이다. 은(殷)나라에서는 연사(練祀)를 지낸 뒤에 부사(祔祀)를 지냈고, 주(周)나라에서는 졸곡(卒哭)을 지내면 부사를 지냈다. 공자는 은나라의 제도를 좋다고 하였다.

[原文] 葬於北方에 北首는, 三代之達禮也니, 之幽之故也라.
  (장어북방 북수 삼대지달례야 지유지고야)

旣封하고, 主人이 贈이어든, 而祝이 宿虞尸니라. 旣反哭하고, 主人이 與有司로 視虞牲이니, 有司以几筵으로 舍奠於墓左하고, 反커든 日中而虞니라. 葬日에 虞는, 弗忍一日을 離也라. 是日也

에, **以虞易奠**이니, **卒哭曰成事**라 하나니라.

　　(기봉 주인 증 이축 숙우시 기반곡

　　주인 여유사 시우생 유사이궤연 사전어묘좌

　　반 일중이우 장일 우 불인일일 이야 시일야

　　이우역전 졸곡왈성사)

　　是日也에, **以吉祭**로 **易喪祭**니, **明日**에 **祔于祖父**니라. **其變而
之吉祭也**는, **比至於祔**에, **必於是日也**에 **接**이니, **不忍一日**을 **末
有所歸也**니라. **殷**은 **練而祔**하고, **周**는 **卒哭而祔**하니, **孔子**이 **善
殷**하시니라.

　　(시일야 이길제 역상제 명일 부우조부 기변이

　　지길제야 비지어부 필어시일야 접 불인일일 말

　　유소귀야 은 연이부 주 졸곡이부 공자 선은)

[註解]　ㅇ葬於北方(장어북방)―고장의 북쪽에 장사지낸다는 말.　ㅇ北首
(북수)―시체의 머리를 북쪽으로 향하게 하는 것.　ㅇ三代之達禮(삼대지달
례)―하(夏)·은(殷)·주(周) 3대에서 통용한 예.　ㅇ之幽之故(지유지고)―
그윽한 곳으로 가기 때문이라는 말.　ㅇ主人贈(주인증)―장지에서 하관을
마친 뒤 상주는 묘역에서 국군으로부터 받은 현훈(玄纁)을 드린다.　ㅇ祝
(축)―제주를 도와 신을 궤향(饋饗)하는 자.　ㅇ宿虞尸(숙우시)―우제(虞
祭)의 시동씨(尸童氏)를 모시는 것.　ㅇ視虞牲(시우생)―우제(虞祭)에 쓸
희생. 우제의 희생은 특시(特豕), 즉 한 마리의 돼지이다.　ㅇ几筵(궤연)―
궤(几)는 신이 의지하는 책상이고, 연(筵)은 신이 앉을 자리.　ㅇ舍奠於墓
左(사전어묘좌)―하관(下棺)을 마친 뒤 묘소에 궤연(几筵)을 마련하고,
제물을 갖추어 지신(地神)에게 드리게 하는 것. 그리고 제물은 거기에 두
어둔다.　ㅇ反日中而虞(반일중이우)―지신제(地神祭)를 마치고 집사가 돌
아오면 정오의 시간에 우제(虞祭)를 거행한다는 말.　ㅇ葬日虞(장일우)―
장사지낸 날 우제를 거행한다는 말. 우(虞)는 안(安)과 같은 뜻이므로 신
을 안정시키는 제사이다.　ㅇ弗忍一日(불인일일) 離也(이야)―부모의 신령
으로 하여금 차마 하루라도 돌아갈 곳 없이 유리(流離)하게 할 수 없다

는 말. 즉 장사지낸 날 바로 우제를 거행하여 신을 안정시키는 것. ○以
虞易奠(이우역전)−우제(虞祭)에서부터 상전(喪奠)을 제(祭)로 바꾼다는
말. ○卒哭(졸곡)−삼우(三虞) 뒤에 거행하는 제사의 이름. 졸곡(卒哭)은
곡을 마친다는 뜻이며, 졸곡이 되면 상주가 무시곡(無時哭)을 마치고 조
석곡(朝夕哭)만 한다. 사(士)는 어버이가 죽은 뒤 석달만에 장사지내고
그 달에 졸곡을 지낸다. 대부는 석달에 장사지내고 다섯달에 졸곡한다.
제후는 다섯달에 장사지내고 일곱달에 졸곡한다. 졸곡은 우제를 마친 후
정일(丁日)이나 해일(亥日)을 가려서 거행한다. ○成事(성사)−사(事)는
제(祭)라는 뜻. 여기서는 길제(吉祭)를 뜻한다. ○是日也(시일야)−이날이
란 말. 여기에서 이날이라고 한 것은 졸곡날을 가리켜 한 말. ○吉祭(길
제)−졸곡의 제사. ○喪祭(상제)−우제(虞祭)를 말한 것. ○祔于祖父(부
우조부)−길제(吉祭)에서 부사(祔祀)하는 것. 부제(祔祭)는 그의 조부에
게 마땅히 다른 사당으로 옮겨야 하겠다는 것을 고하고, 신사자(新死者)
에게는 마땅히 이 사당에 들어와야 한다는 것을 고하는 것이다. ○其變而
之吉祭(기변이지길제)−어떤 사고로 예를 변역(變易)하여 정상을 벗어나
서 빨리 장사하고 빨리 우제를 거행하였을 경우에는 우제 뒤의 졸곡 부
사(祔祀)에 이르기까지의 예는 어떻게 할 것인가 하는 경우를 말한 것.
○必於是日也接(필어시일야접)−잇달아 제사를 거행하는 것. 장사와 우제
를 소정 날짜보다 빨리 끝냈을 경우, 길제(吉祭)까지 어버이의 영혼이 갈
곳이 없게 할 수 없다. 그래서 우제 후 부사(祔祀)에 이르기까지의 사이
에 강일(剛日)을 만나면 매 강일마다 잇달아 제사를 거행한다. ○末有所
歸(말유소귀)−돌아갈 곳이 없다는 뜻. 말(末)은 무(無)와 같은 뜻이다.

解說 사당에서는 조상을 귀신으로 대우하며 향사한다. 공자가 은나
라에서 연사(練祀)한 후에 부사한 제도를 좋다고 말한 것은 아들이
어버이를 귀신으로 대우하는 일을 급히 하려고 하지 않았기 때문이다.

임금이 신하의 상에 임할 때에는 무축(巫祝)으로써 복숭아 나뭇가
지와 갈대 이삭의 비를 갖게 하고, 창을 잡게 하여 부정과 악귀를 쫓
는다. 이리하여 죽은 자와 산 자와의 취급을 달리하는 것이다. 상장

(喪章)은 죽음에 관한 도(道)이며, 선왕도 그것을 말하기를 회피하였던 것이다.

상(喪)에서 장차 장지로 떠나려고 할 때 영구를 받들고 조묘(祖廟)에 가서 뵙는 것은, 죽은 자의 효심에 순응한 것이니, 그가 자기의 거처하던 곳을 떠나가는 것을 슬퍼하는 것이다. 그러므로 조고(祖考)의 사당에 이르렀다가 그런 뒤에 가는 것이다. 은(殷)나라의 예에서는 유체가 조묘(祖廟)에 참배하는 예를 끝내고 잠시 이곳에 빈소를 설치한다. 주(周)나라의 예에서는 매장할 즈음에 이르러, 이에 앞서 조묘에 참배하는 것이다.

공자가 말하기를, "명기(明器)를 만든 자는 상례(喪禮)의 도(道)를 아는 자이다. 기물은 갖추어졌으나 실용적이 못된다. 슬프구나, 죽은 자가 산 사람의 기물을 사용한다는 것은 사람을 순장(殉葬)하는 것과 비슷하지 않은가."라고 하였다. 원래 명기(明器)라는 것은 신명의 도(道)로써 대우하는 것이다. 도거(塗車)와 추령(芻靈)은 예로부터 있었던 것으로 말하자면 명기이다. 공자는 "추령을 만든 자를 어질다고 하고, 나무 인형을 만든 자를 어질지 않다 하시며 마치 산 사람을 사용하고 있는 것 같지 않은가."라고 하였다.

原文 君臨臣喪에, 以巫祝으로 桃茢執戈는, 惡之也니, 所以異
於生也라. 喪有死之道焉하니, 先王之所難言也라.
　　(군림신상 이무축 도열집과 오지야 소이이
　　어생야 상유사지도언 선왕지소난언야)

喪之朝也는, 順死者之孝心也니, 其哀離其室也라. 故로 至於
祖考之廟而后에 行하나니, 殷은 朝而殯於祖하고, 周는 朝而遂
葬하나니라.
　　(상지조야 순사자지효심야 기애리기실야 고 지어
　　조고지묘이후 행 은 조이빈어조 주 조이수장)

孔子이 謂, 爲明器者는, 知喪道矣니, 備物而不可用也니라.
哀哉라, 死者而用生者之器也여. 不殆於用殉乎哉아. 其曰明器
는, 神明之也라. 塗車芻靈이, 自古有之하니, 明器之道也라. 孔
子이 謂爲芻靈者를 善이라 하시고, 謂爲俑者를 不仁이라 하시며,
不殆於用人乎哉아 하시다.

(공자 위 위명기자 지상도의 비물이불가용야
애재 사자이용생자지기야 불태어용순호재 기왈명기
신명지야 도거추령 자고유지 명기지도야 공
자 위위추령자 선 위위용자 불인
불태어용인호재)

註解 ○巫祝(무축)−무당. ○桃茢(도열)−복숭아 나뭇가지와 갈대 이삭
으로 만든 비. 흉하고 사악한 기운을 쓸어버린다는 뜻. ○惡之也(오지야)−
싫어하는 것, 미워하는 것. 여기서는 귀기(鬼氣)를 싫어한다는 말. ○喪有
死之道(상유사지도)−상례(喪禮)에는 죽음을 싫어하는 도(道)가 있다는
말. ○先王之所難言(선왕지소난언)−선왕(先王)들이 차마 명백하게 드러
내 말하지 못한다는 뜻. ○喪之朝也(상지조야)−상(喪)에서 죽은 사람의
널을 받들고, 조묘(祖廟)에 가서 뵙는 것. ○順死者之孝心(순사자지효심)−
죽은 사람의 효심에 순응한 것. ○其哀離其室也(기애리기실야)−죽은 자
의 마음이 평소 거처하던 곳을 떠나 황천으로 영원히 돌아가는 것을 슬
퍼할 것이라는 말. ○殷朝而殯於祖(은조이빈어조)−은나라에서는 대렴한
뒤 즉시 관을 받들어 조묘에 뵙고 드디어 조묘에 빈소를 설치했다는 말.
○周朝而遂葬(주조이수장)−주(周)나라에서는 정침(正寢)에 빈소를 설치
했다가 장사지낼 즈음에 조묘(祖廟)에 뵙게 하고 즉시 장사지냈다는 뜻.
○明器(명기)−귀기(鬼器). ○知喪道(지상도)−상(喪)에 대처하는 도리를
안다는 말. ○備物而不可用(비물이불가용)−갖춘 기물이 사람은 쓸 수 없
도록 만들어졌다는 뜻. ○死者而用生者之器(사자이용생자지기)−죽은 자
가 산 사람의 기물을 사용한다는 뜻. 이것은 은나라 사람들이 제기를 사
용하여 종장(從葬)하는 제도를 말한 것이다. ○不殆於用殉乎哉(불태어용

순호재)−순장(殉葬)에 거의 가깝지 않은가 하고 말한 뜻. ㅇ神明之(신명지)−신명(神明)의 도(道)로 대우한다는 뜻. ㅇ塗車(도거)−진흙을 빚어서 만든 수레의 형상을 본뜬 기물. 죽은 자의 무덤에 함께 묻어서 죽은 사람을 종위(從衛)한다는 기물. ㅇ芻靈(추령)−풀을 묶어서 사람의 형상으로 만든 것. 죽은 사람의 무덤에 함께 묻어 죽은 자를 종위(從衛)하게 한다는 것. 명기(明器)의 일종. ㅇ謂爲俑者不仁(위위용자불인)−나무인형을 만들어 종장(從葬)하게 한 사람을 어질지 못하다고 한 말. 용(俑)은 나무를 깎아 만든 인형으로 얼굴·눈·코가 있고 기계 장치로 움직이고 뛸 수 있게 만들어졌다. ㅇ不殆於用人乎哉(불태어용인호재)−거의 사람을 순장(殉葬)하는 일에 가깝지 않은가라고 한 말.

解說 이 절에는 공자가 역대의 종장(從葬)제도에 대하여 논평한 것이다. 하(夏)나라 때의 명기(明器) 사용을 칭찬하였고, 은나라의 명기 사용도 칭찬하였으며, 주나라의 제기 사용을 개탄하였다. 그것은 순장(殉葬)에 가깝기 때문이다. 옛날부터 사용해 오는 도거(塗車)·추령(芻靈)은 좋다고 말하고, 나무인형을 사용한 것을 미워하였다. 나무인형은 너무나 사람의 형상을 닮았기 때문이다. 그것은 말류(末流)에 이르러 정말로 산 사람을 순장시키는 자가 생길 것을 근심하였기 때문이다. 그래서 최초로 나무인형을 만들어 종장(從葬)하게 한 자는 어질지 못하다고 비난한 것이다. 이러한 공자의 근심이 과연 적중하여 순장제도가 생겼으며 그에 관한 비극은 우리가 잘 알고 있는 바이다. 공자는 그 조짐을 보고 장래의 근심을 미리 걱정하였던 것이다.

노나라의 목공(穆公)이 자사(子思)에게 물었다. "옛 임금을 위하여 〔외국에 나가 있던 신하가〕 돌아와 복(服)을 입는 것이 옛날의 예법입니까?" 자사가 대답하기를, "옛날의 군주는 사람을 등용할 때 예로써 맞아들였고, 사퇴시킬 때에도 예로써 하였기 때문에 스스로 옛 임금을 위해 돌아와서 복을 입는 예도 있었습니다. 그러나 지금의 군주는 사람을 등용할 때에는 마치 무릎이라도 마주 대듯이 환영하고, 쫓아낼 때에는 마치 깊은 연못에라도 떨어뜨리다시피 합니다. 물러난 신하가 구란(寇亂)의 괴수가 되지 않은 것만도 착한 일이 아닙니까? 그러한데 어찌 돌아와 옛 임금의 복을 입게 하는 예가 있을 수 있겠습니까.”라고 하였다.

노(魯)나라 도공(悼公)의 상(喪) 때 계소자(季昭子)가 맹경자(孟敬子)에게 묻기를, “임금의 상중(喪中)에는 무엇을 먹어야 합니까?”라고 하였다. 경자(敬子)가 말하였다. “죽을 먹는 것이 천하의 통례일 것이오. 그러나 우리 중손(仲孫)·숙손(叔孫)·계손(季孫)의 세 집은 공실(公室)에 있어서 신하의 예로써 임금을 충실히 섬기지 못한 것을 사방에서 모르는 사람이 없소이다. 억지로 애써서 죽을 먹고 몸을 파리하게 만드는 것을 나는 능히 할 수 있으나 사람으로 하여금 본의 아니게 몸을 파리하게 해가지고 있는 것이 아닌가하고 의심하게 되지 않겠소. 그러니 나는 밥을 먹겠소이다.”

[原文] 穆公이 問於子思曰, 爲舊君하여 反服이 古與아. 子思이 曰, 古之君子는, 進人以禮하고, 退人以禮라. 故로 有舊君反服之禮也니라. 今之君子는, 進人하되 若將加諸膝하고, 退人하되 若將墜諸淵하나니, 毋爲戎首라도, 不亦善乎아. 又何反服之禮之 有리이꼬.

  (목공 문어자사왈 위구군 반복 고여 자사
  왈 고지군자 진인이례 퇴인이례 고 유구군반복
  지례야 금지군자 진인 약장가저슬 퇴인
  약장추저연 무위융수 불역선호 우하반복지례지유)

悼公之喪에, 季昭子이 問於孟敬子曰, 爲君何食고. 敬子이 曰, 食粥이 天下之達禮也어니와, 吾三臣者之不能居公室也는, 四方이 莫不聞矣니, 勉而爲瘠을, 則吾能이어니와, 毋乃使人으로 疑夫不以情으로 居瘠者乎哉아. 我則食食하리라.

(도공지상 계소자 문어맹경자왈 위군하식 경자
왈 식죽 천하지달례야 오삼신자지불능거공실야
사방 막불문의 면이위척 즉오능 무내사인
의부불이정 거척자호재 아즉식사)

[註解] ○穆公(목공)—노나라의 임금. 아버지는 원공(元公), 조부는 도공
(悼公), 증조부는 애공(哀公)이다. ○爲舊君反服古與(위구군반복고여)—
구군(舊君)을 위해 국외로 추방된 신하가 귀국해 복을 입는 것이 옛 제
도입니까. 지금 그 제도를 다시 쓰면 어떻겠습니까하고 묻는 말. ○君子
(군자)—여기서는 임금이란 뜻으로 쓰이고 있다. ○若將加諸膝(약장가저
슬)—마치 무릎이라도 마주 대듯이 환영한다는 뜻. ○若將墜諸淵(약장추
저연)—깊은 연못에 떨어뜨리기라도 하듯이 한다는 뜻. ○戎首(융수)—적
군의 괴수가 되어 가지고 와서 치는 자. 구란(寇亂)의 괴수. ○悼公(도공)—
노나라 애공(哀公)의 아들. ○昭子(소자)—강자(康子)의 아들. 이름은 강
(强)이다. ○敬子(경자)—무백(武伯)의 아들. 이름은 첩(捷)이다. ○爲君
何食(위군하식)—도공(悼公)의 상(喪)에 우리들은 어떤 음식을 먹어야 합
니까하고 물은 것. ○吾三臣者(오삼신자)—우리 셋의 신하(臣下)된 자,
즉 중손(仲孫)·숙손(叔孫)·계손(季孫)의 세 집. ○不能居公室(불능거공실)—
조정에 있지 못했다는 뜻. 즉 신하된 도리로 임금을 섬기지 못했다는 말.
○勉而爲瘠則吾能(면이위척즉오능)—억지로 애써 몸을 파리하게 하려면
내 능히 그렇게 할 수 있다는 말. ○不以情居瘠(불이정거척)—본의가 아
니면서 몸을 파리하게 하고 있다는 말. ○我則食食(아즉식사)—나는 밥을
먹겠다고 한 말.

[解說] 목공의 물음을 계기로 해서 구군(舊君)을 위해 복을 입지 않
는다는 것을 그 이유를 들어 설명하고 있다. 구군에 대한 복제를 보면
〈상복재최삼월장(喪服齊衰三月章)〉에는 다음과 같이 설명하고 있다.
옛 임금을 위한 복제에 대하여 세 가지가 있다. 첫째, 옛 임금과 임금
의 어머니와 처(妻)를 위해서는 늙거나 폐질 때문에 치사(致仕)한 자
는 임금과 그 어머니·아내의 복을 입는다. 둘째, 그의 아내〔신하의

아내]와 맏아들만이 옛 임금의 복을 입는다. 이 경우는 대부는 추방되어 국외에 있고, 장자는 출국하지 않았으며, 아내는 비록 출국했더라도 본국을 왕래하고 있는 경우이다. 셋째, 옛 임금을 위하여 복을 입는다. 이 경우는 대부가 추방의 명령을 기다리면서 아직 나라를 떠나지 않은 자이다. 그러니 이미 벼슬을 버리고 타국에 나가서 옛 임금과는 군신의 의(義)가 끊어진 자는 복(服)이 없는 것이다.

계소자(季昭子)와 맹경자(孟敬子)의 문답에 대하여 응씨(應氏)라는 사람은 다음과 같이 논평하고 있다. "계소자가 물은 것은 군자가 허물을 바로잡아 고치려는 마음이 있다. 그러나 맹경자의 대답은 그야말로 소인(小人)으로 기탄함이 없는 자라고 하겠다. 임금이 생존한 때에 다하지 못하고 상을 당하여 또 예를 다하지 않는 것은 잘못이다. 공자는 말씀하기를, '상사(喪事)에는 감히 애써 예를 지키지 않을 수 없다.'라고 하였다. 예에는 '소상에 거친 밥을 먹는다.'라고 되어 있다."

위(衛)나라의 사도경자(司徒敬子)가 죽어 자하(子夏)가 조상하러 가니, 상주는 아직 소렴도 끝내지 못하고 있었다. 이때 자하는 질(絰) 차림으로 갔다. 자유(子游)가 조상하였다. 주인이 이미 소렴하였으므로 자유가 나와서 질(絰) 차림을 하고 다시 들어가 곡하였다. 자하가 말하기를, "그렇게 해야 한다는 것을 들은 일이 있는가?"라고 하자, 자유가 말하였다. "부자(夫子)에게서 들으니 주인이 옷을 고쳐 입기 전에는 조객이 질(絰) 차림을 하지 않는다고 하였다."

증자(曾子)가 말하기를, "안자(晏子)는 예를 안다고 할 수 있구나, 공경함이 있으니."라고 하였다. 유약(有若)이 말하기를, "안자(晏子)는 한 여우 갖옷을 30년 입었으며, 견거(遣車)는 1승(乘)이었고 매장을 마치자 곧 돌아왔다. 국군은 생체(牲體) 7포(包)와 견거가 7승(乘)이고, 대부는 생체 5포와 견거가 5승이라야 한다. 그러니 안자를 어찌 예를 안다고 하겠는가."라고 하였다. 증자가 말하였다. "나라에 도(道)가 없으면 군자는 완비한 예를 행하는 것을 부끄럽게 여기는 것이니,

나라가 사치하면 검소한 것을 보이고, 나라가 검소하면 예를 갖추어 행하는 일을 보여야 하는 것이다."

原文 衛에 司徒敬子이 死커늘, 子夏이 弔焉하되, 主人이 未小斂이어늘, 絰而往하고, 子游이 弔焉하되, 主人이 旣小斂이어늘, 子游이 出絰하여 反哭하니, 子夏이 曰, 聞之也與아. 曰, 聞諸夫子하니, 主人이 未改服이어든, 則不絰이라 하시더라.

　　(위 사도경자 사 자하 조언 주인 미소
　　렴 질이왕 자유 조언 주인 기소렴
　　자유 출질 반곡 자하 왈 문지야여 왈 문저부
　　자 주인 미개복 즉부질)

曾子이 曰, 晏子는 可謂知禮也已니, 恭敬之有焉이로다. 有若이 曰, 晏子는 一狐裘를 三十年하며, 遣車一乘이며, 及墓而反하니라. 國君은 七个와, 遣車七乘이오, 大夫는 五个와, 遣車五乘이니, 晏子이 焉知禮리오. 曾子이 曰, 國이 無道어든, 君子는 恥盈禮焉하나니, 國奢어든, 則示之以儉하고, 國儉이어든, 則示之以禮니라.

　　(증자 왈 안자 가위지례야이 공경지유언 유약
　　왈 안자 일호구 삼십년 견거일승 급묘이반
　　국군 칠개 견거칠승 대부 오개 견거오승
　　안자 언지례 증자 왈 국 무도 군자 치영
　　례언 국사 즉시지이검 국검 즉시지이례)

註解 ㅇ晏子一狐裘三十年(안자일호구삼십년)－안자(晏子)가　호구〔여우 갖옷〕한 벌로 30년을 입었으니 검소함이 지나쳐서 남에게 대하여 실례가 된다는 것을 말한 것. 안자는 제(齊)나라의 대부. ㅇ遣車(견거)－영구를 장지(葬地)로 보낼 때에 생체(牲體)를 실어보내는 수레. ㅇ遣車一乘(견거일승)－안자는 자기 아버지의 장사에 견거 1승만 사용하여 지나치게 검소하기 때문에 예를 지키지 못했다는 말. 안자는 대부이므로 견거 5승

을 사용하는 것이 예제이다. ㅇ及墓而反(급묘이반)－매장(埋葬)하였다는
뜻. ㅇ國君七个(국군칠개) 遣車七乘(견거칠승)－개(个)는 포(包)와 같으
며 영구를 장지로 보낼 때 생(牲)을 잡아 생 한 마리를 셋으로 나눠서 싼
다. 그 싼 것 하나가 1개(个), 즉 1포(包)이다. 포 1개씩을 견거 1승(乘)
에 싣는다. 견거의 수는 천자는 9승, 제후는 7승, 대부는 5승, 천자의 사
(士)는 3승, 제후의 사는 견거가 없다. 그리고 생(牲)은 대부 이상이 태뢰
(太牢), 즉 소를 사용하고, 사(士)는 소뢰, 즉 돼지를 사용하였다. ㅇ盈禮
(영례)－완비한 예. 예제대로 거행한 예절.

解說 상주가 아직 소렴을 거행하지 않았으면 옷을 고쳐 입지 아니
한다. 상주가 개복(改服)하기 전에는 조객이 질대(絰帶)의 차림으로
조상하지 않는 것이 예이다. 자하(子夏)가 질(絰) 차림으로 간 것은
잘못이었다. 자유(子游)도 조상을 갔으나 상주가 소렴을 거행하고 개
복하는 것을 기다려 밖에 나가서 질대 차림으로 다시 들어가 곡하였
으니 이는 예에 맞는 것이다. 증자(曾子)는 안자(晏子)가 항상 공경하
는 태도로 예를 행하는 것을 칭찬하여 안자는 정말 예가 무엇인가를
아는 사람이라고 논평하였다. 예의 근본은 공경이기 때문이다.

  그런데 유약은 안자가 정해진 예제를 어겼으니 그 사람이 어찌 예
를 안다고 하느냐며 반박하였다. 그는 안자가 갖옷을 30년이나 입었
으니 검소함이 지나쳐서 남에게 불쾌감을 주어 예를 어겼으며, 대부의
신분으로 아버지의 장송(葬送)에 견거(遣車) 1승만 사용하여 어버이
의 장례에 정해진 예를 지키지 않았다. 그리고 빈객에 대한 예도 어겼
으니 어찌 예를 안다고 할 수 있겠는가고 반박했던 것이다.

  이에 대해 증자는 이렇게 답하였다. 이때 제나라는 사치스러운 풍
습이 성행하였다. 나라에 도(道)가 행해지지 않는데 예제대로 완비된
예를 행하는 것을 군자는 부끄러워하였다. 나라가 사치하면 군자는 검
소함을 보여서 습속을 고쳐야 하고, 또 너무 지나치게 검소한 습속이
유행하면 군자는 예제대로 예를 행하여 바로잡아야 한다고 하였다. 이
에 엄릉방씨(嚴陵方氏)가 논평하기를, "안자가 제나라의 사치를 미워

하여 검소함을 보이고자 하였다면 자신에 대하여 검소한 것까지는 좋다고 하겠으나 어버이의 일에 지나치게 검소하여 예를 지나치게 한 것은 실례가 지나치다."라고 하며 결과적으로 유약의 설에 동조하고 있다.

제(齊)나라 국소자(國昭子)의 어머니가 죽으니, 소자(昭子)가 자장(子張)에게 물었다. "장례 때 묘지에 도착하면 남자와 여자의 위치는 어떻게 되는 것입니까?" 자장이 대답하였다. "위(衛)나라 사도경자(司徒敬子)의 장례 때에는 부자(夫子 : 공자)가 상주를 도왔습니다만, 묘지에서는 남자는 서향(西向), 여자는 동향(東向)으로 위치를 정했습니다." 그러자 국소자가 말하였다. "아아 그렇게 하지 마십시오." 그리고 또 말하기를, "우리 집안의 방법을 사람들이 모두 주목할 것이므로 그대는 이 일을 맡아 객은 남녀 모두 동향으로 위치를 정하고 가족은 남녀 모두 서향으로 위치를 잡게 하시오." 그리하여 국씨(國氏)의 부인들은 남자들 다음에 위치하여 모두 서향(西向)하였다.

노(魯)나라 목백(穆伯)의 상에는 아내인 경강(敬姜)이 낮에만 곡하고, 문백(文伯)의 상에는 경강은 어머니로서 밤낮으로 곡하니, 공자는 "예를 아는구나."라고 말하였다.

문백〔목백의 아들〕의 상에 경강이 그의 평상에 걸터앉아서 곡하지 않고 말하였다. "평소에 나는 이 아이가 살아있을 때에 나는 그를 어진 사람이라고 생각하여 내 일찍이 공실(公室)에 나아가서 그의 행동을 살펴보지 않았더니, 이제 그가 죽게 되었는데 붕우와 여러 신하들 중에 그를 위해 눈물을 흘리는 사람이 없다. 그리고 내인(內人)들은 모두 울어서 목이 쉬었다. 이것은 이 아들이 평소에 반드시 예를 행하지 않은 일이 많았기 때문일 것이다."

原文 國昭子之母死커늘, 問於子張曰, 葬及墓하여, 男子·婦人이 安位오. 子張이 曰, 司徒敬子之喪에, 夫子이 相하시되, 男

子는 西鄉하고, 婦人은 東鄉하니라. 曰, 噫라, 毋하라. 曰, 我喪
也에 斯沾이니, 爾專之하여, 賓爲賓焉하고, 主爲主焉이라하여늘
婦人이 從男子하여 皆西鄉하니라.

    (국소자지모사 문어자장왈 장급묘 남자·부
    인 안위 자장 왈 사도경자지상 부자 상 남
    자 서향 부인 동향 왈 희 무 왈 아상
    야 사점 이전지 빈위빈언 주위주언
    부인 종남자 개서향)

穆伯之喪에, 敬姜이 晝哭하고, 文伯之喪에, 晝夜哭한데, 孔子
이 曰, 知禮矣라 하시다.

    (목백지상 경강 주곡 문백지상 주야곡 공자
    왈 지례의)

文伯之喪에, 敬姜이 據其牀而不哭하며, 曰, 昔者에 吾有斯子
也하여, 吾以將爲賢人也하여, 吾이 未嘗以就公室하더니, 今에
及其死也하여, 朋友諸臣이, 未有出涕者요, 而內人은 皆行哭失
聲하니, 斯子也이, 必多曠於禮矣夫인저.

    (문백지상 경강 거기상이불곡 왈 석자 오유사자
    야 오이장위현인야 오 미상이취공실 금
    급기사야 붕우제신 미유출체자 이내인 개행곡실
    성 사자야 필다광어예의부)

註解 ○國昭子(국소자)─제(齊)나라 대부의 이름. ○葬及墓(장급묘)─
장사지내기 위해서 묘지에 갔을 때. ○男子(남자)·婦人安位(부인안위)─
남자와 여자가 늘어설 위치를 어디에 정해야 하느냐는 말. ○夫子相(부자
상)─공자가 예사(禮事)를 돕는다는 말. ○男子西鄕(남자서향) 婦人東鄕
(부인동향)─향(鄕)은 향(向)과 같다. 상가(喪家)의 남자들은 서향하여 서
고 부인들은 동향하여 선다는 말. ○曰噫毋(왈희무)─아아, 그렇게 하지
말라고 한 말. 무(毋)＝무(無). ○我喪也斯沾(아상야사점)─내가 상례를

거행하는 것을 사람들은 모두 지켜볼 것이다라고 한 말. 점(沾)=점(覘),
사(斯)=진(盡). ㅇ爾專之(이전지)—그대가 이 일을 전담하라고 한 말. ㅇ賓
爲賓焉(빈위빈언) 主爲主焉(주위주언)—내빈은 내빈끼리 서고, 주인은 주
인끼리 모여 서게 하라는 말. ㅇ穆伯之喪(목백지상) 敬姜晝哭(경강주곡)—목백
의 상에 경강(敬姜)은 낮에만 곡했다는 말. 경강은 목백의 아내. 남편상
에 밤에도 곡하면 밤에 욕정을 생각한다는 혐의를 받기 쉬우므로 낮에만
곡했다는 것이다. ㅇ文伯之喪(문백지상) 晝夜哭(주야곡)—문백(文伯)의
상에 주야로 곡했다는 말. 문백은 경강의 아들이다. ㅇ吾未嘗以就公室(오
미상이취공실)—내 일찍이 공실(公室)에 나가 그의 행동을 살피지 못했다
라고 한 말. 공실은 조정을 말한다. ㅇ內人(내인)—처첩(妻妾). ㅇ行哭失
聲(행곡실성)—너무 슬프게 곡하여 목이 쉬었다는 뜻. ㅇ必多曠於禮矣夫
(필다광어예의부)—평소에 반드시 붕우·빈객에 대하여 예를 소홀하게 하
고 박하게 한 일이 많았던 것이로구나라고 한 말.

解說 국소자의 이러한 일에 엄릉방씨(嚴陵方氏)는 다음과 같이 논
평하였다. 예에 있어서 남녀의 구별은 매우 중요한 문제이다. 그러므
로 사람이 죽은 처음부터 장사에 이르기까지 남자는 서향하여 위치하
고, 여자는 동향하여 위치를 정한다. 그것은 음양(陰陽)의 도리에 따
라서 여자는 서에 있고, 남자는 동에 있는 것이다. 그래서 공자도 일
찍이 그 제도를 따랐다. 그런데 국소자는 한갓 객과 주인과의 구별만
하고, 남녀의 구별이 없으니 그의 실례가 크다고 말하였다. 문백이 죽
었을 때 그의 벗이나 신하들이 눈물을 흘리며 슬피 우는 사람이 없었
다. 그런데 그의 처첩들은 너무 슬프게 울어서 모두 목이 쉬었다. 그
것을 보고 그의 어머니는 탄식한 것이다. 아들이 평소에 붕우(朋友)와
신하들에게 소홀하고 박하게 대하여 예를 잃고 있었음이 틀림없다고
말하였다.

노(魯)나라 계강자(季康子)의 어머니가 죽어서 소렴(小殮)을 할 때,
고인(故人)의 속옷을 벌려 놓았다. 강자(康子)의 종조모(從祖母)인
경강(敬姜)이 말하기를, “부인(婦人)은 몸을 꾸미지 않고는 감히 시

부모에게도 뵙지 못하는 것이다. 지금 곧 사방에서 빈객이 올텐데 속옷을 어찌하여 여기에 벌려 놓았는가.”라고 하며 걷어치우라고 명령하였다.

어느 날 유자(有子)와 자유(子游)가 함께 서서 어린아이가 어버이의 상여 뒤에 따라가며 울부짖는 것을 보고 유자가 자유에게 말하였다. “나는 지금까지 상례(喪禮) 중에 뛰는 일, 즉 용(踊)이란 것이 있는데 무엇 때문에 있는 것인지 몰랐었다. 그래서 나는 그것을 상례에서 제거하려고 생각한 지 오래였다. 이제 저 어린아이의 울부짖으며 몸부림쳐 뛰는 것을 보고 슬퍼하는 정이 이 뛰는 데에 있음이 이러하다는 것을 알았노라.”라고 하였다. 자유가 말하기를, “예는 애통하는 정을 쇠미하게 만드는 것이 있고, 일부러 최질(衰絰) 같은 것을 만들어 슬픈 마음을 흥기시키는 것이 있다. 만약 자기의 심정이 내키는 대로 곧바로 경솔하게 행하는 자가 있다면 그것은 오랑캐의 도(道)이다. 중국의 예도(禮道)는 그렇지가 않다. 원래 사람의 마음은 기쁘면 도연(陶然)해져서 즐거우며, 즐거우면 노래부르고, 노래부르면 몸이 움직이고, 몸이 움직이면 춤추게 되고, 춤추면 마음이 앙양되고, 마음이 앙양되면 이윽고 마음이 아프고, 아프면 탄식하고, 탄식하면 가슴을 두드리게 되고, 가슴을 두드리면 춤춘다는 식으로 변화한다. 그러므로 이를 조절하는 것을 예(禮)라고 한다.”

[原文] 季康子之母死커늘, 陳褻衣한데, 敬姜이 曰, 婦人이 不飾이면, 不敢見舅姑어든, 將有四方之賓이 來로니, 褻衣를 何爲陳於斯오. 命徹之하다.
(계강자지모사 진설의 경강 왈 부인 불식
불감견구고 장유사방지빈 내 설의 하위진
어사 명철지)

有子與子游로 立하여, 見孺子慕者하고, 有子이 謂子游曰, 予

는 壹不知夫喪之踊也하여, 予이 欲去之久矣러니, 情在於斯이, 其是也夫인저. 子游이 曰, 禮有微情者하며, 有以故興物者하니, 有直情而徑行者는, 戎狄之道也니, 禮道則不然하니라. 人이 喜則斯陶하고, 陶면 斯咏하고, 咏이면 斯猶하고, 猶면 斯舞하고, 舞면 斯慍하고, 慍이면 斯戚하고, 戚이면 斯歎하고, 歎이면 斯辟하고, 辟이면 斯踊矣니, 品節斯를, 斯之謂禮니라.

　　(유자여자유 입 견유자모자 유자 위자유왈 여
　　일부지부상지용야 여 욕거지구의 정재어사
　　기시야부 자유 왈 예유미정자 유이고흥물자
　　유직정이경행자 융적지도야 예도즉불연 인 희
　　즉사도 도 사영 영 사요 요 사무 무
　　사온 온 사척 척 사탄 탄 사벽
　　벽 사용의 품절사 사지위례)

[註解]　ㅇ季康子(계강자)-계손비(季孫肥). 경강(敬姜)은 강자의 종조모 (從祖母). ㅇ褻衣(설의)-속옷. ㅇ見孺子慕者(견유자모자)-어린아이가 어버이의 장사 행렬을 따라가며 울부짖는 것을 보았다는 말. 유자(孺者)는 어린아이란 뜻. ㅇ壹不知(일부지)-전혀 몰랐다는 뜻. 일(壹)은 전혀란 뜻. ㅇ情在於斯(정재어사) 其是也夫(기시야부)-애통하는 정이 이에 있다는 것이 바로 이것이로구나라고 한 말. ㅇ禮有微情者(예유미정자)-예에는 슬퍼하는 정을 일부러 감쇄시키는 것이 있다는 뜻. ㅇ有以故興物者(유이고흥물자)-불초한 자가 그 정이 예제에 미치지 못하는 자가 있으므로 일부러 슬픔을 자극하는 물건을 만들어 따라가게 만든 것이라는 말. ㅇ直情而徑行(직정이경행)-곧바로 각자 마음에 내키는 대로 좇아 함부로 제멋대로 경솔하게 행동한다는 뜻. ㅇ戎狄之道(융적지도)-아무런 예의 규범도 없이 각자의 마음대로 행하는 것은 예법이 없는 오랑캐의 도(道)라는 말. ㅇ禮道則不然(예도즉불연)-예도는 슬픈 마음이 지나침도 불급(不及)함도 없이 모두 예의 규범을 지키게 하는 것이라는 말. ㅇ人喜則斯陶(인희즉사도)-사람의 마음이 기쁘면 그 기쁨이 아직 시원하게 트

이기 전에는 가슴이 뭉클하여진다는 말. ㅇ陶斯咏(도사영)—도연(陶然)한 가슴이 차츰 트이면 노래를 부르게 된다는 말. ㅇ咏斯猶(영사요)—요(猶)는 요(搖)의 잘못이라고 한다. 노래를 부르면 몸이 움직인다는 말. ㅇ猶斯舞(요사무)—몸을 흔들면 마침내 춤을 추게 된다는 말. ㅇ舞斯慍(무사온)—춤을 추면 마음이 극도로 앙양된다는 말. ㅇ慍斯戚(온사척)—마음이 앙양되면 마음이 아파진다는 말. ㅇ戚斯歎(척사탄)—마음이 아프면 탄식하게 된다는 말. ㅇ歎斯辟(탄사벽)—탄식하면 가슴이 답답해서 가슴을 두드리게 된다는 말. ㅇ辟斯踊(벽사용)—가슴을 두드리면 더욱 답답해져서 몸부림쳐 뛰게 된다는 말. ㅇ品節斯(품절사)—순서에 따라 차등을 정하여 절제하는 것. ㅇ斯之謂禮(사지위례)—슬픔도 기쁨도 극도에 이르지 않도록 조정하는 것이 예절이라는 말.

<u>解說</u>　계강자(季康子)의 어머니가 죽어서 장차 염(殮)을 하려는데 그의 속옷을 벌려 놓은 것을 보고 경강이 말하였다. "부녀자는 옷매무새를 바르게 꾸미지 않으면 자기의 시부모에게도 뵐 수 없는 법이다. 더군다나 곧 사방에서 빈객들이 몰려들 터인데 속옷을 어째서 여기에 벌려 놓았는가."라고 말하며 걷어치우게 하였다는 것이다.

예에는 지나친 애통의 정을 억제하기 위한 규범이 있다. 예컨대 상(喪)에 있어서 벽용(辟踊)을 일정하게 규제하여 따르게 한 것이 그것이다. 또 예에는 불초한 자의 부족한 심정에서 온 애통함이 일정한 규범에 도달하게 하기 위한 것이 있다. 예컨대 재최복과 수질(首絰)·요질(腰絰) 같은 것을 만들어 그것을 보고 애통하는 심정을 자극시키는 예제도 있다. 그것은 지나침도 부족함도 없이 천하 만인이 모두 지켜 나갈 수 있는 일정한 사회 규범을 만들기 위해서이다. 이러한 것이 예라는 것이다.

이처럼 누구나 지켜야 할 일정한 규범없이 각자의 임의에 내맡김과 같은 것은 단순한 자연발생적인 심정 그대로를 드러내는 그러한 것으로, 그것은 아직 예라는 제도라 할 수 없고 가르침의 교화도 아닌 것이다. 그것은 예의 교화도, 예의 제도도 없는 오랑캐의 도(道)일 뿐이다라고 말한 것이다.

"또 사람이 죽으면 그 시체를 사람들이 꺼려하며, 아무런 능력이 없다고 하여 그를 등지고 멀어져간다. 그래서 유체에 의복을 입히고 누삽(蔞翣)을 만들어서 관(棺)을 꾸며, 사람들로 하여금 죽은 자를 꺼리거나 싫어하지 않도록 한다. 또 죽으면 영전(靈前)에 포해(脯醢)를 드리고 장차 장지로 떠나가려고 할 때에는 생체(牲體)를 싸서 견거(遣車)에 실어 보내며, 이미 장사를 마치면 우제의 제물을 올린다. 그러나 신이 와서 그것을 흠향하는 것을 본 사람은 없다. 그러함에도 상고 때부터 지금에 이르기까지 이러한 일을 폐지하여 거행하지 않는 자는 없다. 이렇게 하는 동안에 보본반시(報本反始)하는 생각이 저절로 일어나게 되어 사람으로 하여금 죽은 자를 배반하지 않게 한다. 그러므로 유자(有子)가 상(喪)의 벽용(辟踊) 절차를 기자(譏刺)하였지만 또한 그것이 예(禮)의 하자(瑕疵)는 아닌 것이다."

原文   人死면, 斯惡之矣하며, 無能也라, 斯倍之矣니라. 是故로 制絞衾하며, 設蔞翣은, 爲使人勿惡也니라. 始死에 脯醢之奠이오. 將行에 遣而行之하고, 旣葬而食之하나니, 未有見其饗之者也언마는, 自上世以來로, 未之有舍也니, 爲使人勿倍也라. 故로 子之所刺於禮者는, 亦非禮之訾也니라.
  (인사 사오지의 무능야 사배지의 시고
   제효금 설루삽 위사인물오야 시사 포해지전
   장행 견이행지 기장이사지 미유견기향지자
   야 자상세이래 미지유사야 위사인물배야 고
   자지소자어례자 역비례지자야)

註解   ㅇ無能也(무능야) 斯倍之(사배지)—사람이 죽으면 세상 사람들이 죽은 자는 아무런 능력이 없다고 하여 그를 배반한다는 말. 배(倍)는 배

(背)와 같으므로 배반한다는 뜻. ○絞衾(효금)—시체를 덮어서 꾸미는 이불. ○蔞翣(누삽)—관(棺)의 장식. 유의(柳衣)와 삽(翣). ○爲使人勿惡也(위사인물오야)—시체를 가려 꾸미고 관을 장식하는 것은, 사람이 꺼려할 만한 것을 볼 수 없게 하여, 사람들이 죽은 자를 꺼려하지 않게 하기 위한 것이라는 말. ○脯醢之奠(포해지전)—사람이 죽으면 처음에는 말린 고기와 절인 고기를 영전에 드린다. ○將行(장행) 遣而行之(견이행지)—장지로 떠나려고 할 때에 생체(牲體)를 견거에 실어 보낸다는 말. ○未有見其饗之者(미유견기향지자)—귀신이 그것을 먹는 것을 본 사람이 없다는 말. ○未之有舍也(미지유사야)—아직까지 그것을 폐지하는 자는 없었다는 말. ○子之所刺於禮者(자지소자어례자)—유자(有子)가 상례중에 벽용(辟踊)하는 것을 나쁘게 생각하여 기자(譏刺)한 것. 자(子)는 유자를 가리킨 말. ○亦非禮之訾也(역비례지자야)—유자가 상례의 벽용을 기자하였으니, 그것은 모두 그렇게 해야 할 까닭이 있는 것으로서 예의 흠이 아니라는 말.

解說 사람들은 죽은 사람을 대하는 것을 싫어한다. 그리고 죽은 사람은 아무런 능력이 없다고 하여 그를 배반한다. 아마 태고 시대의 예가 아직 없을 때에는 그러했을 것이다. 이에 성인은 예를 제작하여 의금(衣衾)으로 시체를 싸서 꾸며 사람이 보지 못하게 하고, 누삽으로 관(棺)을 가려서 보이지 않게 한 것이다. 이것이 상장(喪葬)의 예가 있게 된 최초의 동기일 것이다. 자유는 말하였다. 예제는 사람의 슬퍼하는 심정을 감쇄시켜 어느 한계로 억제시키는 것을 목적으로 한 것이 있고, 또 하나는 슬퍼할 줄 모르는 불초한 자의 심정을 자극하여 슬픈 마음을 흥기시키는 것을 목적으로 한 것이 있다. 그리하여 중용을 지키게 하고, 마음내키는 대로 하지 못하게 규제한 것이 예제이다.

 또 가령 죽은 사람에게 여러 가지 전(奠)과 제(祭)가 있어야 음식물을 드린다. 그러나 사실은 귀신이 와서 흠향하는 것을 본 사람은 아무도 없다. 그렇지만 상고 시대부터 이 제전(祭典)을 폐지하지 않았다. 어떻게 생각하면 이 제전이 무의미한 것처럼 생각될지 모르나, 이러한 제전을 통해서 보본반시(報本反始)의 생각이 생기게 되는 것이다. 그 보본반시의 기풍이 바로 사회를 아름다운 것으로 만드는 교화인 것이다. 그러므로 간단한 생각만으로 예를 비난해서는 안된다고 말한 것이다.

오(吳)나라가 진(陳)나라를 침략하여 사사(祠祀)의 나무를 마구 베고, 역병으로 앓고 있는 사람들을 함부로 죽였다. 그리고 국경 밖으로 후퇴할 때 진나라의 태재비(太宰嚭)가 사자(使者)로서 오나라 군중(軍中)으로 갔다. 오나라의 왕 부차(夫差)는 행인의(行人儀)에게 명하여, "그 사나이는 무언가 좀 알 만한 것 같으니 한 번 물어보아라. '군사를 내보내어 침벌(侵伐)하는 데는 반드시 명분이 있다. 이번에 우리의 군사를 출병(出兵)한 데 대해서 세상 사람들은 무어라고 말하고 있는가.'라고." 〔행인의가 그것을 묻자〕 태재비가 답하였다. "옛날에 남의 나라를 침벌(侵伐)한 자는 사사의 나무를 베지 않으며, 역병으로 앓는 사람들은 죽이지 않았으며, 머리털이 반백(半白)이 된 자는 포로로 하지 않았습니다. 지금 이 군사들은 역병으로 앓는 사람들을 죽였으니 어찌 살려지사(殺厲之師)라 아니할 수 있겠소." 부차는 또 행인의를 시켜 물었다. "진나라의 토지를 돌려주고 진나라에서 잡아온 포로를 돌려보내 준다면 무어라고 부르겠는가?" 태재비가 답하였다. "군왕(君王)께서 폐읍(敝邑)의 죄를 주토(誅討)하시고, 또 불쌍히 여겨 용사(容赦)하신다면 그 출사(出師)를 어찌 명분 없는 침공이라 말할 수 있겠습니까?"

原文 吳侵陳하여, 斬祀殺厲하고, 師還出竟이어늘, 陳大宰嚭이 使於師한데, 夫差이 謂行人儀曰, 是夫也이 多言하니, 盍嘗問焉이리오. 師必有名이니, 人之稱斯師也者이, 則謂之何오. 大宰嚭曰, 古之侵伐者는, 不斬祀하며, 不殺厲하며, 不獲二毛러니, 今斯師也이, 殺厲與인데, 其不謂之殺厲之師與아. 曰, 反爾地하며,

歸爾子하여는, 則謂之何오. 曰, 君王이 討敝邑之罪하시고, 又矜
而赦之하시면, 師與를 有無名乎아.

　　(오침진 참사살려 사선출경 진태재비
　　사어사 부차 위행인의왈 시부야 다언 합상문언
　　사필유명 인지칭사사야자 즉위지하 태재비
　　왈 고지침벌자 불참사 불살려 불획이모 금
　　사사야 살려여 기불위지살려지사여 왈 반이지
　　귀이자 즉위지하 왈 군왕 토폐읍지죄 우긍
　　이사지 사여 유무명호)

[註解]　o斬祀殺厲(참사살려)—참사(斬祀)는 사사(祠祀)의 나무를 베는
것. 살려(殺厲)는 역병으로 앓고 있는 환자를 죽이는 것. o師還出竟(사
선출경)—군사를 돌려 국경 밖으로 나가는 것. o使於師(사어사)—군중
(軍中)에 사자(使者)로 간다는 뜻. o是夫(시부)—이 사람이란 뜻. o多
言(다언)—말을 잘한다는 말. 언변이 능숙하다는 뜻. o盍嘗問焉(합상문
언)—어찌 시험삼아 물어보지 않겠는가라는 말. o師必有名(사필유명)—
출병에는 이름 붙여 내세울 말이 있어야 한다는 말. o不獲二毛(불획이
모)—반백된 사람은 포로로 잡아가지 않는다는 말. 이모(二毛)는 반백(半
白)이란 뜻. o敝邑(폐읍)—자기 나라를 겸칭하는 말. o師與(사여) 有無
名乎(유무명호)—이러한 출사(出師)를 명분없는 출사라고 말할 수 있겠습
니까라고 한 말.

[解說]　노(魯)나라 애공(哀公) 원년에 오나라의 군사가 진나라를 침공
했을 때에 진나라의 행인의가 오나라의 군중에 사자(使者)로 가서 오
나라 임금 부차가 태재비를 시켜 시문(試問)하는 말에 대답을 잘하여
나라를 패망에서 구제하였다는 이야기를 적은 것이다. 원문의 진나라
태재비와 오나라 행인의는, 진나라 행인의와 오나라 태재비로 바뀌어
잘못 기록된 것이라고 한다. 태재나 행인이란 뜻은 모두 벼슬 이름이다.

노(魯)나라의 안정(顔丁)은 부모의 거상(居喪)을 잘하였다. 부모가

죽은 최초에는 갈팡질팡 뛰어다니며 아무리 찾아도 [부모는] 발견되지 않는다는 그러한 양상이었다. 이윽고 빈소를 설치할 단계에 이르러서는 한결같이 [부모의] 자취를 좇아 한눈도 팔지 않으나 그래도 좇지 못하겠다는 그러한 양상이었다. 그리고 장례를 끝내고는 슬퍼하는 모습이 뒤쫓아 따라가다가 미처 따라가지 못하고 집에 되돌아와서는 부모를 기다리는 것 같은 양상이었다.

자장(子張)이 공자에게 물었다. "《서경(書經)》에 이르기를, '은나라의 고종은 3년의 복상중(服喪中)에는 거의 말을 하지 않았으나 어쩌다 말할 때는 신하들이 몹시 기뻐하였다'라고 하였는데 그런 일이 있었습니까?" 중니(仲尼)가 말씀하기를, "어찌 그렇지 않았겠는가. 옛날에는 천자가 붕어하면 왕세자는 3년 동안 총재(冢宰)에게 청정(聽政)하게 하였느니라."라고 하였다.

原文 顏丁이 善居喪이어늘, 始死에, 皇皇焉하여 如有求而弗得하고, 及殯하여는, 望望焉하여 如有從而弗及하고, 旣葬하여는 慨焉하여 如不及하고 其反而息하더라.
  (안정 선거상 시사 황황언 여유구이불
  득 급빈 망망언 여유종이불급 기장
  개언 여불급 기반이식)

子張이 問曰, 書에 云, 高宗이 三年不言이나, 言乃讙이라하니, 有諸니까. 仲尼曰, 胡爲其不然也리오. 古者에 天子崩하면, 王世子이 聽於冢宰를 三年하느니라.
  (자장 문왈 서 운 고종 삼년불언 언내환
  유저 중니왈 호위기불연야 고자 천자붕 왕세
  자 청어총재 삼년)

註解 o顏丁(안정)—사람 이름. 정주(鄭注)에 노(魯)나라 사람이라 되어 있다. 기타는 미상. o皇皇焉(황황언)—불안한 모습을 형용한 것. 허둥

지둥, 갈팡질팡. ㅇ漑焉(개언)—슬퍼하는 모양. ㅇ反而息(반이식)—기다린 다는 뜻. 장사를 지내고 돌아와서는 어버이를 차마 잊지 못하여 돌아올 것처럼 기다린다는 말. 식(息)은 대(待)와 같으므로 기다린다는 뜻. ㅇ言 乃讙(언내환)—어쩌다 말을 하면 좋아한다는 뜻. ㅇ望望焉(망망언)—직진 (直進)하여 한눈팔지 않는 모양을 형용한 것. ㅇ仲尼(중니)—공자의 자 (字). ㅇ王世子(왕세자)—천자의 맏아들을 태자(太子)라 하고, 제후의 맏 아들을 세자(世子)라고 한다. 그러나 여기서는 태자를 왕세자라 일컬었다. ㅇ冢宰(총재)—육관(六官)의 우두머리. 지금의 국무총리. 수상.

解說 옛날에는 왕이 죽어 세자가 상중(喪中)에 있게 되면, 3년 동 안을 총재(冢宰)에게 정사(政事)를 맡겼던 것이다. 이런 일은 오직 상 고의 나라, 즉 일이 없던 단순하고 소박하고 태평하던 시대에만 가능 하였을 것이다. 세상이 복잡해지고 국정(國政)이 다난한 후세에서는 생각할 수 없는 일이다.

진(晉)나라의 지도자(知悼子)가 죽어서 아직 장사를 마치지 못하고 있었는데 진군(晉君) 평공(平公)이 술을 마시니, 사광(師曠)과 이조 (李調)가 모시고 있으면서 주악을 연주하고 있었다. 이때 두궤(杜蕢) 가 밖으로부터 들어와서 주악 소리를 듣고, "음악 소리는 어디서 나 는가?"하고 물으니 궁인(宮人)이 답하기를, "연침(燕寢)에서 납니다." 라고 하였다. 두궤가 연침에 들어가 술을 부어 들고 "광(曠)아, 이것 을 마셔라."라고 하였다. 또 잔에 술을 부어 들고 "조(調)야, 이것을 마셔라."라고 하였다. 그리고 또 다시 술을 부어 들고 마루 위에서 북 향(北向)하여 앉아서 자신이 마시고 계단을 내려와 빠른 걸음으로 나 가려고 하였다. 그러자 평공이 가까이 불러들여 말하였다. "두궤야, 아까는 네가 나에게 무엇인가 일깨워주려는 것으로 생각되어 아무 말 도 하지 않았다. 너는 왜 광에게 벌주를 먹였는고?"

原文 知悼子이 卒하여, 未葬이어늘, 平公이 飮酒하실새, 師

曠·李調侍하여, 鼓鐘이러니, 杜蕢이 自外來하여, 聞鐘聲日, 安
在오. 日, 在寢이니라. 杜蕢이 入寢하여, 歷階而升하여, 酌日, 曠
아 飮斯하라. 又酌日, 調야 飮斯하라. 又酌하여, 堂上에 北面坐
하여 飮之하고, 降하여 趨而出한데, 平公이 呼而進之日, 蕢야,
曩者에 爾心이 或開予라. 是以로 不與爾로 言하니, 爾飮曠은
何也오.

　(지도자 졸 미장 평공 음주 사
　광·이조시 고종 두궤 자외래 문종성왈 안
　재 왈 재침 두궤 입침 역계이승 작왈 광
　음사 우작왈 조 음사 우작 당상 북면좌
　음지 강 추이출 평공 호이진지왈 궤
　낭자 이심 혹개여 시이 불여이 언 이음광 하야)

註解　 ○知悼子(지도자)—진나라의 대부(大夫), 이름은 앵(罃), 도자(悼
子)는 시호(諡號). ○平公(평공)—기원전 6세기 후반기 진(晉)나라의 임
금. 이름은 표(彪). ○師曠(사광)—고대의 저명한 음악가. ○鼓鐘(고종)—
풍악을 연주하는 것. ○寢(침)—당(堂)의 뒤에 있는 거실(居室). ○李調
(이조)—미상. ○呼而進之(호이진지)—불러들인다는 뜻. ○歷階(역계)—계
단을 교대로 발을 떼어 놓아 1단씩 평소의 걸음걸이로 계단을 올라가는
것. 이는 무례한 행동이나 계단을 올바르게 오르는 방법은 1단마다 두 발
을 맞춰 디디며 오르는 것이다. ○飮斯(음사)—벌로써 이것을 먹였다는
말. 벌주(罰酒). ○爾心或開予(이심혹개여)—너의 마음이 혹시나 간(諫)
하는 바 있어서 나를 일깨워줄까 하고 기대했었다라고 한 말.

解說　 이 대목에서는 임금이 대신(大臣)의 상(喪)을 당하면 음악을
연주하고 술을 마시는 일을 하지 못한다는 것을 말한 것이다.

그래서 두궤(杜蕢)는 평공(平公)에게 말하였다. "주(紂)임금이 죽
은 자일(子日)과 걸(桀)임금이 죽은 묘일(卯日)에는 음악을 연주하지

않는 것이 습속입니다. 그런데 지금 지도자(知悼子)의 시체가 빈소에 있으니, 이것은 이대(異代)의 폭군 걸주(桀紂)의 상보다 큰 신하의 죽음입니다. 〔더구나 임금은 경대부의 상을 당하면 장례가 끝날 때까지 고기를 먹지 않으며, 졸곡(卒哭)을 지나지 않으면 주악하지 않는 것입니다. 군(君)께서는 연음(燕飮)하고 작악(作樂)하였습니다.〕 그런데 광(曠)은 태사(太師)의 신분이면서 간언(諫言)하지 않으므로 벌주를 마시게 하였습니다.” “네가 이조(李調)에게 술을 마시게 한 까닭은 무엇이냐?” 두궤가 말하였다. “조(調)는 임금의 측근에서 모시는 신하입니다. 한 번 마시고 한 번 먹는 일만 위하고 임금의 잘못을 잊고 있으므로 벌주를 마시게 한 것입니다.” “네 자신이 마신 것은 무슨 까닭이냐?” “두궤는 재부(宰夫)일 따름입니다. 도비(刀匕)를 공급하는 직사(職事)는 하지 않고 감히 간쟁(諫爭)하여 임금의 잘못을 방지하는 일에 참여했습니다. 그래서 벌주를 마신 것입니다.” 평공(平公)이 말하였다. “과인도 또한 허물이 있으니 술을 부어서 과인에게 마시게 하라.” 두궤가 잔을 씻은 뒤에 잔을 들어 올리니 공(公)이 시자(侍者)에게 말하였다. “만약 내가 죽은 뒤에라도 반드시 이 잔을 버리지 말아라.” 이리하여 지금에 이르기까지 진(晉)나라에서는 연례(燕禮)를 마칠 때는 반드시 이 벌주 잔을 들며 ‘두거(杜擧)’라고 한다는 것이다.

原文 曰, 子卯엔 不樂이니, 知悼子이 在堂하니, 斯其爲子卯也에 大矣어늘, 曠也는 大師也로되, 不以詔할새, 是以로 飮之也호이다. 爾이 飮調는 何也오. 曰, 調也는, 君之褻臣也니, 爲一飮一食하여, 忘君之疾할새, 是以로 飮之也호이다. 爾이 飮은 何也오. 曰, 蕢也는 宰夫也로되, 非刀匕를 是共하고, 又敢與知防하니, 是以로 飮之也호이다. 平公이 曰, 寡人亦有過焉하니, 酌而飮寡人케하라. 杜蕢이 洗而揚觶어늘, 公이 謂侍者曰, 如我死라도, 則

必毋廢斯爵也하라. 至于今에, 旣畢獻하고 斯揚觶하여, 謂之杜
擧라 하나니라.

  (왈 자묘 불악 지도자 재당 사기위자묘야
  대의 광야 대사야 불이조 시이 음지야
  이 음조 하야 왈 조야 군지설신야 위일음일
  식 망군지질 시이 음지야 이 음 하야
  왈 궤야 재부야 비도비 시공 우감여지방
  시이 음지야 평공 왈 과인역유과언 작이음과
  인 두궤 세이양치 공 위시자왈 여아사 즉
  필무폐사작야 지우금 기필헌 사양치 위지두거)

[註解] ○子卯不樂(자묘불악)―자(子)일과 묘(卯)일에는 임금이 음악을
연주시키지 않는다는 말. ○知悼子在堂(지도자재당)―지도자가 빈소에 있
다는 말. 여기서는 지도자가 죽어 그의 시체가 빈소에 있다는 말. ○斯其
爲子卯也大矣(사기위자묘야대의)―지도자의 시체가 빈소에 있는 것은 옛
날 타국의 폭군(暴君) 걸주(桀紂)의 기일(忌日)보다도 더욱 중요하다는
말. ○不以詔(불이조)―태사로서 임금의 잘못을 간고(諫告)하지 않았다는
말. ○褻臣(설신)―임금의 측근에서 모시는 신하. ○忘君之疾(망군지질)―
임금의 과실을 잊고 있다는 뜻. ○宰夫(재부)―요리를 만드는 사람. ○刀
匕(도비)―칼과 숟가락, 즉 음식이란 뜻. ○敢與知防(감여지방)―임금의
잘못을 방지하는 간쟁(諫爭)에 감히 참여하는 것. ○洗而揚觶(세이양치)―
잔을 씻어서 들어올리는 것. ○畢獻(필헌)―잔을 들어올리는 일을 마치는
것. 즉 연례(燕禮)를 마쳤다는 말. ○謂之杜擧(위지두거)―옛날 두궤(杜
蕢)가 들었던 벌주 잔이라고 해서 그 잔 드는 것을 '두거'라고 한다는 뜻.

[解說] 진(晉)나라의 평공(平公)이 자기의 대부인 지도자(知悼子)가
죽어서 아직 장사지내기 전인데 술을 마시고 음악을 연주하였으며, 태
사(太師)와 근신(近臣)이 그것을 간(諫)하지 않으니 재부(宰夫)인 두
궤(杜蕢)가 태사와 근신에게 벌배(罰杯)를 마시게 하고 자신도 마셨
다. 평공은 두궤가 그렇게 한 까닭을 듣고 자신도 벌배를 마시고, 그

벌배를 마신 술잔을 보관해 두어 영원히 자손에게까지 경계하였다는 것이다.

위(衛)나라의 공숙문자(公叔文子)가 죽으니, 그의 아들 수(戍)가 임금에게 시호를 내려주기를 청하였다. "시일이 정해진 바 있어서 장차 장례를 거행해야 되겠습니다. 청컨대 시호(諡號)를 내려주시어 그의 이름을 바꾸게 하여 주십시오." 임금이 말하기를, "옛날 우리 위(衛)나라가 흉년(凶年)이 들어 백성들이 굶주릴 때 부자(夫子)가 죽을 쑤어 국내의 굶주린 자에게 주었으니, 이는 은혜라고 하기에 충분하지 않은가. 옛날 위나라에 국난(國難)이 있었을 때 부자(夫子)가 죽음을 무릅쓰고 과인을 호위하였으니, 이 또한 충의가 곧지〔貞〕 않은가. 부자가 우리 위나라의 정치를 맡았을 때는 국민에게 질서를 지키게 하고, 규칙을 따르게 했으며, 국내를 화평하게 하고, 사방의 이웃나라와 사귀어 우리나라의 사직이 욕되게 하지 않았으니, 또한 빛나지 않은가. 그러므로 부자의 시호를 '정혜문자(貞惠文子)'라고 한다."라고 하였다.

위(衛)나라의 석태중(石駘仲)이 졸하였는데, 적자(嫡子)가 없었다. 그러나 서자(庶子) 여섯 명이 있었으므로, 그 누가 후계자가 될 것인가를 점치게 되었다. 점치는 사람이 말하기를, "목욕하고 옥(玉) 패물을 차십시오. 그런 다음에 점치도록 하겠습니다."라고 하였다. 그래서 다섯 사람은 모두 목욕을 하고 옥 패물을 찼다. 그 중의 석기자(石祁子)만은, "어버이의 상을 당했는데 목욕하고 패옥(佩玉)하는 자가 어디에 있단 말인가."라고 말하며 목욕과 패옥을 아니하였다. 점을 친 결과 석기자의 점괘가 길조를 보였다. 위(衛)나라 사람들이 말하기를, "거북점이 아는 것이 있다."라고 하였다.

原文 公叔文子卒커늘, 其子戍請諡於君曰, 日月이 有時라, 將葬矣니, 請所以易其名者하나이다. 君이 曰, 昔者에 衛國이 凶饑

어늘, 夫子이 爲粥하여, 與國之餓者하니, 是不亦惠乎아. 昔者에 衛國이 有難이어늘, 夫子이 以其死로 衛寡人하니, 不亦貞乎아. 夫子이 聽衛國之政하되, 脩其班制하며, 以與四鄰으로 交하여, 衛國之社稷이 不辱케하니, 不亦文乎아. 故로 謂夫子를 貞惠文子라 하노라.

(공숙문자졸 기자수청시어군왈 일월 유시 장
장의 청소이역기명자 군 왈 석자 위국 흥기
부자 위죽 여국지아자 시불역혜호 석자
위국 유난 부자 이기사 위과인 불역정호
부자 청위국지정 수기반제 이여사린 교
위국지사직 불욕 불역문호 고 위부자 정혜문자)

石駘仲이 卒하니, 無適子하고, 有庶子六人이어늘, 卜所以爲後者러니, 曰, 沐浴佩玉則兆라한대, 五人者이, 皆沐浴佩玉이어늘, 石祁子이 曰, 孰有執親之喪에 而沐浴佩玉者乎리오 하고, 不沐浴佩玉하니, 石祁子이 兆커늘, 衛人이 以龜로 爲有知也라 하니라.

(석태중 졸 무적자 유서자육인 복소이위후
자 왈 목욕패옥즉조 오인자 개목욕패옥
석기자 왈 숙유집친지상 이목욕패옥자호 불목
욕패옥 석기자 조 위인 이귀 위유지야)

註解   ○公叔文子(공숙문자)—위(衛)나라의 대부. 이름은 발(拔)이다. ○諡(시)—시호. 죽은 사람의 생전의 공덕을 기리어 이름 대신 부르는 칭호. ○日月有時(일월유시)—시일이 정해져 있다는 말. 대부와 사의 장례는 죽은 지 석달. ○所以易其名者(소이역기명자)—그 이름과 바꾼다는 말. 즉 시호. ○凶饑(흉기)—흉년이 들어 굶주린다는 말. ○衛國有難(위국유난)—노나라의 소공(昭公) 20년에 도둑이 위후(衛侯)의 형 집(縶)을 죽이니 그때 제표(齊豹)가 난을 일으켜 위영공(衛靈公)은 사조(死鳥)라는 곳으로 피난한 일이 있다. 이 난리를 말한 것. ○貞(정)—곧고 바르다는

뜻. ㅇ脩其班制(수기반제)—존비(尊卑)의 차례와 다과(多寡)의 절도를 옛 법대로 수거(脩擧)한다는 뜻. ㅇ文(문)—문채가 있다는 뜻. ㅇ石駘仲(석태중)—위나라의 대부. ㅇ卜所以爲後者(복소이위후자)—석태중(石駘仲)의 후계자를 점을 쳐서 결정한다는 말. ㅇ沐浴佩玉則兆(목욕패옥즉조)—목욕하고 패옥(佩玉)하면 점괘가 길조로 나온다는 말. ㅇ石祁子兆(석기자조)—석기자가 후계자로 좋다는 점괘가 나왔다는 말. ㅇ以龜爲有知也(이귀위유지야)—거북점이 아는 것이 있는 것 같다는 말.

解說 위나라의 영공(靈公)이 그의 대부 공숙문자에게 정혜문자란 시호를 내리게 된 근거를 말해 주고 있다. 부자(夫子)는 위나라가 흉년일 때 굶주림에 허덕이는 사람들에게 죽을 쑤어 주었으니 은혜라고 말할 수 있다. 그리고 위나라에 국난이 있어서 임금이 위태로웠을 때 죽음을 무릅쓰고 임금을 호위하여 충의가 지극하니 정(貞)이라고 할 수 있다. 그러니 그에게 혜정(惠貞)이라는 시호가 주어져야 할 것이다. 원래 시호라는 것은 사람의 생존시의 공덕을 기리어 그에 알맞은 칭호를 내리는 것이다. 그 시법(謚法)은 매우 엄격한 것이었다고 한다.

제(齊)나라의 진자거(陳子車)가 위(衛)나라에서 죽었다. 그의 아내와 가대부(家大夫)가 의논하여 누군가를 순장(殉葬)하기로 하였다. 그 사람까지 내정된 뒤 진자강(陳子亢)이 왔다. 자거(子車)의 아내와 가대부가 고하여 말하기를, "부자(夫子)가 병들었을 때 그 밑에서 부양하지 못했으니, 청컨대 순장을 하고자 합니다."라고 하였다. 자강이 말하기를, "순장하는 것이 예가 아닙니다. 그러나 죽은 뒷일을 돌봐야 하겠다면 그 아내나 가대부만한 사람이 또 어디에 있겠습니까? 그만 둘 수 있다면 그만두는 것이 좋겠으나 부득이 순장해야 한다면 나는 그 두 사람으로 순장했으면 합니다."라고 하였다. 이러한 관계로 순장을 하지 않기로 되었다.

자로(子路)가 말하였다. "슬픈 일이로구나, 가난이란 것은 어버이가 생존하는 동안은 봉양할 것이 없고, 어버이가 죽어서는 예(禮)를 행할 수가 없구나." 공자가 말하기를, "콩을 씹고 물을 마실지라도 그의 마음을 기쁘게 하면 그것을 효도라 하고, 어버이가 죽었을 때 겨우 머리와 발의 형체만을 염습하되 예제에 정해진 기간을 기다리지 못하고 곧 장사지내며 곽(槨)도 쓰지 못하더라도 자기의 재산에 맞게 하면 그것을 예라고 한다."라고 하였다.

原文 陳子車이 死於衛커늘, 其妻이, 與其家大夫로, 謀以殉葬하여, 定而后에, 陳子亢이 至커늘, 以告曰, 夫子疾하여, 莫養於下할새, 請以殉葬하노라. 子亢이 曰, 以殉葬이 非禮也니, 雖然이나, 則彼疾當養者는, 孰若妻與宰리오. 得已인댄, 則吾欲已어니와, 不得已인댄, 則吾欲以二子者之爲之也하노라. 於是에 弗果用하다.
 (진자거 사어위 기처 여기가대부 모이순장
  정이후 진자강 지 이고왈 부자질 막양어
  하 청이순장 자강 왈 이순장 비례야 수연
  즉피질당양자 숙약처여재 득이 즉오욕이
  부득이 즉오욕이이자자지위지야 어시 불과용)

子路이 曰, 傷哉라 貧也여. 生無以爲養하며, 死無以爲禮也로다. 孔子이 曰, 啜菽飮水나, 盡其歡을, 斯之謂孝요, 斂首足形하여, 還葬而無槨이나, 稱其財를, 斯之謂禮니라.
 (자로 왈 상재 빈야 생무이위양 사무이위례야
  공자 왈 철숙음수 진기환 사지위효 염수족형
  선장이무곽 칭기재 사지위례)

註解 ㅇ陳子車(진자거)―제(齊)나라의 대부. ㅇ家大夫(가대부)―가신(家臣)의 우두머리. 가재(家宰). ㅇ殉葬(순장)―죽은 자를 장사지낼 때 산 사람을 함께 묻는 것. ㅇ陳子亢(진자강)―자거의 아우. 공자의 문인. ㅇ夫子疾莫養於下(부자질막양어하)―자거가 병들었을 때에 집에 있지 않았으므로 병의 요양을 받들지 못하였다는 말. ㅇ傷哉貧也(상재빈야)―가난은 슬프구나라고 한 말. ㅇ生無以爲養(생무이위양)―가난하기 때문에 어버이

의 생존시에는 맛있는 음식으로 마음껏 봉양하지 못한다는 말. o啜菽飮
水(철숙음수)—가난하여 콩을 먹고 물을 마신다는 말. o盡其歡(진기환)—
어버이의 마음이 즐겁도록 극진히 한다는 말.

解說 제(齊)나라의 대부인 자거(子車)가 남의 나라인 위(衛)나라
에서 죽으니 그의 아내와 가대부가 그의 병간호를 받들지 못한 것
을 슬프게 생각하고 측근의 사람을 순장하겠다고 하였다. 자강(子
亢)이 이를 중지시키고 싶었으나 들어줄 것 같지 않았다. 그래서
그는 자거의 아내와 가대부에게 말했다. "굳이 순장을 해야 하겠다
면 당신들 두 분보다 더 적격인 사람이 또 누가 있겠습니까. 나는
당신들 두 분을 순장하고자 합니다."라고 하였다. 자강의 이러한 속
셈은 적중되어 순장이 실행되지 않았다. 이 이야기의 요점은 순장
은 예가 아니라는 것을 말해주고 있다.
  효도란 것은 어버이를 기쁘게 하는 것이 효도의 근본이고, 정성
을 다하는 것이 예의 근본이란 것을 말하고 있다. 어버이를 섬기는
효도는 첫째로 그의 마음을 기쁘게 해드려야 한다는 것이다. 만일
그의 마음을 기쁘게 하지 못한다면 비록 날마다 고량진미의 맛좋은
음식만을 대접해도 효도일 수 없는 것이다. 그리고 어버이 상사에
성대하게 할지라도 정성이 없으면 그것은 예의 근본을 모르는 것이
다. 그러나 비록 가난하여 예제에 정한 대로 갖추지 못할지라도 자
기의 형세에 따라 성의를 다한다면 그것이 곧 예라는 것이다.

위(衛)나라의 헌공(獻公)이 나라를 출분(出奔)했다가 위나라로 돌
아오는데 교외에 이르러서 수종한 자에게 고을을 상으로 나누어 준
뒤 들어가려고 하였다. 유장(柳莊)이 말하기를, "만일 모든 신하들이
사직을 모두가 지키고 있었다면 임금의 말고삐를 누가 잡고 호종했겠
으며, 만약 모든 신하가 전부 임금을 호종했었다면 누가 나라 안에
남아서 사직을 지켰겠습니까. 임금의 거가(車駕)에 호종한 사람이나
국내에서 사직을 지킨 사람이나 그 공(功)은 같은 것입니다. 임금이

자기 나라에 돌아오는데 사사로운 은혜를 베푸는 것은 잘못된 일이
아니겠습니까."라고 하였다. 과연 반읍(班邑)하는 것을 중지하였다.

위나라의 태사(大史)에 유장(柳莊)이라는 사람이 있었다. 그가 병
으로 앓아 누우니, 임금이 말하기를, "유장의 병이 위급하게 되거든
비록 내가 제사를 거행하는 중에 있을지라도 반드시 보고하라."고 하
였다. 그후 과연 유장은 임금이 제사를 거행하는 사이에 졸(卒)하였
다. 그 집에서 보고하니 임금이 두 번 절하고 머리를 조아리며 시동
씨(尸童氏)에게 청하여 말하였다. "신하에 유장이란 자가 있습니다.
그는 다만 과인의 신하일 뿐 아니라 사직지신(社稷之臣)입니다. 지금
그가 죽었다고 부고를 들었으니 청컨대 가보고자 합니다." 드디어 제
복(祭服)도 벗지 않은 채 가서 조상하고 자기의 제복으로 수의(襚衣)
를 삼게 하였으며, 구씨읍(裘氏邑)과 반씨현(潘氏縣) 두 고을을 채읍
으로 주고, 봉읍하는 문권(文券)을 써서 관(棺) 속에 넣었는데 거기에
는 "대대로 서로 전하여 유장의 자손 만대에 이르기까지 변함이 없을
것이다."라고 말하였다.

原文 衛獻公이 出奔이러니, 反於衛할새, 及郊하여, 將班邑於
從者而后에사 入이라커늘, 柳莊이 曰, 如皆守社稷이면, 則孰執
羈靮而從이며, 如皆從이면, 則孰守社稷이리오. 君이 反其國而有
私也니, 毋乃不可乎아한데, 弗果班하니라.
  (위헌공 출분 반어위 급교 장반읍어
  종자이후 입 유장 왈 여개수사직 즉숙집
  기적이종 여개종 즉숙수사직 군 반기국이유
  사야 무내불가호 불과반)

衛有大史하더니, 曰柳莊이라. 寢疾이어늘, 公이 曰, 若疾이 革
하거든, 雖當祭라도 必告하라. 公이 再拜稽首하여, 請於尸曰, 有
臣柳莊也者는, 非寡人之臣이라, 社稷之臣也니, 聞之死라, 請往

이라 하시고, **不釋服而往**하사, **遂以襚之**하시고, **與之邑裘氏**와 **與縣潘氏**하여, **書而納諸棺曰, 世世萬子孫**이 **毋變也**라 하시다.

　　(위유태사 왈유장 침질 공 왈 약질 극
　　수당제 필고 공 재배계수 청어시왈 유
　　신유장야자 비과인지신 사직지신야 문지사 청왈
　　불석복이왕 수이수지 여지읍구씨 여
　　현반씨 서이납저관왈 세세만자손 무변야)

[註解]　ㅇ社稷之臣(사직지신)—나라의 안위를 맡고 있는 중신(重臣).　ㅇ衛獻公(위헌공)—기원전 6세기 전반기의 위나라 임금.　ㅇ不釋服而往(불석복이왕)—제복도 벗지 않은 채 가서 조상한다는 말.　ㅇ遂以襚之(수이수지)—제복을 입은 채 가서 그 제복을 사자의 수의로 주었다는 말.　ㅇ與之邑裘氏與縣潘氏(여지읍구씨여현반씨)—구씨읍과 반씨현을 채읍(采邑)으로 주었다는 말.　ㅇ書而納諸棺(서이납저관)—봉읍(封邑)하는 문권(文券)을 써서 관 속에 넣었다는 말.

[解說]　위(衛)나라의 헌공(獻公)은 노(魯)나라 양공(襄公) 14년에 제(齊)나라로 출분(出奔)하였다가 26년에 위나라로 다시 돌아왔다. 돌아오는 길에 교외에 이르러 그동안 자기를 호종한 수행원에게 상으로 고을을 나눠 준 뒤 들어가려고 하였다. 이때 유장(柳莊)이 말하기를, "모든 신하가 전부 임금을 호종했더라면 누가 나라를 지켰을 것이며, 또 모든 신하가 나라를 지켰으면 누가 임금을 호종했겠습니까. 그러니 나라를 지킨 사람이나 임금을 호종한 사람이나 맡은 바 일은 서로 다르겠지만 나라를 위한 공로는 모두 같은 것입니다. 이제 임금이 자기 나라에 돌아오면서 수행한 자에게 사은(私恩)을 베푸는 것은 옳은 처사가 아닙니다."라고 하였다. 그리하여 임금이 수행자에게 상으로 주려던 반읍(班邑)은 중지되었다는 것이다.

　다음에는 임금이 유장이 죽었을 때의 처사에 대해 논평하고 있다. 원문(原文)의 주(註)를 보면, "비록 임금이 어진 신하를 존중하는 마음은 좋으나 제사(祭事)를 마치지도 않고 신하의 조상을 갔으며, 제후

의 명복(命服)으로 대부의 수의를 삼았고, 봉읍하는 문권(文券)을 관
속에 넣은 것은 모두 예가 아니다."라고 논평하고 있다. 아무리 훌륭
한 처사라도 예제에 어긋나면 안된다는 것을 말해주고 있다.

진간석(陳乾昔)이 병들어 눕게 되었다. 그가 형제들을 모아놓고 아
들인 존기(尊己)에게 명하여 이르기를, "만일 내가 죽거든 반드시 나
의 관(棺)을 크게 만들어 나의 두 비자(婢子)를 나의 양 겨드랑이에
끼어앉게 하라."고 하였으며, 그리고 곧 죽었다. 존기가 말하기를, "순
장하는 것이 예가 아닌데 하물며 관 하나에 어찌 순장하겠는가."라고
말하고 그 비자를 죽이지 않았다.

노(魯)나라의 공자(公子) 중수(仲邃)가 수(垂)에서 죽었다. 〔그날
노나라 임금은 선조의 제사를 지내고 있었으나 공자의 죽음을 듣고
도〕 다음날도 계속 제사를 거행하되 만무(萬舞)를 사용하고 약무(籥
舞)는 버리니, 중니(仲尼 : 孔子)가 말하기를, "그것은 예가 아니다.
경(卿)이 졸하면 역제(繹祭)를 거행하지 않는 것이다."라고 하였다.

노나라 계강자(季康子)의 어머니가 죽었다. 그의 매장에 임해서 관
을 매만지는 사람들을 지배하는 공수약(公輸若)이 아직 어렸다. 그래
서 공수반(公輸般)이 "내가 연구해 낸 전동기(轉動機)를 사용해서 관
을 내리자."고 청하니 그 말에 좇으려고 하였다. 이때 공견가(公肩假)
가 말하기를, "그것은 불가하다. 대체로 노나라 고유의 고사(故事)가
있다. 공실(公室)은 풍비(豊碑)에 준하는 것을 사용하고, 삼가(三家)
에서는 환영(桓楹)에 준하는 것을 사용하게 되어 있다. 반(般)아, 네
가 사람이 없다고 해서 자기의 교묘한 기술을 시험하려고 하니, 남의
어머니에게 시험을 하면 네 어머니에게도 시험해야 할 것이 아니겠는
가. 그때는 난처하겠지, 아아, 어리석은 사람이여!"라고 하니 이에 여
러 사람들이 공수반의 말을 좇지 않았다.

[原文] 陳乾昔이 寢疾이어늘, 屬其兄弟하고, 而命其子尊己曰,

如我死어든, 則必大爲我棺하여, 使吾二婢子로 夾我하라. 陳乾昔이 死커늘, 其子이 曰, 以殉葬은 非禮也니, 況又同棺乎아하고, 弗果殺하니라.

(진간석 침질 촉기형제 이명기자존기왈
여아사 즉필대위아관 사오이비자 협아 진간
석 사 기자 왈 이순장 비례야 황우동관호 불과살)

仲遂이 卒于垂어늘, 壬午에 猶繹하되, 萬入去籥한데, 仲尼이 曰, 非禮也라. 卿卒不繹하나니라.

(중수 졸우수 임오 유역 만입거약 중니
왈 비례야 경졸불역)

季康子之母死커늘, 公輸若이 方小러니, 斂般이 請以機로 封한데, 將從之러니, 公肩假이 曰, 不可하니, 夫魯有初하니라. 公室은 視豊碑하고, 三家는 視桓楹이니라. 般아, 爾以人之母로 嘗巧면, 則豈不得以리오. 其母以嘗巧者乎인댄, 則病者乎아. 噫라한데, 弗果從하니라.

(계강자지모사 공수약 방소 염반 청이기 펌
장종지 공견가 왈 불가 부노유초 공실
시풍비 삼가 시환영 반 이이인지모 상교
즉기부득이 기모이상교자호 즉병자호 희 불과종)

註解 ㅇ陳乾昔(진간석)−미상. 제(齊)나라 사람으로 추정. ㅇ屬其兄弟(촉기형제)−모은다는 뜻. 그의 형제를 모은다는 말. ㅇ仲遂(중수)−노나라 장공(莊公)의 아들. 노나라의 경(卿). 동문양중(東門襄仲)이라 불리웠다. ㅇ垂(수)−제(齊)나라의 땅 이름. ㅇ繹(역)−종묘의 제사를 거행하고, 그 이튿날 또 계속하여 제례(祭禮)를 설행(設行)하는 것을 역제(繹祭)라고 한다. 역(繹)이란 계속한다는 뜻. 은(殷)나라에서는 융(肜)이라고 하였다. ㅇ萬入去籥(만입거약)−나라의 경(卿)이 죽었으므로 오직 방패만 잡고 추는 만무(萬舞)는 사용하고, 음악 소리내는 약무(籥舞)는 제거했다는

말. 만무는 방패를 잡고 추는 무무(武舞). 약무는 피리를 불며 추는 문무(文舞). ㅇ卿卒不繹(경졸불역)―나라의 경(卿)이 졸하면 종묘의 정제(正祭)의 다음날에 거행하는 역제(繹祭)는 거행하지 않는다는 말. ㅇ季康子(계강자)―계손비(季孫肥). 공자와 동시대의 사람. ㅇ公輸若(공수약)―공수는 성이고 약은 이름. 장사(匠師)였다. ㅇ方小(방소)―나이가 아직 어리다는 뜻. ㅇ斂(염)―여기서는 관(棺)을 곽(槨) 속에 내려놓는 것. 대렴(大斂). ㅇ般(반)―공수반(公輸般)이며, 공수약의 일족으로 평소에 기교가 많은 사람. ㅇ請以機封(청이기폄)―전동(轉動)의 기계를 사용해서 하관(下棺)하기를 청한다는 말. ㅇ魯有初(노유초)―노나라에는 노나라 고유의 고사(故事)가 있다는 말. ㅇ豊碑(풍비)―천자가 하관할 때 사용하는 제도. 나무를 비(碑)처럼 만들어 속을 파내서 비게 하고 그 공간에 녹로(鹿盧)를 장치하고 줄을 관에 맨 뒤에 그 줄을 조종하여 하관하는 장치. ㅇ三家(삼가)―노(魯)나라 삼공족(三公族)의 집안을 가리킨 것. 즉 맹손씨(孟孫氏), 숙손씨(叔孫氏), 계손씨(季孫氏)를 말한 것. ㅇ桓楹(환영)―제후의 제도로 풍비(豊碑)와 비슷한 장치. ㅇ視(시)―준(準)한다는 뜻. 즉 시풍비(視豊碑)란 풍비에 준한다는 말. ㅇ爾以人之母嘗巧(이이인지모상교)―너는 남의 어머니가 죽은 것을 기회로 해서 자신의 기교를 시험하려고 하는구나라고 한 말. ㅇ豈不得以(기부득이)―어찌 네가 부득이해서 하는 일이겠느냐. 다시 말하면, 아니다, 네 스스로 하려는 것이란 뜻. 이(以)자는 이(已)와 같음. ㅇ其母以嘗巧者乎(기무이상교자호) 則病者乎(즉병자호)―너의 어머니에게 기교를 시험하지 못한다면 너는 병이라도 난단 말인가라고 말한 것.

解說 진간석의 아들 존기(尊己)가 자기 아버지의 난명(亂命)에 좇지 않은 것을 칭찬하는 뜻에서 기록한 것이다. 비록 아버지가 임종시에 한 유언일지라도 사람의 도리에 어긋나고 예에 맞지 않는 것을 거행해서는 안된다는 것이다. 종묘의 제사를 거행하는 동안에 경이 졸하면 음악을 사용하지 않으며, 이튿날의 역제(繹祭)는 거행하지 않는 것이다. 그런데 중수(仲遂)가 졸하였는데도 선공(宣公)은 오히려 정제(正祭)의 익일제(翌日祭)인 역제를 거행하고, 약무는 버렸으나 만무를

설행(設行)하니 공자가 그것은 예가 아니라고 말한 것이다.

시체를 대렴하여 곽(椁) 속에 하관할 때에는 천자는 풍비라는 것을 사용하고, 제후는 환영이라는 것을 사용한다. 주(周)나라의 말기에 예가 문란하여져서 제후가 천자의 예를 참행(僭行)하고, 대부는 제후의 예를 참행하게 되어 있었다. 그래서 그에 준한 것이라 일컫고 사실상 그 제도를 그대로 사용하였다. 비록 그것이 참람한 일이기는 하지만 그것이 행하여진 것이 이미 오래여서 하나의 전래적인 고사(故事)로 되었다. 이러한 제도에 따른 것 이외의 새로운 기교의 시도는 예가 아니라고 하여 거부한 것이다.

노(魯)나라와 제(齊)나라가 낭(郎)에서 싸울 때에 노나라의 공숙우인(公叔禺人)은 백성들이 〔완전 피로하여〕 지팡이에 의지하고 걸어서 성보(城保)에 들어와 휴식하고 있는 것을 보고 말하였다. "백성들이 부역이 비록 견디기 어려울지라도, 백성들에 대한 조세부담이 비록 과중할지라도 〔상부에 있는 사람들이 협심하여 외구의 환난을 방어한다면 막아낼 수 있는 것이다. 그런데〕 이제 경대부들은 아무런 묘책도 세우지 못하고 사(士)는 국난에 달려가 목숨을 바치지 않으니 〔이 어찌 임금을 섬기고 백성을 사랑하는 도리이겠는가〕 매우 옳지 못하다." 그리고 이어서 말하기를, "나는 이미 그 잘못을 말했으니 나는 내 말을 실천해야 한다."라고 하더니 이웃에 사는 동자(童子) 왕기(汪踦)와 함께 싸움터로 달려가서 싸우다가 모두 전사하였다. 노나라 사람들이 동자 왕기를 미성년자의 상(殤)으로 처리하지 않고 〔한 사람의 사(士)로서〕 상장(喪葬)의 예를 행하고자 하여 중니(仲尼 : 공자)에게 물었다. 중니가 말하기를, "이 창과 방패를 잡고 싸움터에 나가 사직을 수호하였으니, 미성년자의 상(殤)으로 처리하지 않고자 함은 당연하지 않은가."라고 하였다.

자로(子路)가 노(魯)나라를 떠나게 되어 안연(顔淵)에게 말하였다. "나에게 〔전별로〕 무엇을 주겠는가?" 안연이 말하였다. "내가 듣기로는 '나라를 떠날 때에는 어버이의 무덤에 곡한 뒤에 떠나고, 나라에 돌아오면 곡하지 않고 어버이의 분묘를 살펴본 뒤에 들어온다.'고 하더군. 이 한마디를 전별로 하겠네." 그리고 다시 자로에세 말하였다. "무엇으로써 나 자신을 처신하라고 하는가?" 자로가 대답하기를, "내가 들으니, '남의 무덤 앞을 지날 때에는 반드시 머리를 굽혀 식(式)의 예로써 경의를 표시해야 하고, 신(神)을 모시고 있는 사사(祀祠)를 지날 때에는 반드시 수레에서 내려서 절을 한다.'라고 하더군."

原文 戰于郎할새, 公叔禺人이 遇負杖入保者息하고, 曰, 使之雖病也며, 任之雖重也나, 君子이 不能爲謀也며, 士이 弗能死也면, 不可하니, 我則旣言矣라 하고, 與其鄰童汪踦로 往하여, 皆死焉커늘, 魯人이 欲勿殤童汪踦하여, 問於仲尼한데, 仲尼이 曰, 能執干戈하여, 以衛社稷하니, 雖欲勿殤也나, 不亦可乎아.
  (전우낭 공숙우인 우부장입보자식 왈 사지
  수병야 임지수중야 군자 불능위모야 사 불능사야
  불가 아즉기언의 여기린동왕기 왕 개사
  언 노인 욕물상동왕기 문어중니 중니 왈
  능집간과 이위사직 수욕물상야 불역가호)

  子路이 去魯할새, 謂顔淵曰, 何以贈我오. 曰, 吾는 聞之也하니, 去國則哭于墓而后에 行하고, 反其國엔, 不哭하고 展墓而入이니라. 謂子路曰, 何以處我오. 子路이 曰, 吾는 聞之也하니, 過墓則式하며, 過祀則下니라.
  (자로 거노 위안연왈 하이증아 왈 오 문지야
  거국즉곡우묘이후 행 반기국 불곡 전묘이입
  위자로왈 하이처아 자로 왈 오 문지야 과
  묘즉식 과사즉하)

註解 ㅇ郎(낭)ㅡ노나라의 한 읍(邑). 노나라 애공(哀公) 11년에 제(齊)

나라와 노나라가 싸운 싸움터. ㅇ公叔禺人(공숙우인)—소공(昭公)의 아들, 공위(公爲). ㅇ負杖(부장)—지팡이에 매달려 머리를 축 떨구고 있기 때문에 지팡이를 어깨에 메고 있는 형상일 뿐 지팡이를 짚어진 것이 아니다. ㅇ保(보)—현읍(縣邑)의 작은 성(城). ㅇ使之雖病(사지수병)—부역시킴이 비록 어려울지라도라는 뜻. ㅇ任之雖重(임지수중)—과세가 비록 과중할지라도라는 뜻. ㅇ君子不能爲謀(군자불능위모)—국난을 당하여 공경대부들이 아무런 계책을 세우지 못한다는 말. 이 경우의 군자는 공경대부를 가리킨 말. ㅇ士弗能死也(사불능사야)—사(士)는 국난을 당하여 몸을 던져 죽지 못한다는 말. ㅇ我則旣言(아즉기언)—나는 이미 말하였다라는 뜻. ㅇ與其隣童汪踦往(여기인동왕기왕) 皆死(개사)—이웃에 사는 동자(童子) 왕기와 함께 싸움터로 달려가서 모두 전사하였다는 말. ㅇ欲勿殤童汪踦(욕물상동왕기)—왕기를 미성년자에 대한 예로써 장사하지 않고, 성인의 상에 대한 예로써 그를 우대하려고 한다는 말. ㅇ何以贈我(하이증아)—내게 무슨 말을 해주겠는가란 뜻. ㅇ去國則哭于墓而后行(거국즉곡우묘이후행)—나라를 떠나가는 사람은 어버이의 분묘에 가서 곡하고 간다란 뜻. ㅇ何以處我(하이처아)—무슨 말로써 나를 처신할 수 있겠는가, 즉 나는 나 자신의 처신을 어떻게 하면 좋겠는가란 뜻. ㅇ過墓則式(과묘즉식)—남의 무덤 앞을 지날 때에는 머리를 숙여 경의를 표한다는 말. ㅇ過祀則下(과사즉하)—신(神)을 제사하는 신사(神祀) 앞을 지나갈 때에는 반드시 수레에서 내려 경의를 표시한다는 말. 사사(祀祠)는 사당을 짓거나 나무를 심어서 신을 제사하는 곳.

解說 예라는 것은 그때 사람들의 의론에 의해 권변(權變)이 있을 수 있다는 것을 말하고 있다. 동자 왕기가 비록 나이는 어리지만 나라를 지키기 위해서 창과 방패를 들고 싸움터에 나가 싸우다 전사하였으니 그것은 성인의 행동일 뿐 아니라 성인 중에서도 뛰어난 성인의 행동인 것이다. 그러므로 나이에 구애받지 않고 그를 성인의 상(喪)에 대한 예로써 상장(喪葬)을 거행하는 것이 마땅하다고 공자가 찬성한 것이다.

〔오(吳)나라의 군사가 초(楚)나라에 침입했다가 되돌아갈 때의

일] 초(楚)나라의 공윤(工尹) 상양(商陽)이 진기질(陳棄疾)과 함께 패주하는 오나라의 군사를 추격하였다. 오나라 군사를 막 따라잡으려는 때에 진기질이 상양에게 말하였다. "왕명으로 왔소이다. 그대는 활을 잡고 겨누어야 합니다." 상양이 손에 활을 잡고 겨누었다. 진기질이 말했다. "그대는 활을 쏘시오." 활을 쏴서 한 사람을 쓰러뜨렸다. 그리고 활을 활집에 넣었다. 또 따라가서 적에게 육박했을 때 활을 쏘라고 말하니, 또 두 사람을 쏴서 쓰러뜨렸다. 한 사람을 쓰러뜨릴 때마다 자신의 눈을 가리어 죽은 자를 보지 않았으며, [세 사람을 쓰러뜨리자] 어자(御者)에게 수레를 멈추게 하며 말하였다. "나의 벼슬은 조현 때에는 앉지도 못하고, 연례(燕禮) 때에는 참여하지 못하는 낮은 지위에 있었다. 적 세 사람을 죽였으니 이제는 복명(復命)하기에 넉넉하다."라고 말하며 되돌아갔다. 이 이야기를 듣고 공자는 말하였다. "사람을 죽이는 데에도 예절이 있구나."

제후(諸侯)들이 [진(晉)나라를 중심으로] 진(秦)나라를 치기로 되었을 때 조(曹)나라의 선공(宣公)이 회(會)에서 졸하였다. 제후 중의 한 사람이 유체의 입에 반함(飯含)할 것을 청하니, 조(曹)나라 사람은 이를 허용했을 뿐 아니라, 그로 하여금 염습까지 하게 하였다.

노(魯)나라의 양공(襄公)이 초(楚)나라를 예방하였을 때 마침 초나라의 강왕(康王)이 졸(卒)하였다. 사람들이 양공에게 강왕의 시체를 염습하라고 청하니, 노나라 사람들이 말하기를, "그것은 예가 아니다. 염습하는 것은 천하 사람이 하는 일이다."라고 하였다. 초나라 사람들이 강요하므로 [양공은 어쩌는 수 없었다] 무축도열(巫祝桃茢)로써 먼저 관(棺)의 사악한 기운을 털어버린 뒤에 염습을 하였다. [그것은 임금이 신하의 상에 임하는 예절이었다] 초나라 사람들이 뒤에 깨닫고 후회하였다.

原文   工尹商陽이 與陳棄疾로, 追吳師할새, 及之러니, 陳棄疾

이 謂工尹商陽曰, 王事也라. 子手弓而可니라. 手弓이어늘, 子射
諸인저. 射之하여 斃一人하고, 韔弓이어늘, 又及하여, 謂之한데,
又斃二人하니, 每斃一人에 揜其目하고, 止其御曰, 朝不坐하며,
燕不與니, 殺三人亦足以反命矣니라. 孔子이 曰, 殺人之中에,
又有禮焉이로다.

（공윤상양 여진기질 추오사 급지 진기질
위공윤상양왈 왕사야 자수궁이가 수궁 자사
저 사지 폐일인 창궁 우급 위지
우폐이인 매폐일인 엄기목 지기어왈 조부좌
연불여 살삼인역족이반명의 공자 왈 살인지중
우유예언）

諸侯이 伐秦할새, 曹桓公이 卒于會어늘, 諸侯이 請含한데, 使
之襲하다.

（제후 벌진 조환공 졸우회 제후 청함 사지습）

襄公이 朝于荊할새, 康王이 卒커늘, 荊人이 曰, 必請襲이니라.
魯人이 曰, 非禮也라. 荊人이 强之어늘, 巫先拂柩한데, 荊人이
悔之하다.

（양공 조우형 강왕 졸 형인 왈 필청습
노인 왈 비례야 형인 강지 무선불구 형인 회지）

註解　○工尹(공윤)—초(楚)나라의 벼슬 이름. ○追吳師(추오사) 及之
(급지)—패주하는 오나라 군사를 추격하여 잡는다는 뜻. ○王事也(왕사야)—
이 두 사람은 전의(戰意)가 없으나 왕명으로 왔기 때문에 최소한도의 추
격을 한다고 한 말. ○手弓(수궁)—손에 활을 잡는다는 말. ○韔弓(창궁)—
활을 활집에 넣는다는 말. 창(韔)은 활집. ○朝不坐(조부좌) 燕不與(연불
여)—치조(治朝) 때에는 앉지 못하고, 연조(燕朝) 때에는 참여하지 못한
다는 뜻. ○亦足以反命(역족이반명)—복명할 자료는 충분하다는 말. 반명
(反命)은 복명(復命)이란 뜻. ○殺人之中(살인지중) 又有禮焉(우유예언)—

사람을 죽이는 데에도 예절이 있다고 한 말. ○曹桓公(조환공)－원문에 조환공(曹桓公)이라고 된 것은 조선공(曹宣公)의 잘못이라고 한다. ○諸侯請含(제후청함)－다른 제후들이 죽은 조선공에게 반함(飯含)하기를 청하였다는 말. 반함이란 죽은 사람의 입에 쌀과 구슬 따위를 채우는 것. ○使之襲(사지습)－조(曹)나라 사람들이 제후들에게 조선공의 염습을 하게 하였다는 말. ○朝于荊(조우형)－초나라를 예방한다는 말. 노나라 양공 28년에 초나라를 예방한 일이 있다. ○荊(형)－초(楚)나라의 처음 이름. ○巫先拂柩(무선불구)－무당을 시켜 먼저 도열(桃茢)로써 관의 사악한 기운을 털어버리게 한다는 말. 도열은 복숭아 나뭇가지와 갈대 이삭으로 만든 비. ○荊人悔之(형인회지)－초나라 사람들이 뒤에 후회하였다는 뜻.

解說 초나라 사람들이 자기네의 강대한 세력을 믿고, 자기 나라를 예방한 외국의 국군(國君)에게 천인(賤人)이 하는 시체의 염습을 강요한 것은 대단한 실례이다. 그러나 강요당하여 어쩌는 수 없는 노나라의 양공은 임금이 신하의 상에 임하는 예절인 무축도열의 의식을 한 뒤 염습을 하였다. 초나라 사람들의 무례한 처사에 응수하는 적절한 방법이었던 것이다. 초나라 사람들은 뒤에 그 사실을 깨닫고 후회하였으나 어쩌는 수 없었다고 한다.

등성공(滕成公)의 상(喪)에 노(魯)나라에서는 자숙경숙(子叔敬叔)을 사신으로 보내어 조상하고, 조문하는 노군(魯君)의 글을 전달하게 하니, 자복혜백(子服惠伯)이 부사(副使)로 갔었다. 그리하여 등(滕)의 교외에 이르던 날은 경숙의 숙부인 의백(懿伯)의 기일(忌日)에 해당하기 때문에 도성(都城)으로 들어가기를 꺼려했다. 이에 혜백이 말하기를, "왕명(王命)이다. 숙부의 기일이란 사사로운 일 때문에 공사(公事)를 그칠 수 없다."라고 하니 곧 성내로 들어갔다.

노(魯)나라의 애공(哀公)이 사람을 보내어 궤상(蕢尙)에게 [그의 아버지의 죽음을] 조상하게 하였다. [집까지 미처 도달하기 전에] 길에서 괴상을 만났기 때문에 길을 깨끗이 쓴 다음 궁실(宮室)의 형상을 그어 놓은 뒤에 조상을 받았다. 증자(曾子)가 이것을 듣고 말하기를, "궤상은 기량(杞梁)의 아내만큼도 예를 모르는구나." 제(齊)나라 장공(莊公)이 거(莒)를 좁은 길에서 기습했는데, 이 싸움에서 기량이 전사하였다. 그의 아내가 그의 영구(靈柩)를 길에서 맞이하여 슬피 울더니, 장공이 사람을 보내어 조상하니, 기량의 아내가 말하였다. "임금의 신하가 죄를 면할 수 없다면 장차 시조(市朝)에 시체를 버려 둘 것이며, 처첩(妻妾)은 구집(拘執)될 것입니다. 만약 임금의 신하가 죄를 면하게 된다면 〔조상할 곳은〕 선인(先人)의 초라한 집이나마 있으니, 임금께서는 〔길에서 조상하여〕 군명을 욕되게 하지 마십시오."

原文 滕成公之喪에, 使子叔敬叔으로 弔하고 進書한데, 子服惠伯이 爲介러니, 及郊하여, 爲懿伯之忌하여 不入이어늘, 惠伯이 曰, 政也라. 不可以叔父之私로 不將公事라 하고, 遂入하다.
(등성공지상 사자숙경숙 조 진서 자복
혜백 위개 급교 위의백지기 불입 혜백
왈 정야 불가이숙부지사 부장공사 수입)

哀公이 使人으로 弔蕢尚한데, 遇諸道하여, 辟於路하며, 畫宮而受弔焉한데, 曾子이 曰, 蕢尚이 不如杞梁之妻之知禮也로다. 齊莊公이 襲莒于奪할새, 杞梁이 死焉커늘, 其妻이 迎其柩於路하고, 而哭之哀하더니, 莊公이 使人으로 弔之한데, 對曰, 君之臣이 不免於罪인데, 則將肆諸市朝而妻妾執이어니와, 君之臣이 免於罪인데, 則有先人之敝廬在하니, 君無所辱命이니라.
(애공 사인 조궤상 우저도 벽어로 화궁
이수조언 증자 왈 궤상 불여기량지처지지지례야
제장공 습거우탈 기량 사언 기처 영기구어로
이곡지애 장공 사인 조지 대왈 군지신
불면어죄 즉장사저시조이처첩집 군지신 면
어죄 즉유선인지폐려재 군무소욕명)

[註解] ㅇ子叔敬叔(자숙경숙)−노(魯)나라 환공(桓公)의 7세손(世孫). ㅇ進書(진서)−노나라 임금이 조상하는 글을 전달하는 것. ㅇ子服惠伯(자복혜백)−노나라 환공의 6세손(世孫). ㅇ介(개)−부(副)와 같으므로 부사(副使)란 뜻. ㅇ及郊(급교)−근교(近郊)에 이르렀다는 말. ㅇ爲懿伯之忌不入(위의백지기불입)−의백(懿伯)이 꺼려하여 성내에 들어가지 않는다는 말. ㅇ政也(정야)−왕명이라는 뜻. ㅇ不將公事(부장공사)−공사를 수행하지 않는다는 말. ㅇ辟於路(벽어로)−길의 행인을 금하고 길을 소제한다는 말. ㅇ畫宮而受弔焉(화궁이수조언)−길바닥에 궁실의 형상을 그어 놓은 뒤에 거기에서 조상을 받는다는 뜻. ㅇ杞梁(기량)−기식(杞殖). 노나라 양공(襄公) 23년에 제나라가 거(莒)를 습격하였을 때 전사한 사람. ㅇ襲莒于奪(습거우탈)−노나라 양공 23년에 제나라가 거(莒)를 저우(且于)의 좁은 길목에서 습격한 것을 말한 것이다. ㅇ將肆諸市朝(장사저시조)−사(肆)는 사형한 사람의 시체를 버려두는 것이므로 대부 이상은 조(朝)에, 사(士) 이하는 시(市)에 버린다. ㅇ妻妾執(처첩집)−죄인의 처첩이 구집(拘執)되는 것. ㅇ有先人之敝廬在(유선인지폐려재)−선조로부터 전해 오는 자택이 있다는 말.

[解說] 등성공(滕成公)의 상(喪)을 조문하기 위하여 노나라의 소공(昭公)은 자숙경숙을 정사(正使)로 하고, 자복혜백을 부사(副使)로 해서 등나라에 보냈다. 등나라 근교에 이르러서 의백의 일로 꺼려하여 성내로 들어가지 않으니 혜백이, "숙부와의 사사로운 일로 인해서 공사를 그르칠 수 없다."고 말하자 곧 들어가므로 경숙도 따라 들어갔다는 것이다.

궤상은 조상하러 온 애공의 사자를 길에서 궁실의 형상을 그려놓고 맞아 조상을 받았다. 그것은 아주 실례된 일이었다. 그러나 기량의 아내는 그의 말과 하는 일이 아주 정정당당하였다. 전쟁에서 전사한 남편의 영구를 맞아 길에서 통곡하는 아내에게 임금이 길에서 조상하려고 하니 기량의 아내는 이렇게 말하였다.

"임금의 신하인 남편이 전사했으니 그에게 싸움에 대한 죄를 물어 형벌을 주어야 할 자라면 그 시체는 시조(市朝)에 버리고, 처첩은 붙잡혀 가야 마땅할 것입니다. 만일 그에게 죄를 줄 일이 없다면 그를 조상하는 것은 조상으로부터 전해 오는 그의 자택이 있으니 집에 가서 정당하게 조상해야 할 것입니다. 길바닥에서 조상하는 일은 군명(君命)을 욕되게 하는 일이니 그렇게 하지 마십시오."라고 하였다. 그래서 증자가 그녀를 가리켜 예를 아는 사람이라고 칭찬한 것이다.

노나라 애공(哀公)의 어린 아들 돈(虇)의 상(喪)에 애공이 발(撥)을 마련하고자 하여, 그 가부(可否)를 유약(有若)에게 물으니, 유약이 답하기를, "좋습니다, 국군(國君)의 삼신(三臣)들도 오히려 발(撥)을 마련하고 있으니까요."라고 하였다. 그러나 안류(顔柳)는 애공에게 간(諫)하여 말하기를, "천자는 춘거(輴車)의 수레바퀴에 용을 그리고 여러 나무들을 곽(椁)의 형상으로 하고 그 위를 휘장으로 덮으며, 제후는 춘거는 사용하나 바퀴에 용을 그리지 않으며 위에 덮는 휘장은 사용하지만 나무들로 곽의 모양을 짓는 일은 없습니다. 유침(楡沈)을 만들기 때문에 발(撥)을 마련하는 것이니, 노나라의 삼신(三臣)들이 춘(輴)은 폐하고 쓰지 않으면서 발만을 마련하는 것은 참람된 예를 도용(盜用)한 죄만 있을 뿐이고 실용에 맞는 것은 아닙니다. 그런데 임금이 어찌 그런 것을 배우려고 하십니까?"라고 하였다.

노나라 도공(悼公)의 어머니에 해당하는 사람〔애공의 첩〕이 죽었을 때 애공(哀公)은 재최(齊衰) 1년상(喪)의 복을 입었다. 유약(有若)이 말하기를, "첩을 위하여 재최복을 입는 것이 예에 맞는 일입니까?"라고 하였다. 공이 말하기를, "내가 그렇게 하지 않을 수 있는가. 노나라 사람들이 그를 나의 아내로 생각하고 있다."라고 하였다.

공자의 문인 계자고(季子皐)가 그의 아내를 장사지낼 때 남의 벼논을 침범하였다. 신상(申祥)이 말하기를, "청컨대 그 손실을 보상하십시오."라고 하였다. 이에 자고가 말하기를, "주인 맹씨(孟氏)는 그 일로 나를 벌주지 못하며, 벗들이 이 일로 나를 버리지 않을 것이다. 내가 이곳에서 읍장(邑長)으로 있으면서 상여가 지나가는 길을 사서〔買〕 장사지낸다면 뒤에 그 일이 계속되기 어려울 것이다.”라고 하였다.

原文 孺子䝏之喪에, 哀公이 欲設撥하사, 問於有若한데, 有若이 曰, 其可也니, 君之三臣이 猶設之하니이다. 顔柳이 曰, 天子는 龍輴而椁幬하고, 諸侯는 輴而設幬하되, 爲楡沈故로 設撥하나니, 三臣者이 廢輴而設撥하니, 竊禮之不中者也니, 而君이 何學焉이니꼬.

(유자돈지상 애공 욕설발 문어유약 유약
왈 기가야 군지삼신 유설지 안류 왈 천자
용춘이곽도 제후 춘이설도 위유침고 설발
삼신자 폐춘이설발 절례지부중자야 이군 하학언)

悼公之母死커늘, 哀公이 爲之齊衰한데, 有若이 曰, 爲妾하여 齊衰이 禮與니까. 公이 曰, 吾는 得已乎哉아. 魯人이 以妻我니라.

(도공지모사 애공 위지재최 유약 왈 위첩
재최 예여 공 왈 오 득이호재 노인 이처아)

季子皐이 葬其妻할새, 犯人之禾어늘, 申祥이 以告曰, 請庚之하라. 子皐이 曰, 孟氏不以是로 罪予하며, 朋友不以是로 棄予하리니, 以吾爲邑長於斯也라, 買道而葬이면, 後難繼也니라.

(계자고 장기처 범인지화 신상 이고왈 청경지
자고 왈 맹씨불이시 죄여 붕우불이시 기여
이오위읍장어사야 매도이장 후난계야)

註解   o孺子䝏(유자돈)―어린 아들 돈이란 말. 돈은 노나라 애공(哀公)의 작은아들. o撥(발)―영구를 끄는 줄이란 뜻. o君之三臣(군지삼신)―노나라 임금의 삼신(三臣)을 말한 것이므로, 맹손씨(孟孫氏), 숙손씨(叔孫氏), 계손씨(季孫氏)를 가리킨 것이다. o龍輴而椁幬(용춘이곽도)―천자는 상여차의 수레바퀴에 용을 그리고 많은 나무들을 둘러서 곽(椁)처럼 하고 위에 휘장을 덮는 것. o輴而設幬(춘이설도)―제후의 경우에는 춘거

(輴車)를 사용하지만 용은 그리지 않으며 위에 휘장은 덮으나 관 주위에 많은 나무들을 곽처럼 둘러세우지 않는다는 말. ㅇ楡沈(유침)—상여차의 바퀴를 미끄럽게 잘 구르도록 하기 위하여 바퀴 앞에 뿌리는 것. ㅇ廢輴 而設撥(폐춘이설발)—춘거(輴車)의 사용은 폐지하면서 춘거의 바퀴를 잘 구르게 하기 위해서는 발(撥)을 마련한다. ㅇ竊禮之不中者(절례지부중자)— 참례(僭禮)를 도용(盜用)하되 실용(實用)에 맞지 않는 것이란 말. ㅇ君何 學焉(군하학언)—임금이 어찌 그런 무의미한 일을 배우겠느냐는 말. ㅇ得 已乎哉(득이호재)—그렇게 하지 않을 수 있겠는가란 뜻. ㅇ妻我(처아)— 나의 아내로 대우한다는 말. ㅇ季子皐(계자고)—공자의 제자인 고시(高 柴). ㅇ請庚之(청경지)—손실을 보상하기를 청한다는 말. ㅇ買道而葬(매 도이장)—길을 사서 장사 행렬이 지나간 것과 같다는 뜻. ㅇ後難繼也(후 난계야)—뒷사람이 그러한 일을 계속하기 어려울 것이라는 말.

解說 천자나 제후는 방계(傍系)의 기년복을 입지 않는 것이며, 첩 에게는 복이 없다. 오직 대부만이 귀첩(貴妾)을 위하여 시마복을 입는 것이라고 한다. 그런데 애공(哀公)이 정(情)에 빠져서 예를 그르친 것 을 아름답게 꾸며서 말하고 있다. 계자고의 태도에 대해서 유씨(劉氏) 라는 사람은 이렇게 말하였다. 계자고는 공자의 제자 고시(高柴)이다. 공자는 일찍이 “고시는 어리석구나.”라고 말한 일이 있다. 《가어(家 語)》나 《예경(禮經)》의 기록에 보면 그는 어진 사람이라는 것을 알 수 있다. 그가 성재(成宰) 때에 이러한 일이 있었다고 하니 정말 믿기 지 않는 일이다. 그러나 그가 말하기를, “맹씨가 이 때문에 나를 벌주 지 못할 것이며, 벗들은 이 일로 나를 버리지 않을 것이다.”라고 한 것은 남의 벼논을 침해한 과실은 작은 것이고, 길을 사는 일의 해는 크다고 생각했기 때문일 것이다.

벼슬을 하고는 있으나 아직 국록(國祿)을 받지 않는 자에게 임금이 음식을 공궤하는 일이 있을 때에는 ‘드린다[獻]’라고 말하며, 사자(使 者)로 보낼 때에는 임금은 자신을 과군(寡君)이라고 일컫는다. 나라를 떠나 외국에 간 뒤에 임금이 훙(薨)하면 복을 입지 않는다.

장사를 끝내고 우제(虞祭) 때가 되면 시동씨를 세우고 신(神)이 의지할 걸상과 자리, 즉 궤연(几筵)을 마련한다. 졸곡(卒哭)이 되면 이름을 휘(諱)한다. 이때부터 산 사람으로 섬기는 일은 끝나고, 귀신으로 섬기는 일이 시작되는 것이다. 이미 졸곡을 지내고 나면 재부(宰夫)가 목탁을 치고 궁중에 명령을 내려 말하기를, "고조(高祖)의 아버지의 휘(諱)는 버리고 새로 죽은 자를 휘하라."라고 하면서 침문(寢門)에서 고문(庫門)에 이른다.

두 자로 된 이름은 한 글자만은 휘하지 않는다. 공자 어머니의 이름이 징재(徵在)인데 '재'라고 말하지만 '징'까지 붙여서 말하지 않으며, '징'이라고는 말하지만 '재'까지 붙여서는 말하지 않는다.

전쟁에서 패전하면 소복 차림으로 고문(庫門) 밖에서 곡한다. 패전을 보고하러 가는 수레에는 갑옷 넣는 갑옷집과 활집을 싣지 않는다.

종묘에 화재가 일어났을 때에는 임금은 3일간을 곡한다. 그러므로 《춘추(春秋)》에 말하기를, '신궁(新宮)이 불타니 또한 3일 동안 곡하였다'라고 하였다.

原文 仕而未有祿者는, 君有饋焉曰獻이라 하며, 使焉曰寡君이니, 違而君薨이어든, 弗爲服也니라.
(사이미유록자 군유궤언왈헌 사언왈과군
위이군훙 불위복야)

虞而立尸하고 有几筵이니라. 卒哭而諱는, 生事畢而鬼事始已니라. 旣卒哭하고, 宰夫執木鐸하여, 以命于宮曰, 舍故而諱新이니, 自寢門으로 至於庫門이니라.
(우이입시 유궤연 졸곡이휘 생사필이귀사시이
기졸곡 재부집목탁 이명우궁왈 사고이휘신
자침문 지어고문)

二名을 不偏諱니, 夫子之母名이 徵在러시니, 言在不稱徵하시며, 言徵不稱在하더시다.

(이명 불편휘 부자지모명 징재 언재불칭징
언징불칭재)

軍이 有憂어든, 則素服으로 哭於庫門之外니, 赴車에 不載橐韜이니라.

(군 유우 즉소복 곡어고문지외 부거 부재고창)

有焚其先人之室이어든, 則三日哭이니, 故로 曰, 新宮이 火어늘, 亦三日哭이라 하니라.

(유분기선인지실 즉삼일곡 고 왈 신궁 화
역삼일곡)

註解   ○仕而未有祿(사이미유록)—벼슬길에 올랐으나 아직 지위가 정해지지 않아 국록을 받지 않는다는 말. ○饋(궤)—음식 대접을 하는 것. ○違(위)—위리(違離). 즉 뜻이 맞지 않아 멀리 떠나간다는 말. ○几筵(궤연)—죽은 자의 혼백이나 신주를 모시는 안석과 자리. ○諱(휘)—죽은 사람의 이름을 피하는 것. 죽은 뒤에는 이름 부르기를 피하고 시호를 불렀다. ○生事畢而鬼事始(생사필이귀사시)—졸곡(卒哭)이 되면 산 사람으로 섬기던 모든 예는 그치고 귀신을 섬기는 도리로써 섬기기 시작한다는 말. ○宰夫執木鐸(재부집목탁) 以命于宮(이명우궁)—졸곡을 마친 뒤에 재부(宰夫)를 시켜서 금구목설(金口木舌)의 목탁을 흔들면서 궁중에 명령을 내리게 한다는 것. ○舍故而諱新(사고이휘신)—종래의 선대의 이름을 휘하는 것을 피하고, 새로 죽은 자의 이름을 휘한다는 말. ○寢門(침문)—노문(路門). 궁중의 가장 안쪽에 있는 문. ○庫門(고문)—왕궁의 가장 바깥쪽에 있는 문. ○二名不偏諱(이명불편휘)—두 글자로 된 이름의 한 글자씩을 휘하지 않는다는 말. ○軍有憂(군유우)—군(軍)에 근심이 있다는 말. 즉 전쟁에서 패전했다는 뜻. ○素服(소복) 哭於庫門之外(곡어고문지외)—전쟁에서 패전하면 소복 차림으로 종묘 가까이에 있는 고문(庫門) 밖에서 곡한다는 말. ○赴車不載橐韜(부거부재고창)—패전을 보고하러 가는 수레

에는 갑옷집과 활집을 싣지 않는다는 말. ㅇ先人之室(선인지실)—종묘.
종묘 안의 선고(先考)의 신주를 모신 방. ㅇ新宮(신궁)—종묘에 신주가
새로 들어간 묘실(廟室).

解說 벼슬길에 오르기는 했으나 아직 국록을 받지 않은 자는 빈객
으로 대우하고, 아직 신하로 대우하지 않는다. 그런 관계로 임금이 그
에게 음식을 대접할 때에는 '내려준다[賜]'고 하지 않고 '드린다[獻]'
라고 하며, 그를 사자(使者)로 보내는 경우에는 임금은 자신을 '과군
(寡君)'이라고 겸칭한다. 그러므로 빈주(賓主)의 도(道)로써 대하는
것이고, 군신(君臣)의 예로써 대하는 것이 아닌 것이다. 따라서 임금
과 뜻이 맞지 않아 외국으로 멀리 떠나갔을 때에는 임금이 훙(薨)하
면 그는 구주(舊主)를 위한 복을 입지 않는다고 한다. 사람이 죽으면
장사를 지낼 때까지는 차마 죽은 사람으로 대우하지 못하고 산 사람
을 섬기는 도리로 섬긴다. 그래서 우제 이전을 전(奠)이라 말하고, 우
제 이후를 제(祭)라고 일컫는다. 그리고 졸곡이 되면 산 사람으로 섬
기는 일은 끝나고 귀신을 섬기는 도리와 예로써 섬기게 된다. 그 신으
로 섬긴다는 일을 재부(宰夫)를 시켜 노문(路門)에서 고문(庫門)에
이르기까지 온 궁중에 명령을 선포한다.

　그 명령에서 이미 대진(代盡)하여 조천(祧遷)해야 할 고조(高祖)의
아버지의 이름을 휘(諱)하는 일은 폐하고, 새로 입묘(入廟)할 신사자
(新死者)의 이름을 휘하라고 선포한다. 모든 조상의 이름을 모두 휘
한다면 휘할 말이 너무 많아서 피하기 어렵게 될 것이므로 대진한 조
상에 대하여는 휘하지 않는다는 것이다. 그리고 휘하는 방법은 두 자
로 된 이름인 경우에 그 이름을 구성한 두 글자 중의 한 글자는 휘하
지 않는다. 만일 종묘에 불이 나서 아버지의 신주를 모신 묘실이 불타
면 3일 동안 곡한다는 것이다. 여기에서는 《춘추(春秋)》에 있는 고사
(故事)를 인용하여 종묘에 있는 아버지의 사당이 불타면 3일 동안 곡
하는 것이 예라는 것을 설명하고 있다.

공자가 태산(泰山) 곁을 지나가는데, 한 부인이 무덤 앞에서 슬피

울고 있었다. 공자가 수레 앞의 가로대나무를 잡고 머리를 숙여 경의
를 표하고, 우는 소리를 듣고는 자로(子路)를 시켜서 사유를 물었다.
"부인께서 곡하는 것이 몹시 중첩된 근심이 있는 것 같습니다." 부인
이 말하였다. "그렇습니다. 옛날 나의 시부(媤父)가 범에게 물려 죽었
고, 다음에는 남편이 물려 죽었으며, 이번에는 아들이 또 범에게 물려
죽었습니다." 공자가 말하였다. "어째서 다른 곳으로 옮기지 않습니
까?" 부인이 말하였다. "그러나 이곳에는 가혹한 정치가 없습니다."
공자가 말하였다. "제자들아 명심하여라. 가혹한 정치는 백성에게 있
어서 범보다도 더 무섭다는 것을."

原文 孔子이 過泰山側하실재, 有婦人이 哭於墓者而哀어늘,
夫子이 式而聽之하시고, 使子路로 問之曰, 子之哭也이, 壹似重
有憂者하다. 而曰, 然하니이다. 昔者에 吾舅이 死於虎하며, 吾夫
이 又死焉하고, 今에 吾子이 又死焉하오이다. 夫子이 曰, 何爲不
去也오. 曰, 無苛政하오이다. 夫子이 曰, 小子야 識之하라. 苛政
이 猛於虎也로다.
　　(공자 과태산측 유부인 곡어묘자이애
　　부자 식이청지 사자로 문지왈 자지곡야 일사중
　　유우자 이왈 연 석자 오구 사어호 오부
　　우사언 금 오자 우사언 부자 왈 하위불
　　거야 왈 무가정 부자 왈 소자 지지 가정
　　맹어호야)

註解 ㅇ泰山(태산)-중국 오악(五岳)의 하나로 지금의 산동성 서부에
있다. ㅇ壹似重有憂者(일사중유우자)-틀림없이 중첩(重疊)된 근심이 있
는 것 같다는 말. 일(壹)은 결정적인 뜻을 나타내는 말. ㅇ何爲不去也(하
위불거야)-어째서 다른 곳으로 옮겨가지 않느냐는 뜻. ㅇ苛政(가정)-가
혹한 정치. 까다롭고 혹독한 정치. ㅇ識之(지지)-기억해 두라는 말.

解說　가혹한 정치는 범보다도 더 무섭다는 것을 논술하고 있다. 태산 옆에 살고 있는 과부가 시아버지도, 남편도, 그리고 아들도 범에게 물려 죽었건만 그곳을 떠나지 않는 것은, 그곳에는 가혹한 정치가 없기 때문이라고 하였다. 그것은 가혹한 정치는 사나운 범보다도 더 무섭다는 것을 말한 것이다.

노(魯)나라에 〔현명하다고 이름난〕 주풍(周豊)이라는 사람이 있었다. 애공(哀公)이 예물을 갖고 만나보기를 청하니, "만나지 않겠습니다."라고 거절해 왔다. 그래서 애공(哀公)이, "그렇다면 만나보는 것을 그만두겠다."라고 말한 후 사람을 보내어 묻기를, "유우씨(有虞氏)는 일부러 백성들에게 믿음성을 보이려고 시위(施爲)하지 않았건만 백성들이 그를 믿었으며, 하후씨(夏后氏)는 백성들에게 일부러 공경함을 보이려고 시위하지 않았건만 백성들이 그를 공경하였습니다. 이 두 사람은 도대체 무엇을 어떻게 했기에 믿음이나 공경을 받게 되었겠습니까?"라고 하였다. 주풍이 대답하기를, "허묘(虛墓) 사이에서는 백성들에게 슬퍼할 것을 시키지 않아도 백성들 스스로가 슬퍼하고, 사직·종묘의 근처에 이르면 백성들에게 공경하라고 시키지 않아도 백성들은 스스로 공경하게 되는 것입니다. 은나라 사람들이 맹세〔誓〕를 맺으니 백성들은 비로소 배반했으며, 주(周)나라는 사람들이 회합을 가지니 백성들은 비로소 의심을 하였습니다. 진실로 예의와 충신과 성각지심(誠慤之心)없이 백성에게 임한다면 비록 굳게 맺은들 백성들이 풀어지지 않을 수 있겠습니까?"라고 하였다.

상장(喪葬)의 예를 후하게 거행하기 위해 거택(居宅)을 근심하게 만들지 않으며, 거상(居喪)에 지나치게 야위도록 하여 몸이 위태롭게 만들지 않는다. 상장의 예를 위하여 살아갈 집을 근심하지 않도록 하지 않는 것은 집이 없으면 사당이 있을 수 없기 때문이고, 상중에 몸을 위태롭게 만들지 않는 것은 몸이 없으면 무후(無後)하게 되기 때문이다.

[原文] 魯人에 有周豊也者러니, 哀公이 執摯하사 請見之하온데, 而曰, 不可하니이다. 公이 曰, 我其已夫인저, 使人問焉曰, 有虞氏는 未施信於民이라도, 而民이 信之하며, 夏后氏는 未施敬於民이라도, 而民이 敬之하니, 何施而得斯於民也오. 對曰, 墟墓之閒에, 未施哀於民이라도, 而民이 哀하며, 社稷宗廟之中에, 未施敬於民이라도, 而民이 敬하고, 殷人이 作誓, 而民이 始畔하며, 周人이 作會, 而民이 始疑하니, 苟無禮義忠信誠慤之心以涖之면, 雖固結之한들, 民其不解乎아.

(노인 유주풍야자 애공 집지 청견지
이왈 불가 공 왈 아기이부 사인문언왈 유우
씨 미시신어민 이민 신지 하후씨 미시경어
민 이민 경지 하시이득사어민야 대왈 허묘지
간 미시애어민 이민 애 사직종묘지중 미시
경어민 이민 경 은인 작서 이민 시반
주인 작회 이민 시의 구무예의충신성각지심이리지
수고결지 민기불해호)

喪不慮居하며, 毀不危身이니, 喪不慮居는, 爲無廟也요. 毀不危身은, 爲無後也니라.

(상불려거 훼불위신 상불려거 위무묘야 훼불
위신 위무후야)

[註解] 執摯請見之(집지청견지)-예물을 갖고 뵙기를 청하는 것. ○而曰不可(이왈불가)-불가(不可)하다고 한 말. ○我其已夫(아기이부)-나는 그렇게 하기를 그만두었다는 말. 즉 만나보는 것을 중지하기로 하였다는 말. ○墟墓之閒(허묘지간)-잡초가 우거진 주인 없는 무덤들이 쓸쓸히 있는 곳. ○誠慤之心(성각지심)-정성스럽고 진실한 마음. ○喪不慮居(상불려거)-상례는 집안 형편에 따라서 하고, 무리하게 후장(厚葬)하여 패가

(敗家)하는 근심이 없게 해야 한다는 말. ㅇ毁不危身(훼불위신)—상을 당하여 너무 슬퍼함으로써 몸이 야위어 생명이 위태롭게 해서는 안된다는 말. ㅇ爲無廟也(위무묘야)—후장(厚葬)하여 패가(敗家)하는 일이 없도록 하라는 것은, 집이 없으면 사당이 있을 수 없기 때문이다. ㅇ爲無後(위무후)—상중에 몸이 위태롭게 야위지 말라는 것은, 몸이 위태하게 되면 조상의 제사를 이을 후손이 끊어지기 때문이다.

解說 임금이 백성들에게 임하는 것은 마땅히 예의와 충신(忠信)을 근본으로 해야 한다는 것을 논한 것이다. 임금이 진정으로 정성스럽고 충실한 마음을 가지고 백성을 대한다면 백성들은 스스로 믿고 공경하는 마음을 가지게 되겠지만, 만일 임금의 마음이 진실로 정성스럽고 진실하지 않다면 비록 백성들로 하여금 맹세하게 하고 백성들을 회합시켜 소리 높이 외칠지라도 효과가 없다는 것을 말한 것이다. 마음에는 없으면서 입으로만 말하는 것은 백성들에게 아무런 감명(感銘)도 줄 수 없다는 것을 시사한 것이다.

　연릉(延陵)의 계자(季子)가 제(齊)나라로 갔다 돌아오는 도중에 그의 맏아들이 죽어 제나라의 영읍(嬴邑)과 박읍(博邑)의 중간 지점에 장사하였다. 공자가 말하기를, "연릉 계자는 오(吳)나라의 예에 밝은 사람이다."라고 말하고 그가 장사지내는 것을 가보았다. 그 광중(壙中)의 깊이는 알맞으며, 그 염(斂)하는 것은 그때의 옷을 사용했으며, 이미 장사지내고 나서는 봉분하였는데 가로와 길이가 겨우 구덩이를 덮을 만하고 그 높이는 손으로 짚을 만하였다. 봉분을 마치고 나서는 왼쪽 팔의 어깨를 드러내놓고는 오른쪽으로 그 무덤을 돌고, 또 세 번 부르짖어 말하기를, "뼈와 살이 흙으로 되돌아갔으니 천명(天命)이로다. 혼기(魂氣)는 어디든지 갈 수 있다, 어디든지 갈 수 있다."라고 말하고 가버렸다. 공자가 말하기를, "연릉계자(延陵季子)가 하는 일은 모두 예에 합당한 것 같구나."라고 하였다.

原文 延陵季子이 適齊러니, 於其反也에, 其長子이 死커늘, 葬
於嬴博之閒하더니, 孔子이 曰, 延陵季子는, 吳之習於禮者也라
하시고, 往而觀其葬焉하시니, 其坎深이 不至於泉하며, 其斂以時
服하며, 旣葬而封하니, 廣輪이 揜坎하며, 其高이 可隱也러니. 旣
封하고, 左袒하여 右還其封하여, 且號者三曰, 骨肉이 歸復于土
하니 命也로다. 若魂氣則無不之也며, 無不之也라 하고 而遂行한
데, 孔子이 曰, 延陵季子之於禮也에, 其合矣乎인저.

　(연릉계자 적제 어기반야 기장자 사 장
　어영박지간 공자 왈 연릉계자 오지습어예자야
　왕이관기장언 기감심 부지어천 기렴이시
　복 기장이봉 광륜 엄감 기고 가은야 기
　봉 좌단 우선기봉 차호자삼왈 골육 귀복우토
　명야 약혼기즉무부지야 무부지야 이수행
　공자 왈 연릉계자지어예야 기합의호)

註解　○延陵季子(연릉계자)─오(吳)나라의 공자(公子) 찰(札)이 연릉
(延陵)에 가서 있었으므로 연릉계자라 부르게 되었다고 한다. ○嬴博之閒
(영박지간)─영읍(嬴邑)과 박읍(博邑)은 제나라의 고을 이름. 영박지간이
란 영읍과 박읍 두 고을의 중간지점이란 뜻. ○習於禮者(습어예자)─예에
밝은 사람. ○坎深不至於泉(감심부지어천)─구덩이, 즉 광중의 깊이가 깊
지도 얕지도 않고 알맞다는 뜻. ○斂以時服(염이시복)─죽은 때의 한서
(寒暑)에 따른 옷으로 염(斂)하고 새로 만들지 않는다는 말. ○旣葬而封
(기장이봉)─이미 매장을 마치고 봉분을 함. ○廣輪揜坎(광륜엄감)─봉분
한 것이 가로 세로의 구덩이를 겨우 덮을 정도라는 말. ○其高可隱(기고
가은)─손으로 짚을 만하다는 뜻. ○左袒(좌단)─왼쪽 팔의 옷을 벗고 어
깨를 드러낸다는 말. ○右還其封(우선기봉)─그 봉분을 오른쪽으로 돈다
는 말. ○骨肉歸復于土(골육귀복우토)─뼈와 살이 흙으로 되돌아갔다는
말. ○命也(명야)─자연의 이치. 정해진 운명이라는 뜻. ○魂氣則無不之
也(혼기즉무부지야)─사람이 죽으면 혼이 어디든지 갈 수 있다는 말.

주루(邾婁)의 고공(考公)의 상(喪)에 서(徐)나라의 임금이 용거(容居)를 사자(使者)로 보내와서 조상하고 반함(飯含)하려고 하였다. 용거〔주루의 관원〕에게 말하기를, "과군(寡君)이 용거로 하여금 꿇어 앉아서 반함하게 하여 후옥(侯玉)을 올리게 하여 주십시오."라고 하였다. 그리하여 용거가 반함을 하려고 하니, 주루의 담당관이 말하였다. "제후나 그 사자가 고맙게도 우리나라에 오실 경우, 신하로서 간이하게 예를 행하는 자는 신하로서의 간이한 예를 행하고, 임금이 직접 와서 남의 임금으로서 광대(廣大)한 예를 행하는 사람은 임금으로서 광대한 예를 행합니다. 신하의 간이한 예와 임금의 광대한 예를 혼합해서 행한 일은 아직 전례가 없습니다." 그러자 용거가 대답하였다. "나는 '임금을 섬기는 자는 임금을 생각하기에 힘쓰고, 또 임금의 선조에 대해서도 잊지 않도록 힘쓰지 않으면 안된다.'라고 들었습니다. 옛날 선군(先君)인 구왕(駒王)이 서방(西方)을 토벌하고 강을 건넜을 때부터 우리나라의 임금은 왕이라 칭하고 있습니다. 나는 우둔한 자이지만 구왕에 대해서 잊지 않고 있습니다. 〔나는 왕의 사자이므로 반함을 거행하게 하여도 되는 것입니다〕"

자사(子思)의 어머니가 위(衛)나라에서 죽어 자사에게 부고가 왔다. 자사가 사당에서 곡을 하니, 문인(門人)이 와서 말하기를, "서씨(庶氏)에게 개가(改家)한 어머니가 죽었는데 어째서 공씨(孔氏)의 사당에서 곡을 하십니까?"라고 하였다. 자사가 말하기를, "아아, 내가 잘못했다. 내가 잘못했다."라고 하더니 곧 다른 방으로 옮겨서 곡하였다.

原文 邾婁考公之喪에, 徐君이 使容居로 來弔含한데, 曰, 寡君이 使容居로 坐含하여, 進侯玉이라 하고 其使容居以含한데, 有司이 曰, 諸侯之來辱敝邑者는, 易則易하고, 于則于하나니, 易于雜者는, 未之有也니라. 容居이 對曰, 容居는 聞之하니, 事君이어든, 不敢忘其君하며, 亦不敢遺其祖니, 昔에 我先君駒王이,

西討하실새 濟於河하사, 無所不用斯言也하시니, 容居는 魯人也
라, 不敢忘其祖호라.

　(주루고공지상 서군 사용거 내조함 왈 과
　군 사용거 좌함 진후옥 기사용거이함
　유사왈 제후지래욕폐읍자 이즉이 우즉우 이
　우잡자 미지유야 용거 대왈 용거 문지 사군
　불감망기군 역불감유기조 석 아선군구왕
　서토 제어하 무소불용사언야 용거 노인야
　불감망기조)

子思之母이 死於衛커늘, 赴於子思한데, 子思이 哭於廟하시니,
門人이 至曰, 庶氏之母死커늘, 何爲哭孔氏之廟乎니이꼬. 子思
이 曰, 吾이 過矣여, 吾이 過矣라 하시고, 遂哭於他室하시다.

　(자사지모 사어위 부어자사 자사 곡어묘
　문인 지왈 서씨지모사 하위곡공씨지묘호 자사
　왈 오 과의 오 과의 수곡어타실)

註解　　ㅇ邾婁(주루)―추(鄒)나라의 전신. 노(魯)나라 목공(穆公) 때에
추나라로 바뀌었다.　ㅇ徐(서)―지금의 강소성(江蘇省) 북서부 서주(徐州)
근처에 있던 나라.　ㅇ考公(고공)―은공(隱公) 익(益)의 증손.　ㅇ來弔含
(내조함)―와서 조상하고 반함(飯含)한다는 말.　ㅇ坐含(좌함)―꿇어앉아
서 반함하는 것.　ㅇ進侯玉(진후옥)―주군(邾君)을 자기의 제후라고 생각
한 서군(徐君)이 후(侯)에게 옥(玉)을 올린다고 말한 것.　ㅇ易則易(이즉
이)―신하면 신하로서 간이한 예를 올릴 뿐이라는 말.　ㅇ于則于(우즉우)―
남의 임금으로서 임금에 대한 예를 행하려면 넓고 큰 예를 행해야 한다
는 말.　ㅇ易于雜者(이우잡자)―간이한 신하의 예와 크고 넓은 임금의 예
가 뒤섞인 것.　ㅇ不敢遺其祖(불감유기조)―조상의 유훈(遺訓)을 감히 저
버리지 못한다는 말.　ㅇ魯人(노인)―여기서는 노둔(魯鈍)한 사람. 우직한
사람이라는 말로 쓰인다.　ㅇ子思之母死於衛(자사지모사어위)―자사의 어
머니가 위나라에서 죽었다는 말. 자사의 어머니는 남편 백어(伯魚)가 죽

은 뒤 위나라 서씨(庶氏)에게 개가했었다. ○赴於子思(부어자사)-자사에게 부고가 왔다는 말. 부(赴)는 부(訃)와 같다. ○子思哭於廟(자사곡어묘)-자사가 어머니의 부고를 듣고 자기 집 사당에 가서 곡하였다는 말. ○他室(타실)-이실(異室)이므로 사당이 아닌 다른 방이라는 뜻.

解說 서(徐)나라의 임금이 왕(王)을 참칭하여 스스로 천자에 비유하고 주군(邾君)을 자기의 제후로 대우하여 그의 신하 용거를 보내어 반함하려고 하였다. 제후가 제후에게 대부를 시켜 반함하게 하는 것은 실례인 것이다. 그러나 천자가 자기의 대부를 시켜 제후에게 반함하는 것은 실례가 아니다. 그것은 천자의 대부와 제후는 그 지위가 동등하기 때문이다. 서나라의 신하인 용거가 반함하려는 것을 보고, 주(邾)나라의 담당관이 거부하였다. "당신은 제후의 신하로서 임금의 예를 행하려고 하지만 우리나라에는 그러한 전례가 없습니다."라고 하였다. 이에 용거는 서나라 임금의 선왕인 구왕 때부터 왕으로 일컬었으며 세력이 강대하여 그의 말을 듣지 않는 제후가 없었다는 것을 말하고, 그러니 천자의 대부인 자기가 제후인 주군(邾君)에게 천자의 사자로서 반함하는 것은 실례가 아니라고 주장한 것이다.

　개가(改家)해 간 자는 본 시집과의 은의(恩義)가 끊어진 것이다. 그러므로 이미 서씨(庶氏)의 집으로 개가했다가 죽은 어머니를 위하여 자사가 공씨(孔氏)의 사당에서 곡하는 것은 잘못이라는 것이다.

천자가 붕(崩)하면 사후 3일에 축인(祝人)이 먼저 상장을 짚고, 5일에 관장(官長)이 상장을 짚고, 7일에 나라 안의 남녀가 상복을 입고, 3개월이 되면 천하 제후의 대부 모두가 상복을 입는다.

[천자가 붕하면] 우인(虞人)이 백사(百祀)의 나무로서 관곽(棺椁)을 만들 만한 관재(棺材)를 베어서 가져오게 한다. 만약 나무를 보내오지 못하면 그 사(祀)를 폐지하고 그 사람의 목을 잘라 죽인다.

어느 해 제(齊)나라가 크게 흉년이 들었을 때 금오(黔敖)가 길에서 밥을 지어가지고 굶주린 자를 기다려서 먹이고 있었다. 거기에 굶주린 사람이 소매로 얼굴을 가리고 다리를 절면서 비틀거리며 걸어오고 있었다. 금오는 왼손에 밥을 들고 오른손에 마실 것을 들고 말하였다. "어서 와서 먹어라."고 하였더니, 그는 눈을 치켜올리고 금오를 보면서 말하기를, "나는 오직 '어서 와서 먹어라'며 주는 음식을 먹지 않았기 때문에 이토록 쇠약해졌소."라고 하였다. 그래서 금오는 잘못되었다고 사과하였으나 그는 끝내 먹지 않고 죽었다. 증자(曾子)가 듣고 말하기를, "마음이 좁구나, 그 '어서 와서 먹어라.'라고 한 무례한 말에는 거절하면 되지만, 사과했으면 먹어야 할 것이다."라고 하였다.

原文 天子이 崩커시든, 三日에 祝이 先服하고, 五日에 官長이 服하고, 七日에 國中男女이 服하고, 三月에 天下이 服하나니라.
　　(천자 붕 삼일 축 선복 오일 관장
　　복 칠일 국중남녀 복 삼월 천하 복)

虞人이 致百祀之木으로 可以爲棺椁者하여 斬之하되, 不至者면 廢其祀하며, 刜其人하나니라.
　　(우인 치백사지목 가이위관곽자 참지 부지자
　　폐기사 문기인)

齊이 大饑커늘, 黔敖이 爲食於路하여, 以待餓者而食之하더니, 有餓者蒙袂輯屨하여, 貿貿然來어늘, 黔敖이 左奉食하고, 右執飮曰, 嗟라, 來食하라. 揚其目而視之曰, 予唯不食嗟來之食이라, 以至於斯也라하니라. 從而謝焉한데, 終不食而死하니, 曾子이 聞之曰, 微與니, 其嗟也엔 可去어니와 其謝也엔, 可食이니라.
　　(제 대기 금오 위식어로 이대아자이식지
　　유아자몽메집구 무무연래 금오 좌봉식 우집
　　음왈 차 내식 양기목이시지왈 여유불식차래지식
　　이지어사야 종이사언 종불식이사 증자 문
　　지왈 미여 기차야 가거 기사야 가식)

[註解] ㅇ官長服(관장복)―관장(官長)은 대부와 사(士)를 일컫는 말. 복은 상장(喪杖)을 뜻한다. ㅇ祝先服(축선복)―축(祝)은 붕어에 임해서 유체의 처리에 바쁘고, 더구나 침식이 충분하지 않으며 피로하기 쉽기 때문에 먼저 장(杖)을 사용하는 것이 허용된다. 복(服)은 상장(喪杖)을 뜻한다. ㅇ國中男女服(국중남녀복)―기내(畿內)의 백성들과 서인(庶人)의 관(官)에 있는 자들이 입는 재최복. ㅇ三月天下服(삼월천하복)―천자가 죽은 뒤 석달만에 온 천하가 복을 입는다는 말. ㅇ虞人(우인)―산림천택(山林川澤)을 맡은 관원(官員). ㅇ致百祀之木(치백사지목)―모든 신사(神祀) 경내의 나무들 중에서 관곽(棺槨)의 재목으로 할만한 것을 벌채해 올리게 한다는 말. ㅇ蒙袂(몽몌)―소매로 낯을 덮어 가리우는 것. 옷자락을 낯에 뒤집어 씌운 것. ㅇ輯屨(집구)―피로해 신을 신을 수 없다는 말. 피로해서 절뚝거리며 걷는 것. ㅇ貿貿然來(무무연래)―머리를 힘없이 떨어뜨린 채 상기(喪氣)한 모양. ㅇ嗟來食(차래식)―탄식하고 가엾어하며 먹으라는 것. ㅇ揚其目而視之(양기목이시지)―눈을 치떠보는 것. ㅇ從而謝焉(종이사언)―그래서 잘못되었다고 사과하는 것. ㅇ微與(미여)―사소한 일이란 뜻. ㅇ其嗟也可去(기차야가거)―어서 와서 먹으란 말은 실례라고 하여 그대로 갈 수도 있다는 말. ㅇ其謝也可食(기사야가식)―그러나 그가 사과했으면 밥을 먹어야 할 것이라는 말.

[解說] 천자가 죽으면 3일만에 태축(大祝)·상축(商祝) 등이 제일 먼저 상장(喪杖)을 짚는다. 그리고 5일만에 대부와 사(士)들이 또한 상장을 짚는다. 그런 다음 7일이 되면 나라 안의 남녀가 재최복(齊衰服)을 입는다. 그리고 3개월이 되면 천하의 제후와 대부들이 세최(繐衰)의 복을 입는다. 축(祝)은 3일에, 관장(官長)은 5일에 상장을 짚는 것의 선후가 있음은 심신(心身)의 노고에 경중(輕重)이 있기 때문이고, 7일에 국내의 남녀가 복을 입는 것은 예제에 정한 바의 복을 입되 사왕(嗣王)의 성복을 기다리기 때문이다. 3개월만에 천하의 제후와 대부가 세최의 복을 입는 것은 거리가 멀리 떨어져 있기 때문이라고 한다.

 큰 흉년에 금오라는 사람이 길에서 밥을 지어 굶주린 자에게 먹이고 있었다. 그때 힘없이 걸어오는 굶주린 사람을 보고 "어서 와서 먹어라.”라고 말하였더니 눈을 치켜뜨면서 그런 말을 듣고 먹지 않았기 때문에 이토록 쇠약하게 되었다고 하였다. 즉 나는 그처럼 존경하는 태도가 없는 무례한 음식은 먹지 않는다는 것이었다. 금오는 잘못되었다고 사과하였다. 그래도 그는 끝내 먹지 않고 죽었다는 것이다. 증자가 그 말을 듣고 이렇게 말하였다. “금오가 한 말이 무례하다면 그 밥을 먹지 않고 갈 수도 있겠지만, 이미 잘못되었다고 사과했으니 마땅히 먹어야 할 것이다.” 이는 굶주린 자에게 음식을 줄 때에도 예를 지켜야 한다는 것을 가르쳐 주고 있는 것이다.

주루(邾婁)의 정공(定公) 시대에 자기 아비를 시해(弑害)한 자가 있었다. 유사(有司)가 그것을 정공에게 보고하니, 정공이 깜짝 놀라 몸둘 바를 몰라하며 말하였다. “이것은 과인(寡人)의 죄로다. 과인이 일찍이 이러한 옥사를 처단하는 일을 배웠다. 신하가 임금을 시해하면 모든 관(官)에 있는 자는 그를 임의로 죽여서 용서함이 없으며, 아들이 그 아비를 시해하면 집안 사람들은 임의로 그를 죽여 용서함이 없는 것이다. 그 사람을 죽이고 그의 집을 파괴하고 그 집터에 웅덩이를 파서 못을 만드는 것이다. 그리고 임금은 다음 달이 될 때까지 술을 들지 아니한다.”

진(晉)나라의 헌문자(獻文子)가 저택을 준공시켰다. 진나라의 대부들이 가서 축하하였다. 장로(張老)가 말하기를, “규모가 크고도 아름답도다. 장식이 화려하고도 아름답도다. 제사에는 여기에서 음악을 연주하고 춤추며, 상사(喪事)가 있을 때에는 여기에서 곡읍(哭泣)하고, 연례(宴禮)에는 여기에서 국빈(國賓)과 종족(宗族)을 모으게 될 것이다.”라고 하였다. 장로의 뜻은 그 지나치게 화려한 것을 싫어하여 완곡한 말로 그 자손이 또 다시 이와 같이 화려한 건축을 하는 일이 없도록 예방하려는 것이었다. 문자(文子)도 그 뜻을 알아차리고 말하기를, “무(武)가 여기에서 노래하고, 곡(哭)하고, 국빈과 종족(宗族)을 모아 연례(宴禮)를 할 수 있다면 진실로 천수를 다한 후 선대부(先大夫)가 묻힌 구원(九原)의 묘지에 안장(安葬)될 수 있을 것이다.”라고 하고 북면(北面)하여 두 번 절하고 머리를 조아렸다. 군자(君子)들이 이를 평해서 말하기를, “장로는 송축(頌祝)하는 말을 잘했고, 문자는 답사를 잘했다.”라고 하였다.

[原文] 邾屢定公之時에, 有弑其父者어늘, 有司이 以告한데, 公이 瞿然失席曰, 是는 寡人之罪也로다. 曰, 寡人은 嘗學斷斯獄矣로니, 臣弑君이어든, 凡在官者이 殺無赦하며, 子弑父어든, 凡在宮者는 殺無赦니, 殺其人하며, 壞其室하며, 洿其宮而豬焉이니, 蓋君은 踰月而后에사 擧爵이니라.
　(주루정공지시 유시기부자 유사 이고 공
　구연실석왈 시 과인지죄야 왈 과인 상학단사옥
　의 신시군 범재관자 살무사 자시부 범
　재궁자 살무사 살기인 괴기실 오기궁이저언
　개군 유월이후 거작)

晉獻文子이 成室이어늘, 晉大夫이 發焉하더니, 張老이 曰, 美哉라 輪焉이여, 美哉라 奐焉이여. 歌於斯하며, 哭於斯하며, 聚國族於斯로다. 文子이 曰, 武也이, 得歌於斯하며, 哭於斯하며, 聚國族於斯하면, 是全要領하여 以從先大夫於九原也라 하고, 北面하여 再拜稽首한대, 君子이 謂之善頌善禱라 하니라.
　(진헌문자 성실 진대부 발언 장로왈 미
　재 윤언 미재 환언 가어사 곡어사 취국
　족어사 문자 왈 무야 득가어사 곡어사 취
　국족어사 시전요령 이종선대부어구원야 북면
　재배계수 군자 위지선송선도)

[註解] ㅇ邾屢(주루)―주(邾)나라. ㅇ瞿然(구연)―깜짝 놀라 눈을 휘둥그

렇게 뜨는 모양. ㅇ失席(실석)—몸둘 바를 몰라하는 것. ㅇ是寡人之罪也
(시과인지죄야)—과인이 교화(敎化)를 잘못하여서 이러한 인륜대변(人倫
大變)이 생겼으므로 임금인 나의 죄라고 말한 것. ㅇ嘗學斷斯獄(상학단
사옥)—이와 같은 형옥(刑獄)을 처단하는 일을 일찍이 배운 일이 있다는
말. ㅇ凡在宮者(범재궁자)—무릇 집에 있는 자. 즉 그 가족을 가리키는
말. ㅇ洿其宮(오기궁)—그 집터를 파는 것. ㅇ獻文子(헌문자)—진(晉)나라
대부 조무(趙武)의 시호(謚號). ㅇ發(발)—축사(祝祠)를 발(發)하여 축하
하는 것. ㅇ輪(윤)—건축의 규모가 큰 것. ㅇ奐(환)—장식이 화려한 것.
ㅇ國族(국족)—국빈(國賓)과 종족(宗族). ㅇ全要領(전요령)—요(要)는 요
(腰)와 통함. 영(領)은 머리, 즉 머리나 허리를 잘리는 형벌을 면하고 천
수를 다하는 것. ㅇ先大夫(선대부)—선조의 대부들, 즉 문자의 부조(父祖)
를 가리키는 말. ㅇ九原(구원)—진(晉)나라 경대부(卿大夫)들의 묘지가
있는 곳. ㅇ北面(북면)—당(堂)에 있을 때의 예. 당에 있을 때에는 빈주
(賓主)가 모두 북향하여 절한다. ㅇ頌(송)—어떤 일을 찬양하고 복을 비
는 것. ㅇ禱(도)—스스로 복을 비는 것.

解說 진(晉)나라의 문자(文子) 조무(趙武)가 집을 신축하여 낙성하
였을 때에 장로(張老)라는 사람이 축사를 잘하였고, 그에 대해서 주인
의 답사이며 기구(祈求)하는 말을 잘한 것을 기록하고 있다. 장로는
축하하기를, "아름답습니다. 집이 크고 높으며 방들도 많습니다. 이
훌륭한 저택에서 조상의 제사를 받들고, 상장(喪葬)을 거행하며, 빈객
과 친척을 초청하여 접대하시기에 훌륭하겠습니다."라고 하였다. 주인
은 대답과 동시에 스스로 기구하는 말을 이렇게 하였다. "내 여기에서
제사를 받들고, 상장을 치르고, 빈객과 친척을 불러 즐길 수 있다면
그것은 바로 내가 나라에 큰 죄를 짓지 않고 몸을 보전하였다가 죽어
서 조상 앞에 떳떳이 나아갈 수 있는 일이 될 것입니다. 그렇게 하여
지이다."라고 하였던 것이다. 그때 세상의 군자들이 축사도 답사도 잘
하였다고 칭찬하였다는 것이다.

중니(仲尼 : 공자)가 기르던 개가 죽었다. 공자(孔子)가 자공(子貢)

을 시켜 이것을 묻게 하고 말하기를, "나는 들으니, 해진 휘장을 버리지 않는 것은 말을 묻기 위해서이며, 해진 수레의 차일을 버리지 않는 것은 개를 묻기 위해서라고 하였다. 구(丘)는 가난해서 수레의 차일을 보존한 것이 없어 이를 덮어줄 것이 없다. 그 시체를 묻을 때 또한 거적 자리를 충분히 덮어주어서 그 머리가 흙속에 빠지는 일이 없게 하라."고 하였다.

임금의 말이 죽으면 휘장으로 싸서 묻되 〔떨어진 휘장을 사용하지 않고〕 새 휘장을 사용한다.

노나라 계손(季孫)의 어머니가 죽자 애공(哀公)이 가서 조상하였다. 증자(曾子)와 자공(子貢)도 갔는데 문지기가 임금이 계시다고 해서 문 안에 들이지 않았다. 증자와 자공은 임금이 있다는 말을 듣고 그 마구간으로 가서 용모와 복장을 정제하였다. 자공이 먼저 들어갔다. 문지기가 말하기를, "앞서 이미 주인께 오신 것을 고했습니다."라고 하였다. 증자가 뒤에 들어갔다. 문지기가 그 자리를 피해서 절하였다. 내류(內霤)를 지나갈 때는 경대부가 모두 자리를 피해서 예하고 애공도 또한 한 계단을 내려와서 증자에게 읍(揖)하였다. 군자가 이것을 평해서 말하기를, "용모를 극진히 꾸미는 것은 남을 감동시킴이 크다."라고 하였다.

[原文] 仲尼之畜狗死커늘, 使子貢으로 埋之曰, 吾는 聞之也니, 敝帷를 不棄는, 爲埋馬也요, 敝蓋를 不棄는, 爲埋狗也니, 丘也는 貧無蓋하니, 於其封也에, 亦豫之席하여, 毋使其首로 陷焉이라 하시다.

(중니지축구사 사자공 매지왈 오 문지야
폐유 불기 위매마야 폐개 불기 위매구야 구야
빈무개 어기봉야 역예지석 무사기수 함언)

路馬이 死커든, 埋之以帷하나니라.

(노마 사 매지이유)

　季孫之母이 死커늘, 哀公이 弔焉하더시니, 曾子이 與子貢으로
弔焉이어늘, 閽人이 爲君在하여 弗內也한대, 曾子이 與子貢으로
入於其廐而脩容焉하여, 子貢이 先入이어늘, 閽人이 曰, 鄕者에
已告矣라. 曾子이 後入이어시늘, 閽人이 辟之하다. 涉內霤한대,
卿大夫이 皆辟位하며, 公이 降一等而揖之하니, 君子이 言之曰,
盡飾之道는, 斯其行者遠矣라하다.

　　(계손지모 사 애공 조언 증자 여자공
　　조언 혼인 위군재 불내야 증자 여자공
　　입어기구이수용언 자공 선입 혼인 왈 향자
　　이고의 증자 후입 혼인 피지 섭내류
　　경대부 개피위 공 강일등이읍지 군자 언지왈
　　진식지도 사기행자원의)

[註解]　ㅇ敝帷(폐유)―해진 휘장. ㅇ敝蓋(폐개)―해진 수레의 차일. ㅇ封
(봉)―시체를 묻는 것. 봉당위폄(封當爲窆). ㅇ路馬(노마)―천자가 타는 말.
ㅇ閽人(혼인)―문지기. ㅇ季孫(계손)―노나라 임금의 친족. ㅇ弗內(불내)―
안으로 들여보내지 않는 것. ㅇ修容(수용)―용모와 복장을 정제하는 것.
ㅇ鄕者(향자)―아까라는 말. 앞서. ㅇ閽人辟之(혼인피지)―문지기가 자리
를 피하여 길을 열어 주는 것. 피(辟)는 피(避)와 통한다. ㅇ內霤(내류)―
문간채의 처마 밑. ㅇ一等(일등)―여기서는 한 계단이란 뜻. ㅇ盡飾之道
(진식지도)―위용(威容)을 수식(修飾)하는 일을 극진히 함. ㅇ遠(원)―구원
(久遠)이란 뜻. 즉 이미 오래된 것.

[解說]　계손의 어머니가 죽어서 증자와 자공이 조상을 갔다. 그때 마
침 애공이 조상하러 와 있었다. 문지기는 임금이 안에 있다고 하며 두
사람을 들여보내지 않았다. 이에 두 사람은 마구간으로 가서 용모와
복장을 정제해 가지고 자공이 먼저 들어가니 문지기가 그들의 위의
(威儀)에 눌려 말하기를, "예, 아까 이미 손님이 오셨다고 주인께 아

뢰었습니다.”라고 하였다. 이에 증자가 들어가니 문지기가 길을 비켜 주었다. 그리하여 안으로 들어가니 거기에 있던 경대부들이 자리를 피하여 경의를 표시하고, 애공도 한 계단 내려서서 읍하고 증자를 맞이했다고 한다. 그래서 군자들이 평하기를, “수식(修飾)을 극진히 하는 것은 남에게 감동을 줌이 크다.”라고 하였다는 것이다.

송도(宋都) 양문(陽門)의 수비병이 죽었다. 사성(司城) 자한(子罕)이 들어가서 슬피 곡(哭)하였다. 진(晉)나라 사람으로서 송(宋)나라를 정탐하는 자가 돌아가 진후(晉侯)에게 보고하기를, “양문의 수비병이 죽었는데 자한이 슬피 우니, 백성이 그 은혜에 감격하여 열복(悅服)하고 있습니다. 이러한 형편이니 송나라를 칠 수 없습니다.”라고 하였다. 공자가 이것을 듣고 말하기를, “착하도다, 진나라의 정탐군이여!《시경(詩經)》에 ‘무릇 백성에 상사(喪事)가 있으면 힘을 다하여 돕는다.’고 하였는데 이는 자한을 두고 하는 말이다. 윗사람이 이와 같이 한다면 백성은 윗사람을 위하여 죽을 생각을 하게 된다. 다만 진(晉)나라뿐이 아니라 천하에서 그 누가 능히 이를 당할 수 있겠는가.”라고 하였다.

노(魯)나라 장공(莊公)의 상에 이미 장례를 끝내고는 갈질(葛絰)을 띠고 고문(庫門) 안에 들어가지 않았으며, 사대부(士大夫)들은 졸곡(卒哭)을 지낸 뒤에는 마질(麻絰) 차림으로 고문에 들어가지 않았다.

原文　陽門之介夫이 死커늘, 司城子罕이 入而哭之哀한대, 晉人之覘宋者이, 反報於晉侯曰, 陽門之介夫이 死커늘, 而子罕이 哭之哀한대, 而民이 説하니, 殆不可伐也러이다. 孔子이 聞之曰, 善哉라, 覘國乎여. 詩에 云, 凡民有喪에, 扶服救之라 하니, 雖微晉而已나, 天下其孰能當之리오.

(양문지개부 사 사성자한 입이곡지애 진
인지점송자 반보어진후왈 양문지개부 사 이자한

곡지애 이민 열 태불가벌야 공자 문지왈
선재 점국호 시 운 범민유상 부복구지 수미
진이이 천하기숙능당지)

魯莊公之喪에, **旣葬**하고, **而絰**을, **不入庫門**하며, **士大夫**이 **旣卒哭**하고, **麻**를 **不入**하니라.

(노장공지상 기장 이질 불입고문 사대부 기
졸곡 마 불입)

[註解] ○陽門(양문)—송나라 서울의 문. ○介夫(개부)—갑주(甲冑)를 몸에 걸친 병사. ○司城(사성)—벼슬 이름. 원래는 사공(司空)이었으나 송나라 무공(武公)의 휘(諱)가 사공이었기 때문에 사성으로 고쳤다고 한다. ○子罕(자한)—송나라의 현대부(賢大夫) 악희(樂喜). 대공(戴公)의 후손. ○覘宋者(점송자)—송나라 국정을 정탐하는 자. ○殆不可伐也(태불가벌야)—거의 정벌할 수 없다고 한 말. ○善哉覘國(선재점국)—남의 나라 국정을 잘 살필 줄 아는구나라고 한 말. ○扶服救之(부복구지)—부복은 포복과 같은 뜻이므로, 기어가서 구조한다는 뜻. 즉 있는 힘을 다하여 도와준다는 말. ○雖微晉而已(수미진이이) 天下其孰能當之(천하기숙능당지)— 다만 진나라뿐 아니라 그 누가 능히 그들을 당해내겠는가라고 한 말. ○莊公之喪(장공지상)—장공은 그의 신하 자반(子般)에게 죽음을 당했다. ○絰不入庫門(질불입고문)—국가에 변란이 있으므로 민공(閔公)은 장공의 장사를 마치고, 고문(庫門) 밖에서 흉복을 벗고 길복(吉服)으로 사위(嗣位)하였기 때문에 질(絰)을 고문 안에 들이지 않았다는 것. ○士大夫旣卒哭(사대부기졸곡) 麻不入(마불입)—사대부는 졸곡이 끝나면 마질 차림으로 고문 안에 들어가지 않았다는 말.

[解說] 송나라 서울의 양문(陽門)을 수위(守衛)하고 있던 갑사(甲士)가 죽으니 사성 자한이 가서 슬피 울었다. 수위인 갑사는 한갓 문을 지키는 병사이고, 사성은 한 나라의 중신(重臣)이다. 이때 진(晉)나라의 첩자가 몰래 송나라의 정체를 엿보고 있었다. 이 첩자가 돌아가 진나라 임금에게 보고하였다. "양문의 수비병이 죽으니 그 나라의 사성

인 자한이 가서 통곡하였습니다. 그러니 송나라 백성들이 기뻐하였습니다. 그들은 나라에 급한 일이 있으면 반드시 윗사람을 위하여 즐겨 죽을 것입니다. 그런즉 송나라를 정벌하는 것은 거의 불가능합니다."라고 하였다.

공자가 이 이야기를 듣고 말하였다. "그 진나라의 첩자는 남의 나라의 정세를 잘 살필 줄 아는구나. 모든 백성의 상에 힘을 다하여 구조한다고 한 《시경(詩經)》의 말처럼 송나라에서는 윗사람들이 백성들의 고통과 슬픔을 힘써 돌봐주고 있으니 백성들은 나랏일에 죽기를 맹세할 것이다. 다만 진나라뿐 아니라 천하의 어느 나라가 감히 그들을 당해내겠는가."라고 하였다는 것이다.

노(魯)나라 장공(莊公)이 자반(子般)에게 시해되고, 경부(慶父)가 난(亂)을 일으키니 그때 민공(閔公)의 나이는 겨우 8세였다. 장례를 마치자 민공은 곧 고문 밖에서 상복을 벗고 길복으로 바꿔 입고 사위(嗣位)하였다. 그러므로 질(絰)을 고문 안에 들이지 않은 것이다. 사대부들은 그냥 마질(麻絰) 차림으로 졸곡까지 기다렸다가 졸곡을 지내고는 곧 길복으로 바꿔 입었다. 이는 화란(禍亂)이 공박(恐迫)하므로 예를 폐한 것이다. 사세가 부득이한 경우에는 예를 폐하는 비상수단도 있다는 것을 말한 것이다.

공자의 오랜 친구 중에 원양(原壤)이란 자가 있었다. 그의 어머니가 죽으매, 공자가 그를 도와 곽(槨)을 다스렸다. 원양이 이미 치목(治木)한 곽목(槨木) 위에 올라가서 말하였다. "우리 어머니의 상을 당한 지도 오래되었다. 내가 감정을 음률(音律)에 기탁(寄託)하지 못한 지도 또한 오래이다."하고 노래 부르기를, "너구리의 머리처럼 나무의 무늬는 아롱지구나. 여인의 손을 잡은 것처럼 나무는 윤택하고도 매끄럽구나."라고 하였다. 공자가 못들은 척하고 지나가니 수행하던 사람이 말하였다. "원양의 비례(非禮)가 심합니다. 선생님께서는 그와 절교(絶交)하시지 않으시겠습니까?"하자, 공자가 말하기를, "구

(丘)는 들으니 친족이라는 것은 비례(非禮)가 있다 하더라도 갑자기 친척의 정을 잃어버릴 수 없고, 오랜 친구 사이는 비록 비례한 일이 있을지라도 그 친구의 의(誼)를 갑자기 버리지 못한다고 한다. 나도 이 교훈을 지키는 자이다.”라고 하였다.

原文 孔子之故人은 曰原壤이니, 其母이 死커늘, 夫子이 助之沐椁하신대, 原壤이 登木曰, 久矣라. 予之不託於音也여. 歌曰, 狸首之斑然이로소니, 執女手之卷然이로다. 夫子이 爲弗聞也者而過之하신대, 從者이 曰, 子는 未可以已乎니까. 夫子이 曰, 丘는 聞之하니, 親者엔 母失其爲親也하며, 故者엔 母失其爲故也니라.
　　(공자지고인 왈원양 기모 사 부자 조지
　　목곽 원양 등목왈 구의 여지불탁어음야 가왈
　　이수지반연 집녀수지권연 부자 위불문야자
　　이과지 종자 왈 자 미가이이호 부자 왈 구
　　문지 친자 무실기위친야 고자 무실기위고야)

註解 ○原壤(원양)－공자의 친구. 내력은 미상. ○沐椁(목곽)－이미 만들어진 관곽(棺椁)을 다시 손보아 다듬는 것. ○登木(등목)－여기에서는 이미 손보아 놓은 관곽의 재목 위에 올라간다는 말. ○久矣(구의) 予之不託於音也(여지불탁어음야)－내가 흥을 노랫소리에 붙여 노래하지 않은 지도 오래구나라고 한 말. ○狸首之斑然(이수지반연)－관곽의 나무 무늬가 너구리의 머리처럼 아롱지구나라고 한 말〔노래〕. ○執女手之卷然(집녀수지권연)－여인의 손을 잡은 것처럼 나무의 결은 매끄럽고 곱구나라고 한 말. ○爲弗聞也者而過之(위불문야자이과지)－못들은 체하고 지나간다는 말. ○未可以已乎(미가이이호)－그와 절교하지 않으시렵니까라고 한 말. 이(已)는 끊는다는 뜻. ○親者母失其爲親也(친자무실기위친야)－친척이 비례(非禮)한 일이 있더라도 친척의 정을 끊지 않는다는 뜻.

解說 원양의 어머니가 죽으니 공자가 치곽(治椁)하는 일을 도와주었다. 원양이 이미 손봐 놓은 관곽의 나무 위에 올라가서 “내 오랫동

안 흥겹게 노래하지 못하였구나.”라고 말하고는 노래를 불렀다. “나무의 무늬는 너구리의 머리처럼 아롱지고, 관곽의 나뭇결은 여인의 손을 잡은 것처럼 매끄럽고 곱구나.” 공자가 못들은 체하고 지나가니 종자(從者)가 공자에게, “선생님께서는 저 사람과 절교하시지 않으시겠습니까?”라고 말하자, 공자가 대답하기를, “나는 들으니 친척 사이에는 비록 비례한 일이 있더라도 친척의 사이를 끊지 않는 것이며, 옛 친구는 비록 잘못이 있을지라도 옛 친구의 정을 끊지 않는다고 하였다. 그래서 나도 이 교훈을 지키려는 것이다.”라고 하였다.

진(晉)나라의 조문자(趙文子)가 숙예(叔譽)와 함께 구원(九原)을 바라보다가 문자가 말하였다. “만일 죽은 자가 다시 살아난다면 나는 누구로 하여금 나라를 다스리게 할까요.” 숙예가 말하였다. “그것은 양처보(陽處父)겠지요.” 문자가 답하였다. “그는 여러 가지 일을 자기의 몸에 겸하여 진나라에서 강강(强剛)하고 외롭게 서서 전권(專權)하다가 그 몸을 잘 마치지 못하였으니, 그의 지혜는 칭찬할 만한 것이 못됩니다.” “그렇다면 구범(舅犯)이겠지요.” 문자가 말하였다. “그는 이(利)를 보면 그 임금을 돌보지 않았으니, 그의 어짊은 칭찬할 만한 것이 못됩니다. 나는 무자(武子)를 따를 것입니다. 그 임금을 이롭게 하면서도 자기의 몸을 잊지 않으며, 그 자신을 위해서 꾀하지만 그의 벗을 저버리지 않았습니다.” 진나라 사람들이 문자는 인물을 알아보는 사람이라고 하였다. 문자는 겸손하고 몸이 낮고 연약한 듯하여 옷을 이겨내지 못하는 듯하고, 그의 말소리는 낮고 느려서 말이 입에서 나오지 못하는 듯하였지만, 그가 진나라에 인재를 천거함에 있어서는 창고지기 등, 천직에 있는 현능(賢能)한 선비를 천거하기를 70여 명에 이르렀다. 그러나 살아서는 그들과 더불어 이(利)를 주고받지 않았으며, 장차 죽게 되어서도 그들에게 자기 아들의 일을 부탁하지 않았다.

原文 趙文子이 與叔譽로 觀乎九原하더니, 文子이 曰, 死者를

如可作也인대, 吾이 誰與歸오. 叔譽이 曰, 其陽處父乎인저. 文子이 曰, 行幷植於晉國하여, 不沒其身하니, 其知不足稱也니라. 其舅犯乎인저. 文子이 曰, 見利하고 不顧其君하니, 其仁이 不足稱也니라. 我則隨武子乎인저. 利其君하되 不忘其身하며, 謀其身하되 不遺其友라한대, 晉人이 謂文子知人이라 하니라. 文子는, 其中이 退然하여 如不勝衣하며, 其言이 吶吶然하여 如不出諸其口하더니, 所擧於晉國에 管庫之士이, 七十有餘家로되, 生不交利하며, 死不屬其子焉하니라.

(조문자 여숙예 관호구원 문자 왈 사자
여가작야 오 수여귀 숙예 왈 기양처보호 문
자 왈 행병치어진국 불몰기신 기지부족칭야
기구범호 문자 왈 견리 불고기군 기인 부족
칭야 아즉수무자호 이기군 불망기신 모기신
불유기우 진인 위문자지인 문자
기중 퇴연 여불승의 기언 눌눌연 여불출저기
구 소거어진국 관고지사 칠십유여가 생불교
리 사불촉기자언)

註解 ㅇ趙文子(조문자)-진(晉)나라의 대부. 이름은 무(武), 헌문자(獻文子)와도 같은 사람이다. ㅇ叔譽(숙예)-숙향(叔向). 진나라의 현인(賢人)으로 유명함. 숙예는 별칭. ㅇ觀乎(관호)-관람한다는 뜻. 돌아본다는 말. ㅇ九原(구원)-진(晉)나라 경대부들의 묘지. ㅇ死者如可作(사자여가작)-만일 죽은 자가 일어날 수 있다면하고 말한 뜻. ㅇ吾誰與歸(오수여귀)-나는 누구를 따를까라고 한 말. ㅇ陽處父(양처보)-진(晉)나라 양공(襄公)의 사부(師傅). ㅇ行幷植於晉國(행병치어진국)-진나라에서 모든 정권을 잡고 집권하면서 외톨이로 섰다는 말. ㅇ不沒其身(불몰기신)-그 몸을 잘 마치지 못했다는 말. ㅇ武子(무자)-진(晉)나라의 대부(大夫), 사회(士會). 수무자(隨武子) 또는 범무자(范武子)라고도 한다. ㅇ其中退然(기중퇴연)-그의 몸은 겸손하고 무엇을 겁내는 것 같다는 말. ㅇ如不勝

衣(여불승의)─몸이 옷을 이겨내지 못하는 것 같다는 말. ㅇ其言吶吶然(기언눌눌연)─그의 말소리는 낮고 더듬는 것 같다는 말. ㅇ如不出諸其口(여불출저기구)─말이 입에서 나오지 않는 것 같다는 뜻. 즉 말할 줄 모르는 것 같다는 말. ㅇ管庫之士(관고지사)─창고의 자물쇠를 지키는 사람. 미천한 직무. 관(管)은 건(鍵)과 같으므로 자물쇠란 뜻. ㅇ死不屬其子(사불촉기자)─장차 죽음에 임하여서도 자기가 천거한 사람들에게 아들의 일을 부탁하지 않았다는 말.

解說 진나라의 대부 조문자가 어느 날 숙예와 함께 구원의 무수한 무덤들을 바라보며 말하였다. "만일 죽은 사람이 다시 살아온다면 나는 누구를 따라야 할까요?" 문자는 이이야기를 함으로써 옛사람들의 현부(賢否)를 논평하려고 했던 것이다. 숙예가 양처보를 들었다. 그러나 문자는 양처보를 지혜롭지 못하다고 논평하였다. 양처보는 모든 요직을 한몸에 겸임하여 전권하였으나 결국은 원한을 사서 남에게 살해당하여 몸을 잘 마치지 못했으니 지혜가 부족하다고 한 것이다. 숙예는 다시 그렇다면 구범이 어떠냐고 말하였다. 그러나 문자는 그마저 동의하지 않았다. "구범은 이(利)를 위하여는 임금도 돌아보지 않았으니 그를 어진 사람이라고 할 수 없고, 나는 수무자(隨武子)를 따르겠습니다. 수무자야말로 임금을 이롭게 하면서 자신의 일을 잊지 않았으니 어질고도 지혜로우며, 자신의 이익을 꾀하면서도 벗을 저버리지 않았으니 의롭습니다."라고 하였다. 그 이야기를 듣고 진나라 사람들이 "문자가 인물을 볼 줄 안다."라고 말했다는 것이다.

그 다음 절은 문자의 사람됨을 칭찬하고 있다. 문자는 평소에는 몸이 연약해 보이고 말 소리는 낮고 느리며 말을 할 줄 모르는 것 같지만, 그가 진나라에 인재를 추천할 때에는 미천한 사람도 버리지 않으며, 많은 사람들 중에서도 인재를 바르게 골라내어 그가 추천한 사람 중에는 관고지사(管庫之士)에 지나지 않는 천직에서 발탁한 사람이 70여 명이나 되지만, 그들과 이(利)를 주고받음이 없고 죽을 때에 자손의 일을 부탁하는 일도 없었다고 기술한 것이다.

　　노(魯)나라의 숙중피(叔仲皮)는 자기 아들 자류(子柳)에게 학문을 가르쳤다. 숙중피가 죽자 자류의 아내는 노둔(魯鈍)한 부인이었지만 오히려 시아버지를 섬기는 예를 알아서 재최복(齊衰服)을 입고, 머리에는 규질(繆絰)을 착용하였다. 자류의 숙부인 숙중연(叔仲衍)은 예를 모르는 자였다. 그가 자류에게 일러 말하기를, "네 아내의 상복은 틀리지 않았느냐?"라고 하였다. 자류는 숙부의 말이 옳다고 생각하여 아내로 하여금 세최(繐衰)를 입고 환질(環絰)을 두르도록 청하였다. 숙부 중연이 말하기를, "내가 고자매(姑姉妹)의 상을 당해서도 그와 같이 했었으나 누구도 이것을 비례(非禮)라고 하며 금한 일이 없었다."라고 하였다. 자류가 물러가서 그의 아내로 하여금 세최환질(繐衰環絰)의 차림을 하게 하였다.

　　성읍(成邑)의 사람 중에 그의 형이 죽었는데도 최복(衰服)을 하지 않는 자가 있었다. 그는 자고(子皐)가 성읍의 읍재(邑宰)가 되리라는 말을 듣자 드디어 최복을 입었다. 한 성읍의 사람이 그것을 보고 기롱하여 말하기를, "누에는 실을 토해 고치를 만드는데 게[蟹]는 광주리를 갖고 있고, 벌은 머리 위에 갓[冠]이 있고 매미는 늘어진 갓끈이 있으며, 형이 죽었는데 자고를 위해 최복을 입는구나."라고 하였다.

　　악정 자춘(樂正子春)의 어머니가 죽었다. 자춘이 5일 동안 먹지 않더니 말하기를, "나는 예에 3일 동안으로 되어 있는 것을 억지로 애써서 5일씩이나 먹지 않은 것을 후회한다. 내가 우리 어머니의 상에서부터 나의 실지의 정(情)대로 하지 못한다면 나는 어디에 나의 실지의 정(情)을 쓰겠는가."라고 말하였다.

原文　叔仲皮이 學子柳하더니, 叔仲皮이 死커늘, 其妻는 魯人也라, 齊衰而繆絰이러니, 叔仲衍이 以告한대, 請繐衰而環絰이어늘. 曰, 昔者에 吾이 喪姑姉妹에 亦如斯하니, 末吾禁也라 하여늘, 退하여 使其妻로 繐衰而環絰하니라.

(숙중피 학자류 숙중피 사 기처 노인

야 재최이규질 숙중연 이고 청세최이환질

왈 석자 오 상고자매 역여사 말오금야

퇴 사기처 세최이환질)

成人이 有其兄死커늘 而不爲衰者러니, 聞子皐將爲成宰하고, 遂爲衰한대, 成人이 曰, 蠶則績이어늘 而蟹有匡하며, 范則冠이어늘 而蟬이 有緌하며, 兄則死어늘 而子皐를 爲之衰로다.

(성인 유기형사 이불위최자 문자고장위성재

수위최 성인 왈 잠즉적 이해유광 범즉관

이선 유유 형즉사 이자고 위지최)

樂正子春之母이 死커늘, 五日而不食하여, 曰, 吾는 悔之하노라. 自吾母而不得吾情이면, 吾는 惡乎用其情이리오.

(악정자춘지모 사 오일이불식 왈 오 회지

자오모이부득오정 오 오호용기정)

註解 ㅇ叔仲皮(숙중피)—노나라의 공족(公族)에서 갈려져 나간 대부(大夫). ㅇ子柳(자류)—숙중피의 아들. ㅇ魯人(노인)—여기서는 노둔(魯鈍)한 사람이란 뜻. ㅇ繆絰(규질)—굵은 삼으로 만든 수질(首絰)과 요질(腰絰). ㅇ繐衰(세최)—가늘고 성긴 베로 만든 상복(喪服). ㅇ環絰(환질)—오복(五服) 이외의 조복(弔服)에 사용하는 한 가닥을 돌려 만든 질(絰). ㅇ姑姊妹(고자매)—고모(姑母). ㅇ末吾禁也(말오금야)—나를 금하는 이가 없었다. ㅇ成(성)—노나라의 경(卿)인 맹손씨(孟孫氏)의 사읍(私邑). ㅇ成宰(성재)—성읍(成邑)의 읍재(邑宰). ㅇ成人(성인)—성읍의 예를 아는 한 사람을 가리킨 말. ㅇ子皐(자고)—공자의 제자 고시(高柴). 효성이 뛰어난 사람으로 유명하다. ㅇ蠶則績(잠즉적)—누에는 실을 만든다는 말. ㅇ蟹有匡(해유광)—게는 광주리를 가졌다고 한 말. ㅇ范則冠(범즉관)—벌은 갓을 쓰고 있다고 한 말. ㅇ蟬有緌(선유유)—매미의 부리가 갓끈처럼 늘어진 부분이 있음을 말한 것. ㅇ樂正子春(악정자춘)—증자(曾子)의 제자. ㅇ五日而不食(오일이불식)—닷새 동안이나 먹지 않았다는 말. ㅇ吾悔之

(오회지)—나는 후회한다라고 한 말. ㅇ惡乎用其情(오호용기정)—어디에 나의 실지의 정을 사용할 것인가라고 한 말.

解說 숙중피는 자기 아들인 자류를 가르쳤다. 그러나 그의 아들은 오히려 예를 알지 못하였다. 숙중피가 죽으니 그의 며느리인 자류의 아내는 노둔한 부인이기는 하지만 시아버지를 위하여 재최를 입고 규질을 착용하였다. 그런데 중피의 아우이자 자류의 숙부인 중연이 자류에게 말하기를, "네 아내는 어째서 예가 아닌 복을 입고 있느냐?"고 말하였다. 그 말을 듣고 자류는 중연에게 당시 부인들이 즐겨 입는 가볍고 가는 베옷을 입게 해달라고 청하였다. 그러자 중연이 말하기를, "옛날 내가 고자매의 상을 당했을 때 세최환질의 상복을 입었더니 아무도 나를 잘못되었다고 금하는 사람이 없었다."라고 하였다. 자류가 그 말을 듣고 물러가 아내에게 세최환질의 복을 입게 하였다는 이야기이다. 이는 자류나 중연이 노둔한 부인만큼도 예를 알지 못하였다는 것을 말한 것이다.

　노나라 성읍의 어떤 사람이 자기의 형이 죽었는데도 최복을 입지 않았다. 그러다가 자고(子皐)가 장차 성읍의 읍재가 되어 온다는 말을 듣고, 효성이 지극한 자고가 오면 자기가 벌 받을까 두려워 최복을 입었다. 그런 사실을 본 예를 아는 성읍의 어떤 사람이 이렇게 기롱하였다. "누에는 실을 만드는데 게는 광주리를 갖고 있다. 그러나 게의 광주리는 누에를 위한 것이 아니다. 벌은 갓을 쓰고 있는데 매미는 갓끈을 늘어뜨리고 있다. 그러나 매미의 갓끈은 벌의 갓을 위한 것은 아니다. 그와 마찬가지로 형이 죽었는데 아우는 자고를 위하여 복을 입었다."라고 비웃었다는 것이다.

　악정 자춘은 증자(曾子)의 제자이다. 그의 어머니가 죽었을 때 자춘은 5일 동안이나 먹지 않더니 그것을 후회하였다. 예제에는 3일 동안 먹지 않는 것으로 되어 있는데, 진정에서 우러난 일도 아니면서 억지로 애써서 예를 지나치게 한 것은 옳지 않다. 내가 나의 어머니의 상에서 실지 정(情)대로 행하지 않는다면 장차 어디에서 나의 실지의 정을 행하겠는가하며 후회한 것이다. 이 절은 예를 지나치는 일이 모두 진정에서 우러난 것이 아닌 일을 설명했다. 그런 일은 부끄러운 노릇이며, 해서는 안된다는 것을 말하고 있다.

노나라의 목공(穆公) 때 어느 해인가 가뭄이 몹시 심하여 목공이 현자(縣子)를 불러 물었다. "하늘이 오래도록 비를 내리지 않으니 내가 왕병(尪病) 환자(患者)를 학대(虐待)하고자 하는데, 어떤가?" 현자가 말하였다. "하늘이 비를 내리지 않는데 병든 사람을 몹시 학대한다는 것은 잘못된 일이 아니겠습니까?" "그렇다면 무당〔巫〕을 학대하는 것은 어떻겠는가?" "하늘이 비를 내리지 않는데 한낱 어리석은 부인에게 바라니, 거기에서 비를 찾는 것은 너무도 우활(迂闊)한 일이 아니겠습니까?" "저자〔市〕를 옮기는 것은 어떨까?" "천자가 붕(崩)하면 저자를 7일 동안 여항(閭巷)으로 옮기고, 제후가 홍(薨)하면 저자를 3일 동안 여항으로 옮기는 것이니 저자를 옮기는 것이 또한 좋지 않겠습니까?"
　공자가 말하기를, "위(衛)나라 사람들의 합장(合葬)은 곽(槨) 속의 두 관 사이에 물건을 넣어 격리하고, 노나라 사람들의 합장은 곽 속에 두 관을 나란히 놓은 채 사이를 격리하지 않고 합장한다. 노나라의 제도가 좋지 않은가."라고 말하였다.

原文　歲旱커늘, 穆公이 召縣子而問然하여, 曰, 天久不雨할새, 吾欲暴尪하노니, 而奚若고. 曰, 天則不雨이어늘, 而暴人之疾子虐하니, 毋乃不可與니까. 然則吾欲暴巫하노니, 而奚若고. 曰, 天則不雨이어늘, 而望之愚婦人하시니, 於以求之니, 毋乃已疏乎니까. 徙市則奚若고. 曰, 天子이 崩커시든, 巷市七日하며, 諸侯이 薨커시든, 巷市三日하나니, 爲之徙市이, 不亦可乎아.
　(세한 목공 소현자이문연 왈 천구불우

오욕폭왕 이해약 왈 천즉불우 이폭인지질자
학 무내불가여 연즉오욕폭무 이해약 왈 천
즉불우 이망지우부인 어이구지 무내이소호
사시즉해약 왈 천자 붕 항시칠일 제후
훙 항시삼일 위지사시 불역가호)

孔子이 **曰, 衛人之祔也**는 **離之**러니, **魯人之祔也**는 **合之**하니,
善夫고저.

(공자 왈 위인지부야 이지 노인지부야 합지 선부)

[註解] ○問然(문연)─묻는다는 말. ○暴(폭)─학대한다는 뜻. ○尫(왕)─
하늘을 쳐다볼 뿐 아래를 굽어보지 못하는 병. ○奚若(해약)─어떻겠는가
라고 묻는 말. ○暴人之疾子虐(폭인지질자학)─병든 사람을 몹시 학대한
다는 뜻. ○吾欲暴巫(오욕폭무)─내가 무당을 학대하고자 한다고 말한
것. 무(巫)는 여자 무당. ○望之愚婦人(망지우부인)─어리석은 부인에게
기대한다는 뜻. ○於以求之(어이구지)─여기에 기대하여 구한다는 말. ○毋
乃已疏(무내이소)─너무 우활하지 않습니까라고 한 말. ○徙市(사시)─저
자를 옮기는 것. ○巷市(항시)─저자를 여항(閭巷)으로 옮기는 것. ○祔
(부)─합장(合葬)하는 것. ○離之(이지)─두 관을 격리시키는 것. ○合之
(합지)─두 관을 격리시키지 않고 나란히 놓는 것.

[解說] 날이 몹시 가물자 목공이 현자를 불러서 의논하였다. 왕병환
자에게 너 때문에 비가 오지 않는다고 학대하면 하늘이 그를 불쌍히
여겨 비를 내리게 할 것이니 어떤가하고 물었다. 현자는 옳지 않다고
하였다. 목공은 그러면 무당은 어떤가, 무당은 하늘과 통하므로 신이
불쌍히 여겨 비를 내리게 하지 않겠느냐는 것이었다. 현자는 그것 역
시 반대하였다. 이번에는 저자를 옮기는 것이 어떠냐고 물었다. 그러
자 현자는 그것이 좋겠다고 찬성한 것이다. 대체로 천자가 죽으면 7
일 동안, 제후가 죽으면 3일 동안 저자를 거리로 옮기게 되어 있다.
그것은 백성들이 국상(國喪)을 근심하고 슬퍼하며 철시(撤市)한다. 그
러나 일용 필수품의 교역을 폐지할 수는 없는 것이다. 그래서 여항(閭

巷)으로 저자를 옮기는 것이다. 그러니 임금이 저자를 옮기려는 것은, 임금의 상사(喪事)와 같은 일을 행하여 날이 가무는 것을 임금 자신이 자책하려는 것이다. 왕병 환자나 무당을 학대하려는 것의 제의는 책임을 남에게 돌리려는 것이고, 저자를 옮기려는 것은 임금 자신을 책하는 것이 되므로 현자가 찬성했던 것이다.

부부의 관을 합장하는 데 있어서 위나라 사람들은 두 관 사이에 물건을 넣어 사이를 뜨게 하고, 노나라 사람들은 격리하지 않기 때문에 공자가 그 제도를 좋다고 말한 것이다. 부부는 살아서 이미 실(室)을 같이하였으니 죽어서는 마땅히 혈(穴)을 같이해야 할 것이다. 두 관 사이를 격리하는 것은 합장하는 본의에 배치되므로 공자가 격리하지 않는 것을 좋다고 한 것이다.

제5 왕 제(王制)

왕자(王者)의 정치제도란 의미에서 왕제(王制)라고 한다. 이 왕제편에는 이상적인 정치제도의 줄거리가 기록되어 있다고 하는 것이 옳을 것이다. 원래 유교에 있어서의 일반적인 이상이 아니라, 한대(漢代) 한 시기(時期)의 유가의 일파(一派)가 주장한 것을 기록한 것이다. 후한(後漢)의 노식(盧植)은, 이 편은 효문제(孝文帝)가 박사나 학자들에게 만들게 한 것이라고 했다.

왕자(王者)의 녹작(祿爵)을 제정한 것을 보면 공(公)·후(侯)·백(伯)·자(子)·남(男) 모두 5등이고, 제후에게는 상대부(上大夫), 즉 경(卿)·하대부(下大夫)·상사(上士)·중사(中士)·하사(下士) 등의 모두 5등으로 되어 있다. 천자의 영전(領田)은 사방이 천리(千里)이고, 공후(公侯)의 영전은 사방 백리(百里), 백(伯)은 70리, 자(子)·남(男)은 50리이다. 50리가 못되는 자는 직접 천자께 조회(朝會)하지 않고, 5등의 제후에 붙여서 천자께 조회하니, 부용(附庸)이라고 한다. 또 천자의 대신인 삼공(三公)의 영전(領田)은 공·후에 준하고, 천자의 경(卿)은 백(伯)에 준하고, 천자의 대부(大夫)는 자·남에 준하고 천자의 원사(元士)는 부용에 준한다.

原文 王者之制祿爵은, 公·侯·伯·子·男, 凡五等이오, 諸侯之上大夫는, 卿·下大夫·上士·中士·下士, 凡五等이니라. 天子之田은 方千里요, 公侯田은 方百里요, 伯은 七十里요, 子·男은 五十里니, 不能五十里者는, 不合於天子하여, 附於諸侯하나니, 曰附庸이라. 天子之三公之田은 視公侯하고, 天子之卿

은 視伯하고, 天子之大夫는 視子·男하고, 天子之元士는 視附庸이니라.

(왕자지제녹작 공 후 백 자 남 범오등 제
후지상대부 경 하대부 상사 중사 하사 범오등
천자지전 방천리 공후전 방백리 백 칠십리
자 남 오십리 불능오십리자 불합어천자 부어제
후 왈부용 천자지삼공지전 시공후 천자지경
시백 천자지대부 시자 남 천자지원사 시부용)

[註解] ㅇ王者之制(왕자지제)—천자(天子)의 제도. ㅇ祿爵(녹작)—봉록(俸祿)과 작위(爵位). ㅇ田(전)—경지(耕地)를 뜻한다. 땅〔地〕이라고 하면 산림·천택(川澤)·원습(原濕)이 포함되기 때문이다. ㅇ方千里(방천리)—사방 천리란 뜻. ㅇ不能五十里(불능오십리)—50리가 못된다는 말. ㅇ不合於天子(불합어천자)—천자의 조정 조회에 참여하지 못한다는 말. ㅇ附庸(부용)—작은 성. ㅇ視(시)—비등. 견준다는 뜻. ㅇ元士(원사)—상사(上士).

[解說] 우(虞)·하(夏)·주(周) 등 3대의 나라에서는 다같이 5등이 있고, 은(殷)나라에서는 공(公)·후(侯)·백(伯)의 3등이었다고 한다. 상고(上古)시대의 성왕(聖王)이 천하 백성들의 부모가 되니 마땅히 재용(財用)을 결재하여 천하의 백성들을 편안하게 해야 하는 것이었다. 천자는 먼저 만국을 세워 제후를 봉건(封建)하여 각기 그 백성을 맡아서 기르게 하였다. 그러므로 이 예경(禮經)에서는 제후를 세우고 덕을 숭상하는 것으로써 첫머리로 삼고, 관(官)을 설치하여 직(職)을 나누는 것을 그 다음으로 한 것이다. 녹작(祿爵) 5등을 둔 것은 그 덕의 차(差)에 따라 높여서 만민의 위에서 덕을 행하게 함이고, 상대부 아래에 5등을 설치한 것은 그 임금의 덕을 보좌하기 위한 것이다.

천자와 제후의 영전(領田)을 보면 천자의 기전(畿田)은 방천리(方千里)이고, 제후의 영전은 방백리에서 50리까지 있다. 50리 미만의 영전을 가진 자는 제후라고 일컫지 않고 부용(附庸)이라고 일컫는다. 부용은 천자의 조정 조회에 참여하지 못하며, 자기 이름으로 국사(國事)를 천자께 전달하지 못한다. 다만 큰 나라에 붙어서 천자와 통하게 되어 있었다. 천자의 조정에 벼슬하는 자들도 제후처럼 기내(畿內)에 채읍(采邑)을 가진다. 천자 조정의 삼공(三公)의 채읍은 공후(公侯)와 같은 방백리의 전리(田里), 즉 영전을 받는다. 그리고 경(卿)은 백(伯)과 비등하고, 대부는 남(男)과 비등하며, 천자의 원사(元士), 즉 상사는 부용과 같다. 그러나 중사나 하사는 없다.

전(田)이라고 부르는 것은 산이나 천택지(川澤地) 등을 뺀 순수한 경지(耕地)를 말하는 것이기 때문이다. 그러므로 이수(里數)에는 두 가지가 있다. 분전(分田)의 이(里)는 방(方)으로 계산하고, 분복(分服)의 이는 무(袤)로써 계산한다. 방이란 방형(方形)이므로 사방 1리(里)를 정(井)이라고 하는 것과 같다. 전지(田地)의 면적을 말하는 것이 전리(田里)이다. 무(袤)는 길이, 즉 남북의 길이를 말한다. 제후에게 영토를 분봉(分封)할 때에는 길이를 계산한다.

또 왕자(王者)는 농전(農田)을 제정함에 있어 호주(戶主) 한 사람에게 백묘(百畝)를 주었다. 백묘의 분전(分田)에는 또한 다섯 등급이 있다. 상전(上田)을 경작하는 농부는 아홉 사람의 가족을 부양하고, 그 다음의 전지를 경작하는 농부는 여덟 사람의 가족을 부양하며, 그 다음의 전지는 일곱 사람의 가족을, 또 그 다음의 전지는 여섯 사람, 끝으로 최하의 경지를 경작하는 농부는 다섯 사람의 가족을 부양한다. 서인(庶人)으로서 벼슬에 있는 자가 받는 녹(祿)은 가족에 준하여 차등을 둔다. 제후의 하사(下士)는 상농부(上農夫)에 비등하므로 그의 녹(祿)이 상농부에 대신할 만하다. 중사(中士)는 하사의 배가 되고, 상사는 중사의 배가 되며, 하대부는 상사의 배가 되고, 경은 대부의 녹의 4배가 되며, 군(君)은 경의 녹의 10배이다. [이상은 大國의 경우이다.] 다음 나라의 경은 하대부의 녹의 3배가 되고, 군(君)은 경의 10배가 되며, 작은 나라의 경은 대부의 녹의 배이고, 군(君)은 경의

10배이다.

原文   制에 農田百畝니, 百畝之分에, 上農夫는 食九人하고, 其次는 食八人하고, 其次는 食七人하고, 其次는 食六人하고, 下農夫는 食五人하나니, 庶人으로 在官者는, 其祿이 以是로, 爲差也니라. 諸侯之下士는, 視上農夫하나니, 祿足以代其耕也니, 中士는 倍下士하고, 上士는 倍中士하고, 下大夫는 倍上士하고, 卿은 四大夫祿이오, 君은 十卿祿이니라. 次國之卿은 三大夫祿이오, 君은 十卿祿이니라. 小國之卿은 倍大夫祿이오, 君은 十卿祿이니라.
(제 농전백묘 백묘지분 상농부 식구인 기
차 식팔인 기차 식칠인 기차 식육인 하농
부 식오인 서인 재관자 기록 이시 위차야
제후지하사 시상농부 녹족이대기경야 중사
배하사 상사 배중사 하대부 배상사 경
사대부록 군 십경록 차국지경 삼대부록
군 십경록 소국지경 배대부록 군 십경록)

註解   ○制農田百畝(제농전백묘)─정전법(井田法)의 제도에 농부 한 사람이 백묘(百畝)를 경작하도록 되어 있는 것. ○畝(묘)─전지(田地)의 면적을 계산하는 단위. 옛날에는 6척 사방을 보(步), 백보를 묘(畝)라고 하였으나 진(秦)나라 이후에는 240보를 묘라고 하였다. ○上農夫(상농부)─최상의 전지를 분배받아서 경작하는 농부. ○食(식)─먹인다, 부양한다. ○下農夫(하농부)─최하의 메마른 전지를 경작하는 농부. ○庶人在官者(서인재관자)─경대부도 사(士)도 아닌 서인으로서 관에 재직하고 있는 사람들, 즉 부(府)·사(史)·서(胥)·도(徒)의 등속을 말한 것. ○其祿二視爲差(기록이시위차)─서인으로서 관에 재직하는 자의 봉록은 5등의 농부의 경우를 표준으로 봉록의 고하를 구분한다는 것.

解說   농전(農田) 백묘를 한 농부의 경작 단위로 정하고, 임금 이하 공·경·대부와 서인의 벼슬아치에 이르기까지 모든 봉록도 이 백묘

의 경지를 표준 단위로 하여 고하(高下)를 정하고 있다. 예컨대 제후의 하사 봉록은 상농부의 경작 소득에 비등하도록 정하고, 중사는 하사의 배, 상사는 중사의 배, 이러한 방법으로 차등을 정하고 있다. 그런데 〈왕제〉편의 기록과 《맹자》〈만장(萬章)〉편의 기록이 맞지 않는 부분이 있으나 주자(朱子)는 이를 밝힐 길이 없다고 말하였다.

경(卿)의 격식(格式)에 대해서 말하면, 차국(次國)의 상경(上卿)의 지위는 대국(大國)의 중경에 상당하고, 차국의 중경은 대국의 하경에 상당하며, 차국의 하경은 대국의 상대부(上大夫)에 상당하고, 소국의 상경은 지위가 대국의 하경에 상당하며, 소국의 중경은 대국의 상대부에 상당하고, 소국의 하경은 대국의 하대부(下大夫)에 상당한다. 차국의 사(士)와 소국의 사가 조정에 함께 조회할 경우에는 차국의 사(士)의 수는 대국 사의 수의 3분의 1이고, 소국의 사의 수는 차국 사의 수의 3분의 1이 된다.

原文　次國之上卿은, 位當大國之中이오, 中當其下요, 下當其上大夫니라. 小國之上卿은, 位當大國之下卿이오, 中當其上大夫요, 下當其下大夫니라. 其有中士·下士者는, 數各居其士之三分이니라.
(차국지상경 위당대국지중 중당기하 하당
기상대부 소국지상경 위당대국지하경 중당기상
대부 하당기하대부 기유중사·하대자 수각거기사지삼분)

註解　ㅇ次國(차국)―대국에 다음가는 나라. 백작(伯爵)의 나라. ㅇ大國(대국)―공(公)·후(侯)의 나라를 뜻한다. ㅇ小國(소국)―작은 나라. 자(子)·남(男)의 나라를 가리킨 말. ㅇ位(위)―천자의 조정에서 조회할 때에 늘어서는 존비(尊卑)의 차례에 따른 지위를 가리킨 말. ㅇ有中士·下士者 數各居其士之三分(유중사·하사자 수각거기사지삼분)―조정에서 대국·차국·소국의 사가 조회에 참여할 경우에는 차국의 사, 즉 중사는 대

국의 사의 수의 3분의 1에 상당하는 수가 참렬하고, 소국의 사는 차국의
사의 수의 3분의 1에 상당한 수가 참렬한다는 말. 사의 수는 원래 각국이
모두 상사 9인, 중사 9인, 하사 9인으로서 합계 27인이다. 그런데 차국의
상사는 대국의 중사에, 차국의 중사는 대국의 하사에 상당한다.

대개 사해(四海)의 안에는 구주(九州)가 있고, 주(州)는 사방이 천
리이다. 한 주(州)에 백리 사방의 나라 30, 70리 사방의 나라 60, 50
리 사방의 나라 120을 세우니, 모두 210나라이다. 명산대택(名山大
澤)은 봉지(封地)로 하지 않으며, 그 나머지는 부용(附庸) 또는 한전
(閒田)으로 만들어서 유공자(有功者)에게 준다. 왕기(王畿)를 제외한
주(州)에는 8주로 매주에 210나라가 있다. 천자의 현내(縣內)에는 사
방 백리의 나라가 9, 사방 70리의 나라가 21, 사방 50리의 나라가 63
이니 모두 93나라이다. 명산대택은 나눠 주지 않으며, 그 나머지는 사
의 녹(祿)을 위하여 한전(閒田)으로 둔다. 구주(九州)에는 모두 1,773
국이 있으니 천자의 원사(元士)와 제후의 부용(附庸)은 여기에 참여
하지 않는다.

原文   凡四海之內에 九州요, 州方千里니, 州建百里之國이 三
十이오, 七十里之國이 六十이오, 五十里之國이 百有二十이니,
凡二百一十國이니라. 名山大澤을 不以封하고, 其餘를 以爲附庸
閒田이니, 八州에, 州二百一十國이니라. 天子之縣內는, 方百里
之國이 九요, 七十里之國이 二十有一이오, 五十里之國이 六十
有三이니, 凡九十三國이니라. 名山大澤을 不以肦하고, 其餘를
以祿士하여, 以爲閒田이니라. 凡九州에 千七百七十三國이니, 天
子之元士와, 諸侯之附庸이 不與하나니라.
        (범사해지내 구주 주방천리 주건백리지국 삼
        십 칠십리지국 육십 오십리지국 백유이십
        범이백일십국 명산대택 불이봉 기여 이위부용

한전 팔주 주이백일십국 천자지현내 방백리
지국 구 칠십리지국 이십유일 오십리지국 육십
유삼 범구십삼국 명산대택 불이분 기여
이녹사 이위한전 범구주 천칠백칠십삼국 천
자지원사 제후지부용 불여)

[註解]   ㅇ四海之內(사해지내)-동서남북 사방의 바다 안, 즉 온 천하라
는 뜻. ㅇ九州(구주)-상고시대에 중국 천하를 아홉 개의 주(州)로 구분
하였으니 구주(九州)는 곧 온 천하를 의미한다. 구주는 기외(畿外)의 8주
와 왕기(王畿)를 합한 것이다. ㅇ百里之國(백리지국)-사방 백리의 나라,
즉 공작·후작의 나라. ㅇ七十里之國(칠십리지국)-사방 70리의 나라, 즉
백작의 나라. ㅇ五十里之國(오십리지국)-사방 50리의 나라, 즉 자작·남
작의 나라. ㅇ名山大澤(명산대택)-이름 높은 산과 큰 물. ㅇ閒田(한전)-
경작하지 않는 전지(田地). ㅇ天子之縣內(천자지현내)-천자의 기내(畿
內). ㅇ不以肦(불이분)-나눠 주지 않는다는 뜻. ㅇ元士(원사)-상사(上
士)를 가리킨 말.

[解說]   천하를 기내(畿內) 1주(州)와 기외 8주, 즉 9주로 나누고, 기
외 8주에는 주마다 210국을 두었다. 그밖에 명산대택은 봉지(封地)에
포함시키지 않았고, 나누고 남은 땅은 부용을 위한 것과 한전으로 두
었다. 그리고 천자의 기내인 1주에는 93국을 두었다. 명산대택은 채읍
(采邑)으로 나누지 않았으며, 나누고 남은 땅은 사(士)의 녹을 위해서
한전으로 두었다는 것이다.
   이에 대하여 주자(朱子)는 이렇게 말하고 있다. '이것은 아마 여러
선비들이 이러한 산법(算法)을 지어냈을 뿐이고 실제는 그렇지 않았
을 것이다. 나라를 봉건하는 데는 반드시 산천의 형세에 따라야 하는
것으로서 칼로 끊는 듯한 방형(方形)이 있을 수 없다. 그러니 지금은
그 제도를 시행하여 실행할 수 없는 데가 있을 뿐 아니라 옛날의 일
을 추구해 보아도 이해할 수 없는 점이 있다.' 결국 이 절의 기록에는
많은 의문과 불합리가 있다는 것이다.

　천자의 백리 이내의 땅은 관용(官用)에 공급하고, 천리 이내의 땅은 천자의 복용(服用)에 사용한다.

　천리 밖에는 방백(方伯)을 설치하는데 5국을 속(屬)이라 하고, 속에는 장(長)을 둔다. 10국을 연(連)이라 하고 연(連)에는 수(帥)를 둔다. 30국을 졸(卒)이라 하고, 졸에는 정(正)을 둔다. 210국을 주(州)라 하고, 주에는 백(伯)을 둔다. 8주에 팔백(八伯)·56정(正)·168수(帥)·336장이 있는 것이다. 8백(伯)은 각기 그 소속의 제후를 이끌고 천자의 노신(老臣 : 上公) 두 사람에게 나누어 종속(從屬)한다. 천하를 좌우로 나눈 것이다. 그 이로(二老)를 이백(二伯)이라고 한다.

　기내(畿內)의 천리 안을 총칭해서 전(甸)이라 일컫는다. 기내 천리 밖을 채(采)라 일컫고, 먼 곳을 유(流)라고 일컫는다.

　　原文　　天子百里之內를 以共官하고, 千里之內를 以爲卿하며.
　　(천자백리지내 이공관 천리지내 이위경)

　　千里之外에 設方伯하나니, 五國을 以爲屬이니, 屬有長하며, 十國을 以爲連하니, 連有帥하며, 三十國을 二爲卒이니, 卒有正하며, 二百一十國을 以爲州니, 州有伯하니, 八州에 八伯이오, 五十六正이오, 百六十八帥요, 三百三十六長이니라. 八伯이 各以其國으로, 屬於天子之老二人하며, 分天下以爲左·右하니, 曰二伯이라 하나니라.
　　(천리지외 설방백 오국 이위속 속유장
　　십국 이위연 연유수 삼십국 이위졸 유졸정
　　이백일십국 이위주 주유백 팔주 팔백 오
　　십육정 백육십팔수 삼백삼십육장 팔백 각이
　　기국 속어천자지로이인 분천하이위좌·우 왈이백)

　　千里之內를 曰甸이오, 千里之外를 曰采요, 曰流니라.
　　(천리지내 왈전 천리지외 왈채 왈유)

註解　○百里之內(백리지내)―서울에 가까운 백리 안의 땅.　○以共官(이공관)―조세 수입으로 관부(官府)의 모든 비용을 공급한다는 뜻.　○御(어)―복어(服御). 의식의 비용을 말한 것.　○千里之外(천리지외)―왕기(王畿) 밖의 8주를 가리킨 말.　○方伯(방백)―주의 장(長). 제후의 위에서 일방면(一方面)의 제후를 감독하는 자.　○天子之老(천자지로)―천자의 노신(老臣). 상공(上公)을 가리킨 말.　○甸(전)―오복(五服) 중의 하나인 전복(甸服). 왕성(王城)을 중심으로 한 사방 5백리의 땅.　○采(채)―8주 안에서 기내(畿內)에 가까운 지역의 총칭. 오복(五服) 중의 후복(侯服)·수복(綏服)·요복(要服)에 해당한다.　○流(유)―8주 안에서 먼 곳의 총칭. 오복(五服) 중의 황복(荒服)에 해당한다. 죄인을 유배(流配)한다는 데서 얻어진 이름이다.

解說　천자의 기내(畿內)는 사방 천리이다. 그 국도(國都)에 가까운 백리 안의 조세수입으로 조정 백관부의 경비에 충당하기엔 부족할 것 같고, 천리의 조세수입으로 왕실의 복용에 충당한다면 너무 많은 것 같다. 그러나 백관부의 비용은 오직 그 수용비에 쓸 뿐 백관의 봉록은 포함되지 않았다. 천리의 수입으로 왕실의 모든 경비에 쓰기는 충분할 것이다. 그러나 백리 내의 수입 중에서도 왕실의 복용에 충당되는 것이 있을 것이며, 천리 내의 수입에서 백관부의 경비에 충당되는 것도 있을 것이다. 그리고 기외(畿外)에는 8주(州)를 두었다. 주마다 210국을 설치하고, 5국마다 속(屬)을 조직하여 속에 장을 두고, 10국마다 연(連)을 두어 수(帥)를 두며, 30국마다 졸(卒)을 두어 정(正)을 두며, 주(州)에 백(伯)을 두니 이것이 방백(方伯)이다. 그리고는 다시 8주를 2분하여 두 사람의 국로(國老)에게 나누어서 종속(從屬)시키니 바로 천자 아래에서 천하 제후를 지휘 감독하는 이백(二伯)인 것이다.

　즉, 천자의 상공(上公) 두 사람이 천하 제후의 나라를 나누어 맡아 지휘 감독하는 것이다. 그리하여 왕궁을 중심으로 천리 이내를 기전(畿甸)이라 하고, 천리 밖의 가장 가까운 곳을 채(采), 가장 먼 곳을 유(流)라고 한다.

천자 직속의 신하에 삼공(三公)·구경(九卿)·27대부(大夫)·81 원사(元士)가 있다. 큰 제후의 나라는 세 명의 경이 있는데, 모두 천자가 임명한다. 하대부(下大夫) 다섯 사람, 상사(上士) 27명이다. 다음 등급의 제후 나라에는 삼경(三卿)이 있는데, 경 두 명은 천자가 임명하고, 한 명은 국군(國君)이 임명한다. 하대부 5명, 상사 27명이다. 소국은 이경(二卿)이 있는데, 모두 그 나라 국군이 임명하고 하대부 5명, 상사 27명이다.

천자는 그의 대부로 하여금 세 사람씩의 감독관을 삼아 방백(方伯)의 나라를 감림독찰(監臨督察)하게 하되 1주(州)에 3인씩이다.

천자의 현에 기내(畿內)의 제후는 녹(祿)으로 채읍(采邑)을 받고, 기외(畿外)의 제후는 세습(世襲)한다.

왕제(王制)에 삼공(三公)은 일명(一命)을 더하면 곤면(袞冕)을 착용한다. 만약 이 가명(加命)이 있으면 그것은 특별한 은혜로 하사하는 것이다. 구명(九命)을 넘지 못한다. 차국(次國)의 임금은 칠명(七命)을 넘지 못한다. 소국의 임금은 오명(五命)을 넘지 못하고, 대국의 경(卿)은 삼명(三命)을 넘지 못하며, 하경(下卿)은 재명(再命)이고, 소국의 경과 하대부는 일명(一命)이다.

原文 天子는 三公과 九卿과 二十七大夫와 八十一元士니라. 大國은 三卿이니, 皆命於天子하나니라. 下大夫五人이오, 上士二十七人이니라. 次國은 三卿이니, 二卿은 命於天子요, 一卿이 命於其君하나니, 下大夫五人이오, 上士二十七人이니라. 小國은 二卿이니, 皆命於其君하나니, 下大夫五人이오, 上士二十七人이니라.

(천자 삼공 구경 이십칠대부 팔십일원사
대국 삼경 개명어천자 하대부오인 상사이
십칠인 차국 삼경 이경 명어천자 일경 명
어기군 하대부오인 상사이십칠인 소국 이
경 개명어기군 하대부오인 상사이십칠인)

天子이 使其大夫로 爲三監하여, 監於方伯之國하되, 國에 三人이니라.

(천자 사기대부 위삼감 감어방백지국 국 삼인)

天子之縣에, 内諸侯는 祿也요, 外諸侯는 嗣也니라.

(천자지현 내제후 녹야 외제후 사야)

制에, 三公은 一命에 卷이니 若有加인대, 則賜也라. 不過九命이니라. 次國之君은, 不過七命이오, 小國之君은, 不過五命이오, 大國之卿은, 不過三命이오, 下卿은 再命이오, 小國之卿은 與下大夫로, 一命이니라.

(제 삼공 일명 곤 약유가 즉사야 불과구명

차국지군 불과칠명 소국지군 불과오명

대국지경 불과삼명 하경 재명 소국지경 여하

대부 일명)

註解   o三公(삼공)―주대(周代)에는 태사(太師)・태부(太傅)・태보(太保)를 삼공이라 하였고, 한대(漢代)에는 승상(丞相)・대사마(大司馬)・어사대부(御史大夫) 또는 대사마・대사도(大司徒)・대사공(大司空)을 삼공이라고 하였다. o九卿(구경)―아홉 사람의 대신. 시대에 따라 그 명칭이 다르다.   주대(周代)에는 소사(少師)・소부(少傅)・소보(少保)・총재(冢宰)・사도(司徒)・사공(司空)・사마(司馬)・사구(司寇)・종백(宗伯)이라고 했으며, 한대(漢代)에는 태상(太常)・광록훈(光祿勳)・위위(衛尉)・태복(太僕)・정위(廷尉)・태홍려(太鴻臚)・종정(宗正)・대사농(大司農)・소부(少府)를 9경이라 하였다. o三監(삼감)―천자가 방백국(方伯國)의 감림독찰을 명하여 매 1주(州)에 세 명씩을 두었는데 이들을 삼감(三監)이라고 한다. o内諸侯祿也(내제후록야)―기내(畿內)의 땅은 봉건(封建)하지 않고 제후의 봉록으로 준다는 말. o外諸侯嗣也(외제후사야)―기외(畿外)의 제후는 봉건(封建)받은 영지(領地)를 자손에게 세습한다는 말. o嗣(사)―세습한다는 뜻. o制(제)―여기서는 삼공(三公)의 명복(命服) 제도를 말한다. o卷(곤)―곤(袞)과 통한다. 즉 곤복(袞服)을 말한다.

ㅇ九命(구명)—아홉 번의 사명(賜名)을 말한다. 일명(一命)에 직책을 받고, 재명(再命)에 복(服)을 받고, 삼명에 위(位)를 받고, 사명에 기(器)를 받고, 오명에 칙(則)을 받고, 육명에 관(官)을 받고, 칠명에 나라를 받으며[제후가 되는 것], 팔명에 목(牧)이 되고, 구명에 방백(方伯)이 된다. 구명을 받은 자는 곤복(袞服)을 착용한다.

解說 천자와 대국·차국·소국의 관제를 설명하고, 천자가 방백(方伯)의 나라를 감림독찰하는 제도를 말하였으며, 천자의 조정의 공경대부의 봉록과 기외 제후의 영지(領地) 세습제도를 밝힌 것이다. 천자의 삼공(三公) 이하 소국의 하대부에 이르기까지 그 작위의 명수(命數)와 명수에 따른 관복의 제도가 있다는 것을 말한 것이다. 다만 품등(品等)은 일품(一品)이 가장 높고, 이품, 삼품과 같은 식으로 치(値)가 높은 숫자일수록 벼슬은 낮아지지만, 이와는 반대로 명수(命數)는 구명(九命)이 가장 높고, 팔명, 칠명과 같은 식으로 수치가 낮은 숫자일수록 벼슬도 낮아진다. 옛날 존비귀천(尊卑貴賤)의 신분질서를 엄격히 함으로써 나라의 질서를 유지하던 시대에 있어서 이와 같은 신분 등급의 명시는 바로 나라를 다스리는 기강이었던 것이다.

무릇 민간의 인재를 관(官)에 등용할 때에는 반드시 먼저 그 인물과 기예(技藝)를 논평한다. 논평해서 우수하다는 것이 논정(論定)된 뒤라야 채용하게 되고, 일을 맡겨 본 뒤에 벼슬을 시키고, 벼슬의 지위가 정해진 뒤라야 녹(祿)을 받게 된다. 사람에게 벼슬 줄 것을 조정에서 논의할 때에는 사(士)도 함께 참여하게 하고, 저자[市]에서 사람을 처형할 때에는 민중과 함께 이를 버린다. 이와 같이 사람을 등용하는 것과 벌하는 것을 모두 백성들과 함께 해서 개인의 감정에 따라 처리하지 않는다는 것을 보여주는 것이다. 이런 까닭으로 현명한 인재를 얻었을 때는 사람들이 모두 이를 존경하고, 나라를 위해서 축하하지만 형인(刑人 : 죄인)에 이르러서는 공가(公家)에서 이를 보호하지 않으며, 대부도 이를 기르지 않는다. 사(士)는 노상에서 형인을 만나도 이를 상대해서 말하지 않는다. 형인을 사방으로 물리쳐서 오직 법의 한정된 지역 안에서 살게 하며, 정치의 혜택이 이에 미치지 않게 하는데 이는 그 형인이 살아가는 것을 원치 않음을 보여주는 것이다.

原文　凡官民材하되, 必先論之니, 論辨然後에 使之하고, 任事然後에 爵之하고, 位定然後에 祿之니, 爵人於朝는, 與士로 共之요, 刑人於市는, 與衆으로 棄之니라. 是故로 公家이 不畜刑人하며, 大夫이 弗養하나니, 士이 遇之塗하여, 弗與言也하며, 屏之四方하여, 唯其所之하며, 不及以政을, 示弗故生也니라.

(범관민재 필선논지 논변연후 사지 임사
연후 작지 위정연후 녹지 작인어조 여사 공
지 형인어시 여중 기지 시고 공가 불휵형인
대부 불양 사 우지도 불여언야 병지
사방 유기소지 불급이정 시불고생야)

註解　○官民材(관민재)—민간의 인재를 관에서 등용하는 것. ○論之(논지)—그 품행과 재예(才藝)를 논평하는 것. ○論辨(논변)—품행과 재예를 논평해서 그 우열을 가려내는 것. ○任事(임사)—맡겨진 일을 감당할 수 있는 것. ○爵之(작지)—벼슬을 주는 것. ○公家不畜刑人(공가불휵형인)—공가(公家)에서 이를 보호하지 않는다는 말. 공가(公家)는 제후의 일족. ○屏(병)—물리치는 것. ○政(정)—정치의 혜택. 즉, 조세·부역 등을 부과하고, 전지(田地)를 주어 생업에 종사케 하는 등의 일. ○不及以政(불급이정)—부역에 참여시키지 않는 것. 옛날의 부역은 모두 경지(耕地)를 표준으로 하였다. 그런데 형인(刑人)에게는 전지(田地)를 주지 않았고 따라서 부역도 부과하지 않았다. ○示不故生(시불고생)—살아가는 것을 원치 않음을 일부러 보여주는 것.

解說　사람을 채용할 때에는 먼저 조정에서 사(士) 이상의 여러 신하들과 함께 모여 신중히 논평해서 채용하고, 채용하면 먼저 일을 맡

겨서 시험한 뒤에 그에 적격인 직무를 택하여 벼슬을 시킨다. 사람을
형벌할 때에는 저자[市]에서 형벌을 행한다. 민중과 함께 그를 버리
는 것이다. 한 번 형벌을 받은 자는 국가에서 특히 그를 박해하는 일
은 없지만, 국가와 사회에서 완전히 소외시킨다. 그를 애써 살리려고
하지 않는 것이다. 그러므로 그에게는 경지(耕地)를 나누어 주지 않으
며, 따라서 부역도 부과하지 않았던 것이다.

제후는 천자에 대하여 해마다 대부를 사자(使者)로 보내어 빙문(聘
問)하고, 3년에 한 번씩 경(卿)을 사자로 보내어 빙문(聘問)하며, 5년
에 한 번씩 임금이 친히 가서 조근(朝覲)한다. 천자는 5년에 한 번씩
제후를 순시(巡視)한다. 순시해야 할 해의 2월에는 동쪽으로 순수하
여 대종(岱宗)에 이르러서 나무를 태워 하늘에 제사지내고, 또 산천
의 신에 망제(望祭)한다. 그리고는 동방의 제후들을 접견하고, 나이가
백세(百歲)된 자가 있는가를 물어서 있으면 친히 나아가서 방문한다.
태사(大師)에게 명령하여 백성들의 시(詩)를 채록(採錄)해서 올리게
하여 백성들의 풍속을 살피며, 저자[市]의 일을 맡은 자에게 물가(物
價)를 보고케 하여 백성들이 좋아하고 싫어하는 것을 살핀다. 백성들
의 심지(心志)가 음사(淫奢)하면 좋아하는 것이 사벽(邪辟)한 것을
좋아하기 때문이다. 예를 맡은 관원에게 명령하여 시월(時月)을 상고
하여 정일(正日)을 정해서 법률과 예악과 제도와 의복을 천하가 통일
하도록 바로잡는다.

原文 諸侯之於天子也에, 比年에 一小聘하고, 三年에 一大聘
하고, 五年에 一朝니라. 天子는 五年에 一巡守니, 歲二月에 東
巡守하여, 至于岱宗하여, 柴而望祀山川하며, 覲諸侯하고, 問百
年者하여, 就見之니라. 命大師陳詩하여, 以觀民風하며, 命市納
賈하여, 以觀民之所好惡니, 志淫이면 好辟이니라. 命典禮하여,
考時月하여 定日하며, 同律·禮·樂·制度·衣服正之니라.

(제후지어천자야 비년 일소빙 삼년 일대
빙 오년 일조 천자 오년 일순수 세이월
동순수 지우대종 시이망사산천 근제후 문
백년자 취견지 명대사진시 이관민풍 명시
납가 이관민지기호오 지음 호벽 명전례
고시월 정일 동률·예·악·제도·의복정지)

註解   ○比年(비년)—매년(每年).   ○小聘(소빙)—대부(大夫)를 사자(使者)로 보내서 빙문하는 것. 즉 예물을 갖고 가서 문안한다는 말.   ○大聘(대빙)—경(卿)을 보내서 빙문하는 것.   ○朝(조)—제후인 국군이 친히 가서 천자에게 조근(朝覲)하는 것.   ○巡守(순수)—천자가 천하를 순행해서 시찰하는 것.   ○岱宗(대종)—대(岱)는 태산(泰山)을 말한다. 오악(五嶽) 중에서 가장 높기 때문에 종(宗)이라는 글자를 덧붙이고 있다. 오악이란 동악(東嶽)이 태산, 서악이 화산(華山), 남악이 형산(衡山), 북악이 항산(恆山), 중악이 숭산(嵩山)이다. 5악 중에서도 태산이 그 조종(祖宗)으로 되어 있다.   ○柴(시)—나무를 태워서 하늘에 제사지내는 것. 모닥불을 피우고 하늘에 제사하는 것.   ○望祀山川(망사산천)—멀리 산천의 신을 바라보고 제사지내는 것.   ○覲諸侯(근제후)—제후의 조현(朝見)을 받는 것. ○問百年者(문백년자) 就見之(취견지)—나이가 백 살된 사람이 있는가를 물어, 있으면 천자가 친히 가서 방문하는 것.   ○大師(태사)—악관(樂官)의 우두머리.   ○陳詩 以觀民風(진시 이관민풍)—시(詩)를 채집하여 시를 보고 백성의 풍속을 관찰하는 것.   ○詩(시)—여기서는 민간에 유행되는 노래를 뜻한다.   ○命市納賈(명시납가)—전시자(典市者)에게 명령해서 물건의 귀천후박을 보고하게 하는 것. 시(市)는 전시자(典市者), 즉 시장 일을 맡은 사람. 가(賈)는 물건의 귀천후박.   ○志淫好辟(지음호벽)—백성들의 심지(心志)가 음사(淫奢)하면 사악한 것을 좋아한다는 말. 즉 시장의 수급상황을 살펴보면 민심의 동향을 알 수 있다. 검소하면 일용 필수품의 값이 비싸게 되고, 음사하면 사치품이 고가로 팔릴 것이므로, 민심이 사치를 좋아하면 그것은 곧 사벽(邪辟)한 것을 좋아한다는 것이 된다.   ○考時月定日(고시월정일)—시일, 즉 사시(四時)와 달의 크고 작음을 상고해

교정(校正)하여 날을 바르게 정한다는 말.

解說 제후가 천자에게 조빙(朝聘)하는 일과 천자가 제후의 나라를 순시하는 것을 말하고, 아울러 천자가 순수할 때에 살피는 일에 대해서 설명하고 있다.

산천의 신에 대하여 제사를 받들지 않는 자는 이것을 불경(不敬)으로 다스린다. 국군으로서 불경한 자가 있으면 봉지(封地)를 삭감한다. 종묘에 있어 소목(昭穆)의 순위를 어지럽히고 제사를 소홀히 한 자는 이를 불효로 인정한다. 국군으로서 불효한 자가 있다면 그 작위(爵位)에서 물러나게 한다. 예제(禮制)를 변경하고 음악을 바꾼 자는 부종(不從)이 된다. 국군으로서 부종인 자는 먼 곳으로 귀양보낸다. 제도와 의복을 고친 자는 배반한 것이 된다. 국군으로서 배반한 자가 있다면 정토(征討)한다. 국군으로서 백성에게 공덕이 있는 자는 그 영지를 더 주고 작위를 올려준다. 5월에 남쪽으로 순수하여 남악(南嶽)에 이르면 동순수(東巡守)의 예(禮)와 같이 한다. 8월에 서쪽으로 순수하여 서악(西嶽)에 이르면 남순수의 예와 같이 한다. 11월에 북쪽으로 순수하여 북악에 이르르면 서순수의 예와 같이 한다. 순수를 끝내고 나라로 돌아오면 조고(祖考)와 선고(先考)의 사당에 고유(告由)하되 소 한 마리를 희생으로 보고제(報告祭)를 행한다.

原文 山川神祇를 有不擧者는 爲不敬이니, 不敬者는 君을 削以地요, 宗廟를 有不順者는 爲不孝니, 不孝者는 君을 絀以爵이오, 變禮易樂者는 爲不從이니, 不從者는 君을 流요, 革制度衣服者는 爲畔이니, 畔者는 君을 討요, 有功德於民者는, 加地進律이니라. 五月에 南巡守하여, 至于南嶽하여, 如東巡守之禮하며, 八月에 西巡守하여, 至于西嶽하여, 如南巡守之禮하며, 十有一月에, 北巡守하여, 至于北嶽하며, 如西巡守之禮니, 歸하여, 假于

祖禰하되, 用特이니라.

　(산천신기 유불거자 위불경 불경자 군 삭
　이지 종묘 유불순자 위불효 불효자 군 출이작
　변예역악자 위부종 부종자 군 유 혁제도의
　복자 위반 반자 군 토 유공덕어민자 가지진
　률 오월 남순수 지우남악 여동순수지례
　팔월 서순수 지우서악 여남순수지례 십유일
　월 북순수 지우북악 여서순수지례 귀 격우
　조녜 용특)

[註解]　o山川神祇(산천신기)—산천의 제사와 천신(天神)·지기(地祇)에 대한 제사.　o宗廟有不順(종묘유불순)—종묘에 불순함이 있다는 것은 소목(昭穆)의 차례를 문란하게 하거나 제사의 시기를 잘못하는 따위를 말한 것.　o君絀以爵(군출이작)—종묘에 불순한 일이 있으면 그 국군을 작위에서 물러나게 하는 것.　o變禮易樂(변례역악)—예제(禮制)를 변경하고 음악을 바꾸는 것.　o不從(부종)—복종하지 않는 것. 순종하지 않는 것.　o流(유)—먼 곳으로 내치는 것. 먼 곳으로 귀양보내는 것.　o畔者君討(반자군토)—천자에게 배반한 자는 그 죄를 성토하여 주륙을 가한다는 말.　o加地(가지)—영지를 더 보태주는 것.　o進律(진률)—작명(爵命)의 등급을 올려주는 것.　o歸(歸) 假于祖禰(격우조녜)—순수에서 돌아와 조묘(祖廟)와 선고(先考)의 사당에 고유(告由)한다는 말. 격(假)은 지(止)와 같다.　o用特(용특)—특생(特牲)을 제물로 바치는 것. 특생은 소 한 마리의 희생.

[解說]　천자가 기외(畿外)의 땅을 8주(州)로 나누고, 다시 대국·차국·소국으로 구분하여 제후를 봉건(封建)한 뒤에 방백연수(方伯連帥)의 제도를 마련하여 조직을 통해 통솔하고, 다시 천하를 2분하여 천자의 이백(伯)의 지휘·감독을 받게 하며, 또 삼감제도(三監制度)를 마련하여 매주(每州)에 세 사람씩의 감림독찰관을 둔다. 그리고 다시 제후의 조빙에 관한 법을 정했으며, 또 천자 자신이 직접 제후의 나라

들을 순시하여 그 치적의 성과를 살피고 상벌을 시행하였다. 고대의 봉건제도가 유지할 수 있었던 것은 이러한 강력하고도 치밀하고 엄격한 제도의 힘이 컸다는 것을 알 수 있다.

천자가 장차〔순수의 길을〕 떠나려고 할 때에는 상제(上帝)에게 제사지내고 지기(地祇)에게 제사지내며, 부조(父祖)의 묘(廟)에 제사지낸다. 제후가 장차 떠나려 할 때에는 지기에 제사지내고 부조의 묘에 제사지낸다. 천자가 무사할 때 제후와 서로 만나는 것을 조(朝)라고 한다. 이때 제후는 예악(禮樂)을 고교(考校)하고, 형벌을 바르게 하며, 덕(德)을 한결같이 하여 천자를 높이고 섬긴다.

천자가 공(功)이 있는 제후〔공·후작〕에게 음악을 하사할 때에는 사자(使者)가 축(柷)을 잡고 쳐서 주악의 시작을 지휘한다. 백자남(伯子男)에게 음악을 하사할 때에는 사자가 소고〔鼗〕를 잡고 흔들어서 주악의 마침을 신호한다. 제후는 천자로부터 활과 화살의 하사가 있은 뒤라야 정벌을 행하고, 부월(鈇鉞)의 하사가 있은 뒤라야 사람을 죽일 수 있다. 규찬(圭瓚)의 하사가 있은 뒤라야 거창주(秬鬯酒)를 스스로 만들 수 있다. 규찬을 하사하지 않았으면 창주(鬯酒)를 천자에게 구청(求請)한다.

천자로부터 가르치라는 명령이 있은 뒤라야 학교를 세울 수 있다. 소학(小學)은 공궁(公宮)의 남쪽 왼편에 있고, 대학(大學)은 근교(近郊)에 있다. 대학을 천자의 나라에서는 벽옹(辟雍)이라 부르고, 제후의 나라에서는 반궁(頖宮)이라고 일컫는다.

[原文] 天子이 將出할새, 類乎上帝하며, 宜乎社하며, 造乎禰하고, 諸侯이 將出할새, 宜乎社하며, 造乎禰하나니라. 天子이 無事하여, 與諸侯로 相見曰朝니, 考禮하고 正刑하며 一德하여, 以尊于天子니라.

(천자 장출 유호상제 의호사 조호녜
제후 장출 의호사 조호녜 천자 무사
여제후 상견왈조 고례 정형 일덕 이존우천자)

天子이 **賜諸侯樂**하실새, **則以柷**으로 **將之**하고, **賜伯子男樂**하실새, **則以鼗**로 **將之**니라. **諸侯**는 **賜弓矢然後**에 **征**하고, **賜鈇鉞然後**에 **殺**하고, **賜圭瓚然後**에 **爲鬯**이니, **未賜圭瓚**이어시든, **則資鬯於天子**니라.

(천자 사제후악 즉이축 장지 사백자남악
즉이도 장지 제후 사궁시연후 정 사부월
연후 살 사규찬연후 위창 미사규찬 즉자
창어천자)

天子이 **命之敎**한, **然後**에 **爲學**이니, **小學**은 **在公宮南之左**하고, **大學**은 **在郊**하니, **天子**이 **曰辟雍**이오, **諸侯**이 **曰頖宮**이니라.

(천자 명지교 연후 위학 소학 재공궁남지좌
대학 재교 천자 왈벽옹 제후 왈반궁)

[註解] ○天子將出(천자장출)—여기에서는 천자가 순수의 길을 떠나려는 것을 말하고 있다. ○類(유)—제사 이름. 하늘에 드리는 제사. ○宜(의)—지기(地祇)에 드리는 제사. ○造(조)—선조의 묘(廟)에 드리는 제사. ○禰(예)—여기에서는 선조의 묘(廟)를 뜻한다. 아버지의 사당. ○社(사)—토지를 맡은 신(神). ○無事(무사)—여기서는 사상(死喪)이나 정벌(征伐) 따위가 없다는 것을 말한 것이다. ○朝(조)—상례(常禮)인 조회를 말한 것. ○一德(일덕)—덕을 한결같이 한다. 즉, 두 마음을 품지 않는 것. ○柷(축)—악기의 일종. 음악의 연주를 시작할 때에 쳐서 연주의 시작을 일제히 동시에 하게 하는 것. ○將之(장지)—명령을 받들어 행하는 것. ○鼗(도)—소고(小鼓)를 말한다. ○鈇鉞(부월)—큰 도끼와 작은 도끼. 천자가 제후에게 살리고 죽이는 권한을 내려주는 표시로 주는 것. ○圭瓚(규찬)—옥으로 손잡이를 만든 술잔[옥배]. 창주(鬯酒)를 담는 술잔. ○鬯酒(창주)—창(鬯)이란 일종의 향기있는 풀. 이 풀과 검은 기장을 배합해

서 빚은 술. 제사 때 이 술을 규찬에 담아 땅에 부어서 강신(降神)한다. ○爲學(위학)-학교를 세우는 것. ○辟雍(벽옹)-천자의 나라 국도(國都)에 있는 대학. ○頖宮(반궁)-제후의 나라에 있는 대학(大學).

[解說] 천자는 천명을 받들고 하늘을 대신하여 덕을 행하는 자이므로 순수의 길에 오르면서 상제(上帝)에게 제사하는 것이다. 사(社)에 제사하는 것은 국토를 순시하며 상벌을 행하고, 주살·봉할(封割)·가지(加地)·진작(進爵)의 일을 행할 것이므로 토지의 신에게 제사하는 것이다. 그리고 예묘(禮廟)에 제사하는 것은 산 부모에게 출필곡(出必告)하는 것과 같은 도리인 것이다. 한편 천자는 하늘에 제사하고 제후는 토지의 신에게 제사하는 것은, 천자는 천하의 임금이고 하늘의 도(道)이므로 하늘에 제사하고, 제후는 신하이고 신하는 땅의 도(道)이므로 토지의 신에게 제사하는 것이다.

천자가 장차 출정(出征)하려고 할 때에는 상제(上帝)께 유제(類祭)를 올리고, 사(社)에 의제(宜祭)를 올리며, 예묘(禰廟)에 조제(造祭)를 올리고, 정벌하는 곳에서 마제(禡祭)를 올리며 학궁(學宮)에서 그 모책(謀策)을 결정한다. 출정하여 죄있는 자를 잡아가지고 돌아왔을 때에는 대학에서 석전(釋奠)의 제사를 올리고, 신문할 자와 왼쪽 귀를 벤 자의 수를 고유(告由)한다.

[原文] 天子이 將出征할새, 類乎上帝하며, 宜乎社하며, 造乎禰하며, 禡於所征之地하며, 受命於祖하며, 受成於學하시나니라. 出征하사, 執有罪하여, 反하사, 釋奠于學하여, 以訊馘으로 告하나니라.
  (천자 장출정 유호상제 의호사 조호녜
  마어소정지지 수명어조 수성어학 출정
  집유죄 반 석전우학 이신괵 고)

[註解] ○禡(마)-제사 이름. 전쟁 때 진지(陣地)에서 지내는 제사. ○受命於祖(수명어조)-조묘(祖廟)에 고유(告由)하고 사당에서 출정(出征)의

길흉(吉凶)을 점치는 것. ㅇ受成於學(수성어학) ─ 학(學)은 학궁(學宮)이
니, 즉 문묘(文廟)에서 정벌(征伐)에 대한 모책(謀策)을 결정하는 것. ㅇ釋
奠于學(석전우학) ─ 석전(釋奠)은 공자에게 올리는 큰 제사. 학(學)은 문
묘, 즉 문묘에 제사를 올려 고유(告由)하는 것. ㅇ以訊馘告(이신괵고) ─
신문한 괴수와 죄인의 귀를 벤 자의 수를 고유(告由)하는 것. 신(訊)은
신문(訊問), 괵(馘)은 왼쪽 귀를 베는 것.

解說 천자가 출정할 때에는 학궁에서 정벌의 계책을 세우고, 정벌
을 마치고 돌아와서는 죄수를 신문한 것과 왼쪽 귀를 벤 죄수의 수를
문묘에 고유하는 것은 천자가 떨친 무위(武威)와 문덕(文德)을 찬양
하기 위한 것이라고 한다.

천자나 제후가 정벌이나 상흉(喪凶) 등의 일이 없으면 해마다 세
가지 일을 위해서 사냥한다. 즉 첫째는 마른 고기를 만들어 종묘(宗
廟)의 제사에 쓰기 위함이고, 둘째는 빈객을 접대하기 위함이며, 셋
째는 임금의 포주(庖廚)를 채우기 위한 것이다. 아무 일이 없는 데에
도 사냥하지 않는 것을 불경(不敬)이라 하고, 사냥하는 데 예(禮)로
써 하지 않는 것을 하늘이 낸 생물을 학대한다고 한다.

사냥할 때에 천자는 사면(四面)을 둘러싸서 모두 잡지 않으며, 제
후는 짐승의 떼를 덮치지 않는다. 천자가 몰던 짐승을 포획하고 나면
큰 깃발을 내려 사냥이 끝났음을 알리고, 제후가 몰던 짐승을 포획하
고 나면 작은 깃발을 내려 사냥이 끝났음을 알리며, 대부가 몰던 짐
승을 포획하고 나면 좌거(佐車)를 멈춘다. 좌거가 멈추고 나면 백성
들이 사냥한다.

수달[獺]이 물고기를 제사지낸다는 절기인 10월이 된 후에야 우인
(虞人)이 못에 통발을 설치한다. 승냥이가 짐승을 제사지낸다는 절기
인 9월 말에서 10월 초에 이른 후에야 사냥한다. 비둘기가 매로 변한
다는 절기인 8월이 된 후에야 위라(罻羅)를 설치하여 새를 잡으며, 초

목의 잎이 시들어 떨어진 후에야 산림에 들어간다. 곤충이 아직 칩복 (蟄伏)하지 않았으면 불을 놓아 사냥하지 않으며, 짐승의 어린 새끼를 잡지 않으며, 알을 앗아오지 않으며, 새끼 밴 것을 죽이지 않으며, 금수 (禽獸)의 어린 것을 끊어 죽이지 않으며, 새끼 밴 것을 죽이지 않고, 갓난 것을 죽이지 않으며, 소굴을 뒤집어엎어서 전멸시키지 않는다.

原文 天子諸侯이 無事어른, 則歲三田이니, 一爲乾豆요, 二爲 賓客이오, 三爲充君之庖니라. 無事而不田을 田不敬이오, 田不 以禮를 曰暴天物이니,

(천자제후 무사 즉세삼전 일위건두 이위

빈객 삼위충군지포 무사이부전 전불경 전불

이례 왈폭천물)

天子는 不合圍하며, 諸侯는 不掩羣이니라. 天子이 殺, 則下大 綏하고, 諸侯이 殺, 則下小綏하고, 大夫이 殺, 則止佐車니, 佐車 止, 則百姓이 田獵하나니라.

(천자 불합위 제후 불엄군 천자 살 즉하대

유 제후 살 즉하소유 대부 살 즉지좌거 좌거

지 즉백성 전렵)

獺이 祭魚한, 然後에야 虞人이 入澤梁하며, 豺이 祭獸한, 然 後에야 田獵하며, 鳩이 化爲鷹한, 然後에야 設罻羅하며, 草木이 零落한, 然後에야 入山林하며, 昆蟲이 未蟄이어든, 不以火田하며, 不麛하며, 不卵하며, 不殺胎하며, 不殀夭하며, 不覆巢니라.

(달 제어 연후 우인 입택량 시 제수 연

후 전렵 구 화위응 연후 설위라 초목

영락 연후 입산림 곤충 미칩 불이화전

불미 불란 불살태 불요요 불복소)

註解 ㅇ歲三田(세삼전)―해마다 세 가지 일을 위하여 사냥하는 것.

ㅇ乾豆(건두)―고기를 말려서 제기(祭器)에 채우는 것. 건은 말린 고기. 두(豆)는 나무로 만든 제기. ㅇ不以禮(불이례)―예를 지키지 않고 함부로 사냥하는 것을 뜻한 말. ㅇ天物(천물)―하늘이 세상에 낸 물건이라는 뜻에서 나온 말. ㅇ天子不合圍(천자불합위)―천자는 짐승을 사방에서 둘러싸서 잡지 않는다는 말. ㅇ掩羣(엄군)―금수의 떼를 덮쳐서 한꺼번에 많은 포획을 하지 않는 것. ㅇ大綏(대유)―천자가 사냥할 때 세우는 기치(旗幟). 깃대 꼭대기에 쇠꼬리를 붙였음. ㅇ小綏(소유)―제후가 사냥할 때 세우는 기치. ㅇ佐車(좌거)―짐승을 몰이하기 위해서, 또는 도망치는 것을 차단하기 위해서 사냥터에 투입되는 수레. ㅇ獺祭魚(달제어)―수달이 제가 잡은 물고기를 많이 늘어놓아 사람이 제수(祭需)를 벌려 놓고 제사지내는 것 같다는 데서 나온 말. 그 시기는 한 해에 3월과 10월 두 번이다. 여기서는 이른 봄철을 뜻하고 있다. ㅇ入澤梁(입택량)―못에 통발을 넣는다는 말. 양(梁)은 통발. ㅇ虞人(우인)―산택(山澤)을 맡아보는 벼슬아치. ㅇ豺祭獸(시제수)―승냥이가 계추(季秋)의 달에 잡은 짐승을 늘어놓고 하늘에 제사지낸다고 한다. 계추의 계절이 되었다는 것을 나타낸 말. ㅇ鳩化爲鷹(구화위응)―산비둘기가 화하여 새매가 되는 것. 중추(仲秋)의 계절이 되면 산비둘기가 화해서 새매가 된다고 전한다. ㅇ罻羅(위라)―새그물. ㅇ火田(화전)―불을 태워 사냥하는 것. ㅇ不麛(불미) 不卵(불란)―짐승의 새끼를 잡지 않으며, 새의 알을 앗아오지 않는다는 말. ㅇ胎(태)―새끼 밴 것. ㅇ不殀夭(불요요)―새나 짐승의 어린 것을 끊어죽이지 않는다는 뜻. 요(殀)는 죽이는 것. 끊어 죽이는 것. 요(夭)는 여기에서는 갓난 것을 죽인다는 뜻이다.

解說　천자 이하의 사냥하는 목적과 사냥하는 도리, 즉 사냥하는 예도(禮道)를 말한 것이다. 사냥하는 목적은 종묘의 제수(祭需)로 바치고, 빈객을 접대하고, 포주(庖廚)를 채우기 위한 것이고, 사냥의 예로는 원문의 불합위(不合圍)·불엄군(不掩羣)·불복소(不覆巢)에 이르기까지의 일들을 말한 것이다.

총재(冢宰)가 국가 경비의 예산을 재정(裁定)하는 것은 반드시 전년(前年)의 세말(歲末)에 오곡이 모두 들어온 뒤에 결정한다. 땅의 작고 큰 것을 기초로 하고, 풍년과 흉년을 참작해서 30년간의 수입을 통산(通算)하여 10년분의 잉여(剩餘)가 있을 수 있도록 국용(國用)을 재정(裁定)하고, 수입을 헤아려서 지출을 정한다.

제사에는 비용을 1년 경비의 10분의 1을 쓴다. 상중(喪中)에는 3년 동안 종묘(宗廟)에 제사를 드리지 않는다. 오직 천지와 사직의 신을 제사지낼 뿐이다. 이때는 월불(越紼)하여 제사를 지낸다. 상제(喪祭)에 비용이 부족한 것을 포(暴)라 하고, 여유가 있는 것을 호(浩)라고 한다. 제사는 풍년이라고 해서 사치하지 않아야 하며, 흉년이라고 해서 검박(儉朴)하게 해서는 안된다. 반드시 예법에 따라야 한다.

나라에 9년의 저축이 없으면 부족하다고 말하고, 6년의 저축이 없으면 급(急)하다고 말하며, 3년의 저축이 없으면, '나라가 나라 아니다'라고 한다. 3년간 경작하면 반드시 1년 양식의 저축이 있어야 하고, 9년간 경작하면 반드시 3년 양식의 저축이 있어야 한다. 이리하여 30년을 통산한 식량의 저축이 있으면 비록 흉년이 들고 한재와 홍수의 피해가 있을지라도 채색(菜色)이 없을 것이다. 그렇게 된 뒤에야 천자는 날마다 생(牲)을 잡아 성찬을 마련하고 음악을 연주시키며 음식을 먹을 수 있다.

原文 冢宰이 制國用하되, 必於歲之杪니, 五穀이 皆入한, 然後라야 制國用이니라. 用地小大하며, 視年之豊耗하여, 以三十年之通으로 制國用하고, 量入以爲出이니라.
　　(총재 제국용 필어세지초 오곡 개입 연후
　　제국용 용지소대 시년지풍모 이삼십년지
　　통제국용 양입이위출)

祭는 用數之仂이니라. 喪에는 三年을 不祭니, 唯祭天地社稷하되, 爲越紼而行事니, 喪은 用三年之仂이니라. 喪祭에 用不足을

曰暴요, 有餘를 曰浩니, 祭는, 豊年에 不奢하며, 凶年에 不儉이
니라.

(제 용수지륵 상 삼년 부제 유제천지사직
위월불이행사 상 용삼년지륵 상제 용부족
왈포 유여 왈호 제 풍년 불사 흉년 불검)

國이 無九年之蓄을 曰不足이오, 無六年之蓄을 曰急이오, 無
三年之蓄을 曰國非其國也니, 三年耕에 必有一年之食이오, 九
年耕에 必有三年之食이니, 以三十年之通이면, 雖有凶旱水溢이
나, 民無菜色이니, 然後라야 天子이 食하되, 日擧以樂이니라.

(국 무구년지축 왈부족 무육년지축 왈급 무
삼년지축 왈국비기국야 삼년경 필유일년지식 구
년경 필유삼년지식 이삼십년지통 수유흉한수일
민무채색 연후 천자 식 일거이악)

註解 o冢宰(총재)―지금의 국무총리. o國用(국용)―나라의 비용. o杪
(초)―끝[末]을 뜻한다. 연말. o豐耗(풍모)―풍(豐)은 풍년, 모(耗)는 흉
년을 뜻한다. o以三十年之通制國用(이삼십년지통제국용)―30년의 수입
을 통산해서 10년의 잉여(剩餘)가 있게 하는 것. o數之仂(수지륵)―수
(數)는 1년의 총경비를 가리킨다. 늑(仂)은 1년 총경비의 10분의 1. o喪
三年不祭(상삼년부제)―상중의 3년간은 사당에 제사를 지내지 않는다는
뜻. o唯祭天地社稷(유제천지사직)―삼년상(三年喪) 동안에는 제사를 지
내지 않으나 오직 천지와 사직에 대한 제사만은 지낸다는 말. o越紼而行
事(월불이행사)―장사를 지내기 전에는 항상 순거(輴車)에 당김줄을 달아
놓아서 화재에 대비한다. 그런데 상중에 천지·사직의 제사를 거행하는
것은 그 순거의 당김줄을 넘어나가서 제사를 거행하는 것이 된다. 상(喪)
은 안에 있고, 제사를 지내는 일은 밖에 있는 것이므로 그렇게 표현한 것
이다. o喪用三年之仂(상용삼년지륵)―3년 동안의 세출 경비 총계의 10
분의 1을 상례(喪禮)에 사용한다는 뜻. o國非其國(국비기국)―언제 남의
나라의 침범을 받아 나라를 빼앗길지 알 수 없다는 말. o民無菜色(민무

채색)—채색은 굶주린 얼굴빛. 백성의 얼굴에 채색이 없다는 것은 굶주린 자가 없다는 말. ㅇ日擧以樂(일거이악)—날마다 음악을 연주하는 속에서 성찬을 든다는 말.

[解說] 여기에서는 국가의 예산을 재정하는 대원칙을 양입계출(量入計出)에 둔다는 것과 국부(國富)를 축적하여 흉년에 대비하고, 국용의 한계를 정하여 지나친 지출이 없게 하라는 것을 말하고 있다.

천자는 사후 7일에 빈(殯)하여 일곱 달만에 장사지내며, 제후는 사후 5일에 빈하여 다섯 달만에 장사를 지내며, 대부와 사 및 서인은 사후 3일에 빈하여 석 달만에 장사지낸다. 3년의 상을 지키는 것은 천자로부터 서인에 이르기까지 통용된다. 서인은 줄을 달아가지고 하관하며, 장사를 비 때문에 중지하지 않으며, 봉분을 만들지 않고 묘역에 나무도 심지 않으며, 상중에 거상하는 일 이외의 다른 일을 하지 않는다. 천자로부터 서인에 이르기까지 상례는 죽은 자의 신분에 좇고 제례는 산 사람의 신분에 좇는다. 지자(支子)는 제사를 받들지 않는다.

[原文] 天子는 七日而殯하여, 七月而葬하고, 諸侯는 五日而殯하여, 五月而葬하고, 大夫·士·庶人은 三日而殯하여, 三月而葬이니, 三年之喪은, 自天子로 達이니라. 庶人縣封하며, 葬不爲雨止하며, 不封不樹하며, 喪不貳事니라. 自天子로 達於庶人이, 喪從死者요, 祭從生者니라. 支子는 不祭니라.
  (천자 칠일이빈 칠월이장 제후 오월이빈
  오월이장 대부·사·서인 삼일이빈 삼월이
  장 삼년지상 자천자 달 서인현폄 장불위
  우지 불봉불수 상불이사 자천자 달어서인
  상종사자 제종생자 지자 부제)

[註解] ㅇ殯(빈)—염습하는 것. ㅇ縣封(현폄)—밧줄을 관에 매서 하관(下

棺)하는 것. ○不封(불봉)─봉분을 만들지 않는 것. ○不樹(불수)─나무를 심지 않는 것. ○不貳事(불이사)─두 가지 일을 하지 않는다는 말. ○生者(생자)─살아 있으면서 죽은 자를 섬기는 사람, 즉 아들. ○支子(지자)─적자(適子) 이외의 정실 소생의 아들.

선조를 제사지내는 데 있어 천자는 사당에 7대(代)의 신주를 모신다. 소(昭)에 3위(位), 목(穆)에 3위이고 태조(太祖)의 신주와 합하여 모두 7묘(廟)이다. 제후는 사당에 5대의 신주를 모신다. 소에 3위, 목에 2위이고 태조의 신위와 합하여 모두 5묘이다. 대부는 사당에 3대의 신주를 모신다. 소에 1위, 목에 1위이고 태조의 신위와 합하여 모두 3묘이다. 사(士)는 1묘이고 서인(庶人)은 침(寢)에서 제사한다. 천자와 제후의 종묘 제사는 봄의 제향을 약(礿)이라 칭하고, 여름 제향을 체(禘)라 칭하며, 가을 제향을 상(嘗)이라 칭하고, 겨울 제향을 증(烝)이라 칭한다. 천자는 천지에 제사하고, 제후는 사직에 제사하며, 대부는 오사(五祀)에 제사지낸다. 천자는 천하의 명산대천(名山大川)에 제사지내는데 오악(五嶽)의 제사는 삼공(三公)의 경우에 준하고, 사독(四瀆)의 제사는 제후의 경우에 준한다. 제후는 명산대천으로서 자기의 영지 안에 있는 것을 제사지낸다. 천자와 제후는 자기의 땅 안에 있는 인국(因國)의 주후자(主後者) 없는 자를 제사한다.

原文 天子는 七廟니, 三昭・三穆과 與太祖之廟而七이오. 諸侯는 五廟니, 二昭・二穆과 與太祖之廟而五요. 大夫는 三廟니, 一昭・一穆과 與太祖之廟而三이오. 士는 一廟요, 庶人은 祭於寢이니라. 天子・諸侯의 宗廟之祭를, 春曰礿이오, 夏曰禘요, 秋曰嘗이오, 冬曰烝이니라. 天子는 祭天地하고, 諸侯는 祭社稷하고, 大夫는 祭五祀니라. 天子는 祭天下名山・大川하나니, 五嶽은 視三公하고, 四瀆은 視諸侯니라. 諸侯는 祭名山・大川之在

其地者요, 天子・諸侯는, 祭因國之在其地而無主後者니라.

(천자 칠묘 삼소・삼목 여태조지묘이칠 제
후 오묘 이소・이목 여태조지묘이오 대부 삼묘
일소・일목 여태조지묘이삼 사 일묘 서인 제어
침 천자・제후 종묘지제 춘왈약 하왈체 추
왈상 동왈증 천자 제천지 제후 제사직
대부 제오사 천자 제천하명산・대천 오악
시삼공 사독 시제후 제후 제명산・대천지재
기지자 천자・제후 제인국지재기지이무주후자)

註解 ㅇ昭穆(소목)—조상의 신주를 사당에 모시는 차례. 북쪽의 중앙에 남향하여 시조(始祖)를 모시고, 왼쪽에는 2세(世)・4세・6세의 신주를 차례로 모시니 이를 소(昭)라 일컫고, 오른쪽에 3세・5세・7세의 신주를 차례로 모시니 이를 목(穆)이라 일컫는다. 이와 같이 3소・3목과 태조의 신주 도합 7위를 모시는 것은 천자의 사당이다. 제후는 2소・2목과 태조의 신주를 합쳐 5묘(廟)이다. ㅇ太祖(태조)—여기서 태조라 함은 제후의 경우는 처음에 봉후(封侯)된 임금이고, 대부의 경우는 처음 봉작(封爵)된 사람을 말한다. ㅇ寢(침)—천자와 제후의 정침(正寢)을 노침(路寢)이라고 하고, 경・대부・사의 경우는 적실(適室) 또는 적침(適寢)이라 하며, 서인은 사당이 없으므로 거실(居室)에서 조상을 제사지낸다. ㅇ祠(약)・禘(체)・嘗(상)・烝(증)—천자나 제후의 종묘에 대한 봄・여름・가을・겨울 제사의 명칭. ㅇ五祀(오사)—문(門), 행(行 : 밖의 길), 호(戶), 조(竈), 중류(中霤)의 다섯 신을 말한다. 기타 여러 설(說)이 있다. ㅇ四瀆(사독)—중국의 네 곳의 큰 강. 즉 양자강(揚子江), 황하(黃河), 회수(淮水), 한수(漢水)를 합쳐서 부르는 말. ㅇ因國(인국)—지금의 나라 땅에 있었던 전대(前代)의 나라. ㅇ無主後者(무주후자)—제사를 받들 후손이 없는 자.

천자는 봄에 제사하는 약제(祠祭)는 특제(犆祭)로 하고, 체(禘)・상(嘗)・증(烝)의 세 제사는 협제(祫祭)로 한다. 제후는 약제를 지내면 체제(禘祭)를 지내지 않으며, 체제를 지내면 상제(嘗祭)를 지내지 않고, 상제를 지내면 증제(烝祭)를 지내지 않으며, 증제를 지내면 약제(祂祭)를 지내지 않는다. 제후는 약제를 특제로 거행하며, 체제는 한 해는 특제로 하고, 한 해는 협제로 거행하며, 상제와 증제는 모두 협제로 거행한다.

천자는 사직 제사에 모두 태뢰(太牢)를 바친다. 제후의 사직 제사에는 소뢰(小牢)를 바친다. 대부와 사(士)의 제사는 밭이 있으면 제사 지내고, 밭이 없으면 시물(時物)을 바칠 뿐이다. 서인(庶人)은 봄에는 부추[韭]를 천신(薦新)하고, 여름에는 보리를 천신하며, 가을에는 기장을 천신하고, 겨울에는 벼를 천신한다. 부추에는 알[卵]을 곁들이고, 보리에는 생선을 곁들이며, 기장에는 돼지를 곁들이고, 벼에는 기러기를 곁들여 천신한다.

천지의 신을 제사지내는 소는 어린 소로써 그 뿔이 누에고치나 밤알 정도로 돋은 송아지를 쓰며, 종묘의 제사에는 뿔이 한 줌[握]쯤 되는 송아지를 쓰고, 빈객을 접대하는 소는 뿔이 한 자[尺] 정도 자란 큰 소를 쓴다. 제후는 까닭없이 소를 잡지 않으며, 대부는 까닭없이 양(羊)을 잡지 않고, 사(士)는 까닭없이 개·돼지를 잡지 않으며, 서인은 까닭없이 진미(珍味)를 먹지 않는다. 여러 가지 맛있는 음식을 마련할 때에 풍성하고, 사치한 품이 생육(牲育)보다 나아서는 안 되며, 연의(燕衣)가 제복보다 더 좋아서는 안되고 거실(居室)이 종묘보다 더 좋아서는 안된다.

[原文] 天子는 犆祂하며, 祫禘하며, 祫嘗하며, 祫烝이오. 諸侯는 祂則不禘하며, 禘則不嘗하며, 嘗則不烝하며, 烝則不祂이니라. 諸侯는 祂犆하며, 禘一犆一祫하며, 嘗祫하며, 烝祫이니라.

(천자 특약 협체 협상 협증 제후
약즉불체 체즉불상 상즉부증 증즉불약 제
후 약특 체일식일협 상협 증협)

天子는 社稷에 皆太牢요, 諸侯는 社稷에 皆少牢니, 大夫·士는 宗廟之祭를, 有田則祭하고, 無田則薦하며, 庶人은 春薦韭하며, 夏薦麥하며, 秋薦黍하며, 冬薦稻니, 韭는 以卵이오, 麥은 以魚요, 黍는 以豚이오, 稻는 以鴈이니라.

(천자 사직 개태뢰 제후 사직 개소뢰 대부·사

종묘지제 유전즉제 무전즉천 서인 춘천구

하천맥 추천서 동천도 구 이란 맥 이

어 서 이돈 도 이안)

祭天地之牛는, 角이 繭栗이오, 宗廟之牛는, 角이 握이오, 賓客之牛는 角이 尺이니라. 諸侯이 無故어든 不殺牛하며, 大夫이 無故어든 不殺羊하며, 士이 無故어든 不殺犬豕하며, 庶人이 無故어든 不食珍이니라. 庶羞를 不踰牲하며, 燕衣를 不踰祭服하며, 寢을 不踰廟니라.

(제천지지우 각 견율 종묘지우 각 악 빈

객지우 각 척 제후 무고 불살우 대부

무고 불살양 사 무고 불살견시 서인 무

고 불식진 서수 불유생 연의 불유제복

침 불유묘)

註解 o太牢(태뢰)—소·양·돼지 등 세 가지 가축을 바치는 것. o少牢(소뢰)—양·돼지를 바치는 것. o薦(천)—사계절마다 생산되는 새로운 식품을 신에게 바치는 것. o握(악)—한줌. o故(고)—사유(事由)를 말한다. 여기에서는 제사·관혼(冠婚)·빈객 접대 등을 가리킨다. o無故不殺牛(무고불살우)—까닭없이 소를 잡지 않는다는 말. o庶羞(서수)—여러 가지 맛좋은 음식. 평소에 먹는 음식. o燕衣(연의)—연회(宴會) 때에 입는 옷. o寢(침)—여기서는 거실(居室)이란 뜻.

옛날에 공전(公田)은 백성의 힘을 빌어서 경작하여 그 수확을 거두

어들이고, 백성의 사전(私田)에는 세금을 부과하지 않았다. 시장에서
점포에 대해서는 세금을 받았지만 그 물품에 대해서는 세금을 받지
않았다. 관문(關門)에서는 수상한 인물만 기찰(譏察)할 뿐이고, 통행
세는 징수하지 않았다. 산림·천택(川澤)은 때를 정하여 들어가고, 벌
목(伐木) 및 새·짐승·물고기 등을 잡는 것을 금하지 않았다. 그리
고 규전(圭田)에 대해서는 과세하지 않았다. 백성의 부역은 1년에 3일
을 넘지 못하며, 전지(田地)는 공가(公家)에서 받은 것이니 팔 수 없
으며, 묘지는 남이 달라고 청할 수도 없고, 자신이 함부로 남에게 주
지도 못한다.

　사공(司空)이 자[尺]를 잡고 토지를 측량하여 백성을 거주케 하였
다. 산과 내와 저습지(低濕地)와 소택지대(沼澤地帶)의 건조하고 저
습하고 춥고 따뜻한 것을 살펴서 사계절의 기후에 때맞추어 살게 하
며, 토지의 멀고 가까운 것을 참작하여 부역을 시킨다.

　무릇 백성들을 사역(使役)함에 있어서는 힘이 적게 드는 늙은이도
할 수 있는 일을 맡기고, 먹이는 것은 장년(壯年)의 음식을 먹인다.
그리고 노자(老者)에게는 장년의 임금을 준다.

原文　古者에 公田을, 藉而不稅하며, 市를, 廛而不稅하며, 關
을, 譏而不征하며, 林麓川澤을, 以時로 入而不禁이니라. 夫圭田
은 無征이니라. 用民之力하되, 歲不過三日하며, 田里를 不粥하
며, 墓地를 不請이니라.
　(고자 공전 자이불세 시 전이불세 관
　기이부정 임록천택 이시 입이불금 부규전
　무정 용민지력 세불과삼일 전리 불육
　묘지 불청)
　司空이 執度하여, 度地居民하되, 山川沮澤에, 時四時하며, 量
地遠近하여, 興事任力이니.

(사공 집도 탁지거민 산천저택 시사시 양
지원근 홍사임력)

凡使民하되, **任老者之事**하고, **食壯者之食**이니라.
(범사민 임노자지사 사장자지식)

註解　ㅇ公田(공전)—관(官)에 소속되는 전지(田地). 정전법(井田法)에 의하여 10리 사방의 전지를 정자(井字) 모양으로 9등분해서 중앙의 한 구역을 공전(公田)으로 하고, 나머지 여덟 구역을 사전(私田)으로 하여 백성에게 분배해 준다. 그 면적은 은(殷)나라는 70묘(畝)가 되고, 주(周)나라는 백묘가 되었다. ㅇ藉(자)—빌린다는 뜻. 즉 백성의 힘을 빌어서 경작한다는 말. ㅇ不稅(불세)—사전(私田)에 과세하지 않는 것. ㅇ廛(전)—시장의 점포. ㅇ譏(기)—기찰(譏察)하는 것. ㅇ無征(무정)—정(征)은 세금을 징수한다는 뜻. 즉 세금을 징수하지 않는다는 뜻. ㅇ粥(육)—파는 것. ㅇ司空(사공)—국토를 관장하는 벼슬아치. ㅇ執度(집도)—토지를 측량하는 자〔尺〕를 잡는 것. 도(度)는 자를 뜻한다. ㅇ興事(홍사)—공사(工事)를 일으키는 것. ㅇ任力(임력)—힘에 맡겨서 부리는 것. ㅇ任老者之事(임노자지사)—나이 많은 사람도 할 수 있는 일을 맡기는 것. ㅇ食壯者之食(사장자지식)—장년(壯年)인 사람이 받는 임금을 주는 것.

무릇 백성의 일용 필수품을 저적(儲積)하여 수용에 대비하는 일은 반드시 천지의 춥고 따뜻함과, 건조하고 저습함과 넓은 골짜기와 큰 하천에 따라 그 형태를 달리한다. 그 사이에 살고 있는 백성들은 풍속이 다르며, 그 성질과 기풍의 강유(剛柔)와 경중(輕重)과 지속(遲速)이 같지 않으며, 오미(五味)의 조화가 다르고 기계의 제작이 다르며, 그 의복이 그 기후에 따라서 다르다. 그러니 마땅히 그들의 교화를 닦을 뿐 그 습속을 바꾸지 않으며, 그들의 정치를 정제(整齊)할 뿐 그 마땅한 바를 바꾸지 말아야 한다. 중국과 사방의 오랑캐 그 오방(五方)의 백성들은 모두 각기 특성이 있어서 그것을 변역(變易)할 수 없다.

原文 凡居民材는, 必因天地寒煖·燥濕과, 廣谷·大川하여 異制니, 民生其閒者異俗하며, 剛柔·輕重·遲速이 異齊니, 五味이 異和하며, 器械이 異制하며, 衣服이 異宜하니, 脩其敎하고, 不易其俗하며 齊其政하고, 不易其宜니라. 中國·戎夷五方之民이, 皆有性也라, 不可推移니라.

    (범거민재 필인천지한난·조습 광곡·대천

    이제 민생기간자이속 강유·경중·지속 이제 오

    미 이화 기계 이제 의복 이의 수기교

    불역기속 제기정 불역기의 중국·융이오방지민

    개유성야 불가추이)

註解 ㅇ凡居民材(범거민재)—무릇 백성들의 생활필수품을 저축하는 데 는의 뜻. ㅇ五味異和(오미이화)—조미료를 쳐서 음식맛을 맞추는 것도 환경과 습속에 따라 서로 다르다는 말. 오미(五味)는 신맛·쓴맛·매운맛·단맛·짠맛을 말한다. ㅇ五方之民(오방지민)—오방(五方)은 중앙과 사방(四方)이므로, 오방지민이란 중국과 동방·서방·남방·북방의 이민족을 총칭한 말.

동방의 오랑캐를 이(夷)라고 한다. 그들은 머리털을 풀어헤치고 몸에는 문신(文身)을 새겨넣었으며 화식(火食)을 하지 않는 자도 있다. 남방의 오랑캐를 만(蠻)이라고 한다. 이마에 먹물을 넣어 새기고, 양쪽 발가락을 서로 향하게 하고 걷는 습성이며, 화식을 하지 않는 자도 있다. 서방의 오랑캐를 융(戎)이라고 한다. 그들은 머리털을 풀어헤치고 가죽옷을 입으며, 곡식을 먹지 않는 자도 있다. 북방의 오랑캐를 적(狄)이라고 한다. 그들은 새의 깃과 털로 옷을 만들어 입으며, 땅굴에서 살고 곡식을 먹지 않는 자도 있다. 중국과 동이(東夷)·남만(南蠻)·서융(西戎)·북적(北狄)이 모두 그들 나름대로 편안히 사는 집이 있고, 적절한 의복이 있고, 이롭게 쓰이는 기물이 갖추어져

있다. 오방(五方)의 백성이 서로 말이 통하지 않으며, 기호와 욕망이
서로 같지 않으니 그들이 뜻을 통하고 욕망을 통하기 위해서는 통역
이 필요하다. 그 통역을 동방에서는 기(寄)라고 하고, 남방에서는 상
(象)이라고 하며, 서방에서는 적제(狄鞮)라 하고, 북방에서는 역(譯)
이라고 한다.

原文 東方曰夷니, 被髮文身하여, 有不火食者矣하며, 南方曰
蠻이니, 雕題交趾하여, 有不火食者矣하며, 西方曰戎이니, 被髮
衣皮하여, 有不粒食者矣하며, 北方曰狄이니, 衣羽毛穴居하여,
有不粒食者矣니라. 中國·夷·蠻·戎·狄이, 皆有安居와 和味
와 宜服과 利用과 備器니라. 五方之民이, 言語不通하고, 嗜欲이
不同이라. 達其志하며, 通其欲이니, 東方曰寄요, 南方曰象이오,
西方曰狄鞮요, 北方曰譯이니라.
　　(동방왈이 피발문신 유불화식자의 남방
　　왈만 조제교지 유불화식자의 서방왈융 피
　　발의피 유불립식자의 북방왈적 의우모혈거
　　유불립식자의 중국·이·만·융·적 개유안거 화
　　미 의복 이용 비기 오방지민 언어불통 기욕
　　부동 달기지 통기욕 동방왈기 남방왈상
　　서방왈적제 북방왈역)

註解 ○被髮(피발)—머리털을 풀어헤친 것. 산발. ○文身(문신)—살갗
에 바늘로 찔러서 먹물 따위로 글씨·그림·무늬를 새긴 것. ○火食(화
식)—불에 음식을 익혀서 먹는 것. ○雕題(조제)—이마에 자청(刺靑)하는
것. ○交趾(교지)—양쪽 엄지발가락이 서로 향하였다는 말. ○粒食(입식)—
곡식을 먹는 것. 쌀을 먹는 것. ○和味(화미)—조화된 맛. 즉 맛있는 음식.

무릇 백성을 안주(安住)시키는 데는 땅을 측량하여 읍(邑)을 만들
고 땅을 나눠 주어 백성을 살게 한다. 땅과 읍과 백성의 삼자(三者)

는 크고 작고 많고 적은 것이 반드시 서로 알맞아야 한다. 황폐한 땅이 없고, 놀고먹는 백성이 없으며, 먹는 것을 제때에 먹고 일하는 것을 제때에 하면 백성들은 모두 각자의 사는 곳을 편안하게 여긴다. 그렇게 하면 일하는 것을 즐거워하고 부지런히하여 공을 세우려고 힘쓰며, 임금을 높이고 윗사람을 친애하게 된다. 그렇게 한 뒤에 학교를 세운다.

原文   凡居民은, 量地하여 以制邑하고, 度地하여 以居民하며, 地邑民居를, 必參相得也니라. 無曠土하며, 無游民하며, 食節하며, 事時하여, 民咸安其居하면, 樂事勸功하며, 尊君親上하나니, 然後에 興學이니라.
  (범거민 양지 이제읍 탁지 이거민
  지읍민거 필삼상득야 무광토 무유민 식절
  사시 민함안기거 낙사권공 존군친상
  연후 흥학)

註解   ○量地以制邑(양지이제읍)－땅 9부(夫)를 정(井)이라고 하고, 4정(井)을 읍(邑)이라고 한다. 이렇게 땅을 헤아려서 읍을 만든다는 말. ○度地(탁지)－여기서 말하는 지(地)는 땅을 측량해서 크고작은 고을〔邑〕을 만든다는 것. ○參相得也(삼상득야)－토지와 고을과 백성의 세 가지가 서로 조화를 이루는 것. ○曠土(광토)－곡식을 심지 않고 버려둔 땅, 황폐한 땅. ○游民(유민)－놀고먹는 백성. ○食節事時(식절사시)－음식을 절도있게 하고 제철에 일하는 것. ○尊君親上(존군친상)－임금을 존경하고 윗사람을 친애하는 것. ○興學(흥학)－학교를 일으키는 것.

사도(司徒)가 육례(六禮)를 닦아서 백성의 성질을 절제하며, 칠교(七敎)를 밝혀서 백성의 덕(德)을 진흥시키고, 팔정(八政)을 정제해서 백성이 방종에 흐르는 것을 막는다. 도덕을 일정하게 해서 백성의 습속을 같게 하며, 기로(耆老)를 위로하고 길러서 효도하는 뜻을 보여

줌으로써 백성의 효도를 권장한다. 독신의 늙은이를 구휼(救恤)하여 의식이 부족한 자에 미치게 하고, 어진이를 높여서 덕을 숭상케 하며, 불초(不肖)한 자를 골라 버리고, 그 악을 눌러 이로써 백성의 악을 징벌한다. 향(鄉)에 명하여 가르침에 좇지 않는 자를 가려서 보고하게 하고, 기로들이 모두 향학(鄉學)에 모여서 선택한 날에 사례(射禮)를 익히되 많이 적중시킨 자를 상등(上等)으로 하고, 향음주례(鄉飮酒禮)를 익히되 나이 많은 사람을 윗자리에 모신다. 그렇게 하면 대사도(大司徒)가 나라의 준수한 선비를 거느리고 가서 의식(儀式)의 일을 맡아보게 한다. 이와 같이 해서 불초한 백성으로 하여금 이를 보고 감화되어 허물을 고쳐서 선(善)을 따르게 한다. 만일 이렇게 하여도 감화되어 고치는 일이 없다면 나라의 우향(右鄉)에 명령하여 가르침에 좇지 않는 자를 가려서 좌향(左鄉)으로 옮기고, 나라의 좌향에 명하여 그곳의 가르침에 좇지 않는 자를 가려서 우향에 옮기게 한다. 그리하여 처음에 거행한 것과 같은 향사례(鄉射禮)·향음주례를 다시 거행한다. 〔장소를 바꿔 새로운 스승과 벗과 새로운 환경에서 심기(心機)를 일변하여 선(善)에 감화되기를 바라는 것이다〕 그렇게 하여도 오히려 가르침에 따르지 않는 태도를 변경하지 않으면 그를 교(郊)로 옮겨서 처음과 같은 예를 행한다. 그래도 고치지 않으면 수(遂)에 옮겨서 처음과 같은 예를 행하며 보고 감화되기를 바란다. 그래도 고치지 않으면 먼 곳으로 내쫓아서 몸이 마치도록 취택하지 않는다.

[原文] 司徒이 脩六禮하여 以節民性하며, 明七敎하여 以興民德하며, 齊八政하여 以防淫하며, 一道德하여 以同俗하며, 養耆老하여 以致孝하며, 恤孤獨하여 以逮不足하며, 上賢하여 以崇德하며, 簡不肖하여, 以絀惡하나니라. 命鄉하여 簡不帥敎者하여 以告하나니, 耆老皆朝于庠하여, 元日에 習射上功하고, 習鄉上齒하나니라. 大司徒이 帥國之俊士하여, 與執事焉이니, 不變이어든, 命國之右

鄕하여, 簡不帥敎者하며, 移之左하고, 命國之左鄕하여 簡不帥敎
者하며 移之右하고, 如初禮하며, 不變이어든, 移之郊하고, 如初
禮하며, 不變이어든 移之遂하고, 如初禮하며, 不變이어든 屛之遠
方하여, 終身不齒니라.

    (사도 수육례 이절민성 명칠교 이흥민덕
    제팔정 이방음 일도덕 이동속 양기로
    이치효 휼고독 이체부족 상현 이숭덕
    간불초 이출악 명향 간불솔교자 이고
    기로개조우상 원일 습사상공 습향상치
    대사도 솔국지준사 여집사언 불변 명국지우
    향 간불솔교자 이지좌 명국지좌향 간불솔교
    자 이지우 여초례 불변 이지교 여초
    례 불변 이지수 여초례 불변 병지원
    방 종신불치)

註解   ○司徒(사도)—교화(敎化)를 맡아보는 장관.   ○六禮(육례)—관
(冠)·혼(婚)·상(喪)·제(祭)·향례(鄕禮)·상견례(相見禮).   ○七敎(칠교)—
부자(父子)·형제·부부(夫婦)·군신(君臣)·장유(長幼)·붕우(朋友)·빈
객(賓客)에 대한 가르침.   ○八政(팔정)—여기서는 음식·의복·사위(事
爲: 百工技藝)·이별(異別)·도(度)·양(量)·수(數)·제(制) 등을 말한
다. 사위는 기예(技藝), 이별은 기구(器具), 도(度)는 길이를 재는 것, 즉
자〔尺〕, 양(量)은 곡식을 되는 되 또는 말, 제(制)는 포백(布帛)의 넓이
등을 뜻한다.   ○防淫(방음)—지나친 사치를 방지한다는 말. 음(淫)은 지나
치다는 뜻.   ○耆老(기로)—늙은 사람. 60세 이상을 기(耆), 80세 이상을
노(老)라고 한다.   ○鄕(향)—국도(國都)에 가까운 향읍(鄕邑)을 말한다.
○簡不帥敎者(간불솔교자)—가르침에 따르지 않는 자를 가려낸다는 말.
○庠(상)—향학(鄕學), 즉 향(鄕)에 있는 학교.   ○習射上功(습사상공)—활
쏘기를 익히는 행사인 향사례(鄕射禮)에서는 화살을 많이 적중시킨 자를
상등(上等)으로 하였다.   ○習鄕上齒(습향상치)—향음주례를 익히는 곳에

서는 나이 많은 사람을 상석(上席)에 모신다는 말. ㅇ不變(불변)─변하지 않음. 즉 교화(敎化)되지 않는다는 말. ㅇ郊(교)─사방(四方)의 근교. 왕기(王畿)에서 백리 거리에 있는 곳. ㅇ遂(수)─국도(國都)에서 2백리 거리에 있는 지역. 교보다 먼 곳. ㅇ終身不齒(종신불치)─죽을 때까지 내버려두고 돌봐주지 않는다는 말.

또 사도(司徒)는 각지의 향(鄕)에 명하여 재덕(才德)이 뛰어난 자를 논정(論定)해서 사도에게 천거토록 한다. 그 천거된 자를 선사(選士)라고 한다. 사도가 그 추천된 선사들 중에서 우수한 자를 논정하여 학(學)에 추천한다. 그 추천된 자를 준사(俊士)라고 일컫는다. 사도에게 추천된 자는 향(鄕)의 요역(徭役)이 면제된다. 학(學)에 천거된 자는 사도가 시키는 요역도 면제된다. 그러한 선비를 조사(造士)라고 한다. 악정(樂正)은 사술(四術)을 숭상하고 사교(四敎)를 세우며, 선왕(先王)이 남긴 시(詩)·서(書)·예(禮)·악(樂)의 가르침에 따라 선비, 즉 조사를 양성한다. 봄과 가을이면 예악을 가르치고, 겨울과 여름에는 시·서를 가르친다. 국학에서는 왕의 태자와 왕자, 제후들의 태자와 경·대부·원사(元士)의 적자(適子)와, 나라의 준사(俊士)·선사(選士)들이 모두 취학한다. 모든 입학은 모두 이 순서로써 한다. 〔귀천의 관계 없이〕 국학에서 배우는 자로서 장차 학업을 마치고 나가려 할 때는 소서(小胥)·대서(大胥)·소악정(小樂正)이 그 가르침에 따르지 않은 자를 가려서 대악정(大樂正)에게 보고하면 대악정은 이를 왕에게 보고한다. 왕은 삼공(三公)·구경(九卿)·대부·원사에 명하여 모두 입학시켜 예를 익히고 허물을 고치게 한다. 이렇게 해서도 허물을 고치지 않으면 왕이 친히 국학에 나아가 살펴본다. 그래도 고치지 못하면 왕은 사흘 동안 식사할 때 주악을 그만두게 해서 자책하고 이들을 먼 곳으로 방축(放逐)한다. 서쪽에 방축하는 것을 극(棘)이라고 한다. 〔극(棘)은 급(急)의 뜻이므로 그가 급히 개과천선하기를 바란다는 뜻이다] 동쪽으로 방축하는 것을 기(寄)라고 한다.
[기(寄)는 우거(寓居)한다는 뜻이므로 잠깐 우거하다가 마침내 돌아
오라는 뜻이라고 한다] 죽도록 상대치 않는다.

原文 命鄕하여 論秀士하고, 升之司徒하나니, 曰選士요, 司徒
論選士之秀者하여, 而升之學하나니, 曰俊士니, 升於司徒者는,
不征於鄕하고, 升於學者는 不征於司徒하나니, 曰造士라. 樂正이
崇四術하여, 立四教하고, 順先王詩書禮樂하여, 以造士하나니, 春
秋에 教以禮樂하고, 冬夏에 教以詩書니라. 王大子와, 王子와,
群后之大子와, 卿大夫元士之適子와, 國之俊選이, 皆造焉하나
니, 凡入學은 以齒니라. 將出學에, 小胥와 大胥와 小樂正과, 簡
不帥教者하여, 以告于大樂正이어든, 大樂正이, 以告于王하고,
王이 命三公九卿大夫元士하여, 皆入學하고, 不變이어든 王이 親
視學하고, 不變이어든, 王이 三日을 不擧하고, 屏之遠方하나니,
西方曰棘이오, 東方曰寄니, 終身不齒하나니라.
　　(명향 논수사 승지사도 왈선사 사도
　　논선사지수자 이승지학 왈준사 승어사도자
　　부정어향 승어학자 부정어사도 왈조사 악정
　　숭사술 입사교 순선왕시서예악 이조사 춘
　　추 교이예악 동하 교이시서 왕대자 왕자
　　군후지대자 경대부원사지적자 국지준선 개조언
　　범입학 이치 장출학 소서 대서 소악정 간
　　불솔교자 이고우대악정 대악정 이고우왕
　　왕 명삼공구경대부원사 개입학 불변 왕 친
　　시학 불변 왕 삼일 불거 병지원방
　　서방왈극 동방왈기 종신불치)

註解 ㅇ樂正(악정)－악관(樂官)의 장(長)으로서 국학에서 교육을 맡아

보는 사람. ㅇ四術(사술)—네 가지의 방법. 선왕(先王)의 가르침인 시(詩)·서(書)·예(禮)·악(樂). ㅇ四敎(사교)—네 가지의 가르침. 즉 시·서·예·악의 가르침. ㅇ將出學(장출학)—옛날에는 교육 9년을 대성(大成)이라 하였으므로 학교를 나온다는 것은 9년의 교육을 마치고 장차 학교에서 나가려고 하는 것. ㅇ小胥(소서)·大胥(대서)—악관(樂官)에 속한 벼슬 이름. ㅇ元士(원사)—상사(上士).

대악정(大樂正)이 국학에서 양성한 졸업생 중에서 조사(造士)로서 우수한 자를 논정(論定)하여 왕에게 고하고 사마(司馬)에게 천거한다. 이 천거된 사람들을 진사(進士)라고 한다. 사마는 진사 중에서 관리가 될 만한 어진 인재를 논평하여 왕에게 보고하여서 그에 논평의 가부로 논정한다. 논의가 결정된 뒤에 관직을 맡기고, 관직을 맡긴 뒤에 작위(爵位)를 주며 작위가 정해진 후에야 녹(祿)을 준다.

대부가 자기의 직무를 유기하는 일이 있으면 다시는 죽을 때까지 벼슬하지 못하며, 죽으면 사(士)의 예로써 장사지낸다.

군대를 출동시켜야 할 일이 발생하면 대사도(大司徒)에게 명령하여 사(士)에게 수레를 달리고, 병갑(兵甲)을 사용하는 법을 가르치게 한다.

모든 기능을 가지고 관직에 있는 자는 항상 그 실력이 논평된다. 가령 외국에 군주가 간다든가, 혹은 사절로 출사할 때 수행하는 사어(射御)인 선비를 선정할 때는 후보자들은 팔·다리를 걷어붙이고 사어의 술(術)을 겨루는 것이다. 모든 기능을 가지고 관직에 있는 자라고 하면 축(祝)·사(史)·사(射)·어(御)·의(醫)·복(卜) 및 공장(工匠) 등을 말한다. 무릇 기능을 가지고 관직에 있는 자는 다른 일을 맡지 않으며, 벼슬을 옮기지도 않는다. 그리고 〔고향에 있으면 모르되〕 고향을 떠나서는 사(士)와 교유하지 않는다. 대부의 집에서 벼슬하는 자도 감히 교유하지 못한다. 〔그 신분이 낮기 때문이다〕

　原文　大樂正이　論造士之秀者하여,　以告于王하고,　而升諸司

馬하나니, 曰進士라. 司馬는 辨論官材하나니, 論進士之賢者하여,
而告于王하여, 而定其論하나니, 論定然後에 官之하고, 任官然後
에 爵之하고, 位定然後에 祿之니라.

（대악정 논조사지수자 이고우왕 이승저사

마 왈진사 사마 변론관재 논진사지현자

이고우왕 이정기론 논정연후 관지 임관연후

작지 위정연후 녹지）

大夫이 廢其事어든, 終身不仕하고, 死커든 以士禮로 葬之하나
니라.

（대부 폐기사 종신불사 사 이사례 장지）

有發이어든 則命大司徒하여, 敎士以車甲이니라.

（유발. 즉명대사도 교사이거갑）

凡執技는 論力하여, 適四方이니, 嬴股肱하여, 決射御니라. 凡
執技하여 以事上者는, 祝·史·射·御·醫·卜及百工이니라.
凡執技하여 以事上者는, 不貳事하며, 不移官하며, 出鄕하여는 不
與士로 齒니, 仕於家者도, 出鄕하여는 不與士로 齒니라.

（범집기 논력 적사방 나고굉 결사어 범

집기 이사상자 축·사·사·어·의·복급백공

범집기 이사상자 불이사 불이관 출향 불

여사 치 사어가자 출향 불여사 치）

註解 ○司馬辨論官材(사마변론관재)—사마(司馬)가 관리로 등용할 만
한 인재를 논평한다는 말. ○大夫廢其事(대부폐기사)—대부가 대부의 일
을 포기하는 것. ○有發(유발)—전란(戰亂). 전란이 발생하는 것. 전쟁이
일어나는 것. ○嬴股肱 決射御(나고굉결사어)—옷을 걷어붙이고 팔다리를
드러내 가지고 활쏘고 말달리는 재능을 겨루는 것. 무용(武勇)스럽고 사
나운 기세를 보여 승부를 결단한다는 것.

解說 옛날 향학에서는 서인을 교육하고 국학에서는 국자(國子)와

서인의 준수한 자를 교육하였다. 그들의 벼슬이 오르는 데는 두 가지 길이 있었다. 향학에서 뛰어난 자로서 추천된 자를 선사(選士)라 하였고, 국학에서 추천된 자를 진사(進士)라고 하였다. 선사는 향(鄕)이나 수(遂)의 관리로 채용되는 데 지나지 않으며, 그들을 선발해서 채용하는 권한은 모두 사도(司徒)에게 있었다. 그러나 조정의 관에 임용되어 벼슬을 주고 녹을 주며 채용하는 권한은 모두 대사마(大司馬)에게 있었다. 이것이 향학과 국학의 다른 점이다. 한편 서인(庶人)이 벼슬에 오르는 길도 또한 두 가지가 있었다. 첫째 길은 서인의 자제로서 선사가 될 만한 자를 사도가 채용하는 것이고, 둘째 길은 채용된 선사 중에서 우수한 자를 사도가 천거하여 국학에 보내면, 그 천거된 자의 선용(選用)은 국자제(國子弟)와 같다. 그리고 기능직에 있는 자는 일의 숙련과 전공을 위하여 다른 직무를 겸임하거나 다른 일을 하지 못하며, 벼슬을 옮기지도 못한다. 또 그들의 신분은 천하여 사(士)와 함께 교유하지 못한다고 하였다. 기능을 천시하는 그때의 제도를 엿볼 수 있다.

사구(司寇)는 형벌을 바르게 하고 죄를 밝혀서 옥송(獄訟)을 처리하는 데 있어 반드시 세 번 거듭 검토해서 신중히 처리한다. 만약 범죄의 의사는 있었으나 범행으로 실행하지 않은 것은 유죄로 처리하지 않는다. 죄에 대해서 벌을 과할 때에는 될 수 있는 한 가벼운 죄로 하고, 은사(恩赦)나 특사(特赦) 등에는 될 수 있는 한 중죄인 자에게도 미치도록 한다.

무릇 오형(五刑)을 제정하는 데는 반드시 천도(天道)에 근거를 둔다.

처벌은 반드시 그 죄과의 사실대로 시행되어야 한다. 〔다른 감정이나 이해관계가 개재되어서는 안된다〕

무릇 오형의 옥사를 처리할 때에는 반드시 부자유친(父子有親)의 윤리에 근본을 두고, 군신유의(君臣有義)의 도리에 입각하여 죄를 저울질해서 알맞게 처리하며, 죄의 깊고 얕은 양(量)을 신중히 헤아려 경중에 따라 형량(刑量)을 구별해야 한다. 또한 사구는 자신의 총명과 충애(忠愛)의 정(情)을 다하고, 만일 의심스러운 사건이면 널리 많은 사람들의 의견을 듣고, 사람들이 〔용의자의 죄를〕 의심하는 것 같으면 사면(赦免)한다. 그에 대해서는 반드시 옛날의 판결례(判決例)를 살펴서 시행한다. 옥사(獄辭)가 이루어지면 문서를 맡은 관리가 옥정(獄正)에게 보고한다. 옥정이 듣고 옥사(獄事)가 성립되었다는 것을 대사구(大司寇)에게 보고한다. 대사구는 그것을 극목(棘木)의 아래에서 살펴보고 옥사가 성립되었음을 왕에게 보고한다. 왕은 삼공(三公)에게 명령하여 참여해서 듣게 하고, 삼공은 옥사가 성립된 것을 다시 왕에게 고한다. 왕은 삼유(三宥)하여 죄과의 감면을 물은 뒤에 형벌을 단행한다.

原文 司寇는 正刑明辟하여, 以聽獄訟하되, 必三刺니, 有旨하되 無簡이어든 不聽하나니, 附를 從輕하고, 赦를 從重이니라.
(사구 정형명벽 이청옥송 필삼자 유지
무간 불청 부 종경 사 종중)

凡制五刑은, 必卽天論이니, 郵罰을 麗於事니라.
(범제오형 필즉천론 우벌 이어사)

凡聽五刑之訟하되, 必原父子之親하며, 立君臣之義하여, 以權之하고, 意論輕重之序하며, 愼測淺深之量하여, 以別之하고, 悉其聰明하며, 致其忠愛하여, 以盡之하고, 疑獄을 氾與衆共之하되, 衆疑어든 赦之니, 必察小大之比하여, 以成之니라. 成獄辭어든, 史以獄成으로, 告于正이어든, 正이 聽之하고, 正이 以獄成으로 告于大司寇어든, 大司寇聽之棘木之下하고, 大司寇以獄之成으로, 告於王이어든, 王이 命三公이어든 參聽之하고, 三公이 以獄之成으로, 告於王이어든, 王이 三宥니, 然後에 制刑이니라.
(범청오형지송 필원부자지친 입군신지의 이권

지 의론경중지서 신측천심지량 이별지 실
기총명 치기충애 이진지 의옥 범여중공지
중의 사지 필찰소대지비 이성지 성옥사
사이옥성 고우정 정 청지 정 이옥성
고우대사구 대사구청지극목지하 대사구이옥지성
고어왕 왕 명삼공 참청지 삼공 이옥
지성 고어왕 왕 삼유 연후 제형)

註解 ○司寇(사구)―형옥(刑獄)을 맡은 장관. ○辟(벽)―죄를 뜻한다.
여기서는 단죄(斷罪)하는 벌. ○聽(청)―심문해서 재판하는 것. ○三刺(삼
자)―세 번 깊이 관찰하는 것. 즉 자(刺)는 살(殺)이니 죄가 있어서 당연
히 죽어야 할 자를 세 번 물어서 사형을 결정하는 것 ○有旨無簡(유지무
간)―범행의 의사는 있었으나 범행을 실천하지 않은 것. ○附從輕(부종
경) 赦從重(사종중)―죄가 의심스러운 경우 처벌하려면 가벼운 죄에 따르
고, 특사의 경우엔 중죄에 미치도록 하라는 것. ○五刑(오형)―다섯 가지
형벌. 즉 ①묵(墨) : 입묵(入墨)하는 형벌. ②의(劓) : 코 베는 형벌. ③비
(剕) : 다리를 베는 형벌. ④궁(宮) : 거세(去勢)하는 형벌. ⑤대벽(大
辟) : 사형(死刑). ○郵罰麗於事(우벌이어사)―처벌은 그 사건에만 대해서
행한다는 말. 즉 감정이나 이익 등이 개재되어서는 안된다는 말. ○權之
(권지)―저울질한다는 뜻. 사리를 참작하여 알맞게 처리한다는 말. ○別之
(별지)―죄의 경중 및 깊고 얕음에 따라 구별하는 것. ○必察小大之比(필
찰소대지비)―크고 작은 사건을 반드시 과거의 판결례를 살펴서 처리한다
는 말. ○獄辭(옥사)―형사 사건의 기록. ○棘木之下(극목지하)―외조(外
朝)의 경(卿)의 위치. ○王三宥然後制刑(왕삼유연후제형)―임금은 삼유
(三宥)를 주장한 연후에 형벌을 단행하라는 것.

무릇 형벌을 시행하기로 하였으면 아무리 가벼운 벌이라 할지라도
반드시 집행한다. 대저 형(刑)이란 형(侀)을 말한다. 이 형(侀)이란
정해서 이루는 것이다. 한 번 정해서 이루면 변할 수 없다. 그렇기 때
문에 군자는 형량을 정함에 있어 마음을 기울여 신중을 기한다.

교묘한 언사를 농하여 법률을 파괴하고 명분을 문란케 하고 제도를 함부로 고치며, 좌도(左道)에 집착해서 나라의 정치를 어지럽히는 자는 이를 죽인다. 음란한 음악, 괴이한 의복, 기이한 재주, 기이한 재물을 만들어서 민중을 의혹시키는 자는 이를 죽인다. 허위를 행하나 빈틈이 없어서 깨뜨릴 수 없고, 허위를 말하면서도 변명하여 굽히지 않으며, 그 학문이 정도(正道)가 아니건만 지식이 박흡(博洽)하고, 잘못을 아름답게 꾸며서 그 말이 유창하고 윤택하여 막힘이 없어서 여러 사람들을 의혹하게 만드는 자는 죽인다. 귀신·시일(時日)·복서(卜筮)에 가탁(假託)하여 길흉화복을 논하며 요술(妖術)을 농하여 의혹케 하는 자는 이를 죽인다. 이와 같은 네 가지 주죄(誅罪)를 범하는 자는 그 죄악이 가장 명백함으로써 판결을 거치지 않고 곧장 처벌한다.

原文 凡作刑罰은, 輕이라도 無赦니라. 刑者는 侀也요, 侀者는 成也니, 一成而不可變이니, 故로 君子盡心焉이니라.
(범작형벌 경 무사 형자 형야 형자
성야 일성이불가변 고 군자진심언)

析言하며 破律하며, 亂名하며 改作하며, 執左道하며 以亂政이어든, 殺하고, 作淫聲異服과 奇技奇器하여, 以疑衆이어든 殺하고, 行僞以堅하며, 言僞以辨하며, 學非而博하며 順非而澤하며, 以疑衆이어든, 殺하며, 假於鬼神·時日·卜筮하여, 以疑衆이어든, 殺이니, 此四誅者는, 不以聽이니라.
(석언 파율 난명 개작 집좌도 이란정
살 작음성이복 기기기기 이의중 살
행위이견 언위이변 학비이박 순비이택 이의
중 살 가어귀신·시일·복서 이의중 살
차사주자 불이청)

註解 ㅇ作(작)—행하는 것. ㅇ輕無赦(경무사)—죄가 가벼워도 사(赦)함

이 없다는 뜻. ○一成不可變(일성불가변)─한 번 정해 놓은 것은 변하지 못한다는 뜻. ○析言(석언)─교묘하게 언사를 지껄이는 것. ○亂名(난명)─명분(名分)을 어지럽히는 것. ○改作(개작)─나라에서 만든 제도를 고치는 것. ○左道(좌도)─사도(邪道). ○淫聲(음성)─음란한 음악. ○異服(이복)─선왕(先王)의 제도에 맞지 않는 이상스런 의복. ○學非(학비)─사도(邪道)를 배우는 것. ○假於鬼神(가어귀신)─귀신에게 빌면 복을 받고, 그렇지 않으면 재앙이 있다고 하여 민중을 현혹시키는 것. ○時日(시일)─시일의 길흉. ○卜筮(복서)─길흉을 점쳐서 재물을 빼앗는 것.

무릇 금법을 집행하여 민중을 다스리는 데는 먼저 금법의 조목을 제시해서 이것을 백성들에게 준수케 하되 가벼운 죄과라도 범했을 때는 용서치 않는다. 규벽(圭璧)이나 금장(金璋) 종류의 특수한 옥을 가진 자는 이것을 저자[市]에서 팔아서는 안되며, 명복(命服)·명거(命車)를 저자에서 팔아서는 안되며, 종묘의 기물을 저자에서 팔아서는 안되며, 희생(犧牲)을 저자에서 팔아서는 안되며, 병기를 저자에서 팔아서는 안된다. 일용하는 기물이 척도에 맞지 않는 것을 저자에서 팔아서는 안되며, 병거(兵車)로서 척도에 맞지 않는 것을 저자에서 팔아서는 안되며, 포백의 곱고 거칠음이 정해진 승수(升數)에 맞지 않고 너비의 넓고 좁음이 규정된 양(量)에 맞지 않는 것을 저자에서 팔아서는 안되며, 간색(姦色)이 정색(正色)을 어지럽게 만드는 물건을 저자에서 팔아서는 안된다. 금문(錦文)·주옥(珠玉)과 기타 아름답게 만든 기물을 저자에서 팔아서는 안되며, 의복·음식을 저자에서 팔아서는 안된다. 오곡(五穀)의 제철이 아닌 것과 과실의 익지 않은 것을 저자에서 팔아서는 안되며, 벌채하기에 적당하지 않은 때에 벤 나무를 저자에서 팔아서는 안되며, 죽이기에 적당하지 않은 때에 잡은 금수어별(禽獸魚鼈)을 저자에서 팔아서는 안된다. 관문(關門)에서는 금령(禁令)을 집행하여 기찰(譏察)을 행하고 이상한 의복을 금지하며 이상한 언어를 기록한다.

原文   凡執禁하여 以齊衆은, 不赦過니라. 有圭璧·金璋을, 不粥於市하며, 命服·命車를, 不粥於市하며, 宗廟之器를, 不粥於市하며, 犧牲을 不粥於市하며, 戎器를 不粥於市하며, 用器不中度어든, 不粥於市하며, 兵車不中度어든, 不粥於市하며, 布帛이 精麤不中數하고, 幅廣狹이 不中量이어든, 不粥於市하며, 姦色이 亂正色이어든, 不粥於市하며, 錦文·珠玉·成器를, 不粥於市하며, 衣服·飮食을 不粥於市하며, 五穀이 不時하며, 果實이 未穀이어든, 不粥於市하며, 木不中伐이라, 不粥於市하며, 禽獸·魚鼈이 不中殺이어든, 不粥於市니라. 關이 執禁以譏하여, 禁異服하며, 識異言이니라.

    (범집금 이제중 불사과 유규벽·금장 불
    육어시 명복·명거 불육어시 종묘지기 불육어
    시 희생 불육어시 융기 불육어시 용기부중
    도 불육어시 병거부중도 불육어시 포백
    정추부중수 폭광협 부중량 불육어시 간색
    난정색 불육어시 금문·주옥·성기 불육어시
    의복·음식 불육어시 오곡 불시 과실 미곡
    불육어시 목부중벌 불육어시 금수·어별
    부중살 불육어시 관 집금이기 금이복 지이언)

註解   ○齊(제)—정제해서 다스리는 것. ○圭璧(규벽)—일월성신(日月星辰)을 제사지낼 때 바치는 구슬. ○金璋(금장)—황금으로 장식한 구슬. 사방의 신을 제사지낼 때 바치는 것. ○粥(육)—파는 것. ○命服(명복)—왕명에 의해서 만든 예복(禮服). ○命車(명거)—왕명에 의해서 만든 수레. ○戎器(융기)—병기(兵器). ○用器(용기)—일용의 기구. ○精麤(정추)—직물(織物)의 곱고 거칠은 상태. ○數(수)—천〔布〕의 가로와 세로의 올〔실의 가닥〕의 수. 고대에는 의복에 따라서 올의 수가 달랐다. 예컨대, 조복(朝服)을 만드는 천은 15승(升), 참최는 3승, 재최는 4승 포를 썼다. 10

올[가닥]을 1승이라 하였다. ㅇ量(양)―여기에서는 포백(布帛)의 정해진 척도. 옛날에는 보통 천의 넓이가 2척 2치였고 비단은 2척 4치였다. ㅇ姦色(간색)―바르지 못한 빛. 홍색(紅色), 자색(紫色) 등. ㅇ錦文(금문)―아름다운 무늬가 있는 비단. ㅇ成器(성기)―아름다운 기명(器皿). ㅇ木不中伐(목부중벌)―나무가 작아서 아직도 벌채하기에 맞지 않은 것. ㅇ關(관)―관문(關門). 관문을 지키는 관리.

태사(太史)는 역대 예의의 전적(典籍)을 관장한다. 그러므로 연말(年末)에 있어 간책(簡策)을 잡아서 오는 해에 시행할 예사(禮事) 및 마땅히 기휘(忌諱)해야 할 일들을 기록하여 이것을 천자께 바친다. 천자는 재계(齊戒)하고 그 교서를 받는다. 사회(司會)가 그 해의 수지계산서를 가지고 천자에게 당부(當否)를 물으면 총재(家宰)가 재계하고 그 질문의 서류를 받는다. 대악정(大樂正)과 대사구(大司寇)와 장시관(掌市官)이 각기 그 해의 수지계산서를 가지고 사회를 거쳐서 천자에게 당부의 질정(質正)을 물으면 대사도(大司徒)와 대사마(大司馬)와 대사공(大司空)이 재계하고 그 질문의 서류를 받는다. 백관이 또 각자 소관의 한 해 동안의 수지계산서를 만들어서 삼관에게 질정을 청하면 대사도·대사마·대사구는 그 백관이 제출한 수지계산서를 천자께 질정을 청한다. 질정이 끝난 뒤에 이것을 백관에게 내리고 백관은 재계하고 이를 받는다. 그렇게 한 뒤에 늙은이를 쉬게 하고, 농부를 위로하며 한 해의 수지계산서를 확정하고 이듬해의 국가 예산을 책정한다.

原文 太史典禮하여, 執簡記하며, 奉諱惡어든, 天子이 齊戒하여, 受諫하고, 司會이 以歲之成으로, 質於天子어든, 家宰이 齊戒하여 受質하고, 大樂正과 大司寇와 市, 三官이, 以其成으로, 從質於天子어든, 大司徒와 大司馬와 大司空이, 齊戒하여 受質하고, 百官이 各以其成으로, 質於三官이어든, 大司徒와 大司馬와 大司

空이, **以百官之成**으로, **質於天子**어든, **百官**이, **齊戒**하여 **受質**하나니, **然後**에 **休老勞農**하며, **成歲事**하며, **制國用**이니라.

(태사전례 집간기 봉휘오 천자 재계
수간 사회 이세지성 질어천자 총재 재계
수질 대악정 대사구 시 삼관 이기성 종
질어천자 대사도 대사마 대사공 재계 수질
백관 각이기성 질어삼관 대사도 대사마 대사
공 이백관지성 질어천자 백관 재계 수질
연후 휴로노농 성세사 제국용)

註解 ○太史(태사)-역대 예의의 전적(典籍)을 맡아보는 벼슬아치. ○執簡記(집간기)-책에 기록한 것을 갖고 오라는 뜻. ○諱惡(휘오)-기휘(忌諱)하고 싫어하는 것. 묘휘(廟諱)나 기일(忌日) 따위를 말한다. ○受諫(수간)-신하가 간하는 것을 받아들인다는 뜻으로, 여기서는 신하의 가르침을 받는다는 말. ○司會(사회)-총재(冢宰)에 예속된 관원으로 나라의 재정을 총괄한다. ○歲之成(세지성)-세성(歲成)이라고도 한다. 한 해의 수지계산서. 즉 세입세출 계산서. ○質於天子(질어천자)-1년간의 실적을 천자에게 보고하여 그 잘잘못을 바로잡아 주기를 바라는 것. ○成歲事(성세사)-한 해의 세입세출 실적의 결산을 확정하는 것. ○國用(국용)-나라의 비용.

무릇 양로(養老)에 있어 유우씨(有虞氏)는 연례(燕禮)로 하였고, 하후씨(夏后氏)는 향례(饗禮)로 하였고, 은(殷)나라 사람들은 식례(食禮)로 하였고 주(周)나라 사람들은 이 세 가지를 겸해서 행하였다.

50세 된 노인은 향교(鄕校)에서 양로(養老)의 예를 행하고, 60세의 노인은 국학(國學)에서 양로의 예를 행하며, 70세 된 노인은 대학(大學)에서 양로의 예를 행한다. 이와 같은 예법은 천자로부터 제후에 이르기까지 공통된 것이다.

80세 이상의 노인이 군명(君命)을 받을 때는 다리를 한 번 꿇고 머리가 두 번 땅에 닿게 재배한다. 소경이 군명을 받을 때도 이와 같이 한다. 90세 이상의 노인은 몸소 받을 수 없으므로 사람을 시켜서 받는다.

50세의 노인은 양식을 젊은 사람들과는 달리하며, 60세의 노인이면 항상 격일(隔日)하여 식육(食肉)을 준비하여 이를 올린다. 70세의 노인이면 항상 맛좋은 반찬 두 가지를 올린다. 80세의 노인이면 항상 진미(珍味)가 있어야 하고, 90세의 노인이면 거처하는 처소에 항상 음식이 준비되어 있어야 하며, 맛좋은 음식과 마실 것을 준비해서 그가 가는 곳에 따라다녀야 한다.

60세가 되면 관(棺)을 준비한다. 70세가 되면 사후에 쓸 옷과 기물 중의 마련하기 힘든 것을 준비한다. 80세가 되면 옷과 기물 중 마련하기 비교적 쉬운 것을 준비한다. 90세가 되면 이미 준비한 것들을 손질하고 수리한다. 오직 교(絞)와 금(紟)과 금(衾)과 모(冒)는 죽은 뒤에 만든다.

[原文] 凡養老를, 有虞氏는 以燕禮하고, 夏后氏는 以饗禮하고, 殷人은 以食禮하고, 周人은 脩而兼用之하니라.
(범양로 유우씨 이연례 하후씨 이향례
은인 이식례 주인 수이겸용지)

五十이어든 養於鄉하고, 六十이어든 養於國하고, 七十이어든 養於學이니, 達於諸侯니라.
(오십 양어향 육십 양어국 칠십
양어학 달어제후)

八十이어든 拜君命하되, 一坐에 再至하고, 瞽亦如之니, 九十이어든 使人으로 受니라.
(팔십 배군명 일좌 재지 고역여지 구십 사인 수)

五十이어든 異糧하고, 六十이어든 宿肉하고, 七十이어든 貳膳하고, 八十이어든 常珍하고, 九十이어든 飮食을 不離寢하며, 膳飮을

從於遊可也니라.

  (오십 이장 육십 숙육 칠십 이선
  팔십 상진 구십 음식 불리침 선음
  종어유가야)

六十이어든 歲制하고, 七十이어든 時制하고, 八十이어든 月制하
고, 九十이어든 日修니, 唯絞紟衾冒는, 死而后에 制니라.

  (육십 세제 칠십 시제 팔십 월제
  구십 일수 유교금금모 사이후 제)

註解 ㅇ養老(양로)-노인을 기르는 것. 나라의 양로에 관한 예는 네
가지가 있다. ① 삼로오경(三老五更)을 기르는 일. ② 자손이 국사(國事)
에 죽은 부조(父祖)를 기르는 일. ③ 치사(致仕)한 늙은이를 기르는 일.
④ 서인(庶人)의 늙은이를 기르는 일. ㅇ有虞氏(유우씨)-순(舜)임금. ㅇ夏
后氏(하후씨)-하(夏)나라. ㅇ燕禮(연례)-당(堂)에 올라서 일헌(一獻)의
예를 행한다. 이것을 끝내고는 모두 자리에 앉아서 술을 마신다. 개고기
를 먹었으며 밥은 없었다. 연례에 두 가지가 있으니, 하나는 천자가 동성
(同姓)에게 연회를 베푸는 것이고, 또 하나는 이성(異姓)에게 연회를 베
푸는 것이다. ㅇ鄕禮(향례)-희생(犧牲)을 통째로 놓지만 먹지 않고, 술
잔을 가득히 채우지만 마시지 않으며, 서있을 뿐 앉지 않는다. 의식(儀
式)이 끝나면 신분에 따라 헌수(獻酬)한다. 이 향례에도 네 가지가 있다.
① 제후가 내조(來朝)했을 때, ② 왕의 친척과 제후의 신하가 왔을 때,
③ 융적(戎狄)의 임금의 사자(使者)가 왔을 때, ④ 숙위(宿衛)와 기로(耆
老)의 고자(孤子)를 대접할 때 등이다. ㅇ食禮(식례)-밥이 있고 안주가
있다. 술이 있기는 하나 마시지는 않는다. 밥이 주가 되기 때문에 식례
(食禮)라고 이름을 붙이게 되었다. ㅇ兼用之(겸용지)-주대(周代)에는 봄
여름에는 연례·향례를 행하고, 가을과 겨울에는 식례를 행하였다. ㅇ鄕
(향)-향교(鄕校). ㅇ國(국)-국학(國學). 소학교 ㅇ學(학)-대학. ㅇ達於
諸侯(달어제후)-제후에게도 이 예(禮)는 통용된다는 말. ㅇ一坐再之(일좌
재지)-한 번 꿇어앉은 채 머리만 두 번 땅에 닿도록 절한다는 것. ㅇ異糧

(이장)-양식을 달리한다는 말. ○貳膳(이선)-본선(本膳) 이외에 따로 더 마련한 반찬. 덧반찬. ○宿肉(숙육)-미리 고기를 준비해서 결핍되는 일이 없게 하는 것. ○常珍(상진)-진미를 상식(常食)하는 것. 항상 맛좋은 음식을 먹는 것. ○歲制(세제)-관(棺)을 일컫는 말. 쉽게 마련할 수 없고 그것을 만드는 데는 1년의 세월이 걸린다는 뜻이라고 한다. ○時制(시제)-사후(死後)에 쓸 의복과 기물 따위로서 쉽게 만들 수 없는 물건을 일컫는 말. 시(時)는 사시(四時)의 시와 같은 뜻이므로, 한 계절, 즉 3개월이나 걸려야 마련할 수 있다는 뜻이라고 한다. ○月制(월제)-사후(死後)에 쓸 의복·기물 등으로서 쉽게 마련할 수 있는 물건을 일컫는 말. ○日脩(일수)- 날마다 수리한다는 말. ○絞(교)-염(殮)할 때 쓰는 베. ○紟(금)-홑이불. ○衾(금)-이불. ○冒(모)-시체에 씌워서 보이지 않게 감추는 것.

50세가 되면 노쇠하기 시작하며, 60세가 되면 육미(肉味)를 먹지 않으면 배가 부르지 않으며, 70세가 되면 명주옷이 아니고는 따뜻하지 않으며, 80세가 되면 사람의 체온이 아니면 따뜻하지 않으며, 90세가 되면 비록 사람의 체온을 얻더라도 따뜻하게 되지 않는다.

50세가 되면 집안에서 지팡이를 짚으며, 60세가 되면 고을에서 지팡이를 짚으며, 70세가 되면 나라 안에서 지팡이를 짚으며, 80세가 되면 조정에서 지팡이를 짚으며, 90세가 된 자에게 천자가 문의하고 싶은 일이 있으면 천자가 그의 집에 친히 가서 문의하되, 갈 때에는 진미를 가지고 존양(尊養)한다.

70세가 되면 임금께 조현하는 일도 임금이 납시어 신하들에게 향하여 읍하면 물러가고 조회가 끝날 때까지 기다리지 않으며, 80세가 되면 임금이 달마다 사람을 시켜 사선(賜膳)하고 안부를 물으며, 90세가 되면 임금이 사람을 시켜 날마다 상선(常膳)을 하사한다.

50세가 되면 노력을 제공하는 부역에 나가지 않으며, 60세가 되면 병역이 면제되며, 70세가 되면 빈객(賓客)을 접하는 일에 종사하지 않으며, 80세가 되면 재계하고 제사지내는 일과 상사(喪事)에 관계된 일에 관계하지 않는다.

50세가 되면 대부의 작(爵)을 받고, 60세가 되면 친히 스승에게 나가 배우지 않으며, 70세가 되면 정사(政事)에서 물러난다. 그리고 최마복(衰麻服)의 경우에 한하여 상복을 입는다.

原文 五十에 始衰하고, 六十에 非肉이면 不飽하고, 七十에 非帛이면 不煖하고, 八十에 非人이면 不煖하고, 九十에 雖得人이나 不煖矣니.

(오십 시쇠 육십 비육 불포 칠십 비
백 불난 팔십 비인 불난 구십 수득인 불난의)

五十이어든 杖於家하고, 六十이어든 杖於鄕하고, 七十이어든 杖於國하고, 八十이어든 杖於朝니, 九十者는 天子이 欲有問焉이어든, 則就其室하되, 以珍으로 從니라.

(오십 장어가 육십 장어향 칠십
장어국 팔십 장어조 구십자 천자 욕유문언
즉취기실 이진 종)

七十이어든 不俟朝하고, 八十이어든 月告存하고, 九十이어든 日有秩이니라.

(칠십 불사조 팔십 월고존 구십 일유질)

五十이어든 不從力政하고, 六十이어든 不與服戎하고, 七十이어든 不與賓客之事하고, 八十이어든 齊喪之事에 弗及也니라.

(오십 부종역정 육십 불여복융 칠십
불여빈객지사 팔십 제상지사 불급야)

五十이어든 而爵하고, 六十이어든 不親學하고, 七十이어든 致政이니, 唯衰麻爲喪이니라.

(오십 이작 육십 불친학 칠십 치

정 유최마위상)

[註解] ㅇ以珍從(이진종)-진미(珍味)를 가지고 간다는 뜻의 말. ㅇ告存
(고존)-건재(健在)의 여부를 묻는 것. ㅇ秩(질)-상식(常食)의 진미. ㅇ力
政(역정)-노력(勞力)을 제공하는 부역. ㅇ服戎(복융)-병역에 복무하는
것. ㅇ爵(작)-왕명으로 대부가 되는 것. ㅇ致政(치정)-정무(政務)를 그
만두고 물러나는 것. ㅇ衰麻(최마)-참최(斬衰)와 재최(齊衰)의 상복(喪服).

유우씨(有虞氏)는 국로(國老)를 기르는 예를 상상(上庠)에서 거행
하고, 서로(庶老)를 기르는 예를 하상(下庠)에서 거행하였다. 하후씨
(夏后氏)는 국로를 기르는 예를 동서(東序)에서 거행하고, 서로를 기
르는 예를 서서(西序)에서 거행하였다. 은(殷)나라에서는 국로를 기
르는 예를 우학(右學)에서 거행하였고, 서로를 기르는 예를 좌학(左
學)에서 거행하였다. 주(周)나라에서는 국로를 기르는 예를 동교(東
膠)에서 거행하였고, 서로를 기르는 예를 우상(虞庠)에서 거행하였다.
우상은 국도의 서교(西郊)에 있다. 유우씨는 황관(皇冠)을 쓰고 제사
지냈으며, 심의(深衣) 차림으로 양로(養老)의 예를 거행하였다. 하후
(夏后)씨는 수관(收冠)을 쓰고 제사지냈으며, 연의(燕衣) 차림으로
양로의 예를 거행하였다. 은(殷)나라 사람들은 우관(冔冠)을 쓰고 제
사지냈으며, 호의(縞衣) 차림으로 양로의 예를 거행하였다. 주(周)나
라 사람들은 면관(冕冠)을 쓰고 제사지냈으며, 현의(玄衣) 차림으로
양로의 예를 거행하였다. 무릇 삼왕[하·은·주]의 양로하는 예는 모
두 인년(引年)의 제도를 썼다.
80세가 된 자는 아들 한 사람에게 국가의 부역이 면제되고, 90세가
된 자는 그 집에 부역이 면제된다. 폐질(廢疾)에 걸려서 사람이 없으
면 살아갈 수 없는 자는 한 사람에게 부역이 면제되며, 부모의 상중
에 있는 자에게는 3년 동안 부역이 면제되고, 재최대공(齊衰大功)의
상에는 3개월 동안 부역이 면제된다. [대부의 고을에서] 장차 제후의

땅에 이사하려고 하는 자에게는 3개월 동안의 부역이 면제되고, 제후의 땅에서 대부의 고을로 이사해오면 1년간 부역이 면제된다.

原文 有虞氏는 養國老於上庠하고, 養庶老於下庠하며, 夏后氏는 養國老於東序하고, 養庶老於西序하며, 殷人은 養國老於右學하고, 養庶老於左學하며, 周人은 養國老於東膠하고, 養庶老於虞庠하더니, 虞庠은 在國之西郊하니라. 有虞氏는 皇而祭하고, 深衣而養老하며, 夏后氏는 收而祭하고, 燕衣而養老하며, 殷人은 冔而祭하고, 縞衣而養老하며, 周人은 冕而祭하고, 玄衣而養老하니라. 凡三王이 養老하되, 皆引年하시니라.
(유우씨 양국로어상상 양서로어하상 하후
씨 양국로어동서 양서로어서서 은인 양국로어
우학 양서로어좌학 주인 양국로어동교 양서
로어우상 우상 재국지서교 유우씨 황이제
심의이양로 하후씨 수이제 연의이양로 은
인 우이제 호의이양로 주인 면이제 현의이
양로 범삼왕 양로 개인년)

八十者는, 一子不從政하고, 九十者는, 其家不從政하고, 廢疾이라 非人不養者는, 一人이 不從政하고, 父母之喪엔, 三年을 不從政하고, 齊衰大功之喪엔, 三月을 不從政하고, 將徙於諸侯어든, 三月을 不從政하고, 自諸侯로 來徙家어든, 期不從政이니라.
(팔십자 일자부종정 구십자 기가부종정 폐질
비인불양자 일인 부종정 부모지상 삼년 부
종정 재최대공지상 삼월 부종정 장사어제후
삼월 부종정 자제후 내사가 기부종정)

註解 ○國老(국로)-경대부(卿大夫)로서 치사(致仕)한 자. ○庶老(서로)-서민 신분의 노인. ○上庠(상상)-우(虞)나라 때의 대학(大學) 이름.

국도(國都)의 서교(西郊)에 있었다. ○下庠(하상)─우나라 때의 소학(小學) 이름. 왕궁(王宮)의 동쪽에 있었다. ○東序(동서)─하(夏)나라 시대의 대학 이름. 왕궁의 동쪽에 있었다. ○西序(서서)─하나라 시대의 소학 이름. 왕궁의 서교(西郊)에 있었다. ○右學(우학)─은(殷)나라 때의 대학 이름. ○左學(좌학)─은나라 때의 소학 이름. ○東膠(동교)─주(周)나라 때의 대학 이름. ○虞庠(우상)─주나라 때의 소학 이름. 서교(西郊)에 있었다. ○皇(황)─관(冠)의 이름. 그 제도는 미상. ○祭(제)─종묘(宗廟)에 제사지내는 것. ○深衣(심의)─백포(白布)로 만든 베옷. 소매를 넓게 하고 검은 비단으로 가장자리를 둘렀다. 치마는 열두 폭으로 되어 있었다. ○燕衣(연의)─검은 색깔의 옷. 임금이 여러 신하들과 연회할 때 입는 옷. 제후가 날마다 조회를 보는 의복. ○收(수)·冔(우)─하나라와 은나라의 관(冠). ○縞衣(호의)─흰 비단으로 만든 옷. ○玄衣(현의)─검은 색깔의 옷. 조복(朝服)을 말한다. ○引年(인년)─호별(戶別) 방문해서 노인을 인견하고, 그 나이의 많고 적은 것에 따라서 은사(恩賜)를 내리는 것. ○將徙於諸侯(장사어제후)─대부의 고을에서 장차 제후의 나라에 이사(移徙)하려고 하는 자. ○自諸侯來徙家(자제후내사가)─제후의 나라에서 대부의 고을로 이미 집을 옮겨온 자.

나이 어리면서 아버지 없는 자를 고(孤)라고 이르고, 늙었으면서 아들이 없는 자를 독(獨)이라고 이른다. 늙었으면서 아내가 없는 자를 환(矜)이라고 이르고, 늙었으면서 남편이 없는 자를 과(寡)라고 한다. 이 네 가지 종류의 사람은 백성 중에서 가장 곤궁하여 호소할 데 없는 자이다. 모두 임금한테서 상희(常餼)의 은사를 받는다. 벙어리와 귀머거리와 절름발이와 앉은뱅이와 다리 끊은 자와 난쟁이와 백공(百工)들은 각각 자기의 기능에 따라 일시키고 먹인다.

한길에서 남자는 오른편으로, 여자는 왼편으로 통행하고 수레는 중앙을 통행한다. 아버지의 연배에게는 그 뒤를 따라가고, 형의 연배에게는 나란히 가되 다소 뒤쳐져서 걸으며, 벗 사이에서는 서로 앞서 가지 않는다. 가벼운 짐은 아울러 가지고, 무거운 짐은 나눠 가지며,

반백(班白)인 사람은 손수 짐을 갖고 다니지 아니한다. 군자인 기로 (耆老)는 도보로 다니지 않으며, 서인(庶人)인 기로는 반찬 없는 밥 을 먹지 않는다.

대부는 〔가묘(家廟)에 사용하는〕 제기(祭器)를 다른 집에서 빌어오 지 않는다. 그래서 아직 제기가 갖추어지기 전에는 향연(饗宴)의 기 구(器具)를 만들지 아니한다.

原文 少而無父者를, 謂之孤요, 老而無子者를, 謂之獨이오, 老 而無妻者를, 謂之矜이오, 老而無夫者를, 謂之寡니, 此四者는 天民之窮而無告者也라, 皆有常餼니라. 瘖과 聾과 跛와 躄과 斷 者와 侏儒와 百工은, 各以其器로 食之니라.
  (소이무부자 위지고 노이무자자 위지독 노
  이무처자 위지환 노이무부자 위지과 차사자
  천민지궁이무고자야 개유상희 음 농 파 벽 단
  자 주유 백공 각이기기 식지)

道路에 男子는 由右하고, 婦人은 由左하고, 車는 從中央이니 라. 父之齒는 隨行하고, 兄之齒는 鴈行하고, 朋友는 不相踰니라. 輕任을랑 幷하고, 重任을랑 分하며, 班白者는 不提挈이니라. 君 子耆老는 不徒行하고, 庶人耆老는 不徒食이니라.
  (도로 남자 유우 부인 유좌 거 종중앙
  부지치 수행 형지치 안행 붕우 불상유
  경임 병 중임 분 반백자 부제설 군
  자기로 부도행 서인기로 부도식)

大夫는 祭器不假하고, 祭器未成이면, 不造燕器니라.
  (대부 제기불가 제기미성 부조연기)

註解 o矜(환)—환(鰥)과 통한다. 홀아비. o天民(천민)—백성은 하늘 이 낸 것이라는 뜻에서 온 말. o無告者(무고자)—호소할 곳이 없는 사람.

o常饎(상희)―일정하게 공급해 주는 식료(食料). o侏儒(주유)―난쟁이.
o各以其器食之(각이기기식지)―각기 자기의 기능에 따라 일시키고 먹인
다는 말. o輕任幷(경임병)―가벼운 짐은 아울러 가진다는 뜻. o班白者
(반백자)―머리에 흰 털과 검은 털이 섞여 있는 사람. 늙은이. o提挈(제
설)―휴대(携帶)하는 것, 가지고 다닌다는 뜻. o徒食(도식)―반찬이 없는
밥을 먹는다는 뜻. o父之齒(부지치)―아버지의 나이와 비슷한 사람. 치
(齒)는 나이라는 뜻. o鴈行(안행)―나란히 가면서 약간 뒤떨어지는 것.

방1리(方一里)의 땅은 밭으로 환산하면 9백묘(畝)가 된다. 방10리
(方十里)의 땅은 방1리 땅의 백 배이므로 9만묘이다. 방백리는 방10
리의 백 배가 되므로 90억묘(億畝)가 된다. 방천리라는 것은 방백리
의 백 배가 되므로 9만억묘인 것이다.

항산(恆山)에서 남하(南河)에 이르는 거리는 천리(千里)에 조금 부
족하고, 남하에서 강(江)에 이르는 거리는 천리에 조금 부족하다. 강에
서 형산(衡山)에 이르는 거리는 천리를 넘으며, 동하(東河)에서 동해
(東海)에 이르는 거리는 천리를 넘는다. 동하에서 서하(西河)에 이르
는 거리는 천리에 조금 부족하고, 서하에서 유사(流沙)에 이르는 거리
는 천리를 넘는다. 서쪽으로는 유사를 모두 개척하지 않았으며, 남쪽
으로는 형산까지를 모두 개척하지 않았고, 동쪽으로는 동해까지를 모
두 개척하지 않았으며, 북쪽으로는 항산까지를 모두 개척하지 않았다.
무릇 사해(四海)의 안을 긴 곳을 떼어 짧은 곳에 보태서 계산한다면
방3천리가 되고, 전지(田地)로 계산한다면 81만억묘(萬億畝)가 된다.

방백리 되는 곳을 전지로 환산하면 90억묘(億畝)이므로, 산릉(山
陵)과 임록(林麓)과 천택구독(川澤溝瀆)과 성곽(城郭)·궁실(宮室)·
길·거리 등을 전체의 3분의 1로 쳐서 제거하더라도 그 나머지가 60
억묘이다.

原文 方一里者는, 爲田이 九百畝요, 方十里者는, 爲方一里者

百이니, 爲田이 九萬畝요, 方百里者는, 爲方十里者百이니, 爲田
이 九十億畝요, 方千里者는, 爲方百里者百이니, 爲田이 九萬億
畝니라.

(방일리자 위전 구백묘 방십리자 위방일리자
백 위전 구만묘 방백리자 위방십리자백 위전
구십억묘 방천리자 위방백리자백 위전 구만억묘)

自恆山으로 至於南河는, 千里而近하고, 自南河로 至於江은,
千里而近하고, 自江으로 至於衡山에는, 千里而遙하고, 自東河로
至於東海에는, 千里而遙하고, 自東河로 至於而河에는, 千里而
近하고, 自西河로 至於流沙에는, 千里而遙하니, 西不盡流沙하며,
南不盡衡山하며, 東不盡東海하며, 北不盡恆山이니라. 凡四海之
內에, 斷長補短하면, 方三千里니, 爲田이 八十萬億一萬億畝요.

(자항산 지어남하 천리이근 자남하 지어강
천리이근 자강 지어형산 천리이요 자동하
지어동해 천리이요 자동하 지어이하 천리이
근 자서하 지어유사 천리이요 서부진유사
남부진형산 동부진동해 북부진항산 범사해지
내 단장보단 방삼천리 위전 팔십만억일만억묘)

方百里者는 爲田이 九十億畝니, 山陵·林麓과·川澤·溝瀆
과·城郭·宮室·塗巷을, 三分法一하고, 其餘이 六十億畝니라.

(방백리자 위전 구십억묘 산릉·임록·천택·구독
성곽·궁실·도항 삼분법일 기여 육십억묘)

註解 ㅇ里(이)·畝(묘)—춘추(春秋)시대로부터 한초(漢初)까지의 1리
(里)는 약 405미터이다. 1리는 3백 보(步)이다. 1백 평방보(平方步)가 1
묘(畝)로, 약 1.82아르이다. ㅇ方一里者(방일리자) 爲田方百畝(위전구백
묘)—백 보(步)가 1묘(畝), 백묘가 1부(夫), 3부가 1옥(屋)이니 1옥은 3경
(頃)으로서 넓이가 3백 보, 길이가 1백 보이다. 옥(屋)이 셋이면 정(井)이

므로 9백 묘로서 길이와 넓이가 각 1리, 즉 방1리가 된다. 그래서 방1리
는 9백 묘가 되는 것이다. ㅇ恆山(항산)-중국의 오악(五嶽)의 하나. 하
북성(河北省) 곡양현(曲陽縣) 서북쪽에 있음. 북악(北嶽). ㅇ南河(남하)-
항산(恆山)은 지금의 하북성 북부에 있고, 거기에서 보아 황하(黃河)를
보고 남하(南河)라고 했을 것이다. 혹은 황하의 남쪽 선(線)을 가리킨 것
으로 해석해도 될 것이다. 그리고 고대의 황하는 지금보다도 훨씬 남쪽으
로 기울어져 있었기 때문에 항산에서 황하까지와 황하에서 장강(長江)
까지는 거의 같은 거리였을 것이다. ㅇ千里而近(천리이근)-천리에 조금
부족하다는 말. ㅇ江(강)-양자강(揚子江), 또는 장강(長江)이라고도 한
다. 민산(岷山)에서 발원한다. ㅇ衡山(형산)-지금의 호남성(湖南省) 중
부에 있으며, 중국 오악(五嶽) 중의 하나인 남악(南嶽). ㅇ千里而遙(천리
이요)-천리가 넘는다는 말. ㅇ東河(동하)·東海(동해)·西河(서하)·流
沙(유사)-중국의 동서(東西) 길이를 측정하기 위해 이 네 지명을 들고
있다. 동하(東河)는 황하(黃河)의 하류 부분으로 지금의 하남성(河南省)
동북 구석이 서쪽 한계이다. 서하(西河)는 동하의 서쪽 부분으로 북쪽으
로 구부러진 근처까지를 말한다. 유사(流沙)란 사막을 말하지만 여기서는
지금의 감숙성(甘肅省) 서부를 가리킨다고 한다.

옛날에는 주척(周尺) 8척을 1보(步)라고 하였는데, 지금은 주척 6
척 4치〔寸〕를 1보라고 한다. 옛날의 백묘(百畝)는 지금의 밭 146묘
30보가 되고, 옛날의 백리는 지금의 121리 60보 4척 2치 2푼(分)이
된다.
  방천리(方千里)라고 하는 것은 방백리(方百里) 되는 땅이 백개라는
말이다. 이 방천리 되는 땅에 방백리 되는 나라 30국을 봉(封)하면
나머지 땅은 방백리 되는 것이 70개가 남는다. 거기에 또 방70리 되
는 나라 60국을 봉하면 방백리되는 나라 29개국에 상당한 면적과 방
10리되는 땅 40에 상당한 면적이 된다. 그 나머지가 방백리 되는 땅
40개와 방 10리 되는 땅 60이 된다. 거기에 또 방50리 되는 나라 120

국을 봉하면 방백리 되는 땅 30에 해당한 것이 된다. 그리고도 방백리 되는 땅 10과 방10리 되는 땅 60이 남는다. 명산대택(名山大澤)은 봉지(封地)에 포함시키지 않으며, 그 나머지 땅은 부용(附庸)과 한전으로 한다. 그리하여 제후로서 유공한 자에게는 한전(閒田)으로 녹(祿)을 주고, 제후의 봉지에서 삭탈한 것이 있으면 한전으로 돌린다.

原文 古者에 以周尺八尺으로 爲步하고, 今以周尺六尺四寸으로, 爲步하나니, 古者에 百畝는, 當今東田百四十六畝三十步하고. 古者에 百里는, 當今百二十一里六十步四尺二寸二分이니라.

(고자 이주척팔척 위보 금이주척육척사촌
위보 고자 백묘 당금동전백사십육묘삼십보
고자 백리 당금백이십일리육십보사척이촌이분)

方千里者는, 爲方百里者이 百이니, 封方百里者이 三十國하고, 其餘方百里者이 七十이어든, 又封方七十里者이 六十하나니, 爲方百里者이 二十九요, 方十里者이 四十이오, 其餘方百里者이 四十이오, 方十里者이 六十이어든, 又封方五十里者이 百二十하나니, 爲方百里者이 三十이오, 其餘方百里者이 十이오, 方十里者이 六十이니, 名山 大澤을, 不以封하고, 其餘란 以爲附庸閒田하나니, 諸侯之有功者를, 取於閒田하여 以祿之하고, 其有削地者어든, 歸之閒田하나니라.

(방천리자 위방백리자 백 봉방백리자 삼십국
기여방백리자 칠십 우봉방칠십리자 육십
위방백리자 이십구 방십리자 사십 기여방백리자
사십 방십리자 육십 우봉방오십리자 백이
십 위방백리자 삼십 기여방백리자 십 방
십리자 육십 명산 대택 불이봉 기여 이위부
용한전 제후지유공자 취어한전 이녹지 기유
삭지자 귀지한전)

註解 ㅇ周尺(주척)－주나라 시대의 1척은 약 22.5센티미터이다. ㅇ東田(동전)－《예기집해(禮記集解)》에 따르면 〈왕제편(王制篇)〉의 내용은 대부분이 동방의 제(齊)나라나 노(魯)나라 출신의 유자(儒者)의 설일 것이다. 그런 관계로 그들은 자기들이 아는 곳인 '동방의 땅'을 기준으로 해서 면적을 비교했을 것이다.

천자의 직할지(直轄地)인 천리 사방의 넓이는 백리 사방의 땅 백과 같다. 그런데 이 속에 백리 사방의 나라 9개를 봉(封)하면 나머지는 백리 사방의 땅 91개의 넓이이다. 그 중에서 70리 사방의 나라 21개를 봉하면 그 크기는 백리 사방의 땅 10개와 10리 사방의 땅 29개의 합계와 같고, 나머지는 백리 사방의 땅 80개와 10리 사방의 땅 71개와의 합계와 같다. 거기에 다시 50리 사방의 나라 63개를 봉하면 그 넓이는 백리 사방의 땅 15개와 10리 사방의 땅 75개와의 합계와 같고, 나머지는 백리 사방의 땅 64개와 10리 사방의 땅 96개와의 합계와 같다.

原文 天子之縣內인, 方千里者는, 爲方百里者이 百이니, 封方百里者이 九하고, 其餘方百里者이 九十一이니, 又封方七十里者이 二十一하나니, 爲方百里者이 十이오, 方十里者이 二十九요, 其餘方百里者이 八十이오, 方十里者이 七十一이니, 又封方五十里者이 六十三하나니, 爲方百里者이 十五요, 方十里者이 七十五니라. 其餘方百里者이 六十四요, 方十里者이 九十六이니라.
   (천자지현내 방천리자 위방백리자 백 봉방
   백리자 구 기여방백리자 구십일 우봉방칠십리자
   이십일 위방백리자 십 방십리자 이십구
   기여방백리자 팔십 방십리자 칠십일 우봉방오십
   리자 육십삼 위방백리자 십오 방십리자 칠십
   오 기여방백리자 육십사 방십리자 구십육)

註解 ○天子之縣內(천자지현내)−기내(畿內)를 일컫는 말.

큰 나라 제후의 하사(下士)는 그 녹(祿)으로 9인을 기르고, 중사(中士)는 18인을 기르며, 상사(上士)는 36인을 기른다. 하대부(下大夫)는 72인을 기르고, 경(卿)은 288인을 기르며, 국군은 2880인을 기른다. 차국(次國)의 경은 216인을 기르고, 국군은 2160인을 기른다. 소국(小國)의 경은 144인을 기를 수 있고, 소국의 군(君)은 1440인을 기를 수 있다. 차국의 경으로〔천자에게 임명되지 않고〕 그 나라 임금에게 임명된 자의 녹봉(祿俸)은 소국의 경과 같다.

천자의 대부로서 삼감(三監)이 되어 제후의 나라를 감독하는 자는 그 녹이, 큰 제후의 경(卿)에 준하는 그 작위(爵位)는 차국의 임금에 준한다. 그 녹(祿)은 방백(方伯)의 영지(領地)에서 나온다.

방백이 천자를 조현하러 올 때를 위해서, 어느 방백이나 모두 탕목(湯沐)이라는 고을이 주어진다. 그 고을의 규모는 기내(畿內)에 있는 경우, 원사(元士 : 천자의 상사)의 녹지(祿地)에 준한다.

제후의 세자는 나라를 세습하고, 천자의 대부는 작(爵)을 세습하지 않는다. 사람을 쓰는 것은 그 덕(德)을 보아서 하고, 작을 주는 것은 그 공(功)에 따라서 한다. 제후가 훙(薨)하고 그 세자로서 아직 천자로부터 작위(爵位)를 받지 못했을 때는 그 의복과 예수(禮數)는 천자의 원사(元士)에 준하며 그 나라의 임금이 된다. 제후의 대부는 작록(爵祿)을 세습하지 못한다.

原文 諸侯之下士는 祿이 食九人이오, 中士는 食十八人이오, 上士는 食三十六人이오, 下大夫는 食七十二人이오, 卿은 食二百八十八人이오, 君은 食二千八百八十人이니라. 次國之卿은, 食二百一十六人이오, 君은 食二千一百六十人이니라. 小國之卿은, 食百四十四人이오, 君은 食千四百四十人이니라. 次國之卿

이, **命於其君者**는, **如小國之卿**이니라.

    (제후지하사 녹 식구인 중사 식팔십인

    상사 식삼십육인 하대부 식칠십이인 경 식이

    백팔십팔인 군 식이천팔백팔십인 차국지경

    식이백일십육인 군 식이천일백육십인 소국지경

    식백사십사인 군 식천사백사십인 차국지경

    명어기군자 여소국지경)

天子之大夫이 **爲三監**하여, **監於諸侯之國者**는, **其祿**이 **視諸侯之卿**이오, **其爵**이 **視次國之君**이니, **其祿**을 **取之於方伯之地**니라.

    (천자지대부 위삼감 감어제후지국자 기녹 시제

    후지경 기작 시차국지군 기녹 취지어방백지지)

方伯이 **爲朝天子**하여, **皆有湯沐之邑**하며, **於天子之縣內**하되, **視元士**니라.

    (방백 위조천자 개유탕목지읍 어천자지현내 시원사)

諸侯世子는 **世國**하고, **大夫**는 **不世爵**이니, **使以德**이오, **爵以功**하나니, **未賜爵**이어든, **視天子之元士**하여, **以君其國**하고, **諸侯之大夫**는, **不世爵祿**이니라.

    (제후세자 세국 대부 불세작 사이덕 작이

    공 미사작 시천자지원사 이군기국 제후

    지대부 불세작록)

[註解] ○諸侯之下士(제후지하사)─여기서의 제후는 큰 나라의 제후, 즉 공(公)·후(侯)를 가리킨다. ○次國(차국)─백작(伯爵)의 나라. ○小國(소국)─자(子)·남(男)의 제후. ○次國之卿(차국지경) 命於其君者(명어기군자)─백작·제후와 경에는 천자가 임명하는 경우와 국군(國君)이 임명하는 경우 등 두 가지가 있다. ○湯沐之邑(탕목지읍)─천자께 조근(朝覲)하려면 반드시 목욕하여 몸을 깨끗이 해야 한다. 이와 같은 경비를 얻기 위해서 천자로부터 하사받는 영읍(領邑)을 말한다.

육례(六禮)란 관례(冠禮)·혼례(婚禮)·상례(喪禮)·제례(祭禮)와 향음주례(鄕飮酒禮)와 사상견례(士相見禮) 등을 말한다. 칠교(七敎), 즉 일곱 가지 가르침이라고 하는 것은 부자·형제·부부·군신(君臣)·장유(長幼)·붕우(朋友)·빈객(賓客)에 대한 도리의 가르침이다. 팔정(八政), 즉 여덟 가지 정사(政事)라고 하는 것은 음식·의복·사위(事爲)·이별(異別)·도(度)·양(量)·수(數)·제(制)에 대한 행정이다.

原文 六禮는 冠과·昏과·喪과·祭와·鄕과·相見이오. 七敎는 父子와·兄弟와, 夫婦와·君臣과·長幼와·朋友와·賓客이오. 八政은 飮食과·衣服과·事爲와·異別과·度·量과·數·制니라.

(육례 관·혼·상·제·향·상견 칠교
부자·형제, 부부·군신·장유·붕우·빈객
팔정 음식·의복·사위·이별·도·양·수·제)

註解 ○冠禮(관례)―성인이 되는 예식. 남자는 머리에 갓을 쓴다. ○事爲(사위)―백공(百工)의 기예(技藝). ○異別(이별)―오방(五方), 즉 동·서·남·북·중(中)의 기구의 제법(製法)과 용도가 각각 다른 것. ○度(도)―장척(丈尺), 즉 자를 말한 것. ○量(양)―되로 된 양(量). ○數(수)― 1·2·3에서 만·억에 이르는 수. ○制(제)―베의 넓고 좁음을 말한 것.

제6 월 령(月令)

　이 편은 1년 열두 달 동안의 기후와 그달 그달에 행하여
지는 정령(政令)에 대해서 설명하고 있다. 그렇기 때문에
월령(月令)이라고 이름했다.
　진시황(秦始皇) 때의 재상 여불위(呂不韋)가 학문을 좋
아하여 학자들을 모아서 논저(論著)하고, 《여씨춘추(呂氏
春秋)》라 이름지었으니, 때는 진나라가 중국을 통일하기
직전이었다. 12기(紀), 8람(覽), 6론(論) 등 모두 160편의
저술이었다. 12기는 곧 월령(月令)을 말한다. 달[月]은 '하
정(夏正)'을 썼으며, 영(令 : 政令)은 진(秦)나라의 일을 잡
기(雜記)하였다.

　'맹춘지월(孟春之月)'이란 춘삼월의 최초의 달, 즉 정월(正月)이다.
'일재영실(日在營室)'의 날은 일진(日辰), 즉 태양과 달[月]이 서로
만날 때의 위치를 말하며, 만나는 것은 1년에 12회 일어나고, 그 만나
는 날이 매월 삭(朔), 즉 제1일이다. 그리고 정월의 일진(日辰)은 28
수(宿)의 영실(營室)이라는 수(宿)에 해당한다. 이 수(宿)는 서양식의
성좌(星座)와 같으며 페가수스에 해당한다. 맹춘(孟春), 즉 현행 태양
력의 2월에는 밤에 서북방(西北方)에 보인다. 또 정월에는 저녁[昏]
에 삼성(參星)이 남방의 중앙에 있고, 아침에는 미성(尾星)이 남방의
중앙에 있다. 봄의 나날을 지배하는 천간(天干)은 갑(甲)과 을(乙)에
해당하며 그 상제(上帝)를 태호(太皥)라 부르고, 그 아래에 있는 신
(神)은 구망(句芒)이다. 구망은 나무 [木] 의 정(精)이다. 봄의 동물
을 인족(鱗族), 봄의 음(音)은 각조(角調), 음률(音律)은 12율 중의
태주(大蔟)에 해당한다. 그 수는 8, 그 맛은 산(酸), 그 냄새는 비린내

에 해당한다. 그 제사의 대상은 호신(戶神)이며, 제사지낼 때는 먼저 비장(脾臟)을 바친다.

동풍이 불어서 얼음이 풀리고 칩거(蟄居)했던 벌레가 비로소 움직인다. 물고기가 얼음 위로 떠오른다. 수달[獺]이 물고기를 제사지내고 기러기가 남쪽에서 온다.

천자는 청양(靑陽)의 왼편, 곁방에 있으면서 정무(政務)를 살핀다. 난로(鸞路)를 타고 푸른 빛깔의 말을 멍에한다. 청기(靑旂)를 세우고 청의(靑衣)를 입고 창옥(蒼玉)을 차고 보리와 양고기를 먹는다. 그 쓰는 그릇은 조각(彫刻)이 성기고 나뭇결이 곧다.

原文 孟春之月에, 日이 在營室하나니, 昏에 參이 中이오, 旦에 尾이 中이니라. 其日은 甲乙이오, 其帝는 太皥요, 其神은 句芒이오, 其蟲은 鱗이오, 其音은 角이오, 律은 中大蔟요, 其數는 八이오, 其味는 酸이오, 其臭는 羶이오, 其祀는 戶요, 祭先脾하나니라.

(맹춘지월 일 재영실 혼 삼 중 단
미 중 기일 갑을 기제 태호 기신 구망
기충 인 기음 각 율 중태주 기수 팔
기미 산 기취 전 기사 호 제선비)

東風이 解凍하며, 蟄蟲이 始振하며, 魚이 上冰하며, 獺이 祭魚하며, 鴻鴈이 來하나니라.

(동풍 해동 칩충 시진 어 상빙 달 제어 홍안 내)

天子는 居靑陽左个하시며, 乘鸞路하시며, 駕倉龍하시며, 載靑旂하시며, 衣靑衣하시며, 服倉玉하시며, 食麥與羊하시며, 其器를 疏以達하나니라.

(천자 거청양좌가 승난로 가창룡 재청
기 의청의 복창옥 식맥여양 기기 소이달)

註解 ○孟春之月(맹춘지월)—봄의 첫 달. 음력 정월. ○日在營室(일재

영실)-일(日)은 진(辰 : 해와 달이 모이는 곳), 영실(營室 : 성좌 이름)은 영실성(營室星), 즉 해와 달이 영실성이 있는 곳에서 모이는 것. ㅇ昏參中(혼삼중)-혼(昏)은 저녁, 삼은 28수(宿)의 하나. 중은 여기서는 남방의 중앙, 즉 저녁에 삼성(參星)이 남방의 중앙에 나타나는 것. ㅇ旦尾中(단미중)-단(旦)은 아침. 미(尾)는 미성(尾星), 즉 맹춘(孟春)의 달에는 미성이 돌아서 남방에 있으며 아침이면 그 중앙에 나타난다. ㅇ其日甲乙(기일갑을)-10간(十干)을 오행(五行)에 맞추면 갑(甲)·을(乙)이 목(木)에 해당하며 봄은 목에 속한다. ㅇ其帝太皞(기제태호)-기제(其帝)는 복희씨(伏羲氏)를 말한다. 복희씨는 목덕(木德)으로 왕노릇을 했기 때문에 봄을 맡은 신(神)이 되었다. ㅇ其神句芒(기신구망)-신(神)은 상제(上帝)보다 아래이다. 제(帝)의 보좌신(補佐神)을 말한다. 구망(句芒)은 소호씨(少皞氏)의 아들로서 이름을 중(重)이라고 하였다. 목(木)을 맡은 목관(木官)이었다. 그렇기 때문에 봄의 신이 되었다. ㅇ其蟲鱗(기충린)-충(蟲)은 동물, 인(鱗)은 비늘이 있는 동물, 즉 인족(鱗族)은 오행(五行)의 목(木)에 해당하기 때문에 봄의 동물이 된 것이다. ㅇ其音角(기음각)-오음(五音)을 오행에 맞춘다면 각조(角調)가 목(木)에 해당한다. 각(角)은 청음(淸音)과 탁음(濁音)의 중간음이 된다. ㅇ律中大蔟(율중태주)-율은 12율(律), 이것을 음(音)에 따라 음·양의 둘로 나누는데, 음(陰)을 육려(六呂), 양(陽)을 육률(六律)이라고 하였다. 태주(太蔟)는 육률의 하나이다. '월령(月令)'에서의 달은 '하정(夏正)'에 근거를 두고 있으며, 하(夏)나라에서는 인월(寅月)을 그 해의 첫 달로 삼았다. 태주는 12지(支)에 맞추어 인(寅)이 되기 때문에 정월의 음률이 되었다. ㅇ其數八(기수팔)-《주역(周易)》〈계사전(繫辭傳)〉에 천지의 수를 제시하였으니, 천일지이천삼지사천오지륙천칠지팔천구지십(天一地二天三地四天五地六天七地八天九地十)으로 되어 있다. 오행의 순서를 운행하는 면에서 볼 때는 목(木)·화(火)·토(土)·금(金)·수(水)가 되지만, 그 생성(生成)하는 면에서 볼 때는 수·화·금·목·토의 순이 된다. 천지의 수가 오행을 생성하는 것은 천일(天一)과 지륙(地六)이 배합되어 수(水)를 북쪽에 이루고, 천칠(天七)과 지이(地二)를 배합해서 화(火)를 남쪽에 이루며, 천삼지팔(天三地八)을 배합해서 목(木)을 동쪽에 이룬다. 천구지사(天九地四)를 배합해서

금(金)을 서쪽에 이루고, 천오지십(天五地十)을 배합해서 토(土)를 중앙에 이룬다. 목(木)은 천삼지팔(天三地八)의 수를 배합해서 이루어진 것으로서 사시(四時)에서 봄에 해당된다. 실지에 있어 천삼지팔로 표현해야 할 것을 기수팔(其數八)로만 한 것은 그 큰 수만을 들고 작은 수는 약한 것이다. 이것으로 유추(類推)한다면 여름·가을·겨울의 수를 쉽게 알 수 있다. ㅇ其味酸(기미산) ― 맛〔味〕을 오행(五行)에 맞추어 볼 때 산(酸)은 목(木)에 해당한다. 산은 신맛. ㅇ其臭羶(기취전) ― 오취(五臭)를 오행(五行)에 맞추어 본다면 전(羶)은 목에 해당한다. 양(羊) 냄새를 말한다. ㅇ其祀戶(기사호) ― 오사(五祀)의 신(神)을 오행에 맞추어 본다면 호신(戶神)은 목(木)에 해당한다. ㅇ祭先脾(제선비) ― 호신(戶神)을 제사지내는 데에는 먼저 비(脾 : 지라)를 바친다. ㅇ獺祭魚(달제어) ― 수달이 물고기를 잡아 물가에 늘어놓는 것이 마치 사람이 제물을 늘어놓고 제사지내는 광경과 같다. 그래서 세상 사람들이 이것을 달제어라는 말로 표현하고 있다. ㅇ靑陽(청양) ― 명당(明堂)의 동쪽에 있는 방, 즉 청양전(靑陽殿). ㅇ左个(좌가) ― 북실(北室)을 말한다. 즉 청양좌가(靑陽左个). ㅇ鸞路(난로) ― 노(路)는 임금이 타는 수레, 난은 난새, 즉 난새 모양의 방울을 장식한 임금의 수레. 봄에는 색깔이 푸른 수레를 탄다. ㅇ倉龍(창룡) ― 창(倉)은 창(蒼)과 통한다. 여기에서 용은 8척 이상의 말〔馬〕을 뜻한다. ㅇ食麥與羊(식맥여양) ― 오곡과 오축(五畜)을 오행에 맞추어 본다면 보리나 양(羊)은 목(木)에 해당한다. ㅇ疏而達(소이달) ― 조각(彫刻)이 성기고 나뭇결이 곧은 것.

이 달에 입춘(立春)이 있다. 입춘 전 3일에 태사(太史)가 천자를 뵙고 고하기를, “모일(某日)은 입춘입니다. 천지 생육(生育)의 성대(盛大)한 덕이 목(木)에 있습니다.”라고 한다. 천자는 곧 재계(齊戒)한다. 입춘날에는 천자가 친히 삼공(三公)과 구경(九卿) 및 제후와 대부들을 거느리고 동쪽 들에 나가서 봄을 맞이한다. 그리고는 곧 돌아와서 공경제후와 대부들을 시상(施賞)한다. 또 재상에게 명하여 덕교(德敎)를 선포하고, 금령(禁令)을 조정하며, 상을 주고 은혜를 베풀어서 아래로 만백성에게 미치게 한다. 시상(施賞)에 있어서는 널리 백성에게까지 이르게 하여 부당한 일이 없도록 한다. 이어서 태사에게 명해서 전법(典法)을 지키고, 하늘의 일·월·성신의 운행을 헤아려서 그것들의 머물고 떠나가는 시각을 어기지 않으며, 그 진퇴(進退) 지속(遲速)의 도수를 잃는 일이 없게 한다. 이것을 정하는 데 있어 당초의 제도[舊制]를 상법(常法 : 표준)으로 한다.

原文 是月也에, 以立春이니, 先立春三日하여, 太史이 謁之天子曰, 某日이 立春이니, 盛德이 在木이라하니라. 天子이 乃齊하사, 立春之日에, 天子이 親帥三公·九卿·諸侯·大夫하사, 以迎春於東郊하시고, 還反하사 賞公卿·諸侯·大夫於朝하시고, 命相하사 布德和令하여, 行慶施惠하되, 下及兆民하며, 慶賜遂行하여, 毋有不當이니라. 乃命太史하사, 守典奉法하며, 司天日月星辰之行하여, 宿離不貸하며, 毋失經紀하며, 以初로 爲常하나니라.
(시월야 이입춘 선입춘삼일 태사 알지천
자왈 모일 입춘 성덕 재목 천자 내제
입춘지일 천자 친수삼공·구경·제후·대부 이
영춘어동교 환반 상공경·제후·대부어조
명상 포덕화령 행경시혜 하급조민 경사수행
무유부당 내명태사 수전봉법 사천일월성
신지행 숙리불특 무실경기 이초 위상)

註解 o太史(태사)─예(禮)를 담당한 벼슬아치. o齊(재)─재계(齋戒)하는 것. o和令(화령)─여기에서는 금령(禁令)을 조정하는 것. o慶(경)─상(賞)을 뜻한 말. o兆民(조민)─만백성. 억조의 백성. o遂行(수행)─널리 행한다는 말. o守典奉法(수전봉법)─선왕(先王)의 법을 받들어 지키는 것. o司天日月星辰之行(사천일월성신지행)─하늘의 해와 달과 별들의 운행을 살핀다는 뜻. 사(司)는 사(伺)와 같으므로 엿본다는 뜻. o宿離不貸(숙리불특)─하늘의 운행이 멈추고 가는 것이 어긋나지 않게 하는

것. 숙(宿)은 머무는 것, 이(離)는 가는 것, 특(貸)은 특(忒)과 통한다. ○經紀(경기)—강기(綱紀). 여기서는 일·월·성·신의 진퇴가 늦고 빠른 도수(度數)를 말한다. ○以初爲常(이초위상)—초(初)는 당초에 천문가가 마련한 제도를 뜻한다. 상(常)은 표준, 즉 옛 법으로써 하늘의 운행을 살피는 떳떳한 법으로 한다는 말.

이 달에 천자는 원일(元日)에 상제(上帝)께 오곡의 풍양을 빈다. 이어 원신(元辰)을 가리어 천자가 친히 쟁기를 수레에 실어서 참승(參乘)의 보개(保介)와 어자(御者)의 사이에 둔다. 그리고 삼공(三公)과 구경(九卿) 및 제후와 대부를 거느리고 몸소 황제의 적전(籍田)에 나가 밭갈이를 한다. 천자는 쟁기를 잡고 세 번 밀며, 삼공은 다섯 번 밀고, 경과 제후는 아홉 번 민다. 밭갈이를 끝내고 돌아와 노침에서 연례(宴禮)를 연다. 여기에는 공·경·제후·대부 등이 모두 모이며, 이를 노주(勞酒)라고 부른다.

이 달에 하늘의 기운은 아래로 내려오고, 땅의 기운은 위로 올라간다. 하늘과 땅이 화동(和同)하여 초목이 맹동(萌動)하게 되면, 왕이 명하여 농사를 선도한다. 전준(田畯)에게 명하여 동교(東郊)에 머물러 있으면서 전지(田地)의 경계를 바로잡고, 밭 사이의 소로와 도랑을 바르게 정리하며 구릉(丘陵)·판험(阪險)·원습(原隰)한 땅에 오곡을 심기에 마땅한 곳을 잘 살펴서 백성에게 농사일을 교도하되 반드시 몸소 행하여서 시범을 보여준다. 이와 같이 밭일의 정리를 이미 끝내고 먼저 심고 가꾸는 방법을 가르치면 농부는 의혹하지 않고 힘을 다하여 경작할 것이다.

原文 是月也에, 天子이 乃以元日로, 祈穀于上帝하시고, 乃擇元辰하사, 天子이 親載耒耜하사, 措之于參保介之御閒하시고, 帥三公·九卿·諸侯·大夫하시고, 躬耕帝籍하사, 天子는 三推하시고, 三公은 五推하고, 卿·諸侯는 九推하나니, 反하사 執爵于

大寢케하시며 三公·九卿·諸侯·大夫皆御하나니, 命曰勞酒라.

　(시월야 천자 내이원일 기곡우상제 내택

　원신 천자 친재뢰사 조지우참보개지어간 수

　삼공·구경·제후·대부 궁경제적 천자 삼추

　삼공 오추 경·제후 구추 반 집작우

　태침 삼공·구경·제후·대부개어 명왈노주)

　是月也에, 天氣이 下降하고, 地氣이 上騰하여, 天地이 和同하여, 草木이 萌動이어든 王이 命하여 布農事하나니, 命田하사 舍東郊하여, 皆脩封疆하며, 審端徑術하며, 善相丘陵과 阪險과 原隰과, 土地所宜와, 五穀所殖하며, 以敎道民하되, 必躬親之니, 田事旣飭하여, 先定準直이라야, 農乃不惑하나니라.

　(시월야 천기 하강 지기 상등 천지 화동

　초목 맹동 왕 명 포농사 명전 사

　동교 개수봉강 심단경술 선상구릉 판험 원

　습 토지소의 오곡소식 이교도민 필궁친지

　전사기칙 선정준직 농내불혹)

註解　ㅇ元日(원일)―정월의 첫 신일(辛日). 상신일(上辛日). ㅇ祈穀(기곡)―오곡의 풍양(豊穰)을 비는 것. ㅇ元辰(원신)―상신일(上辛日) 이후의 길일(吉日). ㅇ參保介(참보개)―참승(參乘)하는 보개(保介). 참승은 임금을 수레 우측에 모시고 수호하는 용사. 보개는 갑옷 입은 용사를 말한다. ㅇ之御(지어)―어자(御者)와란 뜻. ㅇ帝籍(제적)―적전(籍田)을 말한다. 즉 상제(上帝)를 비롯해서 여러 신(神)의 제사에 바칠 곡식을 천자가 몸소 경작하는 전지(田地). ㅇ推(추)―미는 것. 여기에서는 흙속에 쟁기를 밀어 넣는 것, 즉 밭갈이 하는 것을 뜻한 말. ㅇ執爵(집작)―술잔을 손에 잡는 것. 연회를 베푸는 것을 뜻한다. ㅇ大寢(태침)―노침(路寢)을 뜻하는 말. 천자가 정무(政務)를 살피는 곳. ㅇ天氣(천기)―양기(陽氣). ㅇ地氣(지기)―음기(陰氣). ㅇ命田(명전)―전준(田畯)에게 명하는 것. 전준은 농사일을 맡은 벼슬아치. ㅇ脩封疆(수봉강)―봉강(封疆)은 경계, 수(脩)는

바로잡는 것. ㅇ端(단)—바르게 하는 것. ㅇ徑術(경술)—경(徑)은 밭 사이의 소로, 즉 밭 사이의 소로를 뜻한 말. ㅇ善相(선상)—잘 살펴보는 것. ㅇ丘陵(구릉)—모두 언덕이란 뜻으로 능은 구보다 크다. ㅇ阪險(판험)—비탈지고 험한 곳. ㅇ原隰(원습)—습지. ㅇ田事(전사)—전지(田地)의 경계를 바로잡고 전지 사이의 소로(小路)나 도랑 등을 정리해서 바르게 하는 일. ㅇ準直(준직)—표준이 되는 방법.

이 달에 악정(樂正)에게 명하여 국학(國學)에 들어가 문무(文武)의 춤을 가르쳐 이것을 익히게 한다. 이어서 제사지내는 전례(典禮)를 수정(修正)하고 명하여 산림·천택에 제사지내게 한다. 희생은 암컷을 쓰지 못하게 하고, 벌목(伐木)을 금지하여, 둥우리를 뒤집어서 새를 잡지 못하게 하고, 애벌레 및 새끼 밴 조수(鳥獸)를 잡지 못하게 하고, 갓난 짐승, 처음 나는 새를 죽이지 못하게 한다. 공사를 일으켜서 민중을 모으지 못하게 하고, 성곽을 쌓아서 백성을 노역(勞役)에 부리는 일이 없도록 하며, 사람의 시체가 노출되었을 때에는 이를 묻어주게 한다.

이 달에 전쟁을 일으켜서는 안된다. 전쟁을 일으키면 반드시 하늘의 재앙을 받을 것이다. 〔적이 침공할 때는 부득이하지만〕 이쪽에서 먼저 전쟁을 시작해서는 안된다. 〔봄은 만물이 소생하는 계절이다〕 그러므로 하늘의 법칙을 변역(變易)하지 말아야 하며, 사람이 지켜야 할 법을 문란케 해서는 안된다.

맹춘(孟春)에 여름의 정령(政令)을 행하면 〔천시(天時)에 이변을 초래하여〕 우수(雨水)가 때를 잃고, 초목이 일찍 말라 떨어지며, 나라에 때로는 유언비어로 공동(恐動)하게 될 것이다. 이 달에 추령(秋令)을 행하면 그 백성들에게 전염병이 크게 유행하게 되고, 회오리바람과 폭우가 일시에 이르며, 여유(藜莠)·봉호(蓬蒿) 등 악초(惡草)들이아울러 무성하게 될 것이다. 이 달에 겨울의 월령을 행하면 홍수와

지나친 비가 수해를 가져오며, 눈과 서리가 백곡을 크게 상해(傷害)
하고, 일찍 심는 곡식은 거두어들일 수 없게 된다.

중춘(仲春)의 달에는 신(辰)이 규성(奎星)의 성좌에 있다. 저녁에
는 호성(弧星)이 남방의 중앙에 있고, 아침에는 건성(建星)이 남방의
중앙에 있다. 그날은 갑(甲)·을(乙)에 해당하고, 그 제(帝)는 태호
(太皞), 그 신은 구망, 그 동물은 인족(鱗族), 그 음(音)은 각조(角
調), 그 율(律)은 협종(夾鍾), 그 수는 팔(八), 그 맛은 산미(酸味 : 신
맛), 그 냄새는 전취(羶臭 : 비린내)에 해당한다. 그 제사는 호신(戶
神)이며, 제사지낼 때는 먼저 비(脾 : 지라)를 바친다.

原文 是月也에, 命樂正하사, 入學習舞하며, 乃脩祭典하여, 命
祀山林川澤하되, 犧牲을 毋用牝하며, 禁止伐木하여, 毋覆巢하며,
毋殺孩蟲·胎夭·飛鳥하며, 毋麛하며, 毋卵하며, 毋聚大衆하며,
毋置城郭하며, 掩骼埋胔니라.
(시월야 명악정 입학습무 내수제전 명
사산림천택 희생 무용빈 금지벌목 무복소
무살해충·태요·비조 무미 무란 무취대중
무치성곽 엄격매자)

是月也에 不可以稱兵이니, 稱兵하면 必有天殃이니, 兵戎을
不起하되, 不可從我始니, 毋變天之道하며, 毋絶地之理하며, 毋
亂人之紀니라.
(시월야 불가이칭병 칭병 필유천앙 병융
불기 불가종아시 무변천지도 무절지지리 무
난인지기)

孟春에 行夏令하면, 則雨水이 不時하며, 草木이 蚤落하며, 國
時有恐하고, 行秋令하면, 則其民이 大疫하며, 猋風·暴雨이 總
至하며, 藜莠·蓬蒿이 竝興하고, 行冬令하면, 則水潦이 爲敗하

며, 雪霜이 大摯하며, 首種이 不入이니라.

　(맹춘 행하령 즉우수 불시 초목 조락 국
　시유공 행추령 즉기민 대역 표풍·폭우 총
　지 여유·봉호 병흥 행동령 즉수료 위패
　설상 대지 수종 불입)

仲春之月에 日이 在奎하고, 昏에 弧中하고, 旦에 建星이 中이
니라. 其日은 甲乙이오, 其帝는 太皞요, 其神은 句芒이오, 其蟲은
鱗이오, 其音은 角이오, 律은 中夾鍾이오, 其數는 八이오, 其味는
酸이오, 其臭는 羶이오, 其祀는 戶요, 祭先脾하나니라.

　(중춘지월 일 재규 혼 호중 단 건성 중
　기일 갑을 기제 태호 기신 구망 기충
　인 기음 각 율 중협종 기수 팔 기미
　산 기취 전 기사 호 제선비)

註解　ｏ樂正(악정)―음악을 맡은 장관.　ｏ孩蟲(해충)―애벌레.　ｏ胎
(태)―새끼 밴 짐승.　ｏ夭(요)―갓난 것.　ｏ飛鳥(비조)―처음으로 나는 새.
ｏ麛(미)―짐승의 새끼.　ｏ掩骼埋胔(엄격매자)―격(骼)은 마른 뼈, 자(胔)
는 살이 붙어 있는 뼈, 즉 시체를 묻는 것을 뜻한다.　ｏ稱兵(칭병)―군대
를 일으키는 것.　ｏ天殃(천앙)―하늘의 재앙.　ｏ毋變(무변)―변하지 말라
는 뜻.　ｏ天之道(천지도)……地之理(지지리)―하늘과 땅이 만물을 낳고
기르는 도리.　ｏ人之紀(인지기)―기(紀)는 기강. 즉 사람과 사람 사이의
질서.　ｏ仲春之月(중춘지월)―봄의 중간인 2월을 말한다.　ｏ奎(규)―28수
(宿)의 하나. 서방(西方)의 제1수성(宿星)이다.　ｏ弧(호)―별〔星〕 이름.
28수(宿)의 정성(井星) 가까이에 있다.　ｏ建星(건성)―별〔星〕 이름. 28수
의 두성(斗星) 가까이에 있다.

　처음으로 비가 내리고, 복숭아꽃이 피기 시작하며 꾀꼬리가 울고
새매가 화하여 비둘기가 된다.

　천자는 명당의 동당(東堂)에 있으면서 정무(政務)를 살핀다. 청색

난로(鸞路)에 타고, 창룡(倉龍)이라 부르는 말에 탄다. 청색의 기(旂)를 세우고, 청색의 옷을 입고, 창옥(倉玉)을 패용(佩用)하고, 보리밥과 양(羊)고기를 먹는다. 그 기명(器皿)은 조각이 성글고 나무의 결이 곧다.

이 달에는 식물의 싹을 보호하고, 동물의 어린것을 기르며, 고아(孤兒)들을 무육(撫育)한다. 원일(元日)을 가려서 백성에게 명하여 지기(地祇)를 제사지내게 한다. 유사(有司)에게 명하여 죄의 경한 자를 사면해서 감옥에 계류된 사람의 수를 덜게 한다. 죄가 경한 자는 수갑과 족쇄를 벗기며, 함부로 고문하지 않으며, 백성을 깨우쳐서 옥송(獄訟)을 그치게 한다.

이 달에 제비가 돌아온다. 제비가 온 날에 태뢰(太牢)로써 고매(高禖)에 제사지내는데, 천자가 친히 가면 후비(后妃)가 구빈어자(九嬪御者)를 거느리고 가서 천자를 시어(侍御)하여 임신하고 있는 자에게 술을 주어 마시게 한다. 활 전대를 차고 고매(高禖) 앞에서 〔남자를 낳으라고 축원하는 뜻에서〕 그에게 화살을 준다.

[原文] 始雨水하며, 桃이 始華하며, 倉庚이 鳴하며, 鷹이 化爲鳩하나니라.

　　(시우수 도 시화 창경 명 응 화위구)

天子는 居青陽大廟하시며, 乘鸞路하시며, 駕倉龍하시며, 載青旂하시며, 衣青衣하시며, 服倉玉하시며, 食麥與羊하시며, 其器를 疏以達이니라.

　　(천자 거청양태묘 승난로 가창룡 재청
　　기 의청의 복창옥 식맥여양 기기 소이달)

是月也에, 安萌芽하며, 養幼少하며, 存諸孤하며, 擇元日하여, 命民社하며, 命有司하사, 省囹圄하며, 去桎梏하며, 毋肆掠하며, 止獄訟하나니라.

(시월야 안맹아 양유소 존저고 택원일

명민사 명유사 생영어 거질곡 무사략 지옥송)

是月也에, **玄鳥**이 **至**하나니, **至之日**에, **以大牢**로 **祠于高禖**하되, **天子**이 **親往**이어시든, **后妃帥九嬪御**하시고, **乃禮天子所御**하며, **帶以弓韣**하고, **授以弓矢**하되, **于高禖之前**하나니라.

(시월야 현조 지 지지일 이태뢰 사우고매

천자 친왕 후비솔구빈어 내례천자소어

대이궁독 수이궁시 우고매지전)

註解 o倉庚(창경)―꾀꼬리. o鷹化爲鳩(응화위구)―옛날에는 매가 변해서 비둘기가 되고, 비둘기가 변해서 매가 된다는 속설(俗說)이 있었다. 봄은 날씨가 따뜻하고 양기가 왕성한 계절이기 때문에 매가 양기의 자극을 받아서 유순한 비둘기로 변한다는 것이다. o大廟(태묘)―명당(明堂)의 사방의 당(堂)을 말한다. 여기에서 제사를 지냈기 때문에 나온 말이다. 봄에는 동당(東堂)을 사용한다. o存諸孤(존저고)―모든 고아(孤兒)를 보살핀다는 뜻. o命民社(명민사)―백성들에게 명하여 신사(神祠)에 제사지내게 하는 것. o省囹圄(생영어)―생(省)은 여기서는 사람의 수를 줄인다는 뜻. 영어는 감옥, 즉 감옥에 갇혀 있는 사람의 수를 줄이는 것. o桎梏(질곡)―질(桎)은 차꼬, 곡(梏)은 수갑. o肆掠(사략)―사(肆)는 여기서는 사람의 시체를 저자에 버리는 것. 약(掠)은 고문(拷問)하는 것. o獄訟(옥송)―소송을 뜻한 것. o祠于高禖(사우고매)―고매(高禖)는 고매(高媒)가 변한 것. 고(高)는 높이는 말이고, 매(禖)는 중매하는 사람이라는 뜻이니, 자녀의 생산을 담당한 신(神)이다. 즉 제비가 오는 날에 고매의 신에게 제사한다. 제비는 사람의 집에서 새끼를 쳐서 키우는 새이기 때문이라고 한다. o九嬪御(구빈어)―어(御)는 여어(女御)이므로 임금을 시어하는 궁녀, 즉 구빈어는 구빈(九嬪)과 구어(九御)를 말한다. o乃禮天子所御(내례천자소어)―천자가 일찍이 침실에 모시도록 하여 임신한 자에게 제례(祭禮)를 마친 뒤에 술을 잔에 부어 그에게 마시게 하는 예를 행한다는 말. 즉 고매(高禖)의 신 앞에서 그에게 술을 마시게 하여 아들 낳

기를 기원하는 뜻이라고 한다. ○授以弓矢(수이궁시)—활과 화살을 준다
는 말. 즉 임신한 빈어(嬪御)에게 고매(高禖)의 앞에서 화살을 준다. 화
살은 남자의 것이므로 생남을 축원하는 뜻이다.

이 달에 낮과 밤의 시간이 평균하게 나뉘어진다. 비로소 천둥소리
가 울리고 번개가 요란하게 된다. 그러면 칩복(蟄伏)하던 벌레들이
땅속에서 모두 움직이기 시작하여 땅 위로 구멍을 뚫고 나오려고 한
다. 춘분(春分) 전 사흘[三日] 되는 날에 목탁(木鐸)을 쳐서 억조의
백성들에게 이렇게 명령한다. "조만간에 천둥이 울릴 것이다. 집안에
있어서도 예의바르게 하여 신의 노여움을 사지 않도록 하라. 그렇지
않으면 태어나는 아이는 불구가 될 것이며, 그 아이의 부모에게 반드
시 혹독한 재앙이 내리게 될 것이다." 낮과 밤이 같은 춘분이 되면 도
량(度量)을 천하가 같도록 정리하며, 저울눈과 근수를 고르게 하고,
말과 휘[斛]를 서로 비교해서 바로잡으며, 저울추와 평두목(平斗木)
을 바르게 한다.
　이 달에는 농사짓는 자가 잠시 쉰다. [그 쉬는 여가에] 천자의 궁
궐 문을 수선하고 침묘(寢廟)를 완전히 정비한다. 군사를 동원하는
일이나 큰 역사(役事) 같은 것을 일으켜서 농사를 방해하는 일이 없
도록 해야 한다.

　原文　是月也에, 日夜分하며, 雷乃發聲하여, 始電하며, 蟄蟲이
咸動하여, 啓戶始出하나니라. 先雷三日에, 奮木鐸하여 以令兆民
曰, 雷將發聲하나니, 有不戒其容止者면, 生子不備하며, 必有凶
災하리라. 日夜分이어든, 則同度量하며, 鈞衡石하며, 角斗甬하며,
正權概하나니라.
　　(시월야 일야분 뇌내발성 시전 칩충
　　함동 계호시출 선뢰삼일 분목탁 이령조민
　　왈 뇌장발성 유불계기용지자 생자불비 필유흉

재 일야분 즉동도량 균형석 각두용 정권개)

是月也에, **耕者**이 **少舍**하고, **乃脩闔扇**하며, **寢廟**를 **畢備**하고, **母作大事**하며, **以妨農之事**니라.

(시월야 경자 소사 내수합선 침묘 필비

무작대사 이방농지사)

註解   ○啓戶始出(계호시출)−지게문을 열고 비로소 밖으로 나오는 것. 즉 겨울에 칩복(蟄伏)하였던 벌레들이 구멍을 뚫고 땅 위로 나온다는 말. ○先雷三日(선뢰삼일)−춘분(春分) 전 3일. ○容止(용지)−동정(動靜)·위의(威儀)·거동 등의 뜻. 여기서는 방사(房事)를 가리킨 말. ○度(도)·量(량)·衡(형)·石(석)−도(度)는 자〔尺〕, 양(量)은 말〔斗〕, 형(衡)은 저울, 석(石)은 근량(斤量). 120근을 석(石)이라고 한다. ○角(각)− 서로 비교하여 바로잡는 것. ○斗甬(두용)−두(斗)는 말, 용(甬)은 휘. 휘란 한 섬을 되는 그릇. ○權槪(권개)−권(權)은 저울추, 개는 평두목(平斗木), 즉 밀대. ○少舍(소사)−잠시 쉰다는 뜻. ○乃脩闔扇(내수합선)−문호(門戶)의 덮개를 나무로 만든 것을 합(闔)이라 하고, 대나무 갈대 따위로 만든 것을 선(扇)이라고 한다. 즉 중춘(仲春)에 문호의 덮개를 수리한다는 뜻. ○寢廟(침묘)−묘의 앞부분을 묘(廟)라 하여 신주(神主)를 봉안(奉安)하고, 뒷부분을 침(寢)이라 하여 제복(祭服)을 보관하는 곳이다. ○畢備(필비)−모두 정비해서 갖추는 것.

이 달에는 어렵(漁獵)을 허락하되 천택(川澤)의 물고기와 짐승을 몰살시키는 일이 없게 하고, 못의 물고기를 모두 잡아 없애지 못하게 하며, 산림을 불태우면서 사냥하지 못하게 한다. 이 달에 천자는 어린 양(羊)을 신(神)에게 드리고 빙고(氷庫)를 열어 얼음을 꺼낸다. 그리하여 먼저 종묘(宗廟)에 바친다. 그리고 나서 신하들에게 나누어 준다. 그리고 상순(上旬)의 정일(丁日)에 춤을 교습하게 하고 먼저 석채(釋菜)의 예를 거행하여 문묘(文廟)에 고유한다. 이 석채의 예에는 천자가 삼공(三公)·구경(九卿)·제후·대부들을 거느리고 친히 가서 시찰한다. 중순의 정일(丁日)에 또 악정에게 명하여 국학에 들어가서 악(樂)을 익히게 한다.

이 달에는 제사에 희생을 사용하지 않고 대신 규벽(奎璧)을 사용하며, 조금 경(輕)한 곳에는 피폐(皮幣)로 바꾸어 쓴다.

중춘(仲春)에 가을의 월령(月令)을 행하면 그 나라에 우수(雨水)가 범람하고 찬 기운이 한꺼번에 몰려오며 외구(外寇)가 침공해 오게 될 것이다. 이 달에 겨울의 월령(月令)을 행하면 양기(陽氣)가 수기(水氣)를 이기지 못하여 보리가 성숙하지 못하며 백성들이 서로 약탈하는 일이 많이 일어나게 될 것이다. 이 달에 여름의 월령을 행하면 나라가 크게 가물어서 뜨거운 기운이 빨리 올 것이며, 병충(病蟲)이 농작에 해를 끼칠 것이다.

原文 是月也에, 毋竭川澤하며, 毋漉陂池하며, 毋焚山林이니라. 天子이 乃獻羔開冰하사, 先薦寢廟하시나니라. 上丁에 命樂正하사, 習舞釋菜하고, 天子이 乃帥三公·九卿·諸侯·大夫하사, 親往視之하시며, 仲丁에 又命樂正하사, 入學習樂하나니라.

(시월야 무갈천택 무록피지 무분산림
천자 내헌고개빙 선천침묘 상정 명악정
습무석채 천자 내수삼공·구경·제후·대부
친왕시지 중정 우명악정 입학습악)

是月也에, 祀不用犧牲하고, 用圭璧하며, 更皮幣하나니라.

(시월야 사불용희생 용규벽 갱피폐)

仲春에 行秋令하면, 則其國이 大水하여, 寒氣이 總至하며, 寇戎이 來征하고, 行冬令하면, 則陽氣이 不勝이라, 麥乃不熟하며, 民多相掠하나니라. 行夏令하면, 則國乃大旱하여, 煖氣이 早來하며, 蟲螟이 爲害하나니라.

(중춘 행추령 즉기국 대수 한기 총지 구

융 내정 행동령 즉양기 불승 맥내불숙
민다상략 행하령 즉국내대한 난기 조래
충명 위해)

註解 ○竭(갈)-말린다는 뜻. 여기서는 물고기와 짐승을 몰살시키는
것. ○毋漉陂池(무록피지)-저수지의 물을 빼고 준설(浚渫)하지 말 것.
○乃獻羔開冰(내헌고개빙)-중춘이 되면 천자가 사한(司寒)의 신(神)에
게 새끼양을 제물로 바쳐 제사하고 저장한 얼음을 꺼내어 사당에 천신한
다는 말. ○羔(고)-어린 양. ○神(신)-여기서는 추위를 담당하는 신을
뜻한다. ○上丁(상정)-상순(上旬)의 정일(丁日). ○釋菜(석채)-희생을
쓰지 않고 다만 소채 따위로 간소하게 공자(孔子)의 제사를 지내는 제례.
○仲丁(중정)-중순의 정일(丁日). ○奎璧(규벽)-여기서는 희생 대신에
제물로 바치는 폐백으로 쓰는 것을 가리킨 것. ○皮幣(피폐)-가죽과 비
단의 폐백.

계춘(季春)의 달에는 진(辰)이 위성(胃星)에 있다. 저녁에는 칠성
(七星)이 남방의 중앙에 있고, 아침에는 견우성(牽牛星)이 남방의 중
앙에 있다. 그날은 갑(甲)·을(乙)에 해당하고, 그 제(帝)는 태호(大
皥), 그 신은 구망(句芒), 그 동물은 인족(鱗族), 그 음(音)은 각(角),
그 율(律)은 고선(姑洗), 그 수는 팔(八), 그 맛은 산미(酸味), 그 냄
새는 전(羶)에 해당한다. 그 제사는 호신(戶神)이며, 제사지낼 때는
희생으로 비(脾 : 지라)를 먼저 바친다.
　이 달에 오동나무에 처음으로 꽃이 피고 두더지가 화(化)하여 종달
새가 되며, 무지개가 처음으로 나타난다. 그리고 마름[浮萍]이 처음
으로 생긴다.
　이 달에 천자는 명당(明堂)의 동쪽 남실에 있어서 정사(政事)를 보
살핀다. 청색 난로(鸞路)를 타고 창색(蒼色)의 말에 타며 청색의 기
(旂)를 세우고 청색 옷을 입으며 창색 옥을 차고 보리밥과 양고기를
먹는다. 그 사용하는 그릇의 조각은 무늬가 성글고 곧다.

이 달에 천자는 황색 옷을 선제(先帝) 태호(大皥)의 신에게 올리고 이로써 누에가 잘 자랄 것을 빈다. 또 주목(舟牧)에게 명하여 배를 뒤집어놓고 상한 곳을 살피게 한다. 관리는 다섯 번 뒤집고 다섯 번 원래대로 되돌리면서 검사하여 그 배가 완전함을 천자께 보고한다. 천자가 비로소 배를 타고 유(鮪 : 다랑어)를 잡아 이를 침묘(寢廟)에 올리고 아울러 보리가 실하게 영글기를 기도드린다.

原文　季春之月에, 日이 在胃하나니, 昏에 七星이 中이오, 旦에 牽牛이 中이니라. 其日은 甲乙이오, 其帝는 大皥요, 其神은 句芒이오, 其蟲은 鱗이오, 其音은 角이오, 律이 中姑洗이오, 其數이 八이오, 其味는 酸이오, 其臭는 羶이오, 其祀이 户요, 祭先脾하나니라.

(계춘지월 일 재위 혼 칠성 중 단
견우 중 기일 갑을 기제 태호 기신 구망
기충 인 기음 각 율 중고선 기수
팔 기미 산 기취 전 기사 호 제선비)

桐이 始華하며, 田鼠이 化爲駕하여, 虹이 始見하며, 萍이 始生하나니라.

(동 시화 전서 화위여 홍 시견 평 시생)

天子는 居青陽右个하시며, 乘鸞路하시며, 駕倉龍하시며, 載青旂하시며, 衣青衣하시며, 服倉玉하시며, 食麥與羊하시며, 其器를 疏以達하나니라.

(천자 거청양우가 승난로 가창룡 재청
기 의청의 복창옥 식맥여양 기기 소이달)

是月也에, 天子이 乃薦鞠衣于先帝하시며, 命舟牧하사 覆舟하시며, 五覆五反하고, 乃告舟備具于天子焉이어든, 天子이 始乘舟하고, 薦鮪于寢廟하시고, 乃爲麥하여 祈實하시나니라.

(시월야 천자 내천국의우선제 명주목 복주
오복오반 내고주비구우천자언 천자 시승주
천유우침묘 내위맥 기실)

註解   ○季春之月(계춘지월)—봄의 마지막 달. 즉 3월을 말한다. ○姑
洗(고선)—12율(律)의 하나. 황종(黃鍾)에서 다섯째에 있다. 12지(支)의
진(辰)에 배속되며, 음력 3월에 배속된다. ○田鼠(전서)—두더지. ○鴽
(여)—종달새. ○右个(우가)—가(个)는 명당의 곁방이란 뜻으로 여기서는
동쪽의 남실(南室)을 가리키는 말. ○鞠衣(국의)—황색의 옷. 후비(后妃)
의 옷이다. 이것을 신께 바치는 것은 누에가 잘 자라기를 빌기 위해서이
다. ○先帝(선제)—태호(大皞). 복희씨를 가리키는 말. ○舟牧(주목)—배
를 관장하는 벼슬아치. ○覆舟(복주)—배를 뒤집어 그 상한 곳을 살피는 것.

이 달에는 생기가 왕성하고 양기 또한 발동하여 넘치고, 움츠렸던
땅속의 벌레가 기어나오며, 초목의 싹이 모두 눈을 트면서 번성한다.
천자 역시 재물과 곡식을 폐장(閉藏)하여 하늘의 발설(發泄)의 도에
역행해서는 안된다. 이리하여 덕정(德政)을 펴고 은혜로운 구호 활동
을 벌인다. 즉 유사(有司)에 명하여 창고의 곡식을 풀어서 빈궁한 자
에게 하사(下賜)하여, 핍절자(乏絶者)를 구하며 부고(府庫)를 열어
폐백을 풀어서 널리 천하의 사람에게 하사하여 이를 구한다. 그리고
제후에게 권장하여 명사(名士)를 초빙하고 현자를 예우케 한다.
이 달에는 천자가 사공(司空)에게 명하여 이렇게 말한다. "바야흐
로 시우(時雨)가 내릴 것이다. 강물이 혹은 범람하고 역류할 염려가
있을지도 모른다. 그대는 국읍(國邑)을 순행하고 원야(原野)를 돌아
보아 제방을 수리하고, 개천과 작은 개천을 잘 통하도록 하고 도로를
개통하여 막히는 일이 없도록 할 것이며, 또 전렵(田獵)용의 짐승 그
물이나 새 그물이나 예(翳) 및 짐승에게 먹이는 독약 따위가 구문(九
門) 밖으로 나가지 않도록 하라."고 한다.

原文   是月也에, 生氣이 方盛하며, 陽氣이 發泄하고, 句者이 畢出하며, 萌者이 盡達이니, 不可以內니라. 天子이 布德行惠하시나니, 命有司하시되 發倉廩하여, 賜貧窮하며, 振乏絶하며, 開府庫하여 出幣帛하고, 周天下하며, 勉諸侯하여, 聘名士하고, 禮賢者하나니라.

(시월야 생기 방성 양기 발설 구자
필출 맹자 진달 불가이내 천자 포덕행혜
명유사 발창름 사빈궁 진핍절 개부
고 출폐백 주천하 면제후 빙명사 예현자)

是月也에, 命司空曰, 時雨將降하며, 下水上騰하나니, 循行國邑하고, 周視原野하여, 脩利隄防하며, 道達溝瀆하며, 開通道路하여, 毋有障塞이라 하나니라. 田獵에 罝罘와, 羅網畢翳와, 餧獸之藥을, 毋出九門이니라.

(시월야 명사공왈 시우장강 하수상등 순행국
읍 주시원야 수리제방 도달구독 개통도로
무유장색 전렵 저부 나망필예 위수지
약 무출구문)

註解   ○句者畢出(구자필출)—구(句)는 구부러져 나온다는 뜻이므로, 계춘(季春)이 되면 구부러져 나오는 자도 모두 나온다는 말. ○萌者盡達(맹자진달)—맹(萌)은 곧게 나온다는 뜻이니, 즉 계춘이 되면 곧게 나오는 것도 모두 제 뜻을 달성한다는 말. ○達(달)—나타난다는 뜻. 즉 발생한다는 말. ○不可以內(불가이내)—광에 가두어 놓아서는 안된다는 말. ○下水上騰(하수상등)—물은 아래로 흘러야 하는데 역류하는 경우가 있다는 말. ○倉廩(창름)—창은 곡식창고. 늠은 쌀창고를 말한다. ○貧窮(빈궁)—빈은 재산이 없는 자를 뜻하고, 궁은 홀아비·과부·고아·외로운 자 등을 말한다. ○振(진)—구(救)와 통하므로 도와주는 것. ○乏絶(핍절)—가는데 노자가 없는 것을 핍(乏)이라 하고, 살아가는데 먹을 것이 없음을

절(絶)이라고 한다. ○府庫(부고)―재화·기구를 간직해 두는 창고. ○周(주)―두루 구해주는 것. ○勉(면)―권장을 뜻한 말. ○循行(순행)―돌아다니며 보는 것. 순행(巡行)과 같다. ○溝瀆(구독)―독(瀆)은 작은 개천. ○開通道路(개통도로)―구독을 따라 도로를 여는 것을 말한다. ○障塞(장색)―막히는 것. ○罝罘(저부)―짐승을 잡는 그물. ○羅網(나망)―새를 잡는 그물. ○翳(예)―사냥할 때 몸을 숨기는 도구. ○餧獸之藥(위수지약)―짐승이 먹고 죽게 하는 독약. ○九門(구문)―천자의 성문은 12문이고 제후는 9문이다. 여기서 구문이란 진나라의 제도를 말한 것이다. 구문이란 노문(路門)·응문(應門)·치문(雉門)·고문(庫門)·고문(皋門)·성문(城門)·근교문(近郊門)·원교문(遠郊門)·관문(關門) 등을 말한다.

이 달에는 천자가 야우(野虞)에게 명하여 뽕나무를 베지 못하도록 한다. 명구(鳴鳩)가 날아와서 날개를 푸덕이고 대승(戴勝)이 날아와서 뽕나무에 앉게 되면, 곡치거광(曲植籧筐)의 양잠기구를 준비한다. 후비(后妃)는 재계(齊戒)하고 몸소 봄기운을 맞이하고 스스로 뽕잎을 따면서 양잠에 종사하는 부녀자를 타일러 맵시를 내는 일이 없도록 한다. 또 부녀자들의 일을 감생(減省)하여 그 여력(餘力)으로 양잠에 힘을 기울이도록 권장한다. 양잠이 다 되었으면 부녀자들에게 누에고치를 나누어 주어 실을 뽑도록 하고 실을 나누어 주어서 명주를 짜게 하여 그 공을 가리는 데 많고 적음을 가지고 성적을 상하(上下)로 나눈다. 그리고 또 그 짠 피륙으로 교묘(郊廟)의 제복(祭服)을 만드는 등 부녀자들이 감히 나태해지는 일이 없도록 한다.

이 달에는 천자가 공사(工師)에게 명하여 백공에게 명을 내려, 오고(五庫)에 저장한 금철(金鐵)·피혁근(皮革筋)·각치(角齒)·우전간(羽箭幹)·지교(脂膠)·단칠(丹漆)의 수를 명확히 조사시켜 기물을 만드는 데 있어서 재질이나 세공(細工)이 불량한 것이 없도록 한다. 백공(百工)이 모두 각기 맡은 일을 치리(治理)하면 감공(監工)이 감림(監臨)하여 매일 이렇게 호령한다. "그릇을 만드는 데는 계절에 어굿나지 않도록 하고, 지나치게 기교를 부린 그릇을 만들어 성상의 마음을 움직여 사치로 흐르게 하지 않도록 하라."고.

[原文] 是月也에, 命野虞하사, 毋伐桑柘니, 鳴鳩拂其羽하며, 戴勝이 降于桑이어든, 具曲植籧筐하나니라. 后妃齊戒하사, 親東鄕躬桑하시며, 禁婦女하여 毋觀하며, 省婦使하여, 以勸蠶事하나니라. 蠶事旣登이어든, 分繭하여 稱絲效功하며, 以共郊廟之服하되, 毋有敢惰하나니라.

(시월야 명야우 무벌상자 명구불기우 대
승 강우상 구곡치거광 후비재계 친동향
궁상 금부녀 무관 생부사 이권잠사
잠사기등 분견 칭사효공 이공교묘지복
무유감타)

是月也에, 命工師하사, 令百工으로, 審五庫之量하여, 金鐵과 皮革筋과 角齒와 羽箭幹과 脂膠와 丹漆을, 毋或不良이니라. 百工이 咸理어든, 監工이 日號하되, 毋悖于時하며, 毋或作爲淫巧하여, 以蕩上心이라 하시니라.

(시월야 명공사 영백공 심오고지량 금철
피혁근·각치·우전간·지교·단칠 무혹불량 백
공 함리 감공 일호 무패우시 무혹작위음교
이탕상심)

[註解] ○野虞(야우)—전답과 산림을 관장하는 벼슬아치. ○柘(자)—산에 나는 뽕나무. ○拂其扇(불기선)—날개로써 몸을 치는 것. 즉 날개짓하는 것. ○戴勝降于桑(대승강우상)—대승은 오디새, 강(降)은 내려와서 앉는 것. ○曲(곡)—누에를 담는 대그릇. ○植(치)—곡(曲)이나 거광(籧筐)을 올려놓는 선반. ○籧筐(거광)—누에를 넣는 대바구니. 원형인 것을 거(籧)라고 하며, 모난 것을 광(筐)이라고 한다. ○東鄕(동향)—동향(東向)과 같으며 동(東)은 봄과 관련된다. ○觀(관)—맵시를 내는 것. ○婦使(부사)—

부녀자의 일, 즉 바느질을 가리킨 말. ㅇ蠶事(잠사)―양잠. ㅇ登(등)―오르는 것. 여기서는 누에가 오른다는 뜻. ㅇ稱糸(칭사)―실을 자아서 짠다는 뜻. ㅇ效功(효공)―공을 이루게 하는 것. ㅇ工師(공사)―백공의 장관. ㅇ五庫(오고)―금철(金鐵)・피혁근(皮革筋)・각치(角齒)・우전간(于箭幹)・지교(脂膠)・단칠(丹漆) 등을 저장하는 창고 ㅇ量(양)―수를 말한 것. ㅇ金(금)―구리와 주석 따위. ㅇ皮革(피혁)―피(皮)는 털이 붙어 있는 가죽이고, 혁(革)은 털이 없는 가죽, 즉 무두질한 가죽. ㅇ齒(치)―동물의 이빨. ㅇ箭(전)―화살을 만드는 데 쓰는 작은 대나무. ㅇ幹(간)―활대를 만드는 데 쓰는 대나무. ㅇ膠(교)―아교. ㅇ丹(단)―물감으로 쓰이는 주사(朱砂). ㅇ良(양)―여기서는 재질(材質)과 세공(細工)이 모두 양호한 것. ㅇ理(이)―일에 착수하는 것. ㅇ監工(감공)―백공(百工)의 일을 감독하는 관리. ㅇ號(호)―호령하는 것. ㅇ悖于時(패우시)―기물을 만드는 계절에 어긋난다는 뜻. 예컨대 활을 만들 때에는 봄에 각(角)을 액체에 담그고, 여름에 근(筋)을 손질하고, 가을에 삼재(三材)를 합치고, 겨울에 궁체(弓體)를 정하도록 되어 있다. 이것이 계절을 좇아 그릇을 만드는 법인데, 이렇게 하지 않는 것을 패(悖)라고 한다. ㅇ淫巧(음교)―음(淫)은 지나치다라는 뜻. 즉 지나치게 기교를 부린 기구. ㅇ蕩(탕)―동(動)과 통하므로 움직인다는 뜻.

　이 달 말에 길일을 택하여 크게 음악을 합주시키고, 천자가 삼공・구경・제후・대부들을 거느리고 친히 가서 본다.
　이 달에 매어 두었던 황소와 발정하여 분등(奔騰)하는 수말을 모아서 암컷이 유목(遊牧)하고 있는 곳에 놓아준다. 그리하여 번식하게 한다. 그 중에 희생으로 쓸 만한 것과 망아지와 송아지의 수를 모두 적어 둔다. 이 달에는 국도(國都)의 관리에게 명하여 구문(九門)에서 역귀(疫鬼)를 쫓는 의식을 행하고 또 생(牲)을 찢어 사방의 신을 제사지내어 재앙의 기운을 털어내며 이로써 봄의 사기(邪氣)를 멈추어 국가의 평안과 복을 빌게 한다.
　계춘(季春)에 겨울철의 정령(政令)을 행하면 수기(水氣)가 오는데 이것이 목기(木氣)와 싸워서 이기기 때문에 한기(寒氣)가 때로 생겨나서 초목의 가지와 잎사귀가 모두 시들고 나라에 가공할 만한 큰 일이 있게 된다. 여름의 정령을 행하면 화기(火氣)가 와서 목기(木氣)와 싸워 이것에 이기기 때문에 백성으로서 질병을 앓는 이가 많아지고, 시우(時雨)가 내리지 않아 산릉(山陵)의 수입이 오르지 않는다. 가을의 정령을 행하면 금기(金氣)가 와서 목기와 싸워 이것에 이기기 때문에 하늘에 침체된 음기(陰氣)가 많고 장마비가 빨리 내리며 전란(戰亂)이 아울러 일어나게 된다.

[原文] 是月之末에, 擇吉日하여, 大合樂하고, 天子이 乃帥三公·九卿·諸侯·大夫하사, 親往視之하시나니라.

　　(시월지말 택길일 대합악 천자 내솔삼
　　공·구경·제후·대부 친왕시지)

是月也에, 乃合累牛·騰馬하여, 遊牝于牧하며, 犧牲駒犢을, 擧書其數하나니라. 命國하여 難九門하고, 磔攘하여 以畢春氣하나니라.

　　(시월야 내합루우·등마 유빈우목 희생구독
　　거서기수 명국 난구문 책양 이필춘기)

季春에 行冬令하면, 則寒氣이 時發하여, 草木이 皆肅하여, 國有大恐하고, 行夏令하면, 則民多疾疫하며, 時雨이 不降하며, 山陵을 不收하고, 行秋令하면, 則天多沈陰하여, 淫雨이 蚤降하며, 兵革이 竝起하나니라.

　　(계춘 행동령 즉한기 시발 초목 개숙 국
　　유대공 행하령 즉민다질역 시우 불강 산
　　릉 불수 행추령 즉천다침음 음우 조강
　　병혁 병기)

[註解]　o大合樂(대합악)—여러 가지 음악을 크게 합주(合奏)하는 것.

ㅇ累牛(누우)·騰馬(등마)―누우(累牛)는 매어둔 소, 등마(騰馬)는 분등(奔騰)하는 수말, 즉 봄철에 발정하는 수말. ㅇ遊牝于牧(유빈우목)―목장에서 빈(牝)과 접붙이는 것. 즉 섞이어 노는 것. ㅇ駒(구)―망아지. ㅇ犢(독)―송아지. ㅇ擧(거)―온통이란 뜻. ㅇ國(국)―국도의 관리를 가리킨 말. ㅇ難(나)―나(儺)와 통한다. 역귀를 쫓는 것. ㅇ磔(책)―생(牲)을 찢어서 신에게 바치며 제사지내는 것. ㅇ畢(필)―그친다는 뜻. ㅇ攘(양)―재기(災氣)를 털어내는 것. ㅇ春氣(춘기)―봄의 사기(邪氣)를 뜻한 말. ㅇ肅(숙)―감축되는 것. 오그라든다는 뜻. ㅇ收(수)―수입을 뜻한다. ㅇ淫雨(음우)―장마비. ㅇ兵革(병혁)―전쟁을 뜻한 말.

맹하(孟夏)의 달은 일(日)의 진(辰)이 필성(畢星)에 있고, 혼(昏)에는 익성(翼星)이 남방에 있고, 단(旦)에는 무녀성(婺女星)이 남방의 중앙에 있으며, 그 일자(日子)는 병정(丙丁)에 해당되고, 그 제(帝)는 염제(炎帝), 그 신은 축융(祝融), 그 동물은 조류(鳥類), 그 음(音)은 치조(徵調), 그 율(律)은 중려(中呂)에 해당되고, 그 수효는 7, 그 맛은 쓴맛, 그 냄새는 누린내이며, 그 제사는 조신(竈神)으로서, 제사할 때에는 희생은 먼저 폐(肺)를 바친다.

이 달에는 청개구리가 울고, 지렁이가 땅 밖으로 나오며, 왕과(王瓜)가 자라고, 고채(苦菜)가 더욱 자란다.

이 달에는 천자가 명당(明堂)의 남방 동쪽 곁방에 거처하며, 정사(政事)를 보살핀다. 붉은 수레를 타되 적류마(赤騮馬)를 멍에 메게 하며, 붉은 기를 세우고 붉은 옷을 입으며, 콩밥과 닭고기를 먹는다. 그 그릇은 높고 소박한 것을 사용한다.

原文 孟夏之月에, 日이 在畢하나니, 昏에 翼이 中이오, 旦에 婺女이 中이니라. 其日은 丙丁이오, 其帝는 炎帝요, 其神이 祝融이오, 其蟲은 羽요, 其音은 徵요, 律이 中中呂요, 其數는 七이오, 其味는 苦요, 其臭는 焦요, 其祀는 竈니, 祭先肺하나니라.

(맹하지월 일 재필 혼 익 중 단

무녀 중 기일 병정 기제 염제 기신 축융

기충 우 기음 치 율 중중려 기수 칠

기미 고 기취 초 기사 조 제선폐)

螻蟈이 **鳴**하며, **蚯蚓**이 **出**하며, **王瓜**이 **生**하며, **苦菜秀**하나니라.

(누괵 명 구인 출 왕과 생 고채수)

天子는 **居明堂左个**하시며, **乘朱路**하시며, **駕赤駵**하시며, **載赤**
旂하시며, **衣朱衣**하시며, **服赤玉**하시며, **食菽與雞**하시며, **其器**를
高以粗하나니라.

(천자 거명당좌가 승주로 가적류 재적

기 의주의 복적옥 식숙여계 기기 고이조)

註解   o孟夏之月(맹하지월)—첫 여름의 달로서 4월을 말한다. o畢(필)—
28수(宿)의 하나. 서방의 제1수성(宿星). o翼(익)—28수의 하나. 남방의
제6 수성. o婺女(무녀)—28수의 하나. 북방의 제3 수성인 여성(女星)을
말한다. o炎帝(염제)—신농씨(神農氏). 화덕(火德)으로써 왕 노릇을 하
였다. 그러므로 여름의 주신(主神)이다. o祝融(축융)—전욱(顓頊)의 아들
로서 이름을 여(黎)라고 한다. 불을 다스리는 관리였다. o羽(우)—조류
(鳥類)를 말한다. o徵(치)—미청음(微淸音)을 말한다. o其數七(기수칠)—
사실은 기수천칠지이(其數天七地二)라고 해야 옳으나 생략해서 기수칠이
라 하였다. o焦(초)—누린내. o竈(조)—부뚜막의 신. o左个(좌가)—남
방의 동실(東室). o朱路(주로)—주색(朱色)의 난거. o赤駵(적류)—적색
의 말. 유(駵)는 말의 이름. o粗(조)—조잡하고 큰 것.

이 달에 입하(立夏)가 있다. 입하 3일 전에 태사(太史)가 천자께
뵙고, "모일(某日)이 입하입니다. 성덕이 화(火)에 있습니다."하고 말
한다. 천자는 곧 목욕 재계(齊戒)한다. 입하날에는 천자가 몸소 삼
공·구경·대부를 이끌고 남교(南郊)에 나가 여름을 맞는다. 곧 돌아
와서는 상을 내리고 제후를 봉한다. 상과 하사품은 널리 백성에게 이

르기까지 고루 시상하여 사람들이 모두 즐거워하게 한다. 이어서 악사(樂師)에게 명하여 예악을 합주시키는 것을 연습시키고, 태위(大尉)에게 명하여 재능이 뛰어난 자, 덕행(德行)이 두드러진 자, 몸집이 크고 팔힘이 강대한 자를 천거토록 하고서 작록(爵祿)을 내리되 작은 반드시 유덕(有德)한 자에게 주도록 하고, 녹은 반드시 유공(有功)한 자에게 주어 불공평함이 없도록 한다.

이 달에는 생물이 성장하여 높고 크게 된다. 마땅히 이를 보호 양식하여 더욱더 그 성장을 계속시키고 그 크고 높음을 늘리도록 해야 한다. 성곽이나 궁실을 헐거나 무너뜨리는 일이 있어서는 안되고, 토목공사를 일으켜서도 안되며 대중을 동원해도 안되고, 큰 나무를 베어서도 안된다.

原文 是月也에, 以立夏니, 先立夏三日하여, 太史이 謁之天子曰, 某日이 立夏니, 盛德이 在火라하니라. 天子이 乃齊하사, 立夏之日에, 天子이 親帥三公・九卿・大夫하사, 以迎夏於南郊하시고, 還反하여 行賞하사, 封諸侯하시며, 慶賜를 遂行하사, 無不欣説하나니라. 乃命樂師하사, 習合禮樂하며, 命大尉하사, 贊桀俊하며, 遂賢良하며, 擧長大하며, 行爵出祿을, 必當其位하나니라.

(시월야 이입하 선입하삼일 태사 알지천자

왈 모일 입하 성덕 재화 천자 내제 입

하지일 천자 친솔삼공・구경・대부 이영하어남교

환반 행상 봉제후 경사 수행 무불

흔열 내명악사 습합예악 명태위 찬걸준

수현량 거장대 행작출록 필당기위)

是月也에, 繼長增高하여 母有壞墮하며, 母起土功하며, 母發大衆하며, 母伐大樹니라.

(시월야 계장증고 무유괴타 무기토공 무발

대중 무벌대수)

註解   ㅇ三公(삼공)·九卿(구경)·大夫(대부)―제후를 뺀 것은 도읍에 있는 제후도 있고 없는 제후도 있기 때문에 생략한 것이다. 그러나 도읍에 있으면 모두 따라가야 한다. ㅇ南郊(남교)―여름은 사방(四方)에 있어서 남(南)에 해당하기 때문에 이렇게 말한 것이다. ㅇ欣說(흔열)―열(說)은 열(悅)과 통한다. ㅇ合禮樂(합예악)―예악에 맞추어 행하는 것, 즉 예식을 음악에 따라 행하는 것. ㅇ大尉(태위)―진(秦)나라의 벼슬아치. 주(周)나라의 사마(司馬)에 해당함. ㅇ贊(찬)―등용하는 것. ㅇ桀俊(걸준)―뛰어나게 우수한 것, 즉 재능을 뜻한다. ㅇ遂賢良(수현량)―수(遂)는 진(進)과 통한다. 천거해서 올린다는 뜻. ㅇ長大(장대)―몸집이 장대하고 팔힘이 강대한 자를 가리킨 말. ㅇ長(장)―생물이 성장하는 것. ㅇ高(고)―생물이 높고 크게 되는 것. ㅇ毋有壞墮(무유괴타)―성곽이나 궁실 따위를 무너뜨리고 헐어내는 것은 백성을 동원하고 농경(農耕)을 방해하므로 이를 금한다는 말. ㅇ毋起土功(무기토공)―토공(土功)은 토목공사. ㅇ發(발)―징발 또는 동원. ㅇ毋伐大樹(무벌대수)―생물의 발육 시기이므로 큰 나무를 찍는 것을 금한다는 말.

이 달에 천자는 비로소 치의(絺衣)를 입는다. 야우(野虞)에게 명하여 전원(田原)으로 돌아다니며 천자를 대신해서 농민을 위로하고 농사를 권장하여 혹시나 때를 잃어버리는 일이 없도록 한다. 사도(司徒)에게 명하기를, “도시와 시골을 돌아다니면서 농사의 경작에 힘쓰기를 명령하여 도시에서 쉬고 있는 일이 없게 하라.”고 한다.

이 달에 짐승을 구제(驅除)하여 오곡을 해치는 일이 없게 한다. 그러나 대대적인 사냥은 하지 않는다. 농사는 드디어 보리가 성숙한다. 천자는 이에 돼지고기와 함께 보리밥을 맛보는데 이에 앞서 침묘(寢廟)에 천신한다.

이 달에 온갖 약초를 채집한다. 이 달은 생물 발육의 절기이므로 형벌을 삼가나 미세한 풀이 말라죽고, 보리가 익게 되면 형(刑)이 가벼운 자를 재판하며 작은 죄를 진 자를 판결하고 가벼운 죄인은 이를 용서하며 감옥에서 석방한다. 이 달에는 양잠이 끝난다. 후비(后妃)는 누에고치를 천자에게 헌납한다. 그리고 경대부 사(士)의 처로 공가(公家) 소유의 뽕잎을 공급받고, 공가의 잠실에서 누에를 친 자에 대해서 견세(繭稅)를 징수한다. 견세는 그 공급받은 뽕잎의 많고 적음에 따라 평균하게 받는데 귀천·장유(長幼)를 불문하고 그 고치의 10분의 1을 징수한다. 그리고 그 징수한 고치로서 천자의 교묘(郊廟)의 제복(祭服)을 짓는 데 사용한다.

原文   是月也에, 天子이 始絺하시나니라. 命野虞하사, 出行田原하며, 爲天子하여, 勞農勸民하여, 毋或失時니라. 命司徒하여, 循行縣鄙하며, 命農勉作하사, 毋休于都라 하나니라.
  (시월야 천자 시치 명야우 출행전원
  위천자 노농권민 무혹실시 명사도 순
  행현비 명농면작 무휴우도)

是月也에, 驅獸하여 毋害五穀하되, 毋大田獵하나니라. 農乃登麥하여든, 天子이 乃以彘로 嘗麥하시되, 先薦寢廟하나니라.
  (시월야 구수 무해오곡 무대전렵 농내등
  맥 천자 내이체 상맥 선천침묘)

是月也에, 聚畜百藥이니, 靡草死하여, 麥秋至하나니라. 斷薄刑하며, 決小罪하며, 出輕繫하나니라. 蠶事畢하며, 后妃獻繭하시든, 乃收繭稅하되, 以桑으로 爲均하여, 貴賤長幼如一하며, 以給郊廟之服하나니라.
  (시월야 취축백약 미초사 맥추지 단박형
  결소죄 출경계 잠사필 후비헌견
  내수견세 이상 위균 귀천장유여일 이급교묘지복)

註解   ㅇ絺(치)—세갈포(細葛布). 가늘고 고운 갈포(葛布). ㅇ爲天子勞農(위천자노농)—천자를 대신하여 농민을 위로하는 것. ㅇ時(시)—농사

때. ㅇ循行(순행)－순행(巡行)과 같음. ㅇ縣鄙(현비)－5백가(家)의 읍을 비(鄙)라 하고, 5비의 읍을 현(縣)이라고 한다. ㅇ毋休于都(무휴우도)－농촌에 가서 일하게 하고 도시에서 쉬고 있는 일이 없게 한다는 뜻. ㅇ登(등)－윗사람에게 바친다는 뜻. 진(進)과 통한다. ㅇ彘(체)－돼지를 뜻한 말. 돼지는 오축(五畜) 중에서 오행(五行)으로는 물〔水〕에 속한다. 여름철 보리밥의 부식으로서 이것을 먹는 것은 물로써 화기를 흩어지게 한다는 뜻에서 나온 것이다. ㅇ嘗(상)－시식(試食). ㅇ靡草(미초)－겨울에 생겼다가 첫여름에 말라죽는 풀. ㅇ麥秋(맥추)－보리가 성숙하는 시기. ㅇ斷(단)－재판을 뜻한 말. ㅇ輕繫(경계)－경한 죄로 감옥에 갇혀 있는 죄인을 말한다. ㅇ后妃獻繭(후비헌견)－후비(后妃)가 내명부(內命婦)들의 헌견(獻繭)을 받는 것. ㅇ乃收繭稅(내수견세)－후비가 양잠을 시작하면 외명부(外命婦)들도 공가(公家)의 잠실에서 국가의 뽕잎을 받아 함께 누에를 친다. 그것은 자기 남편의 제복을 만들기 위해서이다. 이 달에 누에가 고치를 짓는다. 그러면 후비가 견세(繭稅)를 징수하는 것이다. ㅇ以桑爲均(이상위균)－받은 뽕잎의 다소로 세(稅)의 다소를 평균하여 징수하는 것. ㅇ貴賤長幼如一(귀천장유여일)－귀는 경대부의 처, 천은 사(士)의 처를 뜻한다. 장유(長幼)는 그 여자의 나이를 뜻한다. 여일(如一)이란 고르게 소득한 누에고치의 10분의 1을 과세함을 뜻한다.

이 달에 주주(酎酒)가 만들어진다. 천자는 군신을 모아 이 주주를 함께 마시는데 이때 예악(禮樂)을 연주한다.

맹하(孟夏)에 가을의 정령(政令)을 행하면 금기(金氣)가 와서 화기(火氣)와 싸워 이기게 되므로 서리 따위가 자주 내리고, 오곡이 무성해지지 않는다. 또 전란이 있게 되므로 사비(四鄙)의 백성이 성채에 들어가 이를 피하게 된다. 동령(冬令)을 행하면 수기(水氣)가 와서 화기와 싸워 이것이 이기게 되므로 초목이 빨리 시들고, 그런 후 홍수가 나며 그 성곽을 상하게 만든다. 춘령(春令)을 행하면 대기(大氣)가 와서 화기(火氣)와 싸워 이것이 이기게 되므로 메뚜기가 번식하여 오곡을 해치고 폭풍이 불어서 곡초(穀草)가 열매를 맺지 않을 것이다.

原文   是月也에, 天子이 飲酎하시고, 用禮樂하시니라.

(시월야 천자 음주 용예악)

孟夏에 行秋令하면, 則苦雨이 數來하며, 五穀이 不滋하며, 四鄙이 入保하고, 行冬令하면, 則草木이 蚤枯하며, 後乃大水하여, 敗其城郭하고, 行春令하면, 則蝗蟲이 爲災하며, 暴風이 來格하며, 秀草이 不實하나니라.

(맹하 행추령 즉고우 삭래 오곡 부자 사
비 입보 행동령 즉초목 조고 후내대수
패기성곽 행춘령 즉황충 위재 폭풍 내격
수초 불실)

註解   ㅇ酎(주)—농후(濃厚)하게 빚은 술. 순국의 술. ㅇ苦雨(고우)—생물을 괴롭히고 상하게 하는 비라는 뜻. 즉 서리 따위를 말한 것이다. ㅇ滋(자)—번성. ㅇ四鄙入保(사비입보)—사비(四鄙)는 사방의 시골, 보(保)는 보(堡)와 같으므로 성 안의 작은 성을 뜻한다. 즉 전란(戰亂)을 피하여 사방의 시골 백성들이 성보(城保)의 안으로 들어온다는 말.

중하(仲夏)의 달에 해[日]는 동정(東井)의 성좌(星座)에 있다. 어두울 때에 항성(亢星)이 하늘의 남쪽 중앙에 있고, 아침에는 위성(危星)이 하늘의 남쪽 중앙에 있다. 그날은 병정(丙丁)이고, 중하를 주재하는 제(帝)는 염제(炎帝)이며, 그를 보좌하는 신은 축융(祝融)이다. 그 달의 충(蟲)은 우충(羽蟲)이고, 그 음(音)은 치조(徵調)이며, 율(律)은 유빈(蕤賓)에 해당한다. 그 수는 7이며, 그 맛은 쓰고, 그 냄새는 누린내가 나며, 제사는 부뚜막의 신에게 지낸다. 먼저 폐장(肺臟)을 제물로 바친다.

소서(小暑)가 이르고 당랑(螳蜋)이 나오면 때까치[鵙]가 울기 시작하고 지빠귀는 울지 않는다.

천자는 명당(明堂)의 태묘(大廟)에 거처하며, 주로(朱路)를 타며,

적류마(赤駵馬)를 멍에하며, 붉은 기를 세우고, 붉은 옷을 입으며, 적옥(赤玉)을 착용하고 콩밥에 닭고기를 먹는다. 그 그릇은 높고 소박한 것을 사용한다.

이 달에 신체가 장대하고 아름다운 남자를 양성한다.

[原文] 仲夏之月에, 日이 在東井하나니, 昏에 亢이 中하며, 旦에 危中이니라. 其日은 丙子이오, 其帝는 炎帝요, 其神은 祝融이오, 其蟲은 羽요, 其音은 徵요, 律은 中蕤賓이오, 其數는 七이오, 其味는 苦요, 其臭는 焦요, 其祀는 竈요, 祭先肺하니라.
(중하지월 일 재동정 혼 항 중 단
위중 기일 병자 기제 염제 기신 축융
기충 우 기음 징 율 중유빈 기수 칠 기
미 고 기취 초 기사 조 제선폐)

小暑이 至하여, 螳蜋이 生하면, 鵙이 始鳴하며, 反舌이 無聲이니라.
(소서 지 당랑 생 격 시명 반설 무성)

天子는 居明堂大廟하시며, 乘朱路하시며, 駕赤駵하시며, 載赤旂하시며, 衣朱衣하시며, 服赤玉하시며, 食菽與雞하시며, 其器를 高以粗하며, 養壯佼하나니라.
(천자 거명당태묘 승주로 가적류 재적
기 의주의 복적옥 식숙여계 기기
고이조 양장교)

[註解] ○仲夏之月(중하지월)-5월. ○東井(동정)-28수(宿)의 하나. 남방의 제1 수성(宿星)인 정성(井星). ○亢(항)-28수의 하나. 동방의 제2 수성. ○危(위)-28수의 하나. 북방의 제5 수성. ○蕤賓(유빈)-12율(律)의 일곱째 소리. ○螳蜋(당랑)-버마재비. 사마귀. ○壯佼(장교)-장(壯)은 신체가 우람한 것. 교(佼)는 모습이 아름다운 것.

이 달에 악사(樂師)에게 명하여 도(鞉)·비(鞞)·고(鼓)를 수리하고, 거문고와 비파와 관소(管籥)의 음을 고르게 조정한다. 간척과우(干戚戈羽)를 잡게 하며, 우(竽)·생(笙)·지(箎)·황(簧)의 음곡(音曲)을 조화하며, 종(鐘)·경(磬)·축(柷)·어(敔)를 정치(整治)하게 한다. 유사(有司)에게 명하여 백성을 위해 산천의 모든 근원에 제사 지내게 하고, 천제(天帝)께 기우제(祈雨祭)를 지내는데 성대한 음악을 연주하게 한다. 이에 기내(畿內)의 모든 고을에 명하여 제후와 육경(六卿)으로서 살아서 백성들에게 유익하였던 자의 신에게 대하여 기우제를 지내고 곡식이 잘 결실하기를 기원하게 한다.

이 달에 농사지은 햇기장이 성숙하면 천자가 닭고기와 함께 기장밥을 맛보며, 앵도를 올리면 먼저 침묘(寢廟)에 천신한다. 백성들로 하여금 쪽[藍]을 베어다가 염색하는 일을 하지 못하게 하며, 숯[炭]을 만들지 못하게 하고, 볕에 베를 말리지 말게 하며, 문과 거리의 이문(里門)을 닫지 못하게 하고, 관시(關市)의 상인의 탈세품(脫稅品)을 수색하지 말아서 관대한 정사(政事)를 행하며, 중죄수(重罪囚)를 뽑아내어 그의 급식을 더 보태게 한다. 목장에 방목하던 암컷을 떼[羣]에서 따로 떼어내면 분등(奔騰)하는 망아지를 잡아매며 양마(養馬)의 정령(政令)을 반포한다.

[原文] 是月也에, 命樂師하사, 脩鞉鞞鼓하며, 均琴瑟·管簫하며, 執干戚·戈羽하며, 調竽笙·箎簧하며, 飭鐘磬·柷敔하며, 命有司하사, 爲民하여 祈祀山川·百源하며, 大雩帝하되 用盛樂하나니라. 乃命百縣하사, 雩祀百辟·卿士로 有益於民者하고, 以祈穀實하나니라.

(시월야 명악사 수도비고 균금슬·관소

집간척·과우 조우생·지황 칙종경·축어

명유사 위민 기사산천·백원 대우제 용성악

내명백현 우사백벽 · 경사 유익어민자 이기곡실)

是月也에, 農乃登黍하여든, 天子이 乃以雛로 嘗黍하며, 羞以含桃하되, 先薦寢廟하나니라. 令民으로 毋艾藍하여 以染하며, 毋燒灰하며, 毋暴布하며, 門閭를 毋閉하며, 關市를 毋索하며, 挺重囚하고, 益其食하며, 游牝을 別羣이어든, 則縶騰駒하며, 班馬政하나니라.

(시월야 농내등서 천자 내이추 상서 수이
함도 선천침묘 영민 무예람 이염 무
소회 무폭포 문려 무폐 관시 무색 정중
수 익기식 유빈 별군 즉집등구 반마정)

註解 ○鞀鞞鼓(도비고)－요고(搖鼓)와 소고(小鼓)와 북. ○管簫(관소)－쌍피리와 퉁소. ○干戚(간척) · 戈羽(과우)－모두 춤출 때 갖는 기구. 간(干)은 방패, 척(戚)은 도끼, 과(戈)는 창, 우(羽)는 석우(析羽)를 말한다. ○竽笙(우생) · 笓簧(지황)－모두 대소리〔竹音〕내는 악기. ○飭(칙)－조정하여 바로 다스리는 것. ○鐘磬(종경) · 柷敔(축어)－종(鐘)은 쇳소리, 경(磬)은 돌소리, 축어는 나무 소리로 축(柷)은 음악의 합주를 시작할 때 맨 처음에 치는 것이고, 어(敔)는 음악의 연주를 끝낼 때 치는 것. ○雩帝(우제)－기우제(祈雨祭). ○羞以含桃(수이함도)－수(羞)는 진(進)과 같은 뜻. 함도(含桃)는 앵도(櫻桃), 즉 앵도를 올린다는 뜻. ○百辟卿士(백벽경사)－벽(辟)은 군(君)과 같은 뜻이므로 많은 군주, 즉 제후를 말하고, 경사(卿士)는 육경(六卿)을 말한다. ○毋艾藍以染(무예람이염)－남(藍)은 쪽을 말하고 예(艾)는 벤다는 뜻. 즉 쪽을 베어다가 염색하는 일이 없도록 하라는 뜻. ○毋燒灰(무소회)－회(灰)는 탄(炭)의 잘못. 함부로 나무를 베어 숯을 만들기 때문에 이러한 금령이 내려진 것이다. ○毋暴布(무폭포)－폭포는 베를 말린다는 뜻. 즉 베는 음공(陰功)으로 이룬 것이므로 폭양에 바래게 해서는 안된다는 것. ○門閭毋閉(문려무폐)－문을 닫지 않고 개방하여 자유롭게 출입을 허가하고 조사도 별로 안하는 것. ○關市毋索(관시무색)－관문을 통과하는 자, 또는 시장에서 무역하는 자로서 탈세

하는 자를 수색하지 않고 너그럽게 봐준다는 뜻. ㅇ挺重囚益其食(정중수익기식)—중죄수를 뽑아내어 그의 급식(給食)을 더한다는 뜻. 날씨가 더운 때이므로 중죄수의 고통을 염려하는 것. ㅇ騰駒(등구)—성미가 사나워 날뛰는 말이란 뜻. ㅇ班(반)—포(布)와 통한다. 즉 널리 공포(公布)한다는 뜻.

이 달에는 날(낮)이 극도로 길며, 음양(陰陽)의 두 기(氣)가 서로 싸워 사생(死生)이 분별되는 때이다. 그렇기 때문에 군자는 재계(齊戒)하고 집에 안거(安居)할 때에는 그 몸을 가려 드러나지 않게 하여 음기(陰氣) 때문에 몸이 마름을 방지하며, 또 경솔히 움직이지 않고, 성색(聲色)을 금지하여 나아가서 동침(同寢)하는 일도 없으며, 자미(滋味), 즉 음식맛을 엷게 하여 크게 진미(珍味)를 조리하는 일도 없고, 기호(嗜好)와 욕망을 절제토록 하여 심기(心氣)를 안정시킨다. 백관 또한 형벌의 일을 중지하여 안음(晏陰)의 이룸을 안정시킨다. 이 달에 사슴의 뿔이 빠지고, 매미가 비로소 울며, 반하(半夏)가 싹트고, 무궁화 꽃이 핀다.

이 달에는 남방에서 불을 사용하는 일을 하지 않는다. 또 양기(陽氣)가 높은 계절이므로 밝고 높은 곳에 거처하는 것이 좋으며, 멀리 조망(眺望)하기에 좋다. 또한 산릉(山陵)에 오를 만하고 누대정사(樓臺亭榭)에 거처할 만하다.

중하(仲夏)에 겨울의 정령(政令)을 행하면 우박과 동해(凍害)가 곡식을 손상하며, 도로가 통하지 않고, 갑작스런 적병이 침노해 올 것이다. 중하에 봄의 정령을 행하면 오곡(五穀)이 늦게 성숙하여 온갖 해충이 때때로 발생하여 그 나라가 마침내 흉년이 들 것이다. 중하에 가을의 정령을 행하면 초목이 말라 떨어지고, 과실이 일찍 성숙하며 백성들이 전염병의 재앙을 입을 것이다.

原文 是月也에, 日長이 至라, 陰陽이 爭하며, 死生이 分하나니라. 君子이 齊戒하여, 處必掩身하고, 毋躁하며, 止聲色하며, 毋或

進하며, 薄滋味하여, 毋致和하며, 節嗜欲하여, 定心氣하나니라.
百官이 靜事毋刑하여, 以定晏陰之所成하나니라. 鹿角이 解하며,
蟬이 始鳴하며, 半夏이 生하며, 木堇이 榮하나니라.

　(시월야 일장 지 음양 쟁 사생 분

　군자 재계 처필엄신 무조 지성색 무혹

　진 박자미 무치화 절기욕 정심기

　백관 정사무형 이정안음지소성 녹각 해

　선 시명 반하 생 목근 영)

是月也에, 毋用火南方하며, 可以居高明이며, 可以遠眺望이며,
可以升山陵이며, 可以處臺榭니라.

　(시월야 무용화남방 가이거고명 가이원조망

　가이승산릉 가이처대사)

仲夏에 行冬令하면, 則雹凍이 傷穀하며, 道路이 不通하며, 暴
兵이 來至하고, 行春令하면, 則五穀이 晚熟하고, 百螣이 時起하
여, 其國이 乃饑하고, 行秋令하면, 則草木이, 零落하며, 果實이
早成하며, 民이 殃於疫하나니라.

　(중하 행동령 즉박동 상곡 도로 불통 폭

　병 내지 행춘령 즉오곡 만숙 백특 시기

　기국 내기 행추령 즉초목 영락 과실

　조성 민 앙어역)

註解 ㅇ日長至(일장지)―해의 길이가 극에 이른다는 뜻. ㅇ陰陽爭(음
양쟁)―음과 양이 서로 다툰다는 뜻. ㅇ死生分(사생분)―양기의 감응으로
한창 성장하는 물(物)은 생(生)하고, 음기의 감응으로 이미 이루어졌던
것은 죽으므로 사생(死生)이 분별된다는 뜻이다. ㅇ晏陰(안음)―하지(夏
至) 날에 처음 일어나는 미약한 음(陰)의 기운. ㅇ半夏(반하)―약초의 이
름. ㅇ木堇(목근)―무궁화. ㅇ榮(영)―무성하다, 빛나다란 뜻이므로 꽃이
핀다는 뜻. ㅇ毋用火南方(무용화남방)―남방에서 불을 쓰지 말라는 뜻.

남방은 화위(火位)에 해당된다. ㅇ高明(고명)-높고 밝은 곳, 누각. ㅇ臺榭(대사)-대(臺)는 흙을 높이 쌓아올린 곳. 관망하는 데 쓰인다. 사(榭)는 정자가 있는 곳이라고도 하고, 나무가 있는 곳을 가리킨다고도 한다. ㅇ螣(특)-박각시나방의 애벌레.

계하(季夏)의 달은 일(日)의 진(辰)이 유성(柳星)에 있는데 어두운 때는 화성(火星)이 남쪽 하늘의 중앙에 있다. 그리고 아침에는 규성(奎星)이 남쪽 하늘의 중앙에 있다. 그 일진(日辰)은 병정(丙丁)이고, 이날을 주재하는 신은 염제(炎帝)이며, 그를 보좌하는 신은 축융(祝融)이다. 이 달의 충(蟲)은 우충(羽蟲)이고, 이 달의 음(音)은 치조(徵調)이고, 율(律)은 임종(林鍾)에 응하며, 이 달의 수(數)는 7이고, 그 맛은 쓰고, 그 냄새는 불냄새가 난다. 이 달의 제사는 부엌의 신에게 지내며, 제사에는 폐장을 먼저 제물로 바친다.

따뜻한 바람이 비로소 불어오고, 귀뚜라미는 벽 속에 있으며, 새매의 새끼가 날기를 익히고, 썩은 풀이 변하여 반딧불이가 된다.

천자는 명당(明堂)의 우가(右个)에 거처하며, 붉은빛 수레를 타고 적류마(赤駵馬)를 멍에하며, 붉은 기를 세우고, 붉은 옷을 입으며, 적옥(赤玉)을 착용하고, 콩밥에 닭고기를 먹으며, 그 그릇은 높고 소박한 것을 사용한다.

이 달에는 어부에게 명하여 이무기[蛟]를 때리고 악어를 잡으며, 거북을 끌어올리고 큰 자라를 잡게 한다. 택인(澤人)에게 명하여 그릇을 만드는 재료로 쓸 갈대를 바치게 한다.

原文 季夏之月에, 日이 在柳하나니, 昏에 火中하고, 旦에 奎中이니라. 其日은 丙丁이요, 其帝는 炎帝요, 其神은 祝融이요, 其蟲은 羽요, 其音은 徵요, 律은 中林鍾이요, 其數는 七이요, 其味는 苦요, 其臭는 焦요, 其祀竈니, 祭先肺니라.

(계하지월 일 재류 혼 화중 단 규중

기일 병정 기제 염제 기신 축융 기충
우 기음 치 율 중임종 기수 칠 기미
고 기취 초 기사조 제선폐)

溫風이 始至하며, 蟋蟀이 居壁하며, 鷹乃學習하며, 腐草爲螢하나니라.

(온풍 시지 실솔 거벽 응내학습 부초위형)

天子는 居明堂右个하시며, 乘朱路하시며, 駕赤駵하시며, 載赤旂하시며, 衣朱衣하시며, 服赤玉하시며, 食菽與雞하시며, 其器를 高以粗하나니라.

(천자 거명당우가 승주로 가적류 재적
기 의주의 복적옥 식숙여계 기기 고이조)

命漁師하사, 伐蛟取鼉하며, 登龜取黿하며, 命澤人하사, 納材葦하나니라.

(명어사 벌교취타 등귀취원 명택인 납재위)

註解 ㅇ季夏之月(계하지월)—여름의 끝이며 6월에 해당한다. ㅇ柳(유)—28수(宿)의 하나, 남방의 제3 수성(宿星). ㅇ火(화)—5대 유성(遊星)의 하나, 심성(心星). ㅇ奎(규)—28수의 하나, 서방의 제1 수성. ㅇ林鍾(임종)—12율(律)의 하나. 미율(未律)이므로 율관의 길이는 여섯 치〔六寸〕이다. ㅇ蟋蟀居壁(실솔거벽)—실솔은 귀뚜라미. 귀뚜라미는 이때에 태어나 아직 날지 못하고 벽 위를 기어다니기 때문에 거벽이라고 하였다. ㅇ習(습)—날아가서 먹이를 움켜잡는 것. ㅇ伐蛟(벌교)—교(蛟)는 용의 일종, 이무기. 성질이 포악하므로 벌(伐)이라고 하였다. ㅇ鼉(타)—악어. ㅇ登(등)—거북은 영물이므로 이를 높이는 말. ㅇ黿(원)—큰 자라. ㅇ澤(택)—택(澤)을 다스리는 벼슬아치. ㅇ材葦(재위)—위(葦), 즉 갈대는 여러 가지 재료로 쓰이므로 재위라고 한다.

이 달에 사감(四監)에게 명하여 크게 백현(百縣)의 상례(常例)로 바치는 목초를 수합(收合)해서 그것으로 희생을 사육하게 한다. 그리고 백성들로 하여금 모두가 그 있는 힘을 다 내어서 황천상제(皇天上帝)와 명산대천(名山大川)의 사방의 신에 대해 제물을 바치게 하고, 종묘 사직의 영(靈)에게 제사하여 백성을 위해서 복을 빈다.

　이 달에 부관(婦官)에게 명하여 누에를 쳐서 얻은 비단을 오색(五色)으로 물들이게 하되 보불문장(黼黻文章)은 반드시 옛날 법식대로 물들이고 바느질하여 어긋나는 일이 없어야 한다. 흑색과 황색과 창색(蒼色)과 적색은 그 물감의 질이 좋지 않으면 안되므로 감히 속이는 일이 없도록 한다. 이리하여 그 염색한 것을 교묘(郊廟) 제사의 의복감으로 공급하며 또 이로써 정기(旌旗)를 만들어 귀천의 등급을 나누는 것이다.

[原文]　是月也에, 命四監하사, 大合百縣之秩芻하여, 以養犧牲하며, 令民으로 無不咸出其力하여, 以共皇天上帝와 名山·大川·四方之神하고, 以祠宗廟·社稷之靈하여, 以爲民祈福하나니라.
　(시월야 명사감 대합백현지질추 이양희생
　영민 무불함출기력 이공황천상제 명산·대천·
　사방지신 이사종묘·사직지령 이위민기복)

　是月也에, 命婦官하사, 染采하되, 黼黻文章을 必以法故하여, 無或差貸이니, 黑黃倉赤을, 莫不質良하여, 毋敢詐僞하라. 以給郊廟·祭祀之服하며, 以爲旗章하여, 以別貴賤·等級之度니라.
　(시월야 명부관 염채 보불문장 필이법고
　무혹차특 흑황창적 막부질량 무감사위 이급
　교묘·제사지복 이위기장 이별귀천·등급지도)

[註解]　ㅇ四監(사감)―① 산우(山虞) : 산을 다스리는 관리. ② 택우(澤虞)와 ③ 임형(林衡) : 숲을 다스리는 관리. ④ 천형(川衡) : 개천을 다스리는 관리. ㅇ秩芻(질추)―질(秩)은 상(常)과 같은 뜻, 즉 질추는 상례적으로 바치는 목초(牧草). ㅇ無不咸出其力(무불함출기력)―함(咸)은 남김 없이

란 뜻. 남김없이 그 힘을 아껴서 내놓지 않는 일이 없도록 한다. 즉 게으른 일이 없도록 하라는 뜻. ㅇ皇天上帝(황천상제)—황천에 계신 상제라는 뜻. ㅇ共(공)—공(供)과 같다. 즉 공궤하여 제사지내는 것. ㅇ婦官(부관)—염직(染織)을 다스리는 벼슬아치. 사실은 부공(婦功)을 맡은 전부공(典婦功)과 삼·모시의 일을 맡은 전시(典枲)와 염직(染織)을 맡은 염인(染人) 등을 부관이라 총칭한다. 그 벼슬아치는 남자이지만 부인의 일과 관계가 있기 때문에 부관이라 했다는 것이다. ㅇ采(채)—오색(五色). ㅇ黼黻文章(보불문장)—자수(刺繡)의 색깔을 말한다. 백색과 흑색인 것을 보(黼)라 하고, 흑색과 청색을 불(黻)이라 하며, 청색과 적색을 문(文)이라 하고, 적색과 백색으로 놓은 것을 장(章)이라고 한다. ㅇ法故(법고)—옛 제도를 본받는 것. 옛 제도를 법으로 삼는 것. ㅇ差貸(차특)—차이. ㅇ倉(창)—창색(蒼色). ㅇ質良(질량)—물감의 질이 좋다는 뜻. ㅇ旗章(기장)—장(章)은 표시라는 뜻. 기에 표시가 있으므로 기장이라고 한다. ㅇ貴賤等級之度(귀천등급지도)—제복(祭服)이나 기장에는 모두 귀천의 등급에 따라 차이가 있기 때문에 한 말이다. 즉 귀천 등급의 정도.

이 달에는 수목이 바야흐로 무성해진다. 그러므로 우인(虞人)에게 명하여 산에 들어가 나무를 순시(巡視)하여 나무를 참벌(斬伐)하는 일이 없도록 한다. 이 달에는 토목 공사를 일으켜서는 안되고, 제후의 모임을 가져서도 안되며, 대중을 동원시켜서도 안된다. 이렇듯 큰 일을 일으켜 계하(季夏)의 생물을 장양(長養)하는 기운을 움직여 흩어지게 해서는 안되며, 미리 명령을 내려 기다리게 함으로써 농사일을 방해해서는 안된다. 이 달에는 우수(雨水)가 성창(盛昌)하여 신농씨(神農氏), 즉 농사의 신이 장차 농업의 공(功)을 가지려고 하는데 큰 일을 일으켜 방해하면 하늘의 재앙이 있을 것이다.

이 달에는 땅기운이 윤택하여 젖고 더우며 큰비가 때때로 내린다. 밭의 잡초를 베어서 불태우면 이미 불태운 땅에 비가 내려도 잡초는 다시 나지 않아서 잡초를 제거하기에 좋다. 날씨가 더워서 그 물이

열탕(熱湯) 같으니 그 풀을 태운 물과 흙으로 밭을 비배(肥培)할 수 있고, 토성(土性)을 기름지게 만들 수 있다.

계하(季夏)에 봄의 정령(政令)을 행하면 곡식의 열매가 깨끗해져 떨어질 것이며, 나라에는 바람으로 인하여 기침병이 많을 것이므로 백성들은 드디어 옮겨갈 것이다. 계하에 가을의 정령을 행하면 고지(高地)에도, 저습(低濕)한 땅에도 홍수와 장마가 져서 벼곡식이 성숙하지 않으며, 여자에게 재앙이 있어서 임신을 실패하는 일이 많을 것이다. 계하에 겨울의 정령을 행하면 바람과 한기(寒氣)가 때아닌 시기에 덮쳐올 것이며, 매와 새매가 어느 해보다 일찍 작은 새들을 포획하며 사방의 시골 백성들이 전란(戰亂)을 피하여 성보(城堡) 안으로 들어오게 될 것이다.

原文 是月也에, 樹木이 方盛하나니, 乃命虞人하사, 入山行木하여, 毋有斬伐이니라. 不可以興土功이며, 不可以合諸侯며, 不可以起兵動衆이니, 毋擧大事하여, 以搖養氣하며, 毋發令而待하여, 以妨神農之事也니라. 水潦盛昌하여, 神農이 將持功이니, 擧大事하면, 則有天殃이니라.

(시월야 수목 방성 내명우인 입산행목
무유참벌 불가이흥토공 불가이합제후 불
가이기병동중 무거대사 이요양기 무발령이대
이방신농지사야 수료성창 신농 장지공 거
대사 즉유천앙)

是月也에, 土潤溽暑하며, 大雨時行하나니, 燒薙行水하여, 利以殺草하며, 如以熱湯이라. 可以糞田疇며, 可以美土彊이니라.

(시월야 토윤욕서 대우시행 소체행수 이
이살초 여이열탕 가이분전주 가이미토강)

季夏에 行春令하며, 則穀實이 鮮落하며, 國多風欬하며, 民乃遷徙하고, 行秋令하면, 則丘隰·水潦하며, 禾稼不熟하며, 乃多

女災하고, 行冬令하면, 則風寒이 不時하며, 鷹隼이 蚤鷙하며, 四
鄙入保하나니라.

(계하 행춘령 즉곡실 선락 국다풍해 민내
천사 행추령 즉구습·수료 화가불숙 내다
여재 행동령 즉풍한 불시 응준 조지 사비입보)

註解 ○入山行木(입산행목)—산에 직접 들어가서 나무들을 순시하는
것. ○合(합)—회합, 모임. ○以搖養氣(이요양기)—장양(長養)의 기운을
흔들어 흩어지게 함. ○令(영)—소역(召役)의 명령. ○發令而待(발령이대)—
사전에 미리 명령을 내려 백성들로 하여금 기다리게 하는 것. ○神農之事
(신농지사)—신농(神農)이 행하는 농사란 뜻. 신농이란 염제(炎帝)를 말
하며, 염제는 농업을 창시한 신이다. 그러므로 신농이라고 한다. 농사를
말하므로 염제라 하지 않고 신농이라 하였다. ○土潤溽暑(토윤욕서)—계
하(季夏)에는 흙기운은 물기가 많아서 윤택하고 날씨는 덥고 땅은 젖어
있는 것. ○燒薙行水(소체행수) 利以殺草(이이살초)—소체(燒薙)는 베어
놓은 풀을 태우는 것. 행수(行水)는 큰비가 가끔 와서 물을 준다는 것,
즉 잡초를 베어 놓았다가 불태우고 거기에 비가 물을 뿌려 썩게 함으로
써 잡초를 제거하기에 편리하다는 말. ○風欬(풍해)—바람으로 인한 기침.

춘하추동(春夏秋冬)의 각 중간에 토(土)의 기운을 지배하는 시기가
있다. 그 기간은 10간(十干)의 무기(戊己)에 해당하며, 그를 보좌하는
신은 후토(后土)이고, 그 충(蟲)은 나충(倮蟲)이며, 그 음(音)은 궁
(宮)이고, 율(律)은 황종(黃鍾)의 궁(宮)에 응한다. 그 수(數)는 5이
고, 그 맛은 달며, 그 냄새는 향기롭다. 이때의 사(祀)는 중류(中霤)의
신에게 지내는데, 제사에는 심장을 먼저 제물로 바친다.
천자는 태묘태실(大廟大室)에 거처하며 대로(大路)를 타고 황류마
(黃駵馬)를 멍에하고, 누런 기를 세우고, 누런 옷을 입으며, 황옥(黃
玉)을 착용하고, 메기장밥에 쇠고기를 먹으며, 그 그릇은 둥글고 넓으
며 아름다운 것을 사용한다.

原文 中央은 土니, 其日이 戊己요, 其帝는 黃帝요, 其神은 后土요, 其蟲은 倮요, 其音은 宮이오, 律은 中黃鍾之宮이오, 其數는 五요, 其味는 甘이오, 其臭는 香이오, 其祀는 中霤니, 祭先心하나니라.

(중앙 토 기일 무기 기제 황제 기신 후
토 기충 나 기음 궁 율 중황종지궁 기수
오 기미 감 기취 향 기사 중류 제선심)

天子는 居大廟大室하시며, 乘大路하시며, 駕黃駵하시며, 載黃旂하시며, 衣黃衣하시며, 服黃玉하시며, 食稷與牛하시며, 其器를 圓以閎하나니라.

(천자 거태묘태실 승대로 가황류 재황
기 의황의 복황옥 식직여우 기기 원이굉)

註解 ○中央土(중앙토)─토(土)는 토용(土用)으로 4계절에 있으며, 각각 한 계절에 18일씩 차지하여 1년에 모두 72일이 있다. 그러므로 매계절(每季節)의 90일에서 18일을 빼면 한 계절은 72일이 된다. 토(土)는 4계절에 없는 계절이 없다. 그러므로 정위(定位)가 없고 전속(專屬)된 기(氣)도 없다. 춘·하·추·동 각 계절 말(末)의 18일씩을 차지한다. 미월(未月), 즉 음력 6월은 화(火 : 여름)와 금(金 : 가을) 사이에 있고, 또 1년의 가운데에 있기 때문에 이 미월, 즉 6월 말의 18일을 중앙토(中央土)라고 한다. ○其日戊己(기일무기)─무기(戊己)는 10간(十干)의 가운데이다. ○黃帝(황제)─황제헌원씨(黃帝軒轅氏)의 황정(黃精)의 임금. 흙의 상서(祥瑞)가 있었으므로 황제라 하였다는 것이다. ○后土(후토)─전욱씨(顓頊氏)의 아들 여(黎). 그는 화(火)를 맡은 관원이었으나 실은 구룡(句龍)의 뒤에 후토(后土)를 겸임하였다고 한다. ○倮蟲(나충)─우모(羽毛)나 인개(鱗介)가 없는 동물. 그 종류가 많으며, 사람은 나충의 영장(靈長)이라고 한다. ○宮音(궁음)─토(土)에 속하는 음(音)이다. 또 궁(宮)은 오음(五音)의 왕이므로 중앙에 배속했다고 한다. ○中黃鍾之宮(중황종지궁)─황종(黃鍾)은 원래 11월의 율(律)이다. 모든 율에는 모두 궁음(宮音)이

있다. 그러나 황종의 궁은 64조(調)의 우두머리이므로 그 소리가 가장 높고 커서 나머지 다른 소리가 모두 여기에서 일어난다. 마치 토(土)가 목·화·금·수의 근본이 되는 것과 같다. 그러므로 중앙의 토(土)에 배속한 것이다. ㅇ其數五(기수오)—천수(天數) 5와 지수(地數) 10이 만나면 토(土)가 된다. 여기서는 생수(生數)인 5를 지칭한 것이다. ㅇ其味甘(기미감) 其臭香(기취향)—단맛과 향기로운 냄새는 모두 토(土)에 속한다. ㅇ其祀中霤(기사중류)—제사는 중류(中霤)의 신에게 지낸다는 뜻. ㅇ祭先心(제선심)—제사에 희생의 심장을 먼저 바친다는 뜻. ㅇ其器圜以閎(기기원이굉)—그 그릇은 둥글고 넓은 것을 사용한다는 말.

맹추(孟秋)의 달에는 일(日)의 진(辰)이 익성(翼星)에 있는데, 저녁에는 건성(建星)이 남방의 중앙에 있고, 아침에는 필성(畢星)이 남쪽 하늘의 중앙에 있다. 그 일진(日辰)은 경신(庚辛)이고 그 제(帝)는 소호(少皥)이며, 그를 보좌하는 신(神)은 욕수(蓐收)이고, 그 충(蟲)은 모충(毛蟲)이며, 그 음(音)은 상(商)이고, 율(律)은 이칙(夷則)에 응하며, 그 수는 9이고, 그 맛은 매우며, 그 냄새는 누린내가 난다. 그 제사는 문신(門神)에게 지내며, 제사에는 먼저 간(肝)을 제물로 바친다.

서늘한 바람이 불어오고 하얀 이슬이 내리며, 쓰르라미가 울고, 새매가 잡은 새들을 늘어놓고 제사지내는 것처럼 한다. 쌀쌀한 가을이 넘치므로 비로소 형륙(刑戮)을 시행한다.

천자는 총장좌가(總章左个)에 거처하며 융로(戎路)를 타고 백락(白駱)을 멍에하며, 흰 기를 세우고 흰 옷을 입으며, 백옥(白玉)을 착용하고 삼의 열매〔麻實〕를 개고기와 함께 먹는다. 그 그릇은 깨끗하고 깊은 것을 사용한다.

原文 孟秋之月에, 日이 在翼하나니, 昏에 建星이 中이오, 旦에 畢이 中하며, 其日은 庚辛이오, 其帝는 少皥요, 其神은 蓐收요, 其蟲은 毛요, 其音은 商이오, 律은 中夷則이오, 其數는 九요, 其

味는 辛이오, 其臭는 腥이오, 其祀는 門이니, 祭先肝하나니라.
　(맹추지월 일 재익 혼 건성 중 단
　필 중 기일 경신 기제 소호 기신 욕수
　기충 모 기음 상 율 중이칙 기수 구 기
　미 신 기취 성 기사 문 제선간)

涼風이 至하고, 白露이 降하며, 寒蟬이 鳴하며, 鷹乃祭鳥하나
니, 用始行戮하나니라.
　(양풍 지 백로 강 한선 명 응내제조
　용시행륙)

天子는 居總章左个하시며, 乘戎路하시며, 駕白駱하시며, 載白
旂하시며, 衣白衣하시며, 服白玉하시며, 食麻與犬하시며, 其器를
廉以深하나니라.
　(천자 거총장좌가 승융로 가백락 재백
　기 의백의 복백옥 식마여견 기기 염이심)

註解　○孟秋之月(맹추지월)—초가을의 달로서 음력 7월. ○翼(익)—28
수(宿)의 하나. 남방의 제6 수성(宿星). ○建星(건성)—28수의 하나. ○畢
(필)—28수의 하나. 서방의 제5 수성. ○其帝少皥(기제소호)—가을을 주
재하는 제(帝)는 소호씨(少皥氏)의 신(神)이라는 말. 소호씨는 금천씨(金
天氏). 금덕(金德)으로 왕노릇을 한다. 그러므로 가을에 관련시켜 그 사
신(司神)으로 삼는다. ○其神蓐收(기신욕수)—가을의 주재자를 보좌하는
신은 욕수(蓐收)라는 말. 욕수는 소호씨(少皥氏)의 아들인 해(該)를 말한
다. ○毛(모)—털이 있는 것, 즉 짐승을 뜻한다. ○其音商(기음상)—상
(商)은 오음(五音) 중의 금성(金聲)에 속한다. 즉 가을은 금(金)에 속한
다는 말. ○夷則(이칙)—12율(律)의 하나. ○腥(성)—오취(五臭)의 하나.
○其祀門(기사문)—문에 제사한다는 말. ○祭先肝(제선간)—제사에는 먼
저 간을 쓴다는 말. ○寒蟬(한선)—쓰르라미. ○鷹乃祭鳥(응내제조)—새
매가 새를 잡으면 먹지 않고 먼저 늘어놓아서 마치 제사지내는 것처럼
하는 버릇이 있다. 이를 가리킨 말. ○用始行戮(용시행륙)—비로소 죄인

을 형륙(刑戮)하는 것. ㅇ總章左个(총장좌가)—태침(太寢)의 서쪽 마루의
남쪽. ㅇ戎路(융로)—병거(兵車)를 일컫는 말. ㅇ白駱(백락)—검은 갈기가
있는 흰 말.

이 달에는 입추가 있으므로 입추 3일 전에 태사(太史)가 천자를 뵙
고 이렇게 말한다. "모일(某日)은 입추로서 천지의 성덕(盛德)이 금
위(金位)에 있습니다." 천자는 재계하고 입추인 날에 삼공·구경·제
후·대부들을 친히 거느리고 서쪽 들에 나가서 가을을 맞는다. 제사
가 끝나고 돌아온 뒤 장교와 군졸들에게 조정에서 상을 내린다. 이것
이 끝나면 장수에게 명하여 선비를 뽑고 병정들을 격려하며 호걸스럽
고 준수한 자를 가려서 훈련시키고, 그런 뒤 공이 있는 대장을 전임
(專任)하여 불의한 자를 정벌하고 포만한 자를 힐책, 또 주벌토록 함
으로써 천자가 좋아하는 것은 유순충의(柔順忠義)이고, 미워하는 것
은 포만반역(暴慢反逆)임을 명시하여 이로써 또한 먼 곳의 나라들을
복종시킨다.

이 달에 유사(有司)에게 명하여 법제(法制)를 수습하고 감옥을 수
선하며, 질곡(桎梏) 등의 형구(刑具)를 갖추어서 간사한 것을 금지하
고, 죄를 범하는 자는 신중히 죄를 주고 또 죄를 범한 자를 포박하는
데 힘쓰게 한다. 또 옥리(獄吏)에게 명하여 심문한 죄인의 피부 상처
를 돌보게 하고, 창상(創傷)을 살피며 골절을 살펴서 단죄와 판결을
상세히 함으로써 옥송(獄訟)을 반드시 바르고 공평하게 하고, 죄 있
는 자를 주륙하여 형벌의 처단을 엄중하게 한다. 천지에 비로소 숙살
(肅殺)의 기운이 돈다. 형벌을 엄정히 할 것이지만 그렇다고 지나치
게 해서는 안된다.

原文 是月也에, 以立秋니, 先立秋三日하여, 太史이 謁之天子
曰, 某日이 立秋니, 盛德이 在金이라 하니라. 天子이 乃齊하사,
立秋之日에, 天子이 親帥三公·九卿·諸侯·大夫하사, 以迎

秋於西郊하시고, 還反하사 賞軍帥·武人於朝하시고, 天子이 乃
命將帥하사, 選士厲兵하며, 簡練桀俊하며, 專任有功하며, 以征
不義하며, 詰誅暴慢하여, 以明好惡하며, 順彼遠方하나니라.

   (시월야 이입추 선입추삼일 태사 알지천자
   왈 모일 입추 성덕 재금 천자 내재
   입추지일 천자 친솔삼공·구경·제후·대부 이영
   추어서교 환반 상군수·무인어조 천자 내
   명장수 선사여병 간련걸준 전임유공 이정
   불의 힐주포만 이명호오 순피원방)

是月也에, 命有司하사, 脩法制하며, 繕囹圄하며, 具桎梏하며,
禁止姦하며, 愼罪邪하며, 務搏執하나니라. 命理하사 瞻傷察創視
折하며, 審斷決하여, 獄訟을 必端平하며, 戮有罪하여, 嚴斷刑하
나니라. 天地始肅이라. 不可以贏이니라.

   (시월야 명유사 수법제 선영어 구질곡
   금지간 신죄사 무박집 명리 첨상찰창시
   절 심단결 옥송 필단평 육유죄 엄단형
   천지시숙 불가이영)

註解   ○軍帥(군수)-장교. ○厲兵(여병)-여(厲)는 연마하는 것, 병(兵)
은 병기. ○簡練(간련)-선발하여 조련(調練)하는 것. ○詰誅(힐주)-힐은
힐문하는 것. 주는 주벌(誅伐)하는 것. ○暴慢(포만)-포(暴)는 아랫사람
을 잔혹하게 다루는 것, 만(慢)은 윗사람을 깔보는 것. ○有司(유사)-주
로 벌을 다스리는 유사를 가리킴. ○繕(선)-수선하는 것. ○桎梏(질곡)-
족쇄와 수갑. ○囹圄(영어)-감옥. ○務搏執(무박집)-때려서 묶는 것.
○命理(명리)-이(理)는 치옥(治獄)하는 관원, 즉 옥을 다스리는 관원. 명
리는 옥을 다스리는 관원에게 명령하는 것. ○瞻傷察創視折(첨상찰창시
절)-상(傷)은 피부의 상처, 창(創)은 살에 손상을 준 것, 절(折)은 뼈가
부러진 것이므로 그러한 것들을 살펴보는 것. ○獄訟必端平(옥송필단
평)-옥사(獄事)를 다스리는 것을 반드시 바르고 공평하게 하는 것. ○天

地始肅(천지시숙) 不可以贏(불가이영)―영(贏)은 남는 것, 즉 지나치다는 뜻이므로 가을이 되면 천지(天地)에 숙살(肅殺)의 기운이 차기 시작한다. 그래서 시령(時令)에 따라 형륙(刑戮)을 행하기는 하지만 지나쳐서는 안된다는 말.

이 달에 농부는 신곡(新穀)을 천자께 바치고 천자가 이를 맛보되 먼저 침묘(寢廟)에 천신한다. 그리고 백관들에게 명하여 조세를 수납하게 하고 제방을 완전하게 하며, 방색(防塞)을 조심하여 홍수의 피해에 대비하게 하고 궁실을 수리하여 원장(垣牆)의 틈을 메우며, 성곽을 보수하게 한다.

이 달에 제후를 봉하여 나라를 세우기에 좋지 않다. 대관(大官)을 세운다든가, 땅을 갈라 준다든가, 외국에 중요한 사자를 보낸다든가, 많은 선물을 보낸다든가 하는 것도 좋지 않다.

맹추(孟秋)에 겨울의 정령(政令)을 내리면 음기가 너무 강해져 개각충(介殼蟲)이 곡식을 손상하며, 외국의 군사가 침략한다. 봄의 정령을 내리면 양기가 돌아와서 비가 오지 않아 오곡이 영글지 않는다. 여름의 정령을 내리면 나라 안에 화재가 많으며, 춥고 더운 것이 절도가 없어서 백성들 사이에 학질이 많을 것이다.

原文 是月也에, 農乃登穀이어든, 天子이 嘗新하되, 先薦寢廟하시고, 命百官하사, 始收斂하고, 完隄坊하며, 謹壅塞하며, 以備水潦하며, 脩宮室하며, 坏垣牆하며, 補城郭하나니라.
(시월야 농내등곡 천자 상신 선천침묘
명백관 시수렴 완제방 근옹색 이비
수료 수궁실 배원장 보성곽)

是月也에 毋以封諸侯하며, 立大官하며, 毋以割地하며, 行大使하며, 出大幣니라.
(시월야 무이봉제후 입대관 무이할지 행대

사 출대폐)

孟秋에 **行冬令**하면, **則陰氣**이 **大勝**하며, **介蟲**이 **敗穀**하며, **戎兵**이 **乃來**하고, **行春令**하면, **則其國**이 **乃旱**하며, **陽氣**이 **復還**하여, **五穀**이 **無實**하고, **行夏令**하면, **則國**이 **多火災**하며, **寒熱**이 **不節**하여, **民多瘧疾**하나니라.

(맹추 행동령 즉음기 대승 개충 패곡 융
병 내래 행춘령 즉기국 내한 양기 복환
오곡 무실 행하령 즉국 다화재 한열
부절 민다학질)

註解   ○收斂(수렴)—수세(收稅)와 같음. 햇곡식이 났으므로 세금을 징수하는 것. ○謹壅塞(근옹색)—수해를 막기 위하여 방색(防塞)을 조심하는 것. ○坏(배)—흙으로 틈을 막는 것. ○垣牆(원장)—원이나 장이나 모두 담이란 뜻. ○立(입)—임명과 같은 뜻. ○大官(대관)—공(公)이나 경(卿) 따위를 뜻한다.

중추의 달에는 해가 각성(角星)의 위치에 있다. 어두울 때에는 견우성(牽牛星)이 남쪽 하늘의 중앙에 있고, 아침에는 자휴성(觜觿星)이 남쪽 하늘의 중앙에 있다. 그 일진은 경신(庚辛)이고, 그 제(帝)는 소호(少皞)이며, 그 신(神)은 욕수(蓐收)이다. 그 충(蟲)은 모충(毛蟲)이고, 그 소리는 상성(商聲)이며, 율(律)은 남려(南呂)에 응(應)한다. 그 수는 9이고, 그 맛은 맵고, 그 냄새는 누린내가 난다. 그 제사는 문의 신으로서, 제사할 때에는 간을 먼저 제물로 바친다.

빠른 바람이 불어오며, 기러기가 남에서 북으로 오고, 제비는 북에서 남으로 돌아간다. 온갖 새들도 맛좋은 먹이를 저장하여 겨울의 양식을 저축한다.

천자는 총장태묘(總章大廟)에 거처하며, 병거를 타고, 백락(白駱)을 멍에하며, 흰 기를 세우고, 흰 옷을 입으며, 백옥(白玉)을 착용하고, 개고기와 함께 마실(麻實)을 시식한다. 그 그릇은 깨끗하고 깊은 것을 사용한다.

이 달에는 노인을 봉양하는데 안석과 지팡이를 내려주며, 미음죽과 음식을 하사한다.

이 달에 사복(司服)에게 명령하여 의상(衣裳)을 하나하나 갖추어 칙정(飭正)하게 하다. 무늬와 수놓는 데는 일정한 제도가 있다. 제도에는 작고 큰 것이 있고, 길고 짧은 것이 있으며, 의복은 각기 마련해야 할 양(量)이 있다. 반드시 옛 법에 따라야 하며, 관대(冠帶)에도 일정한 제도가 있다.

또 유사(有司)에게 명해서 거듭 형벌의 엄정을 지키게 한다. 사형은 반드시 적정해야 하며, 법을 굽히거나 늦추거나 하는 결과를 보여서는 안된다. 만일 적정하지 않으면 형이 끝난 후 도리어 재앙을 받을 것이다.

原文 仲秋之月에, 日이 在角하나니, 昏에 牽牛中이오, 旦에 觜觿中이니라. 其日은 庚辛이오, 其帝는 少皥요, 其神은 蓐收요, 其蟲은 毛요, 其音은 商이오, 律은 中南呂요, 其數는 九요, 其味는 辛이오, 其臭는 腥이오, 其祀는 門이니, 祭先肝이니라.
　　(중추지월 일 재각 혼 견우중 단 자
　　휴중 기일 경신 기제 소호 기신 욕수
　　기충 모 기음 상 율 중남려 기수 구 기미
　　신 기취 성 기사 문 제선간)

盲風이 至하고, 鴻鴈이 來하며, 玄鳥이 歸하며, 羣鳥이 養羞하나니라.
　　(맹풍 지 홍안 내 현조 귀 군조 양수)

天子는 居總章大廟하시며, 乘戎路하시며, 駕白駱하시며, 載白旂하시며, 衣白衣하시며, 服白玉하시며, 食麻與犬하시며, 其器를

廉以深하나니라.

(천자 거총장태묘 승융로 가백락 재백
기 의백의 복백옥 식마여견 기기 염이심)

是月也에, 養衰老하되, 授几杖하며, 行糜粥飮食하나니라.

(시월야 양쇠로 수궤장 행미죽음식)

乃命司服하사, 且飭衣裳하되, 文繡有恒하며, 制有小大하며,
度有長短하며, 衣服이 有量이라. 必循其故하여, 冠帶有常이니라.

(내명사복 차칙의상 문수유항 제유소대
도유장단 의복 유량 필순기고 관대유상)

乃命有司하사, 申嚴百刑하여, 斬殺을 必當하여, 毋或枉橈니,
枉橈不當하면, 反受其殃하나니라.

(내명유사 신엄백형 참살 필당 무혹왕요
왕요부당 반수기앙)

註解   ㅇ仲秋之月(중추지월)−8월. ㅇ角(각)−28수의 하나. 동방의 제1
수성. ㅇ牽牛(견우)−28수의 우성(牛星). 북방의 제2 수성. ㅇ觜觿(자휴)−
28수의 하나, 서방의 제6 수성인 자성(觜星). ㅇ南呂(남려)−12율(律)의
하나. 음력 8월에 배속(配屬)한다. 율관(律管)의 길이는 5촌 3분이다.
ㅇ盲風(맹풍)−빠르고 센 바람, 질풍(疾風). ㅇ羣鳥養羞(군조양수)−가을
이 되면 뭇새들이 좋은 먹이를 모아서 겨울의 보양(保養)을 위해 비축
(備蓄)하는 것을 말함. ㅇ司服(사복)−의복에 관한 일을 맡은 관원(官員).
ㅇ具飭衣裳(구칙의상)−상의(上衣)를 의(衣)라 하고, 하의를 상(裳)이라
고 한다. 즉 의상의 하나하나를 갖추어 계칙해서 바르게 하는 것. ㅇ文繡(문
수)−문(文)은 그림의 무늬, 즉 상의에는 그림을 그리고, 하의에는 수를
놓는다는 뜻. ㅇ有恒(유항)−일정한 별이 있다는 뜻. ㅇ制有小大(제유소
대)−의복 제도에 대소(大小)의 정제(定制)가 있다. 소는 현면(玄冕)의 1
장(章)이고, 대는 곤면(袞冕)의 9장(章)이다. ㅇ衣服有量(의복유량)−의복
은 각기 정해진 양(量)이 있다는 말. 즉 반드시 옛 법에 따라야 한다는
것. 의복이라 함은 조복(朝服), 연복(燕服)과 그밖의 방한을 목적으로 하

는 옷들을 말한다. ㅇ冠帶有裳(관대유상)—옷과 함께 관대, 즉 갓과 띠에
도 각각 상제(常制)가 있다는 것. ㅇ枉橈(왕요)—법을 굽히는 것. 즉 법
을 바르게 다스리지 않고 어기어 처리하는 것.

이 달에 드디어 재(宰)와 축(祝)에게 명하여 희생용 가축이 사육되
고 있는 상황을 순시케 한다. 털색깔이 완전하고 체구에 결점이 없는
가를 보며, 추환(芻豢)을 안찰(按察)하며, 살찌고 여윈 것을 살피고
물색을 살펴서 반드시 음양의 유(類)에 따라 구별한다. 체구의 크고
작음과 뿔의 길고 짧음을 보아 모두 법도에 맞는가를 세밀히 살핀다.
오체(五體), 즉 전구(全具)와 비척(肥瘠)과 물색과 몸의 대소와 뿔의
장단 등 다섯 가지가 알맞게 갖추어져 있으면, 그 희생을 받는 상제
(上帝)도 기꺼이 흠향할 것이다. 천자는 구나(驅儺)의 의식을 거행하
여 더운 기운을 물리치고 서늘한 가을 기운을 통달하게 하며, 개고기
와 함께 마실(麻實)을 시식(試食)하되 먼저 침묘에 천신한다.
　이 달에는 성곽을 쌓아도 되고 도읍(都邑)을 세워도 좋고 움을 파
고 창고도 수리한다. 그리고 유사에게 명하여 백성들을 독촉해서 조
세를 수납하고, 야채를 저장하여 생활 필수품을 모으게 한다. 또 보리
파종을 권장하여 시기를 잃지 않도록 지도한다. 만일 생산하는 시기
를 잃을 경우에는 그 태만에 대하여 주저없이 죄를 준다.

　原文　　是月也에, 乃命宰祝하사, 循行犧牲하며, 視全具하며, 按
芻豢하며, 瞻肥瘠하며, 察物色하여, 必比類하며, 量大小하며, 視
長短하여, 皆中度니, 五者이 備當이면, 上帝이 其饗하시나니라.
天子이 乃難하사, 以達秋氣하며, 以犬으로 嘗麻하사, 先薦寢廟하
나니라.
　　(시월야 내명재축 순행희생 시전구 안
　　추환 첨비척 찰물색 필비류 양대소 시
　　장단 개중도 오자 비당 상제 기향

천자 내난 이달추기 이견 상마 선천침묘)

是月也에, **可以築城郭**이며, **建都邑**이며, **穿竇窖**며, **脩囷倉**이
니라. **乃命有司**하사, **趣民收斂**하며, **務畜菜**하며, **多積聚**하나니라.
乃勸種麥하사, **毋或失時**니, **其有失時**면, **行罪無疑**니라.
(시월야 가이축성곽 건도읍 천두고 수균창
내명유사 취민수렴 무축채 다적취
내권종맥 무혹실시 기유실시 행죄무의)

[註解] ㅇ宰(재)−희생을 주관하는 자. ㅇ祝(축)−신에게 고하는 자, 즉
무당을 뜻한다. ㅇ全具(전구)−전(全)은 희생의 털색깔이 갖추어지고 잡
색(雜色)이 없는 것. 구(具)는 희생의 체구에 결손이 없는 것. ㅇ按芻豢
(안추환)−소와 양이나 또는 개나 돼지를 사육하는 것을 안찰(按察)한다
는 말. 추(芻)는 풀을 먹여 기르는 것, 즉 소나 양, 환(豢)은 곡식을 먹여
기르는 것. 개나 돼지를 뜻한다. ㅇ察物色(찰물색)−여기서 물색이라 함
은 털색깔을 가리킨 말. ㅇ必比類(필비류)−희생물을 어느 제사에 쓸 수
있는 것인가를 구별한다는 말. 양사(陽社)에는 붉은빛 희생을 쓰고, 음사
(陰社)에는 검은빛 희생물을 쓴다. ㅇ量小大(양소대)−희생의 체구가 크
고 작은 것을 헤아림. ㅇ視長短(시장단)−희생의 뿔의 길고 짧음을 비교
한다는 뜻. ㅇ五者備當(오자비당)−전구(全具)·비척(肥瘠)·물색(物色)·대
소(大小)·장단(長短) 등 다섯 가지가 모두 마땅하다는 말. ㅇ天子乃難
(천자내나)−천자가 나례(儺禮), 즉 역귀(疫鬼)를 쫓아내는 의식을 거행
한다는 말. 나(難)는 나(儺)와 같다. ㅇ穿竇窖(천두고)−두(竇)는 땅을 둥
글게 뚫는 것. 고(窖)는 모나게 뚫는 것. ㅇ囷倉(균창)−쌀 창고, 창고.

이 달은 낮과 밤이 같고, 천둥이 비로소 그 소리를 거두며, 땅속으
로 들어가는 벌레가 그 구멍의 입구를 막기 시작한다. 쌀쌀한 기운이
차츰 왕성해지고, 양기는 날로 쇠약해져서 물이 비로소 고갈된다. 그
리고 추분의 날이 되면 조정은 명령을 내려 자·말·되를 고르게 하
고 저울을 평균케 하여 근량을 바로잡고 말과 섬을 비교하여 바르게

정비한다.

이 달에는 관시(關市)의 출입을 간편하게 하여 행상들을 많이 불러들여 물질을 가져오게 해서 백성의 생활을 편리하게 한다. 상인들이 사방에서 모여들고 먼 나라에서도 옴으로써 중국에 많은 재화가 들어오고, 조정에 필요한 물건이 늘어나 정치상으로 많은 일을 할 수가 있다. 무릇 대사업을 하는 데는 천도(天道)에 거슬려서는 안된다. 반드시 그 시기의 천지의 동향에 따라 언행을 신중히 하고 그 시기에 적당하다고 인정되는 종류의 사업부터 처리해 가는 것이 좋다.

이 달에 봄의 정령을 내리면 와야 할 가을비가 내리지 않아서 초목이 봄처럼 무성해지고 나라 안에 재난이 발생한다. 또 여름의 정령을 내리면 가뭄이 닥쳐올 것이고, 가을인데도 벌레는 숨지 않고 오곡이 다시 살아날 것이다. 또 겨울의 정령을 내리면 가끔 폭풍이 불고 우레가 닥쳐올 것이며 초목이 일찍 말라죽게 될 것이다.

原文 是月也에, 日夜分하고, 雷이 始收聲하며, 蟄蟲이 坏戶하며, 殺氣이 浸盛하고, 陽氣이 日衰하여, 水이 始涸하나니라. 日夜分이어든, 則同度量하며, 平權衡하며, 正鈞石하여, 角斗甬하나니라.

(시월야 일야분 뇌 시수성 칩충 배호
살기 침성 양기 일쇠 수 시학 일야
분 즉동도량 평권형 정균석 각두용)

是月也에, 易關市하며, 來商旅하여, 納貨賄하고, 以便民事하며, 四方이 來集하며, 遠鄕이 皆至하며, 則財不匱하여, 上無乏用하며, 百事乃遂하나니라. 凡擧大事하되, 毋逆大數하나니, 必順其時하며, 愼因其類니라.

(시월야 이관시 내상려 납화회 이편민사
사방 내집 원향 개지 즉재불궤 상무폄용
백사내수 범거대사 무역대수 필순기
시 신인기류)

仲秋에 行春令하면, 則秋雨이 不降하여, 草木이 生榮하며, 國
乃有恐하고, 行夏令하면, 則其國이 乃旱하며, 蟄蟲이 不藏하며,
五穀이 復生하고, 行冬令하면, 則風災이 數起하며, 收雷이 先行
하여, 草木이 蚤死하나니라.
(중추 행춘령 즉추우 불강 초목 생영 국
내유공 행하령 즉기국 내한 칩충 부장
오곡 부생 행동령 즉풍재 수기 수뢰 선행
초목 조사)

註解 ㅇ日夜分(일야분) — 추분(秋分)이란 뜻. ㅇ坏戶(배호) — 배(坏)는
틀어막는 것. 호(戶)는 구멍의 입구. 즉 구멍의 입구를 막아 작게 만들어
추위를 예방하는 것. ㅇ浸(침) — 점(漸)과 같다. 즉 점차란 뜻. ㅇ鈞石(균
석) — 균(鈞)은 30근, 석(石)은 120근이라고 하지만 여기서는 근량(斤兩)
의 뜻으로 나타냈다. ㅇ易關市(이관시) — 관시(關市)는 관문(關門)과 시장
이므로 이 관시의 통행을 쉽게 하고 세금을 가볍게 하여 상인과 물화의
집합(集合)이나 매매가 쉽도록 한다는 말. ㅇ納貨賄(납화회) — 물화(物貨)
가 모여오는 것. ㅇ毋逆大數(무역대수) — 음양(陰陽)의 큰 법칙, 즉 사시
(四時)의 운행과 만물의 영고성쇠(榮枯盛衰)를 가져오는 하늘의 큰 법칙
에 거역하지 말라는 뜻. ㅇ愼因其類(신인기류) — 반드시 시령(時令)에 순
응하여 그 유(類)에 따라 행하라는 말. ㅇ收雷先行(수뢰선행) — 가을이 되
어 잠잠해졌던 우레가 다시 움직이기 시작한다는 말.

계추(季秋)의 달〔9월〕은 일(日)의 진(辰)이 방성(房星)에 있는데
저녁에는 허성(虛星)이 남방의 중앙에 있고, 아침에는 유성(柳星)이
남방의 중앙에 있다. 그 일자는 경신(庚辛)에 해당하고 그 제(帝)는
소호(少皥), 그를 보좌하는 신(神)은 욕수(蓐收)이다. 그 충(蟲)은 모
충(毛蟲)이고, 그 소리는 상성(商聲)이며, 율(律)은 무역(無射)에 해
당된다. 그 수는 9이고, 그 맛은 매우며, 그 냄새는 누린내가 난다. 그
제사는 문신(門神)에게 지내는데 제사에는 간(肝)을 먼저 제물로 바

친다.

이 달에는 기러기는 모두 와서 모이고, 참새는 바다에 들어가서 조개가 된다. 국화는 노란 꽃이 되며, 승냥이는 짐승을 잡아 하늘에 제사지내고 조수(鳥獸)를 잡아먹는다.

천자는 총장우가(總章右个)에 거처하며, 병거를 타고, 백락(白駱)을 멍에하며, 흰 기를 세우고, 흰 옷을 입으며, 백옥(白玉)을 착용하고, 개고기와 함께 마실(麻實)을 시식한다. 그 그릇은 깨끗하고 깊은 것을 사용한다.

이 달에는 호령(號令)을 거듭 엄하게 하여 백관(百官)에 명령하되 귀천상하가 오로지 여러 가지 물건을 안으로 수렴해 들이는 데 힘쓰도록 하여 천지의 폐장(閉藏)하는 법칙에 합치되게 하고 드러내 보이는 일이 없도록 한다. 또 총재(冢宰)에게 명하여 농가(農家)의 온갖 곡식을 다 거둬들이게 하고, 오곡(五穀)의 조세수입의 수(數)를 합계하게 한다. 황제의 친경전(親耕田)의 수확을 신창(神倉)에 수장(收藏)하되 지경(祗敬)하여 반드시 그 힘을 다하게 한다.

原文 季秋之月에, 日이 在房하나니, 昏에 虛中이오, 旦에 柳中이니라. 其日은 庚辛이오, 其帝는 少皞요, 其神은 蓐收요, 其蟲은 毛요, 其音은 商이오, 律은 中無射이오, 其數는 九요, 其味는 辛이오, 其臭는 腥이오, 其祀는 門이니, 祭先肝하나니라.
(계추지월 일 재방 혼 허중 단 유중
기일 경신 기제 소호 기신 욕수 기충
모 기음 상 율 중무역 기수 구 기미 신
기취 성 기사 문 제선간)

鴻鴈이 來賓하며, 爵入大水하여 爲蛤하며, 鞠有黃華하며, 豺이 乃祭獸戮禽하나니라.
(홍안 내빈 작입대수 위합 국유황화 시
내제수육금)

天子는 居總章右个하시며, 乘戎路하시며, 駕白駱하시며, 載白
旂하시며, 衣白衣하시며, 服白玉하시며, 食麻與犬하시며, 其器를
廉以深하나니라.

(천자 거총장우가 승융로 가백락 재백
기 의백의 복백옥 식마여견 기기 염이심)

是月也에, 申嚴號令하여, 命百官하사, 貴賤이 無不務內하고,
以會天地之藏하고, 無有宣出이니라. 乃命冢宰하고, 農事備收어
든, 擧五穀之要하고, 藏帝籍之收於神倉하되, 祗敬必飭이니라.

(시월야 신엄호령 명백관 귀천 무불무내
이회천지지장 무유선출 내명총재 농사비수
거오곡지요 장제적지수어신창 지경필칙)

[註解]   ㅇ季秋之月(계추지월)—가을의 끝달로서 9월. ㅇ房(방)—28수의
하나. 동방의 제4 수성. ㅇ虛(허)—28수의 하나. 북방의 제4 수성. ㅇ律中
無射(율중무역)—율관(律管)이 무역(無射)에 응하는 것. 무역은 12율(律)
의 하나로서 술월(戌月)에 배속된다. ㅇ鴻鴈來賓(홍안내빈)—기러기가 빈
객으로 온다는 말. 기러기는 중추에 먼저 온 것이 있다. 그러므로 먼저
온 것이 주인이 되고 계추가 되어 뒤따라 온 것은 객이 되는 것이다. 그
래서 내빈이라고 하였다.   ㅇ爵入大水爲蛤(작입대수위합)—작(爵)은 작
(雀)과 같으므로 참새를 말하고, 대수(大水)는 바다를 말한다. 즉 이 달에
참새가 바다에 들어가 조개가 된다는 말. 움츠려 감추는 것을 뜻한다. ㅇ鞠
有黃華(국유황화)—국화에 노란 꽃이 핀다는 말. ㅇ豺乃祭獸戮禽(시내제
수육금)—승냥이가 금수(禽獸)를 죽여 제사지내고 먹는 것을 말한다. 수
(獸)는 늘어놓고 제사지내지만 금(禽)은 그렇지가 않다. 그러므로 수는
제(祭)한다 하고 금은 육(戮)한다고 한다. 수를 제한다고 함은 짐승이 포
살(捕殺)한 다른 짐승을 일단 늘어놓았다가 비로소 먹는데 이는 마치 사
람이 신에게 제사지내는 것과 비슷하기 때문에 이렇게 말한 것이다. ㅇ申
(신)—맹추(孟秋)와 중추(仲秋)에 영을 내리고 이번에 또 영을 내리기 때
문에 신(申), 즉 거듭이란 말로 썼다. ㅇ貴賤(귀천)—귀는 경대부를 가리

키고 천은 사물을 가리킨다. ㅇ務乃(무내)－온갖 물건을 수렴(收斂)하여
안으로 들여오는 일을 힘쓴다는 말. ㅇ以會天地之藏(이회천지지장)－천지
의 폐장(閉藏)하는 시령(時令)에 합치(合致)시킨다는 말. ㅇ無有宣出(무
유선출)－드러내는 일이 없게 한다는 말. 모든 것이 폐장(閉藏)되는 시령
에 있어서 드러내 보이는 것은 시령(時令)에 어긋나는 일이 되기 때문에
그렇다는 말이다. ㅇ備收(비수)－남김없이 모두란 뜻. 비(備)는 진(盡)과
같다. ㅇ擧五穀之要(거오곡지요)－조세로 수납되는 오곡의 수를 총합(總
合)한다는 뜻. 거(擧)는 모두 합한다는 뜻. 요(要)는 징수해서 들여오는
수량. ㅇ帝籍(제적)－적전(籍田)을 말한다. ㅇ神倉(신창)－신에게 바치는
제물을 간수하는 창고. ㅇ祗敬必飭(지경필칙)－지(祗)는 그 일을 공경한
다는 뜻. 경(敬)은 그 마음을 전일(專一)하게 하는 것. 칙(飭)은 그 힘을
다한다는 뜻.

이 달에 서리가 내리기 시작하면 백공(百工)들은 모두 휴업에 들어
간다. 천자는 관리에게 명하여 한기(寒氣)가 팔방에서 모여들면 백성
은 노동에 견딜 수 없으므로 모두 집에 들어가 쉬도록 한다. 상순(上
旬)의 정일(丁日)에 악정(樂正)에게 명하여 배우는 사람들로 하여금
국학(國學)에 모여 취악(吹樂)을 익히게 한다.

이 달에는 상제(上帝)의 대제(大祭)를 거행하고, 또 종묘(宗廟)의
제(祭)를 거행한다. 이들에 앞서 관계 관원으로부터 희생의 소나 양
의 준비가 되었다는 것을 천자에게 보고케 한다. 제후(諸侯)에게 총
명(總命)하여 모든 고을에 칙명(勅命)을 내리고 내세(來歲)를 위하여
역서(曆書)와 제후가 그 백성들에게 징세할 가볍고 무거운 법과 공물
(貢物)의 수(數)에 대한 명령을 받게 하되, 도로의 원근과 토지에 마
땅한 바로써 표준을 삼는다. 그리하여 교묘(郊廟)의 제사를 봉행(奉
行)하게 하되 사(私)가 있어서는 안된다.

원문 是月也에, 霜始降이어든, 則百工이 休하나니, 乃命有司
曰, 寒氣이 總至라, 民力이 不堪이니, 其皆入室이라 하나니라. 上

丁에 **命樂正**하고, **入學習吹**하나니라.

　(시월야 상시강 즉백공 휴 내명유사
　왈 한기 총지 민력 불감 기개입실 상
　정 명악정 입학습취)

　是月也에, **大饗帝**하고, **嘗**하되, **犧牲**을 **告備于天子**하나니라.
合諸侯하사, **制百縣**하고, **爲來歲**하고, **受朔日**과 **與諸侯**의 **所稅**
於民이어든 **輕重之法**과, **貢職之數**하되, **以遠近土地所宜**로 **爲度**
하고, **以給郊廟之事**하되, **無有所私**니라.

　(시월야 대향제 상 희생 고비우천자
　합제후 제백현 위래세 수삭일 여제후 소세
　어민 경중지법 공직지수 이원근토지소의 위도
　이급교묘지사 무유소사)

註解　ㅇ寒氣總至(한기총지)―차가운 기운이 한꺼번에 닥쳐온다는 말.
ㅇ其皆入室(기개입실)―밭 가운데에 있는 여름 동안의 농막(農幕)에서
철수하여 모두 자기 집 안으로 들어가게 하는 것. ㅇ嘗(상)―상제(嘗祭),
즉 가을 제사를 뜻한다. ㅇ朔日(삭일)―여기서는 역서(曆書). ㅇ貢職之數
(공직지수)―공물(貢物)의 수량. ㅇ爲度(위도)―표준을 삼는 것.

이 달에 천자가 사냥하는 일을 이용하여 다섯 가지 병기(兵器)의
사용법을 가르쳐 익히게 하고, 마사(馬事)에 대한 정령(政令)을 반포
한다. 복(僕)과 칠추(七騶)에게 명령하여 모두 말을 수레에 멍에하게
하고, 석우(析羽)를 단 기[旌]와 거북과 용을 그린 기[旂]를 세우고,
관의 등급에 따라 각각 탈 수레를 주어서 병장(屛障) 밖에 정렬하게
한 후 사도(司徒)가 채찍을 띠에 꽂고 북면(北面)하여 서계(誓戒)한
다. 천자가 이에 융복(戎服)으로 그 위의(威儀)를 엄하게 꾸민 뒤에
활을 잡고 화살을 끼워 사냥한다. 그리고 주사(主祠)에게 명하여 사
냥한 금수로써 사방의 신에게 제사하게 한다.

이 달에 초목의 잎이 떨어지면 나무를 벌채하여 숯을 굽는다. 칩충(蟄蟲)들이 모두 머리를 떨어뜨리고 구멍의 깊은 속에 있으면서 그 틈을 막는다. 이에 형옥(刑獄)의 처리를 재촉하여 죄 있는 자를 미결로 머물러 있는 일이 없도록 한다. 녹(祿)의 등급이 부당한 것과 공양(供養)이 마땅하지 않은 것은 회수한다.

이 달에 천자는 개고기와 함께 새 벼[稻]를 맛보는데, 먼저 침묘에 천신한다.

계추(季秋)에 여름의 정령을 행하면 그 나라에 큰 수재(水災)가 일어나서 창고에 저장한 곡식이 침수되는 재앙을 당할 것이며, 백성들에게 코가 막히고 재채기하는 병이 많을 것이다. 겨울의 정령을 행하면 나라에 도둑이 많고 변경(邊境)이 편안치 않으며, 토지가 분열될 것이다. 봄의 정령을 행하면 따뜻한 바람이 불어와서 백성들의 심기가 해이해지고 나태하여져서, 전란이 일어나며 지식(止息)시키지 못할 것이다.

[原文] 是月也에, 天子이 乃敎於田獵하고, 以習五戎하고, 班馬政하나니라. 命僕及七騶하여, 咸駕하며 載旌旄하고, 授車以級하여, 整設于屛外어든, 司徒이 搢扑하여, 北面誓之하나니라. 天子이 乃厲飾하사, 執弓挾矢以獵하고, 命主祠하여, 祭禽于四方하나니라.

(시월야 천자 내교어전렵 이습오융 반마
정 명복급칠추 함가 재정조 수거이급
정설우병외 사도 진복 북면서지 천자
내려식 집궁협시이렵 명주사 제금우사방)

是月也에, 草木이 黃落이어든, 乃伐薪爲炭하나니라. 蟄蟲이 咸俯하여 在內하며, 皆墐其戶하나니라. 乃趣獄刑하여, 毋留有罪하며, 收祿秩之不當과, 供養之不宜者하나라.

(시월야 초목 황락 내벌신위탄 칩충 함
부 재내 개근기호 내취옥형 무류유죄
수록질지부당 공양지불의자)

是月也에, 天子이 乃以犬으로 嘗稻하사, 先薦寢廟하나니라.
(시월야 천자 내이견 상도 선천침묘)

季秋에 行夏令하면, 則其國에 大水하여, 冬藏이 殃敗하며, 民
多鼽嚔하고, 行冬令하면, 則國에 多盜賊하여, 邊竟이, 不寧하며,
土地分裂하고, 行春令하면, 則煖風이 來至하여, 民氣解惰하며,
師興不居하나니라.
(계추 행하령 즉기국 대수 동장 앙패 민
다구체 행동령 즉국 다도적 변경 불녕
토지분열 행춘령 즉난풍 내지 민기해타
사흥불거)

註解   ○教於田獵(교어전렵) 以習五戎(이습오융)—사냥의 기회를 이용
하여 다섯 가지 병기의 사용법을 가르쳐서 익히게 한다는 말. 전렵(田獵)
은 사냥, 오융(五戎)은 궁시(弓矢)와 수(殳)·모(矛)·과(戈)·극(戟) 등
다섯 가지 병기를 말한다. ○僕(복)—융복(戎僕), 태복(大僕) 등 어마(御
馬)를 관장하는 관원. ○七騶(칠추)—천자의 말을 사육하는 일을 맡은 관
원의 우두머리. 천자의 말을 여섯 사람의 마부가 각기 한 필씩을 맡아 사
육하고 그 6명의 마부를 감독하는 자를 칠추라고 한다. ○旌旐(정조)—석
우(析羽)를 단 기(旗)를 정(旌)이라 하고, 거북과 뱀을 그린 기를 조(旐)
라고 한다. ○授車以級(수거이급)—관등의 등급에 따라 수레를 주는 것.
○搢扑(진복) 北面誓之(북면서지)—채찍을 띠에 꽂고 북면하여 임금께
서약하는 것. ○厲飾(여식)—융복(戎服)으로 위의(威儀)를 엄하게 꾸미는
것. ○主祠(주사)—제사를 맡은 관원. ○鼽嚔(구체)—코가 막히는 것과 재
채기하는 것. ○師興不居(사흥불거)—불거(不居)는 지식(止息)시키지 못
하는 것, 즉 전란(戰亂)이 일어나면 그것을 방어하여 지식시키지 못한다
는 말.

맹동(孟冬)의 달에는 해가 미성(尾星)의 위치에 있고, 저녁때에는 위성(危星)이 하늘 남쪽 중앙에 있으며, 아침에는 칠성(七星)이 하늘 남쪽 중앙에 있다. 그 일진은 임계(壬癸)이고, 그 제(帝)는 전욱(顓頊)이며, 그를 보좌하는 신은 현명(玄冥)이다. 그 충(蟲)은 개충(介蟲)이고, 그 소리는 우성(羽聲)이며, 율(律)은 응종(應鍾)이다. 그 수는 6이고, 그 맛은 짜며, 그 냄새는 나무 썩는 냄새가 난다. 그 제사는 길의 신을 제사지내고 희생에는 신장(腎臟)을 먼저 제물로 바친다.

이 달에 물이 처음으로 얼고, 땅이 얼며, 꿩이 바다로 들어가 이무기가 되며, 무지개는 감추어져서 보이지 않게 된다.

천자는 현당좌가(玄堂左个)에 거처하고, 외출에는 검은 칠을 한 수레를 사용하며, 철색(鐵色)의 말을 멍에하고, 검정 기를 세우며, 검은 옷을 입고, 현옥(玄玉)을 착용하며, 기장밥을 돼지고기와 함께 먹는다. 그 식기는 가운데가 넓고 주둥이가 좁은 것을 사용한다.

原文 孟冬之月에, 日이 在尾하나니, 昏에 危가 中이오, 旦에 七星이 中하나니라. 其日은 壬癸요, 其帝는 顓頊이오, 其神은 玄冥이오, 其蟲은 介요, 其音은 羽요, 律은 中應鍾이오, 其數는 六이오, 其味는 鹹이오, 其臭는 朽요, 其祀는 行이니, 祭先腎하나니라.
   (맹동지월 일 재미 혼 위 중 단
   칠성 중 기일 임계 기제 전욱 기신 현
   명 기충 개 기음 우 율 중응종 기수 육
   기미 함 기취 후 기사 행 제선신)
   水始冰하며, 地始凍하며, 雉入大水하여 爲蜃하며, 虹藏不見하나니라.
   (수시빙 지시동 치입대수 위신 홍장불견)
   天子는 居玄堂左个하시며, 乘玄路하시며, 駕鐵驪하시며, 載玄旂하시며, 衣黑衣하시며, 服玄玉하시며, 食黍與彘하시며, 其器를

閎以奄하나니라.

　(천자 거현당좌가 승현로 가철려 재현
　기 의흑의 복현옥 식서여체 기기 굉이엄)

註解　ｏ孟冬之月(맹동지월)―겨울의 첫달로서 10월.　ｏ尾(미)―28수의 하나. 동방의 제6 수성.　ｏ其帝顓頊(기제전욱)―맹동월(孟冬月)을 주재하는 제(帝)는 전욱씨(顓頊氏)의 신이란 뜻. 전욱은 오제의 하나이며 수덕(水德)으로써 왕노릇을 했다. 그렇기 때문에 물의 사신(司神)으로 삼는다. ｏ其神玄冥(기신현명)―전욱씨(顓頊氏)를 보좌하여 겨울을 다스리는 신은 현명이란 뜻. 현명은 수관(水官)의 신하였다. 소호씨(少皥氏)의 두 아들 수(修)와 희(熙)가 서로 교대하여 수관이 되었다고 전한다.　ｏ其蟲介(기충개)―개(介)는 갑(甲)과 같은 뜻이므로, 개각(介殼)을 가진 동물을 말한다. 거북은 개충(介蟲)의 우두머리이며 물에서 사는 동물이다. 겨울은 오행(五行)으로 수(水)에 속한다.　ｏ羽音(우음)―우(羽)는 오음(五音)의 하나로서 그 소리는 수(水)에 속한다.　ｏ應鍾(응종)―12율(律)의 하나. 현률(玄律)이므로 맹동(孟冬), 즉 음력 10월에 배속된다.　ｏ其數六(기수육)―'기천수일지수육(其天數一地數六)'이라고 할 것을 이렇게 말한 것은 성수(成數)를 들고, 기타는 생략한 것이다.　ｏ鹹(함)·朽(후)―짠맛과 나무 썩는 냄새는 모두 수(水)에 속한다.　ｏ其祀行(기사행)―행(行)은 한길, 사람이 왕래하는 곳. 오사(五祀)의 행은 겨울에 제사하는 곳. 겨울은 음이 가고 양이 오는 때이므로 행에서 제사한다고 한다.　ｏ祭先腎(제선신)―제사에는 희생의 신장을 먼저 제물로 바친다는 말. 신장은 오행(五行)의 수(水)에 속한다. 봄·여름·가을의 제사에는 모두 목극토(木克土)·화극금(火克金)·금극목(金克木)의 상극(相克)인 제물을 올리었으므로 겨울에도 마땅히 수극화(水克火)로 하여 화(火)에 속하는 심장을 바쳐야 하지만, 중앙토(中央土)에서 이미 심장을 사용했으므로 여기서는 신장을 사용한다는 것이다.　ｏ玄堂左个(현당좌가)―북당(北堂)의 서편.　ｏ鐵驪(철려)―철색(鐵色)의 말이란 뜻.　ｏ閎以奄(굉이엄)―굉(閎)은 가운데가 넓은 것이고, 엄(奄)은 위가 좁은 것을 말한다.

이 달의 상순에는 입동(立冬)이 있다. 입동 3일 전에 태사(太史)가 천자에게 어느 날이 입동으로 천지의 힘은 물에 의해 활동함을 고한다. 천자가 이에 재계하고 입동날에 천자가 친히 삼공·구경·대부를 거느리고 북쪽 들에 나가서 겨울을 맞는다. 그리고 왕궁으로 돌아와서는 나라를 위해 죽은 사람들의 공로를 상주고, 그 사람들의 유족에 대하여 고아나 과부를 원호해 준다.

이 달에 태사에게 명하여 희생의 피를 거북껍질과 시초(蓍草)에 발라 가지고 점쳐서 그 괘(卦)의 뜻을 잘 조사하여 길흉(吉凶)을 살피게 한다. 그 점복(占卜)에는 절대로 아당(阿黨)이나 엄폐(掩蔽) 등이 있어서는 안된다.

原文 是月也에, 以立冬이니, 先立冬三日하여, 太史이 謁之天子曰, 某日이 立冬이니, 盛德이 在水라 하나니라. 天子이 乃齊하사, 立冬之日에, 天子이 親帥三公·九卿·大夫하사, 以迎冬於北郊하시고, 還反하사 賞死事하며, 恤孤寡하시나니라.

(시월야 이입동 선입동삼일 태사 알지천
자왈 모일 입동 성덕 재수 천자 내재
입동지일 천자 친솔삼공·구경·대부 이영동어
북교 환반 상사사 휼고과)

是月也에, 命太史하사, 釁龜筴占兆하며, 審卦吉凶하나니라. 是察阿黨이면, 則罪無有掩蔽니라.

(시월야 명태사 흔귀협점조 심괘길흉 시
찰아당 즉죄무유엄폐)

註解 ○釁龜筴(흔귀협)─거북의 껍질과 서죽(筮竹)에 희생의 피를 바르는 것. 옛날에는 점칠 때에 거북의 껍질이나 서죽에 희생의 피를 발랐는데 이는 상서롭지 못한 것을 물리치는 뜻이라고 한다. ○占兆(점조)─조짐을 점치는 것. 거북의 껍질을 불에 태워 그 터진 무늬를 보고 조짐을

아는 것. ○審卦吉凶(심괘길흉)—서죽(筮竹)으로 점을 쳐서 길흉을 알아
내는 일. ○是察阿黨(시찰아당)—윗사람에게 아첨하는 것은 아(阿)이고,
아랫사람에게 역성, 즉 사(私)를 주는 것은 당(黨)이라고 한다. 옥리(獄
吏)가 형옥(刑獄)을 다스리는 데 아당이 있는가를 살펴 바르게 시정한다
는 말. ○掩蔽(엄폐)—숨기고 천자께 고하지 않는 것.

이 달부터 천자는 모피(毛皮) 상의를 입기 시작한다. 그리고 관원
에 대하여 '하늘의 기운은 위로 올라가고 땅의 기운은 아래로 내려가
서 하늘과 땅의 기운이 서로 통하지 않으므로 폐색(閉塞)하여 겨울을
이루었다'는 것을 말하고, 백관에게 명하여 잘 주의해서 창고의 문을
닫게 하고 특히 유사(有司)에게 명하여 여러 곳에 쌓인 물자의 상황
을 순찰케 하여 외부에 방치된 물건이 없도록 한다. 또 도읍의 성곽
을 순시하여 파손된 곳을 수리하고 도읍의 문이나 동구문(洞口門)에
대해 그 관리를 신중히 하게 하고 빗장이나 자물쇠 등의 취급에 주의
시킨다. 그리고 제후의 토지 경계를 명확하게 하여 분쟁이 일어나지
않게 하고 왕국의 변경 수비를 엄중히 하며 요새를 견고히 하고 관문
이나 다리 통행의 조사를 엄정하게 하며 [겨울의 눈이나 여름의 피해
에 대비해서] 오솔길이나 사잇길은 봉하여 통행시키지 않도록 한다.
관계 관원에게 명하여 일반 상장(喪葬)에 관한 규정을 정리해서 바로
잡되 거상(居喪)중의 의상(衣裳)을 상례(喪禮)의 정한 바에 따라 분
별하고, 관곽(棺槨)의 두텁고 얇음을 자세히 살펴서 무덤과 구롱(丘
壟)의 크고 작음과 높고 낮음과 두텁고 얇은 정도와 귀천의 등급 등
모든 것을 명백하게 해둔다.
　이 달에 공사(工師)에게 명하여 공인(工人)들이 제작한 물건을 심
사해서 그들의 성적을 명료하게 한다. 특히 제기(祭器)의 공인들이
만든 기구를 늘어놓고, 모든 면이 제기로서 규격에 맞는가를 확인하
여 흥미 본위로 만들어 상류 사람들의 마음을 끌려고 하는 일이 없도

록 하고, 반드시 정교한 작품을 상등품으로 한다. 그리고 작품에는 모든 공인의 이름을 새겨 혼동되는 일이 없도록 한다. 심사한 결과 성적이 좋지 않은 공인들에 대해서는 일하는 요령과 실정을 조사하여 적당한 벌을 준다.

原文 是月也에, 天子이 始裘하시나니, 命有司曰, 天氣이 上騰하고, 地氣이 下降하여, 天地이 不通하며, 閉塞而成冬이라 하시고, 命百官하사, 謹蓋藏하며, 命有司하사, 循行積聚하여, 無有不斂하며, 坏城郭하며, 戒門閭하며, 脩鍵閉하며, 愼管籥하며, 固封疆하며, 備邊竟하며, 完要塞하며, 謹關梁하며, 塞蹊徑하나니라. 飭喪紀하되, 辨衣裳하며, 審棺椁之厚薄하며, 塋丘壟之大小高卑와, 厚薄之度와, 貴賤之等級이니라.

(시월야 천자 시구 명유사왈 천기 상등
지기 하강 천지 불통 폐색이성동
명백관 근개장 명유사 순행적취 무유불
염 배성곽 계문려 수건폐 신관약 고봉
강 비변경 종요새 근관량 색혜경
칙상기 변의상 심관곽지후박 영구롱지대소고비
후박지도 귀천지등급)

是月也에, 命工師效功하사, 陳祭器하여, 按度程하며, 毋或作爲淫巧하여 以蕩上心이오. 必功致爲上하며, 物勒工名하며, 以考其誠하되, 功有不當이어든, 必行其罪하여, 以窮其情하나니라.

(시월야 명공사효공 진제기 안도정 무혹작
위음교 이탕상심 필공치위상 물륵공명 이고
기성 공유부당 필행기죄 이궁기정)

註解 ㅇ鍵閉(건폐)—열쇠와 자물통. ㅇ管籥(관약)—자물쇠. ㅇ要塞(요새)—변경(邊境)의 요해처(要害處). ㅇ關梁(관량)—관문과 교량. ㅇ蹊徑

(혜경)-야수(野獸)가 왕래하는 길. ㅇ喪紀(상기)-상례(喪禮)의 기강(紀綱). ㅇ丘壟(구롱)-묘지, 봉토. ㅇ工師(공사)-백공(百工)의 우두머리.

이 달에 천자는 증제(烝祭)를 지내고 크게 연음(燕飮)한다. 그리고 일월성신(日月星辰)을 제사지내어 내년의 풍작을 빌고, 또 공사(公社)나 문려(門閭)에 제사하며, 사냥해서 포획한 것으로 선조와 오사(五祀)의 신에게 제사한다. 그리고 농부들을 위로하여 휴식하게 한다. 천자가 군대의 장수에게 명하여 무술을 강습하게 하며, 활 쏘고 말달리는 일을 익히게 하고, 서로 힘의 강약을 비교하게 한다.

이 달에 수우(水虞)와 어사(漁師)에게 명하여 수천(水泉)과 지택(池澤)의 부세(賦稅)를 징수하게 하되, 혹시나 많은 백성들을 침탈(侵奪)하여 천자가 아랫백성들에게 원망을 듣게 하는 일이 없게 한다. 그 중에 만약 이러한 자가 있으면 죄를 다스려 용서함이 없게 한다.

맹동(孟冬)에 봄의 정령(政令)을 내리면 얼어붙는 것이 긴밀하지 않아서 땅기운이 위로 새고 민심이 흔들려 백성들이 유리도망(流離逃亡)하는 자가 많을 것이다. 여름의 정령을 내리면 나라에 폭풍이 많으며 겨울에도 춥지 않아서 칩충(蟄蟲)이 다시 나올 것이다. 가을의 정령을 내리면 눈과 서리가 때아닌 시기에 내리고, 작은 전란(戰亂)이 때때로 일어나서 토지가 침삭(侵削)될 것이다.

原文 是月也에, 大飮烝하고, 天子이 乃祈來年于天宗하시고, 大割하여 祠于公社及門閭하며, 臘先祖·五祀하며, 勞農以休息之하나니라. 天子이 乃命將帥하사, 講武하되, 習射御하며, 角力하나니라.

(시월야 대음증 천자 내기내년우천종
대할 사우공사급문려 납선조·오사 노농이휴식
지 천자 내명장수 강무 습사어 각력)

是月也에, 乃命水虞·漁師하사, 收水泉·池澤之賦하되, 毋

或敢侵削衆庶兆民하여, 以爲天子하며 取怨于下니, 其有若此者면, 行罪無赦니라.

(시월야 내명수우·어사 수수천·지택지부 무
혹감침삭중서조민 이위천자 취원우하 기유약차자
행죄무사)

孟冬에 行春令하면, 則凍閉이 不密하여, 地氣이 上泄하며, 民多流亡하고, 行夏令하면, 則國多暴風하여, 方冬不寒하여, 蟄蟲이 復出하고, 行秋令하면, 則雪霜이 不時하여, 小兵이 時起하며, 土地이 侵削하나니라.

(맹동 행춘령 즉동폐 불밀 지기 상설 민
다유망 행하령 즉국다폭풍 방동불한 칩충
부출 행추령 즉설상 불시 소병 시기 토지 침삭)

註解 o飮烝(음증)—증제(烝祭)를 지내고 이어 군신(君臣)이 크게 연음(燕飮)하는 것. 증(烝)은 종묘(宗廟)의 겨울 제사. o天宗(천종)—일월성신(日月星辰). o大割(대할)—희생을 베어서 제사하는 일. o門閭(문려)—성문과 여문의 신. o臘先祖(납선조)—사냥하여 잡은 짐승으로 선조의 제사를 지내는 것. 납(臘)은 엽(獵)과 같다. o五祀(오사)—다섯 가지 제사. 그 설이 서로 같지 않으나 여기서는 호(戶)·조(竈)·중류(中霤)·문(門)·행(行)의 제사를 말한 것이다. o角力(각력)—힘을 겨루어 승부를 결정하는 것. o水虞(수우)—수택(水澤) 관리를 담당하는 관원.

중동(仲冬)의 달에는 해가 두성(斗星)의 위치에 있다. 저녁에는 동벽성(東辟星)이 남쪽 하늘의 중앙에 있고, 아침에는 진성(軫星)이 남쪽 하늘의 중앙에 있다. 그 일진은 임계(壬癸)이고, 그 제(帝)는 전욱(顓頊)이며, 그를 보좌하는 신은 현명(玄冥)이다. 그 충(蟲)은 개충(介蟲)이고, 그 소리는 우성(羽聲)이다. 율은 황종(黃鍾)이며 이 달의 수(數)는 6이고, 맛은 짜며, 냄새는 나무 썩는 냄새가 난다. 그 제사는 한길에 지내는데 제사에는 먼저 희생의 신장을 제물로 바친다.

물이나 흙이 더욱 심하게 얼고 땅이 갈라지며 할단(鶡旦 : 산새)이 울지 않게 되고 범이 교미를 시작한다.

천자는 현당태묘(玄堂大廟)에 거처하며 검은 수레를 타고 철색(鐵色)의 말을 멍에하며, 검은 기를 세우고 검은 옷을 입으며 현옥(玄玉)을 착용한다. 기장밥과 함께 돼지고기를 먹으며, 그릇은 가운데는 넓고 위는 좁은 것을 사용한다. 신민에게 대하여 나라에 큰 일이 일어났을 경우 죽음으로써 이에 임할 것을 가르쳐 훈계한다.

유사(有司)에게 명하여 토목 공사를 일으키지 않고, 저장한 것의 뚜껑을 함부로 열지 않으며, 창고의 문을 열지 않고, 일을 시작하면 민중을 앞세우지 않으며, 끝까지 단단히 폐장(閉藏)하여 지키는 것이 그들의 책무(責務)임을 가르친다. 폐장이 느슨해져서 땅기운이 새어 나오면 이는 천지의 기운이 가득한 밀실이 때아닌 시기에 열리는 상태가 되어 땅속의 벌레가 죽고, 백성은 역질(疫疾)에 걸려 죽는 자가 많다. 이러한 이유로 이 11월은 창월(暢月)이라 불린다.

原文 仲冬之月에, 日이 在斗하나니, 昏에 東壁이 中이오, 旦에 軫이 中이니라. 其日은 壬癸요, 其帝는 顓頊이오, 其神은 玄冥이오, 其蟲은 介요, 其音은 羽요, 律은 中黃鍾이오, 其數는 六이오, 其味는 鹹이오, 其臭는 朽요, 其祀는 行이니, 祭先腎하나니라.
(중동지월 일 재두 혼 동벽 중 단
진 중 기일 임계 기제 전욱 기신 현명
기충 개 기음 우 율 중황종 기수 육
기미 함 기취 후 기사 행 제선신)
冰益壯하여, 地始坼하며, 鶡旦이 不鳴하며, 虎始交하나니라.
(빙익장 지시탁 할단 불명 호시교)
天子는 居玄堂大廟하시며, 乘玄路하시며, 駕鐵驪하시며, 載玄

旂하시며, 衣黑衣하시며, 服玄玉하시며 食黍與彘하시며, 其器를
閎以奄하나니라. 飭死事하며,

　(천자 거현당태묘 승현로 가철려 재현

　기 의흑의 복현옥 식서여체 기기

　굉이엄 칙사사)

命有司曰, 土事毋作하며, 愼毋發蓋하며, 毋發室屋하며, 及起
大衆하여, 以固而閉니라. 地氣이 沮泄하면, 是謂發天地之房이라.
諸蟄이 則死하며, 民心疾疫하고, 又隨以喪하나니, 命之曰暢月이
라 하나니라.

　(명유사왈 토사무작 신무발개 무발실옥 급기

　대중 이고이폐 지기 저설 시위발천지지방

　저칩 즉사 민심질역 우수이상 명지왈창월)

[註解]　ㅇ黃鍾(황종)－12율(律)의　하나.　육률육려(六律六呂)의　기본이
되는 음(音).　ㅇ鶡旦不鳴(할단불명)－할단새는 꿩 비슷한 다갈색의 산새.
할단새는 밤에 울어 아침을 찾는 새이며, 아침을 찾는 것은 양(陽)을 구
하는 것이다. 11월이 되면 일양(一陽)이 생겨 찾던 것을 얻었으므로 울지
않는 것이다.　ㅇ虎始交(호시교)－범은 음물(陰物)이다. 이제 양(陽)이 생
기므로 양을 느껴서 교미하게 되는 것이다.　ㅇ玄堂大廟(현당태묘)－명당
(明堂)의 북쪽 부분에 있는 서실(西室).　ㅇ飭死事(칙사사)－나라의　일에
죽음으로써 이에 임하도록 계칙(戒飭)하는 것.　ㅇ土事毋作(토사무작)－토
목 공사를 일으키지 말라는 뜻. 폐장(閉藏)하는 때이므로 흙을 파헤치는
일을 하지 말라는 것.　ㅇ愼毋發蓋(신무발개)－곡물(穀物) 등을 거두어 간
직하고 있는 곳의 뚜껑을 열지 않도록 조심하라는 뜻.　ㅇ毋發室屋(무발실
옥)－가옥의 문호 등을 개방하지 말라는 뜻.　ㅇ地氣沮泄(지기저설)－땅에
굳게 엄폐(掩閉)한 기운이 새어나간다는 뜻.　ㅇ發天地之房(발천지지방)－
천지의 기운이 굳게 밀폐된 것을 파괴하여 지기가 새어나가게 하는 것은
겨울에 방의 문을 열어 놓은 것과 같다는 것.　ㅇ命之曰暢月(명지왈창월)－
이 달을 창월(暢月)이라 명명하였다는 뜻. 창(暢)은 충(充)과 같은 뜻이

므로 이 달에는 만물이 모두 속으로 충실하다는 뜻이라고 한다.

이 달에 천자는 엄윤(奄尹)에게 명하여 궁중의 여러 규칙을 사람들에게 알리고, 여러 문이나 여러 방의 출입을 엄중히 경계토록 한다. 또 궁중의 부인들의 일을 겨울철에는 경감시켜 휴식토록 하고, 부인들이 정교한 수예(手藝)에 몰두하여 심신이 상하는 일이 없도록 주의시킨다. 그리고 궁중의 규칙은 가령 왕실의 친족이나 천자 측근의 신하라 할지라도 반드시 지키도록 엄정히 한다.

천자는 대추(大酋)에게 명하여 술을 만들게 한다. 먼저 술 빚을 차조와 벼의 많고 적음을 반드시 알맞게 하고, 누룩을 반드시 제때에 만들며, 쌀을 담가 씻고 찌는 일을 반드시 깨끗하게 한다. 그리고 샘물은 반드시 더러운 냄새가 나지 않는 맑은 물을 사용하며, 술을 담그는 도기(陶器)는 반드시 좋은 것을 쓰고, 불을 때는 정도를 알맞게 하도록 한다. 이 여섯 가지 조건을 모두 갖춘 다음 미주(美酒)를 만들 때에는 대추가 시종 감독하며 조그만 과실도 없도록 한다. 천자가 유사(有司)에게 명하여 사해(四海)의 대천(大川)과 유명한 수원(水源)과 못과 우물과 샘에 제사를 지내게 한다.

原文 是月也에, 命奄尹하사, 申宮令하며, 審門閭하고, 謹房室하여, 必重閉하며, 省婦事하여, 毋得淫하며, 雖有貴戚·近習이라도, 毋有不禁이니라.
(시월야 명엄윤 신궁령 심문려 근방실
필중폐 생부사 무득음 수유귀척·근습
무유불금)

乃命大酋하사, 秫稻를 必齊하며, 麴蘖을 必時하며, 湛熾를 必潔하며, 水泉을 必香하며, 陶器를 必良하며, 火齊를 必得하나니, 兼用六物하여, 大酋監之하여, 毋有差貸이니라. 天子이 命有司하사, 祈祀四海大川·名源과 淵澤·井泉하나니라.

(내명대추 출도 필제 국얼 필시 침치 필
결 수천 필향 도기 필량 화제 필득
겸용육물 대추감지 무유차대 천자 명유사
기사사해대천·명원 연택·정천)

註解   ㅇ奄尹(엄윤)—환관(宦官)의 우두머리. ㅇ申宮令(신궁령)—궁중의
정령(政令)을 거듭 알리는 것. ㅇ毋得淫(무득음)—지나치게 정교한 것을
만들지 못하게 하는 것. ㅇ近習(근습)—측근에서 임금을 모시는 신하. ㅇ大
酋(대추)—주관(酒官)의 우두머리. ㅇ湛熾必潔(침치필결)—씻고 찌는 것
을 정결하게 하는 것. 침(湛)은 물에 담가서 씻는 것. 치(熾)는 불을 때어
찌는 것. ㅇ火齊必得(화제필득)—화력의 강하기를 반드시 알맞게 하는 것.

이 달에 농민이 농작물을 거둬들이지 않거나, 또는 말이나 소를 방
목한 채 놓아두거나 하면, 다른 자가 이를 취득하여 갖더라도 힐책하
지 않는다. 산림과 소택지(沼澤地)에서 나물과 먹을 수 있는 열매를
채취하는 자와, 금수를 사냥하는 자가 있으면, 야우(野虞)는 그를 잘
교도해서 수확토록 한다. 그리고 만일 포획물을 탈취하려는 자가 있
으면 용서없이 벌을 준다.

이 달의 상순에는 해가 가장 짧은 날이 있다. 음양이 다투고 그 영
향으로 만물이 내부에서 생명의 힘이 움직이기 시작한다. 이런 때에
군자는 재계하여 몸을 근신하고, 집안에 있되 사람 앞에 나가지 않으
며 오로지 편안하게 지내도록 한다. 그러기 위해서는 성색(聲色)을
가까이하지 않고, 기욕(嗜慾)을 금하여 감각을 자극하지 않도록 한다.
이리하여 자신이 사물(事物)을 동요시키거나 또는 사물에 의해 자신
이 동요되는 것을 방지하여 음양 이기(二氣)가 안정되기를 기다린다.
이 11월에는 운초(芸草)가 처음 나고 여정(荔挺)이 나오며, 지렁이는
구멍으로 들어가고 사슴뿔은 빠지며, 지하수가 솟구쳐 나오려고 한다.
동지(冬至)가 되면 나무를 벌채하고 죽전(竹箭)을 채취한다.

原文   是月也에, 農有不收藏積聚者하며, 馬牛畜獸有放佚者어든, 取之不詰하며, 山林藪澤에, 有能取蔬食하며, 田獵禽獸者어든, 野虞敎道之하고, 其有相侵奪者어든, 罪之하되 不赦니라.

  (시월야 농유불수장적취자 마우축수유방일자

  취지불힐 산림수택 유능취소식 전렵금수자

  야우교도지 기유상침탈자 죄지 불사)

 是月也에, 日短이 至하며, 陰陽이 爭하여, 諸生이 蕩하나니라. 君子이 齊戒하여, 處必掩身하되, 身欲寧하며, 去聲色하고, 禁耆欲하여, 安形性하며, 事欲靜하여, 以待陰陽之所定하나니라. 芸이 始生하고, 荔挺이 出하며, 蚯蚓이 結하고, 麋角이 解하며, 水泉이 動하나니라. 日短이 至커든, 則伐木하고 取竹箭하나니라.

  (시월야 일단 지 음양 쟁 저생 탕

  군자 재계 처필엄신 신욕녕 거성색 금기

  욕 안형성 사욕정 이대음양지소정 운

  시생 여정 출 구인 결 미각 해 수천

  동 일단 지 즉벌목 취죽전)

註解   ㅇ取之不詰(취지불힐)-남이 그것을 가져갈지라도 그 죄를 힐책하지 않는다는 뜻. 즉 겨울에 농작물을 거두어들이지 않고 방치하거나, 말이나 소를 방목하여 타인이 그것을 취득해도 문책하지 않는다는 뜻이다. ㅇ野虞(야우)-임야를 관리하는 관원. ㅇ聲色(성색)-부인(婦人)을 말한다. ㅇ耆欲(기욕)-귀·눈·입 등의 욕망. ㅇ芸草(운초)-향초(香草)의 일종.

이 달에는 관직 중에서 불필요한 것을 폐지하고, 기물 중 그다지 사용하지 않는 것을 버린다. 왕궁과 조정에서 마을에 이르기까지 파손된 곳을 보수하고 감옥을 축조한다. 이것은 천지의 폐장(閉藏)을 돕는 때문이다.

중동(仲冬)에 여름의 정령(政令)을 내리면 나라에 가뭄이 계속되고, 혹은 안개가 끼어 낮에도 어둡고, 우레 소리가 들리게 될 것이다. 가을의 정령을 내리면 하늘에서 비와 눈이 섞여 내려서 내년의 참외와 박이 성숙하지 않을 것이며, 나라에 큰 전란이 있을 것이다. 봄의 정령을 내리면 메뚜기가 많이 발생하여 농사를 실패하게 되고, 수천(水泉)이 모두 고갈될 것이며, 백성들에게 가려운 피부병이 많을 것이다.

原文 是月也에, 可以罷官之無事하며, 去器之無用者하며, 塗闕廷·門閭하며, 築囹圄하나니, 此는 所以助天地之閉藏也라.
　　(시월야 가이파관지무사 거기지무용자 도
　　궐정·문려 축영어 차 소이조천지지폐장야)

仲冬에 行夏令하면, 則其國이 乃旱하며, 氛霧冥冥하며 雷乃發聲하고, 行秋令하면, 則天時이 雨汁하여, 瓜瓠이 不成하며, 國有大兵하고, 行春令하면, 則蝗蟲이 爲敗하며, 水泉이 咸竭하며, 民多疥癘하나니라.
　　(중동 행하령 즉기국 내한 분무명명 뇌내
　　발성 행추령 즉천시 우즙 과호 불성 국
　　유대병 행춘령 즉황충 위패 수천 함갈
　　민다개려)

註解 ○氛霧(분무)—분(氛)은 요사한 기운이므로 분무는 요사한 기운이 안개처럼 서린 것을 뜻한다. ○冥冥(명명)—어둡다는 뜻. ○雨汁(우즙)—비와 눈이 함께 내리는 것을 즙(汁)이라고 한다. 즉 진눈깨비가 내리는 것. ○疥癘(개려)—몹시 가려운 피부병.

계동(季冬)의 달에는 해가 무녀성(婺女星)의 위치에 있다. 저녁에는 누성(婁星)이 남쪽 하늘에 있고, 아침에는 저성(氐星)이 남쪽 하늘의 중앙에 있다. 그 일진은 임계(壬癸)이고, 그 제(帝)는 전욱(顓

項)이며, 그를 보좌하는 신은 현명(玄冥)이다. 그 충(蟲)은 개충(介蟲)이고, 그 소리는 우성(羽聲)이며, 율(律)은 대려(大呂)이다. 그 수는 6이며, 그 맛은 짜고, 그 냄새는 나무 썩는 냄새가 난다. 그 제사는 길의 신을 제사지내고, 희생에는 신장(腎臟)을 제물로 먼저 바친다.

기러기가 북쪽으로 사라지고, 까치가 와서 둥지를 짓기 시작하며, 꿩이 암컷을 찾아 울고, 닭이 알을 낳는다.

천자는 현당우가(玄堂右个)에 거처하며, 검은 수레를 타고 철색(鐵色)의 말을 멍에하며, 검은 기를 세우고, 검은 옷을 입으며, 현옥(玄玉)을 착용한다. 기장밥을 돼지고기와 함께 먹으며, 그 그릇은 가운데가 넓고 주둥이가 좁은 것을 사용한다.

유사(有司)에게 명하여 구나(驅儺)의 의식을 성대히 거행하고, 사방의 문에서 희생을 찢어 음기(陰氣)를 없애며, 또 흙으로 소를 만들어 한기(寒氣)가 사라지기를 빈다. 이때쯤 해서는 매나 솔개 같은 정조류(征鳥類)가 몹시 사나워지며 신속한 동작으로 작은 조수(鳥獸)를 잡는다. 천자는 이 달중으로 산천의 제사와 오제(五帝)의 대신(大臣)인 신과 천지신기(天地神祇)의 제사를 마친다.

原文　季冬之月에, 日이 在婺女하나니, 昏에 婁中이오, 旦에 氐中이니라. 其日은 壬癸요, 其帝는 顓頊이오, 其神은 玄冥이오, 其蟲은 介요, 其音은 羽요, 律은 中大呂요, 其數는 六이오, 其味는 鹹이오, 其臭는 朽요, 其祀는 行이니 祭先腎하나니라.
(계동지월 일 재무녀 혼 누중 단 저
중 기일 임계 기제 전욱 기신 현명 기
충 개 기음 우 율 중대려 기수 육 기미
함 기취 후 기사 행 제선신)
鴈이 北鄕하며, 鵲이 始巢하며, 雉이 雊하며, 雞이 乳하나니라.
(안 북향 작 시소 치 구 계 유)

天子는 居玄堂右个하시며, 乘玄路하시며, 駕鐵驪하시며, 載玄
旂하시며, 衣黑衣하시며, 服玄玉하시며, 食黍與彘하시며, 其器를
閎以奄하나니라.

　　(천자 거현당우가 승현로 가철려 재현
　　기 의흑의 복현옥 식서여체 기기 굉이엄)

命有司하사, 大難하며, 旁磔하며, 出土牛하여, 以送寒氣하나니
라. 征鳥이 厲疾이어든, 乃畢山川之祀와, 及帝之大臣과, 天之神
祇하나니라.

　　(명유사 대나 방책 출토우 이송한기
　　정조 여질 내필산천지사 급제지대신 천지신기)

[註解]　o季冬(계동)－12월. o大呂(대려)－12율(律)의 하나. 축률(丑律)
이므로 음력 12월에 배속된다. o鴈北鄉(안북향)－향(鄉)은 향(向)과 같
으므로, 기러기가 북쪽을 향해 돌아간다는 뜻. o雉雊(치구) 雞乳(계유)－
꿩[장끼]은 암컷을 부르기 위해서 울고, 닭은 알을 낳는다. 여기에서 유
(乳)는 낳는다는 뜻을 나타낸다. o大難(대나)－나(難)는 나(儺)와 같으
므로 잡귀를 내쫓는 행사, 즉 푸닥거리를 하는 것. 계춘(季春)에는 국가
만의 나례가 있고, 중추(仲秋)에는 천자만의 나례가 있다. 이 음력 12월
에 거행하는 푸닥거리는 아래로 서인에까지 미치며, 또 음기(陰氣)가 극
성스런 때이므로 이 푸닥거리의 행사를 대나(大儺)라고 한다. o旁磔(방
책)－사방의 문에서 생체(牲體)를 찢는 것. 음기(陰氣)를 물리치고 재
앙을 제거하기 위한 행사라고 한다. o出土牛(출토우) 以送寒氣(이송한
기)－흙으로 소의 형상을 만들어 한기를 쫓아낸다는 뜻. 12월의 월건(月
建)이 축월(丑月)이고, 축(丑)은 소이다. 그리고 흙은 물을 제어한다. 그
러므로 물을 상징하는 한기를 쫓아내기 위해 토우(土牛)를 만든다는 것
이다. o征鳥厲疾(정조여질)－정조(征鳥)는 적을 잘 치는 새이므로 정조
라고 한다. 즉 매·독수리·솔개 등을 말한다. 여(厲)는 사납고, 질(疾)은
빠르다는 뜻이다. 12월이 되면 맹금(猛禽)들이 더욱 사납고 빨라진다고
한다. o帝之大臣(제지대신)－제(帝)는 오제(五帝)이고, 신(臣)은 그 제를

보좌하는 신이므로 구망(句芒)이나 축융(祝融)과 같은 신을 말한다.

이 달에는 어사(漁師)에게 명하여 겨울들어 처음으로 고기를 잡게 하고, 천자가 친히 가서 물고기를 맛보되 먼저 침묘에 천신한다. 이 달은 얼음이 가장 많이 어는 기간으로 수택(水澤)의 물이 깊숙이 견고하게 얼어붙으면 관원에게 명하여 얼음을 채취해서 빙실(氷室)에 넣게 한다.

또 백성들에게 영을 내려 오곡의 종자를 내놓고 질이 좋은 것을 고르게 하며, 그리고 농관(農官)에게 명하여 내년의 경작에 관한 예정을 세우게 하고 쟁기나 괭이 등 농기구를 손질하게 한다. 이 달에 악사(樂師)에게 명하여 국학의 학생을 모아 관악기에 의한 음악 대회를 거행하고 이를 국학의 마지막 교육으로 한다. 또한 천자는 사감(四監)에게 명하여 여러 지방에서 일정한 분량의 땔나무를 가져오게 하여 이를 교제(郊祭), 묘제(廟祭), 기타의 신들 제사의 횃불에 사용한다.

[原文] 是月也에, 命漁師하사 始漁하고, 天子이 親往하사, 乃嘗魚하시되, 先薦寢廟하시나니라. 冰方盛하여, 水澤이 腹堅커든, 命取冰하여, 冰이 以入하나니라.
(시월야 명어사 시어 천자 친왕 내상
어 선천침묘 빙방성 수택 복견 명
취빙 빙 이입)

令告民하여, 出五種하며, 命農하여 計耦耕事하며, 脩耒耜하며, 具田器하나니라. 命樂師하사, 大合吹而罷하고, 乃命四監하사, 收秩薪柴하여, 以共郊廟及百祀之薪燎하나니라.
(영고민 출오종 명농 계우경사 수뢰사
구전기 명악사 대합취이파 내명사감 수
질신시 이공교묘급백사지신료)

[註解] ○漁師(어사)─어업을 관리하는 사람의 우두머리. ○水澤腹堅(수

택복견)-물과 못의 배가 견고하다는 말. 즉 얼음이 처음에 얼 때에는 겉만 얼고 속은 얼지 않으나, 12월이 되면 속속들이 언다. 그것을 배가 견고하다고 표현한 것이다. ○命農(명농)-농사를 담당한 관원에게 명령하는 것. ○計耦耕事(계우경사)-우경(耦耕)은 두 사람이 서로 짝이 되어서 밭갈이하는 것. 여기서는 경작이란 뜻으로 표현하고 있다. 즉 경작할 일을 계획하는 것. ○耒耜(뇌사)-뇌(耒)는 쟁기의 자루이고, 사(耜)는 보습. ○大合吹而罷(대합취이파)-크게 연주회를 벌이고 그것으로 1년간의 모든 것을 졸업한다는 뜻. 파(罷)는 졸업을 의미한다. ○四監(사감)-산(山)·택(澤)·임(林)·하천(河川)의 관리자. ○收秩薪柴(수질신시)-땔나무를 해마다 상례적(常例的)으로 수납하는 것. 질(秩)은 상(常)이란 뜻. 신(薪)은 쪼개 쓸만한 것. 시(柴)는 작은 나무들을 묶어 놓은 것.

이 12월에는 해도 달도 별[28수의 별]도 모두 그 운행의 주기(周期)를 1회 끝내게 되므로 1개년의 일수도 곧 끝날 것이고 해도 새로 시작하게 될 것이다. 그러므로 군주(君主)된 자는 백성을 편안히 쉬게 하고 [전쟁이나 토목공사 중에] 혹사해서는 안된다.

천자는 공경·대부 등과 함께 국법이나 시령(時令)에 대해 결점은 없는가를 논의해서 수정하고 내년에 대비한다. 그리고 태사(太史)에게 명하여 제후의 서열을 정확하게 하고 제후에 대해서 희생의 공출을 할당하며, 이에 따라 연간의 천제(天帝)나 사직의 제사에 지장이 없도록 계획한다. 또 동성(同姓)인 제후에게 명하여 천자의 종묘 제물에 사용하는 추환(芻豢)을 공출시킨다. 또한 재(宰)에게 명하여 경·대부에서 서민에 이르기까지 소유한 땅의 크기에 따라 순위를 정하고 그것에 의해 조정에서 필요로 하는 희생을 할당하여 이것으로 그 해의 명산대천 등의 제사에 바친다. 모든 하늘 아래 구주(九州)에 살고 있는 백성된 자는 그의 힘에 따라 희생을 공출하여 이것으로 천제(天帝)·사직·종묘·산림·명천 등 모든 제사의 제수로 쓰이게 하는 것이다.

原文 是月也에, 日窮于次하고, 月窮于紀하고, 星回于天하여, 數將幾終하며, 歲且更始하나니, 專而農民하여, 毋有所使니라.
(시월야 일궁우차 월궁우기 성회우천
수장기종 세차갱시 전이농민 무유소사)

天子이 乃與公卿·大夫로, 共飭國典하며, 論時令하사, 以待來歲之宜하시나니라. 乃命太史하사, 次諸侯之列하고, 賦之犧牲하여, 以共皇天·上帝·社·稷之饗하며, 乃命同姓之邦하사, 共寢廟之芻豢하며, 命宰하사, 歷卿·大夫하여 至于庶民土田之數하고, 而賦犧牲하여, 以共山林·名川之祀하며, 凡在天下九州之民者이, 無不咸獻其力하여, 以共皇天·上帝와 社·稷·寢廟와 山林·名川之祀하나니라.
(천자 내여공경·대부 공칙국전 논시령 이대
내세지의 내명태사 차제후지열 부지희생
이공황천·상제·사·직지향 내명동성지방 공
침묘지추환 명재 역경·대부 지우서민토전지수
이부희생 이공산림·명천지사 범재천하구주지
민자 무불함헌기력 이공황천·상제 사·직·침묘
산림·명천지사)

註解 ○日窮于次(일궁우차)―차(次)는 수(宿)이므로 해〔日〕가 지난해의 계동(季冬)에 현효(玄枵)의 성차(星次)에 차사(次舍)하였는데 이제 사처가 궁진(窮盡)하여 다시 현효에 사차하게 되었다는 말. ○月窮于紀(월궁우기)―달과 해가 모두 열두 달을 한 바퀴 돌았다는 말. ○時令(시령)―때에 알맞은 정령(政令)이나 행사. ○芻豢(추환)―추(芻)는 초(草)로 초식(草食)하는 가축, 즉 소나 양을 뜻하고, 환(豢)은 곡식(穀食)하는 가축, 즉 개나 돼지 등을 뜻한다. ○宰(재)―희생을 관리하는 관원. ○歷(역)―다과(多寡)의 수의 차례를 살피는 것. ○土田之數(토전지수)―전지(田地)의 수(數)의 다소를 차례로 하는 것.

계동(季冬)에 가을의 정령을 내리면 이슬이 때아니게 빨리 내려 개충(介蟲)이 움직이기 시작하며, 이들이 기괴한 형태를 보여 사람을 놀라게 하는 등 피해를 준다. 혹은 사경(四境)에 외적이 침입하여 백성은 피난하지 않으면 안된다. 봄의 정령을 내리면 사람이나 가축의 갓 태어난 신생아들에게 사상(死傷)이 많고 백성은 고질병으로 고통받는 자가 많다. 이 두 재해를 자연 운행의 법칙에 역행한다고 말한다. 또 여름의 정령을 내리면 비가 많아 수재(水災)가 발생하며 국가에 손해가 많다. 그리고 겨울에 내려야 할 눈은 없으며 물의 얼음이 녹아버릴 것이다.

原文 季冬에, 行秋令하면, 則白露蚤降하며, 介蟲이 爲妖하며, 四鄙入保하고, 行春令하면 則胎夭多傷하며, 國多固疾하나니, 命之曰逆이요, 行夏令하면, 則水潦敗國하며, 時雪이 不降하여, 冰凍이 消釋하나니라.

(계동 행추령 즉백로조강 개충 위요
사비입보 행춘령 즉태요다상 국다고질 명
지왈역 행하령 즉수료패국 시설 불강 빙동 소석)

註解 ○介蟲(개충)―갑각류(甲殼類). ○固疾(고질)―고질(痼疾)과 같다. 즉 오래도록 낫지 않아서 고치기 어려운 병. ○水潦敗國(수료패국)―홍수(洪水)와 장마가 나라를 파괴함.

제7 증자문(曾子問)

　　이 편의 대부분이 증자(曾子)의 물음에 대한 공자(孔子)
의 답이라는 형식으로 되어 있기 때문에 이러한 제목이 붙
었다. 내용에는 일반적인 예법보다도 특수한 경우의 변칙
적인 예의가 많이 해설되어 있다.

　　증자가 물었다. "군주(君主)가 죽고 즉시 세자가 태어날 경우의 의
례는 어떻게 해야 합니까?" 공자가 말씀하였다. "먼저 경·대부·사
(士)가 모두 섭주(攝主)를 따라서 서쪽 섬돌의 남쪽에 북면하여 선다.
태축(大祝)이 비면(裨冕)의 차림으로 속백(束帛)을 잡고 서쪽 계단으
로 올라간다. 섬돌의 계단을 모두 올라가서 마루에 오르지 않은 채
계단 아래 사람들을 향해 곡하지 말라고 명령한다. 그런 다음 기침
소리를 세 번 내고 고유하기를, '모부인(某夫人)의 아들이 출생했으므
로 삼가 고유합니다.'라고 하고 올라가서 폐백을 빈소의 동쪽 궤연(几
筵) 위에 드린 뒤에 곡하고 내려온다. 여러 주인들과 경·대부·사와
방중(房中)의 부인들이 모두 곡(哭)한다. 그러나 뛰지는 않으며, 한
번 애도(哀悼)의 뜻을 표한 다음 각자 본 위치로 돌아온다. 이어서
조전(朝奠)을 올린다. 그리고 소재(小宰)가 당(堂)으로 올라가 먼저
태축(大祝)이 바친 폐백을 들고 나와서 당의 동서 양쪽 계단 사이에
묻는다.

　　原文 曾子이 問曰, 君薨而世子生커든, 如之何니이꼬. 孔子이
曰, 卿大夫士이 從攝主하여, 北面於西階南이어든, 大祝이 裨冕
하고, 執束帛하여, 升自西階하되, 盡等이나 不升堂하여, 命母哭

하며, 祝이 聲三하고, 告曰, 某之子生하여, 敢告하노라 하고, 升奠
幣于殯東几上하고, 哭降하거든, 衆主人과, 卿大夫士와, 房中이,
皆哭하되, 不踊하고, 盡一哀에, 反位하여, 遂朝奠이어든, 小宰이
升擧幣하나니라.

  (증자 문왈 군훙이세자생 여지하 공자
   왈 경대부사 종섭주 북면어서계남 태축 비면
   집속백 승자서계 진등 불승당 명무곡
   축 성삼 고왈 모지자생 감고 승전
   폐우빈동궤상 곡강 중주인 경대부사 방중
   개곡 불용 진일애 반위 수조전 소재 승거폐)

註解   ㅇ攝主(섭주)—상경(上卿)으로서 대신하여 국사(國事)를 행하는
사람. ㅇ大祝(태축)—축인(祝人)의 우두머리. ㅇ裨冕(비면)—비(裨)는 보
조(輔助)라는 뜻. 천자·제후의 여섯 가지 옷 가운데 대구복(大裘服)이
으뜸이고 그 나머지는 비복(裨服)이다. 비의(裨衣)를 입고 면(冕)을 착용
했기 때문에 비면이라고 한다. ㅇ束帛(속백)—폐백(幣帛). ㅇ命毋哭(명무
곡)—태축(大祝)은 이제부터 죽은 임금의 영혼에게 세자의 출생을 고하는
것이므로 당(堂) 아래의 사람들이 보통의 상례처럼 곡하면 방해가 되므로
미리 '곡하지 마시오'하고 주의해 두는 것이다. ㅇ祝聲三(축성삼)—축관
(祝官)이 죽은 망령을 부르기 위해 '오우'하는 식으로 세 번 부른다. ㅇ衆
主人(중주인)—임금의 대공복(大功服) 이상의 친척. ㅇ房中(방중)—부인
(婦人)을 가리키는 말. ㅇ朝奠(조전)—영전에 아침·저녁으로 바치는 제
물이지만 여기서는 아침의 경우를 말하고 있다. ㅇ小宰(소재)—태재(大
宰), 즉 수상(首相)의 버금[副], 부수상. ㅇ小宰升擧幣(소재승거폐)—소
재가 올라가서 폐백을 들고 나와 양쪽 계단의 사이에 묻는다는 말.

[전문에 계속] 세자가 태어난 사흘째에 죽은 임금의 친족들과 경·
대부·사(士)는 처음과 같은 위치에 북면하고 서며, 태재(大宰)·태종
(大宗)·태축(大祝)이 모두 비면(裨冕)한다. 소사(少師)가 최복(衰

服 : 상복) 자락으로 세자를 받쳐들고 태축의 선도(先導)로 빈궁(殯
宮)으로 향하며 태재와 태종이 그 뒤를 따른다. 그리하여 문을 들어
서면 지금까지 곡하던 사람들은 곡을 그친다. 세자가 서쪽 계단으로
부터 올라가서 빈소의 앞에 북면하면 태축은 영구의 동남쪽 구석에
선다. 태축이 세 번 소리[기침]를 내고 '부인(夫人) 모씨의 아들 아무
개가 집사의 인도로 삼가 뵈옵니다'라고 고한다. 이것이 끝나면 세자
를 받들고 있던 사람이 절하고 머리를 조아려 곡한다. 이어서 태축·
태재·태종과 여러 주인들과 경·대부·사(士)들이 곡하고 세 번 뛰
는 일을 세 차례 거듭하고는 동쪽으로 내려와 본 위치에 돌아와서 웃
옷을 입는다. 세자를 받들어 안고 있는 사람이 뛰면 방중의 부인들도
세 번씩 세 차례 거듭 뛴다. 이것이 끝나면 세자에게 최복(衰服)을
입히고 상장(喪杖)을 들게 하여 조전(朝奠)을 바치게 하고 빈궁을 나
온다. 태재와 태축과 사관(史官)에게 명하여 세자의 이름을 오사(五
祀)와 산천(山川)의 신에게 고하게 한다."

原文 三日에, 衆主人과 卿·大夫·士이, 如初位하여, 北面이
어든, 大宰·大宗·大祝이 皆裨冕하고, 少師奉子以衰하여, 祝이
先이어든, 子從하고, 宰·宗人이 從하며, 入門이어든, 哭者이 止하
며, 子이 升自西階하여, 殯前에 北面이어든 祝이 立于殯東南隅
하며, 祝이 聲三하여 告曰, 某之子某이, 從執事하여 敢見이라하
며, 子이 拜稽顙하고 哭하며, 祝·宰·宗人과·衆主人과·卿·
大夫·士이, 哭踊하되, 三者이 三이오, 降東反位하여, 皆袒이어
든, 子이 踊하면, 房中이 亦踊하되, 三者이 三이오, 襲衰杖하고
奠出하거든, 大宰이 命祝史하여, 以名으로 徧告于五祀·山川하
나니라.

(삼일 중주인 경·대부·사 여초위 북면
태재·태종·태축 개비면 소사봉자이최 축

선 자종 재·종인 종 입문 곡자
지 자 승자서계 빈전 북면 축 입우빈동
남우 축 성삼 고왈 모지자모 종집사 감현
자 배계상 곡 축·재·종인·중주인·
경·대부·사 곡용 삼자 삼 강동반위 개단
자 용 방중 역용 삼자 삼 습최장
전출 태재 명축사 이명 편고우오사·산천)

註解 ㅇ少師(소사)—세자를 기르는 일을 맡은 관원. 태사(大師)·태부
(大傅)·태보(大保)를 삼공(三公)이라고 하여 세자를 지도하는 일을 맡았
는데, 소사·소부(少傅)·소보(少保)는 그의 부(副)이다. ㅇ衰(최)—참최
(斬衰)나 재최(齊衰)의 최로 상복(喪服)을 뜻한다.

증자가 물었다. "만약 임금을 이미 장사지낸 후 세자가 태어나면
어떻게 해야 합니까?" 공자가 답하였다. "태재·태종·태축이 함께
모시고 빈궁의 위패에 그 출생을 고한다. 그리고 3개월째 되는 날 예
위(禰位)의 신주 앞에서 이름을 짓고, 그 이름을 널리 알려 사직·종
묘·산천의 신에게 이르기까지 알려야 하느니라."

공자가 말씀하였다. "제후가 천자의 나라에 갈 때에는 반드시 조묘
(祖廟)에 고유하고 예묘(禰廟)에 전례(奠禮)를 거행한다. 그리고 비
면 차림으로 조정에 나와서 정사를 듣고 축인(祝人)이나 사관(史官)
에게 명하여 사직과 종묘와 산천의 신에게 고유한 다음 국가의 오관
(五官), 즉 사도(司徒)·사마(司馬)·사공(司空)·사사(司士)·사구
(司寇)에게 국사의 처리를 부탁한다. 또 출발할 때에 도제(道祭)를
지내고 떠난다. 고유하는 제사는 5일 사이에 고루 다하여야 하며, 이
기간을 넘기면 예가 아니다. 모든 고유의 제사에는 제폐(制幣)를 사
용한다. 귀국(歸國)할 때도 또한 같다. 제후가 서로 만날 때에는 반드
시 아버지의 묘(廟)에 고하며 조복(朝服)을 입고 조정에 나가 정무를
돌본다. 그리고 축인(祝人)과 사관(史官)에게 명하여 종묘와, 통과해

지나갈 산천의 신에게 고하도록 한다. 그리하여 국가의 오관에게 정사에 힘쓸 것을 명령하고 도로의 신에게 제사한 후 출발한다. 돌아와서는 반드시 선조와 아버지의 묘(廟)에 고하고, 그것이 끝나면 축인과 사관에게 명하여 떠나기 전에 고한 산천의 신에게 여행이 무사히 끝났음을 고하도록 한다. 그것이 끝나면 부재중의 정무에 관한 보고를 듣고 안으로 들어간다.”

原文 曾子이 問曰, 如已葬而世子生이어든, 則如之何니이꼬. 孔子이 曰, 大宰・大宗이, 從大祝而告于禰하고, 三月에 乃名于禰하고, 以名으로 徧告하되, 乃社稷・宗廟・山川하나니라.
　(증자 문왈 여이장이세자생 즉여지하
　공자 왈 태재・태종 종태축이고우녜 삼월 내명우
　녜 이명 편고 내사직・종묘・산천)

孔子이 曰, 諸侯이 適天子할새, 必告于祖하고, 奠于禰하며, 冕而出하여 視朝하며, 命祝史하여 告于社稷・宗廟・山川하고, 乃命國家五官하고 而后行하되, 道而出하나니라. 告者는 五日而徧하나니, 過是면 非禮也니라. 凡告에 用牲幣하나니 反亦如之니라. 諸侯이 相見할새, 必告于禰하고, 朝服而出하여 視朝하며, 命祝史하여, 告于五廟와, 所過山川하며, 亦命國家五官하고, 道而出하며, 反必親告于祖禰하고, 乃命祝史하여 告至于前所告者하고, 而后에 聽朝而入하나니라.
　(공자 왈 제후 적천자 필고우조 전우녜 면
　이출 시조 명축사 고우사직・종묘・산천 내
　명국가오관 이후행 도이출 고자 오일이편
　과시 비례야 범고 용생폐 반역여지
　제후 상견 필고우녜 조복이출 시조 명축
　사 고우오묘 소과산천 역명국가오관 도이출
　반필친고우조녜 내명축사 고지우전소고자

이후 청조이입)

[註解] ○禰(예)—죽은 아버지를 예(禰)라고 한다. 여기서는 죽은 아버지의 신주를 가리킨 말. ○奠(전)—폐백을 드리고 고유하는 것. ○冕而出(면이출)—비면(神冕) 차림으로 나오는 것. 제후가 천자에게 조근(朝覲)할 때에는 비면을 착용한다. ○視朝(시조)—조정에서 정사(政事)를 돌보는 것. ○乃命國家五官(내명국가오관)—이에 국가의 오관에게 임금의 부재중 국사에 힘쓰라고 한다는 말. 오관은 다섯 사람의 대부이며, 제후에게는 삼경과 오대부가 있다. ○道而出(도이출)—도로의 신에게 제사를 지내고 출발한다는 말. ○告者五日而徧(고자오일이편)—사직·종묘·산천의 신에게 고하는 제사는 5일 동안에 골고루 다 마쳐야 한다는 말. ○凡告用牲幣(범고용생폐)—생폐(牲幣)는 제폐(制幣)의 잘못. 모든 고유(告由)에는 제폐를 사용한다는 말. 제폐는 폐물(幣物)이며 길이는 1장 8척이다. ○朝服而出(조복이출)—조복 차림으로 나온다는 말. 천자를 뵈려고 할 때에는 비면(神冕) 차림을 하였으나 여기서는 제후끼리 서로 만나는 것이므로 조복 차림을 하는 것이다. ○五廟(오묘)—제후는 5묘를 모신다. 5묘는 시조(始祖)와 아버지·조부·증조부·고조부의 사당을 말한다.

증자(曾子)가 물었다. "아버지의 상(喪)과 어머니의 상이 한꺼번에 있게 되면 어떻게 해야 합니까? 어느 쪽을 먼저 하고, 어느 쪽을 뒤로 해야 합니까?" 공자가 답하였다. "장사(葬事)는 어머니를 먼저 하고 아버지를 뒤에 하며, 설전(設奠)은 아버지에게 먼저 하고 어머니에게는 뒤에 하는 것이 예도(禮道)이다. 어머니의 빈장(殯葬)한 곳을 열 때부터 장사할 때까지 설전(設奠)하지 않으며, 어머니의 영구가 장지(葬地)를 향하여 나갈 때에도 애곡(哀哭)하지 않는다. 장사에서 돌아와서는 곧 아버지의 빈소에 설전한 뒤에 내빈(來賓)들에게 [내일 아버지의 빈장한 곳을 열겠다는 것을] 고하고 장사 준비에 들어간다. 그리고 우제(虞祭)는 아버지를 먼저 하고 어머니를 뒤로 하는 것이 예도(禮道)이다."

공자가 말씀하였다. "종자(宗子)는 나이가 비록 70이 되었더라도 주부(主婦)가 없어서는 안된다. 〔반드시 재취해야 한다〕 그러나 만일 종자가 아니면 〔70세나 되면〕 주부가 없어도 된다."

原文 曾子이 問曰, 竝有喪이어든, 如之何니이꼬. 何先何後니이꼬. 孔子이 曰, 葬은, 先輕而後重하고, 其奠也는, 先重而後輕이, 禮也니라. 自啓及葬이 不奠하며, 行葬에 不哀次하며, 反葬에, 奠而後에 辭於殯하고, 遂脩葬事하나니라. 其虞也에, 先重而後輕이, 禮也니라.

(증자 문왈 병유상 여지하 하선하후
공자 왈 장 선경이후중 기전야 선중이후경
예야 자계급장 부전 행장 불애차 반장 전
이후 사어빈 수수장사 기우야 선중이후경 예야)

孔子이 曰, 宗子는 雖七十이라도, 無無主婦나, 非宗子면, 雖無主婦라도 可也니라.

(공자 왈 종자 수칠십 무무주부 비종자 수
무주부 가야)

註解 ㅇ竝有喪(병유상)—한꺼번에 상사(喪事)가 겹치는 것, 즉 아버지의 상과 어머니의 상, 혹은 조부의 상과 조모의 상이 한꺼번에 발생한 것을 말한다. ㅇ葬(장) 先輕後重(선경후중)—장사(葬事)는 경(輕)한 사람, 즉 어머니를 먼저 하고 중한 사람, 즉 아버지를 뒤로 한다는 말. ㅇ其奠也(기전야) 先重而後輕(선중이후경)—빈소에 음식을 드리는 일은 중한 사람에게 먼저 하고 경한 사람에게는 뒤에 한다는 말. ㅇ自啓及葬(자계급장)—빈(殯)을 파헤치는 일에서부터 장사할 때까지라는 말. 계(啓)는 빈(殯)한 것을 파헤친다는 뜻. ㅇ行葬不哀次(행장불애차)—차(次)는 어버이가 평상시에 빈객을 맞이하고 빈객을 전송하는 곳이며 행장(行葬)은 영구(靈柩)가 장지(葬地)를 향하여 떠나가는 것이다. 보통의 경우에는 이곳을 지나갈 때면 아들이 차마 그대로 지나가지 못하고 영구를 잠시 멈추

고 애통한다. 그러나 아버지의 빈소가 안에 있으므로 아들이 어머니를 위하여 이곳에서 애통한 심정을 펴지 못한다는 뜻이다. ㅇ辭於殯(사어빈)－빈(殯)은 빈(賓)의 잘못이므로, 조객(弔客)들에게 장차 아버지의 빈(殯)을 열어 장사를 지내겠다는 뜻을 고한다는 말. ㅇ宗子(종자)－종가(宗家)의 맏아들. 주부(主婦)는 종부(宗婦)를 가리킨 말. 종부는 종자의 아내이다. ㅇ雖七十(수칠십) 無無主婦(무무주부)－종자(宗子)는 70세가 되었다고 하더라도 주부가 없어서는 안된다는 말. 종자는 종중(宗中)의 남자들을 거느리고 종부(宗婦)는 안에서 종중의 여자들을 영솔하는 사람이다. 그러므로 종부가 없어서는 안되는 것이다. 그래서 종자는 70세에 상배(喪配)였더라도 반드시 재취(再娶)해야 한다는 것이다.

증자가 물었다. "이제부터 아들의 관례(冠禮)를 거행하려고 하여 예(禮)를 도와줄 빈객들이 와서 인사를 주고받고 있을 때 재최(齊衰)나 대공(大功)의 상복(喪服)을 입어야 할 가까운 친족이 죽었다는 통지를 받았을 때는 어떻게 해야 합니까?" 공자가 답하였다. "죽은 자가 동성(同姓)인 친족이면 관례를 중지한다. 만일 이성(異姓)이라면 관례를 거행하여 삼가(三加)의 예를 행하지만, 관례 뒤에 예주(醴酒)의 연회는 베풀지 않는다. 그리고 관례를 거행한 후 관례에 사용한 물건들을 모두 치우고 소제한 후 곡위(哭位)에 나아가 애곡(哀哭)한다. 만약 관례를 위한 내빈과 찬례자(贊禮者)가 도착하기 전에 상(喪)의 통지를 받았으면 관례는 중지한다. 그리고 장차 이들을 관례시키려고 하다가 기일이 되기 전에 재최(齊衰)·대공(大功)·소공(小功)의 상이 있으면 그 경우에는 상복을 입으므로 관례에는 상관(喪冠)을 쓰게 된다." 또 증자가 물었다. "상(喪)으로 인하여 상관을 쓰게 된 사람은 제상(除喪)한 뒤에 다시 고쳐서 길관(吉冠)을 쓰는 예를 행하지 않습니까?" 공자가 답하였다. "천자가 제후와 대부에게 면복(冕服)과 변복(弁服)을 태묘(大廟)에서 하사하면 그들은 돌아가서 사당에 설전(設奠)하고 고유(告由)한다. 그때에 천자가 하사한 옷을 입는

다. 이때에 관초(冠醮)는 있으나 관례(冠禮)는 없다. 〔그 예(禮)가 이
와 같으니 어찌 제상(除喪)한 뒤에 개관(改冠)하는 예가 있겠는가〕
아버지가 죽은 뒤에 관례(冠禮)를 행하는 자는 갓을 쓴 뒤에 땅을 소
제하고, 선고(先考)에게 고유(告由)의 제사를 지낸다. 제사를 마치면
백부(伯父)·숙부에게 뵙는다. 그렇게 한 뒤에 관례에 참석한 내빈과
찬례자(贊禮者)들을 향연(饗宴)하는 것이다."

[原文] 曾子이 問曰, 將冠子할새, 冠者이 至하며, 揖讓而入이어
든, 聞齊衰·大功之喪하고, 如之何니이꼬. 孔子이 曰, 內喪則廢
하고, 外喪則冠而不醴하며, 徹饌而埽하고, 卽位而哭이니, 如冠
者未至어든 則廢니라. 如將冠子, 而未及期日하여, 而有齊衰·
大功·小功之喪이어든, 則因喪服而冠하나니라. 除喪하고 不改
冠乎니이까. 孔子이 曰, 天子이 賜諸侯·大夫冕弁服於大廟이어
시든, 歸設奠할새, 服賜服하나니, 於斯乎에, 有冠醮요, 無冠醴니,
父沒而冠할새, 則已冠하고, 埽地而祭於禰하며, 已祭, 而見伯
父·叔父하고, 而后에 饗冠者하나니라.

(증자 문왈 장관자 관자 지 읍양이입
문재최·대공지상 여지하 공자 왈 내상즉폐
외상즉관이불례 철찬이소 즉위이곡 여관
자미지 즉폐 여장관자 이미급기일 이유재최·
대공·소공지상 즉인상복이관 제상 불개
관호 공자 왈 천자 사제후·대부면변복어태묘
귀설전 복사복 어사호 유관초 무관례
부몰이관 즉이관 소지이제어녜 이제 이견백
부·숙부 이후 향관자)

[註解] ○冠者(관자)—관례(冠禮)에 참석하는 내빈(來賓)과 찬례자(贊禮
者). ○內喪(내상)—여기서는 동성(同姓)의 집안에서 일어난 상사라는 말.

ㅇ外喪(외상)—이성(異姓)의 친척에서 상이 일어난 것. ㅇ冠而不醴(관이불례)—관례의 예는 거행하지만 상중이므로 갓쓴 사람을 축하하여 예(醴)를 베푸는 일은 하지 않는다는 말. ㅇ因喪服而冠(인상복이관)—상복으로 인하여 상관(喪冠)을 쓰게 된다는 말. ㅇ冠醮(관초)……冠醴(관례)—관초는 관례 때에 술을 연음(燕飮)하는 것이고, 관례는 새로 관례한 사람에게 마시게 하는 단술[醴]이다. 초(醮)는 술잔을 줄 뿐 서로 술잔을 주고받지 않는다.

증자가 물었다. "제사에 있어서 어떤 경우에 여수(旅酬)를 하지 않습니까?" 공자가 말씀하기를, "듣기로는 주인은 연제(練祭) 때에 여수하지 않고 수작(酬酌)을 빈객 앞에 드리면 빈객이 그것을 들지 않는 것이 예라고 한다. 옛날에 노소공(魯昭公)이 연제 때에 수작을 들어 여수를 행하였으니, 그것은 예가 아니었다. 그리고 효공(孝公)은 대상(大祥)에서 수작을 빈객 앞에 드린 채 그쳤다고 되어 있으나 이것 또한 예가 아니었다."라고 하였다. 증자가 물었다. "대공(大功)의 상중에 있는 자가 궤전(饋奠)하는 일에 참여할 수 있습니까?" 공자가 말씀하기를, "어찌 대공뿐이겠는가, 참최(斬衰) 이하에 모두 할 수 있으며, 또한 그것이 예이다."라고 하였다. 증자가 말하였다. "남들이 '자기의 복(服)을 가볍게 여기고 남을 위하여 하는 일은 중하게 여긴다.'라고 말하지 않습니까?" 공자가 말씀하였다. "그것을 말한 것이 아니다. 천자·제후의 상에는 참최복을 입은 자가 궤전하고, 대부의 상에는 재최복을 입은 자가 궤전한다. 사(士)의 경우에는 붕우(朋友)가 궤전한다. 만일 붕우로서 사람이 부족하면 대공복(大功服) 이하의 사람 중에서 택한다. 그러고도 부족하면 도리어 대공(大功) 이상의 사람 중에서 택한다."

原文 曾子이 問曰, 祭如之何어든, 則不行旅酬之事矣니이꼬. 孔子이 曰, 聞之하니, 小祥者는, 主人은 練祭而不旅하고, 奠酬

於賓이어든, 賓이 弗擧이, 禮也니라. 昔者에 魯昭公이, 練而擧酬
行旅하니, 非禮也라. 孝公이 大祥에, 奠酬弗擧하니, 亦非禮也니라.
 (증자 문왈 제여지하 즉불행여수지사의
 공자 왈 문지 소상자 주인 연제이불려 전수
 어빈 빈 불거 예야 석자 노소공 연이거수
 행려 비례야 효공 대상 전수불거 역비례야)

 曾子이 問曰, 大功之喪에, 可以與於饋奠之事乎니이까. 孔子
이 曰, 豈大功耳리오, 自斬衰以下에 皆可니, 禮也니라. 曾子이
曰, 不以輕服而重相爲乎니이까. 孔子이 曰, 非此之謂也라. 天
子·諸侯之喪엔, 斬衰者이 奠하고, 大夫엔, 齊衰者이 奠하고,
士엔, 則朋友이 奠하고, 不足이어든 則取於大功以下者하고, 不
足이어든 則反之니라.
 (증자 문왈 대공지상 가이여어궤전지사호 공자
 왈 기대공이 자참최이하 개가 예야 증자
 왈 불이경복이중상위호 공자 왈 비차지위야 천
 자·제후지상 참최자 전 대부 재최자 전
 사 즉붕우 전 부족 즉취어대공이하자 부
 족 즉반지)

註解   ㅇ旅酬(여수)－제사가 끝난 후 빈(賓)의 제자와 형제의 아들들이
각각 그 어른에게 술잔을 들어 전하고, 여럿이 서로 술잔을 주고받는 일.
ㅇ練祭而不旅(연제이불려)－연제(練祭)에서는 여수(旅酬)의 예(禮)를 행
하지 않는다. 연제는 소상(小祥)이다. ㅇ奠酬於賓(전수어빈)－답배(答盃)
하는 잔을 빈객(賓客)의 앞에 드리는 것. ㅇ賓弗擧(빈불거) 禮也(예야)－
연제(練祭) 때에 주인이 수작(酬酌)을 빈객의 앞에 놓으면 빈객은 그것
을 들어 여수(旅酬)하지 않는 것이 예라는 것. ㅇ禮(예)－주인이 술을 잔
질하여 빈객의 앞에 놓으면 빈객은 그것을 들지 않는 것을 예(禮)라고 한
다. ㅇ酬(수)－주인이 또 스스로 잔질해서 마신 뒤 다시 빈객에게 마시게
하는 것을 수(酬)라고 한다. ㅇ非此之謂也(비차지위야)－그것을 말한 것

이 아니라고 한 말. ○饋奠(궤전)─빈소(殯所)에 설전(設奠)하는 것.

증자가 물었다. "소공복(小功服)으로 우졸(虞卒)의 제사에 참여할 수 있습니까?" 공자가 답하였다. "어찌 소공(小功)뿐이겠는가, 참최(斬衰)이하가 제사에 참여하며, 또한 그것이 예이다." 증자가 말하였다. "남들이 상(喪)을 가볍게 여기고 제(祭)를 중하게 여긴다고 말하던데요." 공자가 말씀하였다. "천자나 제후의 상제(喪祭)에는 참최자(斬衰者)가 아닌 사람은 제사에 참여하지 않고, 대부의 경우에는 재최자(齊衰者)가 제사에 참여한다. 사(士)의 경우에는 사람이 부족하면 형제대공(兄弟大功) 이하의 사람을 택한다."

증자가 물었다. "서로 알고 지내는 사람으로서 자신이 상복을 입고 있으면서 그 사람에게 제사가 있을 때에 가서 그 제사에 참여할 수 있습니까?" 공자가 말씀하였다. "자신에게 시마복(緦麻服)이 있어도 자신의 종묘의 제사에 참제(參祭)하지 않는 것인데, 어찌 타인의 제사를 도울 수 있겠는가."

原文 曾子이 問曰, 小功에 可以與於祭乎니이까. 孔子이 曰, 何必小功耳리오. 自斬衰以下이 與祭하나니, 禮也니라. 曾子이 曰, 不以輕喪而重祭乎니이까. 孔子이 曰, 天子·諸侯之喪祭也엔, 不斬衰者이 不與祭하고, 大夫엔, 齊衰者이 與祭하고, 士엔 祭에 不足이어든, 則取於兄弟大功以下者니라.
    (증자 문왈 소공 가이여어제호 공자 왈
    하필소공이 자참최이하 여제 예야 증자
    왈 불이경상이중제호 공자 왈 천자·제후지상제야
    불참최자 불여제 대부 재최자 여제 사
    제 부족 즉취어형제대공이하자)
曾子이 問曰, 相識으로 有喪服이어든, 可以與於祭乎니이까. 孔子이 曰, 緦에도 不祭니, 又何助於人이리오.

(증자 문왈 상식 유상복 가이여어제호
공자 왈 시 부제 우하조어인)

[註解] ○相識(상식)―서로 알고 지내는 사람.

증자가 물었다. "상복을 막 벗고 나서 남의 궤전(饋奠)하는 일에 참여할 수 있습니까?" 공자가 말씀하였다. "최복(衰服)을 막 벗고 나서 즉시 궤전의 일에 참여하는 것은 예가 아니다. 그러나 빈상(擯相)하는 일이라면 해도 좋을 것이다."

증자가 물었다. "혼례(婚禮)에 있어서 이미 납폐하고 성혼(成婚)하는 날이 정해진 때에 여자의 부모가 죽으면 어떻게 해야 합니까?" 공자가 말씀하시기를, "사위의 집에서 사람을 보내어 조문해야 하느니라. 만일 사위의 부모가 죽으면 여자의 집에서도 또한 사람을 보내어 조문하는 것이다. 상대방이 아버지의 상이면 이쪽은 아버지의 이름으로 조문하고, 상대편이 어머니의 상이면 이쪽에서도 어머니의 이름으로 조문해야 한다. 부모가 부재(不在)하면 백부(伯父)나 백모의 이름으로 조문한다. 사위가 이미 그 부모의 상을 장사한 뒤에 사위의 백부가 여자의 집에 치명하며 말하기를 '아무개의 아들이 부모상을 당하여 앞으로 형제지친을 맺을 수 없으므로 아무개를 보내어 치명(致命)합니다.'라고 한다. 여자의 집에서 허락하나 감히 다른 곳으로 시집보내지 않는 것이 예이다. 사위가 상기(喪期)를 마친 뒤에 여자의 부모가 사람을 보내어 혼인하기를 청한다. 사위가 거부하면 비로소 다른 곳으로 시집보내는 것이 예이다. 여자의 부모가 죽은 때에는 사위의 집에서 또한 이와 같이 하는 것이다."라고 하였다.

[原文] 曾子이 問曰, 廢喪服하고, 可以與於饋奠之事乎니이까.
孔子이 曰, 說衰與奠은, 非禮也니, 以擯相은 可也니라.
(증자 문왈 폐상복 가이여어궤전지사호

공자 왈 탈최여전 비례야 이빈상 가야)

曾子이 問曰, 昏禮에, 旣納幣하고 有吉日하여, 女之父母死어
든, 則如之何니이꼬. 孔子이 曰, 壻使人弔니라. 如壻之父母死커
든, 則女之家亦使人弔하되, 父喪이어든 稱父하고, 母喪이어든 稱
母니, 父母이 不在어든, 則稱伯父·世母니라. 壻已葬이어든, 壻
之伯父致命女氏 曰, 某之子이 有父母之喪이라, 不得嗣爲兄弟
라, 使某致命이라하여든, 女氏이 許諾하되, 而弗敢嫁이, 禮也니
라. 壻免喪이어든, 女之父母이 使人請하되, 壻弗取하여든, 而后
에 嫁之이, 禮也니라. 女之父母이 死어든, 壻亦如之니라.

(증자 문왈 혼례 기납폐 유길일 여지부모사

즉여지하 공자 왈 서사인조 여서지부모사

즉여지가역사인조 부상 칭부 모상 칭

모 부모 부재 즉칭백부·세모 서이장 서

지백부치명여씨 왈 모지자 유부모지상 부득사위형제

사모치명 여씨 허락 이불감가 예야

서면상 여지부모 사인청 서불취 이후

가지 예야 여지부모 사 서역여지)

註解 ○廢喪服(폐상복)−폐(廢)는 탈(脫)과 같은 뜻이므로, 이제 막 상
복을 벗고라는 말. ○說衰與奠(탈최여전) 非禮也(비례야)−탈(說)은 탈
(脫)과 통한다. 최복(衰服)을 벗고 남의 궤전(饋奠)하는 일을 돕는 것은
예가 아니라는 말. ○擯喪(빈상)−빈(擯)은 내빈을 인도(引導)하는 것이
고, 상(相)은 주인을 도와서 내객의 접대를 하는 것. ○納幣(납폐)−납길
(納吉)한 뒤에 남자 집에서 여자 집으로 빙물(聘物)을 송납(送納)하여 혼
약(婚約)이 성립된 증거로 하는 예. 납징(納徵)이라고도 한다. ○有吉日
(유길일)−혼인할 기일을 정하는 것. ○致命(치명)−치(致)는 돌린다는
뜻이므로 허혼(許婚)의 명(命)을 돌린다는 말. ○不得嗣爲兄弟(부득사위
형제)−부모의 상(喪)을 당하였으니 앞으로 부부가 될 수 없다는 말. 사
(嗣)는 계속한다는 뜻이고, 형제는 부부라는 뜻이다.

증자가 물었다. "친영(親迎)하여 여자가 시집으로 오는 도중에 사위의 부모가 죽으면 어떻게 합니까?" 공자가 말씀하였다. "여자가 시집가는 화려한 옷을 고치고 포심의(布深衣)와 흰 명주 조각으로 머리털을 묶어 가지고 분상(奔喪)한다. 여자가 아직 길에 있을 때에 친정 부모가 죽으면 여자는 다시 돌아간다." "만일 사위가 친영(親迎)하여 시집에 도착하기 전에 사위에게 재최(齊衰)·대공(大功)의 상이 발생하면 어떻게 해야 합니까?" 공자가 말씀하였다. "남자는 집 안에 들어가지 않고 바깥 처소에서 옷을 고쳐 입으며, 여자는 집 안에 들어가서 안의 처소에서 옷을 고쳐 입는다. 그렇게 한 뒤에 곡위(哭位)에 나아가 곡한다." 증자가 물었다. "제상(除喪)한 뒤에 다시 혼례를 행하지 않습니까?" 공자가 말씀하였다. "제사도 때를 지나면 다시 제사 지내지 않는다. 또 어찌 혼례를 처음으로 되돌려 다시 하겠는가."

공자가 다시 말씀하였다. "딸을 시집보낸 집에서 사흘 밤을 촛불을 끄지 않는 것은 서로 떠나는 것을 생각하여 잠을 이루지 못하기 때문이고, 며느리를 맞이한 집에서 사흘 동안 음악을 연주하지 않는 것은 어버이를 이어서 세대(世代)가 변하는 일을 생각하여 감상(感傷)에 잠기기 때문이다. 석달이 되어서 사당에 뵈일 때에는 '아무개의 딸이 와서 며느리가 되었습니다.'라고 하고, 다시 택일(擇日)하여 예묘(禰廟)에 제사한다. 이렇게 함으로써 신부로서의 예의가 완전히 끝나는 것이다."

原文 曾子이 問曰, 親迎하여, 女在塗하여, 而壻之父母이 死어든, 如之何니이꼬. 孔子이 曰, 女改服하고, 布深衣하며, 縞總하여, 以趨喪이니, 女在塗하여, 而女之父母死어든, 則女反이니라. 如壻親迎하여, 女未至하여, 而有齊衰·大功之喪이어든, 則如之何니이꼬. 孔子이 曰, 男不入하여, 改服於外次하며, 女入하여, 改服於內次하고, 然後에 卽位而哭이니라. 曾子이 問曰, 除喪則不復

昏禮乎니이까. 孔子이 曰, 祭도, 過時하면 不祭이, 禮也니, 又何
反於初리오.

　(증자 문왈 친영 여재도 이서지부모 사

　여지하 공자 왈 여개복 포심의 호총

　이추상 여재도 이녀지부모사 즉녀반 여서

　친영 여미지 이유재최·대공지상 즉여지하

　공자 왈 남불입 개복어외차 여입 개복

　어내차 연후 즉위이곡 증자 문왈 제상즉불부

　혼례호 공자 왈 제 과시 부제 예야 우하반어초)

孔子이 曰, 嫁女之家이, 三夜를 不息燭은, 思相離也니라. 取
婦之家이, 三日을 不擧樂은, 思嗣親也니라. 三月而廟見에, 稱
來婦也하고, 擇日而祭於禰하나니, 成婦之義也니라.

　(공자 왈 가녀지가 삼야 불식촉 사상리야 취

　부지가 삼일 불거악 사사친야 삼월이묘견 칭

　래부야 택일이제어녜 성부지의야)

註解　　ㅇ親迎(친영)—결혼육례(結婚六禮)의 하나. 사위가 스스로 신부
의 집에 가서 신부를 맞아오는 의식. ㅇ布深衣(포심의) 縞總(호총)—심의(深
衣)는 윗옷과 아래옷, 즉 의(衣)와 상(裳)을 연결해서 깊숙하게 만든 옷.
검은 비단으로 가장자리에 선을 둘렀고 치마는 열두 폭으로 되어 있다.
총(總)은 머리털을 묶는 것. 호(縞)는 흰 명주이며 길이가 여덟 치이다.
즉 베로 만든 심의를 입고 여덟 치의 흰 명주 조각으로 머리털을 묶는다
는 뜻이다. 부인이 처음 상을 당하여 성복(成服)하기 전의 옷차림이다.
ㅇ思嗣親(사사친)—어버이를 이어 세대가 바뀌는 것을 감상(感傷)하여
생각하는 것. ㅇ不擧樂(불거악)—음악을 연주하지 않는 것. 마음이 기쁘
지 않기 때문이다. ㅇ成婦之義也(성부지의야)—신부로서의 예의를 다한다
는 것.

증자가 물었다. “신부가 사당에 뵙기 전에 죽으면 어떻게 해야 합

니까?” 공자가 말씀하였다. “영구(靈柩)를 옮겨다가 작별의 인사를 하는 등의 의식을 취하지 않으며, 그 신주(神主)를 시어머니 묘(廟)에 부사(府祀)하지 않으며, 남편은 상복은 입어도 상장(喪杖)은 짚지 않으며, 짚신을 신지 않으며, 상실(喪室)에 들어가지 않으며, 여자의 친정 향리(鄉里)에 장사지낸다. 며느리로서 도리를 다하지 못했기 때문이다.”

증자가 물었다. “여자에게 장가들기로 하여 혼인 날짜까지 정하였는데 여자가 죽으면 어떻게 해야 합니까?” 공자가 말씀하였다. “사위 될 사람이 재최(齊衰)의 상복을 입고 가서 조문한다. 그리고 장사를 마치면 벗어버린다. 남편 될 사람이 죽은 경우에도 또한 이와 같이 한다.”

原文 曾子이 問曰, 女이 未廟見而死어든, 則如之何니이꼬. 孔子이 曰, 不遷於祖하며, 不祔於皇姑하며, 壻不杖하며, 不菲하며, 歸葬於女氏之黨하나니, 示未成婦也니라.
（증자 문왈 여 미묘견이사 즉여지하 공
자 왈 불천어조 불부어황고 서부장 불비
귀장어녀씨지당 시미성부야）

曾子이 問曰, 取女하되 有吉日而女이 死어든, 如之何니이꼬. 孔子이 曰, 壻이 齊衰而弔하고, 旣葬而除之하나니, 夫이 死어든 亦如之니라.
（증자 문왈 취녀 유길일이녀 사 여지하
공자 왈 서 재최이조 기장이제지 부 사 역여지）

註解 ㅇ不遷於祖(불천어조)－보통의 경우에는 며느리의 영구(靈柩)가 떠나갈 때에는 조묘(祖廟)에 옮겨다 하직하는 절차를 취한다. 그러나 새 며느리가 사당에 뵙기 전에 죽었으므로 그러한 예의 절차를 하지 않는 것이다. ㅇ壻不杖(서부장)－남편은 재최기년(齊衰期年)의 복을 입지만 상

장은 짚지 않는다는 말. ㅇ不菲(불비)—짚신을 신지 않는다는 말. ㅇ不次
(불차)—따로 상차(喪次)에 거처하지 않는다는 말. ㅇ歸葬于女氏之黨(귀
장우여씨지당)—신부가 묘(廟)에 뵙기 전에 죽으면 친정집의 향리(鄕里)
에 돌아가서 장사지낸다. 며느리로서 도리를 다하지 못했기 때문이다. 당
(黨)이란 향당(鄕黨)을 뜻하며,《주례(周禮)》에 의하면 5백가(家)를 1당
으로 하고 있다. 여기서는 고향이라든가 고향의 산이란 뜻이다.

증자가 물었다. "상(喪)에는 두 사람의 상주가 있고, 사당에는 두
신주(神主)가 있다고 하는데 그것이 예에 맞는 일입니까?" 공자가 말
씀하였다. "하늘에는 두 개의 태양이 없고, 땅에는 두 사람의 왕이 없
듯이 상(嘗)·체(禘)·교(郊)·사(社) 등의 제사에 두 신이 있을 수
없다. 그러므로 두 상주와 두 신주가 있는 것이 예에 맞는다고 생각
되지는 않는다. 옛날에 제(齊)나라의 환공(桓公)이 자주 군사를 일으
키느려고 거짓 신주를 만들어 제거(齊車)에 싣고 갔다가 돌아왔을 때
에 그것을 조묘(祖廟)에 간직하였다. 사당에 두 신주가 있게 된 것은
제나라 환공으로부터 시작된 것이다. 상(喪)에 있어서 두 상주가 있
게 된 것은 옛날에 위(衛)나라 영공(靈公)이 노(魯)나라에 갔다가 계
환자(季桓子)의 상을 만났다. 그때 위군(衛君)이 조문하기를 청하였
다. 노나라의 임금 애공(哀公)이 위군에게 사양했으나 위군이 듣지
않았다. 애공이 주(主)가 되니 객이 들어와서 조상하였다. 이때 계환
자의 아들 계강자(季康子)가 문의 오른쪽에 서서 북면(北面)하고 있
었다. 애공이 읍양(揖讓)하고 동쪽 계단으로부터 올라가서 서향하니,
객이 서쪽 계단으로 올라와서 조상하였다. 애공이 절하고 일어나 곡
하니, 계강자도 그 위치에서 절하고 이마를 조아렸다. 〔이것은 계강자
의 잘못인데도〕 보좌하는 관원이 주의하지 않았다. 즉 지금의 두 사
람의 상주라는 풍습은 계강자의 잘못에서 비롯된 일이다."

[原文] 曾子이 問曰, 喪有二孤하며, 廟有二主이, 禮與니이까.

孔子이 曰, 天無二日하며, 土無二王하고, 嘗禘郊社에, 尊無二上하니, 未知其爲禮也로다. 昔者에 齊桓公이, 亟擧兵할새, 作僞主以行하고, 及反하여, 藏諸祖廟하니, 廟有二主는, 自桓公으로 始也니라. 喪之二孤는, 則昔者에 衛靈公이 適魯하사, 遭季桓子之喪하사, 衛君이 請弔하온데, 哀公이 辭나, 不得命하사, 公이 爲主어시늘, 客이 入弔할새, 康子이 立於門右하여 北面이니, 公이 揖讓하사, 升自東階하사, 西鄉이어늘, 客이 升自西階하여, 弔한데, 公이 拜興哭이어시늘, 康子이 拜稽顙於位한데, 有司이 弗辯也하니, 今之二孤는, 自季康子之過也니라.

    (증자 문왈 상유이고 묘유이주 예여
    공자 왈 천무이일 토무이왕 상체교사 존무이상
    미지기위례야 석자 제환공 기거병 작위주
    이행 급반 장저조묘 묘유이주 자환공 시
    야 상지이고 즉석자 위영공 적노 조계환자지
    상 위군 청조 애공 사 부득명 공 위주
    객 입조 강자 입어문우 북면 공 읍
    양 승자동계 서향 객 승자서계 조
    공 배흥곡 강자 배계상어위 유사 불변야
    금지이고 자계강자지과야)

註解 ○喪有二孤(상유이고)—상(喪)에 상주가 둘이 있다는 말. 고(孤)는 아버지를 잃은 자란 뜻에서 상주를 가리킨 말. ○廟有二主(묘유이주)—사당에 한 사람의 신(神)에 대한 신주(神主)가 둘 있다는 말. 주(主)는 신주를 가리킨 말. ○亟擧兵(기거병)—자주 군사를 일으킨다는 말. ○齊桓公(제환공)—춘추오패(春秋五覇)의 한 사람. 기원전 7세기의 전반기(前半期). ○衛靈公積魯(위영공적로)—이 사람은 노(魯)나라의 애공(哀公) 2년(기원전 493)에 죽었고 계환자는 그 다음해에 죽었다. 그러므로 이 글의 이야기는 사실(史實)이 아니다. ○作僞主以行(작위주이행)—진정한 신주

이외의 거짓 신주를 만들어 가지고 싸움에 나갔다는 말. ㅇ公爲主(공위주)−계환자(季桓子)의 상(喪)에 그의 임금인 애공(哀公)이 상의 주인이 되었다는 말.

증자가 물었다. "옛날에는 군사가 출동할 때에는 반드시 천묘(遷廟)의 신주를 모시고 갔습니까?" 공자가 말씀하였다. "천자가 순수할 때에는 천묘의 신주를 모시고 갔는데, 제거(齊車)에 싣고 갔다. 그것은 반드시 존경함이 있음을 말한 것이다. 지금 칠묘(七廟)의 신주를 가지고 가는 것은 잘못된 일이다. 칠묘(七廟)・오묘(五廟)에는 허주(虛主)가 없다. 허주라는 것은 오직 천자가 붕(崩)하거나 제후가 훙(薨)하거나 그 나라를 버리고 간 때와 조묘(祖廟)에 협제(祫祭)할 때에 신주가 없게 될 뿐이다. 내가 노담(老耼)에게 들으니 그가 말하기를 '천자가 붕하고 국군(國君)이 훙하면 축(祝)이 여러 사당의 신주를 모아 가지고 조묘에 간직하는 것이 예이며, 졸곡성사(卒哭成事) 뒤에 신주를 각각 그 본 사당에 돌린다. 국군(國君)이 그 나라를 버리고 가면 태재(大宰)가 여러 사당의 신주를 모아 가지고 쫓아가는 것이 예이다. 조묘(祖廟)에서 협제(祫祭)를 거행할 때에는 축(祝)이 사묘(四廟)의 신주를 맞아오며, 신주가 사당을 나올 때와 사당에 들어갈 때에는 반드시 행인(行人)을 금지한다.'라고 하더라."

原文 曾子이 問曰, 古者에 師行할새, 必以遷廟主로 行乎니이까. 孔子이 曰, 天子이 巡守하실새, 以遷廟主로 行하사, 載于齊車니, 言必有尊也니라. 今也에 取七廟之主하여 以行하나, 則失之矣니라. 當七廟・五廟에 無虛主니, 虛主者는, 惟天子이 崩하시며, 諸侯이 薨하여, 與去其國과, 與祫祭於祖에, 爲無主耳니, 吾이 聞諸老耼하니, 曰, 天子이 崩하시며, 國君이 薨커시든, 則祝이 取羣廟之主하여, 而藏諸祖廟이, 禮也니, 卒哭成事, 而后에

主各反其廟니라. 君이 去其國할새, 大宰이 取羣廟之主하여 以
從이, 禮也니라. 祫祭於祖할새, 則祝이 迎四廟之主하나니 主出
廟入廟에 必蹕이라고, 老聃이 云하더라.
　　(증자 문왈 고자 사행 필이천묘주 행호
　　공자 왈 천자 순수 이천묘주 행 재우제
　　거 언필유존야 금야 취칠묘지주 이행 즉실
　　지의 당칠묘·오묘 무허주 허주자 유천자 붕
　　제후 훙 여거기국 여협제어조 위무주이
　　오 문저노담 왈 천자 붕 국군 훙 즉축
　　취군묘지주 이장저조묘 예야 졸곡성사 이후
　　주각반기묘 군 거기국 태재 취군묘지주 이
　　종 예야 협제어조 즉축 영사묘지주 주출
　　묘입묘 필필 노담 운)

註解　　ㅇ師行(사행)—군사가 출동하는 것. 군대가 싸움터로 나가는 것.
ㅇ遷廟主(천묘주)—사당에서 조묘(祧廟)로 옮겨진 신주.　ㅇ齊車(제거)—
황금으로 꾸민 수레. 공녜(公禰)라고도 한다.　ㅇ七廟之主(칠묘지주)—천
자는 태조(太祖)와 삼소(三昭)·삼목(三穆)의 칠묘(七廟)를 종묘에 모신
다. 그러므로 칠조의 신주는 아직 조천(祧遷)하지 않은 신주이다.　ㅇ卒哭
成事(졸곡성사)—매장하고 졸곡이 끝나면 상사(喪事)도 일단락되므로 성
사라고 칭하고 있다.　ㅇ必蹕(필필)—반드시 행인(行人)의 통행을 금지하
는 것.

증자가 물었다. "옛날에 군사가 출동할 때에 천주(遷主)가 없으면
어떤 신주를 모시고 갔습니까?" 공자가 말씀하였다. "주명(主命)이
있었다." 증자가 물었다. "그건 무엇을 말하는 것입니까?" 공자가 말
씀하였다. "천자나 제후가 장차 출행하려고 할 때에는 반드시 폐백피
규(幣帛皮圭)로써 조묘(祖廟)·예묘(禰廟)에 고유하고 드디어 그 폐
백피규를 받들고 나와 제거(齊車)에 싣고 간다. 그리하여 사차(舍次)

에 멈출 때마다 설전(設奠)한 뒤에 사차에 들며, 돌아와서는 반드시 고하며, 설전을 마치고는 폐옥(幣玉)을 거두어 양쪽 섬돌 사이에 매장하고 비로소 출행(出行)하였다. 대체로 조녜(祖禰)의 명(命)의 존귀함을 나타내는 예법이었다."

原文 曾子이 問曰, 古者에 師行할새, 無遷主어든, 則何主니이꼬. 孔子이 曰, 主命이니라. 問曰, 何謂也니이꼬. 孔子이 曰, 天子·諸侯이 將出할새, 必以幣帛·皮圭하여, 告于祖禰하고, 遂奉以出하여, 載于齊車以行하니라. 每舍에 奠焉, 而后에 就舍하며, 反必告하며, 設奠卒하고, 斂幣玉하여 藏諸兩階之閒하고, 乃出이니, 蓋貴命也니라.
(증자 문왈 고자 사행 무천주 즉하주
공자 왈 주명 문왈 하위야 공자 왈 천
자·제후 장출 필이폐백·피규 고우조녜 수
봉이출 재우제거이행 매사 전언 이후 취사
반필곡 설전졸 염폐옥 장저양계지간 내
출 개귀명야)

註解 ○主命(주명)―묘주(廟主)의 명령. 천자나 제후가 장차 출행(出行)하려고 할 때에 천묘(遷廟)한 신주가 없으면 폐백(幣帛)과 피규(皮圭)를 가지고 조묘(祖廟)·예묘(禰廟)에 고하고 드디어 그것을 받들어 제거(齊車)에 싣고 간다. 그것을 주명(主命)이라고 한다. ○祖禰(조녜)―아버지의 묘(廟)인 예(禰)와 다른 선조의 묘를 말한다.

자유(子游)가 물었다. "자모(慈母) 상(喪)을 어머니의 상과 같이하는 것이 예입니까?" 공자가 말씀하였다. "그것은 예가 아니다. 옛날에 남자는 밖으로 사부(師傅)가 있고, 안에는 자모(慈母)가 있어서 군명(君命)으로 아들을 가르치게 한 것이다. 그러니 복(服)이 있을 이치가 없다. 옛날에 노(魯)나라의 소공(昭公)이 어려서 그 어머니를 여의고

자모가 있었는데 아주 착하였다. 그 자모가 죽자 소공이 차마 그대로 있을 수가 없어서 상복을 입고자 하였다. 유사(有司)가 말하기를, '옛날의 예법에 자모에 대해서는 복이 없습니다. 지금 국군께서 복을 입으시면 그것은 옛 예법에 거슬리는 것이 되어 국법이 문란하게 됩니다. 만약 끝내 강행하신다면 유사가 글로 써서 후세에 남길 것이니, 좋은 일이 아니지 않습니까.'라고 하였다. 공(公)이 말하기를, '옛날의 천자는 연관(練冠) 차림으로 연거(燕居)하였다.'라고 말하고, 공이 차마 그대로 있지 못하여 드디어 연관 차림으로 자모의 상복을 입었다. 자모의 상에 상복을 입는 일이 노나라 소공에게서부터 시작된 것이다."

原文 子游이 問曰, 喪慈母하되, 如母이, 禮與니이까. 孔子이 曰, 非禮也니, 古者에 男子는 外有傅하고, 內有慈母하여, 君命所使敎子也니, 何服之有리오. 昔者에 魯昭公이, 少喪其母하고, 有慈母良하더니, 及其死也하여, 公이 弗忍也하사, 欲喪之어시늘, 有司이 以聞曰, 古之禮에, 慈母無服하니, 今也에 君爲之服하시면, 是는 逆古之禮, 而亂國法也니, 若終行之하시면 則有司이 將書之하여 以遺後世하리니, 無乃不可乎니이까. 公이 曰, 古者에 天子는 練冠以燕居라 하시고, 公이 弗忍也하사, 遂練冠하여, 以喪慈母하시니, 喪慈母이, 自魯昭公으로 始也니라.

(자유 문왈 상자모 여모 예여 공자
왈 비례야 고자 남자 외유부 내유자모 군명
소사교자야 하복지유 석자 노소공 소상기모
유자모량 급기사야 공 불인야 욕상지
유사 이문왈 고지례 자모무복 금야 군위지복
시 역고지례 이란국법야 약종행지 즉유사
장서지 이유후세 무내불가호 공 왈 고자
천자 연관이연거 공 불인야 수연관 이
상자모 상자모 자노소공 시야)

註解 o慈母(자모)-아버지의 첩(妾). 아들이 없는 첩이 남편의 다른 첩의 아들로서 어머니가 없는 자를 양육했을 경우 양육받은 아들의 자모라고 한다. o何服之有(하복지유)-무슨 복이 있겠는가, 복이 없다란 뜻. 천자·제후는 서모(庶母)를 위해 복을 입지 않는다. 이 경우는 천자나 제후의 경우를 말한 것이다. o遂練冠以喪慈母(수연관이상자모)-연관(練冠)은 희게 바랜 비단으로 만든 관이다. 주(周)나라 이전에는 천자나 제후의 서자가 천자나 제후가 되었을 때 그의 생모(生母)를 위해 연관 차림의 복을 입었다. 그러나 연거(燕居) 때에만 연관을 착용하였고 외출할 때에는 평복으로 바꾸었다.

증자가 물었다. "제후가 천자에게 여현(旅見)할 때 문 안에 들어섰으나 예(禮)를 마치지 못하고 중도에 그치는 경우가 몇 가지나 됩니까?" 공자가 말씀하였다. "네 가지의 경우가 있다." 증자가 청해 물으니 공자가 말씀하였다. "태묘(大廟)에 불이 났을 때, 일식(日食)이 있을 때, 왕후(王后)의 상(喪)이 있을 때, 비가 의복을 적셔 용의가 바르지 못할 때에는 여현의 예를 중지한다. 만일 제후가 모두 있을 때에 일식이 일어나면 모두 천자를 따라 구일(救日)을 하되, 이 경우에는 각각 자기 방위(方位)의 옷빛과 자기 방위의 병기(兵器)를 갖는다. 태묘에 불이 나면 모두 천자를 따라 구화(救火)하되, 이 경우에는 자기 나라 방위의 복색과 병기를 사용하지 않는다."

原文 曾子이 問曰, 諸侯이 旅見天子할새, 入門하여, 不得終禮하여 廢者는 幾니이꼬. 孔子이 曰, 四니라. 請問之하온데, 曰, 大廟火커나, 日食커나, 后之喪커나, 雨霑服失容이어든, 則廢하나니, 如諸侯이 皆在而日食이어든, 則從天子하여 救日하되, 各以其方色與其兵하고, 大廟火어든, 則從天子救火하되, 不以方色與兵이니라.
  (증자 문왈 제후 여현천자 입문 부득종례

폐자 기 공자 왈 사 청문지 왈 태
묘화 일식 후지상 우점복실용 즉폐
여제후 개재이일식 즉종천자 구일 각이기방
색여기병 태묘화 즉종천자구화 불이방색여병)

註解   ○旅見天子(여현천자)−여러 제후가 함께 알현(謁見)하는 일. 여
(旅)는 중(衆)과 같은 뜻. ○救日(구일)−옛날에는 일식은 해의 재해로
알았기 때문에 기도하고 북을 치며 해가 먹히는 것을 구제한다고 하였다.
○各以其方色與其兵(각이기방색여기병)−동방의 제후는 푸른 옷에 극(戟)을
사용했고, 남방의 제후는 붉은 옷에 모(矛)를, 중앙은 누런 옷에 북을, 서
방은 흰 옷에 노(弩)를, 북방은 검은 옷에 순(楯)을 각각 사용했다. 이리
하여 일식은 음이 양을 침범하는 것이고 오행(五行)의 방색(方色)을 바
르게 하여 압승(壓勝)하게 하는 것이다.

증자가 물었다. "제후가 서로 만나볼 때에 읍양(揖讓)하고 문에 들
어갔으나 마침내 예(禮)를 마치지 못하고 중지하는 경우가 몇 가지나
있습니까?" 공자가 말씀하였다. "여섯 가지의 경우가 있다." 증자가
청해 물으니 공자가 말씀하였다. "천자가 붕(崩)한 경우, 태묘에 불이
난 경우, 일식이 일어난 경우, 천자의 왕후 상(喪)이 있는 경우, 주국
군(主國君)의 부인(夫人) 상이 있는 경우와 비가 의복을 적시어 용의
가 단정하지 못한 경우에는 상견례를 중지한다."

증자가 물었다. "천자의 상제(嘗祭)·체제(禘祭)·교사(郊祀)·사
사(社祀) 및 오사(五祀)의 제사에서 보궤(簠簋)를 이미 진설(陳設)하
였을 때 천자가 붕(崩)하거나, 왕후의 상을 당하면 어떻게 합니까?"
공자가 말씀하였다. "제사를 중지한다."

증자가 물었다. "제사를 당하여 일식이 있거나 태묘에 불이 나거나
하면 그 제사를 어떻게 합니까?" 공자가 말씀하였다. "접제(接祭)를
거행할 뿐이다. 만일 희생이 도착하였으나 아직 도살하지 않았으면
제사를 중지한다."

原文 曾子이 問曰, 諸侯이 相見할새, 揖讓入門하여, 不得終禮하여, 廢者는 幾니이꼬. 孔子이 曰, 六이니라. 請問之하온데, 曰, 天子이 崩커시나, 大廟火커나, 日食커나, 后夫人之喪커나, 雨霑服失容이어든, 則廢니라.

(증자 문왈 제후 상견 읍양입문 부득종례
폐자 기 공자 왈 육 청문지 왈
천자 붕 태묘화 일식 후부인지상 우점
복실용 즉폐)

曾子이 問曰, 天子이 嘗・禘・郊・社・五祀之祭에, 簠簋를 旣陳이어든, 天子이 崩커시나, 后之喪이어든, 如之何니이꼬. 孔子이 曰, 廢니라.

(증자 문왈 천자 상・체・교・사・오사지제 보궤
기진 천자 붕 후지상 여지하 공자 왈 폐)

曾子이 問曰, 當祭而日食커나, 大廟火어든, 其祭也에 如之何니이꼬. 孔子이 曰, 接祭而已矣니, 如牲至未殺이어든, 則廢니라.

(증자 문왈 당제이일식 태묘화 기제야 여지하
공자 왈 접제이이의 여생지미살 즉폐)

註解 ㅇ嘗(상)・禘(체)・郊(교)・社(사)−상(嘗)은 가을 제사이므로 새 곡식을 신에게 바치는 제사. 체(禘)는 종묘의 여름 제사, 교(郊)는 교사(郊社), 즉 하늘에 드리는 제사, 사(社)는 토지의 신에게 지내는 제사이다. 즉 상・체는 종묘의 제사이고, 교・사는 천지의 제사이다. ㅇ五祀(오사)−〈곡례(曲禮)〉 하(下) 참조. ㅇ簠簋(보궤)−서직(黍稷)을 담는 대나무로 만든 제기(祭器). ㅇ接祭(접제)−접(接)은 첩(捷)이니 빠르다는 뜻이다. 제사에서 감략절문(減略節文)하여 빨리 마치기를 힘쓰는 제사.

천자가 붕(崩)하여 아직 빈장(殯葬)하지 않았으면 오사(五祀)의 제사를 거행하지 않는다. 빈장한 뒤에 제사를 지내되 그 제사에는 시동

씨(尸童氏)를 맞아들여서 축(祝)이 밥을 올리되 삼반(三飯)에 그치고
더 권하지 않는다. 그리고 밥먹은 뒤에 술로 입을 가시게 하는 절차
는 있으나 그 잔을 수작(酬酌)하는 일은 하지 않는다. 또 빈(殯)을 파
헤쳐 영구(靈柩)를 들어내는 데서부터 장사하고, 반곡(反哭)할 때까
지는 오사(五祀)의 제사는 거행하지 않으며 장사를 마친 후에 제사를
지내되 이때의 제사는 축인(祝人)에게 술잔을 주는 것으로 헌수(獻
酬)를 그친다.

증자가 물었다. "제후가 사직에 제사하려고 조두(俎豆)를 이미 진
설하였을 때 천자가 붕하였거나 왕후의 상을 당했을 경우에, 또는 국
군이 훙하였거나 그 부인의 상을 당한 경우에는 어떻게 합니까?" 공
자가 말씀하였다. "제사를 중지한다. 국군이 훙한 경우에는 훙한 때로
부터 설빈(設殯)할 때까지와 빈(殯)을 열어서 장사하고 반곡(反哭)에
이르기까지는 천자의 예에 따르는 것이다."

原文 天子이 崩하사, 未殯이어든, 五祀之祭를, 不行하고, 旣殯
而祭하되, 其祭也에, 尸入하여 三飯不侑하며, 酳不酢而已矣니라.
自啓로 至于反哭은, 五祀之祭를 不行하고, 已葬而祭하되 祝畢
獻而已니라.
  (천자 붕 미빈 오사지제 불행 기빈
  이제 기제야 시입 삼반불유 윤부작이이의
  자계 지우반곡 오사지제 불행 이장이제 축필헌이이)
曾子이 問曰, 諸侯之祭社稷에, 俎豆旣陳이어늘, 聞天子崩커시
나, 后之喪커나, 君薨커나, 夫人之喪이어든, 如之何니이꼬. 孔子
이 曰, 廢니라. 自薨으로 比至于殯과, 自啓로 至于反哭은, 奉帥
天子니라.
  (증자 문왈 제후지제사직 조두기진 문천자붕
  후지상 군훙 부인지상 여지하 공자

왈 폐 자홍 비지우빈 자계 지우반곡 봉솔천자)

[註解] ㅇ三飯不侑(삼반불유)─유(侑)는 밥을 더 권한다는 뜻. 밥을 세 번 먹게 하고 다시 더 권하지 않는다는 말. 사(士)의 제사 때에 시동씨는 9반(飯), 즉 아홉 번 먹고, 대부의 제사에는 11반, 제후는 13반, 천자는 15반 하는 것이 원칙이다. ㅇ酳不酢(윤부작)─윤(酳)은 밥을 먹은 다음에 술로 입안을 가시는 것이고, 작(酢)은 술잔을 주고받는 것이다. 즉 시동씨의 삼반(三飯)을 마친 뒤에 주인이 시동씨에게 술잔을 드려 입을 가시게 하는 일에 그치고 그 이하의 절차는 생략한다는 말. ㅇ已葬而祭(이장이제) 祝畢獻而已(축필헌이이)─축인(祝人)이 술잔을 드리지 않고 그것으로 끝낸다는 말. 천자가 붕어하여 장사를 지낸 뒤에 오사(五祀)의 제사를 거행하는 경우에는 축인이 시동씨에게 밥을 권하여 15반(飯)에 이르며, 섭주(攝主)가 술을 부어 올려 시동씨에게 입을 가시게 하고, 시동씨는 그것을 마친 다음 섭주에게 답배(答盃)한다. 섭주가 전부 마시고 잔에 술을 부어 축인에게 드린다. 그러나 여기서는 축인은 그 잔을 마시는 것으로 술잔의 헌수(獻酬)를 그친다. 즉 좌식(佐食) 이하에 술잔을 주는 일을 하지 않는다. ㅇ奉帥天子(봉솔천자)─받들어 천자의 예(例)에 따른다는 말.

증자가 물었다. "대부의 제사에 이미 조두(俎豆)를 벌여 놓고 변두(籩豆)를 이미 진설해 놓았으나 예를 이룰 수 없어서 중지하는 경우는 몇 가지가 있습니까?" 공자가 말씀하였다. "아홉 가지가 있다." 증자가 청해 물으니, 공자가 말씀하였다. "천자가 붕한 경우, 왕후의 상을 당한 경우, 국군이 훙한 경우, 국군 부인의 상을 당한 경우, 태묘(大廟)에 불이 난 경우, 일식의 경우, 삼년상(三年喪)의 경우, 재최(齊衰)나 대공복(大功服)의 상인 경우에는 모두 제사를 중지한다. 외상(外喪)이면 재최 이하의 상에는 모두 제사를 거행한다. 그러나 그 재최의 상임에도 불구하고 거행하는 제사에는 시동씨를 맞아들여 3반을 올릴 뿐 더 권하지 않는다. 3반이 끝나고 술로 입을 가시는 일도 시동씨에게 술잔을 드리어 입을 가시게 할 뿐 그 잔을 수작(酬酌)하는 일은 하지 않는다. 대공복의 상에도 불구하고 거행하는 제사에는 [다른 절차는 예제(禮制)대로 거행하지만] 술잔을 수작하고 그친다. 소공(小功)이나 시마복(緦麻服)의 경우에는 실중헌수(室中獻酬)만으로 그친다. 사(士)의 경우는 다르므로 시마복의 상에도 제사를 중지한다. 제사지내는 바가 죽은 자에게 무복(無服)이면 제사를 지낸다.”

原文   曾子이 問曰, 大夫之祭에, 鼎俎旣陳하며, 籩豆旣設하고, 不得成禮하여, 廢者는 幾니이꼬. 孔子이 曰, 九니라. 請問之하온대 曰, 天子이 崩커시나, 后之喪커나, 君薨커나, 夫人之喪커나, 君之大廟火커나, 日食커나, 三年之喪커나, 齊衰·大功이어든, 皆廢니, 外喪은 自齊衰以下에 行也니라. 其齊衰之祭也는, 尸入하여, 三飯不侑하며, 酳不酢而已矣니, 大功엔 酢而已矣요, 小功·緦엔, 室中之事而已矣니, 士之所以異者는, 緦不祭니, 所祭於死者에 無服이어든, 則祭니라.

(증자 문왈 대부지제 정조기진 변두기설
부득성례 폐자 기 공자 왈 구 청문지
왈 천자 붕 후지상 군훙 부인지상
군지태묘화 일식 삼년지상 재최·대공 개
폐 외상 자재최이하 행야 기재최지제야 시입
삼반불유 윤부작이이의 대공 작이이의 소
공·시 실중지사이이의 사지소이이자 시부제 소제
어사자 무복 즉제)

註解   ○鼎(정)—세 발 달린 솥. 용기로도 사용한다. ○室中之事而已(실중지사이이)—실중(室中)의 헌수(獻酬)만으로 그치는 것. ○無服(무복)—예법상 복상(服喪)의 의무가 없다는 뜻.

증자가 물었다. “자신이 3년의 상중(喪中)에 있으면서 남을 조문

(弔問)할 수 있습니까?" 공자가 말씀하였다. "3년 상(喪)에서는 소상을 지낸 후에도 여러 사람과 함께 서거나 여행도 하지 않는 정도이다. 군자는 예의에 따라 애락(哀樂)의 정(情)을 나타내는 것이므로 부모의 상중에는 부모를 생각할 뿐인데, 〔타인의 죽음을 슬퍼할 여지가 없으므로〕 그저 형식적인 조문으로 애곡(哀哭)한다는 것은 허례(虛禮)가 아니겠는가."

증자가 물었다. "대부나 사(士)가 부모의 상을 입고 있으나 곧 제상(除喪)하게 되었을 때 임금의 상을 당하면 부모의 상을 어떻게 제상해야 합니까?" 공자가 말씀하였다. "임금의 상복을 입으면 감히 부모의 상을 입지 못한다. 따라서 부모의 상을 제복(除服)할 수 없는 것이다. 그러므로 이런 경우에는 부모의 상을 때가 지나도 제상하지 못하는 일이 있는 것이다. 임금의 상복을 벗은 뒤에 부모를 위하여 소상 대상을 은제(殷祭)로 거행하는 것이 예이다."

[原文] 曾子이 問曰, 三年之喪에 弔乎니이까. 孔子이 曰, 三年之喪에, 練하고 不羣立하며, 不旅行하며, 君子는 禮以飾情이니, 三年之喪而弔哭이, 不亦虛乎아.
　　(증자 문왈 삼년지상 조호 공자 왈 삼년
　　지상 연 불군립 불여행 군자 예이식정
　　삼년지상이조곡 불역허호)

曾子이 問曰, 大夫·士이, 有私喪하여, 可以除之矣로되, 而有君服焉이어든, 其除之也에, 如之何니이꼬. 孔子이 曰, 有君喪服於身이어든, 不敢私服이니, 又何除焉이리오. 於是乎에, 有過時而弗除也하나니, 君之喪服을 除, 而后에 殷祭이, 禮也니라.
　　(증자 문왈 대부·사 유사상 가이제지의 이유
　　군복언 기제지야 여지하 공자 왈 유군상복
　　어신 불감사복 우하제언 어시호 유과시이
　　불제야 군지상복 제 이후 은제 예야)

註解   ○練不羣立不旅行(연불군립불여행)―소상을 지낸 뒤에도 여러 사람들과 함께 있거나 다니지 않는다는 말. 연(練)은 소상(小祥). 군립(羣立)은 여러 사람이 한데 모여 서는 것. 여행은 여러 사람이 함께 다니는 것.   ○禮以飾情(예이식정)―예(禮)는 사람의 심정(心情)을 외식(外飾)으로 표현한 것이란 뜻. ○三年之喪而弔哭(삼년지상이조곡) 불역허호(不亦虛乎)―자신이 3년상의 거상중에 있으면 자신의 어버이를 위하여 슬퍼하는 마음으로 가득 차 있다. 그러므로 남의 상을 슬퍼할 겨를이 없을 것이니, 남의 상을 조문한다는 것은 허례에 지나지 않는다는 뜻. ○不敢私服(불감사복)―버슬하는 자로서 임금을 위한 상복(喪服)을 입고 있으면 비록 부모의 상을 당할지라도 임금의 상복 위에 감히 부모의 상복을 입지 못한다는 말. ○君之喪服除(군지상복제) 而后殷祭禮也(이후은제예야)― 부모의 상복을 제상(除喪)의 시기가 지나도 제상하지 못한 것은, 임금의 상복을 제복(除服)한 뒤에 은제(殷祭)로 거행하는 것이 예라는 말. ○殷祭(은제)―성제(盛祭), 즉 성대한 예(禮)의 제사라는 말.

증자가 물었다. "〔부모의 상중에 임금의 상을 당하면 그로 인해 부모의 상은 임금의 상이 제상(除喪)된 다음 달에 제상한다는 규정인 것 같습니다만〕 그때 부모의 상을 제상하지 않고 나머지 기간 동안 복을 입으면 안됩니까?" 공자가 말씀하였다. "선왕께서 예법을 제정하고 시기가 지난 제사는 지내지 않기로 정하였다. 〔그런데 그대의 말처럼 임금의 상이 제상한 뒤에〕 부모의 상을 제상하지 않고 계속해서 복을 입는 것도 해서 안되는 것은 아니지만, 그건 선왕의 예제의 취지에 벗어나는 것이 될 것이다. 그러므로 군자에게 있어서는 때가 지나면 제사지내지 않는 것이 예이다."

증자가 물었다. "임금이 훙하여 이미 설빈(設殯)한 때에 신하가 부모의 상(喪)을 당하면 어떻게 합니까?" 공자가 말씀하였다. "조정에서 나와 집으로 돌아가서 상을 입고 있으면서 삭망(朔望)이나 천신(薦新)의 전(奠)과 같은 은사(殷事)가 있을 때에만 군소(君所)에 가고 조석(朝夕)으로는 가지 않는다." 증자가 말하였다. "이미 임금의 빈(殯)을 파 열었을 때에 신하에게 부모의 상이 있게 되면 어떻게 합니까?" 공자가 말씀하였다. "집에 돌아가서 곡(哭)하고 다시 돌아와서 임금의 장행(葬行)을 보내야 한다." 증자가 말하였다. "임금이 훙하여 아직 설빈(設殯)하기 전에 신하가 부모의 상을 당하면 어떻게 합니까?" 공자가 말씀하였다. "집에 돌아가 부모의 시체를 빈(殯)한 뒤에 군소(君所)에 돌아오며 부모의 상은 은사(殷事)가 있을 때만 집에 돌아가고 조석(朝夕)의 상식(上食)에는 가지 않는다. 그동안 대부(大夫)의 경우에는 실로(室老)가 조석전(朝夕奠) 등의 일을 섭행(攝行)하고, 사(士)의 경우에는 자손이 섭행한다. 대부의 내자(內子)도 역시 군소(君所)에 가지만, 그러나 조석전에는 가지 않는다."

[原文] 曾子이 問曰, 父母之喪을, 弗除이, 可乎니이까. 孔子이 曰, 先王이 制禮하되, 過時弗擧이, 禮也니, 非弗能하여 勿除也라, 患其過於制也니라. 故로 君子는 過時不祭이, 禮也니라.
  (증자 문왈 부모지상 불제 가호 공자
  왈 선왕 제례 과시불거 예야 비불능 물제야
  환기과어제야 고 군자 과시부제 예야)

  曾子이 問曰, 君薨旣殯하여, 而臣有父母之喪이어든, 則如之何니이꼬. 孔子이 曰, 歸居于家하여, 有殷事어든, 則之君所하고, 朝夕엔 否니라. 曰, 君旣啓하여, 而臣有父母之喪이어든, 則如之何니이꼬. 孔子이 曰 歸哭, 而反하여 送君이니라. 曰, 君未殯하여, 而臣有父母之喪이어든, 則如之何니이꼬. 孔子이 曰, 歸殯하고, 反于君所하며, 有殷事어든, 則歸하고, 朝夕엔 否니, 大夫는 室老行事하고, 士는 則子孫이 行事니라. 大夫內子도, 有殷事어든, 亦之君所나, 朝夕엔 否니라.
  (증자 문왈 군훙기빈 이신유부모지상 즉여지

하 공자 왈 귀거우가 유은사 즉지군소
조석 부 왈 군기계 이신유부모지상 즉여지
하 공자 왈 귀곡 이반 송군 왈 군미빈
이신유부모지상 즉여지하 공자 왈 귀빈
반우군소 유은사 즉귀 조석 부 대부
실로행사 사 즉자손 행사 대부내자 유은사
역지군소 조석 부)

> 註解   ○殷事(은사)—은성(殷盛)한 일. 여기서는 가령 삭망(朔望)이나 천신(薦新)의 설전(設奠)과 같은 것. ○室老行事(실로행사)—실로(室老)는 가상(家相)의 장(長), 행사는 주인의 일을 섭행(攝行)하는 것. ○內子(내자)—경대부(卿大夫)의 적처(嫡妻)를 일컫는 말.

죽은 사람보다도 지위가 낮은 자나, 나이가 아래인 자는 뇌(誄)하지 않는 것이 예이다. 오직 천자만이 하늘의 이름을 일컫고 뇌할 뿐이다. 또 제후간에 서로 뇌하는 것은 예가 아니다.

증자가 물었다. "국군이 일이 있어서 국경을 나갈 때에는 상(喪)에 대비하는 준비와 내관(內棺)을 갖고 좇아가게 하는데 국군이 국경 밖에서 훙하면 그의 시체가 돌아올 때 어떻게 해야 합니까?" 공자가 말씀하였다. "이미 대렴(大斂)한 뒤라면 나라의 유사(有司)가 그 아들에게 빈(殯)할 때에 입는 복(服)을 준다. 그러면 아들은 마변질(麻弁経)과 소최비장(疏衰菲杖) 차림을 하고, 빈궁(殯宮)의 문 서쪽 담의 헐어 놓은 곳으로 돌아와서 서쪽 계단을 거쳐 올라간다. 만일 소렴(小斂)만 하고 돌아오는 경우이면 아들은 머리에 문포(免布)만을 매고 영구(靈柩)의 뒤를 따라 문으로 들어와서 조계(阼階)를 거쳐 올라간다. 이러한 일은 군(君)·대부·사(士)의 경우에 그 절차가 동일한 것이다."

증자가 물었다. "국군의 상이 있어서 장사지내기 위해 이미 발인한 때에 부모의 상보(喪報)를 들었다면 어떻게 해야 합니까?" 공자가 말씀하였다. "임금의 영구를 장지로 보내는 일을 계속 수행한다. 그리고 임금의 영구를 폄(窆)한 뒤에 곧 돌아오고 그 아들이 돌아가는 것을 기다리지 않는다."

증자가 물었다. "부모의 상을 이미 발인(發引)하여 장지로 가는 길에 올랐을 때에 국군이 훙하였다는 전갈을 들으면 어떻게 해야 합니까?" 공자가 말씀하였다. "어버이의 영구를 장송(葬送)하는 일을 계속 수행한다. 그리하여 하관(下棺)을 마치면 즉시 옷을 고쳐 입고 임금의 상(喪)에 달려간다."

原文 賤不誄貴하며, 幼不誄長이, 禮也니, 唯天子이, 稱天以誄之하나니, 諸侯이 相誄는, 非禮也니라.
(천불뢰귀 유불뢰장 예야 유천자 칭천이뢰
지 제후 상뢰 비례야)

曾子이 問曰, 君이 出疆하되, 以三年之戒하사, 以椑從하시나니, 君이 薨이어든 其入엔, 如之何니이꼬. 孔子이 曰, 共殯服이어든, 則子는 麻弁経하며, 疏衰하며, 菲杖하고, 入自闕하여, 升自西階하고, 如小斂이어든, 則子는 免而從柩하고, 入自門하여, 升自阼階하나니, 君·大夫·士이, 一節也니라.
(증자 문왈 군 출강 이삼년지계 이벽종
군 훙 기입 여지하 공자 왈 공빈복
즉자 마변질 소최 비장 입자궐 승자서
계 여소렴 즉자 문이종구 입자문 승자
조계 군·대부·사 일절야)

曾子이 問曰, 君之喪에 旣引하고, 聞父母之喪이어든, 如之何니이꼬. 孔子이 曰, 遂니, 旣封而歸요, 不俟子니라.
(증자 문왈 군지상 기인 문부모지상 여지하
공자 왈 수 기봉이귀 불사자)

曾子이 問曰, 父母之喪에 旣引하고, 及塗하여, 聞君薨이어든

如之何니이꼬. **孔子**이 **曰, 遂**니, **旣封**하고, **改服而往**이니라.
(증자 문왈 부모지상 기인 급도 문군흥
여지하 공자 왈 수 기봉 개복이왕)

註解 ○誄(뢰)―사람의 생시에 실행한 공덕을 칭송하여 말하고 그로 인하여 시호(諡號)를 정하는 일. ○以三年之戒(이삼년지계) 以椑從(이벽종)―임금이 일이 있어 국경 밖으로 나갈 때에는 혹시 국경 밖에서 죽는 일이 있을 것을 염려하여 상(喪)에 대한 준비를 하고, 또 내관(內棺)을 갖고 뒤따라오게 한다는 것. 삼년지계(三年之戒)는 상(喪)에 대한 준비를 뜻하고 벽(椑)은 내관(內棺)을 뜻한다. ○共殯服(공빈복)―만일 국군이 국외에서 흥하여 이미 대렴(大斂)을 마치고 돌아온다면 나라의 유사(有司)가 그 아들에게 빈(殯)할 때에 입는 복을 공여(供與)한다는 말. ○麻弁絰(마변질) 疏衰(소최) 菲杖(비장)―포변(布弁)·환질(環絰)과 재최복(齊衰服)과 짚신과 상장(喪杖). ○入自闕(입자궐)―영구(靈柩)가 들어올 때에 빈궁(殯宮) 문의 서쪽 담을 헐고 그 무너진 곳으로 들어온다는 말. ○子免而從柩(자문이종구)―문(免)은 문포(免布), 즉 상중(喪中)에 머리를 묶는 천 조각. 아들은 오직 머리에 문포만을 매고 영구를 쫓아온다는 말. ○阼階(조계)―동쪽 계단, 즉 주인이 오르내리는 계단. ○旣引(기인)―이미 발인했다는 말. ○遂(수)―그대로 수행한다는 말. 하던 일을 끝마친다는 뜻.

증자가 물었다. "어떤 집에서 종자(宗子)는 사(士)이고 서자(庶子)는 대부이면 그 제사를 어떻게 해야 합니까?" 공자가 말씀하였다. "상급의 희생으로 종자가 그 집에서 제사지낸다. 그리고 축인(祝人)이 '효자 아무개가 아무개를 위하여 매세(每歲)의 상사(常事)를 천(薦)합니다.'라고 한다. 만일 종자가 죄를 짓고 타국에 있으며, 서자(庶子)는 대부이면 그 제사에는 축인이 말하기를 '효자 아무개가 개자(介子) 아무개로 하여금 상사(常事)로 거행하는 제사를 지내게 합니다.'라고 한다. 그리고 섭주(攝主), 즉 대리제주(代理祭主)는 염제

(厭祭)를 거행하지 않으며, 여수(旅酬)도 행하지 않고, 축복하는 절차
도 생략하며, 수제(墮祭)도 지내지 않으며, 배위(配位)의 배향(配享)
을 고축(告祝)하는 일도 하지 않는다. 그리고 주인이 조제(助祭)한
빈객(賓客)에게 수작(酬酌)하는 술잔을 객에게 드리면 객이 그 술잔
을 받아서 빈조(賓俎)의 북쪽에 놓고 수작(酬酌)하지 않는다. 주인은
또 내빈들에게 제육(祭肉)을 나누어 주는 일도 하지 않으며 빈객들에
게 고하기를, '종형(宗兄)〔혹은 종제(宗弟) 또는 종자(宗子)〕이 타국
에 있어서 이 아무개로 하여금 여러분께 인사드리게 하였습니다.'라고
한다."

原文 曾子이 問曰, 宗子이 爲士요, 庶子이 爲大夫어든, 其祭
也에 如之何니이꼬. 孔子이 曰, 以上牲으로 祭於宗子之家하되,
祝이 曰, 孝子某이, 爲介子某하여, 薦其常事라하나니라. 若宗子
이 有罪하여, 居於他國하고, 庶子이 爲大夫어든, 其祭也에, 祝이
曰, 孝子某이, 使介子某로, 執其常事라 하나니, 攝主는 不厭祭
하며, 不旅하며, 不假하며, 不綏祭하며, 不配하나니라. 布奠於賓이
어든, 賓이 奠而不擧하며, 不歸肉하나니, 其辭于賓曰, 宗兄·宗
弟·宗子이, 在他國하여, 使某辭라 하나니라.
  (증자 문왈 종자 위사 서자 위대부 기제
  야 여지하 공자 왈 이상생 제어종자지가
  축 왈 효자모 위개자모 천기상사 약종자
  유죄 거어타국 서자 위대부 기제야 축
  왈 효자모 사개자모 집기상사 섭주 불염제
  불여 불가 불수제 불배 포전어빈
  빈 전이불거 불귀육 기사우빈왈 종형·종
  제·종자 재타국 사모사)

註解 ○宗子(종자)—종가(宗家)의 적장자(嫡長子). 본가(本家)를 잇는

적장자. ㅇ上牲(상생)-상급(上級)의 양·돼지 등의 희생. 상생을 쓰는 것은 대부의 제례(祭禮)이다. ㅇ介子(개자)-서자(庶子)와 같은 말. ㅇ薦其常事(천기상사)-상례(常例)로 올리는 제사를 지낸다는 말. 천(薦)은 제사를 올린다는 뜻. 상사(常事)는 해마다 받드는 떳떳한 일이란 뜻. ㅇ攝主(섭주)-주인을 대리한다는 말. ㅇ不厭祭(불염제)-염제를 지내지 않는다는 말. 염(厭)은 싫도록 먹는다는 뜻으로 신(神)이 흠향하는 것. 염제에는 음염(陰厭)과 양염(陽厭)의 두 종류가 있다. 즉 시동씨가 들어오기 전에 거행하는 음염과 시동씨가 나간 뒤에 거행하는 양염을 총칭하여 염제라고 한다. 그런데 서자가 종자를 대신하여 거행하는 제사에는 염제는 거행하지 않는다는 것이다. ㅇ不旅(불려)-여수(旅酬)하지 않는다는 말. 여수는 여러 사람이 제사 뒤에 술잔을 수작(酬酌)하는 것인데, 서자가 종자를 대행하는 제사에는 여수의 절차를 생략한다는 말. ㅇ不假(불가)-가(假)는 하(嘏)의 잘못으로 축복 경하(慶賀)하는 말이다. 제사 때 시동씨가 11반(飯)을 마치면 주인이 술을 시동씨에게 올려 입을 가시게 한다. 시동씨가 그 잔을 마신 다음 주인에게 답배(答盃)하는 일을 마친 다음, 축인(祝人)에게 명하며 주인에게 축복과 경하의 말을 하게 한다. 그러나 여기에서는 서자가 종자(宗子)를 대신하고 있으므로 그러한 절차를 생략한다는 것이다. ㅇ不綏祭(불수제)-수(綏)는 수(隋)로도 쓴다. 수(隋)는 감해서 덜어낸다는 뜻이다. 즉 수제(隋祭)의 절차를 생략한다는 말이다. ㅇ不配(불배)-배(配)는 제사 때에 배위(配位)에게도 함께 제사하는 것을 미리 신에게 고축(告祝)한다. 그러나 서자가 종자를 대행하는 제사이므로 배위를 배향(配享)한다는 것을 고축하지 않는다는 뜻이다. ㅇ不歸肉(불귀육)-제사 때 쓴 고기를 나누어 주는 일도 하지 않는다는 말.

증자가 물었다. "종자(宗子)가 타국에 있고 서자(庶子)는 관작(官爵)없이 살고 있는 자이면 그 서자가 제사를 거행할 수 있습니까?" 공자가 말씀하였다. "제사를 지낼 수 있다." 증자가 물었다. "그 제사는 어떻게 거행합니까?" 공자가 말씀하였다. "제사를 지내려는 사람의 무덤 쪽을 향해서 제단(祭壇)을 설치하고 계절에 맞는 제사를 지

낸다. 그리고 만일 타국에서 종자가 죽었으면 집에 돌아와 제사를 지
낸다. 종자가 죽은 뒤에는 서자가 제사 때 축(祝)에 자신의 이름을 일
컫지만 감히 효자 아무개라고는 하지 않고 자(子) 아무개라고 한다.
그러한 일은 서자 자신이 죽을 때까지 그렇게 하고 그의 아들 때부터
는 효자 아무개라고 쓴다. 자유(子游)의 문인에 서자가 제사지내는
자가 있어서 모두 이 예법을 지켰다. 그것은 옛 도리를 순종한 것이
다. 지금의 서자로서 제사를 받드는 자들은 먼저 고인(古人)들의 제
례(制禮)한 본의를 찾지 않고 제 마음대로 거행한다. 그러므로 제사
를 무망(誣罔)하고 있는 것이다."

原文 曾子이 問曰, 宗子이 去在他國하고, 庶子이 無爵而居者
는, 可以祭乎니이까. 孔子이 曰, 祭哉인저. 請問하나이다. 其祭는
如之何니이꼬. 孔子이 曰, 望墓而爲壇하여, 以時祭니, 若宗子이
死커든, 告於墓, 而后에 祭於家니, 宗子이 死커든, 稱名하고 不
言孝하되, 身沒而已니라. 子游之徒에, 有庶子祭者하여 以此하니,
若義也라. 今之祭者는, 不首其義하나니, 故로 誣於祭也니라.
  (증자 문왈 종자 거재타국 서자 무작이거자
  가이제호 공자 왈 제재 청문 기제
  여지하 공자 왈 망묘이위단 이시제 약종자
  사 고어묘 이후 제어가 종자 사 칭명 불
  언효 신몰이이 자유지도 유서자제자 이차
  약의야 금지제자 불수기의 고 무어제야)

註解 ○祭哉(제재)─물론 제사지낸다하고 공자가 긍정한 말. ○望墓爲
壇(망묘위단) 以時祭(이시제)─종자(宗子)가 외국에 가 있고, 집에 있는
서자는 작위(爵位)가 없다. 그런 경우에는 서자가 감히 종자를 대신하여
사당에서 제사지내지 못하고, 묘(墓)를 향하여 제단을 만들어 놓고 제사
때가 되면 거기에서 제사지낸다는 뜻. ○宗子死(종자사) 稱名不言孝(칭

명불언효)―국외에서 종자가 죽으면 제사에서 이름을 칭하되 효자 아무개
라고는 말하지 못하고 자(子) 아무개라고만 한다는 뜻.

증자가 물었다. "제사에는 반드시 시동씨(尸童氏)를 세워야 합니
까? 염제(厭祭)처럼 시동씨를 세우지 않고 제사를 지내도 좋습니까?"
공자가 말씀하였다. "성인(成人)의 영혼을 제사하려면 반드시 시동씨
를 세운다. 시동씨는 반드시 손자를 세운다. 손자가 너무 어리면 다른
사람으로 하여금 손자를 안고 있게 한다. 손자가 없으면 동성(同姓)
의 손항(孫行)에서 택한다. 상(殤)을 제사할 때에는 반드시 시동씨 없
이 제사를 지낸다. 대체로 상(殤)은 성인이 못되었기 때문이다. 성인
을 제사지내면서 시동씨가 없는 것은 그를 상(殤)으로 대신하는 것이
다." 공자가 말씀하였다. "염제(厭祭)에는 음염(陰厭)과 양염(陽厭)이
있느니라." 증자가 물었다. "상(殤)에는 제례(祭禮)를 갖추지 않는 것
인데 무슨 음염과 양염이 있습니까?" 공자가 말씀하였다. "종자(宗
子)가 상(殤)으로 죽으면 서자가 그의 후계(後繼)가 되지 못하며, 그
길제(吉祭)에는 특생(特牲)으로 상(殤)을 제사하지만 희생의 폐척(肺
脊)을 시동씨에게 주는 절차가 있을 수 없고, 기조(肵俎)가 없으며 현
주(玄酒)가 없고, 이성(利成)을 고(告)하는 절차가 없다. 이것을 음염
이라고 한다. 모든 상(殤)과 무후자(無後者)에 대하여는 종자(宗子)
의 집에서 제사한다. 실내(室內)의 명백(明白)한 곳에서 제사를 거행
하고 그 존위(尊位)는 동쪽 방에 설제한다. 이것을 양염(陽厭)이라고
한다."

原文 曾子이 問曰, 祭必有尸乎니까, 若厭祭亦可乎니이까. 孔
子이 曰, 祭成喪者는 必有尸하고, 尸必以孫이니, 孫幼어든, 則使
人抱之하며, 無孫이어든, 則取於同姓이 可也니라. 祭殤하되 必
厭하나니, 蓋弗成也니라. 祭成喪而無尸는, 是殤之也니라. 孔子이

日, 有陰厭하고, 有陽厭하니라. 曾子이 問日, 殤不祔祭라시니,
何謂陰厭·陽厭이니꼬. 孔子이 日, 宗子이 爲殤而死커든, 庶子
이 弗爲後也요. 其吉祭에 特牲하며 祭殤하되 不擧하며, 無肵俎
하며, 無玄酒하며, 不告利成이니, 是謂陰厭이니라. 凡殤與無後者
를, 祭於宗子之家하되 當室之白하고, 尊于東房하나니, 是謂陽厭
이니라.

　　(증자 문왈 제필유시호 약염제역가호 공
　　자 왈 제성상자 필유시 시필이손 손유 즉사
　　인포지 무손 즉취어동성 가야 제상 필
　　염 개불성야 제성상이무시 시상지야 공자
　　왈 유음염 유양염 증자 문왈 상불부제
　　하위음염·양염 공자 왈 종자 위상이사 서자
　　불위후야 기길제 특생 제상 불거 무기조
　　무현주 불고이성 시위음염 범상여무후자
　　제어종자지가 당실지백 존우동방 시위양염)

註解　　ㅇ尸(시)―시동씨(尸童氏). 옛날에 제사지낼 때 신위(神位) 대신
으로 그 자리에 앉히던 어린이.　ㅇ厭祭(염제)―여기서는 시동씨 없이 지
내는 제사라는 뜻으로 쓰이고 있다.　ㅇ殤不祔祭(상불비제)―부(祔)는 비
(備)의 잘못. 상(殤)에 대해서는 제례(祭禮)를 갖추지 않는다는 말. 상
(殤)이란 어려서 죽는 것을 일컫는 말이다. 16세~19세까지에 죽은 자를
장상(長殤), 12세~15세까지에 죽은 자를 중상(中殤), 8세~11세까지에
죽은 자를 하상(下殤)이라고 한다.　ㅇ不擧(불거)―제사에 시동씨가 있으
면 희생의 폐척(肺脊)을 시동씨에게 주어 제사하고 먹게 한다. 그러나 상
(殤)을 제사할 때에는 시동씨가 없으므로 하지 않는다는 말.　ㅇ無肵俎(무
기조)―모든 제사에 있어서 시동씨가 먹고 남은 것은 기조(肵俎)에 돌린
다. 그런데 상(殤)을 제례하는 데는 시동씨가 없으니 기조도 없다는 말.
ㅇ玄酒(현주)―신에게 바치는 물. 태고 때에는 술이 없었으므로 물을 가
지고 제례를 행하였다.　ㅇ利成(이성)―이(利)는 양(養)과 같은 뜻이므로

이성은 공양하는 예가 이미 이루어졌다고 하는 것. ㅇ當室之白(당실지백) —
실내의 서북쪽 구석의 햇볕이 잘 비쳐서 밝고 흰 곳을 택한다는 말.

증자가 물었다. "장례에 있어서 발인하여 길에 이르렀을 때에 일식
이 있으면 무언가 별다른 조치를 취합니까, 아니면 어떤 조치도 안합
니까?" 공자가 말씀하였다. "옛날에 내가 노담(老耼)을 따라 항당(巷
黨)에서 남의 장사(葬事)를 돕고 있었는데 도중에 일식이 일어났다.
노담이 말하였다. '구(丘)야, 영구(靈柩)를 멈추어 길 오른쪽에 놓고
곡은 하지 말아라. 그리고 일식이 끝나기를 기다리게 하여라.' 일광이
회복된 뒤에 행진하며, '이렇게 하는 것이 예이다.'라고 노담이 말했
다. 장사를 치르고 돌아와서 구(丘)가 물었다. '대체로 영구는 한 번
나가면 돌아오지 않는 것으로 빨리 묘지로 가는 것이 좋을 것이고,
일식은 언제 끝날지 모르는 것이므로 기다리는 것보다 전진하는 것이
옳지 않습니까?' 노담이 말하였다. '제후가 천자에게 조근(朝覲)할 때
에는 해돋는 것을 보고 가며, 해질 무렵에 사차(舍次)에 들어서 도로
의 신에게 설전(設奠)하는 것이다. 대부가 사자(使者)로 갈 때에는
해돋는 것을 보고 가며 해질 무렵에 사차에 든다. 대체로 영구는 해
돋기 전에 일찍 나가지 않으며, 저물기 전에 숙박한다. 별을 보고 가
는 자는 오직 죄인이거나 부모의 상에 분상(奔喪)하는 자뿐인 것이다.
일식이 있으니, 어찌 별을 보지 않을 것을 알 수 있겠는가. 또 군자는
예를 행하는 데 있어서 남의 어버이로 하여금 위망(危亡)의 근심에
빠지게 하지 않는다.' 나는 이와 같이 노담에게 배웠다."

原文 曾子이 問曰, 葬引이 至于堩하여, 日有食之어든, 則有變
乎니이까, 且不乎니이까. 孔子이 曰, 昔者에 吾從老耼하여, 助葬
於巷黨하더니, 及堩하여, 日有食之어늘, 老耼이 曰, 丘아, 止柩
就道右하여, 止哭以聽變하라하고, 旣明反, 而后에 行하며, 曰,

禮也라 하더니, 反葬而丘問之曰, 夫柩는 不可以反者也니, 日有
食之에, 不知其已之遲數이어든, 則豈如行哉리오. 老耼이, 曰,
諸侯이 朝天子할새, 見日而行하고, 逮日而舍奠하며, 大夫이 使
할새, 見日而行하고, 逮日而舍하나니, 夫柩는 不蚤出하며, 不莫
宿이니, 見星而行者는, 唯罪人與奔父母之喪者乎인저. 日有食
之하니, 安知其不見星也리오. 且君子이 行禮하되, 不以人之親으
로 痁患이라 하더니, 吾이 聞諸老耼云호라.

(증자 문왈 장인 지우긍 일유식지 즉유변
호 차불호 공자 왈 석자 오종노담 조장
어항당 급긍 일유식지 노담 왈 구 지구
취도우 지곡이청변 기명반 이후 행 왈
예야 반장이구문지왈 부구 불가이반자야 일유
식지 부지기이지지속 즉기여행재 노담 왈
제후 조천자 견일이행 체일이사전 대부 사
견일이행 체일이사 부구 부조출 불막
숙 견성이행자 유죄인여분부모지상자호 일유식
지 안지기불견성야 차군자 행례 불이인지친
점환 오 문저노담운)

註解   ○堩(긍)−길, 도로. ○有變乎(유변호) 且不乎(차불호)−변경이
있습니까, 또는 그렇지 않습니까하고 묻는 말. ○巷黨(항당)−당(黨)의 이
름. 당이란 5백 가구(家口)가 모여 사는 읍(邑). ○止哭以聽變(지곡이청
변)−곡(哭)을 그치고 일식에 변동이 있을 때까지 기다리라고 하는 말.
○明反(명반)−일식하였던 해가 다시 밝아지는 것. ○不知其已之遲數(부
지기이지지속)−속(數)은 속(速)이므로 일식이 끝나는 것이 더딜지 빠를
지 알 수 없다는 말. ○逮日而舍(체일이사)−해가 지기 전에 사차(舍次)
에 들어가는 것. ○不以人之親痁患(불이인지친점환)−남의 어버이로 하
여금 위태로운 근심에 빠지지 않게 한다는 말.

증자가 물었다. "어떤 사람이 임금의 사자(使者)로 가서 그 나라의 여사(旅舍)에서 죽었을 경우 예에 말하기를, '공관(公館)이면 초혼(招魂)하고, 사관(私館)이면 초혼하지 않는다.'라고 하였습니다. 무릇 사신으로 간 나라에서 유사(有司)가 지정해 준 여사이면 그것이 곧 공관이라고 하는데, 어째서 사관에서 초혼하지 않는다고 합니까?" 공자가 말씀하였다. "좋은 질문을 하였다. 경대부로부터 사(士)에 이르기까지의 집을 사관(私館)이라고 하고, 공관과 국가에서 사객(使客)을 유숙시키도록 공명(公命)이 있는 경대부의 관(館)을 공관이라고 한다. '공관에서는 초혼을 한다.'라고 말한 것은 이를 말한 것이다."

증자가 물었다. "하상(下殤)은 토주(土周)의 법에 따라 저택 안의 땅에 장사하는 것이 옛날의 예로, 유체(遺體)를 기(機)라는 것에 싣고 사람들이 운반해 간다고 했는데 그것은 매장하는 곳이 가깝기 때문일 것입니다. 그러나 지금은 하상도 묘지에 장사하므로 길이 가깝다고 할 수만 없을 것입니다. 그 장사를 어떻게 해야 합니까?" 공자가 말씀하였다. "내가 노담(老聃)에게 들은 바에 따르면, 옛날에 사일(史佚)의 아들이 죽으니 하상(下殤)이었다. 그런데 묘지(墓地)가 멀리 있어서 소공(召公)이 말하였다. '어째서 궁중(宮中)에서 관염(棺斂)하지 않는가?' 사일이 말하였다. '내가 어찌 감히 그렇게 할 수 있겠습니까?' 소공이 주공(周公)에게 물으니, 주공은 '그렇게 한들 무슨 지장이 있겠는가.'라고 하였다. 그래서 사일은 안심하고 집에서 납관(納棺)하여 장사지냈다. 이리하여 하상(下殤)에 관(棺)과 관의(棺衣)를 사용하여 장사지내는 일이 사일로부터 시작되었다고 한다."

 曾子이 問曰, 爲君使而卒於舍어든, 禮에 曰, 公館에는 復하고, 私館에는 不復이라 하니, 凡所使之國에, 有司이 所授舍, 則公館己라시니, 何謂私館에 不復也니이꼬. 孔子이 曰, 善乎라 問之也여. 自卿·大夫·士之家曰私館이오, 公館與公所爲曰公

館이니, 公館에 復이, 此之謂也니라.

　(증자 문왈 위군사이졸어사 예 왈 공관

　복 사관 불복 범소사지국 유사 소수사

　즉공관이 하위사관 불복야 공자 왈 선호

　문지야 자경·대부·사지가왈사관 공관여공소위왈공

　관 공관 복 차지위야)

　曾子이 問曰, 下殤은 土周로 葬于園할새, 遂輿機而往은, 塗
邇故也니, 今엔 墓遠하니, 則其葬也에 如之何니이꼬. 孔子이 曰,
吾이 聞諸老耼하니, 曰, 昔者에 史佚이 有子而死하니, 下殤也러
니, 墓遠이어늘, 召公이 謂之曰, 何以不棺斂於宮中고, 史佚이
曰, 吾이 敢乎哉아. 召公이 言於周公하여시어늘, 周公이 曰, 豈
不可리오한대 史佚이 行之하니, 下殤에 用棺衣棺이, 自史佚로
始也니라.

　(증자 문왈 하상 토주 장우원 수여기이왕 도

　이고야 금 묘원 즉기장야 여지하 공자 왈

　오 문저노담 왈 석자 사일 유자이사 하상야

　묘원 소공 위지왈 하이불관염어궁중 사일

　왈 오 감호재 소공 언어주공 주공 왈 기

　불가 사일 행지 하상 용관의관 자사일 시야)

──────────────────────────────────

註解　ㅇ公館復(공관복) 私館不復(사관불복)－외국에 사자(使者)로 간
사람이 그 외국에서 죽었을 때에 그 죽은 곳이 공관(公館)이면 초혼(招
魂)을 하지만 만약 사관(私館)이면 초혼하지 않는다는 말. ㅇ公館與公所
爲曰公館(공관여공소위왈공관)－국가에서 지어 놓고 운영하는 객관(客館)
을 공관(公館)이라고 하고, 국가에서 사객(使客)을 유숙시키라고 명령한
경대부(卿大夫)의 집도 공관이라고 한다는 말. ㅇ下殤(하상)－8세부터 11
세 사이에 죽은 것을 하상이라고 한다. ㅇ土周(토주)－장사지낼 때 관을
사용하지 않고 흙을 구워서 벽돌을 만들어 묘혈(墓穴) 둘레에 둘러 쌓고
그 속에 시체를 넣어 매장하는 것. ㅇ輿機而往(여기이왕)－기(機)는 시체

를 싣는 기구이니 나무로 만들었으며 형상은 평상(平床)과 같으나 다리가 없다. 시체를 그 위에 놓고 새끼로 가로 세로로 묶는다. 여(輿)는 떠받쳐 든다는 뜻이므로 시체를 기(機)에 싣고 떠받쳐 들고 간다는 말. ○史佚(사일)―주(周)나라 초기의 어진 사관(史官). 윤일(尹逸)이라고도 한다. 태공(太公)·주공(周公)·소공(召公)과 함께 사자(四子) 또는 사성(四聖)이라고 불리던 인물이다.

증자가 물었다. "경대부(卿大夫)인 사람이 나라의 제사에 시동씨로 나가게 되어 재계(齊戒)하고 있으라는 임금의 명령이 있었습니다. 그런데 그 사람의 집안에 재최(齊衰)의 상(喪)에 해당하는 사람이 죽었다고 하면 이 사람은 어떻게 해야 합니까?" 공자가 말씀하였다. "집을 나와 공관(公館)에 묵으면서 나라의 제례(祭禮)가 끝나기를 기다리는 것이 예이다." 공자가 〔또〕 말씀하였다. "나라의 시동씨가 된 사람이 변복(弁服)이나 면복(冕服)에 관(冠) 차림으로 밖에 나가면 경대부가 모두 수레에서 내려 그에게 경의를 표한다. 그리하면 시동씨는 반드시 수레 앞의 가로대나무를 잡고 머리를 숙여 답례한다. 시동씨가 나갈 때에는 반드시 선구(先驅)가 있어서 행인을 비켜나가게 한다."
자하(子夏)가 물었다. "3년상(喪)으로 졸곡(卒哭)의 예가 끝난 뒤에는 전쟁을 피하는 것이 예입니까, 아니면 담당 관원이 와서 권유하는 것이 맞는 일입니까?" 공자가 말씀하였다. "하후씨(夏后氏)는 3년의 상(喪)을 당하면 설빈(設殯)한 뒤에 곧 치사(致事)하였고, 은(殷)나라 사람들은 장사를 지낸 뒤에 곧 치사(致事)하였다. 옛 기록에 말하기를, '군자는 남의 어버이 잃은 마음을 빼앗지 않으며, 또한 어버이를 잃은 자신의 효심을 빼앗길 수도 없다.'라고 하였으니, 이런 경우에 말한 것이리라." 자하가 물었다. "금혁(金革)의 일을 사피(辭避)하지 않는 것은 잘못입니까?" 공자가 말씀하였다. "내가 노담(老耼)에게 들으니 그는 말하기를, 옛날 노공백금(魯公伯禽)은 부득이한 일로 졸곡(卒哭)이 끝난 후 전쟁에 나갔다고 한다. 그런데 지금 세상에

3년 거상중에 있으면서 이(利)를 추구하여 전쟁을 피하지 않는 사람을 볼 때 나는 그것이 예인지 아닌지 모르겠다고 하였다."

原文 曾子이 問曰, 卿·大夫將爲尸於公하여, 受宿矣할새, 而有齊衰內喪이어든, 則如之何니이꼬. 孔子이 曰, 出舍於公館하여, 以待事이, 禮也니라. 孔子이 曰, 尸弁冕而出이어든, 卿·大夫·士皆下之하거든, 尸必式하나니, 必有前驅니라.
　(증자 문왈 경·대부장위시어공 수숙의 이
　유재최내상 즉여지하 공자 왈 출사어공관
　이대사 예야 공자 왈 시변면이출 경·대부·
　사개하지 시필식 필유전구)

子夏이 問曰, 三年之喪에 卒哭하고, 金革之事를 無辟也者이, 禮與니이까, 初有司與니이까. 孔子이 曰, 夏后氏는, 三年之喪에, 旣殯而致事하고, 殷人은 旣葬而致事하더니, 記에 曰, 君子는 不奪人之親하며, 亦不可奪親也라하니, 此之謂乎인저. 子夏이 曰, 金革之事를 無辟也者이, 非與니이까. 孔子이 曰, 吾이 聞諸老聃하니, 曰, 昔者에 魯公伯禽이, 有爲爲之也요. 今以三年之喪으로, 從其利者는, 吾이 弗知也로다.
　(자하 문왈 삼년지상 졸곡 금혁지사 무피야자
　예여 초유사어 공자 왈 하후씨 삼년지상
　기빈이치사 은인 기장이치사 기 왈 군자 불
　탈인지친 역불가탈친야 차지위호 자하 왈
　금혁지사 무피야자 비여 공자 왈 오 문저노담
　왈 석자 노공백금 유위위지야 금이삼년지상
　종기리자 오 부지야)

註解 ○受宿(수숙)―군명(君命)을 받고 재소(齊所)에 유숙하면서 재계(齊戒)하는 것. ○齊衰內喪(재최내상)―같은 문 안에서 일어난 재최복의

상사(喪事). ㅇ待事(대사)―제사가 끝나기를 기다리는 것. ㅇ尸弁冕(시변면)―임금의 제사에 시동씨가 되어 변(弁)·면(冕)의 차림을 하는 것. ㅇ下之(하지)―수레에서 내려서 그에게 경의를 표하는 것. ㅇ必有前驅(필유전구)―시동씨가 나갈 때면 반드시 그의 수레를 인도하는 전구(前驅)가 있어서 행인을 비켜나게 하는 것. ㅇ金革之事(금혁지사)―금(金)은 무기, 혁(革)은 갑주(甲冑). 금혁지사는 전쟁을 말한다. ㅇ無辟(무피)―피(辟)는 피(避)를 말한 것이므로 임금이 시키면 사피(辭避)하지 못한다는 말. ㅇ初有司與(초유사여)―애초에 유사(有司)가 강요하여 보내는 것입니까, 하고 묻는 말. ㅇ致事(치사)―치사(致仕)와 같으므로 직무를 임금께 되돌리는 것. 즉 사직(辭職)하는 것. ㅇ君子不奪人之親(군자불탈인지친)―군자는 남의 신하된 자의 어버이를 상실한 슬픈 마음을 빼앗지 않는다는 말. 여기서 군자는 임금을 가리킨 말. ㅇ有爲爲之(유위위지)―해야 할 이유가 있어서 하였다는 말.

제8　문왕세자(文王世子)

　　이 글의 첫머리에 '문왕지위세자(文王之爲世子)……'라는 구절에서 시작되는 문장이 있기 때문에 문왕세자라는 편명(篇名)으로 불리운다. 내용은 주(周)나라의 문왕(文王)·무왕(武王)·주공단(周公旦) 등의 언행, 주나라 대학의 교육법 또는 양로(養老)의 예 등 잡다하다. 몇 개의 단편을 묶어서 1편으로 하고 편의상 문왕세자라고 이름 붙인 것이다.

　　주(周)나라의 문왕(文王)이 왕계(王季)의 세자(世子)였을 때는 하루에 세 번씩 부왕(父王)을 문안드렸다. 새벽닭이 울기 시작하면 의복을 입고 부왕의 처소에 이르러 숙직자에게 부왕의 안부를 물어 숙직자가 편안하시다고 말하면 비로소 기뻐하며 돌아갔다. 점심때가 되면 또 다시 왕의 처소에 가서 아침처럼 하였다. 그리고 저녁때 또 가서 그렇게 하였다. 때로는 왕의 몸에 평소와 다른 점이 있어서 그것이 문왕의 귀에 들어가면 크게 걱정한 나머지 발걸음조차 허둥댈 정도였다. 왕이 회복되어 음식을 먹는 것이 평시의 상태로 돌아가야 문왕의 태도도 또한 전과 같이 회복되었다. 음식을 올릴 때에는 반드시 음식의 차고 더운 것의 조절을 살피며, 밥상이 물려 나오면 무엇을 얼마나 잡수셨는가를 물었다. 그리고 요리사에게 명령하여 남은 것을 두 번 다시 올리지 말라고 하고 "그렇게 하겠습니다."라고 하는 대답을 들은 뒤라야 비로소 물러가곤 하였다. 후에 문왕의 아들 무왕(武王)은 부왕인 문왕이 왕계를 섬기던 도리를 따라 그대로 행하였다. 문왕이 병이 드니 무왕은 관대(冠帶)를 벗지 않은 채 봉양하였다. 문

왕이 한 번 밥을 먹으면 무왕도 또한 한 번 밥을 먹고, 문왕이 두 번
밥을 먹으면 무왕도 또한 두 번 밥을 먹었다. 이렇게 하기를 12일간
이나 계속한 끝에 문왕의 병이 나은 일도 있다.

原文 文王之爲世子에, 朝於王季하시되 日三하시더니, 雞初鳴
而衣服하사, 至於寢門外하사, 問內豎之御者曰, 今日에 安否이
何如오하시며, 內豎이 曰, 安하시다 하면, 文王이 乃喜하시며, 及
日中하여 又至하사, 亦如之하시되, 及莫하여 又至하사, 亦如之러
시다. 其有不安節이어시든, 則內豎이 以告文王하여든, 文王이 色
憂하사, 行不能正履하시더니, 王季이 復膳, 然後에 亦復初러시
다. 食上이어든, 必在視寒煖之節하시며, 食下어든, 問所膳하시고,
命膳宰曰, 末有原하라. 應曰諾이어든, 然後에야 退하더시다. 武
王이, 帥而行之하시고, 不敢有加焉하시더니, 文王이 有疾이어시
든, 武王이 不說冠帶而養하더시니, 文王이 一飯이어시든, 亦一飯
하시며, 文王이 再飯이어시든, 亦再飯하더시니, 旬有二日이어시늘,
乃聞하시니라.

  (문왕지위세자 조어왕계 일삼 계초명
  이의복 지어침문외 문내수지어자왈 금일 안부
  하여 내수 왈 안 문왕 내희 급
  일중 우지 역여지 급모 우지 역여지
  기유불안절 즉내수 이고문왕 문왕 색
  우 행불능정리 왕계 복선 연후 역복초
  식상 필재시한난지절 식하 문소선
  명선재왈 말유원 응왈락 연후 퇴 무
  왕 솔이행지 불감유가언 문왕 유질
  무왕 불탈관대이양 문왕 일반 역일반
  문왕 재반 역재반 순유이일 내간)

註解 ㅇ世子(세자)―왕위(王位)를 계승할 왕자. 본래는 천자의 후계자를 일컫는 말이었으나 후세에 구별하여 천자의 후계자를 태자(太子), 제후의 후계자를 세자라고 하였다. ㅇ朝(조)―문안드리는 것. ㅇ寢門(침문)―연침(燕寢), 즉 사실(私室)의 문. ㅇ御者(어자)―시자(侍者). 모시고 있는 자. ㅇ內豎(내수)―내외(內外)의 명령을 전달하는 내정(內庭)의 소신(小臣). ㅇ及莫(급모)―모(莫)는 모(暮)를 말하므로, 저녁때가 되어서라는 뜻. ㅇ不安節(불안절)―일상의 기거가 편안치 않다는 말. ㅇ色憂(색우)―얼굴빛에 드러내 근심한다는 말. ㅇ行不能正履(행불능정리)―근심이 너무나 커서 땅을 바로 딛지 못한다는 말. ㅇ復膳(복선)―음식 먹는 것이 평상시의 상태로 회복하는 것. ㅇ在視(재시)―찰(察)과 같은 뜻이므로 살펴본다는 말. ㅇ末有原(말유원)―먹다 남은 것을 두 번 다시 올리지 말라는 것. ㅇ帥而行之(솔이행지)―무왕(武王)이 문왕(文王)을 섬기기를, 문왕이 왕계(王季)를 섬기던 도리를 그대로 따르고 아버지가 행한 일보다 더 잘하려고 하지 않았다는 말. ㅇ不說冠帶(불탈관대)―탈(說)은 탈(脫)의 잘못이므로 갓을 벗고 띠를 풀어 편안히 쉴 겨를이 없다는 것, 즉 관대 차림 그대로 아버지 병의 요양에 힘쓴다는 말. ㅇ內閒(내간)―간(閒)은 병이 낫는다는 뜻, 즉 드디어 병이 나았다는 말.

문왕(文王)이 무왕(武王)에게 말했다. "너는 무슨 꿈을 꾸었느냐?" 무왕이 대답하기를, "꿈에 제(帝)께서 저에게 이[齒] 아홉개를 주셨습니다."라고 하였다. 문왕이 말했다. "너는 그것이 어떤 꿈이라고 생각하느냐?" 무왕이 말하였다. "서방(西方)에 아홉 나라가 있으니 군왕(君王)이 마침내 그것을 무순(撫順)시킬 것입니다." 문왕이 말하였다. "그렇지 않다. 옛날에는 나이를 말할 때에 치(齒)라고 하였으니, 내가 백년 살고 너는 90년 산다는 뜻일 것이다. 그러니 내 너에게 나이 셋을 준다." 이리하여 문왕은 97세에 삶을 마치고, 무왕은 93세로 세상을 마쳤다. 무왕이 죽은 후 성왕(成王)이 천자의 자리에 올랐으나 나이가 어려서 왕위에 임하는 일을 행할 수가 없었다. 주공(周公)

이 총재(冢宰)로서 그를 도와 천자의 위(位)에 임하는 일을 섭행(攝行)하였다. 그리하여 섭정왕(攝政王)의 자리에 올라 천하를 다스리고 세자로서의 도리를 주공의 아들 백금(伯禽)에게 가르쳤다. 백금이 그것을 실행하는 것을 성왕이 보고 왕이 부자(父子)·군신(君臣)·장유(長幼)의 도(道)를 알도록 교도했던 것이다. 그렇기 때문에 주공은 성왕에게 과실이 있으면 대신 백금을 꾸짖어 왕에게 세자로서의 도리를 가르치기에 힘을 기울였다. 그 도리는 문왕이 왕계를 받들고 무왕이 문왕을 받든 도리였다.

原文　文王이 謂武王曰, 女何夢矣오. 武王이 對曰, 夢에 帝與我九齡하더시이다. 文王이 曰, 女以爲何也오. 武王이 曰, 西方에 有九國焉하니, 君王이 其終撫諸신저. 文王이 曰, 非也라. 古者에 謂年齡하더니, 齒亦齡也니, 我百이오, 爾九十이니, 吾與爾三焉하리라 하시더니, 文王은 九十七에 乃終하시고, 武王은 九十三而終하시다. 成王이 幼하사, 不能涖阼어시늘, 周公이 相하사, 踐阼而治하시니, 抗世子法於伯禽은, 欲令成王之知父子·君臣·長幼之道也시니, 成王이 有過어시든, 則撻伯禽하사, 所以示成王世子之道也니, 文王之爲世子也리라.

(문왕 위무왕왈 여하몽의 무왕 대왈 몽 제여
아구령 문왕 왈 여이위하야 무왕 왈 서방
유구국언 군왕 기종무저 문왕 왈 비야 고자
위연령 치역령야 아백 이구십 오여이삼
언 문왕 구십칠 내종 무왕 구십삼
이종 성왕 유 불능이조 주공 상 천
조이치 항세자법어백금 욕령성왕지지부자·군신·
장유지도야 성왕 유과 즉달백금 소이시성왕
세자지도야 문왕지위세자야)

註解 ○女何夢(여하몽)－문왕이 무왕에게 네 무슨 꿈을 꾸었느냐고 물은 것. ○帝(제)－천제(天帝). ○與我九齡(여아구령)－나에게 아홉 개의 이[齒]를 주었다는 말. 영(齡)은 이[齒]를 의미한 것. ○幼不能涖阼(유불능이조)－성왕이 나이가 어려서 왕위에 올랐으나 왕으로서 천하의 정치에 군림할 수 없다는 말. 이조(涖阼)는 왕위에 올라 천하를 다스리는 일에 군림(君臨)한다는 뜻. ○抗世子法於伯禽(항세자법어백금)－주공(周公)이 성왕에게 군신·부자·장유(長幼)의 도리를 가르치고자 하나, 잘못된 것을 꾸짖어 종아리를 치고 하는 일을 할 수 없으므로 세자가 지켜야 할 도리를 들어 자기 아들 백금에게 가르침으로써 성왕이 보고 들어서 알게 하는 간접적인 교육방법을 사용했다는 뜻. ○文王之爲世子也(문왕지위세자야)－성왕에게 가르치려고 백금에게 가르친 세자의 도리는 곧 문왕이 세자 때에 행한 도리를 본받은 것이라는 말.

무릇 세자의 교육이나 일반 자제의 교육에는 반드시 시기가 있다. 봄·여름에는 방패와 창을 들고 추는 무무(武舞)를 가르치고, 가을과 겨울에는 우약(羽籥)의 문무(文舞)를 가르치되 동서(東序)에서 한다. 소악정(小樂正)이 방패를 들고 추는 춤을 가르치면 대서(大胥)가 돕고, 약사(籥師)가 창을 들고 추는 춤을 가르치면 약사승(籥師丞)이 도우며, 남이(南夷)의 음악을 가르칠 때에는 대서(大胥)가 북을 쳐서 음곡의 가락을 조절한다. 봄에는 시(詩)를 암송(暗誦)하는 데에 힘쓰게 하고, 여름에는 현악기(絃樂器)를 배우지만, 모두 태사(大師)가 지도한다. 그리고 가을에는 고종(瞽宗)에서 예법을 가르치고 사의(司儀)가 지도를 돕는다. 겨울에는 글을 읽는데 전서(典書)인 자가 이를 가르친다. 예(禮)의 학습은 고종(瞽宗)에서 행하여지고, 책의 학습은 상상(上庠)에서 행하여진다.

무릇 천지종묘(天地宗廟)의 제례(祭禮), 양로걸언(養老乞言)의 의식, 합어(合語)의 예법 등은 모두 소악정(小樂正)이 동서(東序)에서 가르친다. 또 대악정(大樂正)이 방패와 도끼를 들고 추는 무무(武舞)

와 합어의 설(說)과 명걸언(命乞言)의 예를 가르치되, 모두 대악정이
편장(篇章)의 수(數)를 지시하면, 대사성(大司成)이 동서(東序)에서
학생의 학습에 대해 총괄적으로 논평한다.

原文　凡學世子及學士하되, 必時니, 春夏엔 學干戈하고, 秋冬
엔 學羽籥하되, 皆於東序니라. 小樂正이 學干하거든, 大胥이 贊
之하고, 籥師이 學戈하거든, 籥師丞이 贊之하며, 胥이 鼓南이니라.
春誦하고 夏弦이어든, 大師이 詔之瞽宗하며, 秋學禮어든, 執禮者
이 詔之하며, 冬讀書어든, 典書者이 詔之니, 禮在瞽宗이오, 書在
上庠이니라.

　　(범학세자급학사 필시 춘하 학간과 추동
　　학우약 개어동서 소악정 학간 대서 찬
　　지 약사 학과 약사승 찬지 서 고남
　　춘송 하현 대사 조지고종 추학례 집례자
　　조지 동독서 전서자 조지 예재고종 서재상상)

凡祭與養老乞言과, 合語之禮를, 皆小樂正이 詔之於東序니라.
大樂正이 學舞干戚과, 語説과, 命乞言하되, 皆大樂正이 授數어
든, 大司成이 論説在東序니라.

　　(범제여양로걸언 합어지례 개소악정 조지어동서
　　대악정 학무간척 어설 명걸언 개대악정 수수
　　대사성 논설재동서)

註解　○學世子及學士(학세자급학사)—세자를 가르치고 일반 선비를 가
르친다는 말. 학(學)은 여기서는 교(敎), 즉 가르친다는 뜻이다. ○學干戈
(학간과)—무무(武舞), 즉 방패를 들고 추는 춤과 창을 들고 추는 춤을
가르친다는 말. 간(干)은 방패이고 과(戈)는 창을 뜻한다. ○羽籥(우약)—
문무(文舞)를 출 때 갖고 추는 것. 우(羽)는 꿩의 우모(羽毛)이고, 약(籥)
은 피리이다. ○東序(동서)—태학(大學). 하(夏)나라 때 태학이 왕궁의 동
쪽에 있었기 때문에 동서라고 하였다. ○小樂正(소악정)·大胥(대서)·籥

師(약사)·籥師丞(약사승)—벼슬 이름으로 모두 악관(樂官)이다. 서(胥)
는 대서의 약칭이다. ㅇ鼓南(고남)—남이(南夷)의 음악을 연주할 때에 대
서(大胥)가 북을 쳐서 음곡의 가락을 조절한다는 말. ㅇ春誦夏弦(춘송하
현)—봄에는 시나 가사를 암송하고, 여름에는 거문고나 비파 등 현악기를
실제로 연주하여 익힌다는 말. ㅇ大師詔之(태사조지)—태사(大師)는 악관
(樂官)이고, 조지(詔之)는 가르친다는 말. ㅇ瞽宗(고종)—은(殷)나라 때
학교의 명칭. ㅇ上庠(상상)—우(虞)나라 때 학교의 명칭. ㅇ養老乞言(양
로걸언)—양로의 예(禮)를 행할 때에 모인 노인들에게 실행할 만한 좋은
말을 들려달라고 청하는 일. ㅇ合語(합어)—여러 사람의 언설(言說)을 합
한다는 뜻. ㅇ學舞干戚(학무간척)—방패와 도끼를 들고 추는 무무(武舞)
를 가르치는 것. 척(戚)은 도끼. ㅇ語說(어설)—합어(合語)의 언설(言說).
ㅇ大樂正授數(대악정수수)—대악정이 편(篇)·장(章)의 수(數)만을 지정
해 준다는 말. 그러면 대사성(大司成)이 내용을 가르친다.

무릇 대사성(大司成)에게 시좌(侍坐)하여 가르침을 받으려면 대사
성과의 사이에 좌석을 셋 마련할 정도의 거리를 취하고 질문한다. 그
리고 그것이 끝나면 물러가서 방의 벽을 등지고 선다. 〔질문할 때에
는〕 대사성이 문제를 열거(列擧)하여 일일이 설명하고 있을 경우에는
설명이 모두 끝나기 전에는 질문하지 말아야 한다.

무릇 태학(大學)에 있어서는 봄에 주관자(主管者)가 선사(先師)에
게 석전(釋奠)한다. 가을과 겨울에도 또한 이와 같이 한다. 또 처음으
로 학교를 세웠을 때에는 반드시 선성(先聖)이나 선사에게 석전한다.
석전을 거행할 때에는 반드시 폐백을 드리는 것으로써 예를 삼는다.
그리고 이 제례(祭禮), 즉 석전에는 반드시 음악의 합동 연주가 있어
야 한다. 그러나 나라에 사변이 있을 때에는 음악을 사용하지 않는다.
또 음악의 합동 대연주회에는 양로(養老)의 예가 겸해서 거행된다.

原文 凡侍坐於大司成者는, 遠近閒이 三席이면, 可以問이니,
終則負牆이오. 列事이 未盡이어든 不問이니라.

(범시좌어대사성자 원근간 삼석 가이문
종즉부장 열사 미진 불문)

凡學은, 春에 官이 釋奠于其先師하나니, 秋冬에 亦如之니라.
凡始立學者는, 必釋奠于先聖·先師하되, 及行事하여, 必以幣니
라. 凡釋奠者는, 必有合也니, 有國故어든 則否니라. 凡大合樂엔,
必遂養老니라.

(범학 춘 관 석전우기선사 추동 역여지
범시립학자 필석전우선성·선사 급행사 필이폐
범석전자 필유합야 유국고 즉부 범대합악
필수양로)

註解　ㅇ遠近間三席(원근간삼석)—대사성(大司成)에게 배움을 받기 위하여 모시고 앉을 때에는 대사성과 배우는 자의 간격이 자리 셋을 펼만큼 떨어져야 한다는 말.　ㅇ終則負牆(종즉부장)—질문이 끝나면 뒷자리로 물러나서 담벽을 등지고 선다는 말.　ㅇ列事未盡不問(열사미진불문)—일을 벌려 놓은 것이 끝나지 않았으면 질문해서는 안된다는 말.　ㅇ釋奠于其先師(석전우기선사)—석전(釋奠)은 천찬(薦饌)을 올리고 잔을 드릴 뿐 다른 제사에서 행하는 행사를 하지 않는 것. 선사(先師)는 전대(前代)의 시서·예악·문무무(文武舞) 등에 밝고 익숙했던 스승.　ㅇ行事(행사) 必以幣(필이폐)—석전의 일을 거행할 때에는 반드시 폐백을 드리는 예를 갖춘다는 말.　ㅇ凡釋奠者(범석전자) 必有合(필유합)—무릇 석전에는 반드시 음악의 대합주가 있다는 말.

무릇 배우는 선비의 재능을 교학(郊學)하는 것은 반드시 어진 사람을 취하고, 재능 있는 사람을 거두어들이기 위함이다. 덕행(德行)에 의하거나 혹은 실제 능력에 의하거나 혹은 언변에 의해서 각각 등용(登用)된다. 그리고 특수한 기능이 있는 사람들에 대해서는 그 길을 장려하고 다음 기회의 시험을 기다리도록 명한다. 그런데 덕행·실무(實務)·언변(言辯)에 대해서는 그 한 가지가 뛰어나면 등용되지만,

그 성적의 상하(上下)에 따라 적당한 지위가 주어진다. 이렇게 선임
(選任)되는 사람을 교인(郊人)이라고 하며, 태학 출신자보다는 비교
적 가볍게 취급되지만 천자가 성균(成均), 즉 태학에서 향연(饗宴)을
베풀 때에는 교인도 참석하여 헌수(獻酬)할 수 있도록 허용되어 있다.
　처음으로 태학을 설립한 자는 기물(器物)을 갖추어 희생의 피를 바
르고, 폐백을 사용하여 선성(先聖)·선사(先師)에게 기물이 이루어졌
음을 고유(告由)한다. 그렇게 한 뒤에 석채(釋菜)의 예를 거행하는
데 이 석채는 예(禮)가 가벼운 것이어서 춤도 추지 않고 따라서 춤에
필요한 기물도 주지 않는다. 이에 내빈(來賓)을 인도하여 동서(東序)
로 물러가서 오직 술잔을 한 번 드릴 뿐이고 말이 없어야 한다. 이상
은 모두 세자〔및 다른 자제들〕에게 가르치기 위한 것이다.

原文　凡語于郊者는, 必取賢斂才焉하나니, 或以德進하며, 或
以事擧하며, 或以言揚하며, 曲藝를 皆誓之하여, 以待又語니, 三
而一有焉이어든, 乃進其等하되, 以其序하며, 謂之郊人이라 하여,
遠之하되, 於成均에는, 以及取爵於上尊也니라.
　(범어우교자 필취현렴재언 혹이덕진 혹
　이사거 혹이언양 곡예 개서지 이대우어 삼
　이일유언 내진기등 이기서 위지교인
　원지 어성균 이급취작어상준야)

始立學者는, 旣釁器用幣하고, 然後에 釋菜하되, 不舞하며, 不
授器하고, 乃退儐于東序하여, 一獻하고, 無介語可也니, 敎世子
니라.
　(시립학자 기흔기용폐 연후 석채 불무 불
　수기 내퇴빈우동서 일헌 무개어가야 교세자)

註解　ㅇ語于郊(어우교)―배우는 선비의 재능을 교학(郊學)에서 논변
(論辯)한다는 말. 교학은 도시의 변두리 지대에 설치된 학교를 말한다.

ㅇ曲藝(곡예)-대수롭지 않은 한 가지의 기능(技能)이 있는 자. ㅇ誓之
(서지) 以待又語(이대우어)-대수롭지 않은 한 가지 기능이 있는 자가 고
시(考試)에 참여하려고 하면 근신하라고 계칙(戒飭)하고 다음 기회를 기
다리게 한다는 말. ㅇ三而一有(삼이일유)-세 가지 일을 시험하여 한 가
지 일만이라도 잘하는 것이 있으면이란 말. ㅇ成均(성균)-태학의 이름이
주(周)나라 때에는 오학(五學)이 있었다. 그 오학은 중학(中學)을 벽옹
(辟雍), 남학(南學)을 성균, 북학을 상상(上庠), 동학을 동서(東序), 서학
을 고종(瞽宗)이라고 하였다. ㅇ取爵於上尊(취작어상준)-천자가 성균(成
均)의 학궁(學宮)에서 술잔치를 열 때 이 교인(郊人)들도 당상(堂上)의
술을 잔질하여 수작(酬酌)하는 명예를 갖는다는 말. 작(爵)은 작(酌)을
말하고 준(尊)은 준(樽)을 말한다. ㅇ旣釁器用幣(기흔기용폐)-그릇에 희
생의 피를 바르고 곧 폐백을 바쳐 고유(告由)한다는 말. ㅇ不授器(불수
기)-춤추는 데 필요한 기물을 주지 않는다는 말. ㅇ無介語(무개어)-개어
(介語)는 언어(言語)를 개입시킨다는 말이므로 무개어는 말을 하지 않는
다는 말.

무릇(하·은·주) 3대(代)의 성왕(聖王)들이 세자를 교육하는 데는
반드시 예악(禮樂)을 근본으로 하였다. 음악에는 마음을 아름답게 하
는 힘이 있고, 예의에는 행실을 아름답게 하는 효력이 있다. 그러므로
한 몸에 그 양자가 겸비되고 그 효력을 발휘하면 거기에서 쾌활하고,
예의바르고, 온화한 기상이 나타나는 것이다. 그런데 부왕(父王)이 태
부(太傅)와 소부(少傅)를 세워서 세자를 교양(敎養)하는 것은 세자로
하여금 부자(父子)·군신(君臣)의 도리를 알게 하고자 하는 데 있다.
태부는 부자·군신의 도리를 자세히 말씀해 보이고, 소부는 세자를
받들어 태부의 덕행을 보고 자세히 깨우치게 한다. 태부는 앞에 있고,
소부는 뒤에 있으며, 들어가면 보(保)가 있고 나가면 사(師)가 있다.
그리하여 가르치고 깨우쳐서 덕이 이루어지게 하는 것이다. 사(師)는
선악(善惡)과 미추(美醜)를 가르치는 자이고, 보(保)란 내 몸을 근신

하고 세자를 키워서 올바른 길을 걷게 하는 자이다. 옛 기록에 말하기를, '우(虞)·하(夏)·상(商)·주(周)나라에 사(師)·보(保)·의(疑)·승(丞) 등의 사보(四輔)가 있고, 이 사보와 태부·소부·태사(太師)의 삼공(三公)과는 반드시 전원(全員)을 모두 갖추어야 하는 것은 아니다. 반드시 상비하지 않고 오직 그 사람이 있으면 이에 임했다'라고 하였다. 유능한 인물을 써야 한다는 것을 말한 것이다. 군자는 덕이 있어야 한다고 하였다. 그 덕이 이루어지면 가르침이 존엄해지고, 가르침이 존엄하여지면 관(官)이 바르게 되고, 관이 바르게 되면 나라가 다스려진다. 그래야만 세자가 임금다운 임금이 된다는 것을 말한 것이다.

原文 凡三王이 教世子하시되, 必以禮樂하시니, 樂은 所以脩內也요, 禮는 所以脩外也니, 禮樂이 交錯於中하여, 發形於外하나니, 是故로 其成也에 懌하여, 恭敬而溫文이니라. 立太傅·少傅하여, 以養之는, 欲其知父子·君臣之道也니, 太傅는 審父子·君臣之道하여, 以示之하고, 少傅는 奉世子하여, 以觀太傅之德行하고, 而審喩之하나니, 太傅在前하고, 少傅在後하며, 入則有保하고, 出則有師라. 是以로 教喩而德成也하나니라. 師也者는, 教之以事하고, 而喩諸德者也요, 保也者는, 愼其身하여, 以輔翼之하고, 而歸諸道者也니라. 記에 曰, 虞夏商周에, 有師保하며, 有疑丞하니, 設四輔及三公은, 不必備라. 唯其人이라 하니, 語使能也라. 君子이 曰德이니, 德成而教尊하고, 教尊而官正하고, 官正而國治하나니, 君之謂也니라.

(범삼왕 교세자 필이예악 악 소이수내
야 예 소이수외야 예악 교착어중 발형어외
시고 기성야 역 공경이온문 입태부·소부
이양지 욕기지부자·군신지도야 태부 심부자·

군신지도 이시지 소부 봉세자 이관태부지덕
행 이심유지 태부재전 소부재후 입즉유보
출즉유사 시이 교유이덕성야 사야자 교
지이사 이유저덕자야 보야자 신기신 이보익지
이귀저도자야 기 왈 우하상주 유사보 유
의승 설사보급삼공 불필비 유기인 어사능
야 군자 왈덕 덕성이교존 교존이관정 관정
이국치 군지위야)

註解　○發形(발형)—표출(表出), 표현.　○四輔(사보)—사(師)·보(保)·
의(疑)·승(丞)의 네 가지 보필자를 가리킨 말.　○不必備(불필비) 唯其人
(유기인)—삼공(三公)·사보(四輔)는 반드시 전원을 모두 갖추어야 하는
것은 아니며, 오직 그 사람이 적격자라야 한다는 말.　○語使能也(어사능
야)—능력이 있는 자를 쓴다는 것을 말한 것이다라고 설명한 말.

공자가 말씀하였다. "옛날에 주공(周公)이 총재(冢宰)로서 섭정(攝
政)하여 왕위에 군림하는 일을 도와서 다스릴 때에 세자를 가르치는
법을 들어 백금(伯禽)에게 가르쳤다. 그것은 성왕(成王)을 선도하기
위한 것이었다. 내가 들으니, 옛사람은 말하기를, '남의 신하된 자는
자기의 몸을 바쳐서 임금에게 보탬이 되는 일이라면 실행한다.'라고
하였다. 하물며 주공은 천자의 대리라는 존엄한 자리에서 어린 임금
을 선도하는 것이 임무였기 때문에 어린 임금을 충분히 선도했음은
더 말할 나위가 없다. 그런 까닭에 남의 자식된 도리를 안 뒤라야 남
의 아버지되는 도리를 알며, 남의 신하된 도리를 안 뒤라야 임금의
도리를 알게 되고, 남을 섬길 줄 안 뒤라야 남을 부릴 수가 있는 것이
다. 성왕(成王)이 나이가 너무 어리기 때문에 임금으로서 천하에 군
림하는 일을 할 수가 없다. 그러나 세자가 되어 배우려고 하여도 아
버지가 없으니 세자의 도리를 알 수가 없다. 그래서 주공은 세자의
도리를 들어 백금에게 가르쳤다. 그리고 성왕과 같이 있게 하여 성왕

으로 하여금 그것을 보고 부자(父子)·군신(君臣)·장유(長幼)의 도리를 알게 하려고 한 것이다. 임금이 세자에 대해서는 친하기론 아버지이고 높기로는 임금인 것이다. 아버지로서 친애함이 있고, 임금으로서 존엄함이 있은 뒤라야 그를 가르쳐서 온 천하를 보유하게 할 수 있는 것이다. 그런 까닭으로 세자의 양육에 대해서는 충분한 주의를 기울이지 않으면 안된다.”

原文 仲尼이 曰, 昔者에 周公이 攝政하사, 踐阼而治하실새, 抗世子法於伯禽하니, 所以善成王也니라. 聞之하니, 曰, 爲人臣者이, 殺其身하여 有益於君이면, 則爲之라하니, 況于其身하여, 以善其君乎아, 周公이 優爲之시니라. 是故로 知爲人子한, 然後에 可以爲人父하며, 知爲人臣한, 然後에 可以爲人君이며, 知事人한, 然後에 能使人이니, 成王이 幼하사, 不能涖阼하시나, 以爲世子인댄, 則無爲也니, 是故로 抗世子法於伯禽하사, 使之與成王居하니, 欲令成王之知父子·君臣·長幼之義也니라. 君之於世子也에, 親則父也요, 尊則君也니, 有父之親하며, 有君之尊한, 然後에 兼天下而有之니, 是故로 養世子는, 不可不愼也니라.

(중니 왈 석자 주공 섭정 천조이치 항
세자법어백금 소이선성왕야 문지 왈 위인신자
살기신 유익어군 즉위지 황우기신 이
선기군호 주공 우위지 시고 지위인자 연후
가이위인부 지위인신 연후 가이위인군 지사인
연후 능사인 성왕 유 불능이조 이위세
자 즉무위야 시고 항세자법어백금 사지여성왕
거 욕령성왕지지부자·군신·장유지의야 군지어세
자야 친즉부야 존즉군야 유부지친 유군지존
연후 겸천하이유지 시고 양세자 불가불신야)

註解   ㅇ攝政(섭정)─임금을 대신하여 나라를 다스리는 것. 여기서도 성왕(成王)의 나이가 너무 어리기 때문에 주공(周公)이 총재(冢宰)로서 성왕을 도와 나라의 정치를 섭행(攝行)한 것을 말한다. ㅇ于其身(우기신) 以善其君(이선기군)─직접적이 아니고 자기의 할 일을 우회(迂廻)하며 간접으로 그 임금을 선(善)하게 만드는 것. ㅇ以爲世子(이위세자) 則無爲 也(즉무위야)─세자의 도리를 하고자 하여도 할 곳이 없다는 말. 즉 성왕 은 아버지가 이미 없으므로 세자가 되고자 해도 될 수 없다는 말.

한 가지 일을 행하여 세 가지의 선(善)한 것을 이룰 수 있는 것은 오직 군주(君主)의 세자뿐이다. 그 한 가지 일이란 것은 세자가 국학 (國學)에서 나이의 순서에 따라 장유(長幼)의 예를 지킬 뿐 신분의 상하를 논하지 않는 일이다. 세자가 국학에서 순서에 좇는 것을 본 사람들은 이렇게 말할 것이다. "장차 우리의 임금이 되실 분인데 우 리와 더불어 나이에 따라 양보하는 것은 무슨 까닭인가?" 예를 아는 사람은 이렇게 말할 것이다. "아버지가 계실 때에 항상 겸손하고 자 신을 낮추는 일을 지켜왔기 때문에 그 예를 지키기 때문에 그럴 것이 다." 이리하여 여러 사람들이 부자(父子)의 도(道)가 그러하다는 것을 알게 된다. 그 두 번째로 사람들은 세자를 보고 이렇게 말할 것이다. "장차 우리의 임금이 될 분인데 우리와 더불어 나이에 따라 예양(禮 讓)하는 것은 무슨 까닭인가?" 예를 아는 다른 사람들은 이렇게 말할 것이다. "항상 임금을 모시고 있었기 때문에 공경하고 겸양하는 일을 익혀서 그 예가 그러한 것이다." 그리하여 여러 사람들이 군신(君臣) 의 도(道)를 알게 된다. 다음은 세 번째로 사람들은 세자를 보고 말할 것이다. "장차 임금이 될 분인데 우리와 더불어 나이에 따라 예양하 는 것은 무슨 까닭인가?" 예를 아는 다른 사람들은 이렇게 말할 것이 다. "어른을 어른으로 대우하기 때문이다." 이리하여 여러 사람들이 장유의 예절을 알게 된다. 그리고 아버지가 있으면 아들의 도리를 하고, 임금이 있으면 신하의 도리를 한다. 아들과 신하의 예절을 지키는 것은 임금을 높이고 어버이를 친애하기 때문이다. 그러므로 그에게 부자(父子)됨을 가르치는 것이며 그에게 군신(君臣)됨을 가르치며 그에게 장유(長幼)됨을 가르친다. 부자·군신·장유의 도(道)가 바르게 이루어지면 나라는 바르게 다스려지는 것이다. 옛말에 이르기를, "악정(樂正)이 세자의 학업을 담당하고 부사(父師)는 세자의 덕행을 담당한다. 위에 있는 한 사람이 현명하면 그에 따라 만국은 바르게 다스려진다."라고 되어 있지만, 이는 〔위에 있는 한 사람이란〕 세자를 말한 것이다. 주공이 천조(踐阼)하신 것이다.

原文 行一物, 而三善皆得者는, 唯世子而已니, 其齒於學之謂也라. 故로 世子이 齒於學이어시든, 國人이 觀之曰, 將君我, 而與我齒讓은 何也오. 曰, 有父在, 則禮然이라 하나니, 然而衆이 知父子之道矣니라. 其二曰, 將君我, 而與我齒讓은 何也오. 曰, 有君在, 則禮然이라 하나니, 然而衆이 著於君臣之義也니라. 其三曰, 將君我, 而與我齒讓은 何也오. 曰, 長長也라 하나니, 然而衆이 知長幼之節矣니라. 故로 父在어시든 斯爲子요, 君在어시든 斯謂之臣이라. 居子與臣之節은, 所以尊君親親也니라. 故로 學之爲父子焉이며, 學之爲君臣焉이며, 學之爲長幼焉이니, 父子·君臣·長幼之道得, 而國治니라. 語에 曰, 樂正이 司業하고, 父師이 司成이라. 一有元良이면, 萬國이 以貞이라 하니, 世子之謂也라 하고 周公이 踐阼하시니라.

(행일물 이삼선개득자 유세자이이 기치어학지위
야 고 세자 치어학 국인 관지왈 장군아 이
여아치양 하야 왈 유부재 즉예연 연이중
지부자지도의 기이왈 장군아 이여아치양 하야 왈
유군재 즉예연 연이중 저어군신지의야 기

삼왈 장군아 이여아치양 하야 왈 장장야 연
이중 지장유지절의 고 부재 사위자 군재
사위지신 거자여신지절 소이존군친친야 고
효지위부자언 효지위군신언 효지위장유언 부
자・군신・장유지도득 이국치 어 왈 악정 사업
부사 사성 일유원량 만국 이정 세자지
위야 주공 천조)

註解 ○齒於學(치어학)─세자가 국학에서 나이의 순서에 따라 예양(禮
讓)하는 것을 말한다. 치(齒)는 연치(年齒)이므로 나이라는 뜻이다. ○齒
讓(치양)─연치(年齒)의 순서에 따라 예양(禮讓)하는 것. ○學之爲父子焉
(효자위부자언)─그것을 본받아서 부자의 도리를 하게 한다는 말. 학(學)
을 '효'로 발음한다. 즉 본받게 한다는 뜻. ○父師(부사)─벼슬 이름. 태사
(太師). ○元良(원량)─크게 선량함. 매우 선량한 사람. 태자(太子)를 일
컫는 말. ○貞(정)─정(正)과 같으므로 바르다는 말.

서자(庶子)라는 관직은 공족(公族)의 자제를 교도하여 효제(孝
悌)・친화(親和)・우애(友愛)의 정신을 가르쳐서 부자의 도리와 장유
의 질서를 밝히는 것이다. 공족의 자제들이 내조(內朝)에서 공(公)에
게 조현(朝見)할 때에는 서쪽에 서서 동면(東面)하되 북쪽을 상위(上
位)로 한다. 그때 신하들 중에 귀천의 차이가 있을지라도 모두 연치
(年齒)의 순서로 선다. 그러나 그들이 외조(外朝)에서 조현할 때에는
동성이 아닌 타성(他姓)의 신하가 섞이어 있으므로 벼슬의 높고 낮은
것으로 순서를 정한다. 그 일을 사사(司士)라는 관원이 주관해서 한
다. 그들이 종묘 앞에 있을 때에는 외조에서와 같은 위차(位次)에 선
다. 종인(宗人)이 그 참제자(參祭者)들에게 직사(職事)를 주되 작위
(爵位)의 고하와 벼슬의 직장(職掌)에 따라서 정한다. 제사를 마친
다음 당상(堂上)에 올라가 제여(祭餘)의 음식을 먹으며 시동씨에게
잔을 올리고 받는 일은 적자(嫡子)들 중에서 연장자가 이를 맡는다.

原文 庶子之正於公族者는, 敎之以孝弟·睦友·子愛하며, 明父子之義와, 長幼之序니라. 其朝于公에, 內朝則東面北上이니, 臣有貴者나 以齒니라. 其在外朝하여는, 則以官이니, 司士爲之니라. 其在宗廟之中하여는, 則如外朝之位니, 宗人授事하되, 以爵以官이니라. 其登餕하며 獻하며 受爵은, 則以上嗣니라.

(서자지정어공족자 교지이효제·목우·자애 명
부자지의 장유지서 기조우공 내조즉동면북상
신유귀자 이치 기재외조 즉이관 사사위지
기재종묘지중 즉여외조지위 종인수사 이작
이관 기등준 헌 수작 즉이상사)

註解 ㅇ庶子(서자)―벼슬 이름. 사마(司馬)에 예속된 관직. 공경대부사(公卿大夫士)와 차자(次子) 이하의 여러 아들에 대한 계령(戒令)과 교리를 맡는다. ㅇ正於公族(정어공족)―정(正)은 정(政)과 같으므로 다스린다는 뜻이고, 공족(公族)은 국군의 일족이므로 국군 일족의 일을 다스린다는 말. ㅇ內朝(내조)―노침(路寢)의 뜰에서 조현(朝見)하는 것. ㅇ東面北上(동면북상)―서쪽에 서서 동쪽을 바라보며 북쪽을 상위(上位)로 한다는 말. 즉 높은 자가 북쪽에 선다는 뜻. ㅇ臣有貴者以齒(신유귀자이치)―이미 동족끼리 모인 것이니 그 동족인 신하 중에 벼슬이 높은 자가 있을지라도 구애하지 않고 모두 항렬의 차례로 벌려 선다는 말. ㅇ在外朝(재외조) 則以官(즉이관)―외조(外朝)는 노침(路寢)의 문밖에서 거행하는 조현(朝見)이므로 외조에는 공족(公族)과 타성인 신하들이 섞여서 조현하는 것이므로 공족도 거기에서는 오직 벼슬의 높고 낮은 차례에 따라 벌려 선다. ㅇ司士(사사)―벼슬 이름이며 사마(司馬)에 예속된 관직이다. 조현(朝見) 때의 위차(位次)를 맡아본다. ㅇ宗人(종인)―벼슬 이름. 예의와 제사와 종묘에서 백관에게 직사(職事)를 주는 일을 맡는다. ㅇ登餕(등준)―준(餕)은 제사지낸 뒤에 제사 음식을 먹는 의식이다. 등준은 당상(堂上)에 올라가 제사 뒤의 음식을 먹는 것. ㅇ獻(헌)―술잔을 주는 것. ㅇ受爵(수작)―술잔을 받는 것. ㅇ上嗣(상사)―적자(嫡子)의 장자 중에서 가장

나이가 많은 자.

서자(庶子)가 귀족의 자제들을 다스리는 데 있어 내조(內朝)에서 조현할 때에는 비록 삼명(三命)의 존귀한 고관일지라도 그 위차(位次)는 감히 부형(父兄)을 넘어서 상위에 있지 못하게 한다. 임금의 상사(喪事)가 있을 때에는 공족(公族)들은 그 상복(喪服)의 거칠고 고운 것을 차례로 하여 거친 상복을 입은 자를 앞에 있게 하고, 고운 상복을 입은 자를 뒤에 있게 한다. 비록 공족의 상(喪)에서라도 또한 이와 같이 하여 주인의 아래에 있게 한다. 또 임금이 공족들과 잔치를 베풀 때에는 이성(異姓)인 사람 하나를 불러 빈객(賓客)으로 삼고 선재(膳宰)로 주인을 삼는다. 그리고 이 연회에서는 국군도 부형들과 열위(列位)하여 항렬의 차례로 앉는다. 또한 공(公)이 공족과 회식하는 횟수는 공과 족인(族人)과의 사이가 멀어질수록 1대에 1등씩 감소시킨다.

공족은 군에 있을 때에는 공녜(公禰)를 수호한다. 또 국군이 국경 밖에 나가는 일이 있으면 서자가 공족 중에서 일없는 사람으로 나라의 궁실과 종묘를 지키게 한다. 이때 공족의 경·대부·사의 적자(嫡子)로서 태묘(大廟), 즉 태조의 사당을 지키게 하고, 임금의 족부(族父)들에게 선조와 관계되는 궁실을 지키게 하며, 젊은이들에게 군공(君公)과 관계되는 궁실을 지키게 한다.

오묘(五廟)의 자손은 그 오묘가 아직 존속하는 기간은 당사자가 서인(庶人)이 되어 있다 하더라도 관혼지사(冠婚之事)는 반드시 공(公)에게 고하고, 당사자의 사망도 반드시 고하며 장례식 후의 연제(練祭)와 상제(祥祭)도 고한다. 공족끼리 서로 해야 할 일에 대하여서는 마땅히 조문할 곳에 조문하지 않으며, 마땅히 단문(袒免)해야 할 곳에 단문하지 않으면 유사(有司)가 이를 처벌한다. 또 봉(賵)·부(賻)·증(承)·함(含) 등 상장(喪葬)의 의례에 대해서도 모두 규정이 있다.

原文 庶子이 治之하되, 雖有三命이나, 不踰父兄이니라. 其公大事에, 則以其喪服之精麤로 爲序하나니, 雖於公族之喪이라도 亦如之하되, 以次主人이니라. 若公이 與族으로 燕인댄, 則異姓으로 爲賓하고, 膳宰로 爲主人하며, 公與父兄으로 齒하며, 族食은 世降一等이니라.

(서자 치지 수유삼명 불유부형 기공
대사 즉이기상복지정추 위서 수어공족지상
역여지 이차주인 약공 여족 연 즉이성
위빈 선재 위주인 공여부형 치 족식
세강일등)

其在軍하여는, 則守於公禰니라. 公이 若有出疆之政이어시든, 庶子以公族之無事者로 守於公宮하되, 正室로 守大廟하고, 諸父로 守貴宮·貴室하고, 諸子·諸孫으로 守下宮·下室이니라.

(기재군 즉수어공녜 공 약유출강지정
서자이공족지무사자 수어공궁 정실 수태묘 제
부 수귀궁·귀실 제자·제손 수하궁 하실)

五廟之孫이, 朝廟未毁어든, 雖爲庶人이나, 冠取妻에 必告하며, 死必赴하며, 練祥則告니라. 族之相爲也에, 宜弔不弔하며, 宜免不免이어든, 有司罰之니, 至于贈賻承含하여, 皆有正焉이니라.

(오묘지손 조묘미훼 수위서인 관취처 필고
사필부 연상즉고 족지상위야 의조부조 의
문불문 유사벌지 지우봉부증함 개유정언)

註解 ㅇ雖有三命(수유삼명) 不踰父兄(불유부형)-내조(內朝)에서 공족(公族)끼리 모였을 때에는 삼명(三命)의 높은 벼슬에 있을지라도 항렬의 높고 낮음에 따르며, 벼슬 없는 부형의 윗자리에 자리하지 못한다는 말. 명(命)은 벼슬의 품등을 말하며 1명, 2명, 3명의 차례로 높아진다. 3명이면 존귀한 벼슬이다. ㅇ公大事(공대사)-국군(國君)의 상사(喪事). ㅇ異姓

爲賓(이성위빈)—공족과 공(公)과 모두 동성(同姓)이므로 그 속의 한 사람을 객으로 하여 타인 취급을 할 수는 없다. 그래서 특별히 이성(異姓)인 사람 하나를 초청하여 빈객으로 한다는 뜻이다. ㅇ族食世降一等(족식세강일등)—족식(族食)은 족인(族人)들과의 잔치. 세강일등(世降一等)은 족인의 촌수의 친소(親疏)에 따라 1대(代) 멀면 한 등씩 감소시킨다는 말이다. 예를 들면 재최복의 족인과 1년에 네 번 회식한다면 대공복의 족인과는 1년에 세 번 회식하고, 소공복의 족인과는 1년에 두 번, 시마복의 족인과는 1년에 한 번 회식한다는 것이다. ㅇ膳宰(선재)—식사에 관한 일을 담당한 관원. ㅇ在軍(재군) 則守於公禰(즉수어공녜)—예(禰)는 조(祧)와 같은 뜻으로 조천(祧遷)한 신주를 가리킨 것이다. 임금이 군대를 동원한 경우에는 천묘(遷廟)의 신주를 제거(齊車)에 싣고 다니는데, 서자가 종군하여서는 제거에 실은 천묘의 신주를 수호한다는 말. ㅇ正室(정실)—정부인(正夫人)의 뜻도 있지만, 여기서는 공족(公族)으로 경대부가 된 자의 적자(嫡子). ㅇ諸父(제부)—아버지와 같은 항렬의 백부와 숙부를 가리킨 말. ㅇ貴宮(귀궁)—태조(太祖)와 현재 임금의 아버지를 제외한 선조들의 묘(廟). ㅇ貴室(귀실)—임금의 주거, 즉 노침(路寢). ㅇ下宮(하궁)—임금의 부모의 묘(廟). ㅇ下室(하실)—임금이 편안히 쉴 장소, 즉 연침(燕寢). ㅇ五廟之孫(오묘지손)—제후는 시조(始祖)와 부·조·증조·고조의 사당을 모신다. 그 오묘(五廟)에 모시고 있는 신주의 자손이라는 말. ㅇ祖廟未毁(조묘미훼)—사당에 모신 신주는 봉사(奉祀)할 대(代)가 다하면 천묘(遷廟)로 신주를 옮겨간다. 조묘미훼는 그 사당에 모신 신주가 아직 옮겨지지 않았다는 말. ㅇ死必赴(사필부)—죽으면 반드시 부고한다는 말. ㅇ賵賻承含(봉부증함)—증(承)은 증(贈)과 같다. 네 가지 모두 상가(喪家)에 보내는 물건이다. 봉(賵)은 거마(車馬)를 보내는 것. 부(賻)는 재화를 보내는 것. 증(承)은 의복을 보내는 것. 함(含)은 주옥(珠玉)을 보내는 것.

공족(公族)으로 죽을 죄를 범한 자가 있으면 이를 전인(甸人)에게 넘겨 목매어 죽인다. 사형 이외의 형벌인 자는 문신을 그려 넣거나 코를 베는 형벌에 처하지만 이것도 전인에게 넘겨 집행토록 한다. 또 공족에게는 거세(去勢)하는 형벌인 궁형(宮刑)은 하지 않는다. 공족의 죄에 대하여 그 조사가 끝나면 관계 관원이 임금에게 보고한다. 죽을 죄이면, "아무개의 죄는 대벽(大辟)에 해당합니다."라고 한다. 그리고 그 죄가 형벌에 속하면, "아무개의 죄는 소벽(小辟)에 해당합니다."라고 보고한다. 그러면 임금은 "사면(赦免)할 수 없겠는가?"하고 말한다. 관원은 "유죄가 분명하옵니다."라고 답한다. 임금이 다시 "사면할 수 없겠는가?"하면, 관원은 다시 "유죄가 분명하옵니다."라고 한다. 이리하여 임금이 세 번 사면하라고 하면 관원은 답하지 않고 달려나가 처형의 뜻을 전인(甸人)에게 전한다. 임금이 사람을 뒤쫓아 보내고 "어쨌든 사면하고 보자."하고 말하지만, 관원은 "이미 때가 늦었습니다."라고 답하며, 뒤쫓아갔던 사람이 복명하면 임금이 흰 의관 차림을 하고 식사 때 음악을 연주하지 않는 등 평소의 예를 바꾼다. 그리고 사형당한 공족을 위해 친족으로서의 예를 올리지만, 상복(喪服)만은 입지 않고 친히 곡한다.

原文 公族이 其有死罪어든, 則磬于甸人하고, 其刑罪어든, 則纖剸하되, 亦告于甸人하나니, 公族은 無宮刑이니라. 獄成이어든, 有司이 讞于公하되, 其死罪어든, 則曰, 某之罪이 在大辟이라하고, 其刑罪어든, 則曰, 某之罪이 在小辟이라하나니, 公이 曰, 宥之라 하시면, 有司이 又曰, 在辟이라 하고, 公이 又曰, 宥之라 하시면, 有司이 又曰, 在辟이라 하나니, 及三宥하여, 不對하고, 走出하여, 致刑于甸人이어든, 公이 又使人으로 追之曰, 雖然이나 必赦之라 하시고, 有司이 對曰, 無及也라 하고, 反命于公하여든, 公이 素服不擧하고, 爲之變하시며, 如其倫之喪하며, 無服하고 親哭之니라.

(공족 기유사죄 즉경우전인 기형죄 즉
섬전 역고우전인 공족 무궁형 옥성
유사 얼우공 기사죄 즉왈 모지죄 재대벽

기형죄 즉왈 모지죄 재소벽 공 왈 유
지 유사 우왈 재벽 공 우왈 유지
유사 우왈 재벽 급삼유 부대 주출
치형우전인 공 우사인 추지왈 수연 필
사지 유사 대왈 무급야 반명우공 공
소복불거 위지변 여기륜지상 무복 친곡지)

註解 ㅇ罄于甸人(경우전인)－경(罄)은 목을 매달아 죽이는 것. 전인(甸人)은 교야(郊野)를 맡은 관원. 공족이 죽을 죄를 지으면 그것을 숨기기 위하여 시조(市朝)에서 행형(行刑)하지 않고 전인(甸人)에게 넘겨서 처형한다. ㅇ纖剸(섬전)－찌르고 베는 것. 살을 찌르고 몸의 어떤 부분을 베어내는 육형(肉刑)을 말한 것. ㅇ告于甸人(고우전인)－고(告)는 국법을 읽는다는 말. 전인에게 형벌의 법조문을 읽어 듣게 한다는 말. ㅇ大辟(대벽)－죽을 죄, 중죄. ㅇ小辟(소벽)－사형 이외의 죄. 사형에는 해당하지 않는 죄. ㅇ不擧(불거)－성찬을 먹지 않는다는 말. ㅇ如其倫之喪(여기륜지상)－윤(倫)은 차례라는 뜻. 즉 친족관계의 친소(親疏)에 따른 보통의 상사(喪事)에 대한 것과 같이한다는 말.

공족(公族)이 내조(內朝)에서 임금을 조현(朝見)하는 것은 친하게 여겨서 안으로 들어오게 한 것이며, 공족만이 조현할 때에는 비록 벼슬이 존귀한 고관일지라도 항렬에 따라 차례로 서는 것은 부자(父子)의 도리를 밝히는 것이다. 외조(外朝)에서 이성(異姓)의 신하들과 섞이어 조현할 때에 모두 관등(官等)의 차례로 벌려 서는 것은 이성과 연결되기 때문이다. 종묘 안에서 작위(爵位)의 고하에 따라 위치를 정하는 것은 덕 있는 사람을 중히 여기기 때문이고, 종인(宗人)이 종묘의 제사에서 관의 품등과 직무에 따라 의식의 절차를 부탁하는 것은 재능을 중하게 여기기 때문이다. 제사를 마친 뒤에 당상(堂上)에 올라가서 제사 뒤의 음식을 먹는 일과 술잔 받는 것을 상사(上嗣)로써 하게 하는 것은 조상을 높이는 도리이다. 그리고 상기(喪紀)를 복

(服)의 경·중으로 차례를 정하는 것은 죽은 사람과의 친족관계를 중히 여기기 때문이다. 국군이 공족과 함께 연식(燕食)할 때에 항렬이 차례로 늘어서니 이로써 효제(孝悌)의 도리가 통달하게 된다. 국군이 공족과 회식(會食)하는 것을 1대(代)가 멀수록 회식의 횟수를 한 등씩 감소시키는 것은 친족간의 적당한 차등을 둔 것이다. 전쟁 때에 서자가 천묘(遷廟)의 신주를 수호하는 것은 효도하고 친애함이 깊기 때문이고, 공족의 적자(嫡子)가 태묘(大廟)를 지키는 것은 종실(宗室)을 높이고 군신의 도리를 현저하게 하기 때문이며, 제부(諸父)·제형(諸兄)이 태침(太寢)을 지키고, 자제들이 하실(下室)을 지키게 하는 것은 예양(禮讓)의 도(道)를 통달하게 하는 것이다.

原文 公族이 朝于内朝는, 内親也요, 雖有貴者나 以齒는, 明父子也며, 外朝以官은, 體異姓也요, 宗廟之中에, 以爵爲位는, 崇德也요, 宗人이 授事以官은, 尊賢也요, 登餕受爵을 以上嗣는, 尊祖之道也요, 喪紀를 以服之輕重으로 爲序는, 不奪人親也요, 公與族燕에, 則以齒, 而孝弟之道達矣요, 其族食을 世降一等은, 親親之殺也요, 戰則守於公禰는, 孝愛之深也요, 正室이 守大廟는, 尊宗室, 而君臣之道著矣요, 諸父·諸兄으로 守貴室하고, 子弟로 守下室, 而讓道達矣니라.

(공족 조우내조 내친야 수유귀자 이치 명
부자야 외조이관 체이성야 종묘지중 이작위위
숭덕야 종인 수사이관 존현야 등준수작 이상사
존조지도야 상기 이복지경중 위서 불탈인친야
공여족연 즉이치 이효제지도달의 기족식 세강일등
친친지살야 전즉수어공녜 효애지심야 정실 수태묘
존종실 이군신지도저의 제부·제형 수귀실
자제 수하실 이양도달의)

註解   ○父子(부자)—부형(父兄)과 자제(子弟). 친족간의 선배와 후배.
○體異姓也(체이성야)—체(體)란 동체(同體)로 하고 친화(親和)하는 것.
즉 타성(他姓)인 신하들과 동체(同體)로 처우(處遇)한다는 말. ○喪紀(상
기)—기(紀)는 규칙·정법(政法)·예(禮).

오묘(五廟)의 자손은 그 묘가 존속하는 동안은 비록 서인(庶人)이
되어 있을지라도 관혼(冠婚)에 관한 일은 반드시 임금께 고하고, 죽
으면 부고하는 것은 친(親)을 잊지 않기 때문이다. 그러나 친족의 인
연이 끊어지기도 전에 이미 서인으로서 떨어진 자가 있는 것은 재능
이 없으면 지위를 유지할 수 없는 도리를 가리키고 있다. 동족간에는
상을 당하면 부(賻)나 봉(賵)을 보내는 것은 동족간의 화목과 우애의
도리인 것이다. 옛날에 서자란 관직에 의해 공족의 자제 교육이 잘
되었고, 그 결과로써 국내의 씨족(氏族)이나 가족이 잘 다스려져 여
러 국민들이 나아갈 바른 방향을 알게 되었다. 공족으로서 죄를 범한
자가 있으면 그 자가 아무리 군주(君主)와 친하다 할지라도 관계 관
원의 공정한 법규를 굽히지 않는 것은 군주가 국민 모두를 공평하게
보기 때문이다. 그리고 공족의 죄인을 전인(甸人)에게 넘겨 은밀한
곳에서 처형하게 하는 것은 국민이 처형하는 것을 보고 군주의 동족
이 지은 죄에 대해서 왈가왈부 억측하는 일이 없도록 하기 위함이다.
또 처형당한 동족을 위해 임금은 조문하지 않고 복상(服喪)도 하지
않으며, 이성(異姓)의 사당을 빌어서 애곡하는 것은 그 사람이 죄를
범하여 선조의 이름을 더럽혔기 때문에 소외(疏外)하는 뜻을 나타내
는 것이다. 그러나 죽은 자를 위해서 소복 차림으로 거처하며, 음악을
듣지 않고 오히려 사상(私喪)으로 대하는 것은 골육지친(骨肉之親)이
란 것을 끊을 수 없기 때문이다. 공족에게 궁형(宮刑)을 적용시키지
않는 것은 공족의 자손이 끊겨 없어지지 않게 하려는 것이다.

原文   五廟之孫이, 朝廟未毁어든, 雖及庶人이나, 冠取妻에 必

告하여, 死必赴는, 不忘親也요, 親未絶, 而列於庶人은, 賤無能
也요, 敬弔臨賻賵은, 睦友之道也니, 古者에 庶子之官이 治, 而
邦國이 有倫하고, 邦國이 有倫, 而衆이 鄕方矣니라. 公族之罪
를, 雖親이나 不以犯有司이 正術也는, 所以體百姓也며, 刑于隱
者는, 不與國人으로, 盧兄弟也요, 弗弔하며, 弗爲服하며, 哭於異
姓之廟는, 爲忝祖하여 遠之也요, 素服居外하며, 不聽樂하여, 私
喪之也는, 骨肉之親을 無絶也요, 公族에 無宮刑은, 不翦其類也니
라.

(오묘지손 조묘미훼 수급서인 관취처 필
고 사필부 불망친야 친미절 이열어서인 천무능
야 경조임부봉 목우지도야 고자 서자지관 치 이
방국 유륜 방국 유륜 이중 향방의 공족지죄
수친 불이범유사 정술야 소이체백성야 형우은
자 불여국인 노형제야 불조 불위복 곡어이
성지묘 위첨조 원지야 소복거외 불청악 사
상지야 골육지친 무절야 공족 무궁형 부전기류야)

註解 ○有倫(유륜)-친족끼리 화목하게 지내는 것. ○衆鄕方矣(중향방
의)-백성들이 가야 할 바른 방향을 향하게 되는 것. ○正術(정술)-정법
(政法).

천자가 국학을 시찰하는 날에는 〔국학에서는〕 아침 일찍이 북을 치
는데, 이는 사람들을 소집하여 준비시키기 위함이다. 여러 사람들이
모인 뒤에 천자가 도착하고 유사(有司)에게 명하여 행사를 상례(常
禮)대로 거행하게 하고, 선사선성(先師先聖)에게 제사지낸다. 유사가
일을 마치고 천자에게 복명하면 이어서 양로(養老)의 예를 거행한다.
천자는 〔국학의〕 동서(東序)로 가서 선대(先代) 장로(長老)들의 신에
게 제사지내고 이어서, 삼로(三老)·오경(五更)·군로(羣老)의 자리

를 순서대로 정하여 천자가 친히 찬(饌)을 벌려 놓은 곳에 가서 예주 (醴酒)와 노인들을 대접할 진수(珍羞) 등을 살펴본다. 그리고 나서 음악이 시작되고 노인들이 들어온다. 노인들이 모두 들어와 서쪽 계단 아래의 위치에 나아가면 천자는 물러간다. 그리고 예주를 잔질하여 노인들에게 권한다. 노인들이 천자로부터 술잔을 받아 자리로 돌아오면 악인(樂人)들이 당상에 올라가서 청묘(淸廟)의 시(詩)를 노래하며 풍악으로 연주한다. 노래가 끝나면 선도(善道)를 이야기하며 천자의 양로에 대한 예를 대성(大成)하게 한다. 그들이 하는 이야기는 모두 부자·군신·장유의 도리를 말한다. 노래는 청묘시(淸廟詩) 중에서 읊어진 문왕의 도덕을 칭송한 음곡을 모은 것이므로 모두 덕의 극치이고 성대한 예이다. 당하(堂下)에서는 관악(管樂)으로 상무(象舞)의 곡을 취주(吹奏)하며 대무(大武)의 춤을 추며 여러 학사들을 크게 회합(會合)시켜 이 양로 행사를 풍악으로 거행하니 그 감동함이 신명에게 충분히 통달되고 덕성을 흥기할 만하다. 그리하여 임금과 신하의 위치와 귀천의 차등을 바로잡는 것이니 이로써 상하의 의(義)가 행해지는 것이다. 유사(有司)가 음악의 연주를 마쳤다고 아뢰면 왕이 이에 공(公)·후(侯)·백(伯)·자(子)·남(男)과 여러 관원들에게 명하여 각각 자기 나라에 돌아가서 노유(老幼)를 접대하는 예를 동서(東序)에서 거행하게 한다. 그리하여 천자의 인은(仁恩)이 마침내 골고루 미치게 한다.

原文 天子이 視學하실새, 大昕鼓徵은, 所以警衆也니, 衆至한, 然後에 天子至하사, 乃命有司하여 行事하며, 興秩節하여, 祭先師·先聖焉하시나니, 有司이 卒事하고 反命하나니라. 始之養也에, 適東序하여, 釋奠於先老하고, 遂設三老·五更·羣老之席位焉이니라. 適饌하여, 省醴와 養老之珍具하고, 遂發咏焉하고, 退脩之以孝養也니라. 反하여, 登歌淸廟하고, 旣歌, 而語하여 以

成之也니, 言父子·君臣·長幼之道하며, 合德音之致니, 禮之
大者也라. 下管象하며, 舞大武하고, 大合衆以事하며, 達有神하
며, 興有德也니, 正君臣之位와, 貴賤之等焉하니, 而上下之義이
行矣니라. 有司이 告以樂闋어든, 王이 乃命公侯伯子男及羣吏
曰, 反하여, 養老幼于東序하라하시나니, 終之以仁也니라.

　　(천자 시학 대흔고징 소이경중야 중지
　　연후 천자지 내명유사 행사 홍질절 제선
　　사·선성언 유사 졸사 반명 시지양야
　　적동서 석전어선로 수설삼로·오경·군로지석
　　위언 적찬 성례 양로지진구 수발영언
　　퇴수지이효양야 반 등가청묘 기가 이어 이
　　성지야 언부자·군신·장유지도 합덕음지치 예지
　　대자야 하관상 무대무 대합중이사 달유신
　　흥유덕야 정군신지위 귀천지등언 이상하지의
　　행의 유사 고이악결 왕 내명공후백자남급군리
　　왈 반 양로유우동서 종지이인야)

註解　ㅇ大昕(대흔)―날이 처음 밝을 무렵. ㅇ鼓徵(고징)―북을 쳐서 불
러들이는 것, 즉 북을 쳐서 학사(學士)들을 태학으로 불러들이는 것. ㅇ興
秩節(흥질절)―흥(興)은 거(擧), 질(秩)은 상(常), 절(節)은 예절이란 뜻
이므로, 즉 상례(常例)의 예절에 따라 거행한다는 말. ㅇ始之養也(시지양
야)―태학을 처음 세우고 양로의 예를 거행하는 것. ㅇ三老(삼로)·오경
(五更)―주(周)나라 시대에 천자가 삼로오경의 제도를 만들고 연로(年老)
하여 치사(致仕)한, 학덕(學德)이 높은 사람을 부형(父兄)에 대한 예로써
섬기었다. 삼로오경의 인원수에 대하여는 두 가지 설이 있다. 삼로와 오
경은 각각 한 사람씩이라는 설과 삼로는 세 사람이고 오경은 다섯 사람
이라고 하는 설이 있다. ㅇ適饌(적찬)―적(適)은 간다는 뜻이므로, 찬(饌)
을 늘어놓은 곳에 천자가 친히 가본다는 말. ㅇ遂發咏(수발영)―드디어
풍악을 연주하여 가영(歌詠)이 시작된다는 말. ㅇ登歌淸廟(등가청묘)―악

공(樂工)이 당상(堂上)에 올라가 청묘시(淸廟詩)를 노래하는 것. 청묘(淸廟)는 《시경(詩經)》의 편명(篇名)으로, 문왕(文王)의 도덕을 찬양한 노래라고 한다. 등가(登歌)라고 한 것은 옛날에 노래부르는 사람은 마루 위에 올라가서 부르고, 악기를 연주하는 사람은 마루 아래에서 연주한 데서 나온 말이다. ㅇ旣歌(기가) 而語(이어)-노래를 마친 뒤에는 여러 사람이 착하고 도덕적인 이야기들을 하는 것. ㅇ下管象(하관상)-당하(堂下)에서 상무(象舞)의 음곡을 관악(管樂)으로 취주한다는 말. 상무는 춤의 이름. 문왕(文王)의 무공을 상징한 춤이며, 무왕(武王)이 상무의 악(樂)을 지었다고 한다. ㅇ大武(대무)-춤의 이름. 주(周)나라 무왕(武王)이 주(紂)를 정토(征討)하여 무공을 세우고 천하를 평정했다는 것을 표현한 것. ㅇ大合衆以事(대합중이사)-여러 학사(學士)들을 크게 회합시켜 양로(養老)의 행사를 거행한다는 말. ㅇ樂闋(악결)-결(闋)은 종(終)과 같은 뜻이므로 음악의 연주를 마쳤다는 말. ㅇ終之以仁(종지이인)-인(仁)으로써 마친다는 말. 즉 천자가 한 곳에서 양로의 예를 거행하고 공·후·백·자·남과 여러 관리들에게 명하여 각기 자기 나라에 돌아가 양로의 예를 행하라고 명하여 천자의 어진 마음이 마침내 널리 미치게 한다는 말.

그런 까닭에 성인(聖人)이 양로하던 일을 기록하는 데 있어서 효제의 대도를 생각하고, 사랑하며 공경하고 예로써 거행하며, 효양(孝養)의 도를 닦고 의(義)로써 다스리며 인(仁)으로써 마치는 것을 기록하였다. 그러므로 옛사람은 한 가지 일을 거행하여 여러 사람들이 모두 그 덕이 완비한 것을 알게 하는 것이었다. 옛날의 군자는 큰 일을 거론할 때에는 반드시 그 끝과 처음을 신중히 하였다. 그러니 여러 사람들이 어찌 깨우치지 않을 수 있겠는가. 〈열명(說命)〉에 '처음과 끝을 잘 생각하고 항상 배우고 항상 가르치지 않으면 안된다.'라고 기록되어 있다.

原文 是故로 聖人之記事也에, 慮之以大하며, 愛之以敬하며, 行之以禮하며, 脩之以孝養하며, 紀之以義하며, 終之以仁하시나

니, 是故로 古之人이, 一擧事, 而衆이 皆知其德之備也하나니,
古君子이, 擧大事하되, 必愼其終始어니, 而衆이 安得不喩焉이리
오. 說命에 曰, 念終始典于學이라 하니라.

    (시고 성인지기기사야 여지이대 애지이경

    행지이례 수지이효양 기지이의 종지이인

    시고 고지인 일거사 이중 개지기덕지비야

    고군자 거대사 필신기종시 이중 안득불유언

    열명 왈 염종시전우학)

註解 ○說命(열명)-《서경(書經)》의 편명(篇名). ○念終始典于學(염종
시전우학)-일의 끝과 처음을 어떻게 할 것인가를 생각할 때에는 항상 태
학(大學)에서 한다는 말. 태학은 예의를 가르치는 학부(學府)이기 때문이
다. 이 장에서 양로의 예를 학(學)에서 거행하고, 또 일의 시종(始終)을
기록할 때에는 반드시 신중히 하라는 것을 기록했으므로 이는 〈열명편(說
命篇)〉의 말을 인용하여 결론지은 것이다.

〈세자지기(世子之記)〉에 말하였다. 세자는 아침저녁으로 부왕의 거
실 문밖까지 와서 내수(內豎)에게 묻기를, "오늘 천자의 안부가 어떠
하신가?"라고 한다. 내수가 대답하기를, "편안하십니다."라고 하면 세
자는 좋아하는 얼굴빛을 짓는다. 만일 천자의 기거가 평안치 않은 바
있어서 이를 내수가 세자에게 고하면 세자는 얼굴빛에 드러나도록 근
심하여 얼굴의 위의를 갖추지 못한다. 내수가 천자의 기거가 처음과
같은 상태로 회복되었다고 말하면 비로소 세자의 얼굴빛도 또한 회복
된다. 조석의 음식을 올릴 때면 세자는 반드시 차고 뜨거운 정도를
살펴보며, 밥상이 나오면 반찬이 어떤 것인가를 묻고, 반드시 드려야
할 반찬이 어떤 것인가를 알아서 선재(膳宰)에게 명령한 뒤에 물러간
다. 만일 내수(內豎)가 천자가 병이 발생했다고 말하면, 세자는 친히
재현(齊玄)의 옷을 입고 봉양한다. 선재가 올리는 반찬을 반드시 공

경한 마음으로 살펴보며 병이 났을 때 드리는 약은 세자가 반드시 친히 맛본다. 임금이 찬을 많이 잡수시면 세자도 또한 많이 먹지만 임금이 찬을 적게 잡수시면 세자도 또한 배부르게 먹지 못한다. 그리하여 임금이 처음의 상태로 회복된 뒤라야 세자도 또한 처음의 상태로 회복한다.

原文 世子之記에 曰, 朝夕에 至于大寢之門外하사, 問於內竪曰, 今日에 安否는 何如오하여시늘, 內竪이 曰, 今日에 安하시다하여든, 世子이 乃有喜色하시고, 其有不安節이어시든, 則內竪이 以告世子하여든, 世子이 色憂, 不滿容하시고, 內竪이 言復初라한, 然後에 亦復初하나니라. 朝夕之食이 上이어시든, 世子이 必在視寒煖之節하시며, 食下어시든, 問所膳하시고, 羞 必知所進하여, 以命膳宰하신, 然後에 退하시며, 若內竪이 言疾이라 하여든, 則世子이 親齊玄而養이니라. 膳宰之饌을, 必敬視之하며, 疾之藥을, 必親嘗之니, 嘗饌이 善이어시든, 則世子이 亦能食하시고, 嘗饌이 寡어시든, 世子이 亦不能飽하사, 以至于復初하신, 然後에 亦復初니라.

(세자지기 왈 조석 지우대침지문외 문어내수
왈 금일 안부 하여 내수 왈 금일 안
세자 내유희색 기유불안절 즉내수
이고세자 세자 색우 불만용 내수 언복초
연후 역복초 조석지식 상 세자 필
재시한난지절 식하 문소선 수 필지소진
이명선재 연후 퇴 약내수 언질
즉세자 친재현이양 선재지찬 필경시지 질지
약 필친상지 상찬 선 즉세자 역능식
상찬 과 세자 역불능포 이지우복초 연후 역복초)

註解　ㅇ世子之記(세자지기)—옛날 세자를 가르치던 예편(禮篇).　ㅇ不滿容(불만용)—근심하여 용모를 완전하게 갖추지 못한다는 말.　ㅇ親齊玄而養(친재현이양)—친히 재현지복(齊玄之服)을 입고 병의 요양을 시봉(侍奉)하는 것. 재현지복은 재계할 때에 입는 현관(玄冠)과 현의(玄衣)를 말한다.

新完譯 禮 記 (上)

개정 증보판 1쇄 발행　2003년 10월 31일
개정 증보판 4쇄 발행　2024년　8월 14일

역 저 자　李 相 玉
발 행 자　金 東 求
발 행 처　명문당(1923. 10. 1 창립)
주　　소　서울시 종로구 윤보선길 61(안국동)
　　　　　국민은행 006-01-0483-171
전　　화　02)733-3039, 734-4798, 733-4748(영)
팩　　스　02)734-9209
Homepage　www.myungmundang.net
E-mail　mmdbook1@hanmail.net

등　　록　1977. 11. 19. 제1~148호
ISBN 89-7270-741-4　94140
ISBN 89-7270-052-5　(세트)

25,000원

* 낙장 및 파본은 교환해 드립니다.
* 불허복제

東洋古典文化叢書

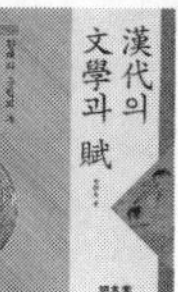

- 개정증보판 **中國 古代의 歌舞戲**
  金學主 著 신국판 양장 값 17,000원

- 중국고전희곡선 **元雜劇選**
  金學主 編譯 신국판 양장 값 20,000원

- **漢代의 文學과 賦**
  金學主 著 신국판 양장 값 15,000원

- 修訂新版 **漢代의 文人과 詩**
  金學主 著 신국판 양장 값 15,000원

- 修訂增補 **樂府詩選**
  金學主 著 신국판 양장 값 15,000원

- 改訂增補 新譯 **陶淵明**
  金學主 譯 신국판 양장 값 12,000원

- 修訂增補 **墨子, 그 생애·사상과 墨家**
  金學主 著 신국판 양장 값 20,000원

- **중국의 희곡과 민간연예**
  金學主 著 신국판 양장 값 20,000원

- 新譯 **唐詩選**
  金學主 譯著 신국판 양장 값 25,000원

- 新譯 **宋詩選**
  金學主 譯著 신국판 양장 값 25,000원

- 新譯 **詩經選**
  金學主 譯著 신국판 양장 값 20,000원

- **중국의 경전과 유학**
  金學主 著 신국판 양장 값 20,000원

- **中國古代文學史**
  金學主 譯 신국판 양장 값 20,000원

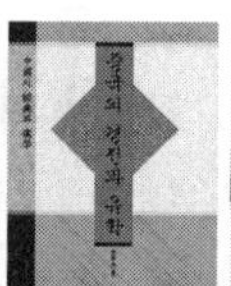

韓國古典文學思想名著大系

- 經世濟民의 혼신 **茶山의 詩文** (상·하)
  金智勇 著 신국판 양장 값 각 25,000원

- **雷川 金富軾과 그의 詩文**
  金智勇 著 신국판 양장 값 20,000원

- **소래 김중건 선생 전기**
  金智勇 編著 신국판 양장 값 각 20,000원

- **石北詩集·紫霞詩集**
  申光洙·申緯 著 申石艸 譯 신국판 양장 값 35,000원

- **西遊見聞**
  俞吉濬 著 蔡壎 譯 신국판 양장 값 30,000원

- **徐花潭文集**
  金學主 譯 신국판 양장 값 25,000원

- 新譯 **천예록**
  任埅 編著 金東旭, 崔相殷 共譯 신국판 양장 값 20,000원

- **국역 사례편람** (四禮便覽)
  국역 우봉이씨 대종회 값 20,000원

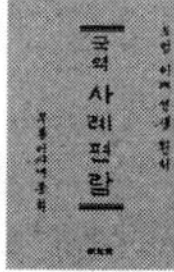